Cosima Wagner
und
Ludwig II. von Bayern

BRIEFE

Mein theurer, mein hehrster Freund!

Unser erhabenster Schutz! Göttlicher Parzival!

Innig geliebte Freundin!

Cosima Wagner
und
Ludwig II. von Bayern

Briefe

Eine erstaunliche Korrespondenz

Zum ersten Mal
vollständig herausgegeben von Martha Schad
unter Mitarbeit
von Horst Heinrich Schad

Gustav Lübbe Verlag

Lektorat: Helmut Feller
Schutzumschlag: Guido Klütsch, Köln,
unter Verwendung fotografischer Vorlagen von Ludwig II. sowie Cosima Wagner,
Cosima Wagner und Richard Wagner
Auf dem vorderen Vorsatz sind zwei Seiten des Briefes Nr. 218
von Ludwig II. wiedergegeben, auf dem hinteren Vorsatz zwei Seiten
aus Brief Nr. 117 von Cosima von Bülow
Satz: Kremerdruck GmbH, Lindlar
Gesetzt aus der 11 Punkt Centaur Oldstyle von Monotype
Druck und Einband: Friedrich Pustet, Regensburg

Printed in Germany
ISBN 3-7857-0831-9

1 3 2

Inhalt

Ludwig – Richard – Cosima

»Wer um die heilige Kunst im tiefsten Herzen gelitten,
wer in dem eigenen Vater und Gatten geweihte Kämpfer für dieselbe erkannt, wer mit Angst und Trauer gesehen, wie hoffnungslos von der Welt bejubelt und doch geächtet der grosse Schöpfer der *höchsten* Kunst heimathlos umherirren musste – nur der allein vermag es zu ahnen, welche That Euere Majestät vollbracht!«

Cosima von Bülow
an Ludwig II. von Bayern
am 20. August 1865

»Vergessen Sie was Sie hier leiden mußten, mir zu Liebe, vergessen, vergeben Sie o Sie strafen mich sonst mit, u. dieß verdiene ich nicht, auch werden Sie gar nicht wissen, wie treu u. innig ich an Ihnen hänge, denn nach dem Freunde sind Sie mir das theuerste, verehrungswürdigste Wesen auf Erden.«

Ludwig II.
an Cosima von Bülow-Liszt,
Mitte März 1869

»Wie liebe ich Sie um der starken Liebe willen,
die Sie so unerschütterlich treu ihm dem Unvergeßlichen geweiht
und ihm das Leben dadurch verschönt
und zu einem glücklichen gestaltet haben.«

Ludwig II.
an Cosima Wagner
am 16. Februar 1883

»Den letzten Kampf, mit dem ich vom Leben Abschied nahm, hast Du empfunden. Seitdem bin ich in ein letztes Leidensstadium getreten: ich fühle bestimmt, daß es nun bald vorbei sein wird. Noch eine traurige, letzte Mühe, und es ist überstanden.« So schrieb Richard Wagner am 10. März 1864 aus Wien in einem der wenigen überhaupt erhaltenen Briefe an Cosima von Bülow. Nur dreizehn Tage später verließ der völlig rat- und mittellose Dichter und Komponist fluchtartig die Stadt an der Donau.

Am 3. Mai geschah das »Wunder«: Hofrat Franz Seraph von Pfistermeister spürte Wagner in Stuttgart auf und überbrachte die mündliche Botschaft, Seine Majestät Ludwig II., König von Bayern, habe sich für Wagners Kunst entschlossen und wolle ihn von nun an jeder Unbill des Schicksals entziehen. Wagner war überglücklich und zu Tränen gerührt, und »diese Tränen himmlischer Rührung sende ich Ihnen, um Ihnen zu sagen, daß nun die Wunder der Poesie wie eine göttliche Wirklichkeit in mein armes, liebebedürftiges Leben getreten sind! – Und dieses Leben, sein letztes Dichten und Tönen gehört nun Ihnen, mein gnadenreicher junger König: verfügen Sie darüber als über Ihr Eigentum!« Ausdruck der Dankbarkeit Wagners für Ludwig II. war auch sein Kommentar zum Geburtsjahr des Königs: »In dem Jahr der ersten Aufführung meines Tannhäusers ..., in dem Monate August, in welchem ich mich zu so übermäßiger Produktivität gestimmt fühlte, dass ich den Lohengrin und die Meistersinger zu gleicher Zeit entwarf, gebar eine Mutter mir meinen Schutzengel.«

Zwei große Dokumente, die das gesamte Leben Richard Wagners – mit Ausnahme einer bezeichnenden Lücke – vom ersten bis zum letzten Tag umgreifen und erzählen, liegen in der Handschrift Cosima von Bülows bzw. Cosima Wagners vor. Es sind dies die Diktatniederschrift der Autobiographie Wagners, »Mein Leben«, und Cosimas eigene Tagebücher. Die Autobiographie – »eine der faszinierendsten Autobiographien der deutschen Kulturgeschichte« (Dieter Borchmeyer) – reicht bis in den Mai 1864, also bis zur Begegnung mit Ludwig II. Die Tagebücher beginnen mit dem 1. Januar 1869 und enden mit dem Tod Wagners am 13. Februar 1883. Richard Wagner hatte vorübergehend daran gedacht, die Autobiographie bis zu seiner endgültigen Verbindung mit Cosima 1868 fortzuführen und auch die Münchner Zeit und den Aufenthalt in der Schweiz zu beschreiben. In ihrem ›Tagebuch‹ erwähnt Cosima unter dem 21. Juni 1871: »Ich arbeite an meiner Kopie für den König und sage R., wir müßten dieses Werk noch vollenden; ›ja‹, sagt R. ›bis zu deiner Ankunft hierher, dann soll es Fidi machen.‹« Am 25. Januar 1880 versicherte Wagner dem König, er habe seiner Frau Cosima versprochen, während seines Aufenthaltes in Neapel endlich die Zeit von der ersten Begegnung mit ihm bis hin zu dem Zeitpunkt, da er mit ihr in Tribschen verheiratet war, aufzuzeichnen. Doch dazu kam es nie. Das »Königs-Drama Wagners« (Gregor-Dellin) oder, besser gesagt, die »Königsfreundschaft« (Manfred Eger) blieb ausgespart – mit Ausnahme kurzer Notizen in Wagners »Annalen« und seinem Briefwechsel mit dem König, den Otto Strobel 1936 edierte.

Doch es existiert auch noch der – bisher wenig beachtete – Briefwechsel zwischen Ludwig II. von Bayern und Frau Baronin Cosima von Bülow, der den Zeitraum von August 1865 bis Anfang 1869 umfaßt und einige wenige weitere Briefe bis 1885, dem Jahr vor des Königs Tod. Er liegt somit zeitlich vor den umfassenden Tagebüchern von Cosima von Bülow bzw. Wagner.

Cosima von Bülow schrieb 127 Briefe und Telegramme an den König, der ihr in 101 Briefen und Telegrammen antwortete. Vergleicht man die Zahl der Briefe, die Wagner im Laufe von 19 Jahren an den König verfaßte – es sind insgesamt 258 –, wird deutlich, mit welcher Intensität die Korrespondenz zwischen dem Regenten und Cosima von Bülow geführt wurde. Die vorliegende Ausgabe sämtlicher erhaltener Briefe soll mit dazu beitragen, das, was zwischen »seichter romantisch-sentimentaler Verhimmelung und bewußter schrankenloser Verunglimpfung« liegt – wie Strobl 1936 schrieb –, mit Originalbriefen zu belegen.

Der Briefwechsel gibt über Richard Wagner, seinen Mäzen Ludwig II. und die Mittlerin Cosima von privaten Alltäglichkeiten bis zu politischen Entscheidungen wichtige Kunde und zieht zugleich den Schleier von Begebenheiten, die bisher zwar im großen Überblick bekannt waren, jetzt aber eine genauere Sicht der Dinge erlauben.

Vor allem die Königsbriefe wirken auf den ersten Blick sehr überschwenglich und sind voll von Stilkontrasten. Doch bei einer systematischen Sprachanalyse der Briefe wird deutlich, daß darin Hunderte von kryptischen Dichterzitaten enthalten sind, die allerdings meist ohne jede Kennzeichnung übernommen wurden. Sie stammen aus Werken von Calderón, Dante, Goethe, Grillparzer, Schiller, Shakespeare und Hugo, vor allem aber selbstverständlich aus Opern- und Oratorientexten von Richard Wagner und Franz Liszt sowie aus weniger bekannten Opern wie etwa »Jessonda« und »Lalla Rookh«. Ebenso übernahm Ludwig liturgische Texte und zitierte aus der Bibel.

Der achtzehnjährige König zeigte sich als äußerst belesen. Bei manchen Briefen ist eine regelrechte Zitatenmontage zu erkennen. Offenbar war es dem König ein Bedürfnis, nicht nur den väterlichen Freund Richard Wagner, sondern auch Cosima von Bülow durch sein literarisches und musikalisches Wissen zu beeindrucken, was ihm sicher auch gelang. Cosima von Bülow, ebenso belesen, zitierte immer wieder aus der »Orestie«, hatte sie doch im Zusammenhang mit Kompositionsplänen ihres Mannes Hans von Bülow schon 1857 eine Studie »Die Orestie des Aischylos« verfaßt. Der Gebrauch von kryptischen Zitaten und literarischen Anspielungen war in der damaligen Zeit durchaus nicht ungewöhnlich: Man wollte seine Herkunft und Bildung aufzeigen. Doch würde es den Rahmen dieser Arbeit sprengen, wollte man jedes dieser Zitate aufzeigen und nachweisen; dies geschieht daher nur sporadisch. Sowohl Richard Wagner als auch die »Freundin« Cosima stellten sich auf den Briefstil ihres Gönners und Mäzens ein, auch wenn Cosima in ihren Tagebüchern gelegentlich über die ekstatischen Phrasen des Königs jammert. Doch viel häufiger findet sich der Vermerk, daß die »wunderschönen« Briefe des Königs sie in Entzücken versetzten.

Ludwig II., Richard Wagner und Cosima von Bülow bildeten im Laufe der fast neunzehnjährigen Freundschaft eine geradezu verschworene Gemeinschaft. Wie aus den Tagebüchern von Cosima Wagner hervorgeht, hat Wagner anerkannt, »daß der König der Einzige gewesen sei, der in den Jahren der Trennung von Bülow, in den Jahren des ›illegitimen‹ Verhältnisses, immer zu ihnen gehalten habe ...« (O.G. Bauer). Dies wird durch den Briefwechsel mit Cosima von Bülow eindrucksvoll bestätigt.

Der 1845 geborene Ludwig begegnete bereits mit zwölf Jahren Wagners Werk: Er lernte zufällig Richard Wagners Abhandlungen »Das Kunstwerk der Zukunft« und »Zukunftsmusik« bei seinem Großonkel Herzog Max in Bayern – dem Vater seiner späteren Braut, Herzogin Sophie, und deren Schwester, Kaiserin Elisabeth von Österreich – kennen. Es war für den Prinzen eine schwierige Lektüre, in die er sich vertiefte, »in hymnisch sich aufgipfelnder Philosophen-Prosa« (Ludwig Hüttl), die er ganz sicher noch nicht verstand, die ihn aber dennoch begeisterte.

König Maximilian II. Joseph, sein Vater – gleichaltrig mit Richard Wagner –, hatte ihm den Besuch der Erstaufführung des »Lohengrin« am 28. Februar 1858 noch verboten. Nach den Vorstellungen des Königs sollte beim Kronprinzen die Begeisterung für das christliche Herrscherethos des Königtums von Gottes Gnaden geweckt werden (Merta, »Gottes Licht auf Erden zu verkünden«). Dies gelang Ludwigs Lehrer, Gymnasialprofessor Franz Steininger, der ihm durch Schillers Werke das christliche Tugendideal und das Fürstenbild im Sinne des Gottesgnadentums vermittelte. Wie sehr sich Ludwig II. diesem Herrscherideal verpflichtet fühlte, zeigte sich, als ihn der Ausbruch des Krieges 1866 in eine tiefe Krise stürzte und ihn Cosima von Bülow mit eindrucksvollen Worten an dieses Leitbild erinnerte. Die Behandlung bestimmter Werke Richard Wagners paßte ebenso in das Erziehungskonzept, da in diesen christliche Tugendideale verherrlicht werden wie in der Tannhäuserdichtung die Tugend der aufopfernden Liebe, verkörpert durch Elisabeth von Thüringen.

Der Kronprinz besuchte zusammen mit seinen Eltern schon früh die Hofoper. Méhuls »Joseph in Ägypten« war sein erstes Opernerlebnis, und bei seinem Regierungsantritt besaß er bereits eine »gute Repertoire-Kenntnis« (Robert Münster). Der ersten schicksalhaften Begegnung mit der Oper »Lohengrin« des »zukünftigen Erretters Richard Wagners« (Michael Petzet) ging seine Begegnung mit der

Welt des Mittelalters in der Burg Hohenschwangau voraus, die sein Vater erworben hatte, um ihr ab 1833 nach Plänen des Bühnenbildners Domenico II Quaglio ihre ursprüngliche mittelalterliche Gestalt wiederzugeben. Das Schloß, ursprünglich Schwanenstein genannt und mit einem Schwan als Wappentier, erhielt einen »Schwanenrittersaal« mit vier Wandbildern aus der Lohengrin-Sage.

Theodor Graf von La Rosée, sein Erzieher, schenkte dem jungen Kronprinzen im August 1859 Wagners Schrift »Oper und Drama«. Am 2. Februar 1861 ging dessen großer Wunsch in Erfüllung: An der Seite seiner geliebten Erzieherin Sibylle von Meilhaus durfte er die Wiederaufführung des »Lohengrin« im Hoftheater in München unter der Leitung von Franz Lachner miterleben. Neun Jahre später gestand König Ludwig II. gegenüber Wagner: »So schlecht sie war, so verstand ich doch das Wesen dieses göttlichen Werkes zu erkennen: in seiner Aufführung ward der Keim gelegt zu Unsrer Liebe und Freundschaft bis zum Tod, von dort ward der bald zur mächtigen Flamme werdende Funke für Unsre heiligen Ideale in mir entzündet.« Nach der Aufführung vergoß der Kronprinz darüber »Tränen höchsten Entzückens«, lernte Teile des Textbuches und Stellen aus Wagners Dramen auswendig. Im Tagebuch des achtzehnjährigen Kronprinzen steht im Juni und August 1863 zu lesen, daß er von seinem Lehrer Steininger den »Ring des Nibelungen« sowie »Die Meistersinger von Nürnberg« erhalten habe. Aufschlußreich sind die Tagebucheinträge vom 1. bis 3. Januar 1864: »Nach Tisch Konzept, Brief an Richard Wagner ... Tags vorher mit Prof. Steininger über die Besorgung meines Briefes an R. Wagner gesprochen.« Der sechzehnjährige Kronprinz hatte seine Begeisterung für den Dichter und Komponisten Richard Wagner bereits in einem Brief vom 26. Mai 1862 zum Ausdruck gebracht, ein Jahr, nachdem er zum ersten Mal die Aufführung des »Lohengrin« besucht hatte. Ludwigs Vetter, Prinz Heinrich von Hessen und bei Rhein, fragte ihn, wie er zu Wagners Musik stehe; Ludwigs Antwort: »Du fragst, ob ich Wagners Musik liebe, ich liebe sie sehr, ob ich mich auf den Bällen amusiere, sehr gut ...!« Der einundzwanzigjährige König kam am 30. März 1867 nochmals auf seine frühe Hinneigung zum Werk Wagners zu sprechen, als er diesem schrieb:

»Als ich noch im Knabenalter stand, ward mir durch Himmelsgewalt der erste Keim zur heiligen Begeisterung für Sie in meine Seele gelegt, zum Erglühen für Ihre Werke.«

Der königlichen Familie war Wagner »politisch verdächtig ob seiner vermuteten Widersprüchlichkeit, in der theoretische und praktische Revolutionsbegeisterung offenbar bruchlos zusammenkam mit der Freundschaft zum Bayernkönig Ludwig II.« (Udo Bermbach). Als Richard Wagner in das Leben ihres Sohnes trat, war die Königin-Witwe, Kronprinzessin Marie, geborene Prinzessin von Preußen, sehr schnell zu einer Gegnerin des Komponisten geworden. Richard Wagner schien ihr gefährlich wegen der »erotischen Ausstrahlung, die offenbar Männer und Frauen zu ergreifen vermochte« (Josef Rattner). Sie fühlte, daß sich niemand, auch nicht ihr königlicher Sohn, Wagner und dessen Werk entziehen konnte. Wenngleich sie sich mit weiteren Mitgliedern des königlichen Hauses für eine Ausweisung Wagners aussprach, besuchte sie doch Aufführungen von Wagner-Opern, viele Jahre später etwa auch zusammen mit der österreichischen Kaiserin Elisabeth.

Die Furcht vor Wagners Beeinflussung des Königs in politischen Angelegenheiten war von Anfang an reichlich übertrieben. Nach seiner Ausweisung aus München im Dezember 1865 konnte Wagner nicht umhin, dem König seine Gefühle zur Verleumdungskampagne gegen ihn polemisch mitzuteilen. So schrieb er, daß man in München »doch immer wahrscheinlich glaubt, mit meinem Abschiede sei es mir nicht ernst, und ich treibe doch wohl nur ein verstecktes Spiel, um Gott weiß was damit zu erreichen, etwa wohl gar die Regierung Bayerns, wo ich dann den Staat und die Religion abschaffen würde, um das alles nur noch von einem großen Operntheater aus zu dirigiren«.

Cosima kam am 24. Dezember 1837 im Hotel del'Angelo in Como zur Welt, feierte ihren Geburtstag später aber jeweils am 25. Dezember. Sie wurde am 26. Dezember auf den Namen Francesca Gaetana Cosima getauft. Ihr Rufname Cosima geht auf eine Frauengestalt in einem Renaissance-Drama von George Sand zurück, mit der ihre Mutter, Marie d'Agoult, befreundet war. Cosima trug zunächst den Mädchennamen ihrer Mutter, also de Flavigny. Ihre Großmutter war Marie Elisabeth, geborene Bethmann, aus der Frankfurter Bankiers-

Familie, die mit Alexandre Victor de Flavigny verheiratet war; dieser war in seiner Jugend Page bei Königin Marie Antoinette gewesen. Ihre Großmutter väterlicherseits war Anna Liszt (1788-1866), der Großvater Adam Liszt, Cellist und Komponist, Rentmeister der Fürstlich-Esterhazyschen Schäferei. Franz Liszt setzte viele Jahre später in Budapest durch, daß Cosima wie auch ihre Geschwister Blandine und Daniel als seine Kinder auch seinen Namen trugen.

In der fünfjährigen Beziehung zwischen Franz Liszt und Marie Gräfin d'Agoult – übrigens die Vorlage für Honoré de Balzacs Roman »Béatrice« – spielten die Kinder nur kurze Zeit wirklich eine Rolle. Liszt fühlte sich wie gefesselt in der durch die Kinder erzwungenen Häuslichkeit, versank in Depressionen, arbeitete kaum mehr und entschloß sich schließlich, getrennt von der Familie wieder in Europa auf Konzertreisen zu gehen. Die knapp zwei Jahre alte Cosima wurde zusammen mit ihrer vier Jahre alten Schwester Blandine im Spätherbst 1839 in Paris unter die Obhut ihrer Großmutter Anna gegeben, einer einfachen, aber warmherzigen Frau, die seit 1827 den Haushalt ihres Sohnes führte. Als sich Liszt 1844 endgültig von Marie d'Agoult trennte, wurde auch der 1839 geborene Daniel zur Großmutter gebracht. Die Kinder blieben noch jahrelang Gegenstand eines erbitterten Streits zwischen den Eltern. Am 23. März 1871 schrieb Cosima in ihr Tagebuch: »Lese alte Briefe vom Vater, die mir klar zeigen, daß ich weder Vater noch Mutter gehabt. Alles ist mir R. gewesen, er einzig hat mich geliebt.«

Im Jahre 1847 lernte Franz Liszt auf einer Konzerttournee in Kiew die Fürstin Carolyne von Sayn-Wittgenstein, geborene Iwanowska (1819-1887), kennen. Sie verließ ihren Mann, den persönlichen Adjutanten des Zaren Nikolaus I., und floh aus Rußland. Die Geliebte Liszts bezog die Altenburg bei Weimar und setzte bereits 1850 gegen den Willen von Marie d'Agoult und der Großmutter durch, daß ihre eigene ehemalige Gouvernante, die über siebzigjährige Patersi de Fossombroni, Liszts Töchter zur Erziehung übernahm. Madame Patersi erwies sich als gute Lehrerin, von ihr vor allem lernte Cosima Deutsch.

Die Kinder sahen am 10. Oktober 1853, also nach neunjähriger Trennung, erstmals wieder ihren Vater, der in Begleitung von Carolyne

Sayn-Wittgenstein nach Paris kam. Bei einem Familienabend war außer Hector Berlioz auch Richard Wagner anwesend, der die Dichtung des dritten Aktes der Götterdämmerung vorlas. Er stellte damals bei der sechzehnjährigen Cosima »anhaltende Schüchternheit« fest.

Cosimas Mutter war inzwischen unter dem Pseudonym Daniel Stern schriftstellerisch tätig und führte einen großen literarischen Salon. Noch am 28. Mai 1879 erkundigte sich Ludwig II. sehr interessiert bei Wagner nach den von Cosimas Mutter verfaßten Memoiren, die allerdings nur bis ins Jahr 1833 reichten. Wagner antwortete, Cosima werde sich beeilen, »die vortrefflichen Schriften ihrer so edel begabten Mutter«, unter anderem auch »Dante et Goethe«, dem König bald zu Füßen zu legen.

Damit Blandine und Cosima nicht immer wieder mit ihrer Mutter zusammenkommen konnten, beschloß Liszt 1855, die Kinder in die Obhut der geschiedenen, allein lebenden Franziska Elisabeth von Bülow (1800-1888) nach Berlin zu geben. Deren Sohn Hans von Bülow arbeitete zu dieser Zeit als Musik- und Klavierlehrer. Am 19. Oktober 1855 machte er Cosima einen Heiratsantrag und hielt am 20. April 1856 offiziell bei Liszt um die Hand seiner Tochter an, der aber zunächst offenbar gegen die Verbindung war. In einem Brief an ihre Tochter Daniela schrieb Cosima am 28. März 1881: »Hier meine Geschichte: Als vor bald 26 Jahren Dein Vater, nach 6 Wochen Bekanntschaft, mir seine Liebe erklärte, da entstand darauf ein Heer von Schwierigkeiten und, nebst den mir gesagten, Bedenken, die man meinen 17 Jahren nicht anvertrauen konnte. Zwei Jahre habe ich in dem wunderlichsten Zustand – die Verlobung niemandem gesagt – zugebracht ... Ohne eine Laune meinerseits, ohne eine Bewegung, namentlich ohne ein Grübeln kam es zur Hochzeit.« Diese fand am 18. August 1856 in der katholischen St. Hedwigskirche in Berlin statt.

Die Hochzeitsreise führte zu Richard Wagner nach Zürich, der bei Otto und Mathilde Wesendonck im »Asyl« lebte. Dort trafen drei Frauen zusammen, die im Leben Wagners eine wichtige Rolle spielten: Minna Wagner, seine Ehefrau, Mathilde Wesendonck, die geliebte »Seelenbraut«, und Cosima von Bülow, die künftige »Meisterin«. Ein

Jahr später besuchte das Ehepaar Bülow Wagner erneut. Cosima war bereits so unglücklich in ihrer Ehe, daß sie in Zürich versuchte, Selbstmord zu begehen. Beim Abschied von Wagner fiel ihm Cosima zu Füßen und küßte weinend seine Hände.

Wagner und die in eine glücklose Ehe verstrickte junge Frau trafen immer wieder aufeinander. Hans und Cosima von Bülow verband nur noch bürgerliche Konvention. Bülow glaubte, seinem bewunderten Lehrer Franz Liszt den »Gefallen schuldig zu sein«, dessen Tochter Cosima mit der Heirat die Existenz zu sichern. Da Bülow seine eigene nicht unbeträchtliche Begabung ganz in den Dienst der Kunst Wagners stellte, suchte er ständig dessen Nähe. Man traf sich in Biebrich, in Leipzig, Wagner besuchte Cosima während ihres Kuraufenthaltes in Reichenhall; und dann nahm Wagner der »Glaube an ihre Zugehörigkeit zu mir mit solcher Sicherheit ein, daß ich bei exzentrischer Erregung es damit selbst bis zu ausgelassenem Übermute trieb«.

Cosima, die ihrem Mann kaum zu sagen gewagt hatte, daß sie erneut schwanger sei, war im März 1863 in Berlin von ihrer zweiten Tochter, Blandine, entbunden worden. Sie brachte das Kind ohne jeden Beistand zur Welt, obwohl Hans von Bülow und dessen Mutter im Hause waren. Das Kind schien dem Vater völlig gleichgültig. Er hatte seiner Frau schon während ihrer Schwangerschaft das Gefühl vermittelt, daß ihr Zustand nur eine Störung seines Behagens bedeutete. Im November des gleichen Jahres traf Wagner zu Besuch bei den Bülows in Berlin ein. Cosima, gerade von der Entbindung genesen, freute sich sehr über den Gast. Bei einer gemeinsamen Spazierfahrt in einer Kutsche schmolz ihrer beider bisherige Zurückhaltung dahin. Die Leidenschaft für einander war stärker als alles andere. Es war der 28. November 1863, ein milder Herbstnachmittag. Cosima schrieb dazu: »Unter Tränen und Schluchzen besiegelten wir das Bekenntnis, uns einzig anzugehören.« Wagner blieb in Bülows Haus. Cosima und Richard wurden ein Liebespaar.

Es war ganz sicher keine gute, harmonische Ehe, aus der Cosima ausbrach oder in die Richard Wagner einbrach. Zwischen dem Ehepaar Bülow herrschte stets eine unruhige, gespannte Atmosphäre. Hans war sehr jähzornig, was Wagner nicht verborgen blieb: Bei einem seiner Besuche schlug Hans von Bülow seine Frau vor Wagners Augen. War Wagner schon entsetzt über dieses Verhalten Bülows, so war er es um so mehr über die stoische Ruhe, mit der Cosima diese Schmach ertrug.

Im November 1864 zog Hans von Bülow auf Wunsch Wagners mit seiner Familie nach München. Die Ehe war längst eine Scheinehe, in der jeder seinen Part nur noch nach außen hin spielte. Bülow konnte sich nicht von Wagner abwenden, der ihn unwiderstehlich anzog.

Im Jahr 1864 schrieb der Komponist Peter Cornelius, den Wagner aus Wien nach München geholt hatte, über das Ehepaar von Bülow: »Beide sind edle, feine Menschen, aber weiß der Himmel, wie es da gehen mag, wie sie zusammen leben. Bülow, in jeder Hinsicht eine ehrenhafte, hochbegabte Persönlichkeit, hat leider bereits eine gebrochene Gesundheit. Seine große Energie, sein Ehrgeiz, seine Allseitigkeit würden das höchste Vertrauen in mir erwecken, sagte nicht ein Blick auf seinen verwelkten Körper, daß der nächste Sturm dies edle Reis brechen und entwurzeln wird. – Seine Frau, die Tochter Liszts, in aller Anmut, mit Geist und Bildung begabt, gewiß von jedem verehrt, der sie kennen lernt, lebt ein leidvolles Leben zwischen dem hinwelkenden Mann und dem exzentrischen väterlichen Freund.« Bülow war damals 34, Wagner 51 und Cosima gerade 27 Jahre alt.

Peter Cornelius wie auch Hans von Bülow teilten nicht nur ihre enge Beziehung zu Wagner, sondern erlagen offenbar ebenso auch der Faszination des jungen Königs. So schrieb Hans von Bülow über Ludwig II.: »Der herrliche, tiefernste und unglaublich entwicklungsfähige junge Monarch, der ihn in der elften Stunde gerettet – und mit ihm, nach meinem Gefühl, ein wesentliches Stück Unsterblichkeit deutschen Geistes, – er zog mich mit mächtiger Sympathie in seine Nähe.« Er wollte den »musikenthusiastischen König, soweit es seine geringe Muße gestattet (er studiert jetzt Tag und Nacht Staats- und Völkerrecht) musikalisch … informiren und mit Cornelius' Beistand quasi disziplinieren.«

Kaum weniger begeistert äußerte sich Cornelius in seinem Tagebuch über die Eindrücke seiner Antrittsaudienz, eine sehr genaue Schilderung des Königs im »bayerischen Militärkleide«. Unglaublich beeindruckend für ihn waren des Königs Augen, dann »der redende Mund, den ein Zug von der reinsten Herzensgüte umschwebt. Seine Stimme ist halblaut, rund, volltönend – sehr wohltuend. Seine Sprache reines, ungeziertes Deutsch. Die stille Furcht, etwas Kränkliches, Überreiztes in dem Wesen des gekrönten Jünglings zu finden, schwand sogleich völlig; er ist gesund, kräftig. Sein Haupt bewegt sich zierlich, frei und schön auf dem das gewöhnliche Maß überragenden Körper ... Königswürde mit Schönheit und dem Ausdruck eines durch keinen Hauch getrübten Seelenadels gepaart, das gewährt einen erfreuenden, im Innersten wohltuenden Anblick.«

Noch emphatischer klingen Wagners Worte über das erste Zusammentreffen mit dem jungen Regenten am 4. Mai 1864: »Er ist leider so schön und geistvoll, seelenvoll und herrlich, daß ich fürchte, sein Leben müsse wie ein flüchtiger Göttertraum in dieser gemeinen Welt zerrinnen.« Es ist schon höchst bedauerlich, daß wir nie erfahren werden, welche Faszination Ludwig II. auf die nur um wenige Jahre ältere elegante Baronin ausübte. Hier wird schmerzlich klar, was in späteren Jahren durch Eva Chamberlains Vernichtungseifer aus diesem Lebensabschnitt ihrer Mutter an Zeugnissen verlorengegangen ist.

Zu des Königs 20. Geburtstag am 25. August 1865 begann der Briefwechsel zwischen diesem und Cosima von Bülow. Es war damals schon offenkundig, welch enge Beziehung zwischen Richard Wagner und Cosima von Bülow bestand. Den in der Literatur immer wieder dargestellten, völlig ahnungslosen gehörnten Ehemann Hans von Bülow gab es nicht. Nach Cosimas Tagebüchern ist zu folgern, daß sie seit dem Zeitpunkt ihres Zusammentreffens mit Richard Wagner im Haus Pellet am Starnberger See keine eheliche Beziehung mehr mit ihrem Mann hatte.

Ludwig II. hatte sich vorgenommen, Wagner kennenzulernen, ihm die Last der täglichen Sorgen abzunehmen, damit dieser weiterhin seine Werke, die unsterblich wurden, schaffen könne. Sein Mäzenatentum war aber nicht gleichbedeutend damit, daß die Liebesbeziehungen des Meisters Gegenstand der Erörterung mit dem König zu sein hatten. Von dem Moment an, als Richard Wagner Cosima von Bülow dem König als »Freundin« und Mittlerin präsentierte – schon ganz am Anfang des Briefwechsels zwischen Cosima und Ludwig II. –, brachte Wagner in seinen Briefen sehr deutlich zum Ausdruck, daß Cosima ihm sehr viel bedeutete. Selbst als er Ludwig II. 1868 seine Beziehung zu Cosima unmißverständlich offenlegte, ging der König mit keinem Wort darauf ein. Daß er darauf nicht reagierte, zeigt, daß Ludwig dem Paar sehr viel mehr Respekt zollte, als es alle anderen taten. Mit seinem königlichen Machtwort über die Liebesbeziehung versuchte er möglicherweise, Ruhe in die sehr gegen Wagner und die Liszt-Tochter aufgebrachte Stimmung in München hineinzubringen, was ihm jedoch wegen der am Hofe laufenden politischen Intrigen nicht gelang. Es ist völlig unverständlich, warum eine bestimmte Schicht sich so sehr zu Moralaposteln aufspielte. Die Beziehung zwischen Richard Wagner, Cosima und Hans von Bülow war ausschließlich eine höchst persönliche Angelegenheit; wenn aber durchweg selbst seriöse Zeitungen sich das Recht anmaßten, darüber in moralische Entrüstung zu geraten, so war das »plumpste Heuchelei« (Otto Strobel). Es wird nach diesem Briefwechsel immer deutlicher, in welcher Zwangslage sich die beiden Liebenden während ihrer Münchner Zeit befanden. Cosima vermerkte am 29. April 1878 in ihrem Tagebuch: »... gedenkt R. unsrer alten schweren Zeiten in München, ›wie ertrug ich's nur!‹«

Cosima von Bülow, »la Dieudonnée«, und Richard Wagner stürzten in München kometengleich aufeinander zu. Am Ende entstand ein fast vollkommener Ehebund. Und auch in den Briefen erscheint dieser Ehebund »als glanzvolle Rechtfertigung der Ehe-Idee überhaupt« (Peter Wapnewski). In der Münchner Zeit war der eigentliche Beginn einer der großen und spektakulärsten Liebesbeziehungen des 19. Jahrhunderts. Cosima verband ihr Leben bedingungslos mit dem Künstler, dessen Genie und dessen Schwächen sie kannte. Der selbst von Cosima nach ihrem endgültigen Entschluß, für immer bei Richard Wagner in Tribschen zu bleiben, erwartete Bruch mit dem Mäzen blieb aus. Cosima und Wagners offenes Bekenntnis ihrer Liebe zueinander dem König gegenüber brachte für alle die Erlösung. Über allem steht des Königs Wort an Cosima von Bülow, die »theure, innig geliebte Freundin«, vom März 1869: »Vergessen Sie, was Sie hier leiden mußten, mir zu Liebe vergessen, vergeben Sie! O Sie strafen mich sonst mit, u. dieß verdiene ich nicht; auch werden Sie gar nicht wissen, wie treu u. innig ich an Ihnen hänge, denn nach dem Freunde sind Sie mir das theuerste, verehrungswürdigste Wesen auf der Erde.«

Weder in einer Wagner- oder Cosima-Biographie noch in einer solchen über Ludwig II. wird erwähnt, wann es zu einer ersten persönlichen Begegnung zwischen dem jungen Herrscher und Cosima von Bülow kam. Um dies herauszufinden, bieten die »Annalen« Richard Wagners für die Münchner Zeit eine kleine Hilfe. Es ist wohl unwahrscheinlich, daß Cosima bereits 1864 während ihres kurzen Aufenthaltes im Haus Pellet am Starnberger See dem König vorgestellt wurde. Die erste Gelegenheit zu einer Begegnung würde sich am 4. bzw. 7. Dezember 1864 geboten haben bei einer von Richard Wagner dirigierten Aufführung des »Fliegenden Holländer« oder beim ebenfalls von diesem geleiteten Konzert am 11. Dezember im Hoftheater in München. Am 25. Dezember, dem Tag, an dem Cosima ihren 28. Geburtstag feierte, fand in Anwesenheit des Königs ein großes Konzert der Hofkapelle im Odeon statt, bei dem sich Hans von Bülow als glänzender Pianist dem Münchner Publikum vorstellte. Möglicherweise durfte Hans von Bülow damals dem König seine Frau vorstellen – auch wenn er davon leider nichts erwähnt. Es war durchaus üblich, während der Pause in die Königsloge gebeten zu werden.

Die Aufführung des »Tannhäuser« am 12. Februar 1865 fand ohne den König statt. So dürfte die nächste Gelegenheit zu einer Begegnung zwischen Cosima und dem König die »denkwürdige, musikgeschichtlich buchenswerte Stunde« (Gregor Dellin) der von Hans von Bülow dirigierten Uraufführung von »Tristan und Isolde« am 10. Juni 1865 in München gewesen sein. Cosima nahm sich unter den elegant gekleideten Damen durch ihre Kopfbedeckung besonders aus; sie trug einen Kranz aus rosafarbenen Röschen. Der König, selbst ein gutaussehender Mann – dunkle Locken umrahmten sein ernstes Gesicht mit den tiefblauen Augen –, erschien in Zivil in der Königsloge. Der Erfolg der Oper steigerte sich mit der zweiten (13. Juni) und dritten Aufführung. Dieser Aufführung am 19. Juni 1865 wohnte der König nicht bei, da er die Anwesenheit seines Onkels und Taufpaten Otto, des entthronten Königs von Griechenland, in seiner Loge als störend empfunden hätte. Unter jenem 19. Juni 1865 vermerkte Wagner unter anderem in seinen »Annalen«: »Berg: Cos. Pfist. König.« Demnach war Cosima am 19. Juni erstmals in Schloß Berg eingeladen.

Zu einer für Cosima von Bülow äußerst unangenehmen Situation ließ der König ihr am 9. Mai 1865 aus München durch Pfistermeister mitteilen, sie »möchte sich doch ja beruhigen, Er sey nicht gewohnt, nachzutragen und wünschte sehr, sie ruhig und zufrieden zu wissen«. Hans von Bülow hatte bei einer Probe der Oper »Tristan und Isolde« die Erweiterung des Orchesterraumes verlangt und auf die Einwendungen des Maschinisten Penkmayer, daß dann zum Nachteil des Publikums 30 Sperrsitze entfernt werden müßten, geäußert: »Nun ja, was liegt denn daran, ob 30 Schweinehunde mehr oder weniger reingehen.« Um die Empörung zu beschwichtigen, ließ Hans von Bülow eine »Ehren-Erklärung« über den Vorfall in den Münchner »Neuesten Nachrichten« vom 9. Mai 1865 abdrucken. Es ist ein Zeichen besonderer Hochachtung des Königs für Cosima, daß er ihr daraufhin durch den Staatsminister schreiben ließ.

Wie sehr sowohl Ludwig II. als auch Staatsrat von Pfistermeister Cosima von Bülow schätzten, kommt ganz besonders in jenem Brief vom 20. Mai 1865 aus Schloß Berg zum Ausdruck, in dem der Staatsminister im Auftrag des Königs schrieb und »um gütigsten Aufschluß darüber ergebendst« ersuchte, »womit Seine Maj. wohl Wagner zu seinem Geburtstage eine Freude bereiten könne«. Pfistermeister spricht von Cosima und ihrem »erleuchtetem, klaren und ruhigem Geist als dem besten Spiegel für Wagners gewiß geniale Anschauungen«. Auch am 4. Juni 1865 ließ der König durch Pfistermeister Cosima freundlichen Dank sagen für die Sammlung von Manuskripten und Gedrucktem älteren Datums von und über Wagner. Der König staune über den Fleiß und die Beharrlichkeit, »mit welcher Sie, Hochverehrte, gleich einer emsigen Biene so viel Zerstreutes ihm gesammelt haben«. Den Brief an Cosima beschloß Pfistermeister mit einer kleinen Anekdote, »welche von der ganz eigenthümlichen Begabung unseres liebenswürdigen gnädigsten Herrn zeugt. Als ich neulich, so erzählte er mir, nach einem größeren Ritt Nachts ein warmes Bad, stehend im großen Baderaume, nahm, klatschte ich zufällig mit beiden Händen, aber abwechselnd und mit verschiedener Kraft, auf die Fläche des Wassers. Der dadurch verursachte Tonfall erinnerte mich sofort an das letzte Motiv von Tristan, so daß die ganze Scene – Isolde an Tristans Leiche – mit allen Einzelheiten der Musik, wie gezaubert, mir im Ohre lag. Ist das nicht eigenthümlich?«

Cosima wandte sich am 24. Mai 1865 an Staatsrat von Pfistermeister mit der Bitte um Intervention beim König, die finanzielle Misere der zu der am 15. Mai beabsichtigten Uraufführung von »Tristan und Isolde« aus Budapest angereisten Musiker zu lindern. Das große Ereignis mußte wegen Erkrankung der Sängerin Malvina Schnorr von Carolsfeld auf den 10. Juni verschoben werden. Die Musiker wollten gerne bis dahin in München bleiben, konnten die Kosten für ihren Aufenthalt aber nicht aufbringen. Cosima versuchte ihnen zu helfen.

Auf die angesprochene Audienz beim König in Schloß Berg am 19. Juni 1865 bezog sich Oberappellationsrat Lutz in seinem Schreiben an die »Hochverehrte gnädige Frau« vom 14. Oktober 1865 aus Hohenschwangau, in dem er erwähnte, daß er »vor einigen Monaten die Ehre gehabt habe, ihr in Schloß Berg durch Herrn Staatsrath von Pfistermeister vorgestellt zu werden«.

Während der König in Briefen an Richard Wagner immer wieder Grüße an Herrn und Frau Bülow ausrichten ließ, erwähnte Richard Wagner selbst in einem Brief an den König Frau Cosima erstmalig am 25. Juni 1865: »In der Abendstunde fuhr ich gestern von Tegernsee nach München zurück, wo ich meine tapferen Löwen (= das Ehepaar Ludwig und Malvina Schnorr von Carolsfeld) zur Ruhe zurückgelassen hatte: die wunderbare, innig vertraute Freundin, meines Franz Liszt Tochter, begleitete mich. Sie hat nur noch einen Lebensfaden, und dieser webt sich in dem Wunderbande, welches Sie, mein Herrlicher, mit mir verbindet. Ich hatte den Freunden tags zuvor auf einem traulichen Ausfluge in ein schönes Thal manche meiner widerwärtigen Erfahrungen von Menschen und Leben mitgeteilt: noch lähmte Entsetzen darüber die Freundin. Jetzt versank sie in einer jener exstatischen Schlafanfälle, die sie zu Zeiten plötzlich überraschen, und in welchen sie, aus tiefstem Schlummer, bald deutlich und zusammenhängend spricht, indem sie Traumbilder mittheilt, von denen sie nach dem Erwachen nicht die mindeste Erinnerung hat. So begann sie nun plötzlich folgendermaassen: ›Ja, ja! So hab' ich mir die Gralskirche gedacht. Das ist das rechte Altarbild, und dies die richtige Bedeutung des jüngsten Gerichts des Michel Angelo in der Sixtina. Auf der einen Seite Deine Werke, eines strahlender als das andere: auf der anderen Seite Deine Lebenserfahrungen, eine scheusslicher als die andere; und oben in den Wolken – Parcival (so heissen Sie unter uns, theurer Freund!) als Weltenrichter. Da unten, ganz unten – oh, wie schrecklich! ich mag nicht hinsehen! Der ewige Verrath.‹ Sie verstummte, – und erwachte bald. –«

Ein weiterer Hinweis auf das persönliche Zusammentreffen des jungen Königs mit der nur um sieben Jahre älteren ebenfalls hochgewachsenen Baronin Cosima von Bülow findet sich in einer Tagebucheintragung Wagners vom 16. Juli 1865: »nochmals Berg. (Cos. u. Kinder; Zauber- u. Irrgarten.)« Übrigens konnte Cosima die Abkürzung ihres Namens zu »Cos« nicht ausstehen. Ihr Vater nannte sie »Cosette«, sie selbst rief ihren Hund »Cos«, um Wagner davon abzuhalten, sie ständig ebenso zu nennen.

Im Juli 1865 ließ König Ludwig durch von Pfistermeister bei Cosima anfragen, ob Wagner zur Durchführung einer für damals geplanten Erholungsreise in die Schweiz seiner Unterstützung bedürfe.

Zu einem Bruch zwischen Staatsrat von Pfistermeister und Richard Wagner kam es bereits in jenem Monat Juli. Da half auch Cosimas Schlichtungsversuch in ihrem Schreiben vom 20. Juli 1865 nichts. Es fällt auf, daß Cosima dem Staatsrat gegenüber beständig von »wir« spricht: »Bewahren Sie uns, lieber Herr Staatsrath, in allen Zeiten Ihre freundliche Gesinnung und seien Sie versichert, daß wir alle Sie sehr wohl zu schätzen wissen, insbesondere aber Ihre hochachtungsvoll ergebene v. Bülow-Liszt«. Pfistermeister gab daraufhin Frau von Bülow sehr bestimmt zu verstehen, daß er künftig gerade diese Mittlerrolle zwischen dem König und dem Künstler Wagner nicht mehr übernehmen werde.

Richard Wagner pries dem König gegenüber »Freundin Cosima« als die Schreiberin seiner Autobiographie »Mein Leben« (21./22. Juli) und ließ noch einfließen, daß diese ihn darin bestärke, »Geschenke des Königs annehmen zu dürfen, die besonders werth- und bedeutungsvoll würden, wenn sie dem Geber wirkliche Opfer kosten«. Am 20. August 1865, kurz vor des Königs 20. Geburtstag, brachte Richard Wagner seine Geliebte dem König gegenüber endgültig ins Spiel: »Seien Sie das leitende Gestirn für den Verein der wenigen Auserwählten, deren Liebe das Schicksal mich und meine Werke anvertraut hat. Ein edles, tiefsinnig erhabenes weibliches Wesen ist diesem Kranz eingeflochten. Wollen Sie wahre, tiefe Aufschlüsse über irgend etwas Unverständliches in meinem Betreff, wenden Sie sich an dieses seltene Wesen, das Ihnen rein wie die Urquelle der Nornen Alles zuspiegeln wird. Berathen Sie sich, edler, herrlicher Freund! Ich gehöre Niemand auf dieser Welt mehr an, als Ihnen und diesen Zweien!« Nach diesem Eingeständnis Richard Wagners vom 20. August 1865 begann am selben Tag der Briefwechsel zwischen Cosima von Bülow und König Ludwig II. von Bayern. Cosima wurde zur Mittlerin zwischen dem König und dem von beiden abgöttisch geliebten Genie Richard Wagner.

1865

I

Allergrossmächtigster König!
Allergnädigster König und Herr!

Darf ich es wagen, Eurer Majestät zu Allerhöchst-Deren Geburtsfeste mit unterthänigstem Glückwunsche und einer geringen Gabe mich zu nahen?

Schwer fiel es mir im vorigen Jahre[1] den Ausdruck meines ewigen Dankgefühles zurückzudrängen: heute will es mich unmöglich dünken. So habe ich mich denn erkühnt, Eurer Majestät in einer schlichten Arbeit die Symbole der hohen Werke zusammenzustellen, welche Eure Königliche Majestät durch die hehrste That sich zu eigen gewonnen. Des Holländer's Schiff, Tannhäuser's Stab, Lohengrin's Schwan, Siegfried's Schwert, Tristan's Schaale – ich habe sie auf den grünen Grund der Hoffnung gestickt, – deren Panier Euere Königliche Hand in trübster Nacht geschwungen, und mit den Blumen umgeben welche den Erlöser Parzival am Charfreitag so wunderbar entgegenblühen. Nach überstandener Sturmesgefahr bringt in Demuth der Seemann sein bescheidenes Ex-voto der göttlichen Jungfrau dar und dankt mit Inbrunnst dem verliehenen Schutze: *so* lege ich Euerer Majestät meine kleine Arbeit zu Füssen; jeder Stich enthält einen Segensspruch!

Wer um die heilige Kunst im tiefsten Herzen gelitten, wer in dem eignen Vater und Gatten geweihte Kämpfer für dieselbe erkannt, wer mit Angst und Trauer gesehen, wie hoffnungslos von der Welt bejubelt und doch geächtet der grosse Schöpfer der *höchsten* Kunst heimathlos umherirren musste – nur der allein vermag es zu ahnen welche That Euere Majestät vollbracht!

In einem seiner tiefsinnigsten »Auto's« lässt der spanische Dichter[2] den König die wankende Religion stützen und sich dadurch ewigen Ruhm auf Erden, ewige Seligkeit im Himmel erküren: Euere Majestät haben in dem göttlichen Freunde die Kunst selbst gestützt, ja gerettet, dem Welten-Hohn zugerufen, wie Gott den Meereswogen: nicht weiter darfst Du walten!.. Ewig, wie sie einzig ist, wird sie prangen diese That! Unsere Kunst – ich wage es zu sagen – ist Religion, ihre Träger sind Märtyrer; Wunder wirkt sie, die heilige in dürrster Zeit, unsere Thränen empfängt sie und wandelt sie zu Perlen, den Aufschrei unserer Seele verklärt sie zum Gesang, ihre Wurzeln haften im irdischen Leiden und ihre Blüthen spenden den überirdischen Trost: so kann und wird sie, ich ahne es mit Sicherheit, die Menschheit dereinst neu erlösen. Doch musste sie, die göttliche zuerst unerkannt, dann verkannt und verfolgt unter den Menschen umherirren welche von ihr nicht Erbauung sondern Zerstreuung, nicht Erhebung sondern Ergötzung verlangten. Ernst und mild-erhaben erscheint sie in unsrer Welt gleich der christlichen Tugend in der alten römischen – wie der älteren Schwester droht ihr Verbannung und Gefahr – doch:

»Wach auf, es nahet gen dem Tag,
Ich höre singen im grünen Hag
eine wonnigliche Nachtigal,
ihr Stimm' durchklinget Berg und Thal:
die Nacht neigt sich zum Occident,
der Tag geht auf von Orient
die rothbrünstige Morgenröth
her durch die trüben Wolken geht ...«[3]

Was seit Menschengedenken die Fürsten Grosses für die Kunst gewirkt nie liess es sich vergleichen mit Euerer Majestät erhabener That! Raphael zu begünstigen, Calderon zu ehren, Shakespeare zu bewundern, das waren schöne leichte lächelnde Aufgaben, im Einklange mit der Welt; Wagner zu *retten*, dem Heiligenscheine der Kunst die königliche Krone zu vermählen, den Verkannten zu lieben, dem Heimathlosen eine Heimath zu gründen, dem Hoffnungslosen höchste Gewissheit darzureichen, dem müden und verzagenden Gotte leuchtende Schwingen zu verleihen, der trauernden ewig gequälten Seele Frieden und Glauben zu bieten – dies war höchster, heiligster, schwerster Königlicher Beruf! Ein Wunder ist geschehen:

Wie preis' ich dieses Wunder
aus meines Herzen's Tiefe![4]

Und so rufe ich denn Heil dem »leuchtenden Tag«, Heil dem »Wecker des Lebens«, Heil dem »siegenden Lichte!«[5]

In tiefster Ehrfurcht verharre ich
Euerer Königlichen Majestät
treu gehorsamste Dienerin
[Pesth, 20. August 1865] Cosima von Bülow-Liszt

[1] Im Jahr 1864 hatte der bayerische Kabinettssekretär Franz Seraph von Pfistermeister (1820-1912) dem mittellosen und verzweifelten Richard Wagner am 3. Mai in Stuttgart die Berufung durch König Ludwig II. nach München überbracht. Richard Wagner bezog am 14. Mai das vom König für ihn gemietete Haus Pellet in Kempfenhausen in der Nähe des Schlosses Berg am Starnberger See. Bereits am 29. Juni kam die siebenundzwanzigjährige Baronin Cosima von Bülow mit ihren Töchtern Daniela und Blandine (3 1/2 Jahre bzw. 15 Monate alt) auf Einladung des damals einundfünfzigjährigen Wagner aus Berlin dorthin. Sie hielt sich dann vom 22. bis 26. August 1864 bei der deutschen Tonkünstler-Versammlung in Karlsruhe auf und kam am 28. August zusammen mit ihrem Vater Franz Liszt wieder nach München. Sogleich fuhr sie nach Kempfenhausen weiter, von wo aus sie mit Wagner am 29. August nach München zurückkehrte.

Über ihren Aufenthalt in Kempfenhausen schrieb Cosima am 2. Juli 1864 an ihre Freundin Marie von Buch, nachmalige Freifrau von Schleinitz: »[Ich schreibe Ihnen] fern von meinem Herd, fern von allem Lärm, entfernt sogar von dem kleinen Dorf Starnberg durch den See, entfernt scheint mir alles, daß alles vergißt und daß ich alles vergesse. Wenn ich Ihnen einmal alles erklärt, dann werden Sie meine Worte nicht mißverstehen. Ich bin seit drei Tagen hier und mir scheint, daß es bereits ein Jahrhundert sei und daß es dauern wird, wie lange weiß ich nicht.« Der Lebensbund zwischen Cosima und Richard Wagner wurde in diesen Tagen endgültig geschlossen.

Richard Wagner zog am 15. Oktober 1864 nach München in das ihm von Ludwig II. zur Verfügung gestellte Haus Briennerstraße 21. Hans von Bülow übersiedelte am 20. November mit seiner Familie von Berlin nach München in die Luitpoldstraße 15, da er auf Intervention Wagners eine Anstellung als »königl. Pr. Hofpianist, Vorspieler S. M. d. Königs Ludwig II.« erhalten hatte.

Hier sei darauf hingewiesen, daß bereits am 20. Mai 1865 Staatsrat von Pfistermeister im Auftrag des Königs an Cosima von Bülow schrieb und sie um Aufschluß darüber bat, »womit Seine Maj. wohl Wagner zu seinem Geburtstage eine Freude bereiten könne«. Er wolle auch einem ihm schon länger gegebenen Auftrag nachkommen, mündlich mit ihr über Wagners Anschauungen über Staat, Religion und Kunst zu sprechen. »Eine bessere Quelle, um Aufschlüsse über diese S. M. den König sehr interessirenden Fragen zu schöpfen, wüßte ich sicher nicht zu finden. Ihr erleuchteter, klarer und ruhiger Geist, hochverehrte gnädige Frau, ist der beste Spiegel für Wagners gewiß geniale Anschauungen.«

2 Pedro Calderón de la Barca (1600-1681), spanischer Dramatiker, Mitglied des Santiago-Ordens und Hofdichter König Philipps IV. von Spanien, führte die große Tradition des spanischen Theaters fort. Er schrieb mehr als 80 »Autos sacramentales« (geistliche Schauspiele zur Verherrlichung des Fronleichnamsfestes, die während der Prozession an mehreren Stationen zur Aufführung kamen). Am 24. Januar 1882 teilte der König aus Linderhof Richard Wagner mit: »... Calderón's unerreichte, so unvergleichlich schöne ›autos sacramentales‹. Die hochverehrte Freundin, Ihre theure Gattin war es, die mich zuerst auf diese wundervollen Gebilde dichterischer Schöpfungskraft aufmerksam machte, wofür ich Ihr nicht dankbar genug sein kann.«

3 Cosima von Bülow zitiert Richard Wagner mit dem Wach-auf-Chor aus der Oper »Die Meistersinger von Nürnberg«, 3. Aufzug, 5. Szene, dem ein geistliches Lied von Friedrich von Spee (1591-1635) zugrunde liegt.

4 Zitat nach »Tannhäuser«, 2. Aufzug, 2. Auftritt, Elisabeth

5 Zitat nach »Siegfried«, 3. Aufzug, 3. Auftritt: »Brünnhilde: Heil dir, Sonne! / Heil dir, Licht! / Heil dir, leuchtender Tag! / ... Du Wecker des Lebens, / siegendes Licht!«

2

Hochverehrte, gnädige Frau!

Aus dem Grunde meines Herzens danke ich Ihnen für Ihren mir so werthen Brief, sowie für das schöne u. sinnige Geschenk, das mir groß Freude bereitet, dessen seien Sie versichert.- Blicke ich auf das Kissen[1], so stehen die hehren Gestalten aus Wagners wonnigen Werken blitzesschnell vor mir, mich mit Entzücken u. Schmerz erfüllend, sie nahen aus fernen doch innig mir vertrauten Welten. – Hier segelt er vorüber auf schäumenden Wogen der unselige Seemann nach dem Heile sich sehnend. – Hier sehe ich einen Pilgrim reuevoll u. in Zerknirschung flehend; er ward entsühnt; denn ein Engel bat für ihn auf Erden! – Dort naht er von einem Schwan gezogen im Nachen der gottgesandte Held, aus Glanz u. Wonnen kommt er her u. tritt ein in die Welt voll Arg u. Falsch. – Hier sehe ich ihn auf dem Schmerzenslager hingestreckt, den hehren Helden nach der Einzigen sich sehnend; u. dort, wer naht? – Es ist der freie, furchtlose Held, hei! wie er Nothung schwingt, das neidliche Schwert! Aus dem Wald will er fort, in die Welt ziehn! – Zu Brünhild, der heiligen Braut! – O Übermaß der Wonnen! –

Sie schreiben mir, hochverehrte Frau, ich hätte ein Wunder gewirkt, wir wollen viel mehr sagen, wehe, wenn ich die That nicht vollbracht, Verbrechen wäre es gewesen, Wagner nicht zu retten, Verbrechen, Ihn nicht glühend zu lieben! –

»Gepriesen sei die Stunde«
»Gepriesen sei die Macht«
»Die mir so holde Kunde«
»Vom hehren Freund gebracht«[2]
»Zum Streit für Ihn will stets ich stehen«
»Sei's auch auf Tod auf Untergehen!«[3]

Doch nun vor Allem muß Ruhe für Ihn gewonnen werden! – Tiefe, ungetrübte Ruhe, dieß erkenne ich klar! – Wir, seine Freunde, wollen Ihn schirmen mit mächtigem Schutze, kein greller Schein des Tageslichts soll Ihn wecken aus den wonnigen Träumen[4], in »Seiner« Welt muß er einzig u. ungestört leben u. schaffen, die Erdensorgen müssen Ihm nun entschwinden; barg im Busen sich Ihm die Sonne, leuchten Ihm lachend Sterne der Wonne![5] – Und während Er der Erde nun gänzlich entrückt ist, muß die Kunstschule[6] gegründet werden, müssen d. Kräfte gewonnen werden, deren Er so nöthig bedarf, und erheben soll er sich der prachtvolle Bau, das Festtheater[7] der Zukunft! – Schon sehe ich die Gläubigen, die von Begeisterung Entflammten sich in der weiten Hallen schaarend, da beginnen die wundervollen Weisen u. entziehen uns der profanen Welt. »Der Ring des Nibelungen« wird selbst die Starrsten beugen und Alle werden jauchzend u. frohlockend die Welt erfüllen, vor Wagner sich in den Staub werfen und den Geist anbeten der solche Wunder gewirkt! –

Von Ihm nur gehen sie aus die göttlichen Wunder, Er ist der unerschöpfliche Bronnen alles Lichtes[8]. –

Was ich irgend zu thun vermag, werde ich thun, dieß schwöre ich Ihnen! – Alles soll erfüllt werden! – Wenn mir auch Rücksichten zu nehmen eine Nothwendigkeit ist, so werde ich doch alle Hindernisse besiegen dessen seien Sie versichert; denn für Ihn kam ich zur Welt, Ihm nur gehöre ich. –

Hochverehrte Frau, wie groß wird Ihre Freude sein, nun einige Zeit mit Ihrem Herrn Vater[9] verleben zu können; ich bitte Sie, grüßen Sie Ihn mir von Herzen, schon in früher Jugend gewann ich Ihn lieb, vielleicht blüht mir einst die Freude, Ihm persönlich bekannt zu werden! – Grüßen Sie auch Ihren verehrten Gemahl[10] freundlichst von mir! – Es würde mich freuen, bald von Ihnen zu hören, denn Ihr Rath würde mir unschätzbar sein, in Allem was unsren großen Freund betrifft. – Ihm wollen wir unser Leben weihen! – Heil dem göttlichen Sieger! – Er überwindet die Finsterniß. –[11]

Nochmals spreche ich Ihnen, gnädige Frau, meinen wärmsten Dank aus für Ihren mir so theuren Brief u. die sinnvolle Gabe, welche ich stets hoch in Ehren halten werde, immer bleibe ich

Ihr

sehr geneigter

Hohenschwangau — Ludwig.

den 26. Aug. 1865. –

[1] *Richard Wagner schrieb am 19. August 1865 an Cosima: »Du hast doch Sorge getragen, daß das Kissen richtig abgegeben wird? Ich hoff's!« Am 27. August 1865 erwähnte der König gegenüber Richard Wagner: »Auch von Ihrer Freundin, von Fr. v. Bülow, erhielt ich ein mir theures sinnvolles Geschenk.«*

[2] *Zitat aus »Tannhäuser«, 2. Aufzug, 2. Auftritt. Der König veränderte die 4. Zeile, die im Original lautet: »Von Eurer Näh' gebracht.«*

[3] *Zitat nach »Tannhäuser«, 1. Aufzug, 2. Auftritt: »Tannhäuser: Zu Kampf und Streite will ich stehn, sei's auch auf Tod und Untergehn!«*

[4] *Zitat nach »Tristan und Isolde«, 2. Aufzug, 2. Auftritt.*

[5] *Ebd.: »Isolde: Barg im Busen sich uns die Sonne, leuchten lachend Sterne der Wonne.«*

[6] *Richard Wagner verfaßte einen »Bericht an S. M. den König Ludwig II. von Bayern über eine in München zu errichtende deutsche Musikschule«.*

[7] *Im Brief vom 26. November 1864 an Richard Wagner schrieb Ludwig II.: »Ich habe den Entschluß gefaßt, ein großes, steinernes Theater erbauen zu lassen, damit die Aufführung des ›Ring des Nibelungen‹ eine vollkommene werde.«*

[8] *Zitat nach »Tannhäuser«, 2. Aufzug, 4. Auftritt*

[9] *Franz (von) Liszt (1811-1886); Cosima war am 24. Dezember 1837 in Como als dessen zweite Tochter mit Marie Cathérine Sophie Gräfin d'Agoult, geboren und trug zunächst den Mädchennamen der Mutter, Flavigny.*

[10] *Hans Guido Freiherr von Bülow (1830-1894), Pianist und Dirigent, Schüler von Friedrich Wieck und Franz Liszt; ab 1848 studierte er Jura in Leipzig. 1849 war er Mitarbeiter der »Abendpost« in Berlin. 1850 festigte sich sein Entschluß, Musiker zu werden, und er schloß sich in Zürich Richard Wagner an. Dort und in St. Gallen wurde er Theaterkapellmeister. 1857 erfolgte seine Eheschließung mit Cosima; dem Ehepaar wurden zwei Töchter geboren: Daniela Senta (1860 bis 1940) und Blandine Elisabeth (1863-1941).*

Am 10. April 1865 wurde Cosima von Wagners erster Tochter Isolde (1865 bis 1919) entbunden. Am gleichen Tag fand unter der Leitung von Bülows die erste Orchesterprobe für den ersten Akt von »Tristan und Isolde« statt. Isolde wurde in der Stiftskirche St. Bonifaz in München – Wagner war Pate – getauft. Die Taufe vollzog Pater Petrus vom Kloster St. Bonifaz. Anton Hamp – so hieß er im bürgerlichen Leben – trat später zur altkatholischen Kirche über. Noch 1877 erkundigte er sich, als er seine Verlobungsanzeige versandte, bei Cosima nach dem Ergehen seines einstigen Täuflings. Isolde durfte nie den Namen ihres Vaters tragen. Dieser schrieb an den Schluß der Kompositionsskizze des dritten Aufzugs der »Götterdämmerung«: »So geschehen und geschlossen am Tage, da mir vor 7 Jahren mein Söldchen geboren wurde. 10. April 1872 RW.« Cosima Wagner verleugnete stets die Vaterschaft Wagners. Bei einem Erbstreit um Isoldes Rechte kam es 1913 zum völligen Bruch mit der Mutter.

Cosima hatte Richard Wagner ein Tagebuch geschenkt, wegen seines braunen Ledereinbandes das »Braune Buch« genannt. In Wagners Aufzeichnungen während der Zeit der Trennung von Cosima notierte er unter anderem, daß er in München die Kinder in der Bülowschen Wohnung besucht habe, Isolde, seine Tochter, sei sofort erwacht und wollte weinen, dann lachte sie ihn einmal an. Ein weiterer Eintrag lautet: »Und von Isoldchen läufst Du fort, nun schon 5 Wochen – : Du verdienst eben nicht so ein liebes Kind! Wenn Du wieder auf Abenteuer gehst, nehme ich das Kind zu mir, und Du ...« Nach dieser Eintragung fehlen Blätter, die aus dem Buch herausgeschnitten wurden.

Am 13. September kehrten die Bülows aus Budapest nach München zurück; am 22. September lud Wagner sie zu Tisch. Von da an widmete sich Cosima neben ihrer Familie auch Richard Wagner, in dessen Haus sie ein eigenes Wohn- und Arbeitszimmer hatte, um seine Korrespondenz zu erledigen.

[11] Hier könnte es sich um eine Anspielung auf das Johannesevangelium 1,5 handeln; dafür spricht, daß Ludwig II. am 17. Juni 1865 nach der Uraufführung des »Tristan« an Richard Wagner schrieb: »Denken Sie an den Spruch des Evangelisten: ›das Licht leuchtete in der Finsternis, aber die Finsternis hat es nicht begriffen!‹«

3

Allergrossmächtigster König!
Allergnädigster König und Herr!

Wüsste ich Euerer Majestät zu danken! Könnte ich nur sagen mit welch freudigem Stolze, mich das Allerhöchste Schreiben erfüllt hat! ......

Sofort wünschte ich von der huldreichen Erlaubniss Gebrauch zu machen, und Euerer Majestät, Verschiedenes mitzutheilen; doch dünkte mir mein Leben in Ungarn[1] zu bewegt, um die hierzu nöthige Sammlung, gewinnen zu können, und ich versparte auf meine Rückkehr nach München, die freud- und ehrenvolle Aufgabe. Hier fand ich aber Anderes für mich vor: und da ich wohl wusste im Sinne Euerer Majestät, zu handeln, indem ich mich diesem Anderen widmete, schrieb ich zuerst die Blätter des Freundes, mit unendlicher Freude ab.

Wie Vieles hat sich während meiner Abwesenheit hier ereignet! Euerer Majestät letzte Allergnädigste Beschlüsse!..... Der Entwurf zum Parzival!...... Es ist mir als ob jede erhabene That, jedes grosse Vorhaben Euerer Majestät, unzertrennlich mit einer dichterischen Schöpfung, und einem göttlichen Gedanken des Freundes, verkettet wären. Als ich erfuhr, was Euere Majestät, in jüngster Zeit beschlossen, traten die Thränen mir in die Augen – nun las ich den *Parzival*, und musste vor Ergriffenheit das Lesen öfters unterbrechen!

Wie einfach, wie volksthümlich und wie erschütternd geschildert, der Vorgang des Parzival! Das sündhafte Blut des Anfortas welches sich beim Erscheinen des himmlischen Blutes des Erlösers, verzweiflungsvoll schon aus dem Herzen drängt – wie tief, wie erhebend! Die Wiedererweckung der Kundry, das Zwiegespräch zwischen ihr und Klingsohr, wie grauenhaft, dämonisch, geheimnissvoll, ist es nicht als ob die Mysterien der Welt sich leise entschleierten! Dann Parzival's zweite Begegnung mit Kundry – wie rührte mich dieser wunderbar versöhnungsvolle, wehmüthig wonnig erhabener, traulich verklärte Vorgang. Seitdem mich die Anbetung unsres Heilandes durch Maria Magdalena auf ewig erschütterte hat mich nichts so ergriffen. Die Sünde, die Erlösung, die Wiedergeburt, die Liebe, ihr wahres Wesen ist mir wie offenbart in diesem Entwurfe, es ist als ob alle diese Mächte auf des Dichter's allgewaltigen Befehl sich verschlungen erheben und enthüllen!

Dass der Freund dieses *gewollt*, wie beseligt es das tiefste Innere! Welcher wunderbaren Macht verdanken wir aber dieses Wollen? Wer ist wohl der göttliche Urheber der himmlischen Kraft? Soll ich, darf ich es Euere Majestät, noch sagen?.... Zu Allem haben Euere Majestät den Freund wieder erweckt. In den für Eure Majestät, neulich abgeschriebene Blättern, wie rührte es mich, die feurige Vaterlandsliebe ausgedrückt zu finden, die ich in der Seele des Freundes wohl kenne, jedoch eher als eine schmerzliche nie auszusprechende Empfindung. Nun erscheint sie mit den Flügeln der Hoffnung beschwingt. Zu Allem findet er nach und nach Muth und Lust; die praktischen Fragen ergreift er mit der dem Genie so eigenthümliche, und von der gewöhnlichen Menge so übersehenen Gewandheit; die idealen Gebiete betritt er jetzt wieder mit freudigem Behagen – dies Alles Euerer Werk, Allergnädigster König und Herr, dies einzig und allein, Euerer Majestät Schöpfung! ....

Nun soll der Freund »träumen«; sein Träumen ist Sinnen, sein Sinnen Walten des Wissens! Wie Euere Majestät es mit klarster Schärfe durchschauen, er darf nach Aussen sich nicht zersplittern. Die deutsche Kunstschule wird unter meines Mannes Leitung (wenn Euere Majestät geruhen sie ihm Allergnädigst zu gewähren), nach und nach sich erheben und organisiren. Das ehemalige Conservatorium zu schliessen ist ein bedeutender und wichtiger Schritt, viel bedeutender und wichtiger als es die Unkundigen annehmen können. Ich hege die feste Ueberzeugung dass die Neue Stiftung ohne übermässige Schwierigkeiten von sich gehen wird. Die Hauptsache schien mir bei dieser Angelegenheit in den Verhältnissen klar zu sehen, dieses ist nun geschehen: Lehrer zu berufen, Schüler zu bekommen – Frage der Zeit die sich durch Fleiss und Festigkeit lösen lässt.

Und das Theater! ... Wie schön überraschte es mich Semper[2] hier zu treffen und von dem geliebten Plane wiederzuhören. Wir besuchten heute, Wagner, Semper und ich den gewählten Punkt. Es war wie eine Walfahrt. Die Abendsonne umgliss das uns gegenüber liegende München; wie in einem orientalischen Märchen glänzten die mannigfaltigen Thürme, gleich einem flüssig gewordenen Smaragd rollte die Isar dahin, und ob unser Haupt wölbte sich in reinstem Blau der Himmel. Wir schwiegen und träumten; in diesem Traume *sah* ich, wie zum ewigen Gruss auf der Höhe gegenüber des glitzernden Schlosses gebaut, das wunderbare wunderbringende Werk, und in mir erschallte es:

Vollendet das ewige Werk:
Auf Berges Gipfel
die Götter-Burg,
prachtvoll prahlt
der prangende Bau!
Stark und schön
steht er zur Schau:
hehrer, herrlicher Bau![3]

Wenn Euere Majestät mir Allergnädigst erlaubten meine Ansicht hierüber auszudrücken, so würde ich unterthänigst sagen, dass mit Semper die beste, ja, die einzige Wahl getroffen ist. Von den Baumeistern von denen ich weiss, scheint er mir der Einzige der eigne schöpferische Gedanken hat, folglich auch der Einzige der auf fremde grosse neue Gedanken mit Genialität eingehen kann. Dass Euere Majestät in grossmüthigster kühnsten Weise die Schwierigkeiten nicht beachtet haben, die gerade um diesen Namen für Jeden sich gestellt hätten, wie kann man das Euerer Majestät danken? Und Semper, welch' hohes Glück für ihn! Der berühmte verehrte Meister ist – sonderbar genug – zum eigentlichen Bauen seit seiner wahren Entwickelung nicht gekommen, er hat bis jetzt nur Andeutungen seines Genie's geben können, nun blüht ihm in den letzten Lebensjahren die herrlichste Aufgabe!

Als ich in Wagner's Tagebuch die Thaten der Allerhöchsten Vorfahren Euerer Majestät, zusammengezogen fand, dachte ich des schönen Capitels welches einst die Aufzeichnung der edlen Thaten krönen wird. Wie vieles ist schon geschehen, wie vieles stehet noch bevor! Gesegnet in alle Ewigkeit, sei der theure Name Euerer Majestät!

Ich habe mir erlaubt mit den gnadereichen Worten Euerer Majestät, meinen Vater zu beglücken. Wenn Euere Majestät es ihm Allergnädigst zu gewähren geruhen, erlaubt er sich seine *Heilige Elisabeth*[4] in tiefster Ehrfurcht Euerer Majestät, zu widmen. Darf ich hoffen dass Euere Majestät, mir gütigst gestatten einige Aufsätze und das Gedicht zu dem genannten Werke, meinem Schreiben unterthänigst beizulegen?

Dieses Werk ist vielleicht das schönste welches der Vater geschaffen hat; es fesselt und ergreift wie ein musikalisches Drama, und verhält sich zu den Oratorien wie die Wagner'schen Schöpfungen zu den Opern: – es ist eben etwas ganz Verschiedenes. Sollten Euere Majestät, den Wunsch haben einst dieses Werk zu hören, so beauftragt mich der Vater Euerer Majestät unterthänigst zu melden, dass er jeden Augenblick mit seiner Kunst und seiner Person zur Verfügung steht, wenn er auch sein letztes Asyl in Rom gesucht und gefunden hat. Er weiss sie zu würdigen und in tiefster Seele zu preisen, die unvergleichliche wunderbare »That« Euerer Majestät: »und auf jeder Stelle wo er steht, getreulich dienet er, der Fürsten höchster Ehr'«![5] ......

Sein jetziger Aufenthalt in Ungarn ist ein ergreifender Triumph gewesen; die Anerkennung des Vaterlandes hat etwas mild ernstes wie ein Muttersegen. »Nicht ein Publikum sondern ein Volk hat er hier«, sagte mir ein ungarischer Schriftsteller, und es ist richtig. Der Magnat und der Bauer, der Bürger und der Zigeuner, sie kennen, lieben und ehren ihn Alle. Die zwei Aufführungen der h. Elisabeth waren rührende Ereignisse; Kunstwerk, Künstler, Zuhörer wie zusammengeschmolzen bildeten das Ganze einer, im tiefsten Sinne des Wortes, religiöse Feier. Aus der Begeisterung erblühte die Andacht.

Als der Vater zum erstenmale in Pesth jetzt öffentlich sich zeigte, musste ich bei dem Empfange, an Hans Sachs' Erscheinen im dritten Akte der *Meistersinger* denken! Das ganze Volk fühlt in ihm seine lebendigste, edelste Affirmation. – Es waren schöne und glänzende Tage die wir dort verlebten, doch bin ich glücklich wieder zurückgekehrt zu sein. *Hier* ist meine Aufgabe; sie ohne Schwanken und Wanken zu erfüllen – mein höchstes beglückendes Ziel. Inmitten der berauschenden und traulichen Erlebnisse, bangte es mich; es ist mir jetzt zur Nothwendigkeit geworden dem Freunde Schritt für Schritt zu folgen, ihm zu helfen wo ich kann. Keine strahlende Freude kann mir die tägliche Sorge um ihn verscheuchen, so bleibe ich denn lieber hier und theile alle seine Empfindungen, und erleichtre ihm nach Kräften die Bürde des Lebens. Euere Majestät werden Allergnädigst vergeben, dass ich so unumwunden spreche; ich bin durch die übergrosse Huld mit welcher Euere Majestät meinen ersten Brief aufgenommen, so beglückt und ermuthigt, dass ich nun aus ganzer Seele schreibe wie ich Euerer Majestät, aus ganzer Seele danke!

Indem ich Euere Majestät um Vergebung bitte wegen der Verzögerung des *Wagner-Buches*[6], bin ich so frei unterthänigst zu versprechen dass es baldigst in Euerer Majestät Allerhöchsten Händen gelangen wird.

Mein Mann legt sich, Euerer Majestät, unterthänigst zu Füssen, und ich ersterbe, als

Eurer Majestät
treu gehorsamste Dienerin
Cosima v. Bülow-Liszt

München, den 19ten September 1865

[1] *Während Cosimas Aufenthalt in Ungarn sandte ihr Staatsrat von Pfistermeister einen Brief nach Budapest, der eine genaue Zusammenstellung der Richard Wagner vom König zugedachten jährlichen Bezüge enthielt, die im Widerspruch zu den Zusicherungen stand, die der König am 26. August durch Pfistermeister an Wagner gemacht hatte.*

[2] *Gottfried Semper (1803-1879) gilt als einer der bedeutendsten Architekten des 19. Jahrhunderts. Er studierte in Göttingen und in München unter Friedrich von Gärtner. 1826 flüchtete er nach einem Duell nach Paris, wo er unter Franz Christian Gau und Jakob Ignaz Hittorf arbeitete. 1830 bis 1833 lebte er in Italien und Griechenland und veröffentlichte seine Abhandlung über »Die Polychromie in der griechischen Baukunst der Antike«. 1834 wurde er als Professor an die Akademie in Dresden berufen. Dort schuf er seine schönsten Bauten: das Dresdner Opernhaus (1838-1841, 1869 abgebrannt, veränderter Neubau 1871-1878), die Synagoge (1839-1840), die Villa Rosa, das Oppenheim-Palais und die Gemäldegalerie (1847-1854). Semper war in Dresden eng mit Richard Wagner befreundet. Als führender Teilnehmer am Dresdner Aufstand von 1849 mußte er Deutschland verlassen und floh über London, wo er an der Planung des Victoria and Albert Museums beteiligt war, nach Paris. Von 1853 bis 1871 war er Professor am Polytechnikum in Zürich, wo er erneut häufig mit Richard Wagner zusammentraf. Ludwig II. beauftragte ihn 1864 mit dem Entwurf des Münchner Festtheaters; das Modell befindet sich heute im Schloß Herrenchiemsee. Es sollte am jenseitigen Isarufer entstehen und mit dem Stadtzentrum durch eine Brücke und eine neue Straße verbunden werden. Die Kosten wurden auf fünf Millionen Gulden, die Bauzeit auf sechs Jahre geschätzt. Die Tatsache, daß das Projekt dann doch nicht verwirklicht wurde, führte zu einer Verstimmung mit Richard Wagner, der das Projekt allerdings selbst wiederholt hinausgezögert und nach seiner Vertreibung aus München jedes Interesse daran verloren hatte. Seine letzten Lebensjahre ab 1871 verbrachte Semper in Wien, wo der Konflikt mit Wagner beigelegt wurde. Die beiden großen Museumsbauten in Wien, die mit der Wiener Hofburg ein Forum bilden, sowie das Burgtheater wurden nach Sempers Plänen von Carl von Hasenauer ausgeführt. Gottfried Semper starb hochgeehrt 1879 in Rom.*

[3] *Zitat aus »Das Rheingold«, 2. Szene: »Wotan: Vollendet das ewige Werk: / auf Berges Gipfel / die Götterburg, / prächtig prahlt / der prangende Bau! / Wie im Traum ich ihn trug, / wie mein Wille ihn wies, / stark und schön / steht er zur Schau; / hehrer, herrlicher Bau!«*

4 Cosima und Hans von Bülow reisten im August 1865 nach Ungarn, wo Franz Liszt in der Redoute von Budapest sein Werk »Die Legende von der Heiligen Elisabeth«, das erste seiner beiden großen Oratorien, dirigierte; das zweite, »Christus«, kam 1873 erstmals zur Aufführung.

5 Zitat nach »Tristan und Isolde«, 1. Aufzug, 2. Auftritt: »Tristan: Auf jeder Stelle, / wo ich steh, / getreulich dien' ich ihr, / der Frauen höchster Ehr'.«

6 Cosima schrieb eine große Anzahl früherer Aufzeichnungen Wagners eigenhändig ab, die sie als »Wagner-Buch« dem König am 25. Oktober 1865 zusandte.

4

Hochverehrte Frau!

Aus ganzem Herzen danke ich Ihnen für Ihren Brief vom 18ten[1] d. M. sowie für die gütige Übersendung der Dichtung zur Legende: »die Hl. Elisabeth« u. der Ungarischen Zeitschrift. – Wie innig hat mich Ihr theurer Brief erfreut u. gerührt! – Herrlich, in seiner Art einzig, muß das neueste Werk Ihres großen Vaters sein, für dessen Widmung ich ihm aus ganzer Seele dankbar bin; eine sehr große Freude hat er mir damit bereitet. – Tief u. von wahrem, innigem Hauche der Poesie durchweht, ist die Dichtung der Legende, wie hinreissend schön und ergreifend muß erst die Musik sein! – Sehr trefflich geschrieben finde ich die Besprechung der Legende in der ungarischen Zeitschrift; man kann sich das ganze Werke klar u. bestimmt vor Augen führen. – Wie verlangt es mich, dieses herrliche Oratorium ausgeführt zu hören, etwa im nächsten Winter unter der Leitung Ihres hochverehrten Gemahls? denn ich wage nicht Ihren Herrn Vater zu ersuchen, die Direktion zu übernehmen, um ihn nicht zu stören aus dem Asyl, das er in Rom gefunden; auch ihm wird die Ruhe wohl thun! –

Wie freut es mich von dem begeistertem, herzlichen Empfang zu hören, der ihm in seinem Vaterlande zutheil wurde, aus ganzer Seele theile ich Ihre Freude darüber, dessen seien Sie versichert, hochverehrte Frau! Und nun, nachdem die rauschenden Festlichkeiten der glänzenden Tage in Pest ihr Ende erreicht, kehren Sie mit Freuden zurück zu unsrem großen Freunde, sorgen für Ihn, helfen Ihm, die Bürde des Lebens leichter ertragen; wie tief rührt mich das; kann ich Ihnen genug danken für Alles was Sie am innig Geliebten thun?! – Meinen wärmsten Dank dafür, daß Sie sich der Mühe des Abschreibens der Blätter aus Wagner's neuem Tagebuch unterzogen haben. – Mit Begeisterung habe ich sie gelesen u. aufgenommen, ja wir wollen dem deutschen Volke zeigen, was es vermag, wenn es recht geleitet wird, ich will nicht ermüden in meinem Eifer, meiner glühenden Begeisterung, bis es erfüllt sein wird das: »ewige Werk!« –

Und nun, der Plan zum »Parcival«; wie groß, wie unvergleichlich – wie wahr sind die Charaktere! Mit welch erhebender Gewalt ist der Sieg des Guten, des Göttlichen geschildert! – Und Alles will Wagner nun schaffen, zur Ausführung aller Seiner Pläne schreiten, von Begeisterungsfeuer durchglüht sind Seine Briefe, wie macht mich das glücklich! – Mit welchem Jubel erfüllt mich das! – Sicher bin ich daß unter Ihres Gemahles Leitung die neue Schule gedeihen u. die herrlichsten Früchte tragen wird! – So schreitet nun Alles der Erfüllung, der Vollendung entgegen! Ich werde auf zwei Tage nach München kommen, am 2ten Oktober[2] hoffe ich den Freund endlich wieder sprechen zu können, es sehnt sich meine Seele nach einer Unterredung mit Ihm, wie vieles gibt es zu bedenken, zu besprechen! – Wie viele düstre, schwere Gewitterwolken auch den Himmel der heiligen Kunst zu verdunkeln suchen, wie viele flackernde Blitze mit falschem Scheine die Menge zu täuschen sich bestreben, ihr Werk muß zerschellen; zwei Gestirne mit unvergänglichem Lichte werden den Irrenden recht rathen in Ewigkeit; der Name unsres großen Freundes u. der Ihres Vaters, gnädige Frau, sie werden mit hellem Glanze scheinen in Ewigkeit; nach schweren Kämpfen, winkt den unermüdlich Strebenden Sieg! – Sieg! – »Per aspera ad astera«! –[3]

Viele Schwierigkeiten u. Mühen wird die Einführung der neu zu gründenden Preßorgane kosten, ich weiß es; doch seien Sie versichert, hochverehrte Frau, ich werde nicht wanken, fest, das als hoch u. heilig erkannte Ziel im Auge, werde ich vorschreiten, unbeirrt durch das Urtheil der Ungeweihten, der thörichten Menge! – Sie hatten die Güte in Ihrem, mir so werthen Briefe, des »Wagner-Buches« Erwähnung zu thun, nehmen Sie die Versicherung entgegen, daß ich mich ungemein auf dasselbe freue! –

Ich ersuche Sie, Ihrem von mir hochverehrten Herrn Vater mitzutheilen, daß mich die Widmung gerade seines neuesten Werkes, der Legende: »Die heilige Elisabeth« unbeschreiblich freut, Dank, innigen Dank aus tiefster Seele. –

Indem ich Sie ersuche, Ihren verehrten Gemahl freundlichst von mir zu grüßen, bleibe ich stets, gnädige Frau

Ihr

sehr geneigter

Hohenschwangau — Ludwig.

25. Sept. 1865. –

[1] *Hier muß es »19ten« September heißen.*

[2] *Richard Wagner wurde am 2. Oktober beim König zur Audienz gebeten. Es ging unter anderem um Wagners Wunsch, vom König »ein Capital von 40000 fl. zu eigener Verwaltung ..., das nach seinem dereinstigen Ableben wieder S. M. anheimfiele«, zu erhalten. Pfistermeister bestimmte den König dazu, Wagner die erbetene Summe nicht zu bewilligen. Der Minister teilte am 10. Oktober Cosima von Bülow die Ablehnung mit, wobei er zweimal betonte, daß er »nur Sprachrohr des Königs« sei. Wagner reagierte darauf sehr scharf und sandte den Brief Pfistermeisters an den König. »Gewiß versteht mich der edle Geliebte, und begreift, dass ich nichts andres thun kann, als – Ihm diesen Brief zur Einsicht zu geben?« In einem Schreiben vom 15. Oktober an Cosima fügte Pfistermeister an, er habe in seinem Brief vom 10. Oktober »Die Allerh. Meinung nicht ganz richtig verstanden«. Fest steht, daß der König selbst in dieser Angelegenheit keine klare Stellung bezogen hatte.*

[3] *»Durch Nacht zum Licht« – Wagners Worte auf dem Titelblatt von »Der fliegende Holländer« lauten: »In Nacht und Elend. Per aspera ad astra. Gott gebe es!«*

5

Allerdurchlauchtigster grossmächtigster König!
Allergnädigster König und Herr!

Hätte ich meinem Gefühle gefolgt, längst hätte ich Euerer Majestät aus tiefster Seele gedankt; doch will es mir als Pflicht erscheinen die grosse Gnade Euerer Majestät, nicht zu mißbrauchen, und in der Stille Wünsche und Segen, Euerer Majestät, darzubringen. Heute empfange ich von meinem Vater einen Brief an Euere Majestät, und indem ich denselben unterthänigst übersende, erlaube ich mir einige Zeilen beizufügen, in der Hoffnung dass Euere Majestät sie mit der gewohnten Huld und Güte aufnehmen wollen.

Das schöne Blatt – *Tannhäuser's Schild* – empfing ich am 27ten September meinem Namenstage[1]. Unsagbar rührte mich dieses huldvolle Gedenken Euerer Majestät, und grosse Freude habe ich stets an dem sinnig gedachten fein ausgeführten Werke. Wie erhöht wird doch die Bedeutung eines Kunstproduktes wenn sich an ihm das Gefühl knüpfen kann! Ich kann Euerer Majestät ja nicht sagen welche Freude wir Tag täglich an dem Tannhäuser Bild finden, welches Euere Majestät dem Freunde allergnädigst schenkten. An und für sich ist es wirklich schön, dass es aber Tannhäuser's Legende darstellt, vor allem dass es von Euerer Majestät herstammt, erweckt bei jedem Anblick die schönsten erhabensten Gefühle. Solche Freuden sind mir auch durch das Allerhöchst übersandte Blatt geworden, ich trete nicht in meinem Arbeitsstübchen ohne durch das hohe Andenken wunderbar gestimmt zu werden.

Mein Vater sagt mir dass er sich nur ganz kurz an Euerer Majestät zu schreiben erlaubt hat, es ward ihm unmöglich für die huldvollen auf ihn bezüglichen Zeilen in dem Allerhöchsten Schreiben Euerer Majestät, nicht zu danken. Von Wien aus hat man ihn um die Erlaubniss zur Aufführung der h. Elisabeth gebeten, er hat sie verweigert da ihm daran liegt dass sein Werk nirgends gegeben wird bevor es die Ehre gehabt von Euerer Majestät gehört zu werden. Wie wird sich mein Mann freuen für Euere Majestät die Legende zu dirigiren; es wird dieses zu jenen Lichtpunkten in dem schweren Kunstleben gehören, welche alles übrige als leicht erträglich erscheinen lassen.

Gestützt auf Euerer Majestät allergnädigsten Beschluss nimmt sich mein Mann vor, den Herrn Minister des Cultus um eine Unterredung mit ihm zu ersuchen. Mein Mann getraut sich nämlich nicht die neue Stiftung in das Leben zu rufen wenn das alte Conservatorium besteht, fasst ja doch die Kunstschule die Tendenzen des Conservatoriums in sich. Er beabsichtigt von Herrn Minister zu ermitteln ob eine Verschmelzung der beiden Institute nicht möglich wäre; sollte an dem Namen *Conservatorium* viel liegen, so wäre Wagner gern bereit denselben aufzunehmen, nur um dem Misstand vorzubeugen der aus dem Nebeneinanderbestehen zweier solcher Anstalten in derselben Stadt, sicherlich sich ergeben würde. Es will uns erscheinen als ob eine eingehende Unterredung mit dem Herrn Staatsminister manche Schwierigkeit lösen könnte. Hoffentlich geruhen Euere Majestät diesen Schritt allergnädigst zu genehmigen.

Jetzt ist Mime erschlagen! Dies war das letzte was ich von dem Freunde ausführen sah; nun führt er den befreiten Siegfried durch den Wald zur Brünhilde; mit welcher Freude sehe ich den Freund an seinem geheimnissvollen wunderreichen »Webstuhle«, wo er die mit Gewalt zu Schlaf gebrachten Welten wieder erweckt. Doch war er die letzten Tage betrübt und leidend; *ich weiss* aber dass er wieder wohl und frei wird. Nicht einen Augenblick kann ich an der Ausführung aller Gedanken zweifeln, die ja nur er verwirklichen kann; die Wunderthat Euerer Majestät muss erfolgreich sein; der grosse theure Freund gelangt zur schöpferischen Ruhe, die deutsche Kunst findet ihre Stätte, durch sie erlebt das deutsche Volk seine Wiedergeburt. Wir staunen oftmals über die Grösse des Vorhabens, und weil ich diese Grösse stets in's Auge fasse bekümmern mich die Hindernisse, die »düstren schweren Gewitterwolken« kaum, eins weiss ich: dass unser Ziel gross, und aber auch dass unsere erhabene Stütze unwandelbar fest und grösser noch als unser Ziel ist. Ich liesse mit Lächeln der »flackernden Blitze falscher Schein« vorüberziehen, sähe ich nicht des Freundes Stirn sich umwölken, die trostlose Lebensmüdigkeit ihm alle Kräfte rauben; dann verlässt mich, nicht der Glaube, nicht die Geduld, wohl aber der frohe Sinn der wie der thätige Gehilfe der beiden ersteren sich bewährt. Trübgemuth matt schlägt das Herz und einzig und allein der Gedanke an Euerer Majestät kann mich ermuntern dem Freunde lächelnd zuzurufen, Muth, Geduld »Das Leben ist *doch* schön!« Ach! sein wundes Herz, sein gepeinigter Geist, wie müssen sie sorgsam vor allem geschützt bleiben! Ich erschrecke vor der Veränderung die in dem Freunde, bei jeder trüben Erfahrung vorgeht!

Dass das Wagner-Buch noch nicht in den Allerhöchsten Händen Euerer Majestät gelangt ist, daran ist theils das Unwohlsein eines meiner Kinder Schuld, theils die trübe Stimmung und der leidende Gesundheitszustande in welche ich den Freund vorige Tage sah! Ihm bis in dem Tode getreulich beizustehen habe ich mir gelobt; dass dieses Euerer Majestät wohlgefällig ist, erlaubt mir es Euere Majestät, als unterthänigste Entschuldigung anzuführen.

So eben erfahre ich dass Euere Majestät nicht wohl sind – wie tief betrübt uns diese Kunde! Gäbe der Himmel Euere Majestät seien wieder wohl wenn diese Zeilen in Euerer Majestät allerhöchsten Händen gelangen! Dürft' ich da wohl mir erlauben Euerer Majestät in aller Demuth eine Kleinigkeit zu Füssen zu legen, die ich aus Ungarn mitgebracht habe? Es ist eine Medaille die ich bis jetzt nicht gewagt habe Euerer Majestät zu übersenden. Sie stellt den h. Georg den Drachen erschlagend dar, und soll ihren Träger vor jedem Unfall zu Lande oder zu Wasser beschützen. Als mir der Sinn durch einen befreundeten ungarischen Magnaten gedeutet wurde, trat mir das Bild Euerer Majestät vor die Augen (Haben doch Euere Majestät gleich dem h. Georg den Drachen erschlagen); ich frug mich ob Euere Majestät wohl den kindischen abergläubischen Gedanken verzeihen würden, und brachte den Tand mit; bis jetzt habe ich mich nicht getraut ihn zu senden. Nun erfahre ich dass Euere Majestät sich den Fuss verletzt haben und ich überwinde die wohlbegründete Scheu. Euere Majestät werden mir darüber, ich hoffe es und bitte unterthänigst darum, nicht zürnen; ist es mir als ob wir Frauen uns das Recht des Aberglaubens erbitten dürften, da wir den bangen Angstgefühlen so preisgegeben sind, und wir in allen vernünftigen Gedanken zuweilen selbst in dem Gebete keine Beruhigung finden! Sollten Euere Majestät mir die Freiheit nicht gestatten so bitte ich mit derselben Einfalt mit der ich sie mir genommen, um Vergebung und baue ich auf die unermessliche Güte Euerer Majestät sei es in der allergnädigsten Aufnahme oder in huldvoller Vergebung meiner geringen kindischen Sendung. Die huldvollen Worte Euerer Majestät über meinen Vater, ermuthigen mich dazu, dem Amulet eine Photographie beizufügen, dieses letztere sende ich ohne Zagen da Euere Majestät die grosse Gnade hatten mein und meines Mannes Bildchen gütigst aufnehmen zu wollen.

Indem ich alle meine Wünsche für das Wohlergehen Euerer Majestät, in einem tiefgefühlten Danksagen zusammenfasse, und die ehrfurchtsvollen Huldigungen meines Mannes, Euerer Majestät zu Füssen lege, habe ich die Ehre mich zu zeichnen

Euerer Majestät
treu gehorsamste Dienerin
Cosima von Bülow-Liszt

München, den 14ten Oktober 1865

[1] *Cosima feierte ihren Namenstag am Gedächtnistag der syrischen Ärzte und Märtyrer Cosmas und Damian. Wagner schrieb dem König am 27. September 1865: »Die Freundin ist tief gerührt von Ihrer Güte und Schönheit: sie dankt Ihnen durch mich aus innigster Seele. Ihre huldvollen Grüße bringen Glück.«*

6

Hochverehrte Frau!

Obgleich ich heute, als am letzten Tage vor meiner Abreise[1] sehr in Anspruch genommen bin, so kann ich doch mir die Freude nicht versagen, Ihnen meinen wärmsten u. innigsten Dank wenigstens in einigen Zeilen auszusprechen, für Ihren werthen Brief u. für die gütige Übersendung des Briefes u. Bildes Ihres hochverehrten Vaters, sowie für den Georgenthaler. – Wie freuen mich beide! – Wie fesselnd müssen die Züge Ihres Vaters sein! Wie geistvoll u. tiefbedeutend sein

Blick! – Ich habe vor, die Medaille recht viel zu tragen, sie soll mir stets ein theures Symbol sein –

Also Mime ist erschlagen! – Theure Kunde! Nun folgt unser Held der Vöglein Flug, nun erweckt er die schlummernde Braut. Könnte ich doch mit einem Zauberwort plötzlich alle Wolken von des großen Freundes Stirne scheuchen, alle Sorgen bannen auf Nimmerwiederkehr! – »Einst wird kommen der Tag!« – ich sehe es voraus; auch Er möge nicht verzagen! – Innigen Gruß dem ewig Geliebten aus tiefster Seele! – Und jener Tag ist nicht ferne, ich weiß es. –[2]

Vollkommen billige ich Ihres Herrn Gemahles Absicht, mit dem Kultusminister selbst sprechen zu wollen; schwer wird es sein, das alte Conservatorium aufzuheben, ich weiß es; — für die neue, deutsche Kunstschule (wie Wir sie wollen), wird von den Ständen kaum das Nöthige bewilligt werden.- In Betreff der Übernahme der Kosten auf die Civilliste habe ich den nöthigen Befehl ertheilt. –

Bald wird nun Alles geordnet sein; so steuern wir muthig u. siegesbewußt unsrem großen Ziele entgegen! – Das deutsche Volk wird auf der Bahn des Großen, Rechten wandeln, wird seinen Geist neu erkennen lernen! –

Ich ersuche Sie, hochverehrte Frau, Ihrem Herrn Vater einstweilen meinen besten Dank auszudrücken für seinen Brief. – Sehr leid ist es mir, schon jetzt schließen zu müssen, nehmen Sie nochmals meinen wärmsten Dank entgegen! – Gott schütze Ihn, den herrlichen Freund u. segne Sie u. Ihren Gemahl, die Sie Freud' u. Schmerz treu mit Ihm theilen, dieß wünscht aus ganzer Seele, hochverehrte Frau,

Ihr

sehr geneigter

Hohenschwangau Ludwig.
den 16. Okt. 1865/.

[1] *Ludwig II. besuchte am 18. Oktober 1865 eine Aufführung von Friedrich Schillers »Wilhelm Tell – Ein Freiheitsfest« und reiste am nächsten Tag erstmals in die Schweiz.*

[2] *Bezug auf »Siegfried«, 2. Akt, 2. und 3. Szene*

7

Allerdurchlauchtigster grossmächtigster König!
Allergnädigster König und Herr!

Indem ich mir erlaube Euerer Majestät, das Wagner-Buch allerunterthänigst zu Füssen zu legen, bitte ich Euere Majestät, mir Allergnädigst gestatten zu wollen einige Zeilen des Dankes beizufügen. Die gnädige Aufnahme des Bildes meines Vaters und des Georgenthalers rührte und beruhigte mich tief; kaum hatte ich zu hoffen mir getraut, dass Euere Majestät, die Sendung der Medaille mir gestatten würden. – Was das Bild anbetrifft wage ich es Euerer Majestät zu sagen dass ich wohl wusste, dass diesem »tiefbedeutenden Blicke« ein anderer tiefbedeutender Blick, mir huldreich freundlich entgegenstrahlen könnte!

Euere Majestät werden wohl allergnädigst verzeihen, erstens: dass das Wagner-Buch so spät in Euerer Majestät, Allerhöchsten Händen gelangen konnte, zweitens: dass die Copie fehlerhaft ausfallen musste; die Manuscripte sind so unleserlich, so durcheinander geschrieben, dass ich nur mit Mühe und Noth die noch sehr mangelhafte Ordnung hineinbringen konnte. Es sind ja dies eben nur Skizzen, auf das loseste Blättchen im Drange anderweitiger Beschäftigungen flüchtigst hingeworfen, zur späteren Benützung oder gänzlicher Verwerfung. Keinem ausser Euerer Majestät, möchte ich dieses Buch sehen lassen, denn keiner würde es verstehen. Man muss Wagner vollständig und bis in das tiefste Innere erkannt haben, um diese Entwicklungsstufen nachträglich mit freudevollem Verständnisse zu ersteigen. Was dem Erkennenden, der, zum Ziele führende, sehr durchschlungene oft beschwerliche, doch sichere Gang ist, muss dem Unwissenden als Labyrinth erscheinen! Dieses krampfhafte Aufbauen einer unbekannten trostzulassenden Macht gegenüber der Hoffnung vernichtenden bekannten Mächte muss dem Kurzsichtigen wie ein Umsturzsüchtiges Verlangen abschrecken, dem Hellsichtigen aber ist es die gewaltsame Festhaltung der Hoffnung unter deren Strahlen der Geist einzig seine Frucht zur Reife bringen konnte. In diesem leidenschaftlichen Wühlen in den fernsten Regionen, in diesem zuweilen harten Absprechen, in dieser mit Gewalt neu-construirten Welt, mit Hilfe selbst der kühnsten erstaunlichsten Behauptungen (wie wenn z. B. das Elend zur Tugend erhoben wird) ersehe ich und empfinde ich das tiefe Leiden nach, des Genius der in seiner eigentlichen Entpuppung begriffen, wie mit Schauder ahnungsweise durchblickt in welcher Welt er seine Schwingen entfalten wird, und mit Gewalt sich eine neue schaffen will. Da hilft das Unbekannte das neben-leidende; dem wird zugerufen um die Freiheit zu gewinnen, dieses *Geheimniss* deren Kundgebung nach der Aussage eines tiefen Denkers, doch nur von oben kommen kann! Inmitten dieser Trümmer und Schulten, über welche der Freund heute selbst lächelt, erhebt sich aber immer deutlicher und fester das Kunstideal, und das ist für mich das Erbauende dieses Ringens; wie Vernichtung sieht es manchmal aus, doch ist es fruchtbar, segensreich!

Hoffentlich sind Euere Majestät mit der Anordnung nicht unzufrieden, ich möchte ich hätte es besser machen können. Mit einiger Wehmuth trenne ich mich nun von der kleinen Arbeit, da ich jetzt für Euere Majestät nichts mehr zu thun habe, hoffentlich sorgt der Freund dafür und ist mir die freudenvolle Ehre bald vergönnt Euerer Majestät, meine Zeit widmen zu dürfen.

Augenblicklich ist der Freund in Wien[1]; die bis jetzt erhaltenen Nachrichten waren gut. Ernst sind die letzten Tagen gewesen die wir zusammenbrachten, ernst, ja feierlich! Als er die Nachricht der Allergnädigsten Bestimmung Euerer Majestät, empfing, war ich zugegen, wir schwiegen lange, still sahen wir einander lange an! Gewiss haben in dieser Zeit wir beide lautlos das Schicksal gefragt, warum es hätte so sein müssen? Mit schwerem Herzen ging ich, und schweren Herzen's bin ich geblieben – unmöglich wäre es mir deutlich zu sagen warum? Vielleicht dass das ganze düstre Leben des Theuren sich bei dieser Schicksalswendung in meiner Seele entrollte, und ich betrauern musste dass es dergestalt war, nur *so* befreit werden zu können: ich darf es Euerer Majestät wohl eingestehen, ich habe in der Einsamkeit, diese Tage bitter darüber geweint!

Doch was kann Ihnen Allergnädigster König und Herr, gesagt werden, wie könnte man Euere Majestät preisen? In früheren Zeiten hegte das französische Volk den Glauben dass die Berührung seiner Könige die Kranken heile, und nach einer alten Sitte desselben Volkes waren die Gefangenen befreit wenn sie die Majestät erblickt hatten. Durch die erhabene Person Euerer Majestät, leben Glaube und Sitte wieder auf; die kranken Gemüther die gefangenen Geister werden von Leid und Ketten befreit und blühen im Dankgefühle wieder auf. Dankbar sein dürfen, von der gnadereichen Hand empfangen die da weiss zu geben! einziges beseligendes Gefühl! Welcher ist wohl da beneidenswerther, König Ludwig der hohe Geber, Richard Wagner der grosse Dankende?....

Sehr erfreute ich meinen Mann durch die Nachricht der Allergnädigsten Genehmigung seiner Absicht. Er hat den wesentlichen Inhalt seiner Unterredung mit dem Herrn Cultusminister, Herrn v. Lutz[2] mitgetheilt, und er würde sich glücklich schätzen, wenn Euere Majestät die Gnade gehabt hätten von dieser Mittheilung Kenntniss zu nehmen, falls der Vortrag seitens des Herrn Cultusminister nicht jede weitere Auseinandersetzung überflüssig gemacht hätte. Er kam befriedigt von dieser Unterredung zurück, in welcher er auf weniger Schwierigkeiten gestossen ist als er erwartet hatte; gern möchten wir der Civilliste eine bedeutende Last ersparen, indem ihr nur einen Zuschuss zuertheilt würde; und wenn es Euere Majestät allergnädigst gestatten, so will mein Mann es sich angelegen sein lassen mit den einflussreichsten hervorragendsten Mitglieder des Abgeordnetenhauses, sich in Einvernehmen zu stellen um ihnen die Sachlage zu unterbreiten. Uns wird von verschiedenen Seiten versichert dass die Stände gern das Nöthige bewilligen würden, wenn eine ordentliche Kunstanstalt zu Stande käme. Auch hat der Herr Cultusminister keine eigentlichen Einwendungen gemacht.

Gestern erhielt ich einen Brief von Frau v. Schnorr[3] die mich frägt ob sie sich diesen Winter in Dresden mit Unterrichtgeben behelfen sollte, ich antwortete ihr sofort sie möge gedulden, es würde Alles zu gleicher Zeit und zu seiner Zeit geschehen. Hoffentlich habe ich erwiedert wie es Euerer Majestät genehm ist.

Der Freund wird wohl Euerer Majestät gemeldet haben dass er grosse Hoffnungen auf einen Sänger setzt, seinerseits hat mein Mann eine Stütze für den Clavier-Unterricht gefunden, ein ernster, tüchtiger Mensch, aus Bayern gebürtig, der den besten Willen zu haben scheint, und in der Musikliteratur bedeutend bewandert ist. Wenn ich mir gestatte dieses Euerer Majestät, unterthänigst zu melden, so geschieht es damit Euere Majestät, daraus ersehen dass unaufhörlich das Augenmerk auf das Ziel gerichtet ist. Nicht einen Augenblick überfällt uns Zagen oder Zweifel, alles wird, wir wissen es. Indem ich mit grösster Ergriffenheit die huldreichen Worte las die Euere Majestät mir über meinen Vater allergnädigst schreiben, dachte ich, wie ganz anders sich sein Leben gestaltet hätte, wenn er es der begeisternden Begeisterung Euerer Majestät hätte widmen können! Wie anders stünde es jetzt um unsre Kunst in Deutschland! .... Ihm ward es nur vergönnt den Grundstein zu legen den Bau selbst mit seinem Schlussstein errichten Euere Majestät! – Einer ist es der vermag es Euere Majestät zu preisen, und er wird es in ungeahnter ewiger Pracht – *ich* vermag nur aus tiefster Seele jeden Schritt Euerer Majestät zu segnen, für jede That unnennbaren Dank zu fühlen.

Euere Majestät gestatten wohl mit der gewohnten Gnade, der tief und still Empfindenden sich zu nennen

Euerer Majestät
treugehorsamste unterthänigste Dienerin
Cosima von Bülow-Liszt

München, den 25ten Oktober 1865/.

[1] *Wagner konsultierte in Wien seinen ihm vertrauten Arzt, Joseph Standhartner, um seine eigene »zukünftige Lebensweise genau festzustellen«.*

[2] *Johann Freiherr von Lutz (1826-1890), bayerischer Staatsmann, war unter anderem ab 1862 Ministerialrat im Justizministerium, 1866/1867 Sekretär Ludwigs II., 1880 bis 1890 Vorsitzender im Ministerrat.*

[3] *Ludwig Schnorr von Carolsfeld (1836-1865), Sohn des Malers Julius Schnorr von Carolsfeld, Tenor, lebte 1858 in Karlsruhe. Im Jahr 1860 heiratete er Malwina Garrigues (1825-1904). Mit ihr zusammen studierte er den »Tristan« ein, doch kam es zu keiner Aufführung, weil beide sich den Anforderungen des ihnen anfangs nicht ganz sympathischen Werkes nicht gewachsen fühlten; noch 1862 bezeichnete es Schnorr als »tief erregendes Studienwerk«, das »mit der größten aufopfernden*

Pietät« gesungen werden müsse. 1860 war Schnorr am Staatstheater in Dresden, wo er durch die Rivalität mit Tichatscheck Schwierigkeiten hatte. 1862 sangen die Ehegatten in Biebrich vor dem tief ergriffenen Wagner, der Schnorr einen »wirklich genialen Künstler« nannte, den ganzen »Tristan«, doch erfolgte die Uraufführung erst am 10. Juni 1865 in München. Der Erfolg war neben Bülows Leistung als Dirigent vor allem dem Ehepaar Schnorr zu verdanken.

8

Hochverehrte Frau!

Es drängt mich, Ihnen meinen wärmsten, innigen Dank auszudrücken für Ihren werthen Brief und die gütige Übersendung des Wagner-Buches. – Nehmen Sie die Versicherung entgegen, daß Sie mir damit eine große Freude bereitet haben. – Wie fesselnd u. tief ergreifend ist doch Alles, was aus der Feder des großen Freundes kömmt! – Wenn in manchen der in dem Buche enthaltenen Aufsätze sich das Ringen u. rastlose Kämpfen des oft noch nicht zur völligen Klarheit gelangten Geistes kundgibt, so dringt doch durch den Schleier der Wolke der Strahl des siegenden Lichtes der Wahrheit. – Hier lassen sich Göthe's Worte anführen: »Es ist der Mensch in seinem dunklen Drange des rechten Weg's sich wohl bewußt.«[1] Heil dem Überwinder, Unsrem geliebten Freunde, der nun mit den blendend reinen Strahlen Seiner Sonne der Menschheit das ewig-Wahre u. Vollkommene offenbart. –

Mit Freuden nahm ich von dem Briefe Ihres Herrn Gemahles an meinen Sekretär Kenntniß; bald wird nun die Angelegenheit bereinigt werden! – O seien Sie überzeugt, hochverehrte Frau, daß es mich schmerzt, bis tief in die Seele mir wehe thut, nicht plötzlich alle Hindernisse entfernen zu können, nicht plötzlich jede Bahn ebnen zu können, die Uns dem großen Ziele entgegen führt, – doch das Werk wird vollbracht; wie begeistert u. erhebt es mich daß kein Augenblick des Zagens u. des Zweifelns Sie befällt, daß das Werk rüstig gefördert wird. – Ich will nächstens den Befehl zur Errichtung des provisorischen Theaters ertheilen, nach Erhaltung des gründlichen Kostenvoranschlages, in einigen Wochen erwarte ich von Semper das plastische Modell des Festbaues zugesandt zu erhalten. –

Gestatten Sie mir, hochverehrte Frau, Ihnen ein kleines Zeichen meiner Dankbarkeit zukommen zu lassen; ich lege es hier bei. – Die blaue Farbe des Saphirs (Farbe des Glaubens) möge Ihnen ein Symbol des festen Glaubens u. unerschütterlichen Vertrauens sein, welche mich beseelen, u. Muth verleihen, Alles was an mir liegt zu thun, um das große, das EWIGE Werk erbauen zu helfen. – Möge der Freund sich Schonung gönnen! damit Seine Gesundheit sich völlig kräftige. – Mit den freundlichsten Grüßen an Sie u. Ihren verehrten Gemahl, bleibe ich

Ihr

sehr geneigter
Ludwig.

Hohenschwangau
den 5. Nov. 1865. –

[1] *Zitat nach Johann Wolfgang von Goethe, »Faust«, 1. Teil, Prolog im Himmel. »Der Herr: Der Mensch in seinem dunklen Drange ist sich des rechten Weges wohl bewußt.«*

9

Hochverehrte Frau!

Unmöglich ist es mir, diese Wonnen allein zu tragen, ich muß sie einem Herzen gegenüber ausschütten, das mich kennt u. versteht. – Er, der große Freund, der innig, bis in den Tod Geliebte u. Sie, theure, hochverehrte Frau sind die Einzigen auf Erden, die mich verstehen, dieß ist sicher, wahr, so wahr, als ein Gott lebt. – Ich bin im Himmel! – Ach welche schönen, herrlichen Tage! [1] – Und Er nannte sich glücklich, o Übermaaß der Seligkeit! – Geloben Wir Uns Beide feierlich Alles, was nur in menschlichen Kräften möglich ist, zu thun um Ihm die gewonnene Ruhe zu erhalten, jede Sorge von Ihm zu scheuchen, jeden Schmerz, wenn möglich lieber auf Uns zu lenken, Ihn zu lieben, zu lieben mit allen Kräften, die Gott der Seele gab. – O ich weiß, Unsre Liebe zu Ihm ist ewig, ewig, u. doch ist mir der Gedanke so lieb u. werth eine Ihm treue Freundesseele, wie die Ihrige, hochverehrte Frau gebeten zu haben, mit mir vereint, Ihm zu sein, was dem Menschen möglich, für einen Angebeten, Heiligen. –

O Er ist göttlich! Göttlich. – Mein Beruf ist, für Ihn zu leben, zu kämpfen, zu leiden, wenn Er es zu Seiner völligen Erlösung bedarf. – Wie freut es mich, daß der Theure an dem Felsenschlosse u. seinen Umgebungen so viel Gefallen findet. – Hier ja war es, wo ich noch als Knabe jubelnd durch Wald u. Wiesen schritt, stets Sein Bild in Geist u. Herzen tragend. – Auf dem Spiegel d. Alpsee's las ich den Ring des Nibelungen. Und nun den Ersehnten bei mir zu sehen, mit Ihm den Tag verleben zu können, o unverdientes Glück für mich! – Nun muß doch endlich die profane Welt die Augen öffnen, Unser Verhältniß verstehen, trotz allen schändlichen Intriguenspiels. –

Es freut mich zu hören, daß Sie von Ihrem verehrten Gemahl gute Nachrichten erhielten, ich bitte, grüßen Sie ihn von mir, wenn Sie ihm schreiben werden; der Herr segne Ihre Kinder! – Mit den besten, innigsten Wünschen für Ihr Wohl bleibe ich stets

Ihr

sehr geneigter

am 14. Nov. Ludwig.

1865.

[1] *Vom 11. bis 18. November 1865 weilte Richard Wagner als Gast Ludwigs II. auf Schloß Hohenschwangau. Der König hinterließ zum Ablauf des Besuchs ausführliche Tagebuchaufzeichnungen; unter anderem heißt es dort am 11. November: »Sprachen über Fr. v. Bülow, die eigenen Träume ... Liszt, Verhältniß zur Mutter v. Fr. v. Bülow, Geschwister.« Am 16.: »Sterben an seinem Todestage, die Freundin 8 Tage darauf.« Am 17.: »Brief von der Freundin.«*

Zu seinem Aufenthalt schrieb Wagner in sein »Braunes Buch«: »Kleine Cosima! Wer denkt heute daran, daß dieses Schöne dem Dämon bezahlt werden muß?«

10

Erhabener, Gottgesandter König!
Theurer, gütiger, gnädiger Herr!

Ueberwältigt von den berauschenden Botschaften, die – eine herrlicher wie die andre – mir der Freund zusendet, wollte ich (denn ich musste!) Euerer Majestät, jubelnd danken; und Euere Majestät kommen mir zuvor, und gedenken meiner, während den wonnevollen Tagen! .... Ach! was kann ich nun sagen, und muss ich nicht mich einzig auf Euerer Majestät, wunderbare Seele berufen, die Alles durchdringt, alles erfasst?

Nach dem ersten Tag, den der Freund bei Euerer Majestät zugebracht, schrieb er mir: »ich bin glücklich!« Aus *diesem* Munde, *diese* Worte zu hören! Mir war's als ob die Erde unter mir zu duftigen Wolken wurde und mich über Noth und Qual sanft auf höchsten strahlenden Höhen emporhob. Alle Briefe die ich bisher vom Theuren erhielt, waren von Wehmuth umflort; die Drei Botschaften die ich jetzt bekommen, sie strahlen, jubeln, lächeln, sie können mir nichts sagen, und in diesem Unvermögen liegt eben Alles. Ich kann kaum die Stunden erwarten, wo ich von jedem Augenblick, werde hören, und doch möchte ich dass diese Zeit für den Freund nie vorüberging. Doch wäre es kleinlich das Wunderglück dass *uns* bescheert, an irgend eine Zeit binden zu wollen: Euere Majestät sind erstanden, sind da; das ist das unfassbare Glück an dessen Strahlen zu jeder Zeit die Seele sich erwärmen darf. »Das Unbeschreibliche hier ist es gethan!«[1] Fast muss ich annehmen dass wir die Noth und Trübsal des Lebens bitterst empfinden sollten, um die göttliche Erscheinung wahrnehmen und preisen zu können. Doch alles was ich da sage sind Worte, und wie gegen den öden starren Felsen, die mächtigen Wogen sich brechen, so bricht die Empfindung gegen die Rede!

Wie freute es mich zu hören dass der Freund seine begonnene Biographie[2] Eurer Majestät, vorlas! Mir ist so vieles schon durch diese Fragment belebt worden. Ich theilte dem Freunde mit, dass wie ich neulich den Freyschütz hörte, er mich ganz unbeschreiblich rührte; es war mir als ob er mich ganz persönlich anging, als ob ich ihm grossen Dank schuldig wäre, die Thränen füllten das Auge, und während den Pausen war ich in dem Hause wo das Genie im Kinde schlummerte, und welches der »deutsche« Meister beglückte. So ging es mir vor einigen Tagen mit einem Werke von Bach; da kam mir alles was der einzige Freund Euerer Majestät, über diesen Unbegreiflichsten der deutschen Grossen in Sinn, und mit lebendig gewordener Andacht folgte ich der geheimnissvollen Schöpfung. Müsste ich mich nicht jetzt entschuldigen, dass ich Euerer Majestät dergleichen zu mittheilen wage? Nichts will mir rein, hoch und gross genug erscheinen um Euerer Majestät gesagt zu werden, und doch könnt ich, wünscht ich Euerer Majestät, in kindlichster Zuversicht, geringfügiges wie bedeutungsvolles, zu vertrauen!

Den schönen Armreif den Euere Majestät in Gnade mir bestimmt, erfreut mich täglich. Das Bild, der Stein, die Kette wie vieles sagen sie mir! Wenn in manchmal trüben Stunden, der Blick auf der Liebe Huld, des Glauben's Farbe, und der göttlichen Fessel sich senkt, so fallen bläulich goldne Strahlen des Trostes in der geängstigten Seele.

Theurer, Gnadenvoller, Glückspendender, Erlösender König, die Mutter, die Frau, die Freundin, ruft auf Euerer Majestät erhabenes Haupt, den schönsten vollsten Segen des Himmels herab, und durch Leid und Freud' preist ewig den Einzig Grossen, Liebenden, Glaubenden!

Ich verbleibe in unwandelbarem Dankgefühl

Euerer Majestät
unterthänige treugehorsamste Dienerin
Cosima v. Bülow-Liszt

München, den 15ten November 1865./

[1] *Zitat aus Johann Wolfgang von Goethe, »Faust«, 2. Teil*

[2] *Richard Wagner begann am 17. Juli 1865 auf Wunsch des Königs seine Biographie »Mein Leben«, die er Cosima diktierte. Die jeweils fertiggestellten Abschnitte wurden von ihm redigiert und von Cosima in Reinschrift gebracht. Diese wurde dann dem König übermittelt. Wagner schrieb an den König:* »Freundin Cosima ruht nicht,

mich an den Wunsch unseres Königs zu mahnen. Nun werden die günstigen Stunden des Tages damit ausgefüllt, daß ich der Freundin treu erzähle, was sie mir sorgfältig nachschreibt.« Wagners Bericht war natürlich auf den Empfänger zugeschnitten und ließ mit Rücksicht auf Cosima vieles unerwähnt.

II

Theurer erhabener König, gnadenreicher Herr!
Beschützer, Gebieter, Schirm und Hort!

Der Freund ist mir zurückgekehrt, wie strahlend, wie muthig, wie hoffnungs- nein gewissheitsvoll, und heute schreibe ich an Euerer Majestät in der Angst des Herzens! Die böswilligen Gerüchte tauchen wieder auf, es wird von einer Seite her verbreitet, die Euere Majestät gewiss kennen und ich nicht bezeichnen darf, Wagner hielte Euere Majestät von den Regierungsgeschäften ab, Wagner wäre an diesem und jenem Schuld, Wagner erbitterte Euere Majestät gegen die Minister, Wagner entfremdete Euere Majestät dem Volke. Dies ist nicht Volksstimme, dies ist mit boshafter Mühe die wiederaufgenommene Conspiration. Alles was ich erfahre verschweige ich dem Freund, überlass ihn den goldnen Erinnerungen, und dem geheimnissvollen wunderreichen Webstuhl, Euerer Majestät aber bin ich verpflichtet die Wahrheit zu sagen. Immer dreister, tückischer, gefahrbringender werden *Mime* und Fafner[1], keine Lüge ist so gewaltig dass sie sie nicht hervorbringen, keine Schlechtigkeit so schwarz dass sie sie nicht begehen. Ich weiss nicht ob es da eine Abhilfe giebt, ich frage mich daher ob ich recht thue Euere Majestät anzurufen. Allein so öde ist es in mir, ich finde nicht Rath nicht Hilfe, ich sehe die schrecklichsten Misverständnisse von böswilligster und wie die Leute meinen »glaubwürdigster« Seite absichtlich verbreitet, dann die Folgen dieser Verbreitung Euerer Majestät vorgelegt, ich zittre um den Freund, ich bebe dass Euerer Majestät trübe Erfahrungen zu machen haben, und habe nicht eine Seele der ich meine Noth zuschreien könnte. Nicht den König ruf ich an der wird nach Gutdünken in höchster göttlichen

Weisheit handeln, dem gnadevollen Erlöser sag ich mein Leid, vertraue ich meine Angst – theurer gütiger Herr, ich sehe die bösesten Dinge ihren schwarzen Anlauf nehmen! Der königliche Beschützer wird es dem Frauenherzen nicht verwehren ohne Ziel und Absicht, den Angstschrei, von der erhabensten mildesten tiefsten Seele ausgestossen zu haben. Ich sehe das herrlichste Bild den hehrsten König; den göttlichsten Genius zusammen auf ewig vereint, und sehe dann auch schwarz wie der Abgrund die Bosheit sich um die Prangenden lagern. Die Bosheit kann wohl die Sonne nicht verfinstern sie vermag es aber wolkenartig ihr fruchtbringendes Licht der Erde zu entziehen, sie kann die That hemmen.

So eben war Dr. Grandauer[2] bei mir; er sprach von der Unmöglichkeit die Zeitung bis zum Monat Januar herauszugeben. Ich vervollständigte die Liste der Mitarbeiter die er mir brachte, und will nun an einige derselben schreiben, und was in meinen Kräften steht thun, um den Freund mit vielerlei zu verschonen damit die Hauptsache – Siegfried – zur Vollendung komme! Ich habe bemerkt dass der vortreffliche Dr. auch eingeschüchtert worden ist (so gut wie der Ministerialrath Riedel[3]), doch ich will es nicht bemerkt haben da er ein ordentlicher tüchticher Mensch ist, und in jeder Beziehung der Sache gute Dienste leisten wird. Er kam auf einen Gedanken der mir nicht schlecht dünkt, das Blatt auch der dramatischen Kunst zu widmen – doch möchte ich erst mit dem Freunde darüber reden bevor ich Euere Majestät belästige. Vorläufig kommt es darauf an Mitarbeiter und Manuscripte herbei zu schaffen, falls Euere Majestät allergnädigst damit einverstanden sind dass die Zeitung später erscheint. – Vorgestern besuchte der submarine Ingénieur W. Bauer[4], den Freund und theilte vieles merkwürdige und interessante sowohl über seine Entdeckung als über seine Erfahrungen mit. Einzig und allein ist ihm Schutz von Euerer Majestät gekommen. Beglückt und frohen Muthes erzählte er es uns und machte uns einen guten Eindruck. In seiner schlichten lebhaften Mittheilung, fanden wir das ewig sich wiederholende Geschick der Entdecker; mag ihre Sache noch so beweisbar sein, die Interessen der Stupidität, der Selbstsucht, der Eitelkeit, müssen sie bekämpfen fast immer besiegen. Glücklich derjenige dem *eine* Sonne entgegenstrahlt!

Ich erlaube mir Euerer Majestät einen kleinen Auszug aus einem hiesigen Blatt mitzutheilen, weil es den Freund unterhielt und er mir sagte »das würde unsren König auch unterhalten«[5]. Das Volk empfindet richtig, nur wie wird es gehandhabt, wie wird es aufgestachelt um dann gebraucht zu werden!

Noch bleibt mir Euere Majestät meinen tiefsten Dank auszusprechen. Das schöne Altarbild habe ich unter Euerer Majestät's theures Bild gestellt und davor die rührend beredsamen Blumen von Hohenschwangau. Vor diesem Altar schrieb ich nun, und indem ich mit Wehmuth und Angst begonnen, hat sich leise allmählig Trost in die Seele verbreitet. Wie in einem Mährchen dünke ich mich spricht der Freund von der vergangenen Woche, und erzählt so viel so viel, und nie genug, und endigt nie!

Ach! Theurer, erhabener, Heldenkönig, wie ist doch alles so schön, so lieblich bedeutungsvoll, so tief und so hoch was Sie sagen und thun! Wo ist eine Hoffnung ausser in *unsrem* König, wo sollen wir mit Glauben und Liebe hin wenn wir sie nicht Euerer Majestät darbringen? Unsre hohe Kunst wie sehen wir sie verdarben denken wir einen Augenblick nur dass Euere Majestät nicht da sein könnten. Alles ruht in Euerer Majestät's Händen und *darum* sind wir ruhig, und darum sicher, und darum trotz der Stürme fühlen wir uns im Hafen.

Soll ich diese Zeilen schicken? Sie sind überflüssig, denn Euere Majestät wissen, können und wollen alles – Eines mögen Euere Majestät daraus nur erlesen der beseligende Glauben, das heiligste Vertrauen, den ewig fliessenden Dank!

Euere Majestät gestatten mir gnädigst zu unterzeichnen

Euerer Majestät
treugehorsamste Dienerin
Cosima von Bülow-Liszt

München, den 25ten November 1865

[1] *Mime und Fafner sind Decknamen für den Kabinettssekretär Franz Seraph von Pfistermeister und Kabinettskassier Julius von Hofmann. Wagner verfeindete sich mit von Pfistermeister und verlangte vom König dessen Abberufung, die jedoch erst am 5. Oktober 1866, lange nach Wagners eigenem Weggang aus München, er-*

folgte. – Cosima nimmt Bezug auf Gestalten aus dem »Ring des Nibelungen«. Mime ist dort der Bruder Alberichs aus dem Geschlecht der Nibelungen, Fafner ist einer der Riesen, die die Götterburg Walhall erbauen und in der Gestalt eines Drachen das Rheingold bewacht, das Mime an sich bringen will. Siegfried besiegt den Riesenwurm und nimmt den Ring an sich, auch dem Zwerg Mime gibt er den Tod.

Der »Münchener Volksbote« berichtete am 26. November 1865: »Pfistermeister und Hofmann [...] sollen beseitigt werden, damit gewisse Gelüste auf die Ausbeutung der königlichen Kabinettskasse leichte Befriedigung erlangen.«

2 Dr. Franz Grandauer, später Opernregisseur, sollte die vom König und Richard Wagner in Hohenschwangau beschlossene Musikzeitschrift redigieren und in einer Reihe »belehrender Aufsätze« die Frage der zu gründenden Musikschule erörtern. Grandauer erklärte aber schließlich, er wolle sich nicht in Wagners »mißliebige Sache« einlassen. Er war durch den heftigen Widerstand, die alle Pläne Wagners in München fanden, eingeschüchtert worden.

3 Emil Freiherr von Riedel (1832-1906), späterer Finanzminister, sollte damals Sekretär des Königs »für die Ausführung seiner Verordnungen in Kunstangelegenheiten« werden.

4 Wilhelm Bauer (1822-1875), Ingenieur. Er entwarf in der Zeit des Deutsch-Dänischen Krieges 1849 ein Tauchboot (»Brandtaucher«) zur Seekriegsführung, einen Vorläufer des Unterseeboots. Bauer war vom König mit einem Ehrensold bedacht worden.

5 Die Zeitung »Münchner Neueste Nachrichten« brachte am 23. November 1865 folgende Notiz: »Dem Augsburger Anzeige Blatt schreibt man aus Kaufbeuern: Kürzlich sahen wir im Stationsgebäude zu Bießenhofen den König, welcher den Komponisten Richard Wagner von Hohenschwangau dahin begleitet hatte. Richard Wagner reiste nach München, während der jugendliche Monarch nach Hohenschwangau zurückritt. Als zwischen Bießenhofen und Kaufbeuern ein ›geistlicher‹ Herr seine schlecht verhehlte Mißstimmung merken ließ, daß ›der König mit dem lutherischen Musikanten viele Umstände mache‹, erwiderte ein im Coupé sitzender Allgäuer Bauer etwas derb: ›Ich seh' den König lieber bei Musikanta als bei Pfaffa.‹«

12

Theure, hochverehrte Frau!

Aus dem Grunde meines Herzens danke ich Ihnen für zwei so liebe u. werthe Briefe. – Wie entzückt es mich zu hören, daß der Freund sich der hier verlebten Tage mit Freude erinnert. Von neuem Muthe fühle ich mich belebt, kampfesfroh u. siegesgewiß will ich Mime u. Fafner entgegentreten; sie dürfen Unser Werk nicht hemmen. – Daß jene böswilligen Gerüchte von neuem auftauchen erfüllt mich mit Wehmuth; ich habe dem Polizeidirektor den Befehl ertheilt, soviel als möglich entgegen zu arbeiten; jedoch *mündlich*; ich verspreche mir viel davon. Seien Sie überzeugt, hochverehrte Frau, auch diese letzten Zuckungen der Ohnmacht werden bald vergehen, Unser Werk wird gedeihen, die Fahne der heiligen Kunst wird wehen, es wird Uns gelingen den im deutschen Volke schlummernden Keim zu erwecken, zur Reife zu bringen; mein Glaube ist gränzenlos! – Wenn Grandauer für Unsre Zwecke nicht zu brauchen ist, da er in der That völlig eingeschüchtert zu sein scheint, so könnten Wir es mit Porges[1] oder Pohl[2] versuchen; ich finde es wirklich sehr verdächtig u. sonderbar, daß jener Dr., sowie Riedl so wenig Muth zeigen, ich will nähere Erkundigungen über jenen Rudhart einziehen, von welchem der Freund mir schrieb; ich ruhe nicht eher, als bis der neue Sekretär kommt; dann wird Alles herrlich von statten gehen.-

Ich danke Ihnen, theure, hochverehrte Frau, vom Herzen dafür, daß Sie an einige der Mitarbeiter an Unsrer künftigen Zeitschrift zu schreiben gedenken, o es ist so nothwendig für den Freund, daß alles Traurige u. Widerwärtige Ihm fern gehalten werde; Sein Geist versenkt sich nun ganz in die idealen Welten, dort, im wonnigen Walde bei Siegfried, dem fröhlichen Helden, vergesse Er die rauhe Außenwelt; wie Posa von seinem Carlos, so können auch wir von dem großen Freunde ausrufen: Warum dem Ruhenden die Wetterwolke zeigen, die über Seinem Scheitel drohend hängt, genug, daß Wir sie still an Ihm vorüberführen, u. wenn Er aufwacht, heller Himmel ist. – Ja, nach Vollendung Seines Werkes, seien alle Hemmnisse auf immer gebannt, dann winke ewiger Sieg! –

Vom Herzen freut es mich zu hören, daß das Altarbildchen Ihnen gefällt, in der Mitte ist die Auferstehung des Herrn abgebildet; doppelt freudebringend wird, wie ich sicher glaube, das kommende Osterfest sein; denn außer der himmlischen Kunde von dem großen Werke der Erlösung (das gerade in jener Zeit des Jahres das christliche Gemüth zu erneueter Dankbarkeit u. Anbetung des Höchsten auffordert,) wird die Freudenbotschaft: »Siegfried ist vollendet« Unsre Herzen entzünden u. mit Jubel erfüllen! –

Sehr unterhalten hat mich jener Zeitungsartikel, den Sie bei zulegen die Güte hatten. – Wohl haben Sie recht zu sagen, daß das Volk richtig denkt u. fühlt; wehe denen, die es zu verderben trachten! Doch damit ist es jetzt noch nicht so gefährlich; jene sinnlosen, böswilligen Schreier werden sicher verstummen. In Bälde werden, wie ich hoffe, alle Schwierigkeiten beseitigt sein, die Schule wird gegründet; ich trug dem Cultusminister auf, noch einmal mit Ihrem verehrten Gemahl, auf den ich volles Vertrauen setze, Rücksprache zu nehmen. – Ich grüße Sie von Herzen, hochverehrte, theure Frau, und bleibe stets

Ihr

sehr geneigter

Ludwig.

Hohenschwangau
am 27. Nov. 1865. –

[1] *Heinrich Porges (1837-1900), Chordirigent und Musikschriftsteller, war ab 1863 Redakteur der »Neuen Zeitschrift für Musik« und ab 1867 der »Süddeutschen Presse«. Bei den Bayreuther Festspielen 1876 zeichnete er als Assistent die Bühnenproben, vor allem die Anweisungen Wagners, genau auf, die er dann ab 1880 in den »Bayreuther Blättern« veröffentlichte.*

[2] *Richard Pohl (1826-1896) gab 1856 bis 1861 »Anregungen für Kunst und Wissenschaft« heraus. In den Jahren 1854 bis 1863 wohnte er in Weimar und stand in regem Verkehr mit Liszt, Bülow, Berlioz und Wagner. Er gilt als »ältester Wagnerianer«.*

13

Theurer, erhabener, König!
Gnadenvoller, gütiger Gebieter, Herr und Beschützer!

Indem ich Euerer Majestät den Ausdruck meines tiefsten wärmsten Dank zu Füssen lege, erlaube ich mir im Namen des Freundes den Aufsatz *Kunst und Klima*[1] Euerer Majestät, zu übersenden. Bald hoffen wir Euerer Majestät einen Heft aus der Biographie übergeben zu können, denn wir arbeiten regelmässig daran, trotz bangster Stimmung und schwersten Gedanken. Der Freund setzt seinen Stolz daran für seinen König ununterbrochen zu arbeiten, und schreibt er jetzt den fröhlichen Orchestersatz in dessen Begleitung der Vogel Siegfried neckt und leitet![2] (Doch wie sieht es dabei um uns herum aus! Im ganze Lande werden massenweise die Verläumdungen ausgestreut, und dies von ein und derselben Macht die ich nicht nenne, der ich aber den freundlich-heiteren Spitznamen[3] den Euere Majestät mir gestattet haben, anbetracht des furchtbaren Ernstes der Lage, nicht mehr zu geben das Herz habe. Wie freuen wir uns immer über den grossen königlichen Freimuth Euerer Majestät, der das Verächtliche auch in der That verachtet und stolz, kühn, erhaben über das Niedrige schwebt. Als der Freund Euerer Majestät' letzten Brief erhalten hatte war er von neuem Muth beseelt, und indem er sich gelobte nichts mehr erfahren zu wollen, im vollsten Vertrauen auf Euerer Majestät scharfsichtige Weisheit sich um den ganzen Sturm nicht zu kümmern, versenkte er sich in seiner Arbeit, und ich gelobte nichts von alle dem was ich hören würde ihm zur Kenntniss zu bringen. Schweigend sah ich zu wie der Freund als Beute dem Volke hingeworfen wird, von Leuten die sich jetzt dem Volke gegenüber unsicher fühlen; die elenden kleinen Zeitungen werden jetzt gehandelt um den Pöbel aufzureizen, und mit schlauer Kenntniss dessen was der Pöbel gleich glaubt und aufnimmt, mit lächerlichsten Verleumdungen gefüllt. Im vorigen Jahre hoffte man auf Euerer Majestät wirken zu können, da nahm man die grossen Zeitungen zu Hilfe. An der Seelengrösse Euerer Majestät scheiterte der Plan. Nun ist man klüger geworden; auf den

Helden ist nicht zu wirken versuchen wir es mit dem Volke, gegen welches wir uns nicht zu vertheidigen vermögen dem wir aber eine Diversion geben können und ein Opfer zuwerfen. Die Zeitungen[4] die jetzt aufgehetzt werden, werden auch künstlich im Volke von Land und Stadt verbreitet; es handelt sich hier nicht um zufällige Gemeinheiten die unbeachtet blieben, es ist ein wohlorganisirter Plan der in der Wuth gefasst worden ist einerseits auf Euerer Majestät Heldenherz nichts zu vermögen andrerseits um sich selbst gegen den grossen Unwillen der im Volke herrscht zu schützen und zu retten. Schon lange durchschaue ich das finstre ernste Spiel, jedoch ich schwieg und rieth einzig und allein dem Freunde sich um nichts zu kümmern, Euerer Majestät alles alles zu vertrauen, und ruhig zu arbeiten. So weit waren wir dass wir um Euerer Majestät nicht neue Schwierigkeiten zu bereiten, eine jede Thätigkeit nach aussen aufgeben wollten – denn bei jedem Schritt werden wir gehemmt- und einzig und allein *vorläufig* nur an die Vollendung des Siegfrieds zu denken. Nun erfahren wir aber von einer unerhörten frechen Verleumdung die über die heilige Person des König's im Volke verbreitet wird, die der Freund mir nicht bezeichnen durfte, von der er aber den Quell weiss – jetzt vermag ich es nicht mehr den Freund zu beruhigen, er weiss nicht was er thun soll er weiss nur das er thun *muss*; schluchzend verliess ich ihn gestern, weinend traf ich ihn heute wieder; was er erfahren, ihn nicht betrifft, einzig und allein Euere theure Majestät, er darf es mir nicht sagen. Noch einmal schreibe ich: dem König sage ich nichts, der weiss alles von höherer Eingebung, was vermöchte ich der Majestät zu enthüllen, dem freundlichen huldreichen Beschützer rufe ich zu: die Bosheit spielt ihr äusserstes Spiel, nichts ist ihr heilig; theurer, erhabener Herr, gütiger hehrer Schirm, *es ist Gefahr da*. So lange es sich nur um den Freund handelte konnte ich ihn leicht beruhigen, manchmal überflog selbst ein Scherz unsere Betrachtungen über das Gebahren dass wir durchsehen, und dass wenn es unge[ahnte] Folgen haben kann, doch auf dem Einen namenlosen ewigen Glücke nicht einen Schatten zu werfen vermag! Jetzt begreif ich nichts mehr, sehe den Freund ausser Fassung, vernehme dunkle Worte – »vor dem Gericht wollte er den Elenden schleppen doch könnte er es nicht aussprechen, und Alle sagen ja dass es gewissen Leuten nicht auf falsche Eide ankömmt« – ich sehe eine solche Häufung von Verleumdungen gedruckt dass mir von den verschiedensten Seiten gesagt wird der Freund müsste klagen; er antwortet mir seine Sache bekümmre ihn nicht er hielt es für das schönste für den göttlichen Freund sich opfern zu dürfen, aber wie helfen, wie beistehen, der Engel ist zu rein, der Held zu hehr, der König zu königlich! – Theurer Herr, gnädiger Gebieter, was kann ich zu alle dem sagen? Meine einzige Hilfe ist alles wie ich es vernehme dem Einzigen zu sagen auf den ich mit höchster heiligster Freude und Hoffnung aufblicke – freilich ist es unklar was ich sage, doch soll' es ja nichts anderes sein als der treue Bericht über die Stimmung des Freundes die sich diesmal scheint es, aus einer allgemeinen Stimmung herausgebildet hat. Ich weiss dass ich das thue was Euere Majestät von mir erwarten. Wie soll ich nun über die Erfahrungen berichten die uns in andren Zeiten so gefreut hätten? Ich will es versuchen denn so gequält und gefoltert ich durch meine Gedanken bin, die Freude Eurer Majestät in Einfalt und Demuth alles sagen zu dürfen giebt Trost und Muth. – Von Bremen kam ein freundlicher Brief: es hat sich dort ein Comité gebildet, das sich die Aufgabe stellt mustergiltige Aufführungen von den Wagner'schen Werken zu Stande zu bringen, und welches den Freund bat ihnen beizustehen. Dieser erwiederte freundlich dass er seine Kräfte dem Einzigen gänzlich widmete der zuerst mächtig, kühn und gross, von keinem unterstüzt, diese grosse schwierige Aufgabe unternommen. – Dann besuchte den Freund ein Professor Dieterich von der hiesigen Universität, der berichten wollte dass er früher gegen den Freund selbst geschrieben hätte, durch *Tristan und Isolde* vollkommen bekehrt worden sei, und dass in Hanover bei der Naturforscher-Versammlung der *Tannhäuser*, den der König der Versammlung zu ehren hatte geben lassen, mit einem wahren und einstimmigen Jubel aufgenommen worden ist. *Semper* meldete sich auch kürzlich mit einem langen Brief und kündigte Zeichnungen an, er ist tief in der Arbeit und scheint durch die grosse einzige Aufgabe neu belebt. Mein Mann bleibt noch eine Woche ungefähr aus – wenn er zurück sein wird, wird er wahrscheinlich hier drei Claviersoiréen veranstalten. Wie haben wir uns gefreut über die milde königliche Weise in der Euere Majestät mir über Dr. Grandauer allergnädigst schreiben. Meine Ansicht ist es von jeher gewesen dass man froh sein muss wenn die Menschen sich enthüllen bevor man sie gebraucht, und das der Verlust eines untauglichen Menschen ein Gewinn ist. Darf ich wohl dem ernsten trüben Brief zum Schluss eine scherzhafte Notiz beifügen? Diesen Sommer hatte der gute aber eben nicht heldenmüthige Dr. den Beinamen *Tamino* von uns erhalten, weil er, wie jene Figur aus der Zauberflöte, sich beim plötzlichen gewahr werden einer uns dünkenden mässig gefährliche Schlange, sich derart fürchtete und verkroch dass er schwieriger zu finden war als die kleine Viper zu vermeiden! Wie er uns mit dem eigenthümlichen Cynismus der Aengstlichkeit seine Bedenken ausdrückte, kam uns *Tamino* wieder im Sinn und lächelnd entliessen wir ihn, ohne eigentliche Erwiederung.

Mögen Euere Majestät, Ernst wie Scherz gnädig aufnehmen! Habe ich zuviel, habe ich nicht genügend gesagt? – ich weiss es nicht. Denke ich dass ich dem Könige schreibe, dem Gottgesandten der über alles steht und dem der Schutz Gottes von Ewigkeit her bestimmt ist, da möchte ich das ganze zerreissen und schweigend vertrauen und danken, gedenke ich des freundlichen gnadevollen tief innerlichst durchschauenden Beschützer's da will es mir dünken als ob ich nur so und nicht anders könnte!

Möge der erhabene König und der freundliche Beschützer, mir auch fernerhin allergnädigst gestatten mich zu zeichnen

Eurer Majestät
treu gehorsamste Dienerin
Cosima v. Bülow-Liszt

München, 1ten Dezember 1865.

[1] *»Kunst und Klima« ist eine der Züricher Kunstschriften Wagners, begonnen am 22. Februar 1850, erschienen in der von Adolf Kolatschek herausgegebenen »Deutschen Monatsschrift«.*

[2] *Bezug auf Siegfried 2. Aufzug, 3. Szene: »Siegfried: So wird mir der Weg gewiesen: wohin du flatterst, folge ich dir nach! (Siegfried läuft dem Vogel, der ihn neckend eine Zeitlang nach verschiedenen Richtungen hinleitet, nach und folgt ihm endlich.)«*

3 Pfi und Pfo = von Pfistermeister und von der Pfordten; siehe Briefe 1. Anm. 1 und 40 Anm. 2.

4 Am 13. November hatte der »Nürnberger Anzeiger« den Artikel »Ein freies Wort an Bayerns König und sein Volk über das Kabinettsekretariat« gebracht, in dem gegen das »gänzlich unkonstitutionelle Institut des Kabinettssekretariats«, durch das der König übel beraten sei, Sturm gelaufen worden war. Der Schlachtruf lautete: »Hie Wagner! – Hie Pfistermeister!«

In den »Münchner Neuesten Nachrichten« vom 29. November 1867 erschien anonym ein mit »fr« gezeichneter, von Wagner verfaßter Artikel; das Konzept dazu in der Handschrift Cosimas ist noch erhalten. Wagner griff unverhohlen und scharf Pfistermeister und Staatskassier Hofmann an.

14

Theure, hochverehrte Frau!

Endlich, nachdem die ersten, anstrengendsten Tage nach meiner Ankunft vorüber sind, komme ich wieder zum schreiben. – Brauche ich Ihnen zu sagen, was ich in der letzten Zeit ausgestanden habe, daß ich mit blutender Seele zu jenem Schritt mich entschloß?![1] – Und doch, glauben Sie mir, ich mußte so handeln, ich weiß es, der Freund sieht es ein. – In 2 bis 3 Monaten wird Er, wie ich zuversichtlich hoffe Sein Häuschen wieder beziehen können; dann werden schön're Zeiten kommen.

Haben Sie über das Gedeihen des »Siegfried« näheres gehört? – Daß jener Kelch nicht an mir vorübergehen konnte, daß ich den Einzigen wenn auch für kurze Zeit ersuchen mußte, Uns zu verlassen! O es war hart u. doch – in der That nothwendig! – Daß meine Liebe, meine Treue nie wanken können, wissen Sie, hochverehrte Frau; aber um der Ruhe des Geliebten willen, mußte ich so handeln. – Verkennen Sie mich nicht! –

Heute Morgens erhielt ich einen theuren Brief von Unsrem Freunde, Er sagte mir, Er wolle keinen bleibenden Aufenthaltsort aufsuchen was ich Ihm auch dringend anrieth. O böser Tag mit deinem

Schein![2] – Ich lasse mich nie beirren durch seine Tücke, wie wehe that es mir den Schein einer Untreue an dem einzigen Freunde auf mich laden zu müssen, einer Untreue, deren ich nie u. nimmer fähig bin. – Ich ersuche Sie, theure, hochverehrte Frau, theilen Sie mir recht oft von den Nachrichten mit, welche Sie von dem geliebtesten Einzigen erhalten. – Was nur *irgend* möglich ist, um die Zeit Seiner Entfernung von hier abzukürzen, werde ich thun, dessen seien Sie versichert. – Grüßen Sie Ihren verehrten Herrn Gemahl recht vielmals von mir. – O herrliches Jahr, das Uns den »Tristan«[3] brachte; wird »Siegfried« im kommenden vollendet werden?! mir ahnt es wird ein schönes Jahr Uns blühen! – Glück u. reichsten Segen vom Himmel wünsche ich Ihnen u. Ihrer Familie aus ganzer Seele zu demselben. –

Mit herzlichen Grüßen bleibe ich immer

Ihr

sehr geneigter
Ludwig.

München – am 23. Dec.
1865.

[1] *In den Münchner Hof- und Regierungskreisen, bei der Presse und unter der Bevölkerung wuchs – nicht ohne Wagners Schuld – eine Opposition gegen ihn als Künstler und politische Person. Am 6. Dezember drohte das gesamte Ministerium mit dem Rücktritt, falls Richard Wagner, dem vor allem Verschwendungssucht und Mißbrauch seiner Beziehungen zum König, aber auch seine Einmischung in die Politik vorgeworfen wurde, nicht München und das Land Bayern verließe. Königin-Mutter Marie, Ludwigs Großoheim Prinz Karl sowie Gregor von Scherr, Erzbischof von München und Freising, setzten ebenso den König unter Druck, da das Prestige des Königs und des ganzen königlichen Hauses auf dem Spiele stehe. Ludwig II. verfügte die Ausweisung Wagners, der zweite Kabinettssekretär Lutz überbrachte die Botschaft persönlich an Wagner. Dieser saß gerade beim Tee mit Cosima und Peter Cornelius; Bülow war verreist.*

Wagner teilte dem König am 8. Dezember unter anderem mit: »Von der Freundin werden Sie auch jeder Zeit erfahren, wo ich weile, wohin ich mich wende, um eine Niederlassung zu gewinnen, die mir auch die Ruhe giebt, Ihre Wohltaten zum Schaffen zu benützen. Der Freundin habe ich ebenfalls die nöthigen Anordnungen hinterlassen.« Am 10. Dezember 1865 verließ Wagner mit seinem Diener Franz Mrazeck und dem Hund Pohl München. Porges und Cornelius begleiteten ihn zusammen mit Cosima zum Bahnhof. Cornelius berichtete: »Morgens nach 5 Uhr gingen wir an den Bahnhof ... Wir erwarteten Wagner längere Zeit. Endlich kam der Wagen. Wagner sah gespenstig aus; bleiche, verworrene Züge und das lange Haar ganz schimmernd ... Wagner sprach noch angelegentlich mit Cosima, woraus Heinrich [Porges] das Wort ›Schweigen‹ unterschied. Wir gingen mit hinaus an den Waggon ... Cosima war ganz gebrochen. – Als der Wagen hinter den Pfeilern verschwand, war es wie das Zerrinnen einer Vision. Wir brachten Cosima in die Wagnersche Wohnung ... Sie ist seither in allen Zuständen. Gott segne die zwei, wenn sie sich wirklich innig lieb haben, und wenn der arme Wagner endlich noch am Abend seines Lebens – die Rechte findet. Es scheint, daß Wagner wirklich die Cosima liebt – er sagt, die Hoffnung sie bald zu sehen, wäre sein einziger Trost! Wenn er denn wirklich einmal liebt, und Cosima liebt ihn allem Anschein nach glühend, so wünsch' ich von ganzem Herzen, es möge beiden ein stilles Glück erblühen. Vielleicht findet auch Bülow größeren Trost und Frieden in der Einsamkeit, ich bin überzeugt, er geht einen dornenvollen Weg, und er ist weiß Gott ein ehrenhafter braver Mensch, der Besseres verdient! Ob er überhaupt Wagner seine Frau gänzlich überlassen hat in einem hochromantischen Einverständnis? Die wirkliche Ehe zwischen Hans und Cosima war wohl schon längere Zeit nur eine Scheinehe. Hansens Benehmen wäre sonst nicht zu erklären.«

[2] Zitat nach »Tristan und Isolde«, 3. Aufzug, 1. Szene: »Verfluchter Tag mit deinem Schein!«

[3] Die Uraufführung von »Tristan und Isolde« fand am 10. Juni 1865 in München in Anwesenheit des Königs und seiner Familie statt. Sarkastisch verkündete der »Münchner Volksbote« am 23. Mai 1865: »Nächsten Freitag soll der ›Ehebruch unter Pauken und Trompeten‹ mit vollständiger Zukunftsmusik über das Hof- und Nationaltheater ziehen.«

15

Theurer erhabner König!
Gnadenvoller gütiger Herr!

Als es vollbracht war, als ich am kalten Morgen den Freund zur Bahn begleitet[1] und dort ihm zum Abschied die Hand gedrückt hatte, habe ich nicht viel mehr gewusst von Welt und Leben; nur einen Wunsch fühlte ich in mir, Euere Majestät zu sehen, Euere Majestät zu sprechen; einzig und allein habe ich im tiefen Weh auf Euere Majestät geblickt! Als das Leben mich wiederum in seinem unerbittlichen Räderwerk gefasst hatte, überlegte ich mir meinen Wunsch, und sagte mir dass er zu schweigen hätte, dass er entstanden war, sagt Euerer Majestät deutlich dass ich in der schweren Stunde nicht gezweifelt habe. Was ich litt das wusste ich, litt der theure Herr auch, dass Er so handeln *musste* habe ich sogleich empfunden, jetzt verstehe ich es. Mit einigem Stolze gebe ich mir das Zeugniss unwandelbarsten Glaubens in den Tagen wo mein Herz gefoltert war, und die Welt mir zu stürzen schien.

Unser Schirm verlässt uns nicht; die königliche Seele die den Freund erkannte, fand und rief, Ihr ist es beschieden ihn zu schützen ihn zu befreien, die Pläne dieser Heldenunternehmung wer könnte sie voraussehen, wer ausser die Liebenden könnten sie selbst im ersten Augenblick begreifen? Ich weiss es dass wir an der Klippe vorübergesegelt sind, und dass wir dem Hafen näher gelangt sind, wo auch die Stürme ihn den Augen so verdeckt haben dass die Thoren uns im vollsten Schiffbruche wähnen. Ich weiss es und küsse in Gedanken die königliche Hand die uns anscheinend verstiess um uns zu schirmen! Wie Hans Sachs sein schönes Werk vollbringt werden Euere Majestät das viel grössere Werk vollenden. Es ist wahr, es ist kein Spiel, die Herzen bluten, die Geister ermüden, die Stimmen seufzen und von der wonnigen Stimmung der Meistersinger können wir uns nichts aneignen; allein dass wir leiden ist eben unsre Grösse! Ueberstehen wir die Prüfungszeit in Glauben und Liebe, fassen wir nachher das thätige Leben mit ungeschwächter unerbitterter Kraft, so hoffe ich es, sind Euere Majestät mit uns zufrieden und schreiten selbst mit hehrem sicheren Gefühle an der Vollendung des so wunderbar angelegten Baues.

Viel ist ach! der Freund schon umhergeirrt, zuerst im Hotel dann in einer Pension bei Vevey endlich in Genf, heute meldet er telegraphisch er hätte eine Campagne gemiethet in der Nähe der Hauptstadt. Gott gebe es sei der letzte Zufluchtsort vor seiner Rückkehr. Da ich weiss wie tief innerlichst dieses Umherirren ihn stört habe ich ihn in meiner Verzweifelung darüber sogar gescholten. Er weiss was dieses Schelten bedeutet, so gut wie ich es weiss dass er nicht ohne Grund von einem Orte zum andern wandert. Ich habe ihn gebeten mir täglich Nachrichten zu geben da mein Leben jetzt aus Angst und Sorge gewoben ist; er hat die Güte so viel als möglich diese Bitte zu erfüllen, darf ich Euerer Majestät vielleicht ein Mal wöchentlich Bericht abstatten, oder haben Euere Majestät nicht Zeit und Musse so häufig Briefe zu empfangen? Ich harre darob der gnädigen Befehle Euerer Majestät.

Herr von Bülow legt seine Huldigung Euerer Majestät unterthänigst zu Füssen, er hat sich über den ehrenvollen Auftrag den Euere Majestät so gnädig waren ihm durch Herrn Lutz zu ertheilen hoch gefreut, und hat sich erlaubt durch Herrn Lutz unterthänigst anfragen zu lassen in welcher Weise Euere Majestät diese Concerte wünschen. Der Freund, dem ich über den ausgesprochenen gnadenvollen Wunsch Euerer Majestät schrieb, freute sich sehr darüber und telegraphirte sofort wegen der Orchesterstimmen. Wie zur Hoffnung gestaltet sich alles: Weihnachten Weihnachten, unter Thränen des trostreichsten Leidens feiere ich es diesesmal, geboren wird der Heiland uns, ach! zu unsäglichen Qualen, bald bald ist er auferstanden, das Altarbild ganz strahlend noch von der Sonne Hohenschwangau's sagt mir es ja!

Ich wage den »Feen«[2] eine kleine bescheidene Gabe beizufügen. Es ist eine Mosaik-Arbeit die ich aus Rom erhielt und die als ein schönes Muster dieser Gattung der Kunst gilt; ich bin so frei sie in aller Demuth auf den Weihnachtstisch Euerer Majestät zu legen weil sie einen Schmetterling – das Symbol der Unsterblichkeit – darstellt. In dieser Prüfungszeit weiss ich Euerer Majestät nichts anders zu sagen als dass unsterblich wie die grosse That Euerer Majestät, die dankbaren Gefühle sind

Euerer Majestät,
treu gehorsamster Dienerin
Cosima v. Bülow-Liszt

Sonnabend den 23ten December
1865.

[1] *Peter Cornelius (1824-1874) hatte 1865 das durch Wagner bewirkte »Gnadengehalt« König Ludwigs in Höhe von 1000 Gulden angenommen und war von Wien nach München übersiedelt. Er war der Neffe des berühmten Malers gleichen Namens. 1852 war er Schüler von Liszt in Weimar. Er schrieb eine Reihe von Aufsätzen im reformerischen Sinne für die »Zeitschrift für Musik«. Seine ersten Kompositionen waren Kirchenwerke, dann Zyklen volkstümlich-romantischer Lieder. Seine Oper »Der Barbier von Bagdad« zeigt das Bestreben, die kunstphilosophische Theorie Richard Wagners auf die komische Oper auszudehnen. Cornelius lebte 1859 bis 1862 in Wien. Wagner brauchte ihn als »Gesellschafter«. »Nur und nur im Drama, im Wagnerschen Musikdrama ist unser Heil«, schrieb Cornelius 1861. 1860/65 dichtete und komponierte er die Oper »Der Cid«, die 1865 in Weimar ihre Uraufführung erlebte. Als in München die neue Musikschule errichtet wurde, erhielt er einen Auftrag als Lehrer für Rhetorik und Komposition.*

[2] *Die »Feen«, Oper in drei Akten, die erste vollständig ausgeführte Oper Richard Wagners. Den Text schrieb Wagner selbst nach Carlo Gozzis »La donna serpente«. Eine Aufführung in Leipzig scheiterte am Widerstand des Regisseurs Franz Hauser. Wagner sah seine Oper nie auf der Bühne.*

16

Theure, hochverehrte Frau!

Es drängt mich, Ihnen meinen wärmsten Dank auszusprechen für die theuren Weihnachtsgaben, sie machen mir große Freude. Ein innig werthes Kleinod ist mir die Partitur der »Feen« kann ich Ihnen genug für dieselbe danken! Wie schön u. sinnig das Geschenk des Beschwerer mit d. Schmetterling!

Ich sende Ihnen hier eine Broche mit einem Vergißmeinnicht; mögen Sie wie bisher freundschaftlich meiner gedenken, wenn das Schicksal wieder so fürchterliche Stunden über mich verhängen sollte. –

Dank, tausend Dank, daß Sie mir Ihren festen Glauben erhielten, o ich wußte es wohl, Sie würden mich nie verkennen. – Glücklich macht mich die Aussicht, öfters Nachrichten von Ihnen, hochverehrte Frau, über den Freund zu erhalten. – Ich muß schließen. – Mit den besten Grüßen

Ihr

sehr geneigter

24. Dec.
1865.

Ludwig.

17

Erhabener König!
Theurer gütiger Herr! Gnadenvoller Gebieter!

Einige Tage wollte ich vorüberziehen lassen bevor ich Euerer Majestät, für die huldvolle gnädige Annahme meiner Sendung, und für das reizende Symbol, die schöne königliche Weihnachtsbescheerung dankte die ich den übrigen theuren Gaben unsres hohen Beschützers gesellte, und die mich stets an die hehrste Hoffnung des Lebens erinnern wird. Ich befürchte mein Schreiben muss heute trübgemuth ausfallen – die Feiertage stimmen den Leidenden doppelt traurig; wo alles flittert und flimmert erscheinen ihm seine Thränen in doppeltem Glanze. Doch einen tiefen Trost erhielt ich dadurch dass ich erfuhr Euere Majestät, wären in der Kirche, in der ich mich heute begab – der Basilica[1] ausnahmsweise untreu, Palestrina wegen. Es war mir der hochwillkommne Beweis dass Euere Majestät, wiederhergestellt sind, wofür ich Gott aus tiefster Seele danke. Ich sollte wohl durch diese

Beruhigung schon, dann durch die Wirkung der schwebenden Ruhe in der erhabenen Messe Palestrina's, dann auch durch zwei heiter gestimmte, von schönster Fassung zeugende Briefe des Freundes, mich gehoben fühlen; nicht ganz gelingt es den freundlichen Eindrücken, ich glaube dass die hohe Gnade die mir zu Theil ist, Euerer Majestät, vieles mittheilen zu dürfen, das gute begonnene Barmherzigkeitswerk vollenden wird!

Nun ist der Freund definitiv niedergelassen; das heisst er wandert nicht mehr von einem Hôtel zum andren. Ein ruhiges Haus mit einem Garten[2], sehr einsam und abgelegen hat er gefunden, einen Flügel hat er gemiethet, nun will er wieder an die Arbeit. Gestern schrieb er meinem Mann von den *Meistersingern* und deren Aufführung im Jahre 1867 in Nürnberg unter meines Mannes Leitung wenn es Euerer Majestät genehm ist. Von der Kunstschule oder irgend welcher Unternehmung (ausser den Allergnädigst gewünschten Concerten) räth er ab; nichts dürfte mit irgend welche Aussicht auf Gelingen, in den jetzigen Umständen unternommen werden können. So tief mich das schmerzt, kann ich ihm nicht Unrecht geben. Von allen Seiten kommen Zeichen und Ansagen, dass der wüthende Kampf nicht zu Ende ist. Jetzt befürchtet man noch eins: die Rückkehr. Um diese unmöglich zu machen wird ebenso viel aufgeboten werden, als um seine Entfernung nothwendig erscheinen zu lassen. Schon lange sehe ich auch, dass in jeder Weise gesucht wird meinen Mann zu reizen, damit dieser durch irgend eine seinem offenen kühnen Naturell zusagende Handlung, einen Vorwand der Verfolgung bietet, und der beängstigende Freund des Verfolgten endlich auch beseitigt werden müsste. Dieses wird nun nicht geschehen, doch, ist es vorsichtig in solchen Zeiten etwas grosses bedeutendes gründen zu wollen, wenn alles gegen dieses Grosse sich hebt? Der Minister Euerer Majestät hat meinem Mann auf sein Schreiben auch gar nicht erwiedert. In Güte und Sanftmuth scheint dieses Werk des Friedens denn nicht von sich gehen zu dürfen – vielleicht ist uns die Zeit ein guter Gehülfe, vielleicht befallen andre Sorgen die Verfolger, vielleicht – und dies wird der Wendepunkt sein – lernen die Bösen Euere Majestät, kennen und begreifen, und fürchten, wie wir sie verehren und lieben und preisen, den ernsten hohen Sinn, den wankellosen Willen, die tiefe hehre Begeisterung für die wahre Kunst. Dann ist unser goldnes Zeitalter eingetreten, dann können wir wirken und handeln, jetzt ist nur ein versuchen und misslingen möglich! Dieses die Ansicht die wir uns Dreien nach langer ruhiger Ueberlegung angeeignet haben, sollten Euere Majestät sie nicht genehmigen, so versteht es sich von selbst dass mein Mann mit Leib und Seele zu Befehle steht, und der besseren Einsicht gehorchen wird. Die Concerte die Euere Majestät gewünscht haben erfreuten den Freund sehr, so wie ihre Aussicht uns wahrhaft erfrischte; bezüglich der Schwierigkeiten die der Aufführung des Rheingoldes entgegenstehen, hat mein Mann Herrn Lutz umständlich Auskunft gegeben. Wenn wir von einem Tenor erführen der den Lohengrin vollständig singen thät, wäre der Plan Euerer Majestät, wunderbar schön! Fast möchte ich mir die Freiheit nehmen zu dürfen, erbitten, Euere Majestät, wenn es Zeit und Umstände gestatten, um eine allergnädigste Audienz für meinen Mann anzugehen. Ich glaube dass er in einigen Worten Euerer Majestät alles darlegen könnte was jetzt musikalisch möglich oder nicht möglich ist, während *ich* immer die Besorgniss habe dass so manches nicht klar und genau überbracht werden kann! Da mein Mann von dieser meiner Bitte nichts weiss und mich gewiss tadeln würde sie gewagt zu haben, habe ich noch den einen Wunsch den ich unterthänigst ausspreche: dass Euere Majestät falls meine Bitte nicht statthaft erscheinen sollte, sie gnädigst, gütigst, gar nicht zu beachten geruhten!

Herr Lutz äusserte vorgestern dass da die Kunstschule in weitester Ferne wäre das Engagement von Frau v. Schnorr Schwierigkeiten böte. Gewiss ist dieses ein delicater Punkt – wenn vorläufig hier nichts zu Stande kommt scheint es überflüssig eine neue Berufung vorzunehmen; andrerseits aber ist es peinlich eine bedeutende Künstlerin abzuweisen. So viel ich erfahren habe würde Frau von Schnorr sich hier leicht eine Existenz durch Gesangsunterricht schaffen können – sollten Euere Majestät geneigt sein ihr einen bescheidenen Gehalt als königliche Kammersängerin bestimmen zu wollen, wäre vielleicht die Lösung dieser etwas schwierigen Angelegenheit gefunden[3]. Doch, theurer gnädigster Herr, was ich hier gesprochen habe ist nur der Ausdruck meiner Folgsamkeit – ich kann sie ja nicht ermessen die Schwierigkeiten, nicht erwägen die Hindernisse die sich auch diesem Vorschlag entgegenstellen dürften. Von der einen Seite sehe ich unsren König und Herrn, unsren theuren erhabenen Beschützer, der nur das Grosse und Schöne will und fördert, unter ihm ein gutes tüchtiges Volk dass Ihn den hehren wie wir liebt, dazwischen eine Schaar böswilligen Mächtigen mit denen zu kämpfen gar keine Möglichkeit ist, denn man kann ihre Waffen nicht gebrauchen. Da bleibt denn nur in der moralischen Welt von der Erfindung des Ingénieur's Bauer gebrauch zu machen, oder die Fische nachzuahmen die während des Sturmes untertauchen und sich nach oben erst dann zeigen wenn alles beruhigt ist. Um Euerer Majestät, einen leisen Begriff zu geben der Art wie die gewöhnlichen Menschen hier jetzt triumphiren, erlaube ich mir eines kleinen Détails zu gedenken: schon längst haben wir die Plätze aufgegeben die Euere Majestät die Gnade hatten dem Freunde und uns zu bestimmen, die uns aber stets unwillig gegeben wurden; wir bestellten unsre Plätze im Theater beim Intendanzrath; nun werden sie uns auch verweigert wenn wir sie wie jeder Münchener Bürger und zwar lange im voraus bestellen. Es ist kein Unglück nicht in's Theater zu gehen, äusserst selten verfallen wir auf den Gedanken; dieses sonderbare und für uns allerdings neue Benehmen zeigt aber wie sich armselige Wesen fühlen, wie sie wähnen ihre Zeit sei gekommen und zwar so dass sie die Gelegenheit zu beleidigen mit den Haaren herbeiziehen! Da mein Mann sich gegen die Münchener Hofcapelle gefällig gezeigt hatte, bat er einige Mitglieder Herrn Porges dem Freunde Wagner's Billet zu den Odeon's Concerten zustellen zu lassen, es wurde verweigert, und zwar ist es nicht die Capelle die verweigert. Da meinem Manne diese Erfahrungen neu sind hatte ich grosse Mühe ihn zu besänftigen, ich bat ihn zu erwägen dass dies alles Absicht wäre und ein Ziel hätte, das wir nicht erreichen lassen müssten: er gab es mir zu und lachte zuletzt mit mir ob der albernen Verfehmung, und der Dreistigkeit der Feigen. Vorsicht, Vorsicht, rufen wir uns einander zu, wir handeln ja nicht für uns!

Eine Zeile aus dem letzten Allergnädigsten Schreiben Euerer Majestät, zeigt mir dass Euere Majestät, trübes ahnen! O! theurer zum höchsten berufener Herr! Glauben Sie dem Wort Euerer Dienerin, wir werden nie zweifeln, niemals, niemals; wir werden unerbittert unsre Zeit abwarten, unwandelbar glauben, hoffen und lieben! Das Herz stockte mir heute als ich im Evangelium die Worte las: »ich sende zu euch Propheten, und Weise, und Schriftgelehrte; und derselben werdet ihr etliche tödten und kreuzigen, und etliche werdet ihr geisseln in eure Schulen und werdet sie verfolgen von einer Stadt zur andern! .... Ihr werdet mich von jetzt an nicht sehen bis ihr sprechet: Gelobet sey der da kommt im Namen des Herrn!«[4] Wie könnt' ich Euerer Majestät, die Gedanken sagen die wie Gespenster den Geist bestürmten? Nur langsam nach und nach und schwächlich konnt ich mit dem ersten der Märtyrer den wir heute feiern[5], sprechen: Herr behalte ihnen diese Sünde nicht! Diejenigen die nicht lieben sie ahnen nicht wie das liebende Herz in Angst und Kummer gefoltert werden kann – dies ihre Entschuldigung! Doch ich sage dieses Euerer Majestät! ......

Der Freund schreibt es wäre Platz für uns in seinem Hause; wenn ich es möglich machen kann, werde ich mich künftigen Monat mit meinen Kindern zu ihm auf einige Zeit begeben. Keine Seele hat er dort, ich muss Gott danken dass seine treuen Diener bei ihm sind, doch wie schwer wird ihm gewiss der Tag, und wem soll er denn sagen was ich allein verstehen kann? Gegen Jeden muss er sich und die Dinge mühsam erklären, mir hat er nur leise anzudeuten und ich verstehe alles. Jedenfalls aber will ich hier zu den Orchesteraufführungen und zu den Claviersoireen sein. Der Freund schreibt freundlich fast froh, er sagt selbst er hätte seinen Humor wieder. Freilich weiss ich was dieser bedeutet »es ist der Ernst der sich hinter dem Scherz versteckt« wie ein Philosoph gesagt hat. Doch bin ich glücklich dass er diesen Muth hat und zeigt. Sein alter Hund *Pohl*, den er durchaus mitnehmen wollte, gibt ihm viel Noth, er ist halbschwindsüchtig muss mit Decken herumlaufen was zu den drolligsten Aufsehen in den Strassen Genfs Anlass gab. Der Freund theilt es mir mit unbeschreiblicher Lebhaftigkeit mit; mich rührte es noch mehr als es mich unterhielt, ich erkannte sein edles, gutes, ach! so geschmähtes Herz in diesem Zug, sich mit diesem alten Thiere herumzuschleppen!

Was habe ich alles hier aufgezeichnet? Schönes und trauriges. Alles verschmilzt sich aber in einer Empfindung: in dem Dank mit welchem ich ewig verbleibe

Euerer Majestät,

treu gehorsamste Dienerin

26ten December 1865.

Cosima von Bülow-Liszt

[1] *Stiftskirche St. Bonifaz in München*

[2] *»Les Artichauts« hieß das Landhaus bei Genf, das Wagner am 28. Dezember 1865 bezog.*

[3] *Malwina Schnorr von Carolsfeld übersiedelte im März 1866 von Dresden nach München und bezog vom König eine Ehrenpension von 2000 Gulden.*

[4] *Matthäus 23,34-39*

[5] *Der 26. Dezember ist der Stephanustag und dem ersten Märtyrer der christlichen Geschichte geweiht.*

18

Theure, hochverehrte Frau!

Große Freude hat mir Ihr letzter Brief bereitet; nehmen Sie meinen herzlichen Dank für denselben entgegen. – Theure Kunde! daß der geliebte Freund nun vorläufig Seine definitive Niederlassung gefunden; wäre dieser Winter doch nur schon vorüber; nahte doch der Wonnemond! – Wie entzückt es mich zu hören, daß der Theure der Aufführung der »Meistersinger« gedenkt; hoffentlich wird die Ausführung dieses Werkes Seine nächste Arbeit sogleich nach Beendigung der Nibelungen sein!

Die armseligen, niedrigen Menschenseelen ihr Triumph ist der Vorbote ihres Falles. – Das Benehmen des Intendanzrathes[1] hat mich, sowie das der Mitglieder der Capelle, empört. – Ich ertheilte heute ersterem den Befehl, Ihnen die früheren Theaterplätze zu reserviren. Die Angelegenheit wegen Frau v. Schnorr gedenke ich bald zu erledigen;

Alles soll geschehen, um diese bedeutende Künstlerin an München zu fesseln. – Niemann[2] will ich als »Lohengrin« vor der Hand fahren lassen; ach fänden Wir einen Tenor, welcher dieser schwierigen Rolle gewachsen ist. – Ich *sehne* mich nach der Vorführung dieses Werkes; wäre sie doch zu ermöglichen u. zwar in nicht zu langer Zeit.

Ich hoffe fest, daß die Schwierigkeiten, welche sich der Vorführung einzelner Stücke aus dem »Rheingolde« jetzt entgegenstellen, nicht unüberwindlich sein werden; der Freund versprach mir in jenen wonnevollen Tagen zu Hohenschwangau mit Bestimmtheit die Vorführung derselben auf diesen Winter. In diesem Zeitpunkte von der Errichtung der Kunstschule nach des Freundes Plan abzustehen, halte ich für geraten; doch gedenke ich in einigen Monaten den provisorischen Bau errichten zu lassen, u. in nicht zu langer Zeit darauf werde der Grundstein zu dem monumentalen Fest-Theater gelegt. – Die Reorganisation des Conservatoriums wird bald begonnen werden, dieß ist das einzige, was *jetzt* geschehen kann; soviel als irgend thunlich wird dabei auf die Pläne des Freundes Rücksicht genommen werden. – Die Schwierigkeiten sind sehr groß; doch mein Muth, mein Vertrauen wanken nie! –

Wie wird sich der Theure freuen, Sie, hochverehrte Frau, bei sich zu sehen, o könnte auch ich dann zu Ihm fliegen! – Furchtbare Qual des Wartens, die mir jetzt auferlegt ist! –

Der Freund schrieb, wie Sie wissen Anleitungen zur Aufführung des Fl. Holländers u. zu Tannhäuser; hätten Sie vielleicht die Güte, Ihn, wenn Sie wieder mit Ihm sein werden, zu ersuchen auch zu Aufführungen Seiner übrigen Werke das nämliche zu thun; denn für alle Zukunft werden diese genauen Anleitungen von hohem Werthe sein! – Schrieb der geliebte Freund in der letzten Zeit an Seiner Biographie?

O wie brennt meine Seele vor Verlangen und Sehnsucht bald wieder Nachricht von dem theuersten Freunde zu empfangen! – Wie mag es Unsrem Helden nun ergehen! O Siegfried! Siegfried! – Das Werk der Bosheit u. Finsterniß wird zu nichte, wird vom Winde verweht durch die Macht meiner Liebe zu dem Einzigen, dem mein Leben geweiht ist, Er wird leuchten als strahlende Sonne in unvergänglicher Glorie!

Tausend Grüße an Herrn von Bülow! – Stets bin ich, theure, hochverehrte Frau

Ihr

sehr geneigter

am 28. Dec. Ludwig.

1865. –

1 Intendanzrat Wilhelm Schmidt war der Leiter des Münchner Hof- und Nationaltheaters. Er wurde im November 1867 durch Karl von Perfall ersetzt, der bisher in München die Hofmusik leitete.

2 Albert Niemann (1831-1917), Tenor, wirkte 1856 bis 1866 in Hannover. Im Jahr 1861 sang er die Titelpartie in der Pariser Aufführung des »Tannhäuser«. Am 14. Februar 1864 gastierte er mit »Tannhäuser«, am 21. Februar mit »Lohengrin« und am 28. Februar nochmals mit »Tannhäuser« in München. König Maximilian II. Joseph lud Niemann am 22. Februar zu einer Audienz, Kronprinz Ludwig empfing ihn am 3. März 1864 ebenfalls in einer Privataudienz. Seiner Cousine, Prinzessin Anna von Hessen-Darmstadt, berichtete Ludwig am 7. März: »Neulich veranlaßte ich jemand, ihm [Niemann] eine Menge Blumen zuzuwerfen, und ich sandte ihm ein Paar Manschettenknöpfe mit Schwänen und Brillanten; ebenso ein Kreuz, was ihm große Freude machte.« Albert Niemann sang von 1866 bis 1869 an der Hofoper Berlin, bei den Bayreuther Festspielen 1896 war er der erste Siegmund.

19

Erhabener König!
Theurer Herr! Gnädiger gütiger Gebieter!
Schutz und Schirm!

Womit soll ich nun beginnen? Zuerst will ich dem gnadenvollen Herrn danken, aus tiefster inniger Seele, dann will ich dem königlichen Beschützer Nachrichten vom Freunde geben, dann Euerer Majestät, den über verschiedenes gnädigst von mir verlangte Berichte erstatten. Dank, theurer gnädiger Herr, hehren hoffnungsstrahlenden Dank, für den schönen Blick in die Zukunft den Euere Majestät uns ermöglichen, Dank für den Schutz den wir in den Worten Euerer Majestät, finden, Dank, ewigen Dank, für das grosse königliche Vertrauen, Dank vor allem für die Liebe zu *unsrer* Kunst! Die letzten Nachrichten die ich vom Freunde bekam, sind vom 27ten datirt; heute hatte ich keinen Brief was mich so beunruhigte dass ich telegraphirte, bis jetzt hab ich keine Antwort, so dass ich in Sorge bin. Sein letzter Brief war traurig, er hatte keinen Nachtschlaf mehr, die Wohnung die er bezieht ergiebt sich als unheizbar, fremd blickt ihn alles an, o Gott! Wäre mein Kind nicht krank ich reiste heute Nacht fort. In dem vorgestrigen Brief sprach er von dem schönen Bilde das er empfangen, er wollte in den nächsten Tagen an Euere Majestät, schreiben. Vor meinen Crucifix liege ich nun die halben Tage und flehe dass wir ihn wiedersehen! – Dass der Mensch so viel ertragen kann, ist es nicht seine Schwäche? Euere Majestät vergeben gütig, ich habe manches schon gelitten! ....

Ich erlaube mir diesem Schreiben einen Brief beizufügen welchen der Freund für Euere Majestät geschickt hat, weil er sich darüber sehr gefreut hat; er ist auch wunderschön, ernst bescheiden theilnahmsvoll, gewiss empfinden viele jetzt in Deutschland so! –

Herr Lutz war heute im Auftrage Euerer Majestät bei mir, und meldete mir was Euere Majestät beschlossen haben; ich werde es noch heute Frau v. Schnorr melden. Mit wahrer Freude schrieb ich dem Freunde dass Euere Majestät auf Niemann's Engagement zu verzichten geruht haben. Er ist roh und unmusikalisch, sein Lohengrin hat mir in das Herz hineingeschnitten, doch verstand ich vollkommen dass Euere Majestät um nur überhaupt die Werke zu hören mit dem Mangelhaften vorlieb genommen hätten, und Sich über das Verletzende durch die wunderbare Intuition die Euerer Majestät zu eigen ist, hinweg gesetzt hätten. Doch danke ich für dies Opfer, das ich wohl ermessen kann. Euere Majestät gestatten mir gnädigst dass, da der Fluss der unterthänigen Mittheilung mich wiederum zum Danksagen führte, ich des gnädigen gütigen Beschlusses betreffs der Theaterbillets gedenke. Wie huldreich von Euerer Majestät, auf dieses Detail einzugehen, und wie legt diese augenscheinlich geringe Angelegenheit, für einen Beweis des schönen Gerechtigkeitsgefühl Euerer

Majestät ab! Gerechtigkeit, Milde diese zwei Säulen der königlichen wie göttlichen Macht, sie heben die Krone Euerer Majestät, sie die ich so deutlich erkenne geben mir immer den Muth der Hoffnung und des Vertrauens!

Die Conservatoriumsangelegenheit! Sie ist schwierig genug; heute noch erklärte ich Herrn Lutz warum zwei solche Anstalten uns in einer Stadt wie München undenkbar wären. Nun kommt vieles auf die Unterredung zwischen Herrn v. Bülow und dem Herrn Staatsminister an; ist dieser nicht gar zu arg in der Zwischenzeit bearbeitet worden, so ist nach der ersten Unterredung anzunehmen dass eine Verständigung möglich ist. So viel ich das Treiben beurtheilen kann wünscht man dem Baron Perfall[1] die Leitung des Conservatoriums übergeben zu sehen. Herr von Bülow ist zu allen Concessionen gewillt, wenn er weiss dass er damit Euerer Majestät Schwierigkeiten ersparen kann, und die Sache fördern helfen, ich brauche es wohl Euerer Majestät, nicht zu sagen. Bis wie weit diese gehen dürfen werden Euere Majestät, am allersichersten, allerschönsten, bezeichnen. Es ist viel wenn das Conservatorium *so* reorganisirt wird dass es mit der Zeit sich zur Kunstschule entfaltet, sehr viel, und darf man angesicht der Schwierigkeiten wohl klug sein und auf Manches warten können.

Baron Perfall theilte vorgestern Herrn von Bülow den Allerhöchsten Befehl welchen Euere Majestät ihm am 4ten December hatten zukommen lassen, mit. Wie freute er uns! Wie stolz haben wir die h. Elisabeth mehreren Städten verweigert dass sie nun zuerst unsrem König und Herrn zu Gehör gebracht werde! Binnen drei bis vier Wochen (irrthümlich sagte Herr Lutz 14 Tage) können die Vorbereitungen getroffen sein; wie freue ich mich, wie sicher weiss ich dass, das Euerer Majestät angehörende Werk, Euerer Majestät lieb und werth sein wird. Wie ich aus Ungarn erfahre hat der Kaiser von Oesterreich meinem Vater die Messe und den Marsch zur Krönung bestellt.

Da Herr von Bülow weiss wie gern Euere Majestät von Allem Kenntniss nehmen, ersucht er mich eben Euerer Majestät, ein heute erschienenes Zeitungsblatt unterthänigst zu übermitteln in welchem er in unerhörterweise geschmäht wird, und ich selbst und ein Factum erwähnt werden das nur dieselben verrathen haben können die der

Freund immer bezeichnete. Ich schlug es meinem Manne ab, es wiederstrebte mir meinen Brief mit dergleichen Schändlichkeiten, seien sie noch so »sicherster Quelle«, »mächtigen Ursprungs« und noch so gefährlich, zu beflecken.

Mit einem Neujahrswunsch schliesse ich, denn ich werde vor 66 nun Euere Majestät nicht belästigen. Der schönste Segen des Himmels ruhe auf Euerer Majestät theures Haupt! Die Feinde des Lichtes und Euerer Majestät göttlichen Sendung seien zerstoben. Die Gerechtigkeit strahle in Milde durch Euerer Majestät's Antlitz, das durch Gott geweihte Leben Euerer Majestät, siegend schreite es von That zu That! Mir erwünsche ich nur mich in dem kommenden Jahre noch nennen zu dürfen

Euerer Majestät

treu gehorsamste Dienerin

30ten December 1865. / Cosima von Bülow-Liszt

[1] *Karl Freiherr von Perfall (1824-1907), Dirigent und Theaterleiter. Nach juristischem Studium erhielt er seine musikalische Ausbildung in Leipzig. Ab 1850 war er Leiter der Münchner »Liedertafel«, 1854 Gründer und Leiter des Münchner Oratorienvereins, 1864 Hofmusikintendant, 1867 Intendant bzw. ab 1872 Generalintendant des Königlichen Hof- und Nationaltheaters in München. Unter seiner Leitung hatte sich die Münchner Hofoper zu einer der hervorragendsten in Deutschland entwickelt. Persönlich Richard Wagner abgeneigt, lag gleichwohl der Schwerpunkt seines Schaffens auf dessen Werk. Er brachte »Rheingold«, »Walküre« und »Die Meistersinger von Nürnberg« zur Uraufführung und leitete in 25 Jahren insgesamt 700 Aufführungen von Wagneropern.*

20

Theure, hochverehrte Frau!

Es drängt mich Ihnen noch heute einige Zeilen zu schreiben; meine Zeit ist sehr in Anspruch genommen, so daß ich mich kurz fassen muß. – Vor Allem drücke ich Ihnen meine wärmsten u. tiefgefühlten

Glückwünsche aus, die ich für das kommende Jahr für Sie u. Ihre ganze Familie im Herzen trage. – Ach wie ist meine Seele betrübt, wie wehe thut es mir denken zu müssen, daß der Freund, der über Alles Geliebte in trüber Stimmung ist, sich leidend fühlt, nicht einmal eine angemessene Wohnung finden kann. – Gott gebe, daß Er nicht erkrankt! – Was kann ich thun, wie helfen, ich *beschwöre* Sie raten Sie mir! – Gibt es kein Mittel, um Ihm eine Wohnung zu verschaffen, die Ihm die ersehnte Ruhe gewähren kann; eine Wohnung, in welcher Seine theure Gesundheit nicht Gefahren ausgesetzt ist. – Daß unter den gegebenen Umständen Seine Rückkehr vorläufig eine Sache der Unmöglichkeit ist, werden Sie einsehen; ein paar bange Monde *muß* ich noch vorüberziehen lassen, o wie schleicht die Zeit dahin! –

Bald kehrt der Minister Koch[1] von seiner Erholungstour zurück, ich ersuche Herrn v. Bülow bald mit ihm über die bewußte Angelegenheit conferiren zu wollen. – Ich gebe den Muth nicht auf u. die Hoffnung, daß in die Reorganisation des Conservatoriums der Keim zu dem Gedeihen der allgemeinen Kunstschule werde gelegt werden können. –

Wie freue ich mich auf d. Aufführung der Legende: »die Hl. Elisabeth«, der geeignetste Zeitpunkt hiefür wird sein die Rückkehr Herrn v. Bülow's von seiner Conzertreise. – Mit innigem Dank schicke ich jenen Brief zurück. – Die in dem Schreiben ausgedrückte Theilnahme that mir unendlich wohl. – Gott gebe daß Ihr Kind bald wieder hergestellt werde! ach was haben Wir zu dulden; es ist hart, sehr hart, doch Gott wird Unsre Trauer in Freude verwandeln, er sendet Trost als lindernden Balsam! – Er gibt den Ringenden Kraft, Er führt zum Siege! – Dank, Dank für Ihre guten Wünsche für mein Wohl. – Ich erwidere sie v. Herzen. – Mit herzlichen Grüßen bleibe ich stets,

Ihr

sehr geneigter
Ludwig.

31. Dec.
1865. –

Ich ersuche Sie, senden Sie mir jenen Zeitungsartikel, ich will thun, was möglich, um die aus demselben tönende Stimme der Unwahrheit zum schweigen zu bringen; die Stimme der Verläumdung muß verstummen. –

Ludwig.

[1] *Nikolaus von Koch (1806-1866), bayerischer Staatsminister des Innern für Kirchen- und Schulangelegenheiten, ab 1865 auch Verweser des Staatsministeriums des Innern; er starb am 19. Januar 1866 in München.*

1866

21

Theurer König!
Hoher Herr! Gnadenvoller Gebieter! Hehrer Fürst!

Um die zwölfte Stunde schaute ich durch das Fenster in die Weite, hörte die Glocken schwer den Beginn des Jahres melden, und theilte einen stillen Wunsch zwischen dem Freund in der Fremde, und dem Könige im fernen Schloss! Im Freunde liebe ich alles alles was seit dem Anfange der Zeiten verfolgt worden ist, in Euerer Majestät erhabenen Wesen verehre ich das Königthum, dieser idealste Gedanke der Menscheit, diese Offenbarung Gottes. Die spanische Vorstellung des Königthums, den Meisten jetzt so fremd und selbst abstossend, sie blüht in mir und wurzelt tief; bei den Spaniern musste ihr schöner Glaube, ihr unbedingter Gehorsam meist blind sein, in mir sind sie Hellsicht! Ich weiss es, theurer, gnädiger Herr, berufen und geweiht sind Sie, wie keiner; Euere Majestät verzeihen mir wohl dieses so auszusprechen? In Betracht der Prüfung die Wir (Euere Majestät gestatten mir dieses nachzusprechen) ertragen, der schwierigen gar ernsten Zeit, der Maaslosigkeit der Parteienwelt, und des frechen offenen Spiel der Interessen, ist es mir eine Nothwendigkeit diese Gefühle Euerer Majestät, auszudrücken, und sie mir damit so recht klar und bestimmt von der Seele aus, vor dem Verstande zu führen. Ja hehrer, huldreicher Herr, alles alles sind Sie.

In dem wirren Treiben, in dem wüsten und heuchlerischen Kampfe sind Euere Majestät die einzige Hoffnung, die einzige Stütze, nicht nur für uns, sondern für Alles Gute im ganzen Lande, ich habe fast gesagt im ganzen Deutschland. Ich empfinde dieses so sicher und fest, dass ich Euerer Majestät, gar nicht zu sagen vermag, wie ich auf jeden Schritt Euerer Majestät den Segen Gottes herabflehen möchte, und wie ich nur eins wünsche dass Euere Majestät in dem Wissen dass Euere Majestät, eine heilige Hoffnung für jeden betrübten Guten sind, einigen Trost in den schweren Stunden finden möchten.

Als ich meinen Brief an Euerer Majestät abgesandt hatte kam eine Depesche vom Freunde, welche mich beruhigte. Gestern erhielt ich die telegraphische Nachricht dass er nach Paris abgereist wäre »Zustand erträglich« stand darin. Endlich heute kam ein kurzer Brief, der mir meldet dass er mir nur wenig und selten jetzt schreiben wird, *»da er in sorgenvoller Entschliessung für die Gestaltung seiner letzten Lebenslage begriffen sei«*. Er scheint seine Reise nach Paris sehr plötzlich beschlossen zu haben, da er in diesem Brief (vom 30ten datirt) gar nichts erwähnt. Es ist mir nicht unlieb ihn aus Genf zu wissen, wo es jetzt so kalt sein soll, doch grade Paris hat mich erschrocken; ich liebe die Stadt nicht, trotzdem ich dort erzogen bin[1]; es ist so geräuschvoll, so bunt, so hässlich glänzend. Doch muss er wohl irgend eine Veranlassung gehabt haben um so rasch dorthin sich zu begeben. Ach! ich weiss wohl, Allergnädigster Herr, dass wir *jetzt* ihn hier nicht wiedersehen können, in dieser tollen Wuth, in diesem unsinnigen hin und her Schreien. Auch können Sich Euere Majestät meinen Schreck gar nicht vorstellen als ich heute früh in den N Nachrichten[2] die Einladung des Dr. Wittstein[3] an alle Freunde und Verehrer Richard Wagner's fand, um den Componisten bei seiner Rückkehr nach München einen würdigen Empfang zu bereiten! Gott diese Zeitungen! Ich muss nun auch auf das Blatt zurückkommen welches Euere Majestät, allergnädigst von mir verlangten. Dass ich den Aufsatz in den N N nicht geschrieben, brauche ich Euerer Majestät, wohl nicht zu versichern; was das Einholen des Geschenkes Euerer Majestät an den Freunde betrifft, ist der Sachverhalt folgender: Mein Mann war abwesend, der Freund war unwohl als ihm gemeldet wurde dass ihm das Königliche Geschenk nicht zugeschickt werden konnte, er hatte Niemanden hier dem er sich vertrauen konnte. In dem Gedanken dass die Sache eine leichte werden würde, und dass ich nur mit ein paar Banknoten mich zu beladen hätte, bat ich den Freund mir zu erlauben diese Sache abzumachen, wie ich ja wohl auch öfters zu meinem Banquier gegangen sei. In meiner grossen Naivität ging ich mit meiner ältesten Tochter ruhig zur K. Casse. Unaussprechlich war mein Erstaunen als mir dort angekündigt wurde, ich würde kein Papier-Geld bekommen, und nur baares hartes Geld! Ich wusste nicht was thun – doch lag mir daran den Freund nicht in dem unfreundlichen Lokal eintreten zu lassen, auch sollte er den anderen Tag nach Wien reisen, ich überwand die

Noth, überlegend dass kein Fremder hereingetreten war, verliess mich auf die Discretion und ein gewisses Ehrgefühl welches niemals erlaubt eine Frau in die Oeffentlichkeit zu ziehen, und fuhr die Summe in zwei Wagen zu dem Freunde hin. Ihm graute förmlich vor der Sache, er dankte und tadelte mich fast, dann bewunderte er meinen Muth und sagte es läge wie eine Last auf ihm dass meine Freundschaft für ihn, mich in einer solchen Lage gebracht hätte. Ich lächelte und sagte »es sei ja nun vorbei«. Als mein Mann zurückkam erzählte ich ihm mein *erstes Abenteuer*, er lächelte sagte mir ein andermal besonnener zu sein. Keiner von uns hat geahnt dass ein für die Leute so gleichgiltige Episode verrathen werden würde, jetzt hat es mich nicht gewundert, und ich musste nur froh sein dass das für die nicht Eingeweihten so unverständliche Factum nicht absonderlich commentirt wurde. Euerer Majestät musste ich und konnte ich den Hergang mittheilen.[4]

Ich habe Herrn Lutz gebeten zu mir zu kommen; ich will ihn noch über einiges befragen bevor ich an Frau von Schnorr schreibe. Sobald der Herr Minister meinen Mann zu sich rufen wird, versteht es sich von selbst dass dieser zu Verfügung steht. Trotz allen möglichen *Tamino's* und *Mimes,* trotz Feigen und Schlechten hege ich doch Hoffnung zu diesem reorganisirten Conservatorium. Euere Majestät haben wohl durch Herrn Lutz erfahren, dass zu jeder Zeit Herr von Bülow alles aufgeben wird, Euerer Majestät dienen zu dürfen, und dass dies ihm nie ein Opfer sein wird, seine Thätigkeit ist hier, alles übrige nur nebensächliches, denn die Wünsche Euerer Majestät sind ja die heiligsten Interessen unsrer Kunst. Ist gerade die Zeit der Rückkehr, Euerer Majestät, genehm, dann vereinigt sich das Wichtige mit dem Unwichtigen in glücklichster Weise.

Euere Majestät darf ich nun nicht länger belästigen. Mit dem inniggerührten Danke des Mutterherzens erlaube ich mir Euerer Majestät, zu sagen dass es meinem Kinde besser geht. In diesem Augenblicke fällt mir das Liebesmahl der Apostel[5] ein. Hörten Euere Majestät von dem begeisterten Erfolg welches dieses Werk vom Freund hier in München kürzlich hatte? Leider hatte ich nichts von dessen Aufführung erfahren, doch hat mich die Begeisterung gefreut.

Noch einmal gestatten mir Euere Majestät Segen und Wünsche Euerer Majestät zu Füssen zu legen, und mich ewig zu nennen

Euerer Majestät

treu gehorsamste Dienerin

1ten Januar 1866 Cosima von Bülow-Liszt

[1] *Cosima lebte von ihrem 2. bis zu ihrem 18. Lebensjahr in Paris.*

[2] *N Nachrichten und N N = Münchner Neueste Nachrichten*

[3] *Es war mehr als verfrüht, daß die Neuesten Nachrichten bereits am 2. Januar 1866 das Inserat des Wagner-Verehrers Dr. G. C. Wittstein, München, brachten, worin dieser Gleichgesinnte zu einer Besprechung einlud, »mit dem Zwecke, dem berühmten Komponisten Richard Wagner bei seiner Rückkehr nach München einen würdigen Empfang zu bereiten«.*

[4] *Die Umstände, von denen die Auszahlung des Geldes an Cosima sowie dessen Heimbringung begleitet waren, sind wiederholt, wenn auch meist in entstellender Weise, geschildert worden. Es gibt höchst phantasievolle Darstellungen etwa bei Hugo Graf Lerchenfeld-Koefering, Glasenapp, Froebel. Auf dieses Geschehen ging Richard Wagner selbst am 9. Juni 1866 nochmals ausführlich in einem Brief an den König ein, als Cosima und Hans von Bülow die Ausweisung aus München drohte. »Am 6. Dezember vorigen Jahres hatte dieselbe Freundin, deren Mann für längere Zeit verreist war, mit ihren Kindern bei mir gespeist: beim Lampenschein sassen wir zusammen, und gedachten mit Bangigkeit der Sorgen, die heute, bei Seiner Rückkehr nach München, den geliebtesten königlichen Freund befallen möchten. Da wird Herr Lutz gemeldet: ich führe ihn in mein Cabinet er eröffnet mir den Wunsch seiner Majestät, daß ich sofort für einige Zeit Bayern verlassen möchte: darauf entfernt er sich, da er meine zustimmende Antwort noch Herrn Minister v. d. Pfordten zu melden habe. Ich trete zur harrenden Freundin am Théetisch und berichte ihr, was soeben vorgefallen. Sie drohte umzusinken: mit Mühe brachte ich sie zur Fassung. Die schrecklichsten Vermutungen werden wach: ... Und nun soll sie mich verlassen? Ihr Gemahl ist abwesend: ohne Schutz und Trost einsam in ihrem Hause, eingesperrt — ohne zu wissen, was vielleicht währenddem mit mir vorgeht? Anzunehmen, dass andern Tages möglicher Weise ihr die Kunde von irgend einer gegen mich geübten Gewalt zukömmt, dass sie mich nicht mehr wiedersieht? Unmöglich: sie fürchtet wahnsinnig zu werden, und beschwört mich, ihr mein Gastzimmer für so lange einzuräumen, als sie mich nicht sicher aus dem entsetzlichen München geleitet weiss. Ich kenne den überreizten,*

fast visionären Zustand der Aermsten, und fühle mich selbst beunruhigt, ihr in meinem Hause während dieser Schreckenstage stets Sicherheit geben zu können. So hilft sie mir diese drei furchtbaren letzten Münchner Tage, treu helfend und ratend, zu überstehen; jeden Morgen, wenn ich nach dem Gastzimmer herabkomme, treffe ich sie erschöpft, wie todt – : sie hat kein Auge geschlossen: die Qualen der Angst verscheuchten ihr jeden Schlaf. – Nun endeten auch diese drei Tage der kummervollsten Gastfreundschaft, die wohl je geboten und genossen: ich schied für immer, – sie kehrte aus dem öden Haus in die Verlassenheit des ihrigen zurück. –«

Wagner teilte dem König am 9. Juni aus Luzern weiterhin mit, daß als »die dritte Geschichte von der Reise des betrogenen liebevollen Königs zu dem entfernten Freunde kund ward«, die »Rache« aus den beiden ersten Begebenheiten folgendes gemacht hätte: »Die Gattin meines treuen Freundes B. sei meine – –. Sie habe vier Nächte bei mir geschlafen, und für ihre Liebkosungen habe sie sich mit den Geldsäcken bezahlt gemacht, welche sie der k. Kabinettskasse entlockte. Freund B. liesse sich das gefallen, und nähme sich dazu wohl noch die Gratification, welche er dem k. Hoforchester entzöge.«

5 Die Dichtung und Komposition »Das Liebesmahl der Apostel«, eine biblische Ballade für Männerchor und Orchester, war im Mai/Juni 1843 anläßlich des Allgemeinen Männergesangsfestes in Dresden entstanden. Die Uraufführung fand am 6. Juli 1843 in der Frauenkirche zu Dresden unter Wagners Leitung statt.

22

Theure, hochverehrte Frau!

Vor Allem spreche ich Ihnen meinen herzlichsten Dank aus für den lieben, theuren Brief. – »Der Freund in Paris« mit Verwunderung, Erstaunen vernahm ich diese Kunde. – Wird Er die neuen Instrumente dort bestellen wollen, deren Er in Seiner neuesten Schöpfung bedarf!? – O erhielte ich bald einen Brief von Ihm, schon lange schrieb Er mir nicht. – Ich beschwöre Sie, theilen Sie mir mit, ob der Theure etwas bedarf, worin ich Ihm helfen kann! – Nie, nie darf Er Mangel leiden, eher will ich sterben. – Immer düstrer, unheilschwangerer ziehen sich die Wolken hier zusammen, ach könnte der Einzige bald wiederkehren, die Zukunft scheint finster drohend, die Hoffnung auf Rückkehr beginnt zu schwinden. –

Lange halte ich es nicht aus, von Ihm getrennt zu leben, dieß sage ich Ihnen, ich leide fürchterlich! – Könnte ich Ihm die Last des Daseins in ungastlicher Ferne ertragen helfen, Ihm dem Inbegriff der Wonne, in irgend etwas nützen durch meine Gegenwart bei Ihm, mit Freuden verlasse ich jetzt Land u. Leute u. folge Ihm! – Denn die Stimme in meinem Innern ruft laut u. mächtig: »Deine erste u. heiligste Pflicht ist, Ihn für den du geboren, auf ewig erkoren bist, zu lieben, Ihm zu helfen wie du kannst, Ihm zugethan zu sein in unverbrüchlicher Treue!« – Dieß ist keine vorübergehende, jugendliche Schwärmerei, dieß ist das innere Gebot, nach welchem meine Seele *handeln will u. muß*; ja, so ist es, bei Gott! bei dem fürchterlich Wahren![1] – O theure Freundin ich leide, leide unsäglich viel. – Allein fühle ich mich nun, allein auf dem Königsthrone, umstrahlt von fürstlichem Glanze, dessen Feuer nicht wärmt, unbegriffen von meinen Unterthanen, gänzlich verkannt in meiner glühenden Begeisterung u. Freundestreue zu Ihm! Ihm! – Ich brachte es über mich Ihn zu entfernen, ich mußte, der Tag er wollte es, ja ich konnte nicht anders; doch nun da ich in einigen Monden mich sehne, Ihn wieder bei mir zu sehen, nun soll es unmöglich gemacht werden, das ertrag' ich nicht, zu Ihm will ich, wenn ich Ihm im fernen Lande etwas sein kann (o ich bitte theilen Sie mir es mit) ja zu Ihm, oder – sterben! – Ja – sterben. – O schaudern Sie nicht vor dem Gedanken daran zurück, thun Sie dieß nicht. – Mit Ihm u. bei Ihm leben – doch ohne Ihn ist des Lebens Werth u. Inhalt für mich verschwunden – dann hinüber, hinüber. –

O Sie können meinen Schmerz ermessen, er ist nicht zu schildern. – O tiefstes Weh![2] – Wenn die Wurzel der Eiche erkrankt, wenn ihre Säfte vertrocknen, wie kann sie freudig u. stolz sich erheben im frisch-ergrünenden Blätterschmucke? – O ich habe gehofft, gehofft, den Schmerz habe ich dadurch bezwingen können, doch nun erglänzt das Feindesgestirn, es reißt mich gewaltsam vom Freunde, schleudert mich qualvoller Zukunft entgegen, nimmt mir mein Hoffen, mein Leben, mein Alles! – Soll ich da nicht vergehen *müssen* vor Jammer!? – Nochmals ersuche ich Sie, hochverehrte Frau, freundlichst

u. dringend fragen Sie Ihn worin ich Ihm nützlich sein kann, ob ich Ihm das Dasein erleichtere, wenn ich bei Ihm bin, denn ich weiß, o allgütiger Gott ich weiß Er liebt mich auch, u. kann ich Ihm nichts sein, dann weiß ich was zu thun, dann fort von den Menschen, in deren Mitte ich länger nicht verweilen kann, dann Welt »leb wohl auf immer!«

Wie mir jetzt zu Muthe, war mir noch nie! – O es ist so wohlthuend eine Seele zu wissen, der man das Herz ausschütten kann, eine unter Millionen. – Ich sehne mich nach einem Briefe von Ihnen. – Gott schütze und segne den Freund und Sie, Heil u. Segen Ihnen Beiden! – O die Menschen, die Menschen, rasch u. unbesonnen im Urtheil u. nichts, nichts begreifend. – Dieß ist ein trauriger Brief, in trüber Stimmung, wie ich noch keinen schrieb; u. doch zögere ich nicht, ihn abzusenden, eine unsichtbare Macht treibt mich dazu. – Herzliche Grüße von

Ihrem
sehr geneigten
Ludwig,
dessen Seele betrübt ist bis
zum Tode! –

am 2. Jan.
1866

[1] *Zitat aus Schillers Drama »Kabale und Liebe«, 5. Akt, 2. Aufzug: »Schwöre bei Gott, bei dem fürchterlich wahren.«*

[2] *Zitat aus »Tristan und Isolde«, 1. Aufzug, 5. Szene, Brangäne.*

23

Mein theurer, mein angebeteter Herr!
König! Beschützer! Schirm!
Engel der Hoffnung!

Schluchzend beantworte ich den theuren himmlischen Brief, den ich als Heiligthum bewahre und der mir sagt von der schönsten Seele die jemals erblühte! Ich hatte erfahren dass unser theurer Herr betrübt sei;

furchtbar bekümmerte es mich, ich wollte schreiben, ich wollte Trost, Muth, Hoffnung in liebevoller Demuth zurufen, nun kommen die theuren herzzerreissenden Zeilen – wie soll ich danken wie könnt ich es je, preisen will ich meinen Herrn und König, preisen und – – trösten! Ja Theurer, gnadenvoller göttlicher Herr, ich darf Sie trösten! Die Zeit jetzt ist schwer, trüb, fast aussichtslos, doch ist es nur ein Schein; nicht unverstanden sind Euere Majestät, von den Unterthanen, nein das Volk liebt seinen erhabenen König und baut auf ihn in Freud und Leid. Es hat im grossen ganzen die wunderbare Liebe unseres Herrn zu dem Freunde *verstanden* und *bewundert*. Furchtbar sind die Schwierigkeiten die fast bei jedem Schritt anwachsen, die wahrste reinste Liebe giebt mir den Blick sie zu ermessen, doch *weiss ich* – ich weiss es sicher – dass der königliche Held berufen ist sie zu überwinden, wie vieles ist schon gethan, wie kurz die Zeit! Nur eines nicht theurer hehrer königlicher Freund, nur nicht diese Trauer. Strahlt das Antlitz unseres Herrn inmitten der Qualen und Sorgen, wie sind wir da alle alle geborgen, doch ist die tiefe erhabene Seele betrübt, was soll aus uns, was aus dem Volke werden? Dies ist das Einzige unerträgliche – alles übrige mein Herr und König, ist Leiden des Tages, Prüfungen die uns stählen, *dieser* Kummer aber entseelt uns die wir Sie lieben, lieben bis zum Tod! Könnt ich Euerer Majestät sagen wie ich sie empfunden habe diese Oede im fürstlichen Glanze, wie ich mit Schauder mir das riesige Schloss vorgestellt habe mit seiner Pracht, und Euere Majestät *allein* darin, ich hatte nur den einen Gedanken zu dem Hehren Geprüften zu laufen – ich that es nicht, habe aber Tag und Nacht den Gott angerufen der keine Thräne verschmäht! O mein Herr! alles sind Sie uns – alles dem Freunde, dem Sie Retter waren. Der freudige Stolz auf Ihre erhabene That verlasse Euere Majestät niemals – sie ist der erste Ring einer wunderbaren Kette gewesen – was jetzt hier sich ansammelt ist nichts, nichts, nichts. Es kann den Freund noch einige Zeit fern halten, um so schöner und ruhiger wird später seine Rückkehr sein. Gott! ob der Freund glücklich wäre wenn der Hehre zu ihm käme! Theurer einziger Schirm! Sie sind ja die Seele unsres Bundes gewesen. Vielleicht lässt es sich gegen Frühjahr machen dass Euere Majestät ihn wenn auch nicht hier im Lande, wiedersehen.

Doch grosser, geweihter, auserkorener Herr und Held, *leben leben, siegen, prangen*! Dies das Schicksal des Königs den *alle* anrufend lieben. O Herr! Was sollte aus dem guten, was aus jeder heiligen Sache werden, wenn Euere Majestät nicht mehr hoffen. Das schönste Loos, das schwerste aber hehrste, es ist Euerer Majestät beschieden – ach! vergessen Euere Majestät nie dass Sie allen Guten Schutz und Schirm, Trost und Hoffnung sind!

Ich hatte heute keinen Brief – so bald ich etwas vom Freunde höre erlaube ich mir es Euerer Majestät, mitzutheilen! Was habe ich nur geschrieben? Wird der hehre königliche Freund, nur ahnungsweise daraus ersehen wie tief ich mitempfinde? Wird er – wenn auch nur einen geringen Trost daraus schöpfen? Könnt' ich Euere Majestät sehen, könnt ich zu jeder trüben Stunde Euerer Majestät beistehen, und immer zurufen dass der Engel des Lichts nicht trauern darf, dass Parzival nicht verzweifeln kann, dass Lohengrin nur strahlen soll, dass Siegfried die Braut erwecken wird! Wüsst' ich nur einen Menschen, nur *einen*, in der grossen Stadt, im furchtbaren Schloss welcher meinen König und Herrn nur zuweilen das warme tiefe Wort sagen könnte, dass der Seele so noth thut! Doch schweigt die Welt, so spricht Gott – er der Erlöser »der betrübt war bis zum Tode«, er wird für die Engelsseele meines Herrn, erhabensten Trost, nie gespendeten Segen haben. Vom Kreuze wird der Gott-Mensch dem geprüften Engel-König, sagen was nie Menschen gehört, was nie Menschen hören! ......

Darf ich in Demuth bitten mir das theure Vertrauen zu bewahren? Soll ich noch sagen dass ich mich geheiligt und geweiht dadurch fühle? Soll ich Euerer Majestät schwören dass ich jeder Freude, jedem Frieden, jeder Hoffnung jubelnd entsagte um ein Glückstrahl in der geliebten Seele meines Herrn zu wissen? ...

Theurer theurer Herr, Hort des Guten, Trost des Bedrückten, Geweihter König, Hoffnung des Volkes, ach! seien Sie wiederum strahlend und siegesbewusst, dass wir nicht verzagen und trauern! Geduldig, einsichtig, klug wollen wir sein, doch stark fest und innerlich sicher. Gott! Dass Euere Majestät so leiden, das ist das Schrecklichste, das ist die fruchtbare Tragik. Theurer, theurer Herr!

Gewiss werde ich es meinem Gebieter augenblicklich melden wenn der Freund an irgend etwas mangeln sollte, bis jetzt Gott sei Lob und Dank, geht es ihm nicht schlecht. Hat Herr Lutz mein gestriges Gespräch Euerer Majestät mitgetheilt? Ich fürchte fast er hat mich nicht verstanden denn ich sprach sehr frei und zugleich *ganz ergeben.*

Ich wollte, ich musste augenblicklich erwiedern, meine eigenen Kinder hätte ich nicht ansehen können bevor ich dem theuren Herrn, dem königlichen erhabenen Freunde, nicht gesagt hätte dass ich *alles alles* verstehe, mit dem Hehren leide, aber auch *hoffe, hoffe* bis zur Freude!

Die getreue Dienerin streut auf jedem Schritt ihres Königs und Herrn, Liebe und Segen und erstirbt als Euerer Majestät

gehorsamste

3. Januar 1866. Cosima von Bülow-Liszt

24

Theurer erhabener König!
Gnadenvoller gütiger Herr!

Es wurde meinem Boten gestern gesagt, dass Euere Majestät, krank seien, tief betrübt, verliess gestern mein Gedanke Euere Majestät nicht, und ich frug mich nun immer wie nur Euerer Majestät, die leiseste kleine Freude zu machen wäre! Mein Mann der sah wie ich traurig und geängstigt war, und dem ich sagte dass ich für die Welt und den Himmel Euerer Majestät, einen heiteren Augenblick wissen möchte, frug mich ob das Manuscript des Siegfrieds, welches der Freund ihm vor Jahren gegeben, und welches unser Kleinod war, von Euerer Majestät, wohl gnädig aufgenommen werden würde? Hier lege ich es Euerer Majestät zu Füssen – ein Zeichen unsrer Gefühle, ein Mal ernster Zeiten! Euere Majestät werden es wohl gütigst empfangen?....

Mein Mann hatte heute einen Brief vom Freund, *aus Genf*; mit Paris scheint es eine telegraphische Confusion gewesen zu sein. Es geht ihm nicht schlecht, doch scheint seine Stimmung trüb. Hier gehen nun die Aufregungen hin und her, ich sende hiermit einige Zeilen, die von einer beispiellosen Anmassung zeigen! Von der andren Seite veranstaltet der unbegreifliche Dr. Wittstein eine Sammlung um dem Freund einen silbernen Lorbeerkranz darzureichen, dessen Blätter die Namen der Verehrer des Meisters tragen würden. Ein Kinderspiel, ohne Tragweite welches mich aber rührt. Angesicht der unglaublichen, namen- und schamlosen Verleumdungen, welche über den Freund verbreitet worden sind, ist die allgemeine Stimmung wirklich ein Wunder. In jeder Stadt drücken sie es nun frei aus: sie wünschen dass er zurückkommt, und freuen sich in diesem Wunsche, sich mit ihrem geliebten Könige einig zu finden. Freilich erbittern diese Kundgebungen noch den Hass der Feinde, doch bieten sie die natürliche Grundlage um diesen Hass zu besiegen, ist auch mehr Zeit dazu erforderlich als anfänglich gedacht war. Darum werde ich dem Freunde nichts von dem schreiben, was mir Herr Lutz mittheilte; diese Herren sehen und kennen sehr viel, können aber von ihrer Stelle aus die Lage nicht *über*sehen; das Mächtige erachten sie als das Unüberwindliche, während nur eines unüberwindlich ist – das Gerechtigkeitsgefühl, und *das* regt sich jetzt, und wird immer stärker werden im Lande Bayerns. Meine Hoffnung ist gross, so bang auch die jetzigen Tage sind, sie führen langsam, schwer, aber sicher zu der Lösung. Erführe ich nur bald dass Euere Majestät wieder das schöne siegbewusste Vertrauen gewonnen haben, wüsst ich nur bald dass Euere Majestät, wieder gesund sind. Ich sehe heute mit strahlendem Blicke in die Zukunft, denn das ist gewiss, Gott hat nicht die schönste königliche Seele geschaffen nur dass sie in Trauer und Betrübnis leide, sie wird strahlen wie die Sonne, beglückt beglückend!

O ich weiss es gnädiger huldreicher Herr! Dass die Liebe Euerer Majestät zum Freunde keine »jugendliche Schwärmerei ist«, ich habe ihren tiefen Sinn wohl erkannt, weiss ich doch auch dass meine wahrsten Empfindungen, die welche mein ganzes Leben bemeistern, Eingebungen der ersten Jugend waren. Selbst als Kind *wusst* ich dass der Vater litt den ich nur in Glanz und Rausch des Sieges zu sehen gewohnt war, ich wusste es und empfand das Leiden mit ihm, geheimnissvoll, unausgesprochen, kindlich zugleich und ewig. Ich weiss was ich fühlte als der Vater den Freund zu uns Kindern brachte[1], es ist bestimmend für mein ganzes Leben geblieben! Wie könnt ich da flach und frivol wie die Menschen die nichts empfinden, beurtheilen, wie könnt ich ihn hier nicht erkennen, den unlösbaren Bund der verschwisterten Seelen, welche das Schicksal zu trennen scheint, die Liebe aber ewig vereint!

Euere Majestät verzeihen dass ich mit einem Vertrauen spreche, welches ich vielleicht zu keinem Wesen auf dieser Erde *so* empfinde. Darf ich nochmals um gnädige Annahme der kleinen Gabe meines Mannes bitten? Hätten Euere Majestät, nur einen flüchtigen Augenblick Freude daran so wäre erfüllt der wärmste Wunsch von

Euerer Majestät
treu gehorsamsten Dienerin
4ten Januar 1866. Cosima von Bülow-Liszt

[1] *Am 9. Oktober 1853 reiste Wagner nach Paris. Dort fand am 20. Oktober eine Begegnung mit Franz Liszt statt, dessen damals sechzehnjährige Tochter Cosima er bei dieser Gelegenheit zum erstenmal sah (siehe Einleitung).*

25

Theure, hochverehrte Frau!

Ihre theuren Zeilen thaten mir unausprechlich wohl. – Sie haben lindernden Balsam in die brennende Fiebergluth meiner Wunde gegossen, haben wunderbar stärkenden Trost mir gespendet; warmen, innigen Dank hiefür aus treuer Freundesseele. – Ich will die Hoffnung nicht sinken lassen; denn wenn diese gänzlich schwände, dann sind sie auf immer dahin die Tage der himmlischen Freude, des strahlenden Sonnenglanzes. –

Also im Frühjahr vielleicht?! – Wenn die Winterstürme dem Wonnemond gewichen sind, wenn in mildem Lichte wieder der Lenz uns leuchtet[1]; dann vielleicht! – Dann muß Er wieder in Sein Häuschen ziehen, vielleicht ermöglicht es ein gütiger Gott, vielleicht legt sich dann das Wogen der Menge; dann keine Trennung mehr, sie wäre mein sicherer Tod. – O wie danke ich Ihnen, theure Freundin für das tiefe Mitgefühl das Sie für mein Leiden im Herzen tragen.- Ach Gott wie wird es Ihm jetzt ergehen, wie einsam, wie verlassen wird Er sich fühlen in der kalten, öden Weltstadt. –

Ich werde Fr. v. Schnorr den Titel einer Kammersängerin verleihen mit einem jährl. Gehalte von 2000 fl. – Den Glaspalast will ich gründlich untersuchen u. das nöthige verbessern lassen, das große Werk muß reifen. – Neulich fuhr ich über die Isarhöhen, die Sonne sandte ihre verklärenden Strahlen herab, da trat mir das Bild des Festbaues in all seiner hehren Pracht mit all seinen überirdischen Wonnen vor das innere Auge – – – Rheingold! Rheingold! – – – ertönte es in mir! Es ziehen die unsterblichen Werke des Freundes dem Geiste vorüber. – – Ja ich will hoffen! – Die schönen Träume sie müssen herabsteigen auf die Erde, *müssen*. O Gott, laß' mich sie seh'n wie ich sie sah, wie ich sie sah, sei'n sie mir nah![2]

Wie wird es Unsrem Helden ergehen, wo weilt wohl Siegfried?! –

Mein Sekretär meldete mir von Ihrem Gespräch, mit Bewunderung hat ihn Ihre freie u. offene Sprache erfüllt. – Jener Artikel ist wahrhaft schändlich; o wüßten die Leute den wahren Sachverhalt, sie würden Sie, hochverehrte Frau bewundern, wie ich es thue; denn Heldenmuth hat Sie den Schritt dem theuren Freunde zu Liebe wagen lassen. – Ich sende Ihnen hier eine Photographie nach einem Bilde, welches Ille[3] demnächst vollenden wird. – O, es drängt mich Ihnen nochmals auszusprechen wie vom Herzen ich Ihnen dankbar bin für die Trosteswortе die Sie auf so wahrhaft rührende Weise mir gespendet haben. –

In diesem Augenblicke erhalte ich Ihre theuern Zeilen. – O das Geschenk, ich wage kaum es anzunehmen; ich kann vollkommen ermessen wie werth das unschätzbare Kleinod Ihrem theuren Gemahl war, o sagen Sie ihm, ich bitte Sie darum, daß mich dieß Zeichen der reinsten Liebe u. Freundschaft tief rührt, übergroß ist meine Freude darüber, Dank, tausend Dank dafür! – Gott nehme Ihn stets in Seinen heiligen Schutz, Gott möge ihm ein freudevolles, ein glückliches Leben verleihen! – Der Freund nicht in Paris, mir ist dadurch ein Stein vom Herzen. – Ich muß schließen. Aus ganzer Seele dankt Ihnen u. Herrn v. Bülow nochmals

Ihr

sehr geneigter

am 4. Jan. 1866 Ludwig

Ich bin wieder vollkommen hergestellt. –

[1] *Zitat nach »Walküre«, 1. Aufzug, 3. Szene: »Siegmund: Winterstürme wichen dem Womnemond, in mildem Lichte leuchtet der Lenz.«*

[2] *Zitat nach »Lohengrin«, 1. Aufzug, 2. Szene: »Elsa: Laß mich ihn sehn wie ich ihn sah, wie ich ihn sah, sei er mir nah!«*

[3] *Eduard Valentin Joseph Karl Ille (1823-1900), Maler, Illustrator und Dichter, war Schüler von Julius Schnorr von Carolsfeld und Moritz von Schwind an der Münchner Akademie. Im Auftrag Ludwigs II. malte er 1865 einen Zyklus »Aus deutscher Sage und Geschichte« in Aquarellen in Schloß Berg und schuf die Wandmalereien im Ankleidezimmer Ludwigs II. auf Schloß Neuschwanstein.*

26

Erhabener König!
Gnadenvoller Herr! Theurer Gebieter!

Ich hatte mir vorgenommen Eurer Majestät, heute nur ein kleines Bild der Gedanken zu entwerfen, welche nach dem letzten gnädigen Schreiben des huldvollen königlichen Freundes, in mir Einsame, doch stets Wachsame, aufgestiegen sind. Ich wollte sie als innigste Form meines Dankes Euerer Majestät, zu Füssen legen, die Träume, die Hoffnungen, die Wahrnehmungen, wohl auch die Sorgen, die sich um einen einzigen Gegenstand wie cristallisirt haben, in den Tagen des langen Sinnens. Da kam Herr Lutz zu mir; nun muss ich mir wohl die Freude versagen, und nur um Erlaubniss bitten praktische Dinge, Euerer Majestät, unterthänigst vorzulegen. Vor allem erlaube ich mir den

Punkt zu berühren der mich wahrhaft erschreckt hat. Was Euere Majestät, die Gnade hatten mir durch Herrn Lutz sagen zu lassen, habe ich nicht recht verstanden, wohl vernahm ich aber, dass es sich um eine Indiscretion handelte, und dass mir Herr Lutz Vorsicht wenn auch nicht gerade rieth, doch empfehlen wollte. Ich gedachte mit einiger Angst, des Besuches welcher ungefähr vor einem Jahre, Herr von Pfistermeister[1] dem Freunde abstattete, und in welchem er ihm *rieth* nur in den gehörigen Ausdrücken von Euerer Majestät, zu reden! Unser Entsetzen damals, des Freundes Wuth und Empörung gegen den Rath, welcher das Schlimmste ruhig als Thatsache annahm, sind mir lebhaft in dem Sinn geblieben, und auch die Folgen des seltsamen Auftreten.

Ist hier wiederum etwas im Werke? Ich weiss es nicht, und bleibe entschlossen und ergeben. Ich habe es leider erfahren, dass Briefe aufgebrochen werden; *keinem* habe ich von meiner Reise nach Genf ein Wort gesagt, und sie steht in einer Zeitung besprochen, so dass ich wahrscheinlich an der Erfüllung dessen was ich als meine Pflicht betrachte, verhindert sein werde. Einen Brief Euerer Majestät, habe ich mir erlaubt meinem Vater mitzutheilen – es ist der in welchem Euere Majestät, die Gnade hatten die Widmung der h. Elisabeth anzunehmen – das letzte Allergnädigste Schreiben, übersand ich dem Freunde, sonst hat kein Auge, nicht einmal das meines Mannes, in dieses mein Heiligthum geblickt. Wer erforscht, wer erräth, wer verräth die Dinge? Ist es selbst der Mühe werth es zu ergründen? Bei der Pressfreiheit die in Bayern herrscht, wird auf das geradewohl geredet, verrathen was verschwiegen bleiben sollte, verleumdet wo man ehrfürchten müsste, bewusst und unbewusst Lügen und Wahrheiten durcheinander in dem grossen Abgrund der Publicität geworfen. Durch die Anonymität gewinnt der elendeste Zeitungschreiber das Recht ohne Gefahr alle möglichen Personen in die Öffentlichkeit zu ziehen, er redet auf das geradewohl, manchmal trifft er es, er hört mancherlei in der Stadt, manchmal bedient man sich seiner und sagt ihm eine halbe Indiscretion, damit der Getroffene Angst bekäme, zuweilen hat er Glück, und sein geradewohl ist ein Errathen. Doch eben weil dieses Treiben so durcheinander, so bunt, für den Beboachter so erschreckend ist, verliert es an Wichtigkeit. Das Publikum verschlingt alles, vergisst es bald auch, und wäre z. B. jetzt sehr in Noth wenn man es befräge was es denn eigentlich von Wagner denke, über welchen es so vieles, und zwar ganz intimes, seit einem Jahre gelesen hat. Die Schuld lässt sich immer auf Diejenigen zurückziehen welche diese Anarchie hervorrufen und organisiren. Euere Majestät vergeben diese Digression, ich habe wirklich nicht aus Herrn Lutz' Aussagen entnehmen können ob die Angelegenheit von Wichtigkeit sei oder nicht. Täusche ich mich nicht so ist die Absicht da etwas hervorzurufen, der Anlass scheint mir aber fehl gewählt. Nun gehe ich zu den anderen Allergnädigsten Aufträgen über. Herr von Bülow macht sich Ehre und Freude daraus Tannhäuser oder Lohengrin im Mai oder im Juni zur Aufführung zu bringen. Mein Mann ist der Ansicht dass Lohengrin mit *Niemann* eher möglich ist, als Tannhäuser, ist es Euerer Majestät genehm, so würde damit begonnen werden, vielleicht würde Frau von Schnorr die Ortrud übernehmen, sie hat sie wundervoll in Carlsruhe dargestellt. Darf ich mir nun erlauben Euere Majestät, auf einen Punkte aufmerksam zu machen? Es werden meinem Manne, jetzt in der Abwesenheit des Freundes, viele Schwierigkeiten in dem Wege gelegt werden, er bittet Euere Majestät, ihn mit der nöthigen Autorität ausrüsten zu wollen, damit er das überwinde was er nicht fürchtet. Der Titel eines Hofcapellmeisters Euerer Majestät, welchen der Freund im vorigen Jahre für ihn verlangte, ist jetzt weil zu den Functionen, die er mit freudigem Stolze übernimmt, gehörig, fast nothwendig, wenn er der Disciplin begegnen soll die im musikalischen Staate eben so erforderlich ist als im politischen. Euere Majestät, sehen besser ein als ich es erklären könnte, dass es sich nicht hier um Titelsucht handelt, sondern um die Möglichkeit eines raschen und erfolgreichen Eingreifens. Dieser Titel der nur ein Name sein soll, durchaus keinen Anspruch irgend welcher Art erhebt, sichert meinem Manne den Gehorsam der Mitglieder der Capelle und der Sänger, opponirt ihn Keinem als Concurrenten – namentlich wenn er den Zusatz *in ausserordentlichen Diensten* bekäme, wie ihn z. B. der in Petersburg lebende Clavierspieler Dreyschock vom Grossherzog von Darmstadt erhalten hat. Sollten Euere Majestät, einen anderen Weg wissen um die nöthige Autorität für meinen Mann zu beschaffen, so brauche ich wohl nicht zu sagen, dass dieser Weg für uns der bessere ist, und seitens meines Mannes kein Wunsch mehr vorhanden ist. In drei bis vier Tagen reist mein Mann nun ab, da es ihm Euere Majestät, allergnädigst gestatten, er bedauert dass Herr von Koch ihm noch nichts auf seinen Brief vom 20ten December erwiedert hat.

Heute schrieb der Freund meinem Manne aus Genf »Ueber meine Zukunft, Lieber, kann ich natürlich noch gar nichts Gewisses sagen, nämlich in Betreff meines späteren Aufenthaltes. Für jetzt bin ich froh, erträglich untergebracht zu sein: Der Aufnahme der Arbeit steht nichts im Wege, als mein etwas zerstreuter Kopf. Doch ist Sehnsucht und Wille gross. An meiner Thür ist ein für Allemal Consigne gegeben Niemand, sei wer es sei, vorzulassen. So wollen wir sehen was wir durch Erinnern und Vergessen zwingen!

Ich sehe Dir zu, mit vollständigem Wohlgefallen an Allem, was Du thust. Thu was Du willst, mir dünkt alles gut, und froh bin ich Dich wirken zu sehen!« – – Wegen Frau von Schnorr, wegen dem schönen Bilde, wegen der gnädigen Annahme des Manuscriptes, wie hätte ich da zu danken und preisen? Erlauben mir Euere Majestät, bald den eigentlichen Dankbriefe zu senden, und die beiden sich bekämpfenden Welten (durch Euere Majestät aber zur schönsten Vereinigung gebracht) die reale und die ideale, brieflich zu trennen, und mich für heute nur noch unterthänigst zu nennen

Euerer Majestät,
treu gehorsamste Dienerin
7ten Januar 1866. Cosima von Bülow-Liszt.

[1] *Cosima spricht die Vorkommnisse vom Februar 1865 an, die schließlich mit einer ersten Krise zwischen dem König und Richard Wagner endeten. Die Vorgeschichte ist ein auf Wunsch des Königs von dem Maler Pecht geliefertes Portrait Richard Wagners, das am 30. Januar 1865 in des Königs Besitz gelangte und dessen Begeisterung hervorrief. Da das Gemälde als eine Gegengabe zu dem Portrait zu sehen war, das der König Wagner gegeben hatte, hatte dieser das Bild nicht bezahlt, »da er sich nicht erlauben dürfe, dem König damit ein Gegengeschenk zu machen, weil er sich ihm dadurch gleichstelle«. Pfistermeister besuchte Wagner, und es wurde beschlossen, daß dieser sich mit Pecht besprechen sollte. Doch Pfistermeister berichtete*

dem König, daß Wagner zur Begleichung des Bildes 1000 Gulden von ihm verlange. Der König war entsetzt, allerdings noch viel mehr darüber, daß Wagner ihn als »mein Junge« bezeichnet habe. Die daraufhin von Wagner gewünschte Aussprache mit dem König wurde ihm schriftlich gewährt; als Wagner am 6. Februar vor des Königs Tür erschien, wurde er nicht vorgelassen. Der Vorfall wurde bekannt und führte zu einem wahren »Feldzug« in der Presse gegen Wagner. Am 19. Februar erschien in der »Allgemeinen Zeitung« der Artikel »Richard Wagner und die öffentliche Meinung«, über dessen gehässige Tendenz die betonte Sachlichkeit des ungenannten Verfassers nicht hinwegtäuschen kann; es war Oskar von Redwitz. – Da der König auf Wagners Frage, ob er München verlassen solle, geantwortet hatte: »Bleiben Sie, bleiben Sie hier, Alles wird herrlich wie zuvor«, sah sich Wagner als Sieger gegen alle Verleumdungen und gegen Ludwigs Mutter: »In dieser Zeit, wo seine Mutter Alles in Bewegung setzte, ihn von mir loszureißen, hat er nicht mit einem Auge gezwickt: Himmlisch rein und treu hat er jede Probe bestanden.« (am 17. März 1865 an Mathilde Maier).

27

Theure, hochverehrte Frau!

In aller Eile einige Zeilen; denn es ist spät. –

Ach Gott erhielte ich nur einige Zeilen von der Hand des Theuren geschrieben, sie beseligten mich. – Ich muß Ihn bald sehen; sonst gehe ich zu Grunde. – Hätten Wir es im vorigen, wonnevollen Sommer ahnen können, welche Schmerzenstage Unsrer harren. – O Gott deine Hand ist schwer. –

Herrliche Aussicht den »Lohengrin« im Sommer vorgeführt zu sehen, vielleicht findet sich doch noch ein würdiger Darsteller des »Tannhäuser«. – Ich ersuche Sie dringend, hochverehrte Freundin Herrn v. Bülow nochmals sagen zu wollen, wie mich das herrliche Geschenk entzückt. – Es ist ein unschätzbar theures Kleinod; Gott bereite dem theuren Geber so viel Glück, so reichen Freuden, als er mir mit dem wundervollen Geschenke bereitet hat. –

Was Herrn Lutz betrifft, so scheint er meinen Auftrag nicht in *allen Punkten* ganz richtig begriffen zu haben. – – – –

Morgen werde ich das hl. Abendmahl empfangen, ich bitte Sie, gedenken Sie meiner im Gebete. –

Grüßen Sie den geliebten Freund innig von mir, o könnte ich zu Ihm; ich halte es nicht mehr aus. –

Mit herzlichen Grüßen

Ihr

sehr geneigter

Ludwig.

7. Jan.
1866. –

28

Erhabener König!
Hoher Herr! Theurer Gebieter!

Belästige ich den königlichen, hohen Freunde, nicht, wenn ich mit einigen Zeilen, mich Ihm wiederum nahe? Es ist heute wie so ein Stillstands-Tag, nichts habe ich vernommen, um nichts habe ich zu flehen, nichts habe ich zu übermitteln; Nachrichten vom Freunde, dem fernen Theuren, und Worte des Dankes, ist Alles was dieser Brief zu enthalten hat. Wie freudig schreibe ich ihn, wird der gütigste Beschützer ihn auch gnädig aufnehmen? Ich wage es zu hoffen.

Da meine Gesundheit mir nicht gestattete gestern in die Kirche zu gehen, habe ich zu Hause vor dem kleinen Auferstehungsbilde gekniet und gebetet, einzig und allein für meinen Herrn, dass *Ihm*, dem Engelgleichen, der Kelch des Lebens nicht zu bitter würde, dass Er wollen dürfe was Er wünsche, dass des Herzen's hohen Drang, nicht, wie die Pflanze in zu engem Gefässe bewahrt, nicht auf sich zurückgestossen würde! Ich flehte und verlangte innständig, und doch sicher, ich weiss es, Euere Majestät, sind zu höchstem Glücke, zu des König's heilig hehrer Freude bestimmt!

Dass die Aussage von Herrn Lutz auf theilweisem Unverständnisse beruht hat mich beruhigt, dürft' ich wohl den gnädigen, gütigen, Herrn, bitten, mir zu sagen ob und wie ich gefehlt, was ich zu thun, was zu lassen hätte? Nichts bin ich mir bewusst, doch dankbar nähme ich die Ermahnung von der theuren hohen Hand, entgegen; ich quäle mich nun umher mit Einbildungen, Gedanken, Vorstellungen, Richtiges natürlich finde ich nicht. Wird mich der gnadenvolle Herr gütig, wenn auch streng, aufklären wollen? ...

Von Frau von Schnorr hatte ich noch keine Nachricht; wie danke *ich* Euerer Majestät, für diese Ernennung! Wie schön, wie erfreut es einem jeden der zugleich weiss was die hohe Kunst bedeutet, und wie sie in Deutschland betrachtet, behandelt wird. Ich weiss kaum etwas das mich mehr gefreut hätte als diese ehrenvolle grossmüthige Auszeichnung einer Künstlerin, dessen ernstes Streben und Können, sie an einer brillanten Laufbahn verhindert hat, und dessen letzte und grösste Leistung Isolde war. Dank, theurer gnadenvoller Herr, tiefgefühlten ewigen Dank! Ich erfuhr zufällig dass Don Juan und Iphigenie nach der Wagner'schen Bearbeitungen einstudirt werden, das ist wirklich wunderschön; nirgends werden jetzt diese prächtigen Arbeiten benutzt, und alle die, welche die grossen deutschen Meister in Wahrheit verehren, werden sich daran erfreuen. Wie müssen es die geistig Edelgesinnten Euerer Majestät, danken, diese Reihe ernster Aufführungen befohlen zu haben, wie erhob mich neulich die Vorstellung der *Jungfrau von Orléans,* trotz vielem mangelhaften in der Darstellung, trotz vieler Kürzungen (mir fehlte z. B. die Stelle sehr die Johanna im Prolog über den *König* spricht, und die ich mir so oft in letzten Tagen gesagt habe), wie mächtig war der Eindruck! Ich habe es wohl empfunden dass in den Tagen des Leides, einzig die erhabenen Geister mit ihrem ernsten tiefen Worte, nicht schmerzen, alles übrige, indem es zerstreut, beängstigt bis zum Wahnsinn, *sie* vertiefen uns in uns selbst, zeigen unser Weh' uns in ihrem verklärenden Spiegel; beim Anblick der schweigsamen Heldin weinte ich, doch ich war befreit. Womit ermüde ich nun Euere Majestät? Ich habe mir vorgenommen den Freund zuletzt zu besprechen, und jedes Einzelne reisst mich nun hin. Noch will ich mir einige Worte des Dankes für das Schöne Blatt von Ill erlauben, eine Ahnlichkeit auf dem Mittelbild freute mich sehr, nur hätte ich gewünscht dass Lohengrin diese Züge bekommen hätte! Die photographischen Abbildungen der Zumbusch'schen Statuetten[1] erfreuten mich sehr, wie gütig von Euerer Majestät sie mir gesendet haben! Sie werden auch dem talentvollen tüchtigen Bildhauer, der schon Euerer Majestät, so vieles verdankt, sehr nützlich sein, sie verbreiten sein Name und seine Werke.

Der Freund bleibt also in Genf; die »*Artichauts*« – schreibt er – sind eine grosse Villa, mit mesquiner, bloss auf den Anschein berechneter Einrichtung[2]. Während der üblen Jahreszeit leide ich sehr: Thüre u. s. w. sind schändlich verwahrt – Jedoch – es war eine Zuflucht: ich bin hier ungestört, wie aus der Welt. Ich bewohne unter diesen schweren Umständen im Obren Stock ein Schlafzimmer, und im unteren ein Arbeitszimmer, an dessen Seite ich jedoch den ganzen Tag über den Salon heizen lassen muss, weil es sonst auch in meinem kleineren Zimmer nicht warm werden würde. Die Aussicht ist wunderbar, unmittelbar den Montblanc vor mir, den ich von meinem Claviersitz aus erschaue.« Seine Gesundheit scheint, Gott sei Dank, erträglich, nur scheint die Kälte ihn zu peinigen »Nun lache!« schreibt er »Ich kann nicht mehr schreiben, mein Arm ist von Rheumatismen gelähmt und die arme Hand schmerzt mich wie im Krampf – Ach! Die Unruhe war gross! Ich bin alt – alt! Leider aber weiss ich, dass ich noch lange zu leben habe, denn sonst könnt ich diese Verschwendung von Jahren nicht begreifen: ich weiss auch, dass ich noch reich werden muss, denn sonst könnt ich diese wahnsinnigen Kosten der verlorenen Jahre nicht begreifen. An Parzival – kann ich noch nicht schreiben![3] Täglich erscheint es mir anders was ich Ihm zu sagen habe. Ich werde immer unsicherer mit mir über diesen Punkt. Endlich – werde ich doch das Rechte finden. Sag' Ihm das! ... Vielleicht schicke ich Dir morgen das von mir sorgfältig corrigirte und amendirte Manuscript der Biographie zurück, damit Du in der Trennungszeit Dir mit der schönen Reinschrift hilfst.« Sobald dieses hier sein wird, werde ich mich für Euere Majestät, an die Arbeit mit höchster Freude machen! Nun wage ich es meinem König und Herrn, eine Mittheilung zu machen, die Keiner, *Keiner* jemals empfangen würde, ich befrage den fernen theuren Freunde nicht, wer weiss ob ich in seinem Sinne handle, doch ich erfülle meine Pflicht. »Liebe! ich glaube nicht dass ich nach München zurückkehre« fängt er den Satz an, in welchem er mir meldet dass er Auftrag gegeben hat ihm in Südfrankreich ein zurückgezogenes Häuschen zu miethen, wohin er gedenkt im Frühjahr zu ziehen, wo ich ihn mit den Kindern besuchen soll. *Er* hat sich, angesicht der Zweifel die ich ihm ausgedrückt habe, schnell gefasst, was sollen *Wir*? Theurer hoher Herr! Irre ich nicht so ist jetzt noch Zeit und Möglichkeit ihn zurückzurufen. Späterhin fürchte ich sind die Schwierigkeiten nur durch die Zeit mächtiger geworden, und ist er – von Müdigkeit und Prüfung, nur zu Einem zu bringen – zur gänzlichen Entsagung. (Euere Majestät verstehen wohl gütig was ich unter *jetzt* verstehe). Wo ich hinhöre ist nur eine Stimme; die ruhigsten Leute gerathen in Eifer wenn sie von seiner Verfolgung sprechen, die feindlichst gesinnten, sie empfinden Beschämung über ihre schwere Schuld. König, Herr, Beschützer, Freund! Ich fürchte die Zeit steht hier den Bösen bei, *sie* verändern sich nicht, einzig kann hier der königliche Wille das Gute schaffen. Ich sehe es an dem elenden Treiben, an den fortdauernden Verleumdungen, an dem frechen Gebahren der Triumphirenden, an der Sicherheit ihres Lügengewebes, die Geduld, die Vorsicht, die Hoffnung, helfen Uns hier, fürchte ich nicht. Einzig und allein die That, sie kann wie einmal schon, zum zweiten male retten. Dass ich diese Sprache mit keinem führe, dass ich verschwiegener als das Grab bin und bleibe, das weiss mein theurer Herr! Dem feurigen unvernünftigen Dr. Wittstein liess ich z. b. durch einen Dritten sagen, er möge die Oeffentlichkeit vermeiden, seinen silbernen Lorbeerkranz in Gottes Namen wenn er es nicht lassen könnte, verfertigen, doch alles privatim, lautlos, ohne Gerede von Rückkehr und Empfang. Meinem Könige aber muss ich und darf ich wohl die tiefst innerlichsten Gefühle sagen. Die Worte vom Freunde haben mich erschreckt: plötzlich bin ich von der Region der sicheren Hoffnung, des ruhigen Glaubens, des leidenden aber festen Erwartens in die Wirklichkeit gestürzt worden. »Er hatte Recht« sagte mir die Stimme die nicht trügt »Ist es unsrem Helden unsrem König, nicht möglich ihn in der zuerst festgesetzten Zeit zurückzurufen, so kommt er nie wieder. Dann – fahre hin Du Welt Du Oede, fahre hin glaube und hoffen«. So schallte es in mir, ich wusste nicht mehr was ich dem Freunde erwiedern sollte, ob ihn in seinem Plan bestärken, »ich gebe den Gedanken nicht auf Dich in München wiederzusehen«, schrieb' ich. Wäre es möglich dass die Welt zwischen dem König dem Einzigen, und dem Künstler dem Grössten, siegreich sich stellte? ... Zum erstenmale haben sie sich nicht begegnen, nein *vereinigen* können, die beiden heiligen Mächte, dürfte es nicht sein? Ich schaudre zurück vor dem Gedanken, das Herz bebt, denn das Volk trägt hier keine Schuld, passiv, selbst nicht bethört, sieht es zu, seinen herrlichen König liebt es, den Künstler bewundert es, es leidet über den unbegriffenen Vorgang, mischt sich auch thörig, kindisch, doch ehrlich hinein, alles das ist eitel, vergebens. Wer ist sie denn diese furchtbare Macht die König, Dichter, Volk überflügelt? Soll ich sie Schicksal nennen, oder Welt, oder Dämon? Doch wohin gerathe ich? – – Der königliche gnadenvolle, huldreiche Freund, wird mir vergeben, verzeihen auch dass ich ihm sagte was *keiner* ausser mir weiss, des Freundes Plan.

Nochmals empfehle ich alles in dem langen Schreiben gesagte, der Gnade und Nachsicht meines Königs, und indem ich auf sie baue nenne ich mich in Demuth

Euerer Majestät
treu gehorsamste Dienerin
Cosima von Bülow-Liszt

9 Janvier 1866. /

[1] *Kaspar Clemens von Zumbusch (1830-1915), Bildhauer, schuf unter anderem das Denkmal für König Maximilian II. Joseph in München sowie die Büste Ludwigs II., die heute im Hof der Villa Wahnfried in Bayreuth steht. Ab 1873 war er Professor an der Kunstakademie in Wien. Im Auftrag Ludwigs II. schuf er die Hauptgestalten aus Wagners Opern in Marmor.*

[2] *Obwohl nur auf drei Monate gemietet, wurde das Haus von der Putzmacherin Bertha Goldwag aus Wien eingerichtet. Wagner erteilte ihr schon in Wien große Aufträge, die von seinen Gläubigern als Verschwendungssucht angeprangert wurden.*

[3] *Richard Wagner schrieb am 25. Juni 1865 an Ludwig II.: »Parzival (so heißen Sie unter uns, theurer Freund!)«, am 24. Dezember 1865 aus Genf an Cosima: »Die Kette lastet hold an mir, die mich mit Parzival verbindet.«*

29

Theure, hochverehrte Frau!

In den gegenwärtigen Tagen ist meine Zeit so sehr in Anspruch genommen, daß ich nur wenig u. kurz schreiben kann. – Sie wünschen Näheres über jenen Punkt zu erfahren, den Lutz zu besprechen hatte. – Daß Sie, hochverehrte Frau, meine Briefe Niemanden zeigen, das weiß ich bestimmt; doch habe ich erfahren, daß öfters ein Theil des Inhaltes meiner Briefe an den Freund u. an Sie bekannt wurde; natürlich ist mir dieß sehr fatal, denn mehr als je ist *jetzt* die größte Vorsicht vonnöthen. – Mir scheint in den Worten des Freundes an Sie, ein versteckter Groll zu liegen, o Gott, was gäbe ich darum Ihn jetzt schon zurückrufen zu können! – – Schreiben Sie Ihm, theure, hochverehrte Frau, ich ersuche Sie dringend darum, Er möge doch ja nicht an einen Aufenthalt im südl. Frankreich denken! – Ich gebe die Hoffnung nicht auf, im nächsten Frühsommer den Theuren wieder hier zu wissen. – Jetzt ist die Erbitterung gegen Ihn sehr heftig, Er wäre hier nicht *sicher*; diese hehre Vereinigung zweier hoher Mächte von welchen Sie mir so schön schreiben, Sie wird, Sie muß zu stande kommen. – Eher sterb' ich. – Wie schmerzlich ist es mir, den Wahnsinn der blinden Menge (den ich verachte), doch nicht ganz unberücksichtigt lassen zu können. – Wie haben mich neulich die Worte der »Jungfrau« ergriffen: »Wie dort die Sonne untergeht in ihrer Klarheit, so unausbleiblich kommt der Tag der »*Wahrheit*«![1] – Ich will es vollbringen, Gott wird mich schützen. – Väterlich wird die Prüfung sein, die Gott Uns sendet. –

Tief gerührt bin ich durch Ihre Worte, welche ich in Ihrem theuren Briefe las u. welche sich auf meinen Communionstag beziehen. – Wie erfreut mich die Aussicht, bald in der Biographie des herrlichen Freundes lesen zu können; daß Sie sich der Mühe des Abschreibens so gütig unterziehen wollen, ist wirklich zu gütig von Ihnen, theure, hochverehrte Frau! – Mit bekannten Gesinnungen

Ihr

den 10. Jan. 1866. –

sehr geneigter
Ludwig.

[1] *Zitat aus Friedrich von Schiller, »Die Jungfrau von Orleans«.*

30

Hochverehrte Freundin!

Heute erhielt ich einen langen und ausführlichen Brief vom Freunde:

Ich theile Ihnen einen Theil desselben mit. – Wollen Sie die Güte haben, ihn zu lesen! – Ach schwer, furchtbar schwer ist es das zu thun u. auszuführen, was Er von mir verlangt. –

Gräßliches Loos von Ihm, dem Theuren, Einzigen getrennt leben zu müssen; und ist es denn wirklich so unumgänglich nothwendig. – Ist es denn für Ihn so ganz unmöglich *hier* die ersehnte Ruhe endlich zu finden!? – O schwarze, düstre Zukunft! –

Ludwig.

11. Jan.
1866. –

31

Mein theurer Herr und Gebieter!
König, Beschützer, hehrer, huldreicher Freund!

Als ich heute früh meinem königlichen Herrn, den Brief des Freundes übersandte hatte ich wohl einiges zu sagen, doch ich schwieg, wohl wissend dass der Eindruck derart sein würde, dass Euere Majestät nicht anderem, wie gewöhnlich, gnadenvolles Gehör schenken würden. Mit furchtbarer Ergriffenheit habe ich die Zeilen nun gelesen, die mein hoher königlicher Freund, mir mitzutheilen die Güte hat. *Ich* ermesse die Leiden meines Herrn, und erkenne auch – dass der Freund das Rechte oder vielmehr das *Einzige* wählt. Die Menschen, die den Freund verfolgt haben, die neuerdings sich erkühnen konnten das heilige Geheimniss der Briefe zu stehlen und zu verrathen, um dadurch ein ihnen verhassten und doch immer gefürchteten Verkehr unmöglich zu machen, diese Menschen die das ganze Tagebuch des Freundes haben in Zeitungen besprechen lassen, sie werden die Ruhe des Freundes hier stets untergraben. Bei jeder Enthüllung treff ich auf sie – das Volk, die Menge, die sind gleichgiltig oder gutgesinnt. Und doch sollen Wir es aufgeben ihn jemals hier wiederzusehen? Ich habe ihm gestern geschrieben in der Schweiz zu verweilen bis zum Herbst, im Frühjahr würde ich ihn besuchen; dann würden wir zusammen heimkehren. Doch ich fürchte er ist entschlossen, er hat keine Launen, was er thut geschieht in höchster Noth, zu letzter Rettung. Mein theurer theurer Herr, könnt ich *allein* den Becher austrinken![1] Fest nehme ich den Gedanken meiner jetzigen Reise wieder auf, ich gab sie auf, weil trotzdem ich einzig und allein meinem königlichen Herrn davon gesagt hatte, sie in den Zeitungen hämisch besprochen worden war, doch jetzt gilt es vielleicht zu helfen. Ich will ihn mündlich bitten dort in der Schweiz bis die Meistersinger beendet sind, zu verweilen, und dann, ach! ja, dann hier zurückzukehren, dann ist vielleicht vieles geändert und gebessert, dann ist seine Rückkehr kein politischer Akt mehr, dann wagt es auch Keiner an der grossen Freundschaft zu rühren! Diese Hoffnung regt sich noch still in mir! Ich weiss kaum was ich schreibe, wie meine Hand zittert, beben mir die Gedanken, und wie mein Herz hämmert, schlagen sich die Gefühle durcheinander.

Vom königlichen Freunde möcht ich erbitten mir sagen zu wollen ob mein Plan Ihm dem Hohen, wie Hoffnung wie Möglichkeit erscheint?

Kein Wort füge ich hinzu. – Den Segen Gottes rufe ich herab aus tiefstem Weh' auf das hohe theure Haupt, und mit der Macht die bitterstem Leide innewohnt segne ich es, segne es, dass aus grösster Noth hehrstes Glück erblühe!

In ewiger Dankbarkeit und Demuth

11ten Januar 1866. / Cosima von Bülow-Liszt

[1] *Anspielung auf die Worte Jesu im Garten Gethsemane, Matthäus 26,42.*

32

Mein Herr und König!

Dank! Innigen ewigen Dank! Nichts weiteres kann ich schreiben als Heil dem König, Segen dem hohen erhabenen Freund und

Treu bis zum Tode[1]

12ten Januar 1866. / Cosima von Bülow-Liszt

[1] *Zitat aus »Der fliegende Holländer«, 2. Aufzug, 3. Auftritt: »Senta: In meines Herzens höchster Reine / kenn ich der Treue Hochgebot: / Wem ich sie weih', schenk ich die eine: / die Treue bis zum Tod!«*

33

Hochverehrte Freundin!

Herzlichen Dank für Ihre freundlichen Zeilen! – Sie haben einen Hoffnungsstrahl in meiner Seele angezündet. – Ich bitte Sie dringend, theilen Sie mir mit, ob Sie meinen, daß jetzt noch zu hoffen ist, jetzt, nach Empfang des gestrigen Telegramm's?! O gebe es Gott! Vielleicht ändert sich die Zeit, der Hehre kömmt zurück und lebt hier glücklich u. ungestört. – Glauben Sie, daß Er nun »Siegfried« vor der Hand aufgiebt u. jetzt an den »Meistersingern« fortarbeitet? denkt Er an »Parcival«! – Ach, ich muß schließen! – Mit herzlichen Grüßen

Ihr

sehr geneigter

13. Jan. 1866. Ludwig.

P.S.

Unmöglich kann ich glauben, daß jenes, vom theuren Freunde als Schicksalsspruch bezeichnete, in der That die wahre, unwiderrufliche Stimme d. Schicksals ist. – Sollte Uns ein Gott deßhalb zusammengeführt haben, um Uns nach kurzer Frist gewaltsam auseinander zu reißen?! – Soll der hehre Festbau nie wirklich nie sich erheben?! –

Meine letzte Hoffnung ist auf Ihre persönliche Zusammenkunft mit Ihm gerichtet. – Soll es dem Theuren denn hier niemals wohl ergehen? Kann Er die hiesigen Vorgänge denn nie vergessen?! – Auch Seine Werke soll ich lange nicht mehr mir vorführen lassen! – Soll ich wirklich entsagen, täuscht Er sich nicht in Seinem durch schmerzliche Entsagung zu gewinnenden Glücke? –

Ludwig.

34

Mein König und Herr!
Mein erhabener hehrer Freund!
Hoher Beschützer!

Seit gestern rolle ich meine Gedanken wie den mythischen Stein, immer berg auf, berg ab, gar wenig kommt bei der Qual heraus![1] Ich begreife den Freund ganz, und bewundre ihn indem ich ihn begreife, er hat recht und sieht klar, Dinge und Menschen wie sie sind, und bei alledem stimme ich ihm nicht vollständig bei. Er kann und darf nicht mehr wünschen zurückzukehren, ich sehe es ein, doch darf er gezwungen werden sich hier glücklich zu fühlen. *Er* muss auf die Entsagung gerathen, doch dünkt es mich, dass dieser sein Rath nicht zu befolgen ist. Ich schrieb ihm: man darf der Ruhe, dem Wohlsein, dem Glanze, der Pracht entsagen, dem Geliebten nicht, das scheint mir falsch; vor allem bat ich ihn sich jetzt nicht zu entschliessen, in seinem letzten Brief sagte er mir »binnen 14 Tage«, und ich erschrak! Auch sprach ich ihm mein Bedauern aus wegen der vollständigen Unterlassung der Kunstpläne, sie sind ja doch auch ein Akt des Regierens und können nicht so davon getrennt werden. Ich erwarte seine Antwort auf meinen Brief, um mir zu erlauben mit meinem gnadenvollen Herrn, zu erwägen ob mein Besuch in Genf jetzt von Nutzen sein könnte, oder ob er so entschlossen ist dass Wir dem »Schicksalsspruch« Uns zu ergeben hätten. Anbetracht der Möglichkeit seiner Rückkehr darf ich Euere Majestät, wohl zu fragen mir gestatten, ob hier wirklich eingreifende wenn nicht ausgedehnte Veränderungen, dem königlichen Herrn, statthaft erscheinen? Leider, leider, sind sie unerlässlich, doch bedürfen sie der Zeit, vielleicht ist der kommende Herbst noch zu früh? Vielleicht hat der Freund doch recht, indem er einige Jahre Euere Majestät, ganz freie Zeit zu lassen wünscht. Mir ist jetzt indem ich dieses schreibe als ob einzig und allein Euere Majestät, dieses wohl ermessen und bestimmen können. Wie die Dinge jetzt sind kann der Freund, *darf* er nicht zurückkehren, wer aber kann sie ändern ausser der Geweihte, und wer kann das wie und wann bestimmen, wenn nicht mein König, mein gnadenreicher Herr?

Ich werde die Bücher von Frantz[2] bestellen, und sie Euerer Majestät unterthänigst zusenden. Einige Worte hätte ich dem theuren Herrn, gerne noch betreffs Genelli[3] und den Nibelungen-Cartons gesagt, doch ist es mir als ob Euere Majestät, jetzt kaum mir gestatten würden darüber zu sprechen. Die Depesche hat mich mehr erschüttert noch vielleicht als der Brief – ich kenne diese hohen Stimmungen des Freundes, und ich fürchte – – doch nein ich hoffe! Keiner kann helfen ausser Unser Herr, darum aber auch kann keiner in Wahrheit schaden.

Das höchste Vertrauen das der huldreiche königliche Freund mir gezeigt, wie sollt ich je es meinem hohen Herrn danken können? ... Ich entschwebe der Welt und ihrem gewöhnlichen Gebahren, flüchte mich in der tiefsten Tiefe meiner Seele; in diesem Abgrund von Leiden und Liebe erhebt sich mächtig das dankende Loblied, und was mir so eben Ohnmacht und Unvermögen erschien, schallt nun kühn und gewaltig segnend empor! ......

Ewig
Euerer Majestät
getreue Ergebene Dienerin
Cosima von Bülow-Liszt

13ten Januar 1866./

[1] *Anspielung auf die antike mythologische Sage von Sisyphus.*

[2] *Gustav Adolph Constantin Frantz (1817-1891), Politiker und Publizist, ab 1856 Privatgelehrter in Berlin, war ein Gegner der kleindeutschen Politik Bismarcks und der 1866 erfolgten Abtrennung Österreichs von Deutschland; er sah im Deut-*

schen Reich nur eine provisorische Bildung, die in einem zu errichtenden mitteleuropäischen Bund als Kern einer allmählich zu bildenden abendländischen Völkergemeinschaft aufzugehen habe. Wagner beschäftigte sich 1865/1866 mit dessen Werk »Die Wiederherstellung Deutschlands«, in dem gegen Bismarcks Politik polemisiert wird. Frantz besuchte Wagner 1866 in Tribschen; Wagner widmete ihm 1868 die 2. Auflage von »Oper und Drama«. Angesprochen werden die Bücher »Die Wiederherstellung Deutschlands« und »Dreiunddreißig Sätze vom Deutschen Bund«, die Wagner dem König dringend zu lesen empfahl. Cosima bezeichnete Frantz als einen der »berühmten Unberühmten«, der auf Wagners politische Anschauungen einen bestimmenden Einfluß gewinnen sollte.

3 Hans Bonaventura Genelli (1798-1868), Zeichner und Maler, kam 1836 nach München. Peter Cornelius wollte ihn zur Mitarbeit in der Ludwigskirche gewinnen, was er ablehnte; er ging nach Weimar. Sein Bild »Dionysos von den Musen erzogen« erwarb Wagner von Friedrich Brockhaus, weil es ihn in seiner Jugend sehr beeindruckt hatte. Es befindet sich heute in der Villa Wahnfried in Bayreuth.

35

Erhabener König!
Gnadenreicher hoher Herr und Gebieter!

Euere Majestät, hatten die Gnade mir den Befehl ertheilen zu lassen, Euerer Majestät, Bericht zu erstatten; wenn ich erst heute die hohe Ehre habe diesem Befehle nachzugehen, so sind die schwankenden Stimmungen daran Schuld, in welchen ich über des Freundes Loos und Lage gerathen bin. Traurig, düster umflort, sind seine letzten Briefe, seine Gesundheit ist durch die schlechte Wohnung und das harte Klima angegriffen, sein armer Hund Pohl[1] stirbt ihm ab, ein geringfügiges Ereigniss für den Glücklichen, ein schweres Leid für den Einsamen der Keinen hat, keinen sieht, verlassen und verleumdet es als Schuld büssen muss, dass er gross ist! Bedenke ich der wahnsinnigen Opfer die der Freund gebracht hat um zur Ruhe zu gelangen, bedenke ich dass diese endlich hier Erreichte, nicht dauerhaft bei ihm weilen darf, so entsteht in mir das furchtbare Bild des »Neid der Götter«, und empfinde ich ihn wieder nahen, den entsetzlichen Wunsch, der sich einst in grauenvollen Stunden in meine Seele schlich: er möge die müden Augen diesem Lichte schliessen dass ihm nur Elend beleuchte! O Gott vergebe mir dass ich dieses niederschrieb! ....

Viel habe ich gebeten, ihm alles möglichst gut dargestellt, ihm Hoffnung auf die Zukunft gemacht: »Nun kommt es mir eigentlich nur auf den König an« schrieb er am 13ten. »Gestern spätestens muss Er meinen Brief erhalten haben. Heute früh liess ich ein Telegramm an Ihn abgehen: gern hätte ich eine Antwort von Ihm erhalten, die mir Seine Stimmung gezeigt hätte; noch nichts ist gekommen, es ist spät Abends, ich bin in Sorge. Ersähe ich genau dass *ich Ihm wahrhaft nützlich* im grossen bedeutenden Sinne sein könnte, dann müsste ich meine Ruhe darein geben! Aber spätestens zu Ostern müsste ich dann wieder im ›Schiff‹ sein können« (Schiff nannten wir sein Haus Briennerstrasse). Ach daran ist ja aber gar nicht zu denken, das siehst Du ja doch wohl ein. Somit ergieb' Dich: ich glaub – ich versuch's mit Toulon Arles oder Avignon. Somit warte ich nur die Königliche Antwort ab. Nun noch ein wenig plaudern 1. Der Auftrag an Perfall wegen Nibelungeninstrumente klingt sehr ermuthigend: »Die Botschaft höre ich wohl, allein mir fehlt der Glaube«[2]. Hans' Eifer ist höchlich zu loben, wenn auch – alles verloren ist. (Nun erfahre ich durch meinen Mann dass *baron Perfall* Euerer Majestät selbst noch keinen Vortrag über diese Rheingoldinstrumente gehalten hat! ...) Vom 14ten: »Am Nachmittag kam Dein Brief versöhnlich für München. Wirklich habe ich heute etwas mit den Meistersingern mich beschäftigt. Ich lachte laut als ich mir sagte ›Nun wirst Du wieder hineinkommen und schnell wird's heissen, sieh' Dich nach Wohnung um: zieh aus hier kannst Du nicht bleiben! Auch – Gott weiss was, ich hüte mich noch – : Morgen seh' ich nicht in die Meistersinger. Hätte ich nicht den zweiten Akt vom Siegfried fertig gehabt, und wäre nicht gestimmt gewesen den 3ten zu schreiben, so hätte ich vielleicht ruhig im Schiff bleiben können. Am besten wäre es doch ich machte mich nächste Woche nach Toulon auf: hier in diesem Hause könnte ich nur mit ungeheuern Opfern bleiben; dort unten am Meere bilde ich mir ein wird es etwas dauerhafteres geben. Hättest Du mich nicht wieder schwankend gemacht, auf was hoffen? ... Ich habe keinen Grund zur Freude.« In einem früheren Brief schrieb er (vom 12ten) »Du hättest Dir manches dort leichter machen können wenn *meine Richtung* von Dir und Hans mehr wäre befolgt worden. Meine Loosung war *nichts, nichts unternehmen.* Nun zieht sich das Ding elend und nichtig hin, und es wird doch aus nichts, auch nicht aus Lohengrin etwas – ich glaube nicht einmal an die h. Elisabeth. Oh! hättet Ihr Euch sofort ganz abgeschlossen, Niemand gesehen, Niemand gesprochen, Nur Einem geantwortet – Parzival!« Ich antwortete und auf meine Antwort bekam ich gestern folgende Zeilen: »Liebe, ich verstehe Dich in Betreff des Hans und der von Dir für ihn gewünschte Thätigkeit in München: auch – stimme ich Dir nun bei! Also ganz nach Deinem Dafürhalten und nach Hans' Wunsch und Willen. Das von mir bisher gewünschte völlige Suspendiren aller Kunstunternehmungen, hatte einen idealen Sinn, der wie ich wohl sehe keine wahre Berechtigung hat, namentlich der Schwäche und Halbheit der Zustände gegenüber – wie Du sehr richtig bemerkst. Da ich gewiss *nicht* wieder nach München komme, trete ich überhaupt ja zu den dortigen Unternehmungen in ein ganz andres Verhältniss: gewiss sogar es soll mich freuen, Hans etwas dort zu Stande bringen zu sehen. Nur wünschte ich wenigstens dass Hans voller und mächtiger Oberkapellmeister würde: dieses Eine wäre doch vielleicht möglich – Doch das sind ja alles fromme Wünsche! Liebe, ich bin nicht wohl!« Auf diese letzten Zeilen schrieb ich ihm, endlich selbst entmuthigt, er möge nun gehen, und seine arme Ruhe sich einrichten so gut er könne. Ich sähe nun die beiden Porges wie Schatten gehen die so muthig hoffnungsvoll gekommen wären – nicht ein Wort des Zuredens könnt ich ihnen sagen, stumm und traurig hätte ich von ihnen Abschied genommen, die hier auf Conservatorium und Zeitung bauend sich angesiedelt, und nun verwundert sich nach Wien wenden. »In den nächsten Tagen schrieb der Freund noch, gedenke ich nach Toulon zu verreisen. Jedenfalls wünsche ich Kenntniss von Allem zu haben. Ich werde Dich zur rechten Zeit benachrichtigen«. Da mein Mann morgen abreist werde ich mich vielleicht aufmachen, nicht um dem Freund zuzureden, sondern um ihn noch einmal zu sehen und ihm der Treue Gruss zu bringen bevor er so weit zieht. Meine Seele ist düsteren Ahnungen preisgegeben.

Nun erlaube ich mir Euere Majestät, noch einen Punkt aus dem Briefe mitzutheilen, weil ich glaube dass ich Euerer Majestät Wunsch hierin erfülle. »Da die Räthe des Königs nicht begreifen dass es unrecht sei mich aus dem Lande zu schicken, und mir nicht zugleich das mir zukommende dort, wohin ich nicht zu meinen Vergnügen gegangen bin, von sich aus selbst anzuweisen, sondern für meine Subsidien mich auf Chicanen angewiesen sein lassen, welche für Fälle ganz andrer Art ersonnen sind, so habe ich nichts dazu zu sagen. Nach den schändlichen Unkosten der mir so frevelhaft auferlegten Verweisung frägt doch kein Mensch, ein Glück dass durch des König's Gnaden ich mir jetzt helfen kann, – denn ich *muss* es wohl!« Die Herren verlangen nämlich eine notarielle Vollmacht mit Zeugniss von der Gesandschaft; nun ist der Freund dort ganz fremd, kennt und sieht keinen, versteht von geschäftlichen Dingen nichts, was blieb ihm da übrig als den Gehalt den man auf seine Unterschrift meinem Mann nicht bezahlen wollte, liegen lassen?... Nun muss ich einer letzten Indiscretion gedenken die verübt. Frau v. Schnorr schreibt mir: »Von *competenter Seite* erfahre ich dass Seine Majestät der König Wagner wohl rückberufen möchte, dass Wagner aber nicht zurückkommen wolle.« *Ich* allergnädigster Herr, bin zu tief getroffen um zu sprechen, dass Euere Majestät es keinem gesagt haben weiss ich auch! So reiht sich den ein Ring an den andren in der eisernen Kette die uns gefesselt hält, und die wie der Hohn von Derjenigen ist von Der ich einst geträumt.

Da ich erfahren habe dass Euere Majestät, *Genelli* nicht zu beschäftigen geruhen, hab ich eigentlich nur noch um Vergebung zu bitten ihn genannt zu haben. Es geschah' nicht ohne Bedacht, Rahl[3] in Wien ist gestorben, der Grossmeister Cornelius[4] ist zu alt, Genelli und Kaulbach[5] sind die Einzigen die einen grossen Gedanken produktiv auffassen können. Der letzte Tell Carton von Kaulbach ist wieder ein Unicum; da nun die hiesigen Maler nicht in's Auge gefasst werden sollten blieb nur Genelli. Wohl weiss ich dass zu einer Zeit wo die bildende Kunst hier blühte, Genelli – vielleicht gar durch eigenes Verschulden – unbeschäftigt blieb und fast verhungerte, doch verlangten Euere Majestät, einen Künstlernamen und keine Bedenken von mir, darum nannte ich ihn. Auch sind zwei Bilder von ihm (Aquarelle) vor längster Zeit, von grösstem Einfluss auf Wagner's Entwickelung gewesen, ja es sind die einzigen Bilder welche einen eigentlichen lebendigen Eindruck auf ihn gemacht haben, sie haben manches in seinen Werken – was die Antike betrifft bestimmt. Was ich über Genelli's Kunst zu sagen hatte, und in wie ferne er sich für diese Bestellung wohl eignen würde, glaube ich nach dem Beschluss Euerer Majestät zu verschweigen zu haben, indem ich mich nochmals entschuldige es so schlecht getroffen zu haben.

Ich schliesse nun den langen Bericht, und bitte Euere Majestät, unterthänigst mir zu verzeihen wenn ich die gütige Geduld Euerer Majestät, durch zu eingehende Mittheilungen gemisbraucht habe, und mir zu vergönnen mich mit ewigen Dank zu nennen

Euerer Majestät
treugehorsamste Dienerin
Cosima von Bülow-Liszt

München am 18ten Januar 1866./

[1] *Wagner nannte seinen Hund nach seinem Freund Richard Pohl; siehe Brief 12 Anm. 2.*

[2] *Zitat aus Johann Wolfgang von Goethe, »Faust«, 1. Teil, Gretchen.*

[3] *Carl Rahl (1812-1865), Maler, Radierer und Kupferstecher, war ab 1850 Leiter einer Malschule in Wien, dann Professor an der Wiener Akademie.*

[4] *Peter Cornelius (1783-1867), Maler, 1818 von Kronprinz Ludwig zum Ausmalen der Glyptothek nach München geholt; 1824 wurde er Direktor der Akademie.*

[5] *Wilhelm von Kaulbach (1805-1874), Maler und Illustrator, war ein Schüler von Peter Cornelius. Seit 1837 arbeitete er als königlicher Hofmaler, 1849 wurde er Direktor der Münchner Akademie. Von ihm stammen drei Werke zu Themen Richard Wagners: »Tod der Hl. Elisabeth«, »Isolde an Tristans Leiche« und »Lohengrins Abschied«.*

36

Theure, hochverehrte Frau!

Tausend Dank für Ihre freundlichen Briefe, die mir auf's neue klar beweisen, wie wahrhaft gut Sie es mit mir meinen. – Ach, ich kann Ihnen unmöglich schildern, mit welchem großen u. tiefen Schmerze mich Ihr letzter Brief erfüllte! – Nein, nein, wenn die Welt Ihm, dem einzigen Freunde, noch so feindlich gesinnt ist, Ihm noch soviel Weh bereitet, so wollen Wir doch Seinen Tod nicht wünschen, der Gedanke könnte mich rasend machen, ohne Ihn wäre das Leben leer, inhaltslos, die Erde ein traurig-ödes Grab. – Hier, (ich bleibe dabei) wird Er einzig die Ruhe, nach welcher Er rastlos strebt, finden können. – Wohl haben Sie recht, theure, hochverehrte Frau, es sind viele Änderungen dringend nothwendig, doch ist der Zeitpunkt hiezu noch nicht gekommen! – Wann werden Sie den innig Geliebten besuchen? – Mein Glaube ist fest, ist unerschütterlich an Ihn, das Heil den Erlöser der Welt, an den theuersten d. Menschen, das Gewitter wird sich verziehen, die Wolkenschatten weichen, und umso glänzender, und herrlicher wird Seine Sonne Uns strahlen! – Jene Geldfrage werde ich mit Freuden nach *Seinem* Wunsche erledigen. – Der Geliebte scheint mir vollständig entmuthigt zu sein; ich finde, Er hat durchaus keinen genügenden Grund hiefür. –

Nun über Genelli. – Ich ertheilte ihm den Auftrag einen Carton aus den »Nibelungen« zu zeichnen, er bat mich aber denselben zurück zu nehmen; wie mir scheint, so hat er, ebensowenig wie Kaulbach Lust, Scenen aus einer »*Oper*« zu entwerfen. – Elende Menschheit; verriegelt u. vernagelt! –

O Wir leben in entsetzlichen Zeiten u. doch verläßt mich nicht mein Glaube, mein Hoffen. – Der Neid der Götter soll »Ihm« nichts anhaben können, Wir wollen kämpfen, kämpfen. – – Wir müssen, ja *müssen* endlich doch siegen; es ist ja gar nicht anders möglich, es gäbe ja dann nichts Heiliges mehr, kein Gott wäre je sonst. – O diese Liebe zu Ihm sie gibt Kraft zu Allem, sie hat den Knaben beseligt, den Jüngling begeistert, sie *wird* den Mann zur Thatkraft stärken u. *hat* es schon gethan; sie donnert die Unverständigen in den Staub mit Riesengewalt, Sie werden es sehen. – Heil Ihnen, Theure, und Dank, auch Ihr Glaube ist »*ewig*«. – Innige Grüße aus treuem Herzen von

Ihrem

sehr geneigten

am 19. Jan. Ludwig.

1866. –

37

Erhabener König!
Theurer, gnadenreicher Herr und Gebieter!

Aus höchster Höhe kam mir Trost, vom entfernten Gral vernahm ich die Botschaft, der hehrste Freund sandte Muth mir und neue Hoffnung! ....

Der Brief den ich heute vom Freund erhielt zeugt von gleicher Stimmung; »was soll ich thun? – schreibt er unter andern, – ich bin gedrängt. Wo ich zu Ostern bin, muss ich bleiben können. Ein Sommer in Genf ist unter den Verhältnissen unerschwingbar – So muss ich denn noch einmal mit mir berathen, um zu dem letzten, am Ende doch wieder einigermaassen erschütterten Entschlusse zu kommen. Es muss aus *mir* kommen: ich fühle das! Niemand kann mir rathen: nur Einer könnte helfen.«

Ich gedenke nun schweigsam vielleicht Montag zu verreisen, selbst ohne dem Freund mich angemeldet zu haben; was soll und darf ich ihm von meinem König und Herren melden?

Wie gütig und gnädig von Euerer Majestät, mir den Grund anzugeben der allerdings Genelli unmöglich macht. Ich habe sie wohl an diesem Zug erkannt die Hoffahrt der Maler die auf eine glänzende Vergangenheit gestützt sich als die Patrizier der Kunst betrachten, und auf die armen Musiker von der Höhe ihrer durch Jahrhunderte angesehenen (wenn auch zuweilen kümmerlichen) Stellung herabblicken; sie gönnen es auch der Musik nicht, der armen in allen ihren Helden von der Welt Verfolgten, dass sie einen Beschützer fand, denn die Zeit ist vorüber wo der herrliche *da Vinci* zugleich Dichter Musiker und Maler war! Nebenbei ist vielleicht *Genelli* ein Bedenken über sein »Können« gekommen! Als der Hochselige Vater[1] Euerer Majestät, ihm den Auftrag gab ein Sujet aus der Geschichte Bayern's zu malen erklärte er seine Unfähigkeit dazu; er hat sich in die Antike so hineingelebt dass ihm andere Gegenstände fast wildfremd sind, dieses wollte ich noch bei meiner Empfehlung hinzufügen. Hätten Euere Majestät, Abneigung gegen *Wislicenus*[2] auch in Weimar, der nicht die Meisterschaft Genelli's besitzt, doch Schwung und Poesie in seinen Compositionen entfaltet? Sollten Euere Majestät einst Musse dazu haben, würde ich mir erlauben von einem jungen französischen Talente zu reden, das ich zwar nicht persönlich kenne, von dem ich aber weiss dass er Wagner bewundert und verehrt. *Kaulbach* bat mich zweimal um den Nibelungenring, sollte er wirklich so wenig Divination für das Schöne haben? Wäre es Euerer Majestät genehm wenn ich, ganz *unoffiziell* bei *Frau* v. Kaulbach[3] anfrüge ob ihr Mann wohl gerne zu dem Gedichte Bilder schaffen würde?.... Wie richtig durchschauen aber Euere Majestät, die Engherzigen Gehirnlosen *Specialisten*! »Oper«! ...... – ......

Nochmals lese ich die theuren verheissungsvollen Zeilen, mit welchen mein Herr und Gebieter, den schönen Brief beschliesst. Wie ich an eine ewigen Liebe glaube, glaube ich an Sie, gottgesandter, geweihter, hehrer König – theurer Freund!

Nie hat mein Glauben gewankt, nun tritt wieder die Hoffnung leichten sanften schwebenden Schrittes zu mir! Segen, Segen, dreifacher Segen ob Euerer Majestät, heiliges Haupt!

Euerer Majestät

treu gehorsamste Dienerin

20. Januar 1866 Cosima von Bülow

Darf ich mir gestatten noch eine Zeile hinzuzufügen? So eben erfahre ich dass *Semper* wegen seinen Plänen besorgt ist, erlauben mir Euere Majestät, wohl anzufragen ob dieselben in den Allerhöchsten Händen gelangt sind? Und dieser Frage darf ich vielleicht meinen tief innersten Dank beifügen, wegen der allergnädigsten Erledigung der Gehaltes-Angelegenheit!

[1] *König Maximilian II. Joseph (1811-1864).*

[2] *Hermann Wislicenus (1825-1899), Maler, lehrte ab 1868 als Professor an der Akademie in Düsseldorf.*

[3] *Josephine von Kaulbach, geborene Sutner, Gemahlin des Malers Friedrich August von Kaulbach.*

38

Theure, hochverehrte Frau!

Mit Jubel las ich heute Ihren theuren Brief, aus welchem neue Hoffnung strahlt, mit Entzücken erfüllten mich die Zeilen aus dem Briefe des Geliebten, welche Sie mir mitzutheilen die Güte hatten. – Da lese ich nun das Telegramm; soll jeder Hoffnungsschein verglimmen; nein, nein, das ist unmöglich. – Ich glaube fest, daß in einigen Monaten (wie ich schon neulich schrieb, etwa im Mai) der Theure zurückkommen kann; aber vor dieser Zeit kann Er, davon bin ich fest überzeugt, hier die Ruhe nicht finden[1], denn die Verhältnisse haben sich zu traurig u. ungünstig für Ihn gestaltet. – Jetzt Schweigen, sich nichts von dem sehnlichen Wunsche merken lassen, dieß halte ich für das Beste; dann gedenke ich kühn u. unerschrocken zu handeln, dann die That! – Also Er ist fest entschlossen nicht zurückzukehren! Er sucht, was Er in der Fremde, in der Ferne *sicher* nicht findet! Es bleibt also bei ewiger Trennung, bei entsetzlicher Entsagung, die doch nichts hilft! – O Gott, Gott das ist fürchterlich! – Werden Sie, hochverehrte Frau doch am Montag zu Ihm eilen? O ich glaube Sie thäten wohl daran, können Ihn zurückhalten von Schritten, die sicher weder zu Seinem Frieden noch zu Seinem Glück beitragen. – O ich bitte Sie, grüßen Sie den Theuren, den Einzigen aus tiefster Seele von mir, sagen Sie ihm, Er möge den Freund, der

Ihm geboren ist, nicht ganz vergessen; ich preise Ihn, flehe Heil herab auf Sein geliebtes Haupt. –

Wenn Sie die Güte haben wollen, Fr. v. Kaulbach in unoffizieller Weise zu fragen, ob ihr Gemahl gerne Kartons aus den »Nibelungen« zeichnen würde, so würde mir dieß sehr angenehm sein; – ich erfuhr neulich, er würde mit Freuden Kartons aus der Edda entwerfen; jedoch nicht nach Wagner's Angaben, nicht nach Seinen Nibelungen; – vielleicht ist Kaulbach zu bekehren; doch nicht wahrscheinlich. – Semper's Pläne sind nicht an mich gelangt. – Wäre doch der Winter endlich vorüber; ach mir ist als könnte Vieles anders werden, wenn Ostern vorbei wenn der Wunder- der Wonnemond strahlt![2] – Herzlichen Gruß aus dem Grunde der Seele von

Ihrem

sehr geneigten

Ludwig.

den 20. Jan.
1866. –

[1] *Der König vergleicht Richard Wagner mit dem Fliegenden Holländer, vgl. 2. Aufzug, 1. Auftritt: »Senta: Durch das Meer ohne Rast, ohne Ruh'!«*

[2] *Zitat nach »Walküre«, 1. Aufzug, 3. Szene: »Winterstürme wichen dem Wonnemond.«*

39

Erhabener König!
Theurer Herr und Beschützer!

Ich hatte dem Freunde telegraphisch gemeldet dass ich ihn zu besuchen gedenke, – hier seine Antwort! ..... In dem heute empfangenen Briefe schreibt er dass Feuer in dem einzig heizbaren Kamin seiner Wohnung ausgebrochen ist, dass er nun fort *muss*, so drängt denn das Verhängniss auf ihn und Uns ein, düstere Ahnung beklemmt mir das Herz. Euere Majestät werden, nach des Freundes Aussage morgen einen Brief von ihm empfangen.

In dunkler wie in strahlender Zeit ewig treu, verbleibe ich Euerer Majestät

Ergebene, Gehorsame
Cosima von Bülow-Liszt

21 Januar 1866. /

40

Hochverehrte Freundin!

In tiefem Kummer, in herzzernagender Sorge wende ich mich an die traute Freundes Seele. – Heute erhielt ich den verheißenen Brief des geliebten Freundes, den ich Ihnen hier zum Lesen sende. – Ich sehe aus demselben aufs neue, daß Er urtheilt, ohne die Verhältnisse von denen Er spricht, genau u. bestimmt zu kennen. – In Vielem möchte ich Ihn mit Tasso vergleichen, der auch ein künstliches feindliches Truggewebe zu erblicken wähnt, das sich drohend über seinem Haupte zusammen gezogen hat; in Manchem auch, ich gebe es zu, mag der Theure recht haben, doch nicht in Allem, nicht in Allem! – Er spricht von Lerchenfelds Entlassung[1]; ich that recht ihn in Ungnade fallen zu lassen; denn sein Vergehen hat es verdient. – Pfordtens[2] und Pfistermeisters Entlassung wäre ein in jeder Beziehung unkluger Schritt von mir, wenigstens für den Augenblick. – Ich sehe klar voraus, nirgends wird u. kann der Freund die ersehnte Ruhe finden, wenn nicht hier. – Vieles wird sich in einigen Monaten klären, deßhalb thue ich recht schweigend zu warten. – Theure, hochverehrte Frau, ich *beschwöre* Sie veranlassen Sie den Geliebten die Rückkehr-Gedanken nicht aufzugeben, ach Gott, Er muß kommen, nirgends kann Er Schaffensmuße finden; ich bitte Sie dringend bewegen Sie den Geliebten zur Rückkehr im Mai. – Lassen Sie nicht nach in Ihn zu dringen, um *Seiner* Ruhe, *Seines* Glückes willen, beschwöre ich. – O jetzt ist es ja noch Zeit, jetzt kann ein gütiger Gott den Entschluß in Seiner Seele wenden; jetzt ist Sein hiesiges Haus noch nicht verkauft. Gräßlich u. herzzerreissend ist das, was Er über jene Wahrsagerin sagt. –[3] Nein, nein, Er darf nicht arm u. elend werden, o rathen

Sie, helfen Sie! – Ach lebte Er doch nur einzig Seinen Werken, so Vieles wäre dann anders. – Er martert Seine Phantasie durch Vorspiegelung aller nur erdenklichen Cabalen, die nicht (oft nicht) gegen ihn gesponnen werden. – O Ruhe, du Gott![4] – Daß Er so gänzlich in einer andern Welt leben muß! – Auch an Seine Arbeit kann Er jetzt nicht denken. – *Hier* habe Ruhe Er gefunden, *hier* ruh' Sein Schiff in sichrem Port![5] Traurig, sehr trüb ist meine Stimmung! – Wir dürfen *nicht* geschieden sein, Sie werden es einsehen; Wir gehören Uns an! Heil d. Trauten, dem Einzigen. –

Ludwig.

den 22. Jan. 1866

[1] *Otto Freiherr von Lerchenfeld-Aham war Ludwigs Oberststallmeister und Kämmerer. Richard Wagner schrieb nach seiner »Ausweisung« aus München am 12. Dezember an August Röckel, daß man sich des »vertrauten Reitknechts« Ludwigs II. »bemächtigt« hätte und er darin den Versuch sähe, den König »gänzlich zu isolieren und von jeder Selbsthilfe abzuschneiden«. Wagners Vermutung traf aber nicht zu. Der Reitknecht Völkl war auf Befehl des Oberststallmeisters Freiherr von Lerchenfeld festgenommen worden, da er sich zusammen mit einem anderen königlichen Stallbediensteten an einem Mädchen schwer vergangen haben sollte. Das gegen die beiden Beschuldigten eingeleitete Verfahren wurde niedergeschlagen, Völkl auf Veranlassung des Königs wieder freigelassen, Freiherr von Lerchenfeld allerdings seines Amtes enthoben.*

[2] *Ludwig Freiherr von der Pfordten (1811-1880), bayerischer Ministerpräsident. Er war unter anderem 1864 bis 1866 Staatsminister des Königlichen Hauses und des Äußern sowie Vorsitzender im Ministerrat. Er unterzeichnete 1866 den Friedensvertrag und den geheimen Bündnisvertrag mit Preußen. Sein Rücktritt erfolgte im Dezember 1866. Der König machte ihn für den verlorenen Krieg gegen Preußen verantwortlich. Sowohl Ludwig II. als auch der scheidende Ministerpräsident beglichen eine alte Rechnung: Ludwig verzieh es ihm nie, daß er ihm 1865 mit dem Rücktritt gedroht hatte, falls Richard Wagner nicht aus München entfernt würde. Von der Pfordten mußte dem von Richard Wagner empfohlenen Chlodwig zu Hohenlohe-Schillingsfürst als neuem Ministerpräsidenten weichen.*

[3] *Richard Wagner berichtete dem König am 8. Januar 1866, daß er am 22. Februar 1865 einer »alten mysteriösen Frau aus dem Münchner Volk« begegnet*

sei. Eine Frau Dangl (»Vorsicht Bayerns«, notierte Wagner hinter ihrem Namen in seinem Tagebuch) bat ihn, König Ludwig zu schützen, der zu großen Dingen berufen sei. Bei einem weiteren Besuch von Frau Dangl bei Wagner sagte sie ihm voraus, daß sie ihm nicht mehr helfen könne und er in alter Not leiden werde, wenn seine Feinde jetzt nicht vom König entfernt würden. Wagner bat den König: »Sorgen Sie nur, theurer Freund, dass ich meine Werke noch ungestört vollenden kann.«

4 Zitat aus »Götterdämmerung«, 3. Aufzug, 3. Szene: »Brünnhilde: Ruhe, ruhe, du Gott!«

5 Zitat nach »Der Fliegende Holländer«, 2. Aufzug, 3. Auftritt: »Senta: Hier habe Heimat er gefunden, / hier ruh sein Schiff in sichrem Port!«

41

Erhabener König!
Theurer huldreicher Herr! Mein gnadenvoller Freund!

Wüsst ich nicht dass ich das höchste Vertrauen[1] mit den Gefühlen der Demuth und Treue in mir aufnehme auf die es so herrlich baut, ich wüsste gar nicht wie ich danken sollte. So nehme ich es hin das göttliche Geschenk, erwiedern kann ich es nicht, doch unentweiht, heilig bewahre ich es in der Seele, und es macht mich selber seiner würdig.

Mit wahrem Schrecken habe ich den grossen Brief des Freundes an Euere Majestät, gelesen, ach! möchte er doch all' die Namen und die Personen vergessen, und nur eins wissen dass sein königlicher Freund ihn liebt und beschützt! Doch freilich bringt sein jetziges Elend ihm alle die traurigen Verhältnisse nah!, er kann es nicht verstehen dass er von Euerer Majestät, so wunderbar geliebt, doch scheiden musste, und das Einzige worauf es ihm ankommt die Ruhe, den »neidischen Göttern« preisgegeben sehen musste. Wohl ist er mit *Tasso* zu vergleichen der als Dichter in dem einzelnen ihn betreffenden Fall, das ganze Elend der Welt erblickt; allein ist *Tasso* im Unrecht, und muss man nicht im Moment wo er einsam verlassen und doch schuldlos da steht, die Welt verabscheuen die das Genie zur *Excentricität* verdammt?

»Lebte er nur einzig seinen Werken« sagt mir mein Herr und König! Ach! wie oft habe ich das gefühlt! Darf ich Euerer Majestät gestehen, dass ich den Freund regelmässig schalt als ich ihn beim »Tagebuch« fand, und doch wie herrlich sind diese Blätter! Allein sie haben Unheil über ihn gebracht, und ich empfand es im Voraus. Montag telegraphirte er im Moment der Abreise, Gestern schon von Toulon, wo er aber nur einige Stunden sich aufzuhalten gedenkt. Ach Gott! Diese Irrfahrt! Die einzige Möglichkeit seiner Rückkehr ist nun dass er nichts findet, und wie traurig ist sie; wo soll er die Zeit bis im *Mai* verbringen? Heute empfing ich einen Brief den er mir noch Sonntag abend in Genf geschrieben hat: »Morgen früh 6 Uhr reise ich hier ab. Der Plan bleibt wie er Dir mitgetheilt war. Dass ich gestern noch einen schlimmen Abend und eine sehr – sehr schlaflose Nacht hatte, kannst Du Dir denken. Dein Entschluss, mich plötzlich zu besuchen, kam wie eine freudige – Schreckensbombe herein gebraust. – Es war hart mir diess eben jetzt geboten zu sehen!... Nach Deiner vorangegangenen Depesche konnte Dein plötzlicher Besuch nur ein Versuch sein – mich von meinem Entschluss abzuhalten! Hätte ich geschwankt, war alles verloren. Ich fühlte dann lieber gleich da und wehmüthig alles acceptiren um nach München zurückzukehren. Kein Wort wäre dann mehr zu reden gewesen; jeder Wiederstand meinerseits nur Ziererei. Ich musste die Durchführung meines Entschlusses mit der Härte Deinen Besuch abzulehnen, erkaufen. Nun ist's geschehen.« Nun wiederholt er nochmals warum die Genfer Niederlassung unmöglich sei und schliesst: »Dann will ich aber am ersten März da sein wo ich bleiben kann, um ganz zu bleiben. Eine provisorische Niederlassung, wie? Und das Münchener Haus dazu! Siehst Du nicht ein, dass dieses geräumt, aufgegeben und verkauft werden muss? Und dann ich will nicht mehr dorthin zurückkehren: alle Nerven zucken und schmerzen mir wenn ich daran denke. Ich *will* aus der Welt sein, ich *will* dort sein, wo ich bleiben kann – Dass ich's kann verdanke ich doch immer einzig dieser wunderbaren Liebe *Parzivals*! .....«

Dass Euere Majestät, vieles was der Freund jetzt ausspricht als selbstquälende Phantasien erscheint, wohl ist es erklärlich. Doch wie soll der Theure, seine Lage begreifen, wie soll er klar darin sehen, muss er nicht nothwendig annehmen dass eine Welt sich gegen ihn verschworen hat?

Ich bin so trübgemuth dass wie neulich der Sekretair Euerer Majestät, nur den Namen des Freundes nannte, ich aller Vernunft und aller Würde zum Hohne in Thränen ausbrach! Ich kann kaum Menschen sehen und fürchte wer mich nach dem Theuren frägt. – Ich habe es gewagt durch Herrn Lutz eine unterthänige Bitte an Euerer Majestät zukommen zu lassen, die gnädige Gewährung derselben, für welche ich tief innigst danke, theilte ich Frau Porges mit, und erlaubte mir hinzuzufügen (da sie um nichts gebeten hatten) dass käme dereinst das Conservatorium zu Stande wir ihrer gedenken würden. Hoffentlich genehmigen Euere Majestät, dieses Wort, ich mochte die guten Leute die in redlich fleissiger Absicht herübergekommen sind, nicht ohne weiteres und mit einer blossen Entschädigung ziehen lassen.

Da ich erfahren habe dass Euere Majestät den Befehl ertheilt haben die h. Elisabeth im k. Hof und Nationaltheater aufzuführen, habe ich an Baron Perfall geschrieben, für eine fest geschlossene Dekoration besser noch für eine den Ton reflektirende Schallwand zu sorgen. Ich weiss dass dieser Umstand meist vernachlässigt wird und dann grosse Noth verursacht. Den Vortrag des Prof. Eckart will ich suchen mir zu verschaffen. *Semper's* Pläne aber, wie soll ich zu diesen gelangen wenn sie mit dem Freund seine Sachen eingepackt sind? Ist seine Rückkehr als Möglichkeit von ihm dahingestellt will ich alles aufmachen lassen, bis dahin aber, ist es nicht besser die Sachen ruhig stehen zu lassen? Was Euere Majestät, hierüber bestimmen, ich werde es unbedingt befolgen, ohne selbst den Freund zu befragen, von dem ich nicht weiss wo er weilt, und der mich telegraphisch kaum recht verstehen würde, da er gewiss selbst nicht weiss wo die Pläne geblieben sind; nach seiner Abreise ist erst gepackt worden.

Ich glaube, mein theurer gnädiger Herr, alles beantwortet zu haben; sollt ich etwas unterlassen haben, wollen Euere Majestät, die grosse Güte haben es mir zu vergeben, anbetracht der Noth in der mein Herz jetzt gebannt ist. Sorgenvoll hinkt mein Gedanke dem armen »hold unsel'gen Manne«[2] nach, und mit Mühe bring ich ihn auf Anderes!

Dass aus diesem Leiden Uns erblühe Heil, erflehe ich von den himmlischen Mächten; dass Unsrem einzigen freundlichsten Freunde, unserem hohen Beschützer, Unserem geliebten Könige, Glück erblühe, gäbe ich freudig Ruhe und Leben hin!

Euerer Majestät

Getreue, Ergebene, Gehorsame

Cosima von Bülow-Liszt

24ten Januar 1866/.

[1] *Bezug auf »Lohengrin«, 3. Aufzug, 2. Szene: »Lohengrin: Höchstes Vertraun hast du mir schon zu danken, / da deinem Schwur ich Glauben gern gewährt.«*

[2] *Zitat aus »Lohengrin«, 3. Aufzug, 2. Szene: »Elsa: Unselig holder Mann, / hör, was ich dich muß fragen!«*

42

Hochverehrte Freundin!

In aller Eile einige Zeilen. – Zuvörderst herzlichen Dank für Ihren theuren Brief. – Ich halte es vorläufig für gerathener, Sempers Pläne nicht zu suchen. – So gerne läse ich die Beschreibung des im Venusberge aufzuführenden Tanzes; ich weiß er hat nichts gemein mit dem nichtigen Treiben des banalen Balletes.[1] – An Einem liegt mir unendlich viel. – Halten Sie es wirklich für ganz unmöglich, daß der Freund sich je bereit erklärt, je wieder hieher zurück zu kehren? – Versprechen Sie mir feierlich, Alles aufzubieten, um Ihn hiezu zu bewegen!? – Sie schreiben Ihm (wie Sie mir mittheilten) Sie hielten es für recht u. erlaubt, auf äußere Pracht u. irdischen Glanz zu verzichten; doch nicht für erlaubt u. billig, dem Geliebten zu entsagen. – Er will, ich soll Ihm Genugthuung verschaffen durch Entfernung einiger Personen: die einzige Genugthuung die ich Ihm geben kann u. darf ist, daß ich den Theuren in kurzer Zeit wieder hieher berufe, trotz aller Stürme u. Kämpfe. –

Haben Sie Nachrichten von Ihm u. Herrn v. Bülow? – Kann ich sicher auf »Tannhäuser« u. »Lohengrin« für d. Sommer zählen, ich baue fest darauf. – Gott stärke Uns, es sind fürchterliche Zeiten! – Ist kein Manuskript von Jesus v. Nazareth[2] od. Seinen andren, rein dramatischen Werken zu haben?! – Ach könnte ich wieder etwas v. Ihm geschriebenes lesen; ich sehne mich, wie der Hirsch nach der Wasserquelle[3] darnach; wie der Gefangene nach Freiheit! –

Und doch, trotz allen Elendes, trotz der fürchterlichsten Qualen werden Wir siegen; ich weiß es; aber der Freund soll nicht Alles zerstören, Er soll ruhig Seinen Werken leben, nicht verzweifeln; ach ich begreife wohl, Seinen Kummer, Sein Streben nach Ruhe, Alles Alles soll Ihm tausendfach vergolten werden; die Liebe, die himmlisch-erhabene, sie rettet, sie strahlt in Leidensnächten, bereitet einst Wonnen, verscheucht jegliches Weh! –

Mit herzlichen Grüßen

Ihr

sehr geneigter

am 26. Jan. 1866. Ludwig.

[1] *Cosima schrieb den Entwurf zum Ballett der Oper »Tannhäuser« ab und sandte ihn dem König zu.*

[2] *Wagner schrieb einen Prosaentwurf »Jesus von Nazareth« im Januar/April 1849 in Dresden. Vorschläge, das Drama zu vertonen, lehnte Wagner später ab: Jesus, von einem Tenor gesungen, sei geschmacklos.*

[3] *Zitat nach Psalm 42,2 und Jesaja 62,1.*

43

Erhabener König!
Gütiger Herr, gnadenvoller Gebieter!

Nur mit wenigen Worten vermag ich es heute Euerer Majestät, zu danken – trübe Botschaften stürzen schaarweise auf mich ein. Zuletzt erfuhr ich den plötzlichen Tod der Frau des Freundes[1]; und mir blieb es nun bestimmt ihm diese Nachricht mitzutheilen! Er ist krank im Hotel in Marseille, ganz einsam und fremd, doch musste ich schreiben!.... Ich erhielt einen Brief aus Toulon, dort hatte es ihm nicht gefallen, er suchte nun weiter, o! der Irrfahrt! »Heute – schreibt er (Dienstag abend) – wirst Du meinen Notenpapierbrief erhalten haben[2]. Himmel, jetzt ein Zauberschlag, Ruhe und sanftes dauerndes Geleis – aus die Meistersinger was sollten die uns gute Laune machen. Da sollst Du mich an der Arbeit lachen hören. Das thu' ich, weinen oder lachen. – Das ist auch mein ganzes Geheimniss«. Immer beharrt er bei der Unmöglichkeit zurückzukehren. Mein theurer Herr und König, was kann ich nun thun? Alles habe ich gesagt, der Freund hört nicht auf mich, und von der andren Seite seh ich die Unmöglichkeit die Veränderungen eintreten zu lassen, die ihm die einzige Garantie seiner Ruhe sind, doch ich will nicht verzweifeln. Ich las heute früh dass die Deputationen[3] nun ankommen – Darf ich den – huldreichen *Freund* bitten sie gnädig zu empfangen? Dass mich die Leute und ihr Programm wenig kümmern und mühen, dass ich nur um Einen im Bayernlande besorgt bin – soll ich das entschuldigend hinzufügen? Als ich erfuhr dass mein König und Herr, durch seine Güte alles bei dem neulichen Empfang begeistert und entzückt hätte, konnt ich mich eines Gefühles des Neides gegen diese Allen nicht erwähren, dann ward ich aber bald gehoben durch das Bewusstsein dass ich sie noch weit tiefer kenne diese Güte die gepriesene!

Kaulbach unterbrach mich mit seinem Besuche; seine Frau hat ihm meine Anfrage übermittelt. Mit seiner ganzen Kunst steht er Euerer Majestät zu Diensten und wird mit *grosser Freude* zu dem »Ring des Nibelungen« die Cartons schaffen. Nur möchte er die Wahl der Situationen frei haben, weil ihm manches nicht gut für die Malerei darstellbar scheint; wenn es Euere Majestät so bestimmen möchte er mit mir die Gegenstände immer besprechen, damit ich dann Euerer Majestät, darüber referat unterthänigst abgäbe. Er wird sehr gern an diese Arbeit gehen, und dieser kleine Erfolg hat mich gefreut. Mein Mann hat zweimal mit grossem Erfolg in Würzburg gespielt, heute ist er in Stuttgart wo er auch Conzerte giebt – nächsten Donnerstag beginnen hier die Proben zu der h. Elisabeth. Er hatte den Brief noch nicht erhalten in welchem ich ihm den Allerhöchsten Auftrag mittheilte.

Ich erlaube mir Euerer Majestät, die Beschreibung des Tannhäuser-Ballets zu übersenden, und den Anfang der Copie der begonnenen Biographie, unterthänigst zu Füssen zu legen. Was kommt nicht alles zwischen dieser friedlichen Arbeit und ihre Vollendung? Ergeben neige ich das Haupt, und will ohne Murren bis zur Neige ihn leeren den bittren Kelch!

»Siegfried« ist also auch vollendet! Wie bin ich Euerer Majestät, dankbar für das Bildchen! Als ich neulich den Wintergarten Euerer Majestät besuchte, dachte ich mir unwillkürlich die fünf Statuetten hinzu, ich sehe nicht gerne Bäume ohne Sculptur, und mag Sculpturen nicht in andrer Umgebung sehen als inmitten grüner Pflanzen, und so stellte ich in meiner Phantasie Siegfried Tannhäuser Lohengrin, Holländer und Tristan auf! Dass ich so Kindisches zu schreiben wage, vergeben mir gütig Euere Majestät? Ich schliesse mit des Freundes letzten Worten: »Eine sonderbare Bevölkerung in so einer Stadt. Die jungen Frauen sind bereits sehr auffallend durch sanfte südliche Art. Das beginnt doch schon in Lyon. L. Napoleon[4] baut auch hier. Lyon erkannt ich kaum wieder (und das war das beste daran). O Biographie! – Nun aber sich denken dass diese Pracht und Lebendigkeit nichts, gar nichts ist, wie essen, trinken, sich kleiden, wohnen und vermehren. So was muss man einmal wieder recht inne werden, um dahinter zu kommen, was im Grunde genommen die kleinsten deutschen Nester zu bedeuten haben! – (Wollen wir einmal wieder »Tagebuch« schreiben?) Nun! Nicht verzweifeln! Ich sag's mir selber! Ich hab's beschlossen und ich gehe bis auf's Aeusserste. Welche Genugthuung mir werden sollte, kann ich nur mit jedem Tag weniger ermessen! Aber wir, wir wollen hoffen! Halte Dich nur brav, wanke nicht in den guten Vorsätzen.«

Noch bleibt mir um Vergebung zu bitten wegen meiner schlechten Schrift; seit einigen Tagen aber, zittert mir die Hand fast unaufhörlich, Euere Majestät werden gütige Nachsicht ertheilen

Euerer Majestät
treu gehorsamsten Dienerin
Cosima von Bülow-Liszt

27ten Januar 1866./

[1] Die Schauspielerin Minna Christine Wilhelmine Planer (1809-1866) wurde am 24. November 1836 in Königsberg Richard Wagners erste Ehefrau. Es begann eine schwierige Ehe; Minna brannte bereits im Mai 1837 mit einem Kaufmann durch. Nach der Versöhnung im Oktober 1837 erlebte sie mit Wagner die Elendsjahre in Paris, nachdem dieser wegen seiner Beteiligung an den Maiaufständen von 1849 aus Dresden fliehen mußte und steckbrieflich gesucht wurde. Durch ständigen Wohnungswechsel und hohe Schulden wurde die Ehe zur »trostlosen Unvereinbarkeit«. 1862 trennte sich das Ehepaar endgültig. Minna Wagner erhielt von ihrem Mann »eine Sustentation«, vorausgesetzt er verfügte selbst über Geldmittel. Pauline Tichatscheck nahm sie auf in ihre Dresdner Wohnung Marienstraße 30. – Da Minnas Arzt, Dr. Anton Pusinelli, bei ihrem Tod Wagners Aufenthaltsort nicht kannte, sandte er ein Telegramm an Cosima und bat um Wagners Adresse. Dieser weilte damals in Marseille. Zum Tod seiner Frau äußerte er: »Sie hat in großer Liebe viel Leid und wenig Freude an meiner Seite ertragen müssen.« – Auf Minna Wagners Tod reagierte die Presse, vor allem die »Augsburger Postzeitung«, mit polemischen Angriffen auf Cosima, die angeblich am Tag der Beerdigung in glänzend weißer Kleidung das Münchner Schauspielhaus besucht habe. Hans von Bülow wiederum reagierte sehr heftig in einem Brief an die Zeitung auf dieses »Geschmier«.

[2] Der »Notenpapierbrief« ist eine auf ein halbes Blatt Partiturpapier geschriebene Mitteilung Wagners.

[3] Hier versuchte Cosima in einer politischen Angelegenheit auf den König Einfluß zu gewinnen. Die Fortschrittspartei, der Wagner nahestand, wollte beim König in Sachen der ihr unkonstitutionell erscheinenden Einrichtung des Kabinettssekretariats vorstellig werden und hatte zu diesem Zweck eine Abordnung nach München gesandt. Als die Deputation am 30. Januar in der Residenz erschien, wurde sie nicht empfangen. Durch von der Pfordten wurde ihr mitgeteilt, daß »S. M. der König die verfassungsmäßige Volksvertretung als das Organ betrachte, durch welches das Land zu ihm spreche«.

[4] Charles Louis Napoleon Bonaparte bzw. Napoleon III. (1808-1873), von 1852 bis 1870 Kaiser der Franzosen.

44

Theure, hochverehrte Frau!

Ach, welche Nachricht, Seine Gattin ist gestorben! – O Gott helfe Ihm, stärke Ihn im Schmerze. – Wie danke ich Ihnen für die Copie Seiner Biographie! Wie poetisch, wie tief gedacht u. empfunden ist die Schreibung des Tanzes u. der Bilder im Venusberge; mit großem Interesse las ich die Schrift; wie würde es mich freuen könnte ich einmal eine Abschrift davon erlangen, etwa durch die Hand eines Kanzleischreibers, wenn es Ihnen recht ist. – Wie freut mich das, was Sie über Kaulbachs Entschluß mir mit zu theilen die Güte haben; den darauf bezüglichen Auftrag gedenke ich ihm später zu ertheilen, da ich zuvörderst einige bildliche Darstellungen aus Schiller'schen Werken von seiner Hand wünsche. –

Heute erhielt ich beiliegendes Telegramm von dem geliebten Freunde. Ich erblicke darin einen Hoffnungsschimmer! – Es wird noch Alles herrlich enden. – Glauben Sie nicht auch, daß Hoffnung u. Muth aus demselben zu schöpfen sind? – Bis jetzt sind nur »Lohengrin« u. »Tristan« in Marmor ausgeführt. –

Wie freue ich mich auf die Aufführung der hl. Elisabeth! – Mit festem Willen kann gewiß »Tannhäuser« nach der neuen, wundervollen Bearbeitung im Sommer zur Darstellung gebracht werden. – Nun muß ich schließen, meine Zeit ist immer sehr in Anspruch genommen. – Es drängt mich, Ihnen, hochverehrte Frau, nochmals zu sagen, wie unaussprechlich mich der Theil der Biographie des Geliebten erfreut, innigen Dank dafür aus ganzer Seele von Ihrem

geneigten

am 27. Jan. Ludwig.

1866. –

45

Erhabener König!
Gnadenvoller Herr und Gebieter!

Mit tiefem Danke sende ich die Depesche zurück die ich in demselben Sinne auffasse als Euere Majestät. Ich ersehe aus ihr dass der Freund die Todesnachricht vielleicht noch gar nicht empfangen wird. Dann bring ich sie ihm vielleicht nach Genf um die Erschütterung zu lindern, und um zugleich deutlich zu erkennen was des Freundes letzte Absicht ist.

Wenn es Euerer Majestät, genehm ist will ich den Plan des Ballets selbst abschreiben sobald meine Hand etwas sicherer ist.

In treuester unterthänigster Gesinnung habe ich die Ehre zu verbleiben

Euerer Majestät

gehorsamste Dienerin

27ten Januar 1866/. Cosima von Bülow-Liszt

46

Hochverehrte Freundin!

Freundlichst ersuche ich Sie, dem Theuren beiliegenden Brief von mir übergeben zu wollen, im Falle Sie Ihn besuchen; o wie wird es Ihm wohlthun, Sie zu sehen! –

Ich kann Ihnen gar nicht genug sagen, wie mich die Biographie entzückt, die ich Ihrer Güte verdanke! – O wenn der Freund sie recht bald fortsetzen wollte! – Für die lieben Zeilen von gestern Abend Ihnen vom Herzen dankend, bleibe ich stets, hochverehrte Frau,

Ihr

sehr geneigter

am 28. Jan. 1866 Ludwig.
1866. –

O gelangte mein Brief bald in die Hände des Theuren! –

47

Meinen herzlichen Dank für die freundliche Übersendung des Telegramms. – Werden Sie den Theuren bald wiedersehen? –

Ludwig.

[29. Jan. 1866]

48

Erhabener König!
Theurer gnadenvoller Herr!

Ich habe mir erlaubt, die gestern Abend erhaltene Depesche, Euerer Majestät, mitzutheilen, nach welcher ich nun vorläufig nicht verreisen werde, da ich aus ihr ersehe dass der Freund gefasst ist; ein so eben angekommener Brief bestärkt mich in diesem Entschlusse; der Freund ist »betäubt« doch ruhig. Soll ich nun den Brief meines gnädigsten Herrn, durch die Post senden? Ich harre des Allerhöchsten Befehles.

Tief danke ich Euerer Majestät, die Abschrift der Biographie so gnädig aufgenommen zu haben – ungefähr noch die Hälfte habe ich zu schreiben, und ich hoffe sie im Beginn der nächsten Woche meinem Herrn, zu Füssen legen zu dürfen. Ich erlaubte mir den Anfang vorauszusenden, weil Euere Majestät den Wunsch aussprachen, bald etwas vom Freunde zu lesen zu bekommen. Leider meldet mir der Theure, dass er keine Sylbe daran schreiben will, bis ich wiederum mit ihm arbeiten kann. (Er hat sie mir nämlich dictirt).

Dem Freunde habe ich auch einige Zeilen von Professor *Echter*[1] bezüglich des Cartons zu Tristan und Isolde zu übermitteln. Ich erlaubte mir neulich betreffs des letzten Walkyren Bildes im Nibelungen Cyclus eine Bemerkung zu machen welche hoffentlich die Genehmigung Euerer Majestät, finden wird. Das Schild war nämlich wie von ungefähr auf den Schooss der schlafenden Brünhild gelegt, ich bat Professor Echter, welcher alle möglichen triftige malerische Einwendungen machte, sie damit zu *bedecken*. Neulich meldete er mir dass er es doch nach meiner Angabe zu Stande gebracht hätte, und dass es sich sehr schön ausnehme, sagte mir auch zugleich dass der Zutritt zu dem Nibelungen-Gang[2] dem Publikum versagt sei. Habe ich gegen dem Gebote gehandelt indem ich wie früher öfters mit dem Freunde die Bilder angesehen, unkundig des Befehles, so bitte ich Euere Majestät, mir gütig zu vergeben, sollten aber Euere Majestät, mir gnädig gestatten wollen, zuweilen die mir so lieb gewordenen Compositionen in ihrem Fortgang zu verfolgen, so wäre ich dadurch tief erfreut. Allein dieser Zusatz soll nur zur Begleitung und Erklärung meiner Entschuldigung dienen. Mein gütiger Herr, mein gnadenreicher König und huldvoller Freund, gestattet wir wohl stets, Ihm ewige Treue zu geloben, und mich zu nennen

Euerer Majestät
treu gehorsamste Dienerin
Cosima von Bülow-Liszt

29ten Januar 1866/.

[1] *Julius Schnorr von Carolsfeld beschäftigte den Historienmaler Michael Echter (1812-1879) bei der Ausmalung der Festsäle der Münchner Residenz, Klenze vermittelte ihm Aufträge nach Rußland, Kaulbach nahm ihn als Gehilfen bei seinen Bildern im Treppenhaus des Neuen Berliner Museums. Für das Maximilianeum schuf Echter die Wandgemälde. Er wurde erster Illustrator von Richard Wagners »Ring des Nibelungen«, womit ihn Ludwig II. in 30 Fresken im sogenannten Theatereingang der Residenz betraute, denen noch Kartonzeichnungen zu »Tristan und Isolde«, »Tannhäuser«, »Lohengrin«, den »Fliegenden Holländer« und »Die Meistersinger« folgten.*

[2] *«Der König läßt in einer der Gallerien, die zu seinen Gemächern führen, einen ›Nibelungen-Gang‹ malen; er hat außerdem eine ›Wagner-Gallerie‹ befohlen«, schrieb Franz Liszt.*

49

Sehr beschäftigt, komme ich nur dazu, wenige Worte zu schreiben. Es wäre mir sehr angenehm, wenn Sie meinen Brief an den Freund durch die Post besorgen lassen wollen. – Mit herzlichen Grüßen

Ludwig.

[29. Jan. 1866]

50

Theure, hochverehrte Frau!

Hier sende ich Ihnen eine Schrift[1], die ich heute erhielt; ach wie hat sie mich ergriffen; welch traurig-fürchterliche Allegorie, welch ein trübes Bild das Er entwerfen wollte. – O käme Er wieder der ersehnte Freund! –

Sie drückten mir neulich den Wunsch aus, hie u. da von dem Fortschritte sich selbst überzeugen zu wollen, den Echter's Bilder machen; es ist mir ganz recht, wenn Sie dieselben manchmal in Augenschein nehmen wollen. –

Es drängt mich Ihnen auszusprechen, daß es mir wirklich vom Herzen leid ist, Ihren freundlichen Wunsch bezüglich des Empfanges jener Deputation nicht erfüllen zu können; aber wichtige politische Erwägungen bestimmten mich, dieselbe nicht selbst zu sehen[2]. –

Haben Sie keine Nachrichten vom theuren Freunde? – Er kann meinem Flehen im letzten Briefe nicht widerstehen, Er wird – Er muß kommen. – Mit freundlichen Grüßen

Ihr

sehr geneigter

am 31. Jan. Ludwig.

1866. –

[1] *Bei der »Schrift« vom 28. Januar aus Marseille handelt es sich um eine Aufzeichnung Wagners, in der er das Verhältnis Kaiser Karls zu Roland und dem Ver-*

räter Ganelon so darstellt, daß sich Parallelen zu dem Verhältnis Ludwigs zu ihm selbst und Pfistermeister erkennen lassen. Wagner wollte damit die Lage, in die ihn sein erzwungener Fortgang von München gebracht hatte, dem König mit jener Deutlichkeit darstellen, wie er sie selbst sah und empfand. Wagner fühlte sich elend und von tiefer Bitterkeit erfüllt. Cosima nannte Wagners Brief in ihrem nun folgenden Schreiben an den König das »Roland-blatt«.

2 *Siehe Brief 43, Anmerkung 3.*

51

Erhabener König!
Theurer hoher Herr! Beschützer und Gebieter!

Meinen innigsten Dank lege ich dem königlichen huldvoll vertrauenden Freunde zu Füssen!... Auch ich hatte heute einen Brief, und gestern eine Depesche die ich mir gestatte Euerer Majestät, mitzutheilen. Der Brief sagt der Freund wolle acht Tage still stehen und die Augen schliessen. »Nach acht Tagen vollen Stillstandes will ich mich wieder mittheilen. Wohl genese ich noch einmal und komme zur Ruhe. Jetzt kann ich nicht mehr, kann nicht mehr, und die mindeste Berührung schmerzt mich. – Nichts nichts will ich mehr sehen, nichts mehr wissen! Ich muss eine kurze Zeit taub und blind sein. – Nun sorge für Dich! Mache es gleich mir, wir gehen wahnsinnig zu Grund, wenn das so fortfährt. – Einmal noch mögen sich die Nerven beruhigen! Wohl gelingt es, und dann – künstlich sehr künstlich leben, – »Mit der Natur« hat es bei mir ein Ende. Du verstehst mich, das ist mein Trost. Ich ›hoffe‹ – wenn volle Beruhigung möglich ist.«

Wie ergriff mich das Roland-blatt[1]. O! himmlischer Gott, gebe dass alle Erfahrung lüge, alles Wissen eitel und nichtig sei, dass einzig wahr und mächtig Unsre Liebe bleibe!...

Wie dank ich meinem Herrn, gnädig verstanden zu haben wie ich die Bitte, (»den Wunsch«) demüthig ausgesprochen habe. Darf ich erklärend entschuldigend hinzufügen dass ich es gern sah' dass die Leute die erhabene Person des Königs von allem trennten und nur auf Sie bauten, nur Sie anriefen. Ich weiss sehr wohl dass es nicht in der Politik so hergeht dass man Peter und Paul befrägt wie es ihnen wohl behagt, auch fiel es mir nicht ein dass auf das sogenannte Programm Rücksicht genommen werden könnte, nur schien es mir als ob der gnädige Empfang nichts anderes bedeute als: »Ihr gehöret zu Meinem Volke, ihr kommt zu mir her, unkundig der Möglichkeiten und Unmöglichkeiten des regierenden Lebens, als Vater empfang ich Euch gnädig und freundlich, als König befehle ich Euch euch zu beruhigen und Euch nicht in Dinge zu mischen die ihr nicht kennt und die meines heiligen Amtes sind.« Dies für mich der Sinn des Empfanges, mir schien er beruhigender Natur sein zu müssen. Allein was Euere Majestät thun ist wohlgethan, und wenn ich darauf zurückkomme so ist es um meinem theuren hohen Herrn, meine Entschuldigung zu Füssen zu legen.

Baron Perfall war heute bei mir meldete dass Intendanzrath Schmidt wegen des Repertoires der Aufführung der h. Elisabeth Schwierigkeiten in den Weg lege, und meinte es wäre besser wenn sie während des Urlaubes von Fräulein Stehle (Mitte März) standfände. Wollen Euere Majestät, die grosse Gnade haben den Befehl dem Intendanzrath ertheilen zu lassen damit die Aufführung zu der von Euerer Majestät gnädigst bestimmten Zeit, von sich gehe? ... Von Prof. Eckart[2] erfuhr ich endlich heute die Adresse und schrieb ihm sogleich wegen des Vortrages. Es dauert immer alles so lang; um das geringfügigste zu erreichen, wie viel Zeit wird erheischt! Mich kümmert's nur wenn ich einen Wunsch Euerer Majestät, zu erfüllen habe.

Wie freut es mich die Nibelungen-Bilder von Zeit zu Zeit ansehen zu dürfen, – mein wahres Leben baut sich um diese Werke auf, entsetzlich fremd und gleichgiltig wird mir jetzt alles was mit dem Freund nicht in Bezug steht.

In einigen Tagen hoffe ich Euerer Majestät die beiden Copien zu Füssen legen zu können, und vielleicht zeigen sich bis dahin freundliche Zeichen an dem Himmel. Wie sich das Schicksal gestalte, mit tief gebeugtem oder hocherhobenen Haupte, verbleibe ich treu bis zum Tode

Euerer Majestät
dankbarst gehorsamste Dienerin
Cosima von Bülow-Liszt

[31. Januar 1866]

Gestatten mir Euere Majestät wohl gnädigst, beizufügen, dass ich so eben erfahre, dass mein Vater im März in Paris der Aufführung seiner Grossen *(Graner)* Messe und mehrerer seiner Symphonischen Dichtungen beiwohnen wird, und meinem Manne wenn es Euere Majestät gnädigst erlauben, dort auf diese Zeit zu sich ruft?

[1] *Siehe Brief 50, Anmerkung 1.*

[2] *Vom österreichischen Schriftsteller Ludwig Eckart (1827–1871), den Wagner 1848 in Dresden kennengelernt hatte, fanden sich mehrere handschriftliche Aufsätze im Nachlaß Ludwigs II., die sich fast ausnahmslos auf Wagner und dessen Werk beziehen. Er war auch der Verfasser des Prologs zur dritten deutschen Tonkünstler-Versammlung in Karlsruhe 1864.*

52

Erhabener König!
Theurer, gütiger Herr und Beschützer!

Meinen wärmsten Dank lege ich Euerer Majestät, zu Füssen: das schöne Blatt nach dem prächtigen Tellcarton gewährt mir täglich neue reiche Freude, wie sie eben nur aus der Kunst entspringt. Zugleich mit meinem Dank erlaube ich die Abschriften Euerer Majestät, dar zu bringen; wie dankbar bin ich meinem gnädigen Herrn, auch dafür dass ich diese kleine Arbeit übernehmen durfte. Mit der Copie der Biographie sind mir all die schönen Stunden wieder erstanden, in denen ich das einzige Werk mit dem Freunde begonnen habe. Gestern und Heute hatte ich Briefe; darf ich Euerer Majestät, einiges so daraus mittheilen? »Heute liess ich den Pohl ausgraben: es war schrecklich! O Buddha! Cakyamuni! Seit acht Tage lag das schöne Thier mit den grossen ernsten Augen, in der blossen ganz feuchten Erde! Dieses Jammerwrack anzusehen! Mir vergingen die Sinne. Ich hatte ihm eine Kiste zimmern lassen; diese war nun mit Heu ausgefüllt: sein Halsband legte ich ihm um, die Pelzdecke dazu: dann schliessen und verwahren. Unter einer schönen Baumgruppe unweit vom Hause haben wir ihn nun in ein ordentliches Grab gesenkt. Einen Grabstein von Jurafels »Seinem Pohl R. W.« habe ich heute bestellt. – O dieser Buddhablick in das furchtbare Wesen der Dinge. So sah ich ihn immer schon, den armen Hund, wenn Du den Lebenden lästig fandest: ich sah ihn schon halb verwesend und war so nachsichtig freundlich gegen den noch lebenden. In Dresden ist alles gut und ehrbezeigungsvoll hergegangen. O dürfte ich schweigen, ewig nur noch schweigen! Genug ich sehe Ruhe vor mir. Was soll ich Dir heut noch schreiben? Von Echter u. s. w. ein ander Mal! Jetzt habe ich meine ausbedungenen acht Tage, da verzeihst Du mir selbst, wie soll ich es nennen? – Zerstreutheit – Nicht haften? – Oberflächlichkeit? – Hehrsten Gruss an Parzival. Er gnade mir auf Seinen Feuerbrief eine kurze Geduld; ich werde dann vernünftig schreiben. Es ist und bleibt – ein Wunder! Von Roland's Tod theilte ich Ihm etwas aus Marseille mit. Ein elendes französisches (Eisenbahn)buch, hatte mir diesen Tod wieder vergegenwärtigt. Er hat mich ungeheuer erfüllt. Ach! »Sage« meine Meisterin: die ist doch die einzige wahre Dichterin; ich hatte immer Recht!« –

Gestern sprach er zu mir »Da bin ich wieder am Stehschreibtisch! .... Mein alles Beherrschendes ist jetzt eine unbeschreibliche Müdigkeit: ich bin müde zu allem und Jedem. Vielleicht rettet mich dieser Zustand. – Ich sehe zwei Monate vor mir, welche ich an demselben Ort – hier – wirklich verbleiben kann. Was ich in diesen zwei Monaten für das Heil meiner Seele thun kann was mich für jetzt einnimmt. An weiter will ich *jetzt* nicht denken: ich kann es nicht, – es hat ein Ende! Zwei Monate noch habe ich hier gemiethet. Zwei Monate lang hat Niemand ein Recht mich zu verjagen: – mir dünkt das ganze Leben sei mein in diesem beglückenden Gefühl! Gieb Dich mit mir dieser trostreichen Gewissheit hin! – Nach Dresden habe ich sofort von Marseille den Auftrag gegeben meiner Frau die Ehren und Rücksichten zu erweisen, als ob sie glücklich an der Seite des von ihr beglückten Mannes geschieden sei. – Ich bin so zerstreut dass ich heute den Verband – statt um den kranken – um den gesunden Finger legte, und erst nach Stunden durch den Schmerz auf den Irrthum aufmerksam wurde. Sonderbare Verwechslung.«

Mir ist es als ob die Stimmung des Freundes tröstlicher wäre, Segen und Friede über ihn!

Euere Majestät, hatten die Gnade nach den Werken des Vaters zu fragen – haben Euere Majestät, vielleicht die Aufsätze in der Neuen Zeitschrift für Musik? Wenn nicht würde ich mir erlauben mit der Allerhöchsten Genehmigung unsere Bände Euerer Majestät, zu zu senden. Auch die Symphonischen Dichtungen mit den Vorworten, falls es mein gnädiger Herr, wünscht.

Morgen abend kehrt mein Mann zurück, seine Reise war erfolgreich, hoffentlich gestaltet alles Schöne hier sich nicht zu schwer und wird es ihm ermöglicht sein Euerer Majestät, zu dienen wie er es wünscht. Noch bleibt mir Euere Majestät, um Vergebung zu bitten dass die Abschriften nicht schriftlich so gut ausgefallen sind wie ich es mir vorgenommen hatte. Die grosse jetzige Unsicherheit meiner Hand ist daran Schuld, und mir lag daran Euere Majestät, nicht länger warten zu lassen.

In ewiger Treue verbleibe ich

Euerer Majestät
unterthänigst gehorsamste Dienerin:
Cosima von Bülow-Liszt

München 3ten Februar 1866/.

53

Theure, hochverehrte Frau!

Welch eine Freude verdanke ich Ihnen wieder! – Mit Entzücken lese ich in der Lebensgeschichte des geliebten Freundes! – Aus tiefstem Seelengrunde spreche ich Ihnen meinen wärmsten u. innigsten Dank aus für die neuen Freuden, die Sie mir bereitet haben! – Wie rührend, wie tief ergreifend ist Alles, was Sie mir aus den Briefen des Theuren so freundlich mittheilen! – O ich hoffe, ich hoffe! – Lebhaft träumte ich in der verwichenen Nacht von dem Freunde u. von Ihnen, hochverehrte Frau: Wir fuhren auf d. Vierwaldstädtersee, der Freund erzählte von

Seinen Plänen u. sprach über seine Werke! – Es war ein erhebender Traum! – Wenn Sie die Güte haben wollen mir einiges der Schriften Ihres hochverehrten Vaters zu senden, so wird mich dieß innig freuen, etwa in einigen Tagen, da ich jetzt noch in der Biographie lese. – Ich freue mich von Herzen darüber, daß Herrn v. Bülow's Reise von großem Erfolge gekrönt ward! – Welche hehren, reinen Kunstgenüsse stehen ihm bevor, in Paris an der Seite seines Schwiegervaters d. Aufführung dessen herrlicher Schöpfungen beiwohnen zu können! –

Neulich kaufte ich ein Portrait Unsres unvergeßlichen Schnorr als »Lohengrin«; ich gedenke dasselbe seiner Gattin zu senden; vorgestern wurden es 5 Jahre, seit ich »Lohengrin« zum ersten Male hörte; – der Eindruck ist ewig unauslöschlich in mir! – Ich flehe inständig, ich bitte! – helfen Sie mir den Freund zu bewegen, hieher zu kommen, um nie wieder zu scheiden; dann kommen die ersehnten, wonnevollen Tage endlich; dann ist der Himmel mit Seinen Wonnen auf Erden. – Nur in Ihm ist das wahre Leben, die heilige Freude, die reine, mit jedem Tage kommt mir das Treiben der profanen Welt flacher, nichtiger vor, u. wächst meine Sehnsucht nach Ihm, dem einzigen Freunde, dem reinen, gottgeweihten Priester der wahren, beseligenden Kunst! – Heil Ihm u. Ihnen, von Herzen grüßt Sie, für Alles nochmals innig dankend

Ihr
sehr geneigter
Ludwig

am 4. Febr.
1866

54

Hochverehrte Freundin!

Sie hatten die Güte mir den Brief des Freundes zu senden; ich lege ihn hier bei; denn ich glaube, er wird Sie mit Freude erfüllen. – Ein lichter Hoffnungsstrahl winkt Uns daraus entgegen, Uns Muth u. Vertrauen zurufend; – und dieser Strahl, bei Gott, er soll zur mächtigen Flamme, zur allbeseligenden werden! O welch ein Glück ist es Ihn! lieben zu können; den Größten aller Sterblichen, Ihn zu lieben u. zu verstehen. – Ich athme in dieser Liebe Himmelswonnen mitten im öden Treiben des Erdenlebens. –

Glauben Sie, daß Er jetzt wieder am Siegfried arbeitet, o bringen Sie den Theuren dazu, ich beschwöre Sie, hochverehrte Frau! –

Ja Er wird kommen, wird Besitz ergreifen von dem was Sein ist, o Wir werden Wonnen athmen, die nur Gott verleiht; – freuen Sie sich mit mir, theure Freundin! –

Die Indigenats-Frage[1] ist weit schwieriger zu erledigen, als es scheinen könnte; doch auch dieß muß geschehen. Für Ihn bin ich auf der Erde, Ihm muß ich das Leben nach Kräften zu erleichtern suchen, für Ihn streiten mit Heldenkühnheit, u. wenn nun der entsetzliche Tag einst kommen wird, an dem die Erde den Wonnevollen verliert, dann will auch ich fort von ihr, der leeren, sinnlosen Erde, dann will ich zu Ihm, dann vereinigen sich Unsre Seelen auf ewig, dann will ich fort u. wäre ich noch in der Blüthe der Jahre. – Ich kann Ihnen gar nicht genug sagen, wie mir innig wohl zu Muthe ist, wenn ich Ihnen schreibe; denn ich weiß auch Sie hängen mit derselben unerschütterlichen, treuen Freundesliebe an dem Theuren! – Grüßen Sie, ich ersuche Sie darum, Herrn v. Bülow aus ganzer Seele von mir, o ich bin ihm auf immer dankbar; Er ja hat viel, sehr viel dazu beigetragen, zu den hehrsten Stunden, den ewig unvergeßlichen, den schönsten meines Lebens; o Gott segne ihn u. beschütze Ihr ganzes Haus; aus treuem Freundesherzen kommt dieser Wunsch, sagen Sie ihm dieß; theure, hochverehrte Frau – würde der Freund doch nach Vollendung der Nibelungen an d. Meistersinger gehen, dann an d. Umarbeitung des »Holländers« von welcher Er mir sprach. – O wann naht »Parcival«.

Ich würde mich innig freuen, könnte ich im Laufe dieses Winters mehrere der Werke Ihres großen Vaters kennen lernen; alles geht so schwer! –

Tausend Grüße von

Ihrem

sehr geneigten

am 6. Febr. 1866. Ludwig.

[1] *Die staatsrechtliche Zugehörigkeit Wagners in Bayern war noch zu erwirken.*

55

Erhabener König!
Theurer gnadenreicher Herr! »Wunderbarer« hehrer Freund!

Die frohe Botschaft, dankend lege ich sie Meinem Herrn zu Füssen, ach! ich wusste es wohl dass die finstre Nacht weichen würde, und dass die »Sonne Hohenschwangau's« uns wieder strahlen würde! O Parzival!! .... Mit dem Schreiben dass Euere Majestät, mir so gütig mitheilen empfing ich einige Zeilen des Freundes, er sagte er hätte sich gerade den Stift zu den Meistersinger zugespitzt als ein Telegramm von *Monsalvat*[1] gekommen, auf welches er hätte antworten müssen. Er empfindet den Lenz – so blitzt denn alles nach Hoffnung – und man sagt ja dass die Hoffnung sich erwirbt was sie muthig erwartet. Der Traum den der hohe Freund mir mittheilte, es ist mir zuweilen als ob er sich erfüllen müsste, allein in welchen Welten? Doch kehrt der Theure zurück, werden seine Werke in das doppelte Leben gerufen, dann ist es ja da das goldne Zeitalter, was bliebe Uns da zu wünschen übrig, ist der einzige wunderbare Bund für die Ewigkeiten geschlossen? Plötzlich ist es mir als ob ich nicht gelitten hätte, auch nicht mehr leiden könnte. O Heil dem »Wunderbaren«!

Wie rührend gütig von Euerer Majestät Frau von Schnorr das Bild unsres unvergesslichen Tristan's zu schenken, und wie hat mich diese zarte Gnade erfreut! Theurer Herr ist der grossen schönsten Seele etwas wohl wenn sie sich mir in erhabensten Vertrauen mittheilt – was soll mein Herz denn sagen, das früher so Verzagte jetzt so Hoffnungsreiche? Dreifacher Segen unsrem Hort! .....

Tief gerührt dankt Euerer Majestät, Herr von Bülow aus treuestem Herzen. Die h. Elisabeth ist nun auf den 24ten festgesetzt, es sollte zuerst der 28te bestimmt werden, doch dachte mein Mann dass Euere Majestät vielleicht eine Wiederholung wünschen würden, und dass hierzu vielleicht dieser freie Tag zu benutzen wäre. Zwei Chorproben haben schon stattgefunden und er ist recht zufrieden. Wegen dem Lohengrin hat er mit dem Intendanzrath Schmidt Rücksprache genommen, und folgendermaassen bestimmt:

Lohengrin – Niemann
Telramund – Beck[2] (aus Wien, der berühmte Holländer)
der König – Dr. Schmidt (gleichfalls aus Wien)
Elsa?[3] (Ist Frl. Stehle Euerer Majestät genehm? Es müsste für sie vieles punktirt werden. Frl. Deinet[4] würde so singen wie es steht, allein ihre Stimme ist nicht sympathisch: soll sich Herr von Bülow nach auswärts umsehen?)
Ortrud – / Frau von Schnorr.

Anbei sende ich die Aufsätze meines Vaters und die Biographie Chopin's[5] die ich leider nur französisch besitze. Euere Majestät entschuldigen gütigst das armselige Ansehen der Bücher mit denen wir viel gelebt haben. Da ich Euere Majestät nicht mit einem unmässigen Pack Musikalien belästigen will, erlaube ich mir die Vorworte der Symphonischen Dichtungen abzuschreiben. In Bälde lege ich sie Euerer Majestät zu Füssen. Ich beschwöre meinen Herrn und Gebieter, mir nicht dafür zu danken, diese schönen leider zu kleinen Arbeiten sind für mich der schönste Lohn des Lebens. Sie lassen mir das Schöne nicht nur als Traum sondern als Wirklichkeit empfinden, fast bilde ich mir ein wenn ich an der bescheidenen Aufgabe gehe, dass ich mit am grossen Werke theilnehme!

Jeden Tag schreibe ich dem Freunde und jeden Tag er mir, wie freudig kundgebe ich ihm heute meine Stimmung. Der Theure, nichts sieht er, nichts erfährt er, von nichts will er wissen ausser von seinem Retter, und von mir. Sollten Euere Majestät noch den Wunsch hegen eine oder mehrere von den Symphonischen Dichtungen zu hören, so sagt Herr von Bülow dass nichts leichter ist als dieselben zur Aufführung zu bringen, er kann sich die Orchesterstimmen leicht verschaffen und mit zwei drei Proben könnte er eine Aufführung zu Stande bringen.

Senta und *Elisabeth*[6] beten jeden Abend für den »König von Bayern« der wie ein Gott durch die Kinderphantasie schwebt, der unschuldigen Bitte gesellt sich der leidengeweihte Hoffnungsbeschwingte Segen der Mutter.

Euerer Majestät
treu gehorsamste Dienerin
Cosima von Bülow-Liszt

7ten Februar 1866/.

Euere Majestät, verzeihen gnädigst wenn ich noch hinzufüge was ich soeben erfahre, nämlich dass viele Fremde zu der Aufführung der h. Elisabeth herüberkommen, und mit wahrem Jubel München als die Stätte des Schönen wiederum begrüssen. Am 9ten Februar waren es fünf Jahre dass Euere Majestät, zuerst Lohengrin sahen! Heilig Lustrum! Und am 1ten war es ein Jahr dass der Freund das Conzert im Residenztheater dirigirte. Das Orchester erschrak als er auf dem Rand des Podiums stand, meinte er müsste fallen, »meine Herren ich bin daran gewohnt am Rand des Abgrunds zu stehen« erwiederte er wir lachten alle, ich mit beklommenem Herzen denn schwere Zeiten waren im Anzug, doch wie herrlich dass man nun alles dies besprechen und belächeln darf!

In ewiger Treue und Dank

C

[1] *»Monsalvat« ist in »Lohengrin«, 3. Aufzug, 3. Szene, die Burg der Gralshüter: »Im fernen Land, unnahbar euren Schritten, liegt eine Burg, die ›Monsalvat‹ genannt.« Für Cosima und Richard Wagner bedeutete »Monsalvat« Schloß Hohenschwangau.*

[2] *Karl Beck (1814-1879) sang bei der Uraufführung des »Lohengrin« in Weimar am 28. August 1850 die Titelpartie.*

[3] *Sophie Stehle sang die Fricka in der Uraufführung von »Rheingold« am 22. September 1869 und die Brünhilde in der Uraufführung am 26. Juni 1870 in München.*

[4] *Anna Deinet (1843-1919), verheiratet mit Ernst von Possart, sang in der Uraufführung von »Tristan und Isolde« am 10. Juni 1865 in der Hofoper in München die Brangäne. Zu Schnorr siehe Brief 7, Anmerkung 3.*

[5] *Liszts Biographie über Frédéric Chopin erschien 1852 in Französisch, erst 1880 in Deutsch.*

[6] *Cosima nannte ihre Tochter Daniela Senta nach der Tochter des Daland in »Der fliegende Holländer« und ihre Tochter Blandine Elisabeth nach Elisabeth von Thüringen, der Nichte des Landgrafen Hermann in »Tannhäuser«.*

56

Erhabener König!
Theurer gnadenreicher Herr!

Ich erlaube mir die mir gütigst anvertraute Abschrift der »Vorworte«, Euerer Majestät zu Füssen zu legen, indem ich auf dem Titelblatt mit einem x diejenigen Werke bezeichnet habe von welchen die Stimmen leicht und balde zu haben wären, von welchen also die Aufführung rasch ermöglicht werden kann. Zu der Dante-Symphonie[1] sende ich unterthänigst ein Vorwort R. Pohl's welches aber von meinem Vater inspirirt ist.

Tannhäuser macht meinem Manne Noth, es fehlt der Held, er schrieb heute dem Intendanzrath um ein Misverständniss zu heben nach welchem der Herr Schmid annahm dass mein Mann die Gesangskräfte bereits engagirt hätte.

Die Chorproben der h. Elisabeth haben meinen Mann recht befriedigt, die nächste Woche ist Faschingspause, da geht er an seine erste Klaviersoirée zum besten der Abgebrannten. Wegen der Zwischen-Aktsmusik gab Herr von Bülow baron Perfall einige Winke, wie z. b. zum Macbeth eine recht gute Ouverture zu diesem Stück von Spohr[2] zu machen, gleichfalls zur Jungfrau von Orleans eine von Moscheles[3]; wäre es Euerer Majestät genehm so wollte er gern aus der Klavier Litteratur (die reichste) einiges heraussuchen je nach den Stücken und es baron Perfall angeben damit dieser die Instrumentirung bestelle.

Das Gespräch mit Herrn Lutz neulich hat mich tief betrübt – zur Kunst der »heiteren«, da ist die einzige Zuflucht! Der Freund empfindet es wohl »preisen wir den Engel und sein Gebot«[4] schreibt er mir, »der es mir möglich machte einzig Dichter und Künstler zu sein.« Ich glaube jetzt weilt er bei den Meistersingern.

Ich wage es nicht Euere Majestät länger aufzuhalten, meine Stimmung ist trüb – wohl ist die Trauer daran Schuld die ich um meine Grossmutter[5] trage. Sie hat meine Kindheit beschirmt, und war mir das erste Beispiel eines Glaubens ohne Wanken, einer Hingebung sonder Schranken. Weit von ihrem Sohn und mir ist sie nun dahin, und obgleich ich die Toden nicht beklage und ihr Alter hoch war, empfinde ich es schmerzlich!

Euerer Majestät

treu gehorsamste Dienerin

10ten Februar 1866 ./. Cosima von Bülow-Liszt

[1] *Dante-Symphonie, Orchesterstück nach einem zugrundliegenden Programm von Franz Liszt.*

[2] *Louis Spohr (1784-1859), Violinist, Dirigent und Komponist. Spohr unternahm als Geigenvirtuose und Dirigent ausgedehnte Konzertreisen, erregte Aufsehen, als er bei einem Konzert in London als erster mit einem Taktstock vor das Orchester trat. 1822 durch Vermittlung Carl Maria von Webers Hofkapellmeister in Kassel; Komponist von über 200 Werken, darunter zehn Opern (unter anderem »Faust« 1816, »Jessonda« 1823). – Wagners »aufrichtiger, ergebener Freund«.*

[3] *Ignaz Moscheles (1794-1870), Pianist, Lehrer und Freund von Felix Mendelssohn-Bartholdy; Professor an der Royal Academy of Music in London, ab 1846 am Leipziger Konservatorium.*

[4] *Zitat nach »Der Fliegende Holländer«, 3. Aufzug, 2. Szene: »Senta: Preis deinen Engel und sein Gebot!«*

[5] *Anna Liszt, geborene Langer, starb Anfang Februar 1866.*

57

Theure, hochverehrte Frau!

Endlich komme ich dazu, Ihre freundlichen Zeilen zu beantworten u. für das gütigst Übersandte Ihnen meinen herzlichsten Dank auszudrücken. – Große Freude haben Sie mir dadurch bereitet; mit großem Interesse werde ich die theuren Schriften lesen. –

Mit dem innigsten Bedauern erfahre ich soeben das Hinscheiden Ihrer Großmutter, seien Sie versichert, hochverehrte Freundin, daß mich diese Kunde tief betrübt, ganz kann ich ermessen, was Sie an ihr verloren, aus ganzer Seele kann ich Ihren Schmerz mitfühlen; nehmen

Sie diese Versicherung freundlich entgegen! – Gott sende Ihnen Trost u. Linderung des tiefen Seelenleides! –

Sie schreiben mir, die Unterredung mit Herrn Lutz hätte Sie betrübt; ja wohl Sie haben recht, schwer ist das Erdenleben, wohl denen die einzig ihren Idealen leben können! – Was die Deputation[1] betrifft, so muß ich wiederholen, daß ich täglich mehr einsehe, daß ich recht hatte, dieselbe nicht zu empfangen, glauben Sie mir. –

Heute telegraphirte ich dem Freunde, ich wäre bereit, Seine Wünsche in Betreff des Hauses u. des Gehaltes zu erfüllen; jedoch böte die Indigenatsfrage große Schwierigkeiten. – Darauf erhielt ich beiliegende Depesche. – Ich *hoffe* fest u. zuversichtlich! – seien Sie von mir überzeugt, hochverehrte, theure Freundin, daß ich was nur irgend möglich ist, aufbieten werde, um dem Geliebten die ersehnte Ruhe zu verschaffen. – Vertrauen Sie dem sorgenden Freunde! – Dieß Jahr muß ein gottvolles werden. –

Auf Tannhäuser zähle ich sicher; warum kann Niemann den Helden nicht darstellen, wenn er als Lohengrin für Uns auftritt? – Fester Wille ermöglicht Alles! Alles. – Herrn v. Bülow sende ich meine besten Grüße u. danke ihm im voraus von Herzen für die Mühe der er sich bei dem Einstudieren der: »Hl. Elisabeth« unterzieht. – Was Sie neulich über Ihre beiden Kleinen schrieben, hat mich tief gerührt; Gott schütze sie u. lasse sie aufwachsen zur Freude, zum wahren Glücke ihrer theuren Eltern! –

Aus ganzer Seele sendet Ihnen, hochverehrte Frau einen innigen Freundesgruß

Ihr

sehr geneigter

Ludwig.

am 10. Febr.
1866. –

[1] *Siehe Brief 43, Anmerkung 3.*

58

Erhabener König!
Theurer gnadenreicher Gebieter!

Mit tiefem Dankgefühle empfing ich in meinem Herzen die Worte des Seelenfreundes, und bewahre den hehren Trost darin auf! ....

Die Depesche sende ich unterthänig zurück und freue mich ihrer. Ich hatte gestern kein Brief vom Freund, doppelt willkommen und begrüsst ward mir die gütige Botschaft meines Herrn! Heute schrieb der Freund, er ist ruhiger friedlicher Stimmung, der Frühling ist ihm schon so nahe gekommen dass er einen ganzen Vormittag im Garten weilen konnte. Nur sehnt er sich nach Musik; diese Sehnsucht war so mächtig dass er nahe daran war in Paris sich bei der berühmten Quartette Gesellschaft *Morin et Chevillard* ein Quartett zu bestellen und hinzureisen[1].

Wie dankbar bin ich Euerer Majestät die Haus- und Gehalts-Angelegenheit gnädigst in Allerhöchster Hand genommen zu haben! Aus dem Gespräch mit Herrn Lutz hat ich bereits entnommen dass der Indigenats-Frage wohl unüberwindliche Schwierigkeiten in dem Weg sich legen würden. Dies und auch ein Einblick in das von Uns gekannte »Misverständniss« betrübte mich. Die Deputationen habe ich nur besprochen um durch meine Worte vielleicht von Weitem etwas zu hören zu bekommen was Euere Majestät vielleicht in dieser Sache dem Sekrétair mitzutheilen geruht hätten. Dass Euere Majestät sie nicht empfingen genügt mir um vollständig gewiss zu sein dass sie nicht zu empfangen waren. Auch wie mein Mann mir sofort schrieb und sagte, wird man Gevatter Schneider und Schuster um ihre Regierungsansichten nicht befragen. Es mag in meiner durchaus immer zu Vermittlung gestimmten Gesinnung gelegen haben, dass ich so zaghaft die Sache beurtheilte, doch wie bereits unterthänig gesagt, es genügte dass Euere Majestät handelten um dass ich der Gewissheit mich übergab dass ich irrte.

Gegen *Niemann*[2] hatte ich dieses eine Bedenken, dass er sich in Paris schlecht benommen hat, im Moment der Handlung feig, während der

Arbeit träg und storrisch war. Er wollte z. b. *zwei Takte* nicht zu seiner gewohnten Partie lernen; doch Euere Majestät sagen mit Recht, kann er Uns den Lohengrin singen so muss es wohl auch mit dem Tannhäuser gehen können. Da käme es darauf an dass Intendanzrath Schmidt dem Sänger schriebe es wäre hier nicht auf eine *Niemann'sche* Rolle abgesehen, sondern auf die wahre vollständige Darstellung des Tannhäusers. Vielleicht ist dann seine künstlerische Trägheit und Unehre zu überwinden.

Mein Mann legt seinen ehrerbietigsten Dank Euerer Majestät zu Füssen; er ist nun wie zur Tristan-Zeit in sein Element, die musikalische Arbeit. Da ist ihm nie zuviel, ja nie genug; und ich freue mich der heiteren Laune die der sonst Ernste wohl auch zuweilen von dem Lauf der Dinge Erbitterte, durch die schönen Aufgaben immer erhält: Den Kleinen sagte ich gestern noch spät Abends als sie wach wurden, dass der »König von Bayern« sie gesegnet hätte, da wurde ich gefragt ob man den »König von Bayern« wie das Christkind zu Weihnachten sähe!

Ich habe dem Oberappelsrath Lutz angegeben wo die *Zigeuner und ihre Musik*[3] von meinem Vater zu haben wären. Noch wollte ich Euere Majestät unterthänigst fragen ob ich den Katalog der sonstigen grösseren musikalischen Werke meines Vaters, Euerer Majestät, abschreiben sollte.

Im Vertrauen ohne Schranken, im Glauben ohne Wanken, in Treue sonder Wandel, in unaussprechlichstem Dank, durch Freud und Leid, Hoffen und Verzagen segne ich den hersten Freund, und nenne ich mich

Euerer Majestät
unterthänigst gehorsamste Dienerin
[Datum fehlt] Cosima von Bülow-Liszt

[1] *Richard Wagner nahm 1853 in Paris an einer Aufführung von Beethovens Es-Dur- und cis-Moll-Quartett durch die Vereinigung Morin-Chevillard teil, die Wagner als Beispiel des geistvoll angewandten Fleißes französischer Musiker bezeichnete. »Schon in seiner Jugend war er von den ›Letzen Quartetten‹ angezogen. Der ›durchbrochene Stil‹ dieser Quartette wurde das Vorbild für die Polyphonie der Werke Wagners zweiter Schaffensperiode.« (Westernhagen, S. 185).*

[2] *Albert Niemann sang 1861 den »Tannhäuser« bei den drei ausgepfiffenen Vorstellungen in Paris.*

[3] *Franz Liszt, »Des Bohémiens et de leur musique en Hongrie«, 1859.*

59

Erhabener König!
Gnadenreicher gütiger Herr!

Ich würde es nicht wagen schon heute Euerer Majestät, meinen Dank zu Füssen zu legen, wenn nicht ein Brief des Freundes angekommen wäre aus welchem ich mich gedrängt fühle Euerer Majestät, manches mitzutheilen. Vorerst also: Dank mein König und Herr! Ich war gerade am vorgestrigen Tage im Atelier Zumbusch's gewesen, und hatte mich des *Siegfrieds* gefreut, der durch einige Aenderungen sehr gewonnen hat, freier strahlender geworden ist; mit innigem Vergnügen gehe ich daran mein Schreibstübchen mit allen Blättern die ich der Güte meines Herrn verdanke, auszuschmücken.

Der Freund schreibt also heute: »Der Gedanke dass meine Zurückberufung Ihm grosse Leiden verursache ist mir unerträglich. Vor allem – möchte ich nur wissen was in der Welt mich verhindern dürfte, welcher andrer Erlaubniss ich nöthig hätte, wenn ich heute nach München gehen wollte? Dass hier daher doch alles sich nur um Stimmungen und Ansichten handelt, die mir oder dem König zu eigen sind, das muss doch jeder einsehen. Sagen Ihm z. b. die verschiedenen Feinde »wenn W. zurückkehrt, müssen wir um unsre Entlassungen einkommen« da dieselben nun einmal aus verschiedenen Gründen nicht entlassen werden können, bleibt dem König doch nichts weiteres zu sagen als »ja, verwehren Sie es ihm wenn Sie es können; ich kann's nicht, da gar nichts rechtgiltiges vorliegt.« Was hat der »Wunderbare« denn eigentlich zu kämpfen? Gewiss es sind diese schreckliche Nörgeleien an denen Du ja auch so sehr leidest. Er ist so gross, er glaubt sich opfern zu müssen – um Gottes Willen! Möge Er doch nur ruhig, ruhig bleiben, kein Wort von mir sagen, nichts fordern; ich bleibe ja herzlich gern fort! Nur mit dem Haus muss ich eine Aenderung treffen: das ist wahr; ich muss wissen ob es mein ist oder nicht, weil ich darnach mein Weiteres zu verfügen habe. –

Gern hörte ich Deines Vaters Elisabeth. Ich würde ohne alle Umstände dazu nach München kommen, gebe es eine Möglichkeit, unbemerkt in dem grossen Theater mich einzufinden. Vielleicht wüsste Parzival ein Mittel! –

Da ich, wenn ich sofort und vollständig mich von München wende, fand, den Wunderfreund zur Verzweifelung zu bringen, sagte ich: »Ich will bleiben sogar erst recht ganz und gar bei Dir sein!« Macht diess Ihm nun mehr Noth als mein Fortgehen – nun so muss ich fortgehen. Ich kann meine Liebe Ihm nicht anders bekunden, als dass ich Ihn völlig zu meinem Herren mache.

Was dabei nicht zu Stande kommt – nun das sollte nicht sein. – Wir können nicht anders. Und trotzdem es mir nicht wohl ist, fühle ich mich in diesem grossen Punkte doch ruhig und sicher wie in Abraham's Schooss. Ich hab mich der Liebe übergeben, und empfange nun Glück wie Unglück als liebes Schicksal. Glaub – des König's und Deine Leiden das sind meine wahren eigenen Leiden; dass ich durch Unruhe, Heimathlosigkeit, Elendigkeit aller Art gequält bin wird zum grossen Schmerz erst durch das Gefühl, mit dem Bekenntniss dieses Elendes Euch trostlos zu bedrücken – Gott wie leicht, wie unglaublich leicht hätte es der grosse Wunderbare, wenn er nur in Einem Tag von unsrer Stelle aus sich die Welt ansehen könnte!«

Auch geht es dem Theuren nicht wohl, der Arzt den er berief sagte ihm er würde diesen Zustand der Aufgeregtheit nicht mehr lange aushalten können. Nun wage ich eine Bitte an meinen theuren Herrn. … Der Freund schrieb von einem grossen Neufundländer Hund der es ihm angethan hätte, der dem gleich den er einst aus Riga nach Paris mitgenommen hatte, und den er dort verlor. Er kaufte ihn nicht des hohen Preises wegen (500 francs). »Hätt ich ihn gekauft begleitete mich doch wieder etwas beim Ausgehen, ich bin so einsam«, schrieb er gestern. Ich erwarte vom Rhein ein Wachtelhündchen dass ich dort für ihn angeschafft habe, konnte ihm auch den grossen Neufundländer nicht geben, aus demselben Grund den er anführt – sollte ich indem ich Euerer Majestät, dieses mittheile gegen den Wunsch Euerer Majestät handeln, so bitte ich Euere Majestät, um gnädige Vergebung.

Die Semperschen Pläne und die andren Aufsätze meines Vaters habe ich Euerer Majestät, unterthänigst zugesendet. Herr von Bülow erzählte mir gestern dass die Chöre mit grösster Freude die h. Elisabeth singen. Er selbst bearbeitet jetzt in den Mussestunden eine Ouverture und einen Marsch zu Julius Caesar, und sagte mir dass wenn dereinst Euere Majestät das Schakespearsche Stück mit Zwischenakts-Musik zu sehen wünschten er sich eine Freude daraus machen würde die fehlenden Stücke dazu zu komponiren. – Ferne Zeiten!

Nichts weiteres hätte ich zu melden glaube ich; es bleibt mir nur noch mich zu entschuldigen dass ich so oft es wage meinen königlichen Herrn zu behelligen und mit ewigem Dankgefühle mich zu zeichnen

Euerer Majestät
treu gehorsamste Dienerin
Cosima von Bülow-Liszt

15ten Februar 1866./

60

Theure, hochverehrte Frau!

Aus Herzensgrund danke ich Ihnen für zwei so liebe Briefe u. das so freundlich Übersandte.- Wie schön sind die Vorreden zu den Werken Ihres unsterblichen Vaters! – Wie freue ich mich auf die Aufführungen einiger seiner Werke! – Muth u. feste Zuversicht thuen noth, um im gegebenen Augenblicke nicht zu verzweifeln! – Drohende Wetterwolken ziehen sich zusammen, der Donner rollt, getrübt wird die Aussicht in das Weite! – Aber ich zage nicht, ich unterliege nicht, vertrauen Sie dem Freunde! – Im Wonnemond muß der Theuerste der Menschen wieder hier ruhig u. ungestört weilen können, früher ist Ruhe hier unmöglich für Ihn zu finden. Er hat sich der »Liebe!« übergeben, wie rührend spricht Er darüber, die Liebe wird Ihn schützen, dessen sei Er versichert; fürchterlich ist es mir dem theuren Freunde, dem Einzigen rathen zu müssen, gegenwärtig nicht zu kommen; aber in einigen Monaten können Wir die »Hl. Elisabeth« widerholen lassen; ach Gott! ein Dämon scheint hier die Menschen ergriffen zu haben; ich weiß es sicher, leider muß ich es sagen, unberechenbar würden die Folgen für Ihn u. mich sein, wäre der Einzige jetzt hier! – Klar jedoch sehe ich es voraus, jede, selbst von Unsren kühnsten Hoffnungen wird herrlich sich erfüllen! Ja Er traue dem liebenden Freunde, Er wird siegen, die Feinde vernichten! –

Hochverehrte Freundin, wollen Sie die Güte haben alles für den Ankauf des besprochenen, großen Hundes Nöthige zu besorgen? – Wie dankbar bin ich Ihnen dafür, mir Seinen Wunsch mitgetheilt zu haben; ach könnte ich Ihn immer erfreuen! – Ich ersuche Sie dringend, bestimmen Sie den Geliebten, dazu, ja *nicht* Sein hiesiges Haus, das Sein Eigen ist, zu verkaufen, ich zähle darauf, daß Er in demselben noch viele glückliche, sorgenfreie Tage verlebe. –

Wie interessant sind Sempers Pläne; – auf Herrn v. Bülow's Composition zu Julius Cäsar freue ich mich sehr. – Componirt der Freund denn nicht an Seinem Siegfried, Unsrem theuren Helden? – Nun muß ich schließen, ich bitte Sie grüßen Sie den geliebten Trauten herzlich von mir; bald werde ich Ihm schreiben. – Gedenken Sie freundlich Ihres betrübten, leidenden

Ludwigs.

am 16. Febr.
1866. –

61

Erhabener König!
Theurer gütiger Herr! Mein hehrer huldreicher Freund!

Mit des Himmels Hilfe nehme ich an dass die Stimmung in welcher unser theures »Wunder« mir schrieb, nun verflüchtigt verschwunden ist. Der Gedanke des leidenden Engels ist kaum zu ertragen – dass wir leiden, Gott wir sind dazu geboren, ich weiss es nicht anders, und

(oben links) Cosima von Bülow und ihr Vater ranz Liszt, 1867, Photographie von Franz Ianfstaengl

(oben rechts) Cosimas Mutter, Gräfin Marie 'Agoult, Gemälde von Henri Lehmann

3 (unten) König Maximilian II. von Bayern, Königin Marie, geb. Prinzessin von Preußen, und die Söhne Kronprinz Ludwig (links) und Prinz Otto (rechts), um 1860, Photographie von Joseph Albert

4 (rechts) Cosima von Bülow mit ihrer Tochter Daniela

5 (unten) Empfangszimmer in Schloß Berg am Starnberger See, in dem Richard Wagner und Cosima von Bülow von König Ludwig II. empfangen wurden.

6 Hans von Bülow im Alter von 25 Jahren,
1855, Gemälde von W. Streckfuss

7 (rechts) Architekt Gottfried Semper, 1848, Lithographie von Franz Hanfstaengl

8 (unten) Modell des geplanten Wagner-Festspielhauses in München, 1866

habe seit dem Jugendtag an welchem ich mir den Ausdruck des Antlitz meines Vaters deuten konnte, nicht viel mehr von Freudigkeit gewusst; doch unser Erlöser, unser Beschützer, unser König, unser »Wunderfreund«, darf nicht »leidend« und »betrübt« sein. Von wo soll uns denn die Freude kommen, wenn sie uns nicht von dem Angesicht des Theuren strahlt? Wie können wir Den trösten Der uns als Glückspender nahte? O mein theurer Herr, Sie, nur Sie, müssen beglückt sein – sonst hat wirklich alles sein Ende erreicht, und die Dämmerung ist da.

Ich erlaube mir Euerer Majestät, einige Aufsätze Herrn von Bülow's unterthänigst zu senden, sie sind meist polemischer Art. Der Kampf war ausgebrochen, schändlich ward mein Vater, ward der Freund, von der Kritik behandelt, Hans trat auf, gebrauchte seine Feder wie sein Schwert, und auf die Gefahr hin sich auf ewig seinen Weg unmöglich zu machen, vertheidigte er und griff rücksichtslos an. Ich lächelte indem ich all die Sachen wieder ansah, namentlich die Broschüre die ich mir erlaube diesen Zeilen beizulegen. Als Hans die Worte ausgesprochen hatte, wurden wir in Berlin von unsren sämmtlichen musikalischen Bekannten verlassen, der Hof verstummte, mein Mann wurde nicht mehr eingeladen. Sechs Wochen darauf gab er ein zweites Orchesterconcert, bat den Vater dieselben *Ideale*[1] zu dirigiren, und diesmal war es ein Triumph für unsre Sache. Später wurde die Gesellschaft der Musikfreunde gegründet, mein Mann hatte sich mittlerweile seinen Ruf als Klavierspieler gemacht, man wusste dass er weder beugte noch biegte, noch konnte man ihn brechen, die Presse verstummte über ihn, zeigte seine Concerte nicht an, lobte weder noch tadelte, das Publikum aber fand sich ein und er wurde wieder am preussischen Hof zu Gnaden gelassen. Der Autor der kleinen Broschüre ist ein in Berlin bekannter Roman Schriftsteller Adolph Mitzelburg. Als ich sie ansah gedachte ich der zehn kampfreichen Jahren, der ersten Aufführung *Lohengrin's*, der wüthenden lächerlichen Angriffe und doch des grossen Erfolges!

Die erste hiesige Soirée Herrn von Bülow's zum Besten der Abgebrannten ist sehr gut von Statten gegangen, er hatte ein verständnissvolles warmes Auditorium und fühlte sich gut aufgelegt und munter.

Der Freund schreibt, ach! betrübt betrübend! ... »Sind Hans' Proben der h. Elisabeth schon anhörbar für Dich? Dass ich nun von diesem Werke Gott weiss wann erst etwas kennen lernen werde! Ich bin und bleibe im Exil. Mich dauert dieser schöne Winter auf unbeschreiblich wehmütige Weise: ich fürchte er – und was er bringen konnte – ist nie zu ersetzen!

»Was soll ich Dir schreiben? ich bin leer und hohl: da ist nichts zu berichten was Du nicht schon wüsstest. Mein Kopf ist und bleibt zerstreut; lange Ketten wie sonst haften nicht mehr drin. Mit mir hätte man es anders machen sollen! –

Die langen warmen Bäder schwächen mich sehr, auch machen sie mich sehr empfänglich für Erkältung. Mein Kopf schmerzt mich heute sehr – ich werde aufhören müssen. Dir sollte ich so etwas nicht klagen, denn Du bist die Kämpfe gegen solche Schwächen des Befinden's mit treuestem Muthe gewohnt. Aber – glaub mir! – ich bin doch älter wie Du und mein Leben neigt stark abwärts – trotz allen Horoskopen! – Doch da das Wunderpaar das mein Stern mich finden liess, mir so treu hält, muss ich wohl mich zusammenraffen. Ich thu's, ich verspreche Dir's, das kannst Du auch dem Wunderfreunde sagen«. Ach! käme er nur zurück; ich kann es kaum begreifen dass ein Mensch es wagt Euerer Majestät gegenüber ein Wort gegen seine Rückkehr fallen zu lassen! Doch was ist begreiflich von dem das geschieht im Guten und im Bösen? Die gestrige Epistel Paulus musst ich auf Uns deuten, Gott gäbe nur dass unser Leiden der Wahrheit und unsrer Religion diene! Der Freund schrieb vorgestern: »Neulich las ich in der Allgemeinen Z. einen Musikbericht aus Paris. Verwunderung über die seltsame Erscheinung des wachsenden – selbst populären Gefallen's – an der deutschen Musik, bei immer deutlicher ausgesprochenem frivolen Versinken der Gesellschaft in der grössten Plattheit. Das Problem ist ganz gut empfunden. Könnte ich dictiren ich würde die Lösung geben. Die römische Welt ward ihrer längst bestehenden Nichtigkeit und Sündhaftigkeit an dem Christenthum bewusst: die neuere Welt soll es an der deutschen Musik werden. Das ist die neue Religion wenngleich sie von der Masse eben so confus und platt nur verstanden wird, wie das Christenthum von Jenen. An dieser Musik wird die Nichtigkeit des Uebrigen eben erkenntlich: zum Theil vielleicht auch vermehrt, weil es gar nicht möglich ist, auf dem anderen Wege – dieser gegenüber – noch naiv zu bleiben und zu produziren. Vor dem Bekanntwerden mit der Deutschen Musik war in Paris Rossini[2] und Auber[3] möglich; jetzt sind's nur noch Meyerbeer[4] und Offenbach[5]. Die Naiven werden durch jenes Gorgonenhaupt alle confus, Sich confundire sie am Meisten.«

Dass seine schweizerische Dienerin[6] ihm den grossen Hund mittlerweile geschenkt hat, erzählte wohl der Freund Euerer Majestät, selbst. Ich danke nun meinem Herrn, dass Er mir gnädigst gestattete den Wunsch des Freundes mitzutheilen. »O liebe Cosima – endigt der letzte Brief – wir wollen Ihn lieben, Ihm treu bleiben von ganzem Herzen, vielleicht erfüllt sich der Traum vom Vierwaldstädtersee! Ich habe mich Ihm ganz ergeben und habe keinen Willen ausser dem Seinigen.«

Wie freue ich mich über die Wahl der *Symphonischen Dichtungen*[7]!... Gestern erklärte ich Herrn Lutz einiges und gab ein Verzeichnis mit. Mancherlei möchte ich Euerer Majestät, von unserem hiesigen – meist mit Erfolg gekrönten Trachten und Treiben sagen, doch will ich die Zeit Euerer Majestät, nicht über Gebühr in Anspruch nehmen. Nur eines erlaube ich mir noch zuzufügen: Herr von Bülow schlug gestern baron Perfall vor die h. Elisabeth zum Besten des Chorpersonales zu geben; ich fürchte der gute ängstliche Baron wagt es nicht diesen Vorschlag Euerer Majestät, vorzubringen, so thue ich es denn indem ich weiss dass mein Herr und König mir dieses gnädigst wohl gestattet.

Ohne Furcht, weil stets mit heiligster Ehrfurcht erfüllt, vertraue ich alles dem höchsten Beschützer; dass jede Beschliessung von mir in Demuth empfangen wird, sage ich meinem König und Herrn nicht, denn wie sollt ich das Gefühl betheuern aus welchem mein jetziges Leben sich webt?....

Mit ewigem unaussprechlichem Dank und unsagbarster Treue verbleibe ich

Euerer Majestät

Gehorsamste Dienerin

19ten Februar 1866./. Cosima von Bülow-Liszt

[1] *»Ideale« = Sinfonische Dichtung von Franz Liszt, einsätziges Orchesterstück nach einem poetischen Programm.*

[2] *Gioacchino Antonio Rossini (1792–1868), Komponist. Seine Opern waren selbstverständlich auch im Spielplan der Dresdner Hofoper, als Wagner dort ab 1843 Hofkapellmeister war. Wagner lernte ihn im März 1860 in Paris kennen und setzte sich mit ihm über die konventionelle Oper und das Musikdrama auseinander: spätestens von da an war Rossini für ihn erledigt.*

[3] *Daniel François Esprit Auber (1782–1871), Opernkomponist. Wagner urteilte über ihn: »Ihren höchsten Höhepunkt erreichte aber die französische dramatische Musik in Auber's unübertrefflicher ›Stummen von Portici‹ – einem National-Werke, wie jede Nation höchstens nur Eines aufzuweisen hat.«*

[4] *Giacomo Meyerbeer (1791–1864), Komponist und Dirigent, Komponist hochdramatischer Opern, die zur Entstehung des speziellen Stils der großen französischen Oper beigetragen haben. Von 1831 bis zu seinem Tod in Paris beherrschte er das europäische Operntheater. Opern: unter anderen »Robert der Teufel« 1831, »Die Hugenotten« 1836, »Der Prophet« 1849 und »Die Afrikanerin« 1865. Seine romantische Auffassung der Oper und die gewaltigen Publikumserfolge übten auf die Werke von Wagner und Berlioz einen starken Einfluß aus. Wagner lehnte Meyerbeer später ab, obwohl dieser es war, der den jungen Wagner bei der Entstehung des »Rienzi« gefördert hatte.*

[5] *Jacques Offenbach (1819–1880), französischer Komponist deutscher Herkunft; entwickelte den kritisch-ironischen Typus der buffonesken Operette, unter anderem »Orpheus in der Unterwelt« 1858, »Pariser Leben« 1866.*

[6] *Verena Stocker, geborene Weidmann (1832–1906), Haushälterin Wagners in München, Genf und Luzern. Ihren späteren Mann Jakob heiratete sie nur unter der Bedingung, daß er in Tribschen Diener wurde.*

[7] *Symphonische Dichtungen von Liszt sind unter anderem »Tasso«, »Orpheus«, »Prometheus«.*

62

Hochverehrte Freundin!

Vom ganzen Herzen danke ich Ihnen für die theuren Mittheilungen u. die Beilagen, in denen ich vieles las, was mich lebhaft interessirte. – Hier lege ich einen Brief vom Theuren bei, den ich gestern beantwortete. – Ich bat Ihn alles Vertrauen in den treuen Freund zu setzen, der siegesbewußt der Zukunft entgegentritt; ja, ruhig müssen Wir 2 Monate noch vorüberziehen lassen, um Seines Friedens willen; dann aber will ich Ihn bitten, wieder zu kehren! nun bin ich heiter u. freudig gestimmt; klar sehe ich Alles vor mir liegen, deutlich gestaltet sich das Kommende vor dem geistigen Auge, ja wir werden Alles erreichen! – Gott gibt Seinen Segen! – Er behütet Uns! –

Wie rührend, wie tief ergreifend, in die Seele dringend ist Alles was Sie mir von Ihm sagen, wie göttlich die Ausdrücke Seiner Liebe! – »O heil'ger Liebe ew'ge Macht!«[1] –

O wie freue ich mich auf die »Hl. Elisabeth«, welch reiner, edler Kunstgenuß wird dieß werden! – Wäre doch die Winterszeit schon um, o ich gebe die Hoffnung nicht auf, dieses Jahr wird ein wunderbar-wonnevolles werden. – Glauben Sie ja nicht, mich durch Mittheilungen zu ermüden, Alles was Sie mir sagen, ist mir theuer, freut mich innig u. fesselt mich lebhaft. – Nun muß ich schließen; es ist schon sehr spät. – Viele herzliche Grüße sendet Ihnen u. Herrn v. Bülow

Ihr

sehr geneigter

am 19. Febr. Ludwig.
1866. –

[1] *Zitat aus »Tannhäuser«, 3. Aufzug, 1. Szene, Wolfram.*

63

Erhabener König!
Gnadenreicher Herr! Theurer Hehrer Beschützer!

Einige Worte des Dankes erlaube ich mir Euerer Majestät zu Füssen zu legen, des ewigen unergründlichen Dankes! Der gestrige Abend ist in unsrem Sturmbewegtem Leben wie ein Leuchtthurm vom Siegesengel gepflanzt worden, wir werden in den trüben Stunden darauf blicken und nie verzagen – heil unsrem Beschützer, unsrem Schirm, heil meinem Gottgesandten Freund!

Von Unsrem fernen Theuren erhielt ich trübe Worte, er ist wieder auf dem Punkt obdachlos zu sein, das Haus steht nur bis mitte März zu seiner Verfügung, soeben besprach ich mit meinem Mann meine Abreise nach der Wiederholung der h. Elisabeth, um nur irgendwie dem Einsamen mit Rath und vielleicht mit That zu helfen. Ich bin in grosser Sorge denn seine Dienerin schrieb mir er sei krank. Doch hat er den ersten Akt der Meistersinger vollendet! ....

Von Herrn Lutz empfing ich ein wahres *Mene Tekel Phares*[1], bezüglich des »Benefizes« der h. Elisabeth: »Euere Majestät hätten die Ueberzeugung dass diese Allergnädigste Bewilligung manche Inkonvenienz im Gefolge haben werde, und hegten den Wunsch dass es möglich sein möchte solche Consequenzen zu vermeiden.« Ich ersehe daraus dass es ungeschickt von mir war Euere Majestät, durch Herrn Lutz danken zu lassen, und bitte unterthänigst um Vergebung; ich that es weil mir die gnädige Botschaft durch Herrn Lutz überbracht wurde, und weil ich in Wahrheit immer fürchte die Zeit Euerer Majestät zu sehr in Anspruch zu nehmen. Ich habe keine Idee welcher Art die erwähnten Inconvenienzen sein könnten, doch wäre ich trostlos wenn Euerer Majestät Unannehmlichkeiten aus einer Bitte entstehen sollten, die ich nur darauf hin gewagt habe dass mein Herr und König mir gnädigst manches gestattet, indem ich nie verlange, nie erwarte, nie wünsche, nur alles vertraue und alles verstehe, und von meinem Herrn willkommen heisse. Ich hatte mich schon gefreut als ich in den Zeitungen bezüglich des »*Benfizes*« las, dass das väterliche Herz des

Intendanten für das Chorpersonal gesorgt hätte. Gäbe Gott dass keine weiteren unangenehme Folgen für meinen Herrn und König daraus entstehen – hätte ich nur nichts gesagt! Inzwischen dieser Zeilen kommt wiederum eine Notiz von Herrn Lutz und erklärt mir das Unbegriffene – sie verlangen nun alle Benefizen, die thörichten Leute! Da ich lieber alles dulden möchte als Euerer Majestät den Schatten einer üblen Stimmung verursachen, bin ich wirklich betrübt, und weiss mir nicht anders zu helfen als indem ich um gütige Vergebung bei meinem Herrn nachsuche.

Die gestrige Aufführung war schöner noch als die in Pest, wo die Orchesterkräfte nicht so bedeutend gewesen, und nicht die nöthigen Proben vorangegangen waren, ich kann gar nicht beschreiben wie mir zu Muthe war als die seligen Töne klangen, und in welchen Gefühlen ich im Geiste auf meinen Herrn, auf unsren Beschützer hinaufblickte. O theurer Herr! ....

Mein Vater dessen *Dante* jetzt in Rom aufgeführt wird und welcher dann nach Paris reist, bittet um die gnädige Erlaubniss von dort aus seinen Dank Euerer Majestät schriftlich aussprechen zu dürfen, ich will ihm eben schreiben um ihm zu melden wie herrlich es hier gestern war!

Der Segen aller Edlen, Guten ruhe auf das geweihte Haupt meines Herrn; Er wandle in Frieden und Freuden und gnade stets den Treuen die Ihm zu eigen wurden durch das Wunder dass Er wirkte!

Euerer Majestät
treu gehorsamste Dienerin
26ten Februar 1866./ Cosima von Bülow-Liszt

[1] *Sprichwörtliches Bibelzitat nach Daniel 5,25-28 im Sinne einer unheildrohenden Warnung.*

64

Theure, hochverehrte Frau!

Käme doch endlich der Donnerstag heran, wie freue ich mich auf die zweite Aufführung der »Hl. Elisabeth« – o es ist ein herrliches, ein tief ergreifendes Werk! –

Ohne Herrn v. Bülow's meisterhafte Leitung hätten Wir kaum den Schatten dieses edlen Tonwerkes erblicken können; wie dankbar bin ich ihm für die liebevolle Sorgfalt mit der er das Oratorium einstudierte u. dirigirte! –

Höchst betrübend ist der Brief des Freundes. – Kann Ihm denn meine treue u. unerschütterliche Liebe so wenig Ersatz bieten für die hier erlittenen Qualen?! – Er trägt selbst dazu bei sich aufzureiben u. Sein Nervensystem noch mehr zu erschüttern! – Flüchtete Er sich doch endlich in Seine Welten; dort fände Er die ersehnte Ruhe; ach Gott wann wird »Siegfried« endlich vollendet werden. – Auf diese Weise wird »Parcival« nie erstehen können. – Ja, ich will streiten, denn laut ruft die Stimme im Innern mir zu: Wir siegen! Die Feinde werden zu Schanden, u. hier, auf dem unfruchtbar scheinenden Boden, wird Unser großes Werk blühen u. gedeihen! – Ihre Anwesenheit bei Ihm, hochverehrte Freundin, wird viel vermögen! – Ich fürchte die düster erscheinenden Wolken nicht, die Uns drohen wollen! – Die Strahlen des ewigen, des heiligen Lichtes werden die Dunkelheit durchbrechen! –

Wie freue ich mich auf die Aufführungen der andern gewünschten Werke Ihres unsterblichen Vaters, sowie auf die Symphonien von Beethoven! – O Allgewalt der heiligen Tonkunst! Wohl hat Wagner recht, sie mit einem Engel zu vergleichen! –

Unerträglich ist es mir denken zu müssen, daß der einzig geliebte, theure Freund leidend ist u. in so gedrückter Stimmung sich befindet, dem muß abgeholfen werden; Er, ist nicht zu erfolglosem Dulden bestimmt; Er muß Seine Siege erleben! Er muß! –

In dem Briefe des Freundes lagen 2 Kreuzer wie können diese hineingekommen sein! –

Gott möge die Fülle Seines Segens auf das theure Haupt Ihres Vaters ergießen, dieß ist der sehnliche Wunsch

Ihres
sehr geneigten
Ludwig's. –

am 26. Febr.
1866

65

Erhabener König!
Theurer gnadenreicher Herr!

Mit trauererfülltem Herzen sende ich den gnädig mitgetheilten Brief zurück; ich empfinde es – es hat für den Freund die elfte Stunde geschlagen, er ist nicht mehr jung, hat er bis jetzt widerstanden, die menschliche Natur hat ihre Grenzen, ich sehe er reibt sich auf – o theurer Herr, wie können Wir helfen? Bedenke ich dass ende März er kein Obdach mehr hat, und in den Gasthäuser herumirren muss, schaudert mir. Wo sollen die freien musikalischen Gedanken in dieser Unstetheit kommen? ist es nicht die ganze Kunst die in der Person des grössten Dichters im Spiele ist? Kann er im April nicht nach München zurück, wäre es nicht möglich in irgend einem Theile des Reiches ein Asyl zu schaffen- zwei Zimmer in einem unbewohnten Schlosse? Im Mai könnte er wiederkehren. O ich will ihn überreden hier zu bleiben, ja ich glaube, dass *hier* alles noch zu Stande kommt, ich glaube von ganzer Seele, und hoffe. Wir auch, Wir haben Zeit, doch er der arme müde theure Mann, er hat sein schweres Leben hinter sich, er hat nicht mehr Tage Monate oder gar Jahre zu vergeuden, so vereinsamt traurig von allem Geliebten geschieden, wie soll ihm die Freude der Arbeit kommen? Doch ist er bei seinen Meistersingern und hoffte ich er würde Heiterkeit daraus schöpfen, allein seine Stimmung bleibt bitter. Am Abend der h. Elisabeth telegraphirte ich ihm, entsand ihm die Klänge der Heiligen, er antwortete die Botschaft hätte ihn wehmüthig gestimmt. Was haben die Menschen mit diesem Winter wieder an ihm begangen – furchtbarste Noth und Sorge pocht mir im Herzen.

Ich wusste dass das Werk (die h. Elisabeth) Euerer Majestät lieb und Werth sein würde, doch freute ich mich tief es aus dem Munde Euerer Majestät selbst zu hören; Herr von Bülow empfindet des Künstler's reine Glück etwas grosses und schönes zu Stande gebracht zu haben, doch wer ruft all' dies Schöne und Grosse in das Leben, wer begeistert Uns, und hilft uns, und macht aus unsrer Pflicht unsre hehrste Freude? Theurer Herr gnadenvoller huldreicher König, wie können wir Euerer Majestät danken? Sehr freut sich mein Mann auf die andren Aufführungen und lässt durch mich Euerer Majestät unterthänigst melden, dass er nichts auf der Welt wüsste dass er nicht heitersten Sinnes aufgeben würde um hier seine Pflicht zu erfüllen! Kein Unternehmen kann jemals ihm so am Herzen liegen als die schönen Aufgaben die ihm hier durch die Gnade Unsres Beschützers wurden.

Herrn Lutz fühlte ich mich berechtigt einiges zu erklären und über unsre Stellung und unsre Ansichten über Kunst und Künstler manches mitzutheilen – da ich des festen Glaubens bin dass nach und nach Alles hier sich künstlerisch umgestalten wird und Wir hier eine fruchtbaren Boden uns machen werden, liegt mir daran bei jeder Gelegenheit recht zu betonen, was wir sind, was wir gewollt, was wir erstreben. Darum freute ich mich dass gerade am Jahrestag der schändlichen Artikel gegen den Freund und seine »Genossen«[1] diesmal erklärt wurde: München könnte auf Herrn von Bülow stolz sein! Bezüglich der unziemlichen Notiz über mich welche der Freund in dem Brief an Euerer Majestät erwähnt, hat mein Mann einen förmlichen Briefwechsel mit dem Redakteur des Blattes[2] angebahnt, und ihm dargestellt welch odioses Misverständnisse die sogenannten ultramontanen Blätter begangen hätten indem sie den Freund in noch nie dagewesener Weise verfolgt hätten. Der »hochwürdige Herr« antwortete in gutem Tone und, wer weiss, es ist möglich das dem steten Bemühen und dem festen unermüdlichen Eifer manches gelingt. Allein der Freund will von alledem nicht viel wissen, er empfindet nur die Bosheit und Schlechtigkeit, und ist zu müde um daran sich zu freuen, wenn dieselben im Zaun gehalten werden. Nach Ruhe schreit seine arme Seele – ach fände er sie bald!

Wie die zwei Kreuzer in dem Briefe gekommen sind, ist mir in der That unbegreiflich – unter andrem kommen auch meine Briefe öfters bei dem Freunde *chargirt* an während ich hier nie chargire; doch will ich die zwei Kreuzer zu dem »Glücksgulden« legen den der Freund nach der Tristan Generalprobe uns allen gab (Schnorr's und uns). Herr Zumbusch war eben bei mir und meldete dass er den »Walther« herauszumeisseln hätte, ich freute mich sehr darüber und will nun dem Freunde es mittheilen. Neulich fand ich Kaulbach ganz beglückt durch den Besuch Euerer Majestät; wer sollte nicht dem Himmel danken uns diesen Gebieter geschenkt zu haben? »Ein Wunder ist geschehen!«

Ich erlaubte mir gestern meinem Herrn und König das Buch der h. Elisabeth durch Herrn Lutz zu übersenden, und muss vielmals und unterthänigst um Vergebung bitten dass es so zerlesen ist; meine Bücher sind schon viel gewandert und ich habe sie alle eher studirt noch als gelesen, so dass ihr Aussehen gar kläglich nun ist.

Indem ich von meinem theuren Herrn die gewohnte gnädige Nachsicht und Güte erbitte verbleibe ich mit ewigem Dankgefühle

Euerer Majestät
treu gehorsamste Dienerin
Cosima von Bülow-Liszt

27. Januar 1866/.
[Irrtümlich statt »Februar«]

[1] *Am 16. Februar 1865 erschien in der Beilage der »Augsburger Allgemeinen Zeitung« folgender Artikel: »Wie sehr Se. Maj. der König in der Angelegenheit Richard Wagners die Personen von der Sache zu trennen vermag, beweist der neueste Entschluß des Monarchen daß er trotz allem dem Dichter-Componisten nach wie vor die Mittel gewähren wird um sorgenfrei sein großes Werk ›die Nibelungen‹ hier zu vollenden ... Wer den festen Willen des Monarchen kennt, der wird begreifen daß mit dieser Entschließung die Realisierung weittragender und chimärischer Pläne auf künstlerischem Gebiet, die, wenn nicht von Wagner selbst, doch von seinen Genossen gepflegt und von Zeit zu Zeit unter die Leute gebracht werden, so gut abgeschnitten ist als jede nähere, von der gedachten Genossenschaft, wie es scheint, mißbrauchte, persönliche Beziehung zum königl. Hof.«*

[2] *Hans von Bülow schickte dem Redakteur wegen böswilliger Verleumdung seiner Ehefrau eine Herausforderung zu. Doch der Redakteur war ein »hochwürdiger Herr«, der seines »geistlichen Standes« wegen die Herausforderung nicht annehmen konnte. Er hieß A. Birle, der spätere Domvikar in Augsburg.*

66

Hochverehrte Freundin!

Obwohl es schon spät ist, so muß ich doch dem Drange meines Herzens folgen u. noch heute einige Zeilen an Sie richten. – Ich sende ein Telegramm des geliebten Freundes. – Ja ich will thun, was nur irgend in meiner Macht ist, um Ihm einen ruhigen Wohnsitz vorläufig anzubieten. – Bald werde ich die hiezu erforderliche Entscheidung treffen! – Im Mai muß ein neues Leben beginnen! – Nie soll der Freund trauern u. verzagen, o könnte ich doch Alles für Ihn leiden! – Wie freut es mich zu hören, daß auch Sie die Hoffnung stets nähren, hier werde Alles in Erfüllung gehen! –

Für die Übersendung der Lebensgeschichte der »Hl. Elisabeth« meinen freundlichsten Dank. – »Heilig die Reine, die nun vereint, göttlicher Schaar vor dem Ewigen steht«[1] – diese Worte möchte man ausrufen nach dem Schlusse des Werkes, diese Wort, welche der Chor der Pilger nach dem Verscheiden jener anderen Elisabeth in Begeisterung anstimmt. –

Ich beauftragte Zumbusch die Statuette »Walther's« zu entwerfen, da doch dieser in Wagner's Dichtung der eigentliche Held ist, meiner Ansicht nach u. nicht der obgleich historische Hans Sachs! –

Herzlichst grüßt Sie, hochverehrte Frau u. Herrn v. Bülow

Ihr

sehr geneigter

27. Febr. 1866. Ludwig.

- Abends. –

[1] *Zitat aus »Tannhäuser«, 3. Aufzug, 3. Auftritt.*

67

Erhabener König!
Theurer Herr! Gnadenreicher huldvoller Freund!

Ich übersandte heute früh Euerer Majestät, einen Brief meines Vaters, ich erlaube mir jetzt das Telegramm des Freundes unterthänig zu übermitteln, und zugleich in Ehrfurcht eine Bitte an meinem Herrn und König zu stellen. Ich hatte dem Freund geschrieben ich wollte kommen, nächsten Freitag verreisen, nun bin ich so unwohl dass mein Mann darauf besteht das ich bis nach seiner dritten Soirée (6ten März) abwarte – könnte ich wohl bis zum 7ten dem Freunde eine bestimmte Nachricht bringen? Eine Anfrage wage ich noch an den theuren Herrn, ob es Euerer Majestät genehm wäre wenn die Musikaufführungen vom Ende März erst anfingen? Ich sehe der Freund freut sich so auf meinen Besuch dass ich ihn nicht zu lange warten lassen möchte, doch schiene es mir wiederum nicht recht wenn ich hier den *Thaten* nicht beiwohnte. Darf ich es wagen Euere Majestät zu bitten hier zu richten, und mir zu sagen was ich thun soll, ich will danach handeln, bleiben oder gehen, versäumen oder miterleben je nachdem mein Herr es über mich bestimmt. Heute Abend schreibe ich dem Freunde und werde ihm die gütigen hoffnungsschwangeren Worte des Beschützers mittheilen.

O gewiss ist Walther der Held der Meistersinger, zu ihm steht Sachs in dem Verhältniss wie Wotan zu Siegfried; dies ist sehr kühn gesagt und ich würde es so zu keinem aussprechen – wer fände wohl in dem Schuster-Poeten den Gott den Wagner in ihn legte? – allein unser »Wunder« weiss ja alles viel besser und kühner als ich es nur ahne.

In dankender innigst tiefster Treue verharre ich als

Euerer Majestät
unterthänigst gehorsamste Dienerin
28. Februar 1866 /. Cosima von Bülow-Liszt

68

Erhabener König!
Theurer Herr, Gnadenvoller Beschützer!

Mit einigen Worten wage ich es Euere Majestät, noch zu belästigen. Nach dem Gespräch dass ich gestern mit Herrn Lutz hatte will es mir fast scheinen, als ob eine Unterredung meinerseits mit Herrn v. d. Pforten, nicht unnütz sein dürfte, doch will ich den Minister Euerer Majestät nicht darum angehen bevor ich nicht weiss ob Euere Majestät diesen Schritt billigen. Sollte mein Herr und König, mein gütiger huldvoller Freund, nichts gutes von einer solchen Unterredung erwarten, so würde ich sofort davon abstehen, mit der unterthänigen Bitte mir die in Ehrfurcht gemachte Anfrage zu verzeihen.

Schön war die gestrige Aufführung der h. Elisabeth; mich störte der leere Saal wenig – es wäre vielleicht besser gewesen wenn Intendanzrath Schmidt den Abonnenten einmal dieses Werk gegönnt hätte – so aber wurde es zum »Hofconzert« wie mir Herr von Bülow ganz vergnügt sagte.

Soeben schrieb ich dem Freunde dass ich am 7ten früh von hier abreise, Gott gäbe dass mein Aufenthalt bei ihm, ihm Ruhe und Trost gewähre!

In ewig regem Dankgefühle zeichne ich mich ehrfurchtsvoll und treu

Euerer Majestät
unterthänig gehorsamste Dienerin
2ten März 1866 /. Cosima von Bülow-Liszt

69

Mein theurer Herr!
Mein König! Mein Beschützer!

Dank, innigsten Dank für die Gnade! So eben sandte ich einige Zeilen, ich will jetzt nur melden dass ich binnen 14 Tagen hier zurück sein werde und dann die Aufführungen ungestört von sich gehen soll – wie dankbar bin ich Euerer Majestät! Die Musteraufführungen können noch vor Juni zu Stande gebracht werden. Ach! träfe ich nur den Freund oder brächte ihn in guter Stimmung! Ich erwarte noch den Befehl meines Herrn wegen der Audienz – ist es besser dass ich davon ablasse, gern, o wie gern und freudig gehorche ich dem Einzigen Beschützer!

Ewig treu, ewig dankend, ewig preisend verharre ich

Euerer Majestät
gehorsamste Dienerin
2. März 1866. Cosima von Bülow-Liszt

70

Hochverehrte Freundin!

Welch hehre Freude brachte der gestrige Abend! – Dießmal war der Genuß dieses herrlichen Kunstwerkes ein reiner u. ungetrübter für mich. –

Nun zu dem Einzigen! – Wie innig wird des Theuren Freude sein, wenn die Freundin Ihn besucht. – Kaum habe ich nöthig, Ihnen zu sagen, daß ich bis zu Ihrer Zurückkunft mit Freuden mit der Vorführung jener andern Werke warten werde. – Wann etwa wird dieselbe erfolgen. –

Hoffentlich wird es Ihrer liebevollen Sorgfalt gelingen, einen ruhigen, angenehmen Wohnort für den Freund ausfindig zu machen, in dem Er ungestört bis zum Mai verweilen kann. – Bis dahin, hoffe ich fest, werden alle Schwierigkeiten, die hemmend jetzt noch den Weg umlagern, beseitigt werden können. – Unmöglich wäre es, ja ganz unerträglich für mich, jetzt noch einen Wonnemond ohne Ihn zuzubringen, Seinen Geburtstag ohne Ihn zu sehen, verleben zu müssen. – Wie wird es mit Unsren Musteraufführungen im Juni aussehen! – Ich denke, Alles wird nach Wunsch zu ermöglichen sein! – O meine Seele sehnt sich, sich aufs neue in jene wundervollen Werke einleben zu können. –

Heil und Segen Herrn von Bülow u. Ihren Kindern, möge Gottes Segen auf ihnen ruhen, stets sie begleiten. – Von ganzem Herzen grüßt Sie,

Ihr
sehr geneigter
Ludwig.

am 2. März
1866. –

71

Theure, hochverehrte Frau!

Vollkommen einverstanden bin ich mit Ihrer Absicht, den Minister Pfordten zu sprechen. – Groß ist meine Freude über diesen Entschluß von Ihrer Seite. – Gott gebe, daß es Ihnen gelingen möge, jenes Mannes Eigensinn u. unverantwortliche Schroffheit in der Wagner-frage zu brechen. – O dieß wäre in der That herrlich, ja ich möchte es ein Wunder nennen, daß Sie an ihm wirken. – Die Tage der Zukunft wären golden! – »Gott möge Sie geleiten u. hüten Ihren Schritt« rufe ich aus vollster Brust mit den Brabantern aus![1]

Traurig ist der Gedanke »Tristan und Isolde« nicht mehr aufgeführt zu sehen. – Wie wäre es, wenn etwa in einem Jahre Niemann den »Tristan« sänge, ich halte ihn nicht unfähig zur Darstellung dieser Rolle, wenn er auch den hehren Helden nicht wieder zu geben vermag, den Unser Schnorr so meisterhaft darstellte; vielleicht wäre auch eine »Isolde« zu finden. – Beglückend wäre für mich schon der Gedanke das angebetete Werk wieder einmal hören zu können. –

Sind Ihre letzten Nachrichten von dem geliebten Freunde erfreulich. – Schafft sein Geist? – Nun leben Sie wohl, theure, hochverehrte Freundin, stets bleibe ich

Ihr

2. März 1866. – sehr geneigter Ludwig.

[1] *Zitat aus »Lohengrin«, 2. Aufzug, 4. Szene: »Die Edlen und Mannen: Gesegnet soll sie schreiten, / die lang in Demut litt! / Gott möge sie geleiten, / Gott hüte ihren Schritt!«*

72

Hochverehrte Freundin!

Heute erhielt ich vom Freunde ein Telegramm, welches mir einen beruhigenden Brief ankündigt. – Gott gebe, daß Er freudiger gestimmt u. hoffend sei! – Ach, ich kann nicht leben ohne Ihn, Er muß bald kommen; doch Ruhe, Frieden muß Er hier finden. – Wäre doch Pfordten umzustimmen, mir fiele ein Stein vom Herzen. –

Kaulbach will leider die 4 Bilder aus dem »Ringe des Nibelungen« nicht ganz nach Wagner's Intentionen, sondern theilweise nach der Edda behandeln; überhaupt scheint er Wagner als Dichter nicht hoch zu achten. – Herrlich wäre es, ja in der That wundervoll, wenn es Ihnen, hochverehrte Frau oder Herrn v. Bülow gelingen würde, ihm nach u. nach einen andern Begriff von Wagner's Größe u. Bedeutung beizubringen, ewig wäre ich Ihnen für diesen Liebesdienst vom Herzen dankbar; denn außer dem Ringe des Nibelungen hätte ich so gerne eine Scene aus »Tristan und Isolde«, u. aus »Lohengrin« durch Kaulbachs Hand dargestellt (Lohengrin's herzzerreissenden, letzten Abschied von Elsa u. Isolden's Verklärung bei Tristan's Leiche). Könnte Kaulbach mit der Musik dieser gotterfüllten Werke näher vertraut werden, welch großen Einfluß würde dieß auf die Gestaltung der Bilder haben; er ist der erste aller lebenden Maler u. könnte am herrlichsten u. ergreifendsten Scenen aus des größten Dichters u. Tondichters Werken bildlich darstellen. – Wie himmlisch sind seine neuesten Kartons! – Auch Echter ging durch Sie, hochverehrte Freundin erst das wahre Verständniß für Wagners »Nibelungen« auf; sehr gelungen finde ich die 3 ersten Bilder aus: »Siegfried«. – O Gott wie traurig, wie trostlos öde wäre die Welt für mich, wenn Sie, theure Freundin u. Er, der geliebte Freund nicht lebten! – Daß Sie Beide mich wieder lieben, das ist Himmels-Seligkeit! – Das ist wahre Wonne!

Warmen, innigen Gruß sendet Ihnen aus treuem Herzen

Ihr
sehr geneigter
Ludwig.

am 3. März
1866. –

Sehr freut mich der Brief Ihres Vaters, den ich innig liebe und verehre. –

73

Mein theurer Herr!
Mein König, gnadenreich und hehr!
Mein unvergleichlicher Freund!

Morgen habe ich Audienz bei Herr von der Pfordten. Dass mein Herr und König mir diese Unterredung gestattet hat erfreut mich sehr und ist mir wie ein günstiges Omen für dessen Ausgang. Sobald ich zurückgekehrt sein werde, melde ich meinem theuren gnädigen Gebieter, wie es sich ergab. Vom Freunde hatte ich nun keine Briefe weil er mich in diesen Tagen erwartete, ich hoffe morgen auf einen – ach, mein gütiger König, wären wir nun im Mai!

Ich will heute noch zu Kaulbach wandern; etwas überrascht mich seine Halsstörrigkeit und seine Hartnäckigkeit bezüglich der Wagnerschen Werke, ich dachte wir wären weiter und bin etwas beschämt!

Die Edda!! Wer hat denn der Edda Gestalt und Leben wiedergegeben?… Gewiss ist wie Euere Majestät sagen K. der erste jetzt lebende Maler, und ich bin glücklich dass die Cartons die mich entzückt haben auch meines Herrn Gefallen sich erwarben. Unsre Zeit aber, sie gehört nicht der Plastik an, sie gehört der Musik; den Grössten unter den Plastikern fehlt eine gewisse Divination, fehlt die Wärme, das »Wunder« dass wir in Michel-Angelo, Raphael, Leonardo, erblicken, in Beethoven und Wagner empfinden, es fehlt der heutigen entgötterten Malerei. Was die grösste Meisterschaft, der schärfste Verstand, das sicherste Auge vermögen das baut Kaulbach grossartig auf, und ich bewundre rückhaltlos die Werke des befreundeten Meisters, allein die *Musik* fehlt ihm; er wird wohl von Mozart, Beethoven, Weber reden, sie erkennen vermag er nicht, auf gutem Glauben und mit dem plastischen Verstande fasst er auch Schiller und Goethe auf, was zu den glücklichsten Griffen führt – wie die letzten Cartons, aber auch zuweilen zu Misgriffe wie einige in der Goethe Galerie zu erschauen sind. Nun hat er seit Jahren Wagner schmähen hören, die Musiker, die Pharisäer unsrer Kunst, achselzuckend über die Werke »die entweder nur geschraubte phantastische Wesen wie Liszt und seine Anhänger oder das Volk das gemeine, verehren«. Ihm sagt sein Herz nichts, er sieht wohl dass der »Ring« etwas eigenthümliches seltsames ist, ob es aber den Werth hat dass er dieser Composition den Zauber seines Pinsel's verleihe, darüber kann er nicht entscheiden, er *fürchtet*. Doch da ich der festen Ueberzeugung bin dass wenn er sich einmal entschliesst, nicht mehr links und rechts erwägt, er etwas merkwürdiges zu Stande bringen wird, will ich ihm heute recht deutlich und feierlich sagen was Wagner für Uns ist, und dereinst für die Welt sein wird. Durch die Musik wird er leider nichts erfahren; sie ist den heutigen Plastiker eine fremde Sprache; sie verlangen von ihr Unterhaltung, Zerstreuung, und da sie von den neidischen Pharisäer oder Meistersingern dogmatisch sagen hören dass »Die Hochzeit Figaro's« und »Don Juan« das grösste ja das einzig Schöne sei, so kümmern sie sich einfach nicht um die Kunst die mittlerweile ein ganzes Volk gewann, und einen Wunderkönig fand! Meinen Vater den Kaulbach sehr liebt und verehrt, hat er aber nie als Komponisten betrachtet, sondern als liebenswürdigen edlen Menschen, es ist förmlich zum Scherz zwischen den beiden geworden dass Kaulbach nichts von Liszt's Musik wissen will (die er nicht kennt), während mein Vater grösste Bewunderung für den *Maler* Kaulbach an den Tag legte. Haben Euere Majestät vielleicht das Bild meines Vaters im zweiten Atelier Kaulbach's gesehen? Es ist ein Meisterwerk. Hoch über alle Beziehungen geht mir die Wahrheit dem hehrsten göttlichen Freunde gegenüber, darum habe ich hier gesagt was ich Niemanden zugeben würde, denn mein Verkehr mit Kaulbach ist freundschaftlichster Art. Ich will sehen ob ich etwas vermag, es würde mich sehr freuen. Vor meiner Abreise will ich den Niblungen-Gang noch ansehen um dem Freund Bericht zu erstatten; Professor Echter war gestern bei mir, wir sprachen über »Tristan« welchen er nur als »Operntext« kannte, somit alle Bezeichnungen und Anmerkungen des Freundes nicht gelesen hatte! Als ich die *Dichtung* gesagt hatte, dachte er ich meinte Gottfried von Strasburg! ... Ich glaube aber auch dass der ganze Niblungen-Cyklus wirklich vortrefflich und schon durch den Gegenstand, ganz einzig sein wird!

Tristan im nächsten Jahre mit Niemann? Mir ist es immer als ob wir noch einen Helden finden müssten – seitdem wir Unsren theuren König haben, habe ich mich fast daran gewöhnt auf Wunder zu rechnen, mir ist es als ob eine besondre göttliche Gnade – trotz allem Unheile und Elende — auf uns ruhe. Ist dem nicht so?

Zumbusch habe ich gesagt er möge doch den Moment wählen wo Walther auf dem Singestuhl steht und mit dem »Fanget an« das Meistersingergetöse weit übertönt, mir scheint es das eigentliche *Walther-Motiv* zu sein.[1] Eine Bitte habe ich nun an meinen wunderbaren Freund, die, in Gnade ein Kleines anzunehmen dass ich diesem Briefe beilege. Es ist eine Bronce-Medaille meines Vaters die nicht mehr im Handel zu haben ist; dieses Exemplar gehörte A. von Humbold[2] aus dessen Nachlass ich es erlangte. Als mein Vater im Jahre 1847 nach Berlin kam frug ihn sein Freund Fürst Lichnowsky[3] ob er nicht Humbold besuchen wollte. »Nein — meinte der Vater – was weiss Humbold von dem Klaviervirtuosen Liszt?« H. hörte dies besuchte den Vater zuerst, an diesem Besuch knüpften sich freundschaftliche Beziehungen und die Gabe dieser Medaille, die für eine der besten gilt die überhaupt gemacht worden sind. Möge mein huldreicher Freund sie gnädig aufnehmen zur Erinnerung an dem grossen Glücke dass Er mir durch die Aufführung der h. Elisabeth hier gewährte! Ich schicke die Medaille in dem alten Etui, wie ich es aus Humbold's Nachlass empfing – nicht dem König, nicht dem Gebieter, dem gütigen Freunde empfehle ich in Gnade dieses Bild dass ich geliebt, und in keinen Händen wissen möchte ausser den Seinigen, die Segensspendenden! ...

In ewiger Treue verbleibe ich

Euerer Majestät

unterthänig gehorsamste Dienerin

4ten März
1866 ./

Cosima von Bülow-Liszt

[1] *Zitat aus »Die Meistersinger von Nürnberg«, 1. Aufzug, 5. Szene, Walther.*

[2] *Alexander Freiherr von Humboldt (1769-1859), Naturforscher und Geograph.*

[3] *Felix Fürst von Lichnowsky (1814-1848), Diplomat. 1848 Mitglied der Deutschen Nationalversammlung in Frankfurt; dort einer der bedeutendsten Redner der Rechten.*

74

Erhabener König!
Theurer gnädiger Herr! Mein huldvoller Freund!

Soeben komme ich von der Audienz zurück[1] – wenig Freude gewährte sie mir; ich will meinem Herrn und König berichten. Zuerst beschränkte sich Herr von der Pfordten darauf dass entweder hier die Rede von einer Privatangelegenheit Seiner Majestät des Königs sei, da hätte er nichts zu sagen, oder aber von einer Staatsangelegenheit, die dürfe er keiner Discussion unterziehen. Es war schwer ohne zudringlich zu erscheinen den Herrn Minister bis dahin zu bringen dass er Wagner's Aufenthalt in Bayern für S. M. dem Könige und dem Lande

Schadebringend erklärte! Mir will es scheinen als ob er in dieser Ansicht ehrlich und bornirt fest und steif bleiben wird; er hat sich daraus eine Ueberzeugung gebildet, und ich glaube er sucht darin einen gewissen Halt. Bevor ich ging frug ich ihn ob er diese Meinung auf das ganze Land oder bloss auf München bezöge, sprach ihm von Würzburg wo die Nichte Wagner's[2] lebt, die vielleicht für eine freundliche Niederlassung dort sorgen könnte, darauf sagte er dieses wäre nie erwähnt worden, nur der Aufenthalt in einem der Schlösser im Königreich schien ihm ebenso bedenklich als die Rückkehr nach München, ja noch bedenklicher. Ich verliess ihn indem ich wohl sah dass ihm auf diesen Punkte nicht beizukommen sei, er hat sich eben eine Religion daraus gebildet; ich bin der festen Ueberzeugung dass er darin meint Euerer Majestät zu dienen, die Schranken sind eben die Stützen eines solchen Wesens, und mit einem beschränktem Geiste hatte ich es heute zu thun; doch ist der Eindruck den ich von ihm empfing kein übler gewesen – wahrhaftig er hält den Freund für Staatsgefährlich! ....

Nun fand ich als ich heimkam einen Brief des Freundes – ich möchte um alles in der Welt unsrem Theuren Herrn, keine Noth und Qual verursachen, er wolle auf alles verzichten, sich schon helfen; das gnädig geschenkte Haus bewohne er, liesse es von seinen Leuten unterhalten, bis denn dereinst die Zeit käme wo er in Frieden es wieder bewohnen dürfe, sei sie noch so entfernt er würde es ruhig abwarten. Es rührte mich tief, ach! Die grossen Seelen, die tiefen Geister! Wer sich an diesen Verkehr gewöhnt hat, wie schwierig wird es ihm selbst den Besten unter den Beschränkten gerecht zu werden, alles was wie Engherzigkeit, kluges Berechnen, Macht- und Glückgier aussieht wird mir bis zur Unbegreiflichkeit nun fremd.

Meine Wanderung bei Kaulbach ging sehr freundlich aus; mit Freude wird er die Cartons ausführen *Lohengrin's Abschied* und eine Scene aus *Tristan und Isolde*; statt der Verklärung, die er nicht geben kann, denn die Vision die uns die Musik hervorzaubert kann sein Griffel nicht wiederschaffen, möchte er *Isolde auf Tristan blickend* (1ter Akt wenn Brangäne die Botschaft bringt) darstellen. Aus dem Ring wählte er »*Siegfried Brünnhilde weckend*«, wegen der andren Bilder wollte er mit mir weiter sprechen wenn Euere Majestät ihm gnädigst den Auftrag gäben. Er sprach auch von der Edda, doch war durchaus nicht eigensinnig, und wiederholte stets dass er mit Freude alles thun wird was von ihm Euere Majestät wünschen; er war noch, wie er sagte, ganz »berauscht« von der Gnade, Güte, und wunderbar erquickenden begeisternden Divination, meines Herrn und König. »Wagner ist kein Dichter wie ich auch keiner, ich bin Maler er Musiker« sagte er mir; darauf erwiederte ich, und er hörte schön und ernst zu; ich glaube er wird diese Darstellungen mit Freude machen, und sie werden dann gewiss prächtig ausfallen.

Von Frau von Schnorr hatte ich heute einen entzückten Brief. Das Bild, das Allergnädigste Schreiben haben sie beseligt. O gnadenreicher theurer Herr, wer kann diese Güte ergründen? Ich erkenne sie und bete sie an! ....

Gnaden Euere Majestät, die Gewährung mir, mich stets zu nennen mit tiefstem Dankgefühle

Euerer Majestät

treu gehorsamste Dienerin

5ten März 1866 ./ Cosima von Bülow-Liszt

[1] *Die Unterredung Cosimas mit Minister von der Pfordten, die am 5. März stattgefunden hatte, ließ der König durch Oberappellationsgerichtsrat Lutz in einem Schreiben vom 12. März an Cosima bestätigen. »Seine Majestät bemerkten nämlich: ›Frau von Bülow hat nunnmehr selbst eine Unterredung mit dem Minister Baron von der Pfordten gehabt und Sich Selbst überzeugt, daß derselbe an die Rückkehr des Herrn Wagner nach München ein Entlassungsgesuch unfehlbar anknüpfen wird ... Auf der anderen Seite ist Frau von Bülow hinreichend von unseren Verhältnissen unterrichtet, um beurtheilen zu können, welche Tragweite für Bayern und seinen König diese Ministerkrisis haben würde ... Pfordten hat, was man auch gegen ihn sagen mag, doch unbestritten eine große Begabung, ist als Staatsmann von seinen außerbayerischen Collegen anerkannt ... Weder die bayerische Diplomatie noch die Kammer noch sonst eine Coterie hat in Bayern einen solchem Mann zur Verfügung zu stellen. Jede Ernennung eines anderen Mannes würde in den Bereich des an und für sich schon höchst bedenklichen Experimentirens fallen. Ein solches Experiment wäre aber zweifach gefährlich in der jetzigen Zeit, in welcher jede Tat einen Conflikt zwischen*

Preußen und Oesterreich ja sogar eine europäischen Conflagration bringen kann und Bayerns als des größten Mittelstaats Politik für dieses Land wie für Deutschland eine große Bedeutung gewinnt.

Frau von Bülow wird kaum umhin können, zuzugestehen, daß es schwerlich Uebertreibung ist, wenn man den Baron Pfordten wenigstens im Augenblick für Bayern und seinen König als unentbehrlich bezeichnet. Ich möchte nun vernehmen, ob Frau von Bülow trotz dieser Erwägungen der Meinung wäre, daß es gerathen oder doch unbedenklich wäre, Herrn Wagner im Mai nach Bayern zurückkehren zu lassen, und in welcher Weise dieselbe die oben angeführten Bedenken widerlegen zu können im Stande wäre.‹ So Seine Majestät der König. In Allerhöchstdessen Auftrag ersuche ich Sie nun, hochverehrte gnädige Frau, über vorstehende Dinge Sich gütigst schriftlich vernehmen zu lassen; an wen Ihr Schreiben zu richten wäre, erklärten Seine Majestät nicht; ich muß deshalb Ihrer Wahl anheimgeben, ob Sie an Seine Majestät direkt schreiben oder mich als Mittelsperson benützen wollen.

Außerdem wünschen Seine Majestät Näheres über das Befinden des Herrn Wagner sowie darüber zu hören, ob derselbe sich mit Componiren beschäftigt, ob die Nibelungen oder der Meistersänger gegenwärtig Gegenstand seiner künstlerischen Thätigkeit sind, ob er bereit ist, Anleitungen zu den beabsichtigten Musteraufführungen Lohengrin & Tristan zu schreiben, und welche Ansicht er unter den obwaltenden Umständen von der Möglichkeit der Errichtung einer Kunstschule hat. Endlich soll ich Sie, hochverehrte gnädige Frau, zu einer Aeußerung darüber veranlassen, ob und inwiefern Herr Wagner dahier jene geistige Ruhe zu finden hofft, deren er zum Componiren bedarf, obschon sich an seine Rückkehr und seinen Aufenthalt dahier gewiß manche Agitationen und Aufregungen in kaum zu vermeidender Weise knüpfen würden.

Ich meinerseits würde Ihnen sehr dankbar sein, wenn ich durch Ihre Güte erfahren könnte, ob Ihnen Näheres über die Werke von Pohl und Porges bekannt geworden.

Ich ergreife auch diesen Anlaß, um der ausgezeichneten Hochachtung Ausdruck zu geben, mit welcher ich die Ehre habe zu sein

Ihr ganz ergebener Oberappellrath Lutz«

Der Widerspruch, in dem der Inhalt dieses »officiösen« Schreibens zu den unmittelbar vorhergehenden Schreiben des Königs an Cosima steht, ist unverkennbar.

2 Franziska Ritter, geborene Wagner (1829-1895), Tochter von Wagners ältestem Bruder Albert, Schauspielerin am Hoftheater in Schwerin.

75

Hochverehrte Freundin!

Vor Allem drängt es mich, Ihnen für die mir so freundlich übersandte Medaille mit dem Bildnisse Ihres großen Vaters meinen innigen, warmen Dank auszusprechen. – Sie haben mir mit demselben eine sehr große Freude bereitet; doch leid thut es mir, daß Sie sich dieses theuren Kleinodes beraubt haben. – Mit tiefer Rührung, mit wahrer Begeisterung blicke ich auf die bedeutungsvollen, herrlichen Züge. –

Schwer wird Ihnen, hochverehrte Frau, der Gang zu Herrn v. d. Pfordten angekommen sein, herzlich danke ich Ihnen dafür, daß Sie ihn unternahmen, sowie für die freundliche Unterhandlung mit Kaulbach. –

Sicher weiß ich, daß Pfordten, wenn Wagner hieher käme, um seine Entlassung nachsuchen würde, die ich ihm nicht verweigern könnte. – Leider denken in jener Angelegenheit Viele, sehr Viele, wie der Minister; die Mitglieder d. Königl. Familie, der ganze Adel, der Clerus pp. Um Alles dieß würde ich mich durchaus nicht kümmern, (dieß können Sie von meiner Festigkeit überzeugt sein,) wenn des Theuren Kommen gegenwärtig nicht wirklich gefährlich wäre; ach ein Dämon hat Alles ergriffen u. die Umstände so entsetzlich traurig gestaltet. – Ich lege einen Brief des Freundes bei, den ich heute erhielt. – Trotz aller Schwierigkeiten u. Hindernisse habe ich Muth u. Vertrauen, ja die gute Sache siegt. – Ich will kämpfen u. handeln, nie gebe ich die Hoffnung auf! – Wie erfreulich ist das, was Sie, theure Freundin, über Ihre Besprechung mit Kaulbach schreiben. Mit der Wahl der Scene, welche er aus »Siegfried« traf, bin ich einverstanden, nun wünsche ich, er möge auch aus: »Rheingold«, »Walküre« u. aus d. »Götterdämmerung« sich eine Scene zur bildlichen Darstellung erwählen. – Wie schön kann das Bild aus »Lohengrin« werden! – »Der König, Sein Heerbann, Mannen u. Frauen sind versammelt am Ufer der Schelde; der Schwan mit dem verhängnißvollen Nachen ist schon angelangt, nocheinmal wendet sich der theure Held zu Elsa, um den letzten, schweren Abschied von ihr zu nehmen, sein Blick muß in die

Tiefe der Seele dringen, jeder Beschauer muß die fürchterlichen Seelenqualen miterleben, in Trauer, in namenlosem Jammer blicken die Umstehenden auf den Scheidenden, den »hold-unseligen Mann«, sehnsüchtig ist der stumme Blick, welchen der Schwan auf Lohengrin richtet (rührend könnte des Malers Pinsel dieß ausführen). –

So denke ich mir das Lohengrin-Bild. – Könnte Kaulbach nicht etwa eine Scene aus dem 2ten Akte v. »Tristan und Isolde« behandeln. – Ich sollte denken, es wäre dem Künstler möglich, das glühend Sehnsuchtsvolle, das Ineinanderaufgehen das tief Bedeutsame der Vereinigung zweier Seelen ergreifend darzustellen. – Wenn die feierlichen Töne beginnen, wenn die Beiden für einander Geschaffenen den wundervollen Gesang anstimmen: »So sterben wir um ungetrennt« pp – ist das nicht hinreissend, muß dieß nicht auch den Maler entflammen; sicher bin ich, daß auch die Verklärung ergreifend könnte gezeichnet werden! – Isolde blickt auf Ihn, den Einzigen, ihr Auge glüht in seligem Lichte, ihr Geist weilt bei Ihm, die Seele haucht der irdische Körper in den letzten Verklärungsworten aus; sie lebt nur im Anschauen der geliebten Züge, bald sind die Beiden: »Nicht mehr Tristan, nicht Isolde – – – – – – Neu erkennen, neu entbrennen! – – – – – –« In Verzückung betrachten die Umstehenden die Scheidenden! – Der Sonne letzter Strahl erglüht, gleichsam als Vorbote jenes ewigen Lichtes, das in jenen Welten die beiden Geliebten umfängt. – Noch losch das Licht nicht aus, noch ward's nicht Nacht im Haus« – – O wären auch Wir schon, Wir 3 im weiten Land, das alle Welt umspannt, fern der Sonne, fern der Tage Trennungsklage! –

Doch nun hochverehrte Frau, habe ich Ihre Zeit zu lange in Anspruch genommen, ich grüße Sie aus tiefster Seele u. bleibe stets

Ihr
sehr geneigter
Ludwig.

am 5. März
1866. –

76

Erhabener König!
Mein theurer, grosser, herrlicher Freund!
Gnadenvoller Herr!

Mit Dank lege ich meinem Herrn den gütig mitgetheilten Brief wieder zu Füssen. Mir dünkt der Freund thut recht, und so viel ich vermag will ich ihn darin bestärken. Unsre Zeit mein hehrer Freund, sie wird kommen. Ich kann sie ermessen die unentwirrbaren Schwierigkeiten die immer dichter und dichter Unsre Frage umgeben, doch glaube ich dass das Leben von selbst dieselben zerhauen wird, gelingt es nicht der himmlischsten Güte und Liebe sie zu entwirren. Nicht ein bittres Wort liess ich gestern fallen, ich empfand auch keine Bitterkeit, denn ich sah einen Bethörten, immer nicht zu erleuchtenden, ich sagte mir wohl dass er nicht einzeln in seiner Empfindung sein könnte, sonst würde er sie nicht hegen, solche Menschen sind nicht die Träger vereinsamter Gefühle, und ich erkannte die Lage in ihrer ganzen Confusion. Denn sind die höchsten Schichten einig, die untersten sind wiederum vereint in dem entgegengesetzten Gefühl – noch kürzlich erzählte mir ein junger Arzt der hier immer oben auf der Galerie den Aufführungen beiwohnt, dass die Leute dort in den Pausen der Elisabeth von Wagner gesprochen hätten, sich einander gefragt, wann er denn wiederkäme, warum er eigentlich fort wäre, und warum man dem »König« dieses Leid angethan hätte? Neulich bei einem Militairconcert wo das »Liebesmahl« gemacht worden ist, ist ein solcher Jubel ausgebrochen dass das Publikum kaum zu sich zu bringen war. Dies die beiden Faktoren – allerdings ist der feindliche Faktor bei Weitem der stichhaltigste, der mächtigste, der einflussreichste; bei der Masse ist es eben Rausch, sie ahnt das Wahre schwärmt dafür, es ist eben aber nur Schwärmerei; die »Mächtigen« hassen es, entweder mit oder ohne Verständniss, Bornirtheit oder Bosheit gleichviel, sie sind darin und dadurch stark und stet, auch haben sie die Sorge für die Andren zu handeln, und *können* wo die Masse nur unbestimmt wünscht. Eines aber dürfen wir dabei nicht vergessen, wir haben einen

Siegesengel – darum, ist die Lage noch so verwickelt, bin ich fast lächelnd ruhig, ich weiss Einem bleibt der Sieg, darum auch Ruhe, Schweigen; geheimnissvoll weben die gütigen Mächte für uns, wir wollen nicht durch ihr segensreiches Gewebe dazwischen fahren.

Morgen früh reise ich, Donnerstag bin ich mit Senta[1] in Genf. Franz[2] der Diener kam gestern an, und wird nun das »Schiff« (so nannten wir das Haus Briennerstrasse) hüten. Er sagte der Freund freute sich unsäglich mich wiederzusehen und wäre wie neu belebt. Gott, trotz Ministern, trotz Adel, ja trotz Clerus, trotz den Höchsten, Wir sind glücklich mein theurer Herr, mein »Wunderfreund«, wer kann das Band lösen dass den heiligen ewigen Bund knüpft? Und die Zeit wird sich gütig Uns zur Seite stellen, sie wird beschwichtigen und auch zerhauen, sie wird den einen biegen den andren brechen. O Beschützer, ich *hoffe!* Ich will noch heute zu Kaulbach gehen, ich glaube er wird alles thun; die Welt in die er jetzt eingeführt wird ist ihm nur noch sehr neu, ich fand ihn aber wärmer und bereitwilliger als ich erwartet hatte. Dank mein theurer Herr und Gebieter, die kleine Gabe in Gnade angenommen zu haben! Wie hätte ich mich beraubt indem ich es Euerer Majestät zu Füssen legen durfte, besitze ich es nicht erst seitdem Euere Majestät es haben? Habe ich nicht zum erstenmal empfunden wie das Bild mich beglückt und mir werth ist, indem ich es meinem Herrn zu Füssen legen durfte?

Von Genf aus werde ich mir erlauben über den Freund zu berichten, nun bitte ich den Gnadenreichen mir Gnade zu bewahren, und mir stets zu gestatten mich zu nennen

Euerer Majestät
treu gehorsamste Dienerin
Cosima von Bülow-Liszt

6. März 1866 /.

[1] *Senta = Daniela, die älteste Tochter.*

[2] *Franz Mrazeck (1828-1874), Diener Wagners 1863 bis 1867 in Penzing bei Wien und in der Briennerstraße 21 in München; danach Diener in der königlichen Musikschule München.*

77

Erhabener König!
Theurer gnädiger Herr! Gütiger huldvoller Freund!

Ich glaube meinem Herrn und König genehm zu handeln, indem ich von hier aus schreibe und berichte, und bitte um gnädige Aufnahme der fernen Botschaft. Den Freund traf ich in Lausanne sichtlich erfreut über meine Ankunft, doch die augenblickliche Erregung konnte mich über die auf sein ganzes Wesen verbreitete Trauer nicht täuschen, nun arbeite ich hier daran ihn zu erheitern; ich habe ihn verändert gefunden und seine Gesundheit hat sehr gelitten. Allein auf dem einen Punkt ist er rüstig und fest, er tadelte mich beinahe Euere Majestät mit der Bitte belästigt zu haben, ihn in das Land ziehen zu lassen! Gern will er ausbleiben, noch lange Zeit Bayern meiden, nur eines sehe ich wünscht er lebhaft, dass Euere Majestät ihm nicht den Wunsch aussprechen möchten noch entfernt zu weilen, und es von seinem Schicklichkeits- und Ehrgefühl abhängen liessen wann er das Reich Euerer Majestät wieder beträte. Mit Freuden entsagt er der neu gewonnenen Heimath, da er annimmt dass Euere Majestät in Herrn v. d. Pf. den für das Land so sehr wichtigen Staatsmann gefunden – er bleibt also aus, ruhig und froh, nur bittet er annehmen zu dürfen dass er dieses aus freiem Willen thue, im erhebenden Gedanken Seinem Herrn und Retter die königlichen Pflichten zu erleichtern. Ich bemerkte gestern wie empfindlich es ihn traf in den freudig begrüssten Briefe, den Wunsch ausgedrückt zu finden, noch nicht heimzukehren – er will es ja nicht, er wünscht es nicht mehr, gern weicht er mit seinem Wohle der Wohlfahrt des Landes und dem Frieden Seines hehren Freundes, nur nimmt er an dass er dieses aus freien Stücken thue, darin findet er die Beruhigung seiner Würde und seiner Ehre, Keiner heisst ihn ferne sein, er aber fühlt dass dem so besser sei. Um diesen hohen Beweis der Liebe bittet er den grossen hochherzigen Freund, das heisst nichts mehr von Rückkehr oder Ausbleiben zu erwähnen; schlägt dereinst die Stunde der Vereinigung, wie werden alle diesen Schlag hören und ihm folgen. Auch ich werde schweigen; das schwere Schicksal muss man muthig getrost empfangen, tragen, grüssen, dann erst beschwingt es sich, und wer kann sagen zu welchen Welten der Ergebene dadurch emporgeschwungen wird?...

Nicht sehr heimisch noch behaglich sind hier die »*Artichauts*«, doch thut es mir weh dass der Freund sie in Bälde wieder verlassen soll; für einen Monat hat er in Lausanne gemiethet dann will er sich in Interlaken umsehen, ob er für den ganzen Sommer dort etwas findet; dass er wenigstens anhaltend seinen Meistersingern sich übergeben kann. Der Schluss des ersten Aktes ist ganz göttlich, er instrumentirt ihn jetzt; Abends bringen wir die Biographie vorwärts, des Tags bei Tisch besprechen wir ach! das trübe gewaltig immer von neuem erschütterte Leben. Ich sagte ihm heute lächelnd: »zu Deinem Unheil hast Du uns nach München gezogen; wären wir in Berlin, wir sagten Dir komm her zu uns, da gäb es denn wenigstens auf einige Zeit Ruhe.« Die Aufführung der h. Elisabeth freute ihn sehr, dass er sie nicht hören konnte schmerzte ihn. Freilich, allein wer im grossen und ganzen das Schicksal acceptirt darf mit dem Einzelnen nicht rechten. Keine Seele hat er gesehen seitdem er fort ist, so dass ich und Senta gar viel Leben hier in dem stillen einsamen Haus bringen; schwer, gar schwer wird mir der Fortgang werden, er bedarf so sehr eines Wesen's dass ihn liebt und versteht, der »hold unsel'ge Mann«!

Bis jetzt hatten wir trübe Tage, nun zeigt sich die Sonne und die Schneeberge glänzen schön und hehr; über alle trübe Empfindungen flattern zuweilen freudige heitere Gedanken, wie man die Irrlichter auf den Kirchhöfen flackernd, dargestellt sieht. Und gewiss giebt die grosse muthige Annahme einer grossen Situation, eine schöne tiefe Heiterkeit – »auf allen Gipfeln ist Ruhe« – , es kommt nur darauf an sich auf diesen Gipfeln zu schwingen, nichts wollen als das was uns beschieden ist, und unser Loos dadurch beneidenswerth machen dass wir es freiwillig kühren, dies der Unterschied zwischen den Märtyrer und den zu Tode verurtheilten Verbrecher, O lassen Sie mein gütiger theurer Freund, den Geprüften sein Loos sich wählen, und lassen Sie Uns nunmehr schweigen, schweigen bis in das Glück oder bis in den Tod. Wir hoffen und vertrauen.

Noch mehrer Tage bleib ich hier, vielleicht finde ich in der Nähe Bern's etwas für den Freund passendes, dann trennen wir uns, der Gott der uns zusammenbrachte wird uns wohl auch wieder vereinen.

In treuester Treue ewig dankend verbleibe ich

Euerer Majestät
gehorsamste Dienerin
13ten März 1866. Cosima von Bülow-Liszt

78

Telegramm
Von München nach Genf 15.3.1866
Frau von Bülow. Genf aux artichauds

Herzlichen Dank für lieben Brief, sehr traurig, den Freund betrübt zu haben, lege alles in seine Hände, hoffe sehnlich, die Trennung werde *nicht* zu lange währen. Treu bleibe ich ihm bis in den Tod!

Ludwig.

79

Telegramm
Von München nach Genf 19.3.1866
Frau von Bülow in Genf aux artichauds

Ich beschwöre Sie mir mitzutheilen, wann etwa der Freund seinen Geist wieder in »Siegfried« versenken wird!

O wüsste er wie meine Seele danach verlangt! Wie geht es dem Theuren? Heil und Segen Ihm und Ihnen! Hehres Glück und Frieden!

Ludwig.

80

Telegramm
Von Genf nach München 20ten März 1866
Seiner Majestät dem König Ludwig II von Bayern München.

Tief gerührt danken wir dem erhabenen Beschützer für die gütigen Wünsche und vor Allem für die in der letzten Depesche enthaltene gnädige allerhöchste Bestimmung, in des Freundes Hände alles zu legen, welche des theuren Herzen sichtlich erleichterte. Wir legen, festen Glauben, daß das grosse Ziel erreicht wird und daß die in unmittelbarer unlösbarer Verbindung mit dem hohen Freunde stehende Siegfrieds Arbeit dereinst in Heim und Hof wieder mit Freude aufgenommen wird.

Cosima v. Bulow.

81

Erhabener König!
Theurer gnädiger Herr! Gütiger Beschüzter!

Als ich von hier reiste hoffte ich leichteren Muthes heim zu kehren, und beruhigendes über des Freundes Lage berichten zu können – dem sollte nicht sein; traurig ergeben, melde ich nun unterthänigst was ich sah, was ich weiss. Ich war beinahe glücklich als ich dem Sekretair Euerer Majestät anzeigen zu dürfen glaubte, ein Landhaus hätte sich gefunden in welches der Freund ein Jahr lang ruhig sein könnte; was ich vermittelt hatte zerschlug sich aber sobald, und die lächerlichsten Bedingungen knüpften sich an diesem Wohnorte. Nun besprachen wir das mögliche Verbleiben in den *Artichauts* wo es zwar unbehaglich genug ist wo er aber nun einmal ist, wo er seine Mappe aufgeschlagen und sein Klavier eröffnet hat. Neue Unterhandlungen hin und her reden; mittlerweile unternahmen wir eine kleine Reise um uns in der deutschen Schweiz umzusehen. Für einen Monat ging es überall in den Hotels, da ist es leer, mitte Mai aber schon strömen die Fremden herbei, auch ist es überall kalt. Unsre Reise war schön, wir trafen eine theure Schrift an, und machten eine weihevolle Walfahrt in der wir uns zu Dreien fühlten – und doch war mein Inneres von Sorge zerrissen.[1] Ich habe den Freund verändert gefunden, Ruhe- und Rastlos; nun nichts für ihn zu können, ihm nicht sagen zu dürfen »hier komme und weile, schaue und suche nicht in der öden weiten Welt, hier kehre ein und bleibe!« .... In Luzern sahen wir uns auch um nichts fand sich, als wir uns in Romanshorn trennten sagte er mir er würde nun wohl im Gasthaus sich begeben. »Aber die Meistersinger«, rief ich ihm noch zu: traurig lächelnd sah er mich an, ich schiffte mich ein, er blieb, und so kam ich denn wieder, besorgt wie sonst, betrübter aber noch. Heute erhielt ich die Depesche die ich mir erlaube beizulegen. Er wird nun wohl in Luzern wieder suchen! Wie oft kam der Freund darauf mir zu sagen »er würde gewiss nie wieder sein Haus betreten können«! Ich bestritt es fest, allein mir will es jetzt fast auch dünken als ob die dunklen Mächte es auf ewige Zeiten abgesehen haben. Darf ich wohl den hehren huldvollen Freund fragen wie Er wohl die Lage empfindet? Mir scheint sie furchtbar, mir ist als ob wir auch den Fernen nachziehen müssten, als ob es unsre Pflicht sei ihn nicht in der Einsamkeit und Fremde zu lassen. Er war so bleich, so hager, so trüb! Ich kann an nichts mehr mich freuen, stets sehe ich vor mir den Ruhebaren umherirrend, für sich und sein keimendes Werk ein Obdach suchend, es nicht findend, und keine Seele in der Nähe die ihm Muth und Trost zuspräche. Mir ist es als ob jeder Tag den wir hier zubringen – wenn es so ist wie er und ich es ahnen – eine furchtbare Schuld auf unser Gewissen lastet, nun frage ich mich abwechselnd und stets »wann kommt er, wann müssen wir gehen?« Sieht der theure Beschützer die Lage andres an? Ach! wenn der Freund jünger wäre – doch in seinem Alter nach dem Leben dass ihm ward – kein Klang, kein Sang, kein Traum kein Wachen kann das düstre Bild dass ich bebend in mir trage, verscheuchen.

Eine seltsame Episode bildete in unsrem regelmässigen Leben die ueberraschende Ankunft eines Diploms. Der König von Italien übersand dem Freunde den Maurizius-Lazarus-Orden[2]. Es schien uns sonderbar, gerade von dorther, und in dieser Zeit (das Dekret ist wenn ich nicht irre vom 23ten Dezember datirt)! Der Freund dankte dem König und dem Minister Italiens, erklärte zugleich aber dem Consul dass er auf die Ehre das Kreuz öffentlich zu tragen verzichte, aus verschiedenen Gründen die er nun angab.

Das Meistersingerfinale ist himmlisch, könnte ich es dem gütigen Herrn nur beschreiben! An der Biographie haben wir fleissig gearbeitet. Nur was die Angaben zu Lohengrin betrifft erklärte der Freund nachdem er es versucht hatte, es sei ihm unmöglich aufzuschreiben, denn es sei für ihn selbst noch ein Problem dass er nur persönlich thätig hätte lösen können, und hinterher auf das Papier niederlegen. So bald er nur einigermaassen zur Ruhe gekommen sein wird, wird er wohl die Seiten die er mir diktirt hat corrigiren und sobald ich sie bekommen werde ich an die Abschrift gehen.

Darf ich mir noch erlauben Euere Majestät zu fragen ob es Euerer Majestät recht wäre wenn die zweite der bevorstehenden Aufführungen im Residenztheater stattfände, des Klavieres wegen welches schwerlich im grossen Hause gut klingen würde. Doch wie es sich von selbst versteht lässt mein Mann sofort von dem Gedanken ab, wenn Euere Majestät dem grösseren Raum den Vorzug zu geben geruhen.

Ich erlaube mir noch die Worte beizulegen die der Freund auf den Grütli schrieb, wir hatten da eine feierliche Stunde in gehobenster Stimmung, der tiefsten Tiefe der höchsten Höhe nah durften wir an dem heiligsten Tag den heiligsten Gefühlen Ausdruck geben, und von der Welt verbannt, die Welt verzeihend von uns bannen. Zu zweien waren wir nicht als wir des Heilands, als wir Parzival's gedachten – ein Dritter ein Erster war bei uns, Gott segne diesen Einzigen!

Mir ist als ob ich mehr sagen müsste, und doch habe ich nicht alles gesagt, und ist dieses alles nicht eine Angsterfüllte Frage? Von der gnädigen Antwort die mir wird hängt unser innerliches und äusserliches Leben ab. Ich fürchte das Schicksal hat gesprochen!

In ewiger Treue, bis in dem Tode dankend zeichne ich als

Euerer Majestät
unterthänigst gehorsamste Dienerin
3ten April 1866 /. Cosima von Bülow-Liszt

[1] *An diese Reise durch die Schweiz zusammen mit der fünfjährigen Daniela erinnerte sich Richard Wagner in einem Brief vom 15. Juli 1878 an den König. Ihm war damals ein leider nicht mehr erhaltener Bericht seiner Frau (»Bericht über eine März-Reise des Herrn Will und der Frau Vorstel«) in die Hände gefallen, den Cosima am 22. Mai 1866 verfaßt hatte. »Mit grosser Ergriffenheit und inniger Rührung liess ich dieses, auf das Anmuthigste geschilderte kleine Schweizer Reiseabentheuer zur Aufsuchung eines Asyles am Vierwaldstättersee an mir vorüber gehen. Alles ist darin wohl aufbewahrt: auch wie wir im Schweizerhof zu Interlaken den ›Grafen Arnold aus Frankfurt‹ von einer gewissen Hand eingeschrieben fanden, welcher wir dann nochmals auf dem Grütli bei den drei Quellen begegneten.« – Der König war bei seiner ersten Reise in die Schweiz (19. Oktober bis 2. November 1865) anonym gereist und hatte sich »Graf Arnold aus Frankfurt« genannt. – »Will« und »Vorstel« sind Decknamen, deren sich Richard Wagner und Cosima bedienten, die aber dem König bekannt waren. Die Namen waren vom Titel von Schopenhauers Hauptwerk »Die Welt als Wille und Vorstellung« abgeleitet. Richard Wagner erscheint im Schopenhauerschen Sinn als »der Wille«, Cosima als »die Vorstellung.« – Auf der Suche nach einem Asyl gelang es endlich, als man die Hoffnung schon fast aufgegeben hatte, das Ersehnte zu finden: Haus Tribschen bei Luzern, das Wagner »Triebschen« = »angetriebenes Land« taufte.*

[2] *Per Dekret vom 23. Dezember 1865 verfügte König Viktor Emanuel II. von Italien die Verleihung des Ordens »dei Santi Maurizio e Lazaro« an Richard Wagner. Dieser schlug jedoch die Annahme »aus Schicklichkeitsgründen« aus.*

82

Theure, hochverehrte Frau!

Mit Jubel, mit jauchzendem Entzücken erfüllte mich die Kunde: die Freundin sei hier! – Ich beschwöre Sie, theilen Sie mir Alles mit, was Sie inzwischen von dem geliebten Freunde erfahren haben! – Wie geht es mit der Gesundheit des Theuren? – O welch herrliche Tage müssen Sie mit Ihm verlebt haben. – Tief gerührt haben mich die Depeschen, die Er an mich gerichtet hat.- Arbeitet Er jetzt an dem 2ten Akte der »Meistersinger«? Wann gedenkt Er wieder zu »Siegfried« sich zu wenden? – Sprach er noch viel über den Plan zu »Parcival«? O meine Seele schmachtet nach Kunde von dem einzigen Geliebten, von dem Einzigen, der mir auf Erden theuer ist, dessen Platz in meinem Herzen durch Nichts kann je verdrängt werden; nur für Ihn, den Wonnevollen will ich leben, denn nur dann hat das Erdenleben Werth u. Gehalt für mich, wenn Er unter Uns noch wandelt, o Er muss glücklich werden! – Darf ich auf baldige Kunde durch Ihre Freundes-Hand hoffen? –

Wie freue ich mich auf die Compositionen Ihres grossen, mir so theuer gewordenen Vaters, welche ich heute Abend zum ersten Male hören werde. – Von ganzem Herzen hoffe ich Sie möchten bei Ihrer Zurückkunft Herrn v. Bülow und Ihre Kinder wohl angetroffen haben. – Tausend herzliche Willkommensgrüsse sendet Ihnen aus treuer Freundesseele

Ihr
sehr geneigter
Ludwig.

den 4. April
1866.

83

Mein theurer, mein hehrster Freund!
Unser erhabenster Schutz! Göttlicher Parzival!

Heil und Segen dem Gottgesandten! Preis ihm in alle Ewigkeiten! Kniend schreibe ich diese Zeilen die ich zugleich mit der beiliegenden Depesche schicke. Sie verändert nichts an den von Gott eingegebenen Gedanken ihn wiederkommen zu lassen, und sie bringt Ruhe. Das Schreiben des Wunderbaren aber bringt – – Glück. Ja Glück! Mir will das Herz bersten vor Wonne, o theurer theurer Herr! ..... Die Aufführung heute wird uns unvergesslich bleiben, nie habe ich die Werke meines Vaters so schön gehört. – Darf ich wohl morgen in weniger bewegten Stimmung schreiben? ...... Heute kann ich nur mein ganzes Wesen in Dank und Segen für den Einzigen Wunderbaren aufgehen lassen!

Im Leben wie im Tode ewig treu
Cosima von Bülow-Liszt

[4. April 1866]

84

Hochverehrte Freundin!

Es drängt mich, noch heute einige Zeilen an Sie zu richten. – Ach wie erschüttert, wie tief ergriffen hat mich Alles, was Sie über den Zustand des geliebten Freundes mir mittheilen. – Nun will ich mich Seiner Liebe würdig beweisen, Er soll nicht umsonst das unerschütterliche Vertrauen in mich setzen; Gott zeigt mir den Weg den ich wandeln soll; ja ich erkenne meine wahre, erste, heiligste Pflicht denn »Ihm!« gehört mein Leben zu eigen. –

Ja, theure Freundin, jeder Tag den Wir hier ohne Ihn zubringen, lastet eine furchtbare Schuld auf Unser Gewissen; ich trotze den dämonischen Mächten ich gehorche der inneren, der unfehlbar heiligen Stimme! – Ich will von ihr allein mich leiten lassen. – Ich ersuche Sie, theure Freundin eine Villa in meinem Lande für Ihn als Wohnsitz mir vorzuschlagen, sollte durchaus keine solche zu finden sein, welche für den Freund geeignet wäre, dann bin ich mit Freuden bereit, Ihm mein Jagdhäuschen in der Riß als vorläufigen Wohnort anzubieten. – Die dortige Gegend ist herrlich, wild, erhaben, Ruhe herrscht dort, das Häuschen ist von München nicht all zu entfernt, die Zimmer hübsch und wohnlich. – Ich denke dem Geliebten wird dieser Vorschlag nicht unwillkommen sein; auch könnten Sie Ihn leicht dort öfters besuchen, von Berg aus könnte ich oft dahin zu Ihm eilen, selige Tage nahten dann u. nach einigen Monaten vielleicht könnte Er ohne Gefährdung der Ruhe Sein hiesiges Haus wieder beziehen. – Ja schön ist die Riß! – Ich weiß meine Pflicht! Trotz biete ich dem Schicksal, es muß sein Spruch vernichtet werden. – Nicht unwürdig will ich mich des heiligen Namens »Parcival« machen, den mir der Hehre verleiht![1] – Heil, Segen! Frieden Ihm u. Ihnen, theure Freundin! – Nun bitte ich theilen Sie mir *recht bald* Ihre Meinung über meinen Vorschlag mit! – Er muß gerettet werden u. sollte ich zu Grunde gehen! – Gott beschützt Uns! – Theure Freundin, ich sehne mich nach Ihrem Antwortsbrief! – Entzückt haben mich die heute vernommenen Compositionen, all meine Erwartungen übertroffen. – Ich ersuche Sie danken Sie in meinem Namen Herrn von Bülow aus ganzem Herzen. – Ich beschwöre den Einzigen, den Wunderbaren, den glühend Geliebten zu kommen! –

Selig in Leiden und Lust lässet die »Liebe«! nur sein! – Ihm treu bis in den Tod![2] –

Ludwig.

4. April 1866. Abends

Handschriftlicher Zusatz von Richard Wagner: »'s ist gut, dass Parzival so viel weiss lässt! Gott, das viele Regieren, das macht müde! – Ich merk's, da ich nur mit einer kleinen Eliten der bayerischen Regierungsbestie zu thun habe! – Nun muss ich überall etwas hin klexen, und sollte doch eigentlich an die Biographie gehen. Aber mir ist immer, als könnte Vorstel nicht oft genug hören, wie – thörig sie ist! -«

[1] *Wagner hatte in einem Brief an den König erwähnt, daß er und Cosima insgeheim von »Parzival« sprächen, wenn sie den König meinten.*

[2] *Diesen Brief sandte Cosima an Richard Wagner, der in seinem Schreiben vom 8. April 1866 aus Luzern an den König unter anderem schrieb: »Nicht Ihres wundervollen Briefes an die treue Freundin bedurfte es, um mir Ihre Grösse zu enthüllen: Sie wissen es, schon habe ich sie im Voraus besungen. – Nun, Theurer, schonen Sie auch der Freundin: bin ich ›Wotan‹, so ist sie meine ›Brünhild‹; dieses deutet Ihnen Alle Liebe, die Uns einigt. Wer – ausser Ihnen – verstünde Wotan und Brünhild?« – Im »Ring des Nibelungen« ist Brünnhilde die Lieblingswalküre Wotans, die ihm Erda gebar; sie widersetzt sich Wotans Willen, Sigmund zu vernichten.*

85

Gütiger hoher Herr! Mein König!
Theurer wunderbarer Freund! Erhabener Beschützer!

Ich weiss gar nicht wie und was ich gestern schrieb; wie im Traum empfand ich das Glück! Noch ganz bewegt von der herrlichen Aufführung dachte ich der fernen Zeiten in denen wir Alle vereint Frieden und Seligkeit finden werden, als Brief und Depesche kamen; wenn die letzte mich erfreute was soll ich denn vom ersteren sagen? Dass der »Wunderbare« das rechte fand, wie könnte es anders sein? Ich schrieb heute sogleich dem Freunde und legte die theuren ewig in meinem Herzen eingegrabenen Zeilen bei. Jetzt vermag ich noch gar nicht zu beurtheilen was er zu thun hat; was der »Einzige« aber fand und beschloss ist mir Trost und Erhebung für alle Zeiten. »Im Anfang war die That« sang gestern das Orchester, ich dachte Wort und That sind zuweilen dasselbe, nun traf ich heimgekehrt solch ein Wort. Gepriesen sei unser Engel! ... Seltsam genug, ich empfing gestern vom Freunde nicht einen Brief sondern eine Art Tagebuch in welchem er mir mittheilt was er seit meiner Abreise stündlich vorgenommen hätte; er sprach unter andrem von einem Brief den er aus Südfrankreich bekommen hätte, worin der Besitzer eines Hauses der nachträglich erfahren hatte dass er im Januar mit dem Componisten des »Tannhäusers« zu thun gehabt, ihm sein ganzes Haus zu erträglichen Bedingungen zur Verfügung stellt. »Ich kann mich nicht entschliessen« schreibt der Freund, »denn da wäre keine Umkehr möglich, und ich erwarte immer Wunder von Parzival.« Das Wunder geschah, (es ist des Glaubens liebstes Kind), telegraphirte ich ihm heute.

Soeben kommt beifolgende Depesche. O Gott! hätten wir denn wirklich Frieden und Glück noch zu erwarten? Mein Herz kann es kaum halten, fast fürchte ich das Glück – verzeihe mir mein hoher Freund, verzeih es mir Gott, dass ich so schwach geworden!

Malwine Schnorr ist nun hier, sie will Elisabeth und Ortrud singen. Nur Venus und Elsa fehlen. Wo man sich umsieht, man findet keine.

Dass die Werke des Vaters dem Wunderfreunde lieb sein würden wusste ich, mich haben sie gestern wie noch niemals erschüttert und ergriffen.

In unaussprechlichen Gefühlen sendet meine Seele den Gruss der ewigen Treue, des unsäglichen Dankes.

Cosima von Bülow-Liszt

5ten April 1866 /.

86

Hochverehrte Freundin!

Herzlichen Dank für die lieben Zeilen, sowie für die gütige Übersendung der Depesche. – Wie freut es mich, aus derselben die gehobene, freudige, lebensmuthige Stimmung des Freundes zu entnehmen. – O wie würde es mich entzücken, wenn Er geneigt wäre mein Anerbieten anzunehmen; o das wäre herrlich! Von Berg aus könnte ich öfters zu Ihm reiten, einige Tage in Seiner Nähe droben auf dem Hochkopf weilen, ach dann verlebten Wir Tage wie jene unvergeßlichen von Hohenschwangau. – Ich warte noch auf Seine Antwort zuvor, die ich durch Ihre gütige Vermittlung bald zu erhalten gedenke, dann werde ich sogleich Seinen Wunsch in Betreff jener Summe erfüllen; ach könnte ich sie Ihm in die Riß senden. – Darf ich Hoffnung hegen? – O fürchten Sie sich nicht vor dem Glücke, jetzt gilt es mit Muth u. Entschlossenheit die dunklen Mächte zu bezwingen; jetzt ist der Augenblick gekommen; ja ewiger Sieg winkt Uns! – Ich muß schließen. – Heil u. des Himmels reichsten Segen sende Ihnen der Herr!

Ludwig.

den 5. April
1866.

Von Wagners Hand: »Ja! Glaub' – diese Bewandniss hat es mit ihm: er ist verzaubert, wie Jeanne d'Arc -: lernte Er nun auch das Zaubern! Mir ist oft, als könnt' ich's, und als ob ich nur ernstlich es wollen müsste, um da drüben den Pilatus auf den Rigi zu werfen. Alles wollt' ich können: – nur Vorstel von ihren Thorheiten heilen, – das kann ich am Ende doch nicht. Also doch kein Heiland? – (25. April Triebschen!!)
(ganz leise, leise!!!)«

87

Theure, hochverehrte Frau!

Mit vielem Dank u. innigen Grüßen sende ich Ihnen beiliegende Depesche zurück. – O nun naht die hehre Zeit, die Blumen blühen, die Vöglein singen ihre heiteren Weisen, das Eis ist geschmolzen, der Schnee ist fort, der Wonnemond ist nicht mehr fern, die Natur freut sich u. jubelt! »Der Wecker kam!«[1] Um Eines ersuche ich Sie dringend nämlich Alles dazu beitragen zu wollen, daß vorläufig von meinem Wunsche den Freund in der Riß bald zu wissen, nichts verlautet. –[2] Auch liegt mir sehr viel daran, bald des Freundes Willen zu erfahren, wollen Sie die Güte haben Ihn zu befragen? – Ich glaube fest, daß Ihm der dortige Aufenthalt erwünscht sein möchte. Die Gegend ist sehr schön, das Häuschen viel wohnlicher als die Hütte auf dem Hochkopf. – Dort in Siegfried's freier Luft, im wonnigen Wald wird Er von Leid u. Wunden selig bald gesunden! – O, welche Wonne liegt in dem Gedanken, für Ihn etwas thun zu können! – O käme Er; käme Er, es wird Ihn sicher nicht gereuen! – Wie freue ich mich auf die Biographie, tief gerührt hat mich das Original-Telegramm! – Noch ganz erfüllt bin ich von den Eindrücken des gestrigen Abendes! – Tausend Grüße, theure Freundin, von Ihrem

sehr geneigten

den 5. April 1866. Ludwig.

Handschriftliche Notiz Richard Wagners: »Vorstel muss Bettwäsche, namentlich für die Kinder mitbringen. Auch etwas Waschtücher. –

Wer wird Agnesens Stelle einnehmen? – Könntest Du nicht die Luitpoldstrasse[3] gänzlich schliessen, und Deine St. Anna[4] mitbringen? Sie und Loldi's[5] Kindermädchen. Oder hat sie nicht die nöthige schwärmerische Eleganz für Lusch's[6] Erziehung? –

Sag' mir doch Alles bald!

Also am 25 April Abends 5 Uhr 42 Minuten am Luzerner Bahnhof: Schiff bereit, Einzug in Triebschen.

Atelier für Jean Bart de Piano fertig. –«

[1] *Zitat aus »Götterdämmerung«, 3. Aufzug, 2. Szene: »Siegfried: Der Wecker kam; er küßt dich wach.«*

[2] *Jagdhaus in der Riß im königlichen Forstamt Tölz.*

[3] *Familie von Bülow wohnte in München in der Luitpoldstraße 15.*

[4] *Mit »St. Anna« ist Anna Mrazeck gemeint.*

[5] *»Loldi« = Wagners Kosename für Isolde.*

[6] *»Lusch« = Kosename für Daniela von Bülow.*

88

Theure, hochverehrte Frau!

Verzeihen Sie meine Ungeduld; aber das Drängen meiner Seele ist zu stark; so gerne möchte ich erfahren, ob Sie heute Neues von dem grossen Freunde vernommen haben. – O mögen alle Engel »Ihn« umschweben und Ihn zu dem Entschlusse bestimmen, mein Anerbieten anzunehmen; mir ahnt, es wird zu Seinem Heile sein! –

Soeben malt Echter den Tod Mime's durch Siegfried! auch darin erkenne ich einen Wink des Schicksals. – Noch ist es Zeit, vorsichtig aber sicher müssen Wir an's grosse Werk gehen, die Macht der Finsterniss muss vergehen, sie scheitert an entschiedenem, hehrem Willen, an unerschütterlicher Treue, an glühender Liebe! –

Der Triumph der Feinde war voreilig, geradezu blöde, denn sie kennen nicht die heiligen Mächte, welche die Brust des Begeisterten, Treuen erfüllen. Theure Freundin, ich beschwöre Sie, thuen Sie Ihr Möglichstes, um den Geliebten zu bestimmen, meiner Freundesbitte zu willfahren. – Glückselige Sonne, die dem Tage leuchtet, der die zusagende Antwort des Einzigen, des Angebeteten bringen wird, Er ist der Erlöser auf Erden, ist der Inbegriff alles Göttlichen, Reinen. An Seinem Todestage muss auch ich von hinnen, Wahnsinn wäre es zu leben, wenn Er einst dahin sein wird. – – Und Gott, der Unfehlbare, Heilige sollte diese glühende Liebe umsonst in mich gelegt haben, dieses Feuer sollte sinnlos verglimmen, nein, nein! Wir müssen vereint leben, müssen vereint kämpfen u. siegen! – »Gott will es!« – Wie sind

Sie mir theuer, um der Liebe willen, die Sie so treulich Ihm beweisen. Er hat Wenige, die Ihn wahrhaft lieben; diese aber sind Ihm treu bis in den Tod, sind Sein Eigen! –

Trauten Gruss aus ganzer Seele von

Ihrem
den 6. April sehr geneigten
1866. Ludwig.

In der Handschrift Richard Wagners: »Rothe oder schwarze Wolken? Was kümmert das den schönen Abendstern. Die Sonne sieht ihn doch. Dass du noch immer- Nein! Nein! Kein Wort *davon* mehr! Es ist der Tod – mein Tod! -«

89

Erhabener König!
Theurer gütiger Herr!

Ich wollte gestern schreiben als ich mir die Hand verletzte, und die Feder nicht bewegen konnte, ich wusste nicht wie ich dies dem Gnadenreichen wissen lassen sollte, und musste Ihn zu meinem grossen Leid, warten lassen. Ich hatte zwei Briefe gestern einen noch von Genf in welchem W. mir mittheilt dass er alles aufbietet nur um dort bleiben zu können, trotzdem es ihm vor diesem traurigen Aufenthalt graut: der zweite von Luzern datirt, ist voller Hoffnung, hier wird er ein Jahr bleiben können, hier wird ihm die Arbeit gelingen. Wir sollten alle bald kommen es wäre Platz da. Heute schreibt er: »Deine Depesche hat mich wieder traurig gemacht. Sie hat mir den Frieden gestört, nicht auf München war mehr mein Hoffen gestellt. Unterkommen auf ein Jahr – Arbeit – Meistersinger – diess war das eine Erwünschte von welchem Dir mein erster Brief aus der Verbannung berichtet. Nun ist mir als sollt ich wieder schwanken, doch vielleicht übertreibe ich den Sinn Deiner Andeutung. Was wird nun sein? Warum bin ich nicht mehr froh?

»Ich bleibe dabei die Schule, die Schule dort oder da, das ist mit Hans unser gemeinsames Werk: das müssen wir erreichen. Nur ein Jahr Geduld (von wem hab ich das?) – Meistersinger – Schule, so heisst es. Ich halte mich nun an meinen sterbenden Löwen, mein Wappen. An meine Hausleute schreibe ich noch: ich bin entschlossen mir manches nachschicken zu lassen, da ich doch wahrscheinlich in meiner »Triebschen« überwintern werde. Nicht wahr Du wehrst mir das nicht? Ach! jetzt Frieden! Hier im Zeichen des sterbenden Löwen hier wird unsre Liebe leben, weit über unser Leben hinaus!«

Ich hatte wirklich den Freund beschworen, als er allerhand Pläne im Sinn hatte, nur ein Jahr Geduld mir zu gewähren. Nun ist er so weit – was thun Wir nun? Ich glaube dass Wir ihm gänzliche Freiheit lassen – erlaubt es mir mein herrlicher Freund, so will ich dem Theuren schreiben, er könne kommen in die ihm liebevoll bereitete Stätte wenn ihn die Sehnsucht ankäme, vielleicht nach Vollendung des zweiten Aktes der Meistersinger, um dort den dritten zu schreiben? Treiben will ich ihn nicht, wir haben das Grösste erreicht, er hat augenblickliche Ruhe und – – – brauch ich das zweite, Höchste, zu bezeichnen? Ja theurer erhabener Herr, wir müssen vorsichtig sein, vorsichtig und muthig; dies eine Jahr dass ich vom Freunde errang es kann alles uns wieder geben. Ich übersende heute dem Freunde den Brief seines wunderbaren Beschützer's. Nicht ein Wort soll verlauten, nicht eine Miene soll verrathen die unsagbare Freude die mein Herz erfüllt, still in Schmerz wie im Glück ist der Welt gegenüber meine Seele.

Ich glaube alles gemeldet zu haben, mit einer Bitte schliesse ich den in Dank- und Freuden-Empfindungen geschriebenen Brief, die Bitte an den hehren Freund mir stets zu wahren seine Huld, und an den erhabenen König, mir stets zu erlauben mich zu nennen

Euerer Majestät

treu gehorsamste Dienerin

7. April 1866 /. Cosima von Bülow-Liszt

90

Hochverehrte Freundin!

Hoch erfreut bin ich darüber, daß der Freund hoffnungsvoll und heiter gestimmt ist; ja Sie haben Recht: Wir wollen Ihn ruhig Seinen Weg wandeln lassen; Er wird sicher das Rechte finden. – O, weiß ich Ihn glücklich u. zufrieden, dann bin ich es auch. – Vielleicht kömmt Er doch gern einmal in die Riß, sicher gefällt es Ihm dort! – Käme Er bald; ich will für Seine Ruhe, Seinen Frieden bürgen; ach wo wird Er Seinen Geburtstag feiern; müssen Wir im Mai geschieden sein? Doch, ich will nicht klagen, Alles lege ich in Seine Hände, Sein Wille geschehe! Mit vielen herzlichen Grüßen bleibe ich stets, hochverehrte Freundin,

Ihr
sehr geneigter
Ludwig

den 7. April
1866.

Handschriftliche Notizen von Richard Wagner: »Da sind die Briefe: Wie klug, wie zart sie Vorstel zurückverlangt, – – bloss um sie noch einmal zu überlesen, zusammenzustellen – u. s. w. Nun, nun, nun! Ich würde sie nicht behalten, auch nicht gegessen, auch nicht vertapeziert haben! – da sind sie, das sind sie! – Nun! Nun! Nun! –

Nicht wahr, ich bin einmal schön ungezogen? Willst Du's auch wissen, warum? – Ah! gleich sollst Du's hören! – 1., ist heute Loldi's Geburtstag, und da wird Champagner getrunken. 2., nehme ich mir vor, mit Vorstel von heute ab über nichts mehr zu verkehren, als über ihre Zurückkunft zu mir, ihrem Einzug in den Triebschen 3., ich weiss jetzt, das Rechte zu thun, und hoffe grenzenlos auf Arnold[1]. – Und desshalb ungezogen?? Ja, ungezogen sein, heisst bei mir, guter Laune sein. Wenn ich bös bin, mache ich keine Dummheiten. Aber, ich bin grenzenlos gut, wünschte nur zu erfahren, dass Vorstel einmal wieder eine Nacht ordentlich schlief! Wie das nur zu machen wäre?? –

10. April 1866«

[1] *Arnold – siehe Brief 81, Anmerkung 1. Wagner mietete das Haus am 4. April 1866 für jährlich 5000 Franken und zog am 15. April ein. Miete, Neumöblierung und Lebensunterhalt finanzierte Ludwig II.*

91

Erhabener König!
Theurer gnädiger Herr! Mein hoher Freund!

Gestern und heute empfing ich Briefe aus Luzern. Das gestrige Schreiben war bloss eine frohe Stimmung über die Erwartung die Nachricht die ich angekündigt. Heute schreibt der Theure »Dein Brief gab viel Anlass zu allerhand Nachdenken. *Parzival's* Schreiben – ach! Du weisst ja wie wunderbar hoch ich dieses seltsam bedeutungsvolle hehre Wesen halte! Fast war ich dran Dich telegraphisch wegen der Riss zu befragen. Die Antwort lag aber in mir. Das Schicksal hat wieder gesprochen, vor 14 Tagen hätte dieser Brief alles alles geändert, jetzt ist es zu spät *für diesmal*. Dächte ich *nur an mich* – ich böte hier Ersatz und nehme des Wunderbaren anerbieten an: aber – Er? Nein nein, keine Schwierigkeiten soll er von mir haben, ich will warten bis er mich nach München und in mein Haus laut und offen berufen kann. Und somit willkommen Schicksal: Asyl sei »Triebschen«. »Nun habe ich wieder Biographie vorgenommen.« »Heimkehrend vieles noch überlegend und in meine Stimmung bestärkt. Durchaus liebevoll und wahrhaft gerührt, vollkommen alles in seiner Grösse und Schöne erkennend, Ihn als hehrstes Wunder hoch anbetend, ja verwundernsvoll anstaunend – bin aber zu wund um kühn sein zu können, warte ab bis ich auf friedlichem offenen Wege heimkehren kann.« Mir ist es als ob der Instinkt des Freundes ihn sicher leite; freilich müssen wir ihn dann noch lange entbehren, wer weiss aber, vielleicht nicht so lange als es scheint??....

Gestern war Herr Lutz bei mir. Morgen will ich Semper's Modell mir ansehen, mir will es scheinen als ob zu Allem jetzt Zeit Noth thut. Lange an demselben Gedanken und Plan haften ist ein Zeugniss für die Wahrheit der Empfindung und die Macht des Willens die gar wenige zu geben vermögen! Vor dem Theater will es mir scheinen muss die Kunstschule da stehen aus welcher die Aufführungen als natürlichste Blüthen entspriessen werden. Ist die Kunstschule gegründet und im Gange, ist der Freund wieder in unsrer Mitte, dann der Festbau, das Werk der freudigen That! So ungefähr sprach ich gestern dem Sekretair Euerer Majestät.

Zwiefachen Dank lege ich dem theuren Herrn zu Füssen, erstens wegen der Auszeichnung die meinem Vater zu Theil wurde, zweitens wegen der gnädigen Regelung in des Freundes augenblicklicher Angelegenheit. Da der Vater mir nichts meldet glaube ich dass er noch nicht unterrichtet ist.[1]

In ewiger Treue und Dankbarkeit sende ich dem hohen hehren Freund, dem theuren Beschützer, all die Hoffnungsgedanken, die Friedenskeime, die Er, Er allein in unsren Seelen gestreut! ....

Euerer Majestät
treu gehorsamste Dienerin
Cosima von Bülow-Liszt

9ten April 1866 /.

1 Der König zeichnete Franz Liszt mit dem Verdienstorden des hl. Michael aus, schließlich 1884 mit dem Maximiliansorden für Kunst und Wissenschaft.

92

Theure, hochverehrte Frau,

Tausend Dank für die theuren Nachrichten, welche Sie mir neulich mitzutheilen die Güte hatten! – O wie bin ich stets aus Seelengrund erfreut von »Ihm« zu hören! – Auch ich erhielt einen Brief von dem Freunde, einen Brief der mich erschüttert und doch wieder wunderbar getröstet und gestärkt hat. – Doch Eines noch drückt mich; Er theilt mir mit, Er habe durch den Verkehr mit meinen unteren Beamten viel zu leiden, ich bitte Sie, schreiben Sie mir Näheres darüber; denn diesem Uebel muss abgeholfen werden.

An der Beantwortung einer Frage ist mir viel gelegen; glauben Sie, liebe Freundin, dass die »Nibelungen« etwa in 2 Jahren werden vollendet sein?

Mitten in Leidenszeiten, in düster umlagerten Tagen beseligt mich immer wieder aufs neue u. mit immer erneuter Gewalt der Seelendrang der Erlösung; das tiefe, innere Mit-Leiden schlägt immer tiefere Wurzeln in meinem Herzen u. die Kraft, die Muth zu Allem verleiht, sie wird nie unterliegen, ich weiss es, es ist ein heiliges Leiden, welches die niederen, kleinlichen ausschliesst. –

O wie steht es mit dem geliebten Einzigen? – Ach im Mai ohne Ihn leben zu müssen, Höllenqual!

Viele herzliche Grüsse Herrn v. Bülow. Treu ohne je zu wanken

Ihr

am 12. April sehr geneigter

1866. Ludwig.

Ist jetzt die Schule in Angriff zu nehmen, ich ersuche Sie mir Ihre Meinung darüber mitzutheilen! –

Handschriftliche Notiz von Richard Wagner: »Und doch! Und doch! Er ist der Einzige der zu uns gehört: Er ist gestempelt – er muss! – Nun sorgen wir, dass er kann – damit es heisst: –

›und wie er musst', so konnt' er's –
das merkt' ich ganz besonders.‹ –

Sachs«

93

Erhabener König!
Mein theurer, gütiger, huldreicher Freund!

Ganz besonders erfreuten mich heute die gütigen Worte meines Herrn; ich befürchtete dass des Freundes Brief vielleicht betrübend gewesen, es war mir selbst bang ob meine Mittheilungen Unsrem Wunderbaren Beschützer genehm gewesen! So ist denn jetzt unser Horizont wenn nicht strahlend doch mild freundlich, und gleich der Natur grünt es leicht und sanft in Uns! Mein theurer Herr, wer dürfte sich Ihnen je vergleichen, welche Güte, welche Liebe, könnte dieser höchsten Liebe sich an die Seite stellen? ... Gestern und heute hatte ich Briefe vom Freunde; es scheint ihm so ziemlich zu gehen; die letzten Liebesbeweise haben ihn wieder so ermuntert und erfrischt. »Ich bin grenzenlos vertrauend« – schreibt er mir heute »Auf Parzival baue ich wie auf den sichersten Felsen und das thut meiner Seele so wohl.« »Nie verlieren wir uns, nichts kann uns scheiden, bald wird uns auch nichts mehr trennen.«

Der Freund hat mir nicht mitgetheilt welcher Art die Unannehmlichkeiten gewesen sind die er von den hiesigen Beamten neuerdings zu dulden hatte, ich will ihn fragen. Was die Nibelungen betrifft, so glaube ich wohl dass sie in zwei Jahren beendet sein können, mir scheint es aber das richtige wenn der Freund zuerst die Meistersinger zu Stande bringt. Beharrt er nur in der schönen Laune in der ihn vor allem die letzten Bezeugungen des Erhabenen, dann auch das endliche Erreichen eines ruhigen Wohnortes versetzt haben, so weiss ich dass ihm alles leicht wird und er gar bald das Wunderbarste zu Stande bringt. Gott segne ihn, segne unsren Herrn, segne uns alle die wir »das Gute durch das Schöne wollen«. Es ist mit der Schule wie mit dem Uebrigen, nichts hat besondre hastige Eile bei dem »Standhaften«; wären wir irgend wo anders spräche ich zu irgend einem Fürsten, und wäre es zu dem Besten und der Kunst am geneigtesten, ich würde sagen: »Ja Herr, so rasch als möglich die Errichtung der Schule«, denn da hiess es eine vorübergehende Neigung wahrzunehmen und von ihr für das Rechte Vortheil zu ziehen, wie der Schiffscapitain den günstigen Wind nicht vorübergehen lassen darf um sein Fahrzeug in die See zu bringen. Allein wir sind sicher und ruhig, wir können warten denn die Hand die uns führt und hält wankt nicht; darum theurer Herr, möchte ich nicht sagen *jetzt* ist die Zeit. Doch ist es möglich dass die Schule im Oktober eröffnet wird, und dass vielleicht nach den Musteraufführungen die Unterhandlungen begännen, wäre es wohl gut und wichtig. Vieles was jetzt so vereinzelt steril ist, würde dann gegliedert fruchtbar sich erzeigen.

Ich war eben bei Kaulbach der an dem Carton der Braut von Messina arbeitet und der mir Skizzen von Lohengrin's Abschied gezeigt hat. Ich glaube er wird es wunderschön machen; über das Costüm haben wir gesprochen, ich habe ihm versprochen Morgen ihm die Dichtung zu Tristan zu bringen. – – Mime's Tod ist, finde ich, Echter sehr gut gelungen, es ist kein Umbringen es ist ein reines Wegwischen dass Siegfried aus Ekel vorbringt. Sämmtliche Siegfrieds Bilder finde ich übrigens schön gelungen, jedesmal dass ich diesen Gang sehe habe ich eine wahre schöne Freude daran.

Von Sonntag in acht Tagen werde ich mit Herrn von Bülow auf einige Tage nach Amsterdam reisen, wo mein Vater der Aufführung seiner Messe und seines Psalms beiwohnt. Mein Mann hat es so eingerichtet dass unsre Abreise in nichts die Musikaufführung stören wird, so dass er hofft das Euere Majestät sie ihm gnädigst gönnen werden.

Fast dünkt es mir kleinlich da wir alles dem Gnadenvollen verdanken, ihm noch für Einzelnes zu danken, doch darf ich meine Freude darüber ausdrücken nächsten Sonnabend der Aufführung im Residenztheater beiwohnen zu dürfen, und auch darüber dass das zweite conzert mit den Klaviervorträgen gleichfalls in der Residenz stattfindet.

Treue bis zum Tod! ... Glaube, Liebe, Hoffnung in der Seele, segnet und preist den Erhabenen,

Seine
treu gehorsame Dienerin
Cosima von Bülow-Liszt

12ten April 1866 /.

94

Erhabener König!
Theurer huldvoller Beschützer! Mein Freund, mein Herr!

Wie glücklich sind wir dass die Musikaufführung dem Gnadenreichen Freude gewährte; sie war wundervoll! Nie hat mich die Eroica so erfüllt, nie ist sie mir mit solcher Wucht entgegen getreten! Wohl dachte auch ich an den *Fernen* und empfand dass dies der Held ist den Beethoven besang; wie schön dass ich in dieser Empfindung mich mit dem Hehren vereinte! Wie Herr von Bülow und ich nach dem Conzert nach Hause kamen, freuten wir uns der schönen Zusammenstellung des Programms – wie ganz anders als die herkömmlichen Conzerte die der Freund in seinem »Bericht« so richtig bezeichnet hat, und dabei wie schön eingetheilt und auch für das gütigst zugelassene Publikum fasslich. Wir priesen unsren Herrn und dankten ihm aus vollster Seele.

Vom Freunde erhielt ich gestern einen schönen Brief, darf ich wohl meinem gnädigen Herrn, einiges daraus abschreiben: »Heute (Dienstag) herrlicher Morgen. 6 Uhr ein Glas Kissinger Wasser und hinab in den Garten. Markttag – Kahn auf Kahn von Uri Schwyz und Unterwalden zum Luzerner Markt: ein wonnevoller Anblick, ganz unsäglich schön – auf diesem Hintergrunde, auf diesem lieblich glatten Seeboden, wo jeder Kahn von einem strahlenden Silberkreise umwoben wird. Ein solcher Morgen ist nicht zu theuer mit einem beschwerlichen Wintermonat bezahlt. Nun verstehe ich meine Wahl und den Winter dem ich hier entgegengehe: Walther hat ihn schon besungen »am stillen Herd bei Winterszeit, wenn Hof und Haus mir eingeschneit – da will ich mich des Lenzesmorgen erinnern, wie will ich den Winter hier lieben! -.« »Wahrhaftigkeit, höchste Wahrhaftigkeit sei unser Dogma; sieh! zu unsrem Bund zu diesem Glauben kann ich nur Einen noch ziehen: nur Parzival. Und so sei er unser Schutzengel! Nochmals Niemand störe uns hier. Hier herrsche heilige Ruhe ! Es sind die letzten Jahre eines schweren qualvollen Lebens die hier ihr Ziel, ihre Krone finden sollen.« »Nichts hat mich seit langer Zeit so ergriffen wie das Wiederbekanntwerden mit der Melusinensage.[1] O Himmel – die scheidende Melusine die in lange Zeiten noch gespenstisch wiederkehrende – ! Ein Fieber schüttelte mich: Wehmuth und Mitleid wollten mich in Atome auflösen. Gott! was dichteten die Menschen alles schon, um sich das furchtbare Räthsel des Daseins zum Bewusstsein zu bringen, – und es hilft nichts: sie spielen mit ihren ungeheuren Dichtungen wie läppische Kinder. Was hab' *ich* in dieser Welt zu suchen?... Ich schicke Dir Melusine, lies es, gib es auch Parsival zu lesen. – Dieses Geheimniss des Zauberns!... Raymund tödet aus Misgeschick seinen Oheim in Waldes Nacht – Mondschein – wilde Flucht; eine wundervolle Stimme ruft ihn an: Melusine die Entzauberungsbedürftige – wirbt ihn, beglückt ihn grenzenlos, wird von ihm verrathen. In Mondscheinnächten pflegt sie noch die jüngsten Kinder – dann weiss man nichts mehr von ihr. Nacht – Elemente. Schuld – Zauber: Unglaube – Zweifel – Entzauberung. Lange Klage durch die Nacht – durch die Lüfte. Mondschein! – Die Vögel sind muthig und singen lustig. Hast Du schon die Staare schwatzen und schnarren hören? – Herrliche Kühe bedecken rings die Wiesen: Tag und Nacht hörst Du das Geläute. Diess Geläute ist schöner als alles Tönen das ich kenne: die Willkür des Klangwechsels, die herrlichen Glocken (der Stolz des Besitzers) sind von unbeschreiblichem Zauber. Ich geb' alle Glocken Rom's dafür hin! – Soeben Melusine ausgelesen, ach! ach Gott! Mir bricht das Herz! – nun seid glücklich damit ich glücklich sei. Wir sind aus anderer Welt! Er – er – unser Parzival wird uns nicht verlassen. Gross und einzig – einzig steht alles vor mir. Anders als alle es sich denken können!«

Vom 10ten April »Heute stand ich auf den Balkon blickte über den See – die Berge – die Sonne: ein Gensdarm brachte einen Gefangenen, einen elend gehenden Kerl! Blitzschnell stand das Innere der Welt in ungeheurem deutlichen Bild vor mir. Wie diess mittheilen? Alles verwischte sich schnell vor der Erkenntniss der Unmöglichkeit dieser Darstellung – durch Worte gar durch Schrift. Ein Goldstück in wie viel Kupfermünzen ausgedrückt: Sie haben es berechnet wie viel Kupferstücke endlich an Werth dem Goldstück gleich kommen. Nun sieh Dir einmal den Haufen Kupfer an und sag' Dir: Dieses soll jenem

Goldstück gleich sein! Zum Lachen thörig. Ach! und was weiss die Welt andres von uns als jenen Haufen Kupfermünzen. Nur höchste künstlerische Begeisterung, nur die edelste Liebe empfangen das reine Gold der Anschauung von uns.«

Vom 8ten April »Du denkst Dir wohl wie schön und ermuthigend mich Parzivals Anerbieten und Seine Briefe angeregt? Nun auch ich bin mir treu geblieben und habe keine Schwäche aufkommen lassen. Heute habe ich Ihm geschrieben, ich habe ihm wieder schreiben können wie es mir stets um's Herz ist und das hat mir wohlgethan – Denke Dir ich gehe in's Conzert, gross Orchesterconzert – Leonorenouverture etc. im hiesigen Theater zum Benefiz des Musikdirektor's »Arnold« da darf ich doch nicht fehlen?« Donnerstag 12ten April: »Ich erkenne das Wunder Seiner Liebe immer mehr, verehre es, ja verehre es staunend als eine heilige Offenbarung. Die Engel werden für Ihn vom Himmel herunter kommen. Du siehst – wie ich ihn liebe!«

Das Haus dort (campagne Triebschen) wird vom freundlichen Besitzer ordentlich hergerichtet, wir haben vor nach den Musteraufführungen hinzugehen; zuerst bringe ich im Monat Mai die drei Kinder hin, richte das Nöthige ein, auch seine Pfauen bringe ich dem Freund und manches noch, damit er es etwas behaglich habe. Ich komme dann zu den »Musteraufführungen« wieder her. Hans conferirt eben mit dem Regisseur; die erste Tannhäuserscene wird furchtbar schwer zu Stande zu bringen sein! Und Niemann der seine Partien nicht ganz singen kann! Wir sind hier erschrocken wie wir die Striche gesehen haben die hier im Lohengrin gemacht worden sind, ganz entsetzlich und frevelhaft. Wir sind in grosser Sorge namentlich um die Inscenirung des ersten Aktes des Tannhäusers und des zweiten des Lohengrins! Das Theater ist bis zu der Theilnahme des theuren Beschützer's gar zu vernachlässigt worden. –

Morgen will ich noch zu Kaulbach wandern; den »unglücklichen Vergleich« hatte er mir schon gemacht, freilich sprach er *zu mir* nur von den andren Dichter der Niblungen (Hebbel und Geibel), sehr möglich aber dass seinem Witze zu lieb er in sehr abgeschmackter Weise ihn angebracht hat! Kläglicher Versuch das Erhabene mit einem

Witze abmachen zu wollen. Von der Militairmusik gefiel mir am besten das Arrangement vom Rienzi und vom Tristan; die Meistersingerouverture schien mir nicht so geglückt auch waren meine Ohren etwas ermüdet von dem grossen Schall. Da ich bei der Militairmusik bin erlaube ich mir dem Allergnädigsten Herrn mitzutheilen dass ich heute früh Herrn Lutz in der Angelegenheit des Militairmusikchefs des Leibregiments geschrieben habe. Demselben ist verboten worden Wagnersche Musik zu bringen und er ist ganz untröstlich darüber. Ich hoffe es ist meinem theuren Herrn nicht unlieb dass ich hierüber mit Herrn Lutz spreche.

Die heilige Elisabeth noch einmal, ach! wie herrlich! Wie werden doch immer die kühnsten Hoffnungen von der Güte und der Begeisterung des Wunderbaren Freundes übertroffen! Wie freue ich mich dieses meinem Vater zu melden! Sonntag verreisen wir nach Amsterdam um ihn dort zu treffen, die Graner Messe wird dort zum achten Male aufgeführt. Es schien meinem Vater dass er nur dann nach München kommen sollte und seinen Dank dem erhabenen huldvollen Beschützer zu Füssen legen wenn Wir alle hier freudig sind, wenn die Prüfungszeit vorüber ist, mir ist als ob mein hoher Freund dieses billigen würde ...

Ich erlaube mir die *Melusine* zu übersenden da mir es gesagt wurde, ich befürchte fast dass die Sendung den gütigen Herrn beschwert; Herr Lutz hat mir das Manuscript der Biographie zurückgeschickt indem er sagte dass viele Bücher noch auf dem Tisch Euerer Majestät, lägen. Hoffentlich nimmt der Huldreichste die Sendung in Gnade auf. Nun will ich mich an die Copie der Biographie machen; meinen tiefgefühltesten Dank dem grossen einzigen Beschützer, dem hehrsten Freund für Seine gütige Theilnahme, mein Finger ist ganz geheilt.

Wie ich mich nach Bergen, Seen, Bäume, Vogelsang und Friede sehne freue ich mich in der Seele des theuren Erhabenen, dass Er in bälde sie geniessen wird; »alle Reiche der Welt möchte man Ihm zu Füssen legen«, schrieb ich von »*Parzival*«, dem fernen Theuren – doch nein doch nein, ganz andres wünsche ich Ihm, erbitte ich für Ihn, Unaussprechliches, Ungeahntes, erhabenstes himmlischstes Glück!

Hoch erfreut und demüthig stolz gemacht haben die gnadenreichen Worte Seines hohen Herrn, meinen Mann, er hofft die nächste Aufführung auch glücklich und schön zu Stande zu bringen. Ich kann dem theuren Gnadenvollen, gar nicht sagen wie ich mich auf die 9te Sinfonie freue: und das Liebesmahl der Apostel! ......

Heil Preis und Segen dem Einzigen, dem Schirmherrn unserer grossen Kunst, dreifachen Segen dem wunderbaren Freund! Ewig

Euerer Majestät
treu gehorsame Dienerin
Cosima von Bülow-Liszt

20ten April 1866 /.

1 Melusine ist ursprünglich eine altfranzösische Sage, die u.a. auch von Ludwig Tieck im Jahr 1800 bearbeitet wurde.

95

Erhabener König!
Mein gütiger Herr! Mein theurer hoher Freund!

Seit zwei Tagen bin ich nun von Holland zurückgekehrt. Meinen Vater traf ich dort in guter Gesundheit und schönster Stimmung, alles was ich ihm von München mitgetheilt habe hat ihn so tief erfreut dass er sich durchaus gedrängt fühlte einige Zeilen des Dankes an unsren Beschützer zu richten, die ich mir erlaube bei zu fügen. Wir hatten dort schöne kunsterfüllte Tage, zum 8ten Male wurde die Graner Messe aufgeführt und der Beifall mit welchem der XIII Psalm aufgenommen wurde, war ein warmer wahrer und ungemischter. Mit einfachster Liebe und *solidesten* Enthusiasmus sind die vortrefflichen Leute dort dem Vater entgegengekommen und er hat sich unter ihnen wohlgefühlt; darf ich nun sagen dass ich fast Heimweh hatte; so glücklich ich mich fühlte – mein ganzes Wesen ich empfand es wohl wurzelt hier, hängt an dem hiesigen Entfalten und Entwickeln unsrer

Kunst, Hoffen Glaube Liebe alles ruht hier unter dem Schutze des theuren Schirmherrns. Ich hoffe dass binnen einem Jahre mein Vater nach München kommen wird, er sehnt sich danach seinem gnadenvollen Herrn zu danken.

Nun sind es beinahe vierzehn Tage dass ich keinen Brief vom Freunde habe, was mir so ungewohnt ist dass ich mich gar nicht recht hineinfinden kann; heute hatte Frau v. Schnorr einen Brief woraus ich ersehe dass es dem Theuren so ziemlich geht, er hatte sich vor kurzem die Hand verstaucht so dass er mir nicht nach Holland schreiben konnte, nun weiss er nicht sicher ob ich zurück bin.

Heute war die Generalprobe der 9ten Symphonie! Gott dieses Werk! Als ein wahres Unglück empfinde ich es wenn seine Töne verhallen, mit doppelter Schwere empfinde ich das Leben, so trägt es einem empor, so schwingt es einem zu den Sternen und taucht einem in den tiefsten Tiefen des unergründlichsten Abgrundes, so lächelt es einem alles Erdenweh von der Seele! Nach der Probe sah ich mir die Decorationen an, und erlaubte mir eine Bemerkung über den dritten Akt von Lohengrin; sonst scheint mir alles sehr gelungen. Bei dieser Besichtigung nannte auch Intendanzrath Schmidt Frl. Stehle als mögliche Elisabeth; ich erschrak einigermaassen denn ich kenne die Elisabeth von Frl. Stehle und weiss auch dass die beste Rolle von Frau v. Schnorr, nach Isolde, Elisabeth gewesen ist, doch vielleicht sind da Rücksichten zu beobachten die ich nicht ermessen kann. Albert[1] giebt jetzt ein Tristan-Album heraus welches wunderschön zu werden verspricht, eine Photographie nach der Buste des Freundes soll das Titelblatt werden.

Ich habe hier bei meiner Rückkehr ein Blatt vorgefunden welches ganz kürzlich gestiftet in musikalischen Dingen einen ganz ordentlichen Ton anzuschlagen scheint; es hat mich wirklich gefreut, denn bis jetzt hat es Unsrer Sache sehr an Vertretung in der Presse gefehlt, das Blatt heisst Die Chronik und unsre kleine Gesellschaft hat sich gleich abonnirt. Wie ich mit dem Vater über die hiesigen Zustände sprach sagte ich ihm trotz des Vorangegangenen, und die vielen vielen Widerwärtigkeiten träumte ich stets von einem goldene Zeitalter das uns hier alle vereinigen und beglücken werde, es käme nur darauf an es erwarten zu können.

Zu der Fantasie von Schubert die Hans morgen spielt hatte sich mein Vater ein Programm gedacht; das Werk für Klavier geschrieben gefiel ihm ganz besonders, mir kam alles wie er es spielte ihm nicht genügend heraus, da instrumentirte er es und nannte es für sich »Die Wanderschaft« – bei dem ersten Satz dachte er sich das kühne muthige sich aufmachen eines Jünglings der unschuldig und unkundig sich frisch und frei wandernd durch das Leben begiebt: liebliche Bilder entstehen ihm, süsse Wehmuth umspinnt ihn, leichtes Dahinflattern; fast wäre für diesen Satz die erste Strophe eines Wanderliedes von Goethe gefunden: »Von den Bergen zu den Hügeln, Niederab das Thal entlang, Da erklingt es wie von Flügeln, Da bewegt sich's wie Gesang; Und dem unbedingten Triebe Folget Freude, folget Rath; Und dein Streben sei's in Liebe, Und Dein Leben sey die That.« Nun erklingt das wunderbare Thema eines der schönsten Lieder Schuberts »Da wo Du nicht bist ist das Glück« heisst es in dem Lied und düster fallen die Töne auf die Seele, die lichten Bilder sind verschwunden, der Mensch schaut nicht mehr, er empfindet: »Denn die Bande sind zerrissen, das Vertrauen ist verletzt, Kann ich sagen kann ich wissen, Welchem Zufall ausgesetzt Ich nun scheiden, ich nun wandern, Wie die Wittwe trauervoll, Statt dem Einen mit dem Andern Fort und fort mich wenden soll!« Allein *ertragen nicht erliegen* soll der Mann und muthig ertragen, selbst leicht und vergnügt will ihn Schubert haben, und wiederum eignet sich die letzte Strophe des Goetheschen Gedichtes dem letzten Satze des musikalischen Werkes an: »Bleibe nicht am Boden haften, Frisch gewagt und frisch hinaus! – Kopf und Arm mit heitern Kräften Ueberall sind sie zu Haus; Wo wir uns der Sonne freuen Sind wir jede Sorge los; Dass wir uns in ihr zerstreuen Darum ist die Welt so gross!« Und gewaltig strahlend brausen die Töne dahin .....

Mein gütiger hehrer Freund verzeiht mir wohl die Ueberschwänglichkeit?...

Mir ist wieder heimisch hier, und die heutige Aufführung hat den theuren gütigen Huldreichen meine Seele wieder so nahe gebracht, wie habe ich Ihn in dem Sturm der einzigen Beethovenschen »Freude« gepriesen und besungen!

Unterwegs habe ich ein politisches Buch von seltenster Bedeutung gelesen, und ich besann mich dabei dass der Freund mich beauftragt hatte es meinem Herrn zu senden, dass ich es aber unterliess weil vieles vorlag. Sollte es der Gnadenvolle von mir wünschen so bitte ich nur meinen Herrn mir gütigst ein Wort zu sagen.

Gern wollte ich von Amsterdam aus schreiben, sowohl die eigenthümliche Stadt als die Menschen und die Aufführungen schienen mir nicht unwerth meinem Herrn dargestellt zu werden, doch wagte ich es nicht – ist doch der politische Horizont jetzt so bedeckt dass mein gütiger Herr nicht mit der gewohnten Geduld alles aufnehmen kann.

Immer und überall wahre ich dem »Wunderbaren« höchste Treue und verbleibe

Euerer Majestät
treu gehorsamste Dienerin
Cosima von Bülow-Liszt

4ten Mai 1866 /.

[1] *Joseph Albert, Hoffotograf.*

96

Theure, hochverehrte Freundin!

Hoch erfreut u. begeistert haben mich Ihr u. Ihres Vaters theure Briefe; meinen wärmsten, innigsten Dank! – Gottlob, dem Freunde scheint es wohl zu gehen, einen Brief von Ihm lege ich bei, Sein Wille geschehe! O wie macht mich Ihr Vertrauen stolz, theure Freundin: auch ich glaube an eine goldene Zeit die nicht mehr lange auf sich warten lassen wird; schon der Gedanke solche Seelen wie Ihre und die Seinige lieben und verehren zu dürfen, ist Himmelsseligkeit wie auch der Gedanke, Ihnen Beiden wieder theuer zu sein. – O wie freue ich mich auf die Fortsetzung der Biographie, sowie auf jenes Buch, ebenso wird es mich ungemein interessieren Näheres über Amsterdam zu erfahren. –

Was wird doch heute für ein genussreicher Abend werden, Wonnen werden Uns erblühen! – Ich muss schliessen. – Treu und liebend stets

Ihr

den 5. Mai 1866. sehr geneigter Ludwig.

97

Mein erhabener Herr! Mein gütiger hehrer Freund!

Mit unendlichem Dank übersende ich dem Huldreichen den Brief des Freundes zurück: Sein Wille geschehe! – Ich hatte heute einen Brief der mich betrübte, seine Gesundheit scheint nicht gut; ach! die Trennung!

Ich bin noch so ergriffen vom gestrigen Abend dass ich kaum schreiben kann wenn es mir mein gütiger unvergleichlicher Freund gestattet warte ich noch einige Tage und erlaube mir dann Ihm mehreres mitzutheilen.

Den Gruss der ewigen Treue streue ich zu den Füssen des theuren Erhabenen, den Segen des ewigen Dankes lege ich auf das geweihte Haupt meines Königs und Herrn!

Cosima von Bülow-Liszt

6. Mai 1866 /.

98

Erhabener König!
Theurer gütiger Herr! Mein hoher Freund!

Beifolgende Zeilen unterbrach der Freund, er schickt sie für mich, weil er weiss dass ich gerne alles von ihm kenne und bewahre, ich – schicke sie, in meinem unbegränzten Vertrauen, an den Erhabenen, und frage: können Wir den Theuren zu der dritten Aufführung der h. Elisabeth einladen? Ich sage – können *Wir* – als ob mir die Treue und die Liebe das Recht geben mich mit meinem Herrn zu berathen? Können Wir es, dürfen Wir es? Wenn eine Möglichkeit, so bitte ich um ein Wort der Bejahung, wenn nicht so werde ich das Schweigen verstehen. *Mir* braucht der Huldreiche nie Gründe anzugeben. Die Zeit wäre mit einer Depesche noch da, sie müsste bis gegen Abend ankommen, morgen früh machte sich der Freund auf, Abends wäre er unter unsrem Dache, Freitag entfernte er sich wieder. Ich würde ihn mit den Kindern begleiten. Darf ich wohl um das Blatt bitten, auf der dritten Seite fängt der Brief an mich an – was wohl der Freund dazu sagen würde dass ich es mittheile? Mir ist aber als ob in *diesem* Bunde alles offen sein dürfte und müsste, und ich werde ihm schreiben was ich that.

Nicht ein Wort füge ich zur Erklärung meiner Mittheilung bei, ich weiss der Wunderbare Freund versteht mich, weiss auch dass ich Ihn aus ganzer Seele verstehe und immer tiefer begreife.

Den Gruss der Treue und des Dankes lege ich dem Gottgesandten zu Füssen und bleibe bis zum Ende

Euerer Majestät
unterthänige gehorsame Dienerin
Cosima von Bülow-Liszt

8ten Mai 1866 /

99

Theure, hochverehrte Frau!

Sehr befremdet, ich muss es Ihnen gestehen, hat mich der Ton, in welchem des Freundes Zeilen geschrieben sind, welche Sie so gütig waren, mir zu schicken; Ihrem Wunsche gemäss sandte ich sie wieder zurück. – Sie kennen die Tiefe, die Bedeutung Unsrer Liebe, werden einsehen, dass es mir fürchterlich ist, jetzt noch vom Einzigen getrennt sein zu müssen; wenn die Verhältnisse irgend darnach wären, wie gerne lüde ich Ihn ein; käme Er aber jetzt, es würde (wie es jetzt steht) jede Hoffnung schwinden, Ihn je wieder für ständig hier begrüssen zu können. Seinethalb! Seines Friedens, Seines Glückes wegen, geht es jetzt nicht. –

Er zeigte mir ja sonst so viel Vertrauen, wollte ja Alles in meine Hände legen u. Er that Recht daran, denn Er kann auf Seinen Freund wie auf einen Felsen bauen und nun scheint Er zaghaft zu werden, spricht Klagen aus! – Muss mich dies nicht betrüben, ich bitte Sie, theure Freundin sagen Sie Ihm, dass Er getrost mir Alles überlassen soll; wenn Er unbeschadet der Zukunft jetzt kommen könnte, wie gerne bäte ich Ihn zu kommen; doch auch wenn Er mich verkennt, mir Unrecht thut, liebe ich Ihn innig und treu und diese Liebe wird mich nie verlassen! – Ach hierin sieht Er nicht vollkommen klar; dies ist gewiss; ach warum, nochmals muss ich es schmerzerfüllt ausrufen, warum baut Er nicht unbedingt auf mich, den treusten Freund, der Ihn liebt mit heiliger Gluth! – Sie ist nicht fern die goldene Zeit der Wiedervereinigung, ich weiss es! – Heil Ihm! Heil Ihnen theure Freundin! –

Ludwig.

den 8. Mai
1866.

100

Erhabener König!
Theurer gnädiger Herr! Huldvoller Freund!

Ich habe gestern ein grosses Unrecht begangen! Indem ich annahm dass aus der Unterbrechung des Briefes der gütige Herr einsehen würde, wie er sofort in dem Gedanken des Freundes anullirt worden wäre, unterliess ich aus der Fortsetzung an mich dasjenige beizufügen was die vollständigste Erklärung abgegeben hätte. »Wie thörig« beginnt der Freund an mich »da siehst Du welche Grillen der Einsame fängt! Die 9te Sinfonie hat es mir angethan, Du weisst wie dieses Werk noch in mir klingt, es nicht zu hören ist mir eine Entbehrung gewesen; und die h. Elisabeth! Fast wäre ich mit Euch nach Amsterdam gereist, nur um Musik zu hören. Obigen Unsinn schicke ich Dir weil Du nun ein für allemal alles haben willst. Ersehe daraus wie kummervoll mir manchmal zu Muthe ist. Ich baue felsenfest auf Parzival – Er soll bestimmen, Er soll für uns handeln, Er sei unser Steuermann und lenke uns zum Ziel.«

Ich – empfand nur das Eine dass er Musik entbehrte und wollte mich mit dem Einzigen berathen, mir war es auch als ob nie ein Misverständniss zwischen Uns entstehen könnte, auch drängte die Zeit falls die Einladung möglich gewesen wäre, so unterliess ich denn und fehlte tief, denn ich bereitete einen sorgenvollen Augenblick Demjenigen dem ich um den Preis meiner Ruhe und meines Friedens, beseligendstes Glück erwünsche! O sei der Gnadenvolle nicht »befremdet«, o zweifle Er doch nicht an den tiefsten Glauben der je eines Menschenherzen erfüllte, o lächle Er wehmüthig freundlich mit dem Freunde und mit mir über die Trennungswehen die solche Bilder erzeugen, die doch wiederum kaum erzeugt schon zerstreut sind! Und vor allem verzeihe Er mir der Gütige Gnädige, dass ich unvorsichtig und unvollständig mittheilte was Sorge bereiten konnte. Ich fürchte der Freund würde es mir nie vergeben wenn er erführe dass ich Schuld daran trage dass der Theure, der Beschützer, über ihn »befremdet« worden wäre; und ich allein trage die Schuld daran; mein unvorsichtiger Eifer hat mich verleitet, und anstatt mich an des Freundes wahre Stimmung zu halten, oder wenigstens die vorübergehende unbedeutende zu ergänzen, dass ein vollständiges Bild für meinen Herrn entstehe, habe ich an Ihm und an dem Entfernten gefehlt!

Verzeihe mir gütig mein hoher Freund, was ich mir so schwer verzeihen kann! – In ewiger Treue und unaussprechlichem Dank

Euerer Majestät
unterthänige gehorsame Dienerin
Cosima von Bülow-Liszt

9ten Mai 1866 /.

101

Erhabener König!
Theurer gütiger Herr! Mein huldvoller Freund!

Nur mit zwey Worten erlaube ich mir meinen Herrn heute zu belästigen, um Ihm zu melden dass ich Morgen früh nach Luzern mit den Kindern reise, und dort einige Wochen verweilen werde, zu den Aufführungen aber wieder nach München komme. Soll ich dem Freunde etwas von unsrem Beschützer melden? … Darf ich mir erlauben von Luzern aus zu schreiben?

Ich lege das besprochene Buch bei und bitte nur um gütige Vergebung dass es so zerlesen ist.

In Luzern werde ich mich endlich an die Abschrift der Biographie machen und sie bald möglichst meinem gnädigen Herrn zuschicken.

Kaulbach den ich vorgestern besuchte arbeitet an der »Verklärung«, der erste flüchtige Entwurf schien mir sehr gelungen.

Ist wohl meinem gnadenvollen Freund die Anfrage Semper's überbracht worden? Ohne irgendwie hier ein Urtheil abgeben zu wollen ist es mir als ob er immerhin das Modell verfertigen könnte. Wann es ausgeführt wird – eine andre Frage die aber an Wichtigkeit verliert wenn einmal Plan und Modell da sind; mögen es dann andre Generationen vollbringen wenn unsre Zeiten zu schwer und zu ernst sind um an der heitren Kunst sich zu ergötzen.

Ich ersuche eben Herrn Lutz sich heute noch zu mir zu bemühen, das Leben der »Chronik« ist durch einen Beschluss der Polizeidirektion gefährdet; ich will mit Herrn Lutz ganz *privatim* und *unofficiell* besprechen ob da nicht abzuhelfen ist.

Mein theurer Herr weilt wohl auch nicht mehr lange in der Residenz; möge der Sommer Ihm, dem Einzigen, Segen- und Heilbringend sein! Mir träumt stets von einem Traum ob der sich wohl je erfüllt? … Ich hoffe gegen jede Hoffnung wie Paulus, und *glaube*[1]. Wir haben ein Wunder gesehen und können es bezeugen, ich empfinde es stets und ahne Seine Werke.

Gepriesen sei in alle Ewigkeiten dieses holde Wunder!

Cosima von Bülow-Liszt

10ten Mai 1866 /.

[1] *1. Korintherbrief 13,7: »Die Liebe glaubet alles, sie hoffet alles.«*

102

Hochverehrte Freundin!

Endlich komme ich dazu Ihnen für Ihren letzten, lieben Brief meinen wärmsten, herzlichen Dank auszusprechen! – Er war himmlischer Trost, lindernder Balsam für meine Seele. Ich ersuche Sie, Herrn v. Bülow meinen innigen Dank auszudrücken, für all die herrlichen Genüsse, die namenlosen Wonnen, durch die er mich im vergangenen Winter und im Frühling erquickt und beseligt hat. Zeitlebens werde ich ihm dankbar dafür sein! O was war das gestern wieder für eine gelungenen Aufführung der »Hl. Elisabeth«! Die gottvollen Klänge tönen noch in mir nach. – Nun bin ich wieder im trauten Berg, ach hier verlebte ich so wonnige Stunden mit dem geliebten Freunde! Wie ist mir so wohl, wieder hier zu sein, heute vor einem Jahre um diese Stunde waren Wir noch in der Hauptprobe zu »Tristan und Isolde«, o unvergessliche Stunden. Ich beschwöre Sie, löschen Sie meiner Seele glühenden Durst und theilen Sie mir bald mit, wann Sie glauben, dass die »Meistersinger« vollendet sein werden und ob der Freund jetzt daran ist! – Versprechen Sie mir den Theuren zu bewegen, alsdann die »Nibelungen« wieder in Angriff zu nehmen; machen Sie mir die Freude. Der Freund reist morgen nach Lindau! – Ich bitte Sie theilen Sie es mir stets mit, wenn Er etwas bedarf, ach so gerne erfüllte ich jeden Seiner Wünsche. Nächstens werde ich Ihrem hochverehrten Vater schreiben, o wie freue ich mich darauf, ihn im nächsten Jahre in München zu sehen; dann werden wir Alle endlich vereinigt sein, Wir, die Wir für einander geschaffen sind; ja Wir gehören einander an, heilige Bande umschlingen Uns. –

Erfahren Sie, theure Freundin hie und da einiges von dem hehren Freunde über Seinen Plan zum: »Parcival«.

Gerne hörte ich Ihre Meinung über die neue Schule, des Freundes Plan ist herrlich, ist grossartig, sehr schwer wird es sein ihn so auszuführen; seien Sie versichert, ich werde den Muth nicht sinken lassen, mächtig ruft die innere Stimme: »Verzage nicht, denn Alles wird vollbracht, das Ideal wird verwirklicht werden; »Gott will es«! –

Im Herbste nahe der Freund! Helfen sei mir Ihn zu bewegen.

Tausend innige Freundesgrüsse sendet Ihnen, hochverehrte Frau,

Ihr

Berg d. 11. Mai
1866.

sehr geneigter
Ludwig.

Eine der beigelegten Photographien ist für Sie, die andere für Herrn v. Bülow. –

L.

103

Telegramm

Von Starnberg nach Luzern 13.5.1866

An Frau Baronin von Bülow in Luzern

Nun wird die Freundin mit dem Theuren vereint sein, im Geiste bin ich bei den beiden Theuersten auf Erden. Auch ich träume von einem künftigen Glück und hoffe fest der Traum der seligen Stunden an den Ufern und auf den Wellen des Vierwaldstättersees werde in Erfüllung gehen. Ich sehne mich nach baldiger Kunde.

Ludwig.

104

Mein hoher Herr! Mein theurer wunderbarer Freund!

Als ich Abschied nahm hoffte ich von den Triebschen aus friedlich freundlich berichten zu können, ich dachte der gewünschte Stillstand wäre eingetreten, und freute mich dem gütigen Erhabenen einfache Beschreibungen des ruhigen Lebens entsenden zu können; nun ist alles wieder ernst, sehr ernst geworden, ich zittre um das Wohl und Heil des Theuren (ich zittre um das Wunder!) dort, ich zittre um die Ruhe des Theuren hier. Ach gütiger theurer beschützender Freund, ist es möglich dass der arme vom Leben gehetzte, nun einige Zeit in Frieden lebt, wie würde ich es dem Himmel und seinem Entsandten danken! Ich erschrak als ich ihn in Romanshorn traf und wir brachen Beide in Thränen aus; doch erholte ich mich bald als ich die Triebschen sah. Es ist schön hier mein theurer Herr, der einfache aber grosse Garten führt an den See, vor uns steht der Rigi in schwerfälliger Pracht, von der Seite der Pilatus wie ein gewaltiger Drache; sein Name und seine Sage leben in dem Mund des Volkes zu ewiger Schmach der Theilnahmslosen welche das Fürchterliche geschehen lassen und sich damit begnügen es nicht betrieben zu haben! .. Bei schönem Wetter ist es hier ganz berauschend, und als ich am ersten Morgen die Kleinen im Garten einrichtete und von oben die Meistersingerklänge zu mir drangen dachte ich mein Herz würde vor Freude springen. Zu unsrem Schutzengel wandte sich der Gedanke, ich dachte mir den Theuren in Berg, trotzdem ich mich entfernt hatte schien ich mir dem Gütigen näher, wie sprach ich so traut mit dem Freunde der da schuf und dem Freunde der da stiftet. Abends kam die Botschaft aus Monsalvat, wirklich glaubte ich nichts mehr zu wünschen haben. Am zweiten Tag hatte ich den gütigen Brief, ich bereitete mich vor über die Kunstschule zu schreiben ausführlich und eingehend, wie ich mir die Ausführbarkeit des Planes denke – und unser ganzes stilles Leben wollte ich dem Herrlichen mittheilen – nun kam die Depesche an den Freund, dann der Brief, ich sah des Freundes fürchterliche Noth und Besorgnis um den Einzigen, den Einzigen! Ach könnte ich sie nur ausdrücken die Qualen die ich ausstand, mir war's als ob ich den Gütigen in lauter Gefahren sähe, in lauter Leiden und Pein, und doch musste ich den Freund beruhigen. Mein theurer gnadenvoller geweihter Freund, Gott erspare Euerem Herzen die Noth die ich jetzt gelitten! Mir ist es als ob der Freund auf ewig zerrüttet sein wird wenn er jetzt aus dem Frieden hier gerissen wird, wie sieht es noch in Bayern aus, wie mächtig sind noch seine Feinde, was soll aus seiner aus Unsrer Kunst werden wenn er sich nicht sammeln kann? Und der Huldreiche der Wunderbar Treue, der Liebende, was steht Ihm bevor sind die Kämpfe die er für den Geliebten unternimmt nicht unzeitig fürchterlich?

Als wir gestern zusammen alles besprachen sagte mir der Freund er wolle seinen Herrn bitten ihm Jemanden zu entsenden mit welchem er die ganze Lage bespräche, mit dem er alles auseinandersetzen würde und von welchem er sich vieles mittheilen lassen würde. Er wollte selbst nach Berg fahren ich hielt ihn ab, wer weiss welche Schwierigkeiten er durch diesen Schritt dem Beschützer aufbürden würde. Geduld, Ruhe, wir sind ja sicher – eine feste Burg ist unser Herr – das ist unser Spruch. Nun kam heute der gnädige Vorschlag; ich wollte jubeln über die Einstimmigkeit, so entfernt sind Wir Uns so nahe! Wer könnte Uns wohl schaden?... Nun ist es mir wieder als ob Friede herrschte; der Theure skizzirte an dem 2ten Akt, ruhig erwartet er den Gesandten – wüsste ich nur wie es dem Einzigen geht? Ach, hat die trübe Stimmung einer heitereren gewichen? Könnte ich nur Worte des Trostes und der Erhebung finden, dem Himmel aber muss ich überlassen was vom Himmel kam und Glück erflehen für Denjenigen den ich als Glückspender anbete. –

Gestern nahmen wir die Biographie wieder auf; des Morgens schreibe ich ab, Abends diktirt der Freund. Gestern kam die neue grosse Photographie an ich bewahre sie auf um sie am 22ten inmitten der Blumen aufzubauen. Die kleine machte mir unsägliche Freude, ich sah sie bei Albert und – darf ich die Kühnheit gestehen? – wünschte mir dass der gütige Freund sie mir geben möchte! Ich schrieb meinem Vater das Unser gnadenvoller Herr die h. Elisabeth lieb gewonnen hat, er beabsichtigt, in Rom angekommen, eine Reinschrift des Vorspiels zu machen und es dem Huldvollen zuzusenden; die Partitur lässt er noch nicht drucken damit das Werk nicht überall gut oder schlecht aufgeführt werde. Habe ich dem theuren hohen Freunde gesagt dass in Prag ein grosser grosser Erfolg stattgefunden hat?

Mein Mann hält jetzt seine Proben; wie wird es nur mit diesen Aufführungen, drohender unvermeidlicher als je erscheint der Krieg – ich mag an keine Zukunft denken, suche mich mit jedem einzelnen Tag zu begnügen, der heutige ist schön und herrlich, o wüsste ich nur dass die Seele des Wunderbaren nicht mehr leidet.

Ist das Heil dereinst da, ist Parzival trosterfüllt, ist der Verwundete erlöst, dann will ich die Augen schliessen, dann habe ich gesehen was meine Seele ersehnte dann will ich singend und preisend in jene Welt hinübergehen die meine Noth zuweilen anrief!

Wenn es die Zeit des gütig Gnädigen erlaubt, darf ich wohl um Nachrichten bitten, ich bin in Sorge, darf ich es wohl gestehen?

Zum 22ten[1] habe ich den Mann bestellt der das Alpenhorn bläst für welches eigentlich die *jubelnde* Figur bei der Ankunft Isolden's geschrieben ist[2]; ich hoffe er wird kommen können; dann so viele Rosen ich nur habe in Luzern auftreiben können. Ich wollte dem Freund gern einen Wachtelhund bescheeren, konnte mir aber weder in München noch in Stuttgart noch hier in der Schweiz einen verschaffen.

Ich freue mich auf seine Freude beim Anblick des Bildes welches wunderschön ist; die andre Photographie hat er sich kommen lassen sie hängt in seiner Arbeitsstube.

Einen segnenden Gruss entsende ich dem gütigen Freund, und bleibe treu bis in den Tod meines erhabenen König's

gehorsamste Dienerin

18ten Mai 1866 /. Cosima von Bülow-Liszt

[1] *Der 22. Mai 1866 war Wagners 53. Geburtstag.*

[2] *Beginn der 2. Szene des 3. Aufzuges in »Tristan und Isolde«: Tristans Jubel bei Isoldes Ankunft.*

105

Telegramm

Von Starnberg nach Triebschen 20.5.1866

Frau von Bülow-Liszt. Luzern. Triebschen.

Dank für den theuren Brief. Die Freundin möchte meine Stimmung kennen, dann werden meine furchtbaren Seelenqualen enden, meine zehrende Sehnsucht gestillt sein, wenn ich die zusagende Antwort des Freundes bald erhalte. Ich beschwöre Sie, unterstützen Sie meinen Friedrich[1] in seinen Bitten, jetzt oder nie! Glauben Sie mir! O Gott, mein Gott.

Ludwig.

[1] *»Friedrich« = der Ordonnanzoffizier und Flügeladjutant Paul Maximilian Lamoral Fürst von Thurn und Taxis (1843-1879); Ludwig II. ebenso wie Richard Wagner und Cosima von Bülow nannten ihn den »treuen Friedrich«; er unterzeichnete seine Briefe und Telegramme an beide ebenfalls vielfach mit »Fried(e)rich«. Er sang, einstudiert durch Wagner, für den König aus dem »Lohengrin« bei einer Kahnfahrt auf dem Alpsee. Häufig begleitete er den König auf dessen Reisen. Ludwig II. schrieb am 19. Mai 1866 in sein Tagebuch: »Um 6 Uhr Er (Fürst Taxis) fort, wichtige Reise nach Luzern angetreten ... Friedrich Melot.« Dies ist eine Anspielung auf »Tristan und Isolde«, 2. Aufzug, 1. Szene: »Isolde: Meinst du Herrn Melot? ... Ist er nicht Tristans treuester Freund?«*

Ludwig II. hatte schon am 17. Mai 1866 an Wagner telegrafiert: »Ich sende einen Treuen, den Einzigen auf welchen ich mich von meiner jetzigen Umgebung fest verlassen kann, zu den Theuern.« Fürst Thurn und Taxis sollte des Königs Bitte, Wagner möge nach München zurückkommen, in Tribschen erneut vorbringen. »Der Treue, Bewährte, den ich zu dem geliebten Freund entsende, ist der Einzige von meiner Umgebung, der mich kennt und wahrhaft liebt!« schrieb Ludwig am 19. Mai 1866 an Wagner.

Nach Schauspielunterricht und Tätigkeit als Schauspieler verzichtete der Fürst später gegen eine Rente von 6000 Gulden auf seinen Namen und Titel und nannte sich »Paul von Fels«. 1868 heiratete er die Schauspielerin Elise Kreuzer.

106

Telegramm
Von Starnberg nach Luzern 21.5.1866[1]
Frau von Bülow-Liszt. Luzern. Triebschen.

Ich sende Blumen und Schale mit Bildern aus Tannhäuser, sie werden leider etwas spät anlangen, bitte, sagen Sie dem Freunde, wie leid es mir thut. Aber die Erregung in den letzten Tagen war so gross.

Einen Wachtelhund werde ich mit Freuden für die Freundin besorgen.

Ludwig.

[1] *Aus Tribschen ging an den König am gleichen Tag folgendes Telegramm ab: »Friedrich, dreifach genöthigt, bleibt zum 22ten: Wo ihr zu Dreien in meinem Namen versammelt seid, bin ich bei euch. Der Glauben an diese Lehre versichert uns die Gegenwart des erhabenen Freundes.*

Freundin Friedrich Richard«

Diese Depesche wurde in Schloß Berg erst am Morgen des 22. Mai zugestellt. Um fünf Uhr morgens ließ der König an Richard Wagner eine Gratulationsdepesche absenden, obwohl für ihn längst feststand, daß er nach Tribschen reisen würde. Der König hörte noch den Vortrag des Zweiten Kabinettssekretärs, Oberappellationsgerichtsrat Lutz, und begab sich dann angeblich auf einen Spazierritt. Tatsächlich ging es im Galopp zur Bahnstation nach Bießenhofen, wo der König, nur von seinem Reitknecht Völkl begleitet, den Eilzug nach Lindau bestieg; dort schiffte er sich nach Rorschach ein und stand bereits zur Mittagszeit in einem blauen Byron-Umhang und einem großen Hut mit Straußenfedern an der Tür des Hauses in Tribschen. Er ließ sich als »Walther von Stolzing« melden. Die grenzenlose Überraschung war gelungen. Der König schrieb in sein Tagebuch: »Mit dem Extrazug nach Luzern ..., fuhren nach dem Hause mit, in wachsender Aufregung, die Freudin dort (als ›Parcival‹ mich verehrt) am 23. ... Gingen in den Garten (Freundin, Friedrich).«

Der König weilte vom Nachmittag des 22. Mai bis zum Morgen des 24. Mai 1866 in Tribschen.

107

Telegramm

Von Starnberg nach Luzern 27.5.1866

Frau von Bülow-Liszt. Luzern Triebschen

Kammer-Eröffnung[1] heute stattgehabt, Empfang eiskalt! Presse schändlich! Glaubt die Freundin, dass ein Augenblick des Zagens und der Reue mich befällt? O nein! Unerschütterlich fest das grosse Ziel im Auge. Selig und geweiht durch jene wonnevolle Zeit. Bitte den Freund über die Stimmung zu beruhigen. Keine Sorge drücke Ihn, jede Unruhe sei von Ihm fern. Muth und Zuversicht erfüllen mich. Friedrich bei mir, grüsst ebenfalls von ganzem Herzen.

Ludwig.

[1] *Die Eröffnung der bayerischen Kammer sollte am 22. Mai stattfinden, doch der König ließ sie auf den 27. Mai verschieben. Des Königs Reise zu Wagner löste allgemeine Empörung aus, da sie in die Zeit des heraufziehenden Krieges fiel. Die Angriffe richteten sich gegen den König, Wagner, v. Bülow und vor allem gegen dessen Frau Cosima.*

108

Telegramm

Von Luzern nach Starnberg 28ten Mai 1866

Seiner Majestät König Ludwig II von Bayern Berg/Starnberg.

Innigen gerührten Dank für gütige Mittheilung. Tief erschüttert doch stets hoffnung- und vertrauenvoll. Nicht überrascht durch das Wiederfahrene, da schändliches Spiel der Mächtigen längst durchgesehen, welches dahin ausging den Hehren von seinem Volke zu trennen. Grenzenloses Vertrauen in den Erhabenen, also Friede in Triebsten, trotz innigster Theilnahme an den Vorgänge. Segensgrüße dem Geweihten. Von welchem Erfolg auch augenblicklich die gestrige That begleitet sei, sie gilt dem Freund als ein Gewähr für unausbleibliches Glück der Zukunft. Glücklich daß der treue Friedrich in Monsalvat.

Die Freundin

109

Mein theurer Herr! Mein gütiger erhabener Freund!
Einziger Schutz!

Zum ersten – zum letzten Male flehe ich für *uns*; auf den Knien sinke ich vor meinem Könige und bitte, bitte in Demuth und Noth um den Brief an meinen Mann, damit wir nicht in Schimf und Schmach das Land verlassen worin wir nur Gutes gewollt[1] – ich darf wohl auch sagen gethan haben. Mein theurer hoher Freund, wenn Sie dieses offene Wort sprechen dann ist alles gut, dann können wir hier verbleiben dann wollen wir auf den Trümmern wieder aufbauen, muthig und trosterfüllt als wäre nichts geschehen – sonst müssen wir dahin ziehen geschmäht und verlassen, dem Verbannten die einzigen Freunde entziehen die ihm nichts mehr geben konnten als ihre Existenzen mit Ruf Ruhe Ruhm, und die sich nun dies alles anderwärts wieder aufbauen müssen um ihm ein Stätte bieten zu können. Mein hehrster Freund, theures Wunderbares Wesen, das in unser Leben wie eine Göttererscheinung getreten ist, o geben Sie es nicht zu dass wir, die Schuldlosen, verjagt werden! Ihr königliches Wort kann einzig unsre angegriffene Ehre wiederherstellen, es kann dies vollständig, alles verschwindet davor, ich bitte auf den Knien um dieses Wort! Mein theurer Herr, ich wage Ihnen zu sagen (wie jener Held dem König der ihn auszeichnete: Sire vous faites bien), »Sie werden recht daran thun uns zu beschützen und das Volk wird es verstehen«. Sollten in der nächsten Nähe des theuren Hohen, Menschen sein die es bedenklich finden seine Freunde nicht in Schmach vergehen zu lassen, o theurer Herr diese Menschen haben hier nicht zu reden! In einer ernsten heiligen Stunde sprachen Sie mir von Ihrem tiefen Erfassen der Nichtigkeit der höchsten Weltgüter gegenüber den Pflichten der Liebe, Sie kennen sie diese geheimnissvoll bestimmenden Stunden in welchen das Wahre mit Sonnenhelle uns entgegentritt, im Namen dieser geweihten Stunden sage ich: Schreiben Sie meinem Mann den königlichen Brief!

Wie ich den Freund verlassen, wie ich meinen Mann getroffen, kann ich nicht beschreiben; auf eine Nacht bin ich hierher geeilt um die letzten Vorkehrungen zu treffen[2]. Wie habe ich meine Räume in welche das Marmorantlitz des Freundes mich mit bleichen Gruss empfing, betreten! Als ich Triebschen verliess brach meine Senta in bittren Thränen aus, o gäbe der Himmel diese Thränen seien nicht die Vorboten einer Thränenreichen Zeit. Morgen bin ich wieder bei meinem Mann in Zürich von dort wandern wir, wir wissen noch nicht wohin – vielleicht entfernen wir uns auf alle Zeiten von Deutschland. Ist das gnädige Schreiben möglich so will ich meinen Mann überreden dass wir heimkehren, sonst, wie dürften wir in einer Stadt verweilen in der man uns wie Verbrecher behandeln konnte? Wie könnte mein Mann in einer Stadt zu wirken vermögen in der die Ehre seiner Frau angetastet wurde? ....

Mein königlicher Herr, mein Freund, ich habe drei Kinder denen ich es schulde Ihnen den ehrenwerthen Namen ihres Vaters fleckenlos zu übertragen, für diese Kinder, damit die nicht einst meine Liebe zu dem Freunde schmähen, bitte ich Sie mein höchster Freund, »schreiben Sie den Brief«. Ist er Ihnen möglich so bitte ich um die Gnade eines *Ja's* in Zürich (Hotel Baur); nur ein Ja, die Depeschen werden alle gelesen wie ich erfahre; die »getreuen« sorgen für die möglichste Verbreitung. Ich schreibe dem Freunde Friedrich nicht, Niemanden auf der Welt soll mich in Jammer sehen und meine Klagen hören, ausser der Eine, der Einzige. Ist der Brief möglich so will ich für dieses höchste Glück alle Erdenprüfungen fröhlich tragen, ist er nicht möglich dann scheide ich hiermit von dem gütigen Freunde, küsse in Demuth und Dank seine königliche Hand, erflehe Gottes Segen auf Sein hohes Haupt, und entferne mich, ziehe hin mit meinem edlen vielleicht tödlich verwundeten Manne dahin wo den Müden Schuldlosen, Ruhe und Achtung geboten wird. Könnt ich mir sagen dass unser zertrümmertes Leben dem Dämon genügen wird und dafür ein Heil für unsren König erwachsen werde, vielleicht würde das tief gekränkte Frauen- und Mutterherz doch sich zur Freude darüber emporschwingen können – allein ich glaube es nicht! Auf uns zielen sie nicht allein die Bösen!

Ist der Brief möglich? ... Alles alles ist damit gut gemacht! O Herr fragen Sie weder Freund noch Feind, sehen Sie uns drei nun von einandergerissen, mein Mann so gekränkt dass ich nicht weiss wie er sich jemals wieder aufrichten soll, ich verzweiflungsvoll mir Vorwürfe machend dass ich ihm stets zuredete nur zu glauben nur zu hoffen, unser Name den fleckenlosen preisgegeben, unser Dasein – Gott weiss – vielleicht auf ewig gestört – o theurer Herr, nur dieses bedenken Sie! ....

Soll es nicht sein, dann sei Gott gelobt der des Menschen Herzen erhebt und bricht! Dann sei unser Herr Seinem Schutze empfohlen, dann sei der Freund, der Einsame, dem wir jetzt nichts mehr sein können gesegnet, dann seien meine Kinder[3] glücklicher denn ihre Mutter!

In ewiger Treue und Dank

des theuersten Herrn
gehorsamste Dienerin
Cosima von Bülow-Liszt

München
7ten Juni 1866 /.

[1] *Der Volksbote brachte am 31. Mai 1866 folgende Notiz über Frau Cosima: »›Allah ist groß‹, sagt der Mohamedaner, und der Prophet Richard Wagner hat famose Verdauungswerkzeuge! Noch ist's lange kein Jahr, seit die bekannte ›Madame Hans de Bulow‹ für ihren ›Freund‹ (oder was?) in den berühmten zwei Fiakern die 40 000 Gulden aus der k. Kabinettskasse abholte; aber was sind 40 000 Gulden?! ›Madame Hans‹ darf sich schon wieder nach Fiakern umschauen: denn vorgestern sind nicht weniger als 26 000 Gulden Wechselschulden gegen den selben Richard Wagner hier eingeklagt worden, eine Thatsache, die dem Volksboten verbürgt ist. Einstweilen befindet sich selbige ›Madame Hans‹, die schon seit vorigen Dezember vom Publikum den bezeichnenden Namen ›Brieftaube‹ erhalten hat, bei ihrem ›Freunde‹ (oder was?) in Luzern und war auch während des hohen Besuches dort.«*

Daraufhin ließ Bülow dem Redakteur des Volksboten, Dr. Zander, eine Forderung überreichen. Da sich dieser weder duellieren noch widerrufen wollte, bescheinigte ihm Bülow in einer Zuschrift an die »Münchener Neueste Nachrichten«, er habe »muthig und großmütig jene Quittung abgelehnt, wie sie für Dergleichen in der zivilisierten Welt üblich ist«. Den »Neuen Bayerischen Courier« verklagte Bülow. Als daraufhin seine Privatangelegenheit in beleidigender Form in der gesamten Presse besprochen wurde, sah er sich gezwungen, den König um seine Entlassung zu bitten. Er verließ München und fuhr nach Tribschen, um sich mit Wagner und seiner Frau zu besprechen. Obwohl der vorliegende Brief Cosimas auf den 7. Juni datiert ist, scheint sie ihn erst, nachdem sie mit Bülow in Tribschen darüber sprechen konnte, abgesandt zu haben.

Drei Tage nach Cosimas Bittbrief an den König klärte Richard Wagner diesen regelrecht auf über die in München umlaufenden Gerüchte in bezug auf Cosima und ihn. Im ersten Teil beschreibt er ausführlichst die schon am 1. Januar 1866 von Cosima geschilderte Abholung der 40 000 Gulden bei der Cabinettskasse. Bereits am 6. Juni hatte Wagner eine Ehrenerklärung für Bülow in der Form eines an diesen zu richtenden königlichen Handschreibens aufgesetzt und dem König mit der inständigen Bitte um Ausfertigung zugesandt. Richard Wagner beschwor in seinem Brief den König, Bülow und seine Gattin, »die auch Ihnen als hingebende Freundin so nahe trat«, zu schützen. »Sein edles Weib, welches in mitleidenvollster Hingebung dem Freunde ihres Vaters, dem Vorbilde ihres Gatten, dem hochgehaltenen Schützlinge ihres schwärmerisch verehrten Königs, hülfreich ermuthigend sich aufopferte und tröstend zur Seite stand, ist zum Lohn der Liebe, die der gütige Monarch Seinem darum verfolgten Freunde zuwandte, vor allem Volk in den Koth getreten, und mit einer Schande bedeckt worden, deren Zufügung selbst den Engel der Unschuld beflecken würde.« Ludwig stimmte einer Veröffentlichung seines Briefes an Hans von Bülow zu, in dem es unter anderem heißt: »Da Mir Ihr uneigennützigstes, ehrenwerthes Verhalten, ebenso wie dem musikalischen Publikum Münchens Ihre unvergleichlichen künstlerischen Leistungen, bekannt geworden; – da Ich ferner die genaueste Kenntniss des edlen und hochherzigen Charakters Ihrer geehrten Gemahlin, welche dem Freunde ihres Vaters, dem Vorbilde ihres Gatten mit theilnahmvollster Sorge tröstend zur Seite stand, Mir verschaffen konnte, so bleibt Mir das Unerklärliche jener verbrecherischen öffentlichen Verunglimpfungen zu erforschen übrig, um, zur klaren Einsicht des schmachvollen Treibens gelangt, mit schonungslosester Strenge gegen die Uebelthäter Gerechtigkeit üben zu lassen.« Bülow sorgte für die Veröffentlichung des königlichen Handschreibens. Der Zeitpunkt war aber äußerst ungünstig: Es war der Tag, an dem Bayern, das sich mit Österreich verbündet hatte, Preußen den Krieg erklärte. Der Brief rettete Cosima und Hans von Bülow vor einer Ausweisung, bewirkte aber ansonsten nur Hohn und Spott über des Königs möglicherweise absichtliche Blindheit.

Cosima faßte das damalige Geschehen in einem ausführlichen und aufschlußreichen, in französischer Sprache geschriebenen Brief an ihre Stiefschwester Claire, Gräfin Charnacé, zusammen. Cosima schilderte ihre Situation in Tribschen wie folgt: »Am 12. Mai habe ich mich hier wegen der Kinder, die Luft und gute Milch brauchen, niedergelassen; Hans sollte mir in 14 Tagen folgen; inzwischen hatte der König jedoch München verlassen, um Wagner zu besuchen, mit dem wir ein rustikales, doch freundliches Landhaus bewohnen. Es ist völlig unmöglich, Dir zu sagen, was dieser überraschende Besuch uns – meinem Mann und mir – eingebracht hat von seiten der ultramontanen Zeitungen. Man kann sich in Frankreich keine Vorstellung von dem Zynismus des deutschen und (katholischen) Journalismus bilden. Es gibt keine Demütigungen und keine Infamien, die man nicht auf uns geladen hätte, man hat versucht, das Volk gegen die Fremden aufzuwiegeln, Herr von der Pfordten hat sich nicht gescheut, von uns zu schreiben: die ›Elendigen Herrn und Frau Hans von Bülow‹; die königliche Familie hat beraten, den König seiner Ämter zu entheben oder zu entmündigen; kurz, nichts hat gefehlt. Hans hat die Redakteure, die sich selbst nie angreifen, herausgefordert; er hat mehrere Prozesse geführt und hat den Rücktritt eingereicht. Der König hat ihm einen schönen Brief geschrieben, in dem er sein Bedauern ausdrückt, ›daß seine uns erwiesene Zuneigung uns solche Bosheit eingetragen hat‹; dieser Brief wird veröffentlicht werden. Werden wir in München bleiben, werden wir es verlassen, wir wissen noch nichts darüber – der Kampf lohnt sich zu bleiben, denn man hat es hier mit hohen und mächtigen Leuten zu tun, aber wir sind der Sache nicht gewachsen. Der König ist jung und wir sind zu ehrlich; so daß, meine Liebste, wir uns gerade das wünschen, was ich am meisten gefürchtet habe – den Krieg. Es sieht noch nicht so aus, als ob man kämpfen würde, aber aufgeschoben ist noch nicht aufgehoben, Österreich sieht sich gezwungen, vorwärts zu gehen und Italien wird sich nicht aufhalten lassen; die ganze Frage hängt vom Bundestag ab, und ich gebe zu, daß ich eine echte Zufriedenheit empfinde, wenn ich diese großen, perfiden und moralisierenden Mächte sehe, wie sie um die Unterstützung der kleinen Staaten betteln, die immer verachtet, immer unterdrückt wurden und doch das wahre Deutschland darstellen. Wenn ich König von Bayern wäre, würde ich in diesem Augenblick das alte Deutschland wiederherstellen, ich würde Preussen und Österreich demütigen und dem Bundestag Platz zwischen Rußland und Frankreich einräumen. Aber die kleinen Staaten haben nur einen dunklen Sinn für den Widerstand gegen das, was ihnen schadet, haben keine Initiative, und die heilige Allianz hat sie völlig deprimiert ... Das Wort von Garibaldi an V. Emmanuel hat mir gefallen: ›Mit Hilfe Gottes werden wir siegen‹, sagte der König. ›Ja, Majestät, und diese Allianz wird uns wenigstens nichts kosten.‹ Das Spiel, das jetzt abläuft, ist wesentlich, wenn der Deutsche Bund einen einzigen Mann animieren würde, hätte ich die größten Hoffnungen und ich würde den größten Anteil an diesem Kampf nehmen. Aber mit den Führern der deutschen Demokraten und den Herrschern der kleinen Staaten sehe ich nur die Möglichkeit eines Triumphes für den russischen und den französischen Cäsarismus und die Auslöschung des germanischen Elementes, das uns die größten Geister und die sicherste Garantie der Freiheit gegeben hat. Eine allgemeine Revolution würde absolut nichts bringen; die Massen könnten die bürgerliche und die politische Freiheit nicht verteidigen, und das ist nichts, worauf man etwas bauen könnte. Daher sehe ich schwarz, denn ich liebe Deutschland, dieses Deutschland, das man nirgends findet und das man doch so gut kennt ...

Was machst Du in diesem Sommer, Liebste? Wir befinden uns hier in dem schönsten Lande, und ich rechne sehr mit der Ruhe und der reinen Luft, um Hans wiederherzustellen, dessen körperliche und seelische Verfassung nicht dazu geschaffen sind, Schocks gemeiner Art und wie die, die ihm gerade auferlegt worden sind, zu ertragen. Du mußt Dir vorstellen, daß Luzern, was den Jesuitismus betrifft, ein Ebenbild von München ist. Wir sind uns dessen beim Lesen einiger Zeitungsartikel bewußt geworden, die nach dem hiesigen Besuch des Königs geschrieben worden sind! Zum Glück sehen wir überhaupt niemanden in Luzern, wir leben wie die Maulwürfe. Meinen Kindern geht es gut, die zweite, die körperlich zart ist, kommt rasch zur Genesung ... Was ich Dir in diesem Brief mitgeteilt habe, weiß sonst niemand; ich habe immer weniger das Bedürfnis, mich anzuvertrauen, aber ich spüre um so mehr, wie sehr ich an Dir hänge und wie sehr mein Herz Dir gehört. Ich umarme Dich zärtlich und ich bitte Dich, mir bald zu schreiben. Cosima.« – Der Brief wurde vollständig in deutscher Übersetzung erstmals bei Walter Beck, »Richard Wagner«, Tutzing 1988, Seite 178ff., abgedruckt.

[2] Die überstürzte Reise von Cosima von Bülow war dadurch veranlaßt, daß unmittelbar vorher aus der Bülow'schen Wohnung in München einige der dort verwahrten Briefe des Königs an Wagner gestohlen worden waren. Cosima sollte nun die übrigen Briefe des Königs in Sicherheit bringen, nahm sie aber zu diesem Zweck nicht mit nach Tribschen, sondern übergab sie vorläufig Malvina Schnorr von Carolsfeld

zu treuen Händen. Von dieser forderte Richard Wagner sie später zurück. Die entwendeten Briefe des Königs gelangten kurz danach auf dem Wege über den Fürsten Thurn und Taxis wieder in Wagners Besitz.

3 *Cosima scheute sich nicht, ihre drei Kinder zu erwähnen. Dabei war Wagner der Vater des jüngsten Kindes, was der König nicht wissen konnte. Außerdem erwartete Cosima damals ein weiteres Kind von Richard Wagner. Cosima erwähnte in späteren Jahren, daß sie ab Juni 1864, also seit der Zeit, als sie Richard Wagner in seinem Landhaus Pellet besuchte, keine eheliche Beziehung mehr mit ihrem Mann gehabt habe.*

110

Telegramm

Von Starnberg nach Zürich 8.6.1866

An Frau von Bülow-Liszt. Zürich. Hôtel Baur.

Parzival verlässt die Seinen nicht. Muth. Zuversicht. Was möglich wird geschehen.

Ludwig.

111

Theure Freundin!

Erschrecken Sie nicht, inständig bitte ich Sie darum, über den Inhalt meines Briefes. Ich schreibe ihn nicht in verzweiflungsvoller, trauernder Stimmung, wie Sie vielleicht glauben könnten, o nein, ich bin ernst und doch wieder heiter dabei. – In Ihrem letzten Briefe aus München erinnerten Sie mich daran, dass ich Ihnen einst in einer sehr ernsten Stunde mitgetheilt habe: ich hielte die Pflicht der Liebe, der heiligen, gottentstammten, für die höchste! Theure Freundin, dies ist mein Glaube und nach diesem will ich leben, will ich sterben.

Nun drängt es mich, Ihnen zu sagen, dass es mir *ganz unmöglich* ist, länger von Ihm, der mein Alles ist, getrennt sein zu müssen. Ich halte dies nicht aus. – Das Schicksal hat Uns für Einander bestimmt, nur für Ihn bin ich auf Erden; täglich sehe u. fühle ich dies klarer. Bei mir kann Er nun nicht sein, o liebe Freundin, ich versichere Sie, man versteht mich nicht *hier* und wird mich nie verstehen; mir schwindet alle Hoffnung, darin werden die Zeiten sich nie mehr ändern, mit der Entfernung der Cabinetsmitglieder oder Minister wird hier nichts ausgerichtet, als König kann ich nicht mit Ihm vereinigt sein, die Sterne sind Uns nicht günstig. So kann es nicht fortgehen; nein! nein! denn ohne Ihn schwindet meine Lebenskraft dahin, allein verlassen bin ich wo Er! nicht ist, Wir müssen für immer vereinigt sein; die Welt versteht Uns nicht; was geht sie Uns auch an; theuerste Freundin, ich bitte Sie, bereiten Sie den Geliebten auf meinen Entschluss vor, die Krone niederzulegen, Er möge barmherzig sein, nicht von mir verlangen, diese Höllenqualen länger zu ertragen, meine *wahre, göttliche* Bestimmung ist diese bei Ihm zu bleiben als treuer, liebender Freund, nie Ihn zu verlassen, dies sagen Sie Ihm, ich bitte Sie darum, stellen Sie Ihm vor, dass so auch Unsre Pläne durchzuführen sind, dass ich sterbe wenn ich ohne Ihn leben muss, o die Liebe wirkt Wunder, dann kann ich mehr als jetzt als König, dann sind Wir mächtig, leben und wirken für kommende Geschlechter. Mein Bruder[1] ist volljährig, Ihm übertrage ich die Regierung, ich komme mit dem treuen Friedrich, bleibe dort wohin es mich zieht, wohin ich gehöre, dort bei Ihm ist Seligkeit, dann wähnen Wir Uns schon hienieden im Himmel, Wir wollen nicht müssig sein, o nein, ich hoffe Ihm nützen, in Vielem Ihm dienen zu können, o Wir dürfen nicht getrennt sein, ich beschwöre Sie, schreiben Sie mir *recht bald,* theilen Sie mir die Wonnekunde mit, dass der Einzige, der Angebetete einsieht, dass es höhere Kronen, erhabenere Reiche gibt als diese irdischen, unseligen! dass Er einverstanden ist mit meinem Plane, dass Er die Macht meiner Liebe zu Ihm versteht, dass Er weiss, dass mit Ihm ich einzig leben kann, o Freundin, dann werde ich erst leben, befreien Sie mich von dieser Scheinexistenz. O die zusagende, erlösende Kunde bald, recht bald. – Nennen Sie mein Vorhaben nicht überspannt, nicht abenteuerlich, bei Gott es ist es nicht, auch werden dereinst die Menschen die Macht dieser Liebe und Vorherbestimmung begreifen lernen. – – Stellen Sie Ihm, ich flehe darum, dies Alles dar, bitten Sie Ihn für mich, o Er soll mich nicht sterben, nicht dahin siechen lassen, o Er wird es nicht, Er wird denjenigen, der nur für Ihn auf Erden ist, nicht zur Trennung von Ihm, von Ihm! verdammen, Er wird mir nicht vorzustellen suchen, dass das Königthum mein wahrer Beruf sei, o ich muss zu Ihm auf nimmer Scheiden, das ist mein Beruf, dann kann auch der Geist, das Herz sich entfalten, dann! – Jetzt aber ist mein Herz gebrochen, ich zwinge mich zum leben und ich weiss es, dies ist keine momentane Stimmung, die wieder vergehen könnte o nein! nein! – Vereint vermögen Wir viel, hier ist nichts zu erreichen, hier ist und wird nie der Boden für Unsre grossen Pläne. –

O erwirken Sie mir des Theuren Zustimmung! Segen und Heil auf Ihn, auf Sie, geliebte Freundin! Nicht die schwierigen politischen Verhältnisse[2] treiben mich zu diesem Entschlusse, das wäre Feigheit, – aber der Gedanke, dass meine wahre Bestimmung nie auf diesem Wege zu erreichen ist, das lässt mich den besprochenen Schritt thun, hier u. unter diesen Verhältnissen kann ich Ihm dem Theuren nichts sein; das sehe ich klar ein, dort ist mein Stolz, dorthin zu Ihm, an Seine Seite ruft mich das Schicksal!

Treu und liebend in Ewigkeit

Ihr Freund Ludwig.

München den 21. Juli 1866

PS. An Sie, theure Freundin, richte ich diesen Brief, ich schrieb Ihm von meinem Entschlusse nicht direkt, die Erregung hätte Ihm schädlich sein können, ich bitte Sie, theilen Sie Ihm den Hauptinhalt dieses Briefes mit Ihren Worten mit. – Allen die herzlichsten Grüsse! –

L.

1 Otto Prinz von Bayern (1848-1916), der Bruder des Königs.

2 Obwohl es der König verneint, dürfte die Abdankungsabsicht auch der nur allzu begründeten Sorge um den Ausgang des Deutschen Krieges entsprungen sein; die Bayern waren am 10. Juli 1866 den Preußen bei Kissingen unterlegen.

112

Theurer, theurer edelster Freund!

Könnte ich nur die Thränen, die Wünsche, das Bangen und Sorgen der letzten Zeit Ihnen Erhabener, entsenden, dies wäre die einzige Antwort auf Ihr gestriges geheiligtes Schreiben! Was ich seitdem Sie Triebschen verliessen um Sie und mit Ihnen gelitten, kann ich nicht sagen, und mir selbst stand plötzlich in einer angstvollen Nacht der Gedanke und der Wille, den Sie aussprechen, vor der Seele. Ach! ich weiss es, mein hoher Freund, dass mit der Entfernung einiger elenden Menschen es nicht gethan ist, ich habe vor München seitdem ich die verschiedenen Schichten habe kennengelernt die entweder führen, oder sich führen lassen, oder angstvoll vor einer unbekannten überall fühlbaren Macht, sich scheu zurückziehen, ein wahres Grauen, und mir sind Sie, hohes theures Wesen, als ein Märtyrer der Krone (wie der Freund ein Märtyrer der Kunst) erschienen! Mir kam es vor als ob das Kreuz dass Ihnen auferlegt worden, diese höchste heilige Würde sei! Wie sollt' ich Sie nun nicht verstehen wenn Ihre tiefe grosse Seele sich in mir ergiesst und mir das sagt was ich ahnungsvoll weiss? Und doch und doch mein wunderbarer Freund, ich schaudre noch vor dem Gedanken zurück, und wie in dem Gedicht[1] der Reiter den traurigen Mönch der das Wesen der Welt ihm enthüllen will, angstvoll unterbricht: »Halt ein, halt ein« ihm zurufend, kann ich kaum dort weilen wo Sie so kühn und frei sich bewegen! Mir schwindelt der Boden, Seele und Sinne versagen mir, denn theuerster Freund, in dieser öden Zeit wo überall der Glaube nur Schacher ist, habe ich in Wahrheit an das Königthum *von Gottes Gnaden* geglaubt, es ist für mich eine Religion gewesen, so wie die Kunst, an Sie vor allem, ja an Sie einzig habe ich als König geglaubt, als König sollten Sie, Hehrer, unsre Kunst erheben. Nun stehe ich wie inmitten eines Erdbebens, muss Ihnen in allem Recht geben und kann nicht mitfliegen. Der Freund schreibt; er ist natürlich viel gefasster als ich, und nahm meine Mittheilung ernst aber ruhig auf; er schien darauf vorbereitet, und sein mächtiger Geist befreit ihn von der Sorge und von dem Schrecken denen ich preisgegeben bin. Er kann sicheren Blickes in die Zukunft schauen, und auf die jetzigen Trümmer das Kunstgebäude im Geiste errichten, ich sehe in dieser Stunde nur noch die Trümmer und wage es kaum zu hoffen! Wenn ich ihn recht verstanden habe so wünscht er nur für jetzt dass etwas Zeit gewonnen würde und dass, soll dereinst das Unbegreifliche Ereigniss werden, es in der rechten Stunde geschehe.

Dass man Sie erhabener Freund, *dort* nicht versteht, nicht kennt, kaum jemals kennen kann habe ich längst mit unsäglicher Betrübniss wahrgenommen, ich hatte aber stets noch gehofft dass ein entscheidender Akt vieles wenn nicht alles zum Schweigen zu Gehorsam und Ehrfurcht bringen würde. Was ist aber dies alles wenn Sie leiden und vergehen, wenn Ihre innere Stimme Sie von dem einen Beruf zu dem anderen Liebes-Beruf abruft? Was wäre da noch viel zu sagen und zu reden? So blicke ich denn auf zu Ihnen theurer grosser Freund, begreife Sie in jeder Faser Ihres Wesens, weiss auch dass ich an Ihrer Stelle so empfinden würde wie Sie, und wage es dennoch nicht Ihnen zuzurufen »entbürde Dich der unheilvollen Last, versieche nicht, lass den Schein, folge nur Deinem Herzen« – ich zittre und bebe blos, und im unbegränzten Mitgefühle kann ich auch nicht sagen: »thue es nicht«. Hegte ich einen Wunsch so wäre er der dass als letzter König der theuerste Freund den Thron verliess, dass gütige Engeln gen Himmel die Krone trügen und dass die entgötterten Menschen in der Gleichheit der vollsten Gemeinheit ihr elendes Leben führten .... Doch das sind Träume!

Ich habe Ihnen mein gütiger Freund, für den »offenen Brief« noch nicht gedankt! Ich konnte es nicht und ich wusste dass Sie in meiner Bitte von München aus meine Danksagung gelesen haben würden. Ich bin durch Ihr Erscheinen in unsrem Leben durch Ihre liebevolle Gnade gegen uns, und durch die Wendung der Dinge nach der Dämonen Lust, in meinem innersten Wesen so erschüttert dass ich nur immer schweigen möchte und Weinen. Mir ist es als ob Sie den Segen den ich über Ihr geweihtes Haupt inbrünstig herabgerufen habe, hätten empfinden müssen!

Ich weiss kaum wie das kommt dass die Ereignisse wie sie hereingestürmt sind mich eigentlich wenig um Deutschland's Willen betrübt haben; ich habe einen unerschütterlichen Glauben an den Fortbestand Deutschlands, und mir dünkt dass es zum Heil gereichen kann dass vieles Morsche und Schlechte aufgedeckt wird. So haben wir uns den Sinn der Thatsachen gedeutet die doch nur ein Prolog sind. Was aber die Edlen und Hohen in diesem Durcheinander zu thun haben? Das ist freilich eine andre schwere düstre Frage. Nirgends erblickt man einen Funken der das Herz erwärmen nirgends ein Streben oder eine That die die Seele begeistern könnte! »Tages-Gespenster«[2] überall!

Mein edler theurer Freund, ich habe Ihnen geantwortet indem ich Ihnen die Stimmung meiner Seele gezeigt habe; der Freund wird Ihnen das von Ihnen ersehnte Wort zu hören geben, und Sie sowohl in der Grösse Ihres Vorhabens als in der Geduld mit welcher die heilige Stunde dafür zu erwarten sei, bestärken. Ich bete nun zu Gott von dem die Könige ihre Macht und Würde halten, dass er Sie erhebe und tröste; dass er Ihnen einen Engel sende wie er dem Erlöser auf dem Oelberg erschien, und dass Sie Beglückender, zum Glücke und Frieden gelangen. Ewig treu, ewig liebend, in Todesangst, wie im Heilsjubel!

Cosima von Bülow-Liszt

24. July 1866 /.

[1] *Wahrscheinlich ist hier »Tochter der Luft«, ein Versdrama von Calderón, gemeint. Darin wird im 1. Teil, 2. Aufzug in der Übersetzung von J. D. Gries der sein geschenktes Land erkundende Feldherr Menon vom Priester Tiresias mit den Worten »Halt ein und hemme deinen Schritt« gewarnt, freveInd und zu seinem Verhängnis in den verborgenen und verbotenen Venustempel einzudringen.*

[2] *Zitat aus »Tristan und Isolde«, 2. Aufzug, 3. Szene: »Tristan: Tagesgespenster! Morgenträume!«*

113

Theuerste Freundin!

Der treue Friedrich ist von meinem mir so werthen Triebschen aus dem traulichen Kreise der mir Theuersten auf Erden zurückgekehrt, o wie selig war ich endlich wieder Kunde von Euch zu erhalten, Ihr Lieben! – Dass ich des Freundes Willen erfüllen werde, brauche ich wohl kaum erst zu versichern, denn ich kenne die hehren Gebote der Liebe und will sie treu erfüllen. O wie bereue ich einige der Briefe, welche ich in letzter Zeit geschrieben habe, wie wehe thut es mir in tiefster Seele dem Geliebten dadurch trübe Stunden bereitet zu haben, aus ganzem Herzen bitte ich Ihn deshalb um Verzeihung. Ach, liebe Freundin, Sie wissen, ich hatte oft so viel Schmerzliches zu erleben und da werden Sie es mir nicht verdenken, dass ich nicht immer in der peinvollen Erregung meine Gefühle beherrschte, dass ich nicht anders konnte als gerade heraus zu sagen wie es mir ums Herz war. – O ich sehe es ein, dass Ruhe Ihm so dringend nöthig ist und was bei mir steht, werde ich redlich thun, um jeden Kummer u. schmerzlichen Eindruck von dem Theuren fern zu halten. – Aber Eines theure Freundin kann ich Ihnen nicht verhehlen. Der Gedanke auf lange Zeit von Ihm fern leben zu müssen, Ihn vielleicht nur hie u. da und kurz nur sehen zu können, ist für mich fürchterlich, ja kaum zu ertragen; o das erste Jahr meiner Regierungszeit, als ich Ihn zum ersten Male sah, als Wir öfters zusammen kamen, und in seligen Stunden Uns besprachen, das war eine Zeit! – Da war ich glücklich u. kann in diesem Maasse wohl nie wieder es werden! –

Ich will nicht klagen, o das sei fern von mir; seien Sie versichert, des Freundes Ruhe und Friede geht mir über Alles! Wie glücklich macht mich der Gedanke, dass Er an den »Meistersingern« arbeitet; wie herrlich ist Sein Plan in Betreff der Aufführung dieses Werkes! o wäre er durchzuführen; ich hoffe es und verzage nicht. – O hätte ich nur eine Stunde neulich im Verein mit Ihnen zubringen können! Wie liebe ich Ihn, die Welt mir ohne Ihn zu denken will mich unmöglich dünken. – Er ist der Mittelpunkt des All's für mich, nichts hat Sinn und Bedeutung ohne Ihn.

Noch hoffe ich fest und bestimmt es wird mir gelingen die feindlichen bösen Gewalten zu brechen und mir vollkommen unterthänig zu machen, die Schlechten erhalten ihre wohlverdiente Strafe und den Reinen, Ihm an der Spitze wird der Sieg. – Dann kommt die Zeit, dass Wir auch im Leben vereinigt sein werden, ohne wieder auseinander gerissen zu werden. – Dass mir *mit jedem Tage* die Gewissheit mit erneuter Gewalt sich aufdrängt, dass es mir unmöglich ist, ja sogar ein Frevel wäre, wollte ich noch leben, wenn Er einst nicht mehr auf Erden wandelt, dies theure Freundin werden Sie natürlich und begreiflich finden.

Wir werden die Kunstschule gründen, werden ihre segensreichen Folgen noch erschauen, werden die Vollendung der glorreichen, ersehnten Werke erleben und dann nach Erreichung des Erstrebten selig und siegfrohlockend zusammen auf dem strahlenden Bogen des Friedens in Walhalls prangender Burg einziehen. – Gott ist mit Uns! –

In allen Stücken werde ich noch die nöthige Festigkeit und Selbständigkeit erlangen, zweifeln Sie nicht daran. Dass es unmöglich ist, mit einem Schlage alle die giftgeschwollenen Nattern in den Abgrund zu schleudern, werden Sie einsehen. – Und nun grüssen Sie den Angebeteten aus tiefster Seele von mir, bitten Sie Ihn in meinem Namen mir viel zu schreiben, sagen Sie Ihm, dass ich jedes Opfer bringen will, kann ich damit Seinen Frieden, seine Ruhe sichern, herzlich grüsse ich Herrn von Bülow.

Treu und liebend unerschütterlich fest

Ihr

Berg d. 13. Aug. Freund Ludwig.

1866

114

Mein theurer gütiger Freund!

Indem ich diese Zeilen beginne frage ich mich, welche Stimmung dieselben Ihnen, Hoher, wohl kund geben werden, so durchwoben durch den widersprechendsten Empfindungen sind meine Gefühle. Vor allem sage ich Ihnen Dank, dem Freunde die Ruhe gewähren zu wollen, die Ruhe deren seine müde Seele so bedürftig ist – ach Theurer, er ist krank und erschöpft! Das Häuschen in der Briennerstrasse von welches ich annahm dass er es nie verlassen würde, es wird von seinen Leuten am 1ten September geräumt und der k. Casse zur Verfügung gestellt werden, und somit wären wohl Diejenigen befriedigt, die ihm das trauliche Obdach nicht gegönnt haben, und er beruhigt sich in dem Gedanken dass er Triebschen als letztes Asyl betrachten darf. Wie ich Ihnen, einziger Freund, dafür danke dieses zu verstehen und mitzufühlen, kann ich Ihnen kaum sagen, *Sie* empfinden die Liebe, *Sie* wissen was sie gebeut! Ich freue mich unsäglich dass Sie noch hoffnungsvoll sind, dass Sie noch den schönen Glauben an Unsre Pläne Sich bewahren; ich – – verzweifle nicht, doch ich lebe von Stunde zu Stunde, ich sehe der Trennung von dem Freunde wieder entgegen, noch einen Winter sollen wir ihn die einsame Existenz führen lassen – ich weiss gar nicht wie ich es ertragen werde; haben unsre Feinde uns vernichten wollen sie haben es erreicht; in der tiefsten Seele, dem Nerv des innern Lebens haben sie uns getroffen – Gott verzeih es ihnen! Wir wollten, mein Mann und ich, schon letzten Donnerstag nach München zurückkehren, als ich einen Brief von Frau v. Schnorr bekam welche mich beschwor unsere Rückkunft zu vertagen; das letzte was unsre Feinde verbreitet hätten wäre dass Hans preussischer Spion wäre, welcher die Geheimnisse der bayerischen Politk der Bismarkschen Regierung geliefert; dieses ist grade dumm genug um dem aufgeregten Pöbel glaubwürdig zu erscheinen. Sie schreibt mir *von allen Seiten* würde ihr mitgetheilt wir könnten jetzt nicht ohne Gefahr nach München zurückkehren. Gestern Abend erhielten wir eine Depesche aus Berlin; mein Mann hatte dort dem guten Bechstein[1] (Piano-Fabrikant) geschrieben, ihm etwaige Mittheilungen nach München zu schicken, da jetzt wohl alles beruhigt wäre, diese Depesche lautet: »Sie sind schlecht unterricht, Sie können nicht ohne Gefahr abreisen«. Da Bechstein ein unglaublich ruhiger ja selbst flegmatischer Mensch ist, muss er Kenntnisse von Dingen erhalten haben die wir kaum ahnen da wir, (und Sie auch edelster Freund!) stets die Menschen für besser halten als sie sind, und der Unfähigkeit zuschreiben was aus tiefster Schlechtigkeit entstammt. Wir entschlossen uns gleich hier auf unbestimmte Zeit zu bleiben, um dann später auf einige Tage nach München zurückzukehren, unsre Sachen einpacken und eine Stadt verlassen wo wir die schönsten Träume gehegt und die hehrsten Stunden verlebt. Darf ich Sie wohl bitten, mein gnädiger Freund, uns dann in München einer der Herrn vom Sekretariat zuzuschicken um geschäftlich die Urlaubsangelegenheit abzumachen? Dieses Gebot glaube ich, werden sie willig erfüllen da sie nur eins erstreben ausser unsrem Untergang – unsre Trennung von Ihnen, Erhabener! – Mein Mann geht heute nach Basel, um zu sehen ob er dort vielleicht sein Unterkommen findet – in Deutschland will er, nach München nicht mehr weilen, denn unsre ganze Hoffnung war eben auf dieses Eine gelegt; in Deutschland ist kein Platz für unsre Kunst, die Leute würden uns mit Hohn empfangen dass wir an ihrem Sieg geglaubt haben. Wie Gott will, ich bin ergeben!

Nun sagt uns der Freund heute vom Briefe des getreuen Friedrichs; gern will er zu dem Theuersten, und wie gönnte ich Beiden innig Geliebten, das Wiedersehen und das Zusammensein! Doch, mein herrlicher Freund ich gestehe es Ihnen, ich zittre und bebe. Die Menschen welche die Macht haben sind zu allem fähig; die Stadt ist jetzt in grösster Aufregung, sie empfinden dunkel die Leute, dass ihre und ihres König's Sache schlecht geführt worden ist, wie ich höre bereiten sich Bewegungen vor, wie günstig käme da für die in Noth gerathenen Feinde des Freundes, eine Diversion, wie gern würden sie zum zweitenmale den Freund des Königs als Beute hinwerfen, ich fürchte *alles*. Die Zeitungen werden ermächtigt sein diese Zusammenkunft zu besprechen wie Ihre Reise hierher mein theurer theurer Freund, entweder richtet sich die Bosheit gegen Sie selbst, oder gegen den Freund:

Ich bin in der fürchterlichsten Angst und wage kein Wort zu sagen, ich will den Freund nicht beunruhigen, er geht so gern, die trübe Laune der er seit einigen Tagen preisgegeben ward zerstreut durch diese Aussicht, und ich, ich fürchte sie bringen ihn um! Nichts ist den Menschen heilig die uns verfolgen, unsre Ehre, unsre Ruhe, haben sie angegriffen, sie haben mit unsren Leben gespielt wie mit Bällen, sie wissen dass wir sie durchschaut haben, und ich glaube dass H. von d. Pf. sich noch an uns wegen des Briefes rächt welchen ich damals von Genf aus über ihn an H. Lutz schrieb. Ich wusste es als ich es that dass mir es schwer vergolten werden würde, ich that es dennoch weil ich die Wahrheit gegen den höchsten Freunde als die erste Pflicht erkannte, und dass, müsste ich mein eigenes Kind beschuldigen ich es frei dem Einzigen gegenüber thun würde. O lassen Sie uns ertragen was wir nicht ändern können, es ward Uns nicht gegeben über die Feinde zu siegen, sie sind mächtiger als je, wir wollen sie nicht reizen, diesen Kampf können wir nicht bestehen, unsre Herzen sind gebrochen, unsre Leben sind gewaltsam aus ihren Bahnen gerissen, lassen Sie uns in Demuth und Geduld den Frieden suchen und finden, und entsagen da wir nicht siegen können. Darf ich bitten dem Freunde hiervon nichts mitzutheilen sowohl wenn Sie ihn kommen lassen als wenn Sie ihn nicht befehlen?....

Wir haben uns recht gefreut den Getreuen zu sehen, doch waren wir betrübt öfters als heiter, unwillkührlich mussten wir des 22ten und 23ten Mai gedenken, unsrem Zusammensein fehlte ihre Krone, die wunderbarer Weise diesmal auch eine königliche ist! Freund und Herr, werden wir Uns jemals wiedersehen? Wer dürfte hier eine Antwort geben, seien Sie aber tausendfach gesegnet für Ihre Liebe, und gäbe es Gott dass unsre Leiden Ihnen theuerstes edelstes Wesen, dereinst zum Heile sich umwandeln können. Erlauben es die neidischen Götter nicht dass das Höchste sich vollbringe, seien Sie ewig gelobt und gepriesen es gewollt zu haben!

Wir haben trauriges Wetter hier gehabt und Triebschen sah gar trostlos aus, Berge See und Wiesen waren wie Gespenster. Für Ihren Ritt nach Brunnenkopf sind Sie auch wenig begünstigt gewesen, hoffentlich leidet Ihre Gesundheit nicht. Seit einem Tag haben wir wiederum Sonnenschein, Ihr theurer Brief glaub' ich hat ihn gebracht; doch verdunkelt es sich jetzt schon wieder, und die Natur beginnt wohl bald von Neuem an zu grollen. Seltsames Schicksal dass uns hier gewaltsam vereint um uns in Bälde ebenso gewaltsam wieder zu scheiden; wenn auch nicht muthlos, gänzlich willenlos stehen wir da und können nur unsre Seelen zum Zeugen nehmen dass wir nur das Gute gewollt! Sie sehen, mein hoher theuerster Freund, wie ich Ihnen aus ganzer Seele schreibe, und wie ich in Ihrem liebevollen Herzen die Empfindungen meiner Seele ausströme – Darf ich Sie bitten Gnadenvoller, *mir* immer und stets zu sagen wie es Ihnen um das Herz ist. Ich will es dem Freunde nicht mehr mittheilen um ihn nicht zu erschüttern, doch möchte ich dass Sie ohne Bedenken ohne Rücksicht mir sagten was Ihre grosse Seele bewegt, wenn der Drang zur Mittheilung Ihnen kommt. Ist es doch das einzige dass ich Ihnen bieten kann – mein Verständniss.

Bis an Beckmesser's[2] Lied sind nun die Meistersinger gelangt; dieser zweite Akt ist ganz himmlisch, es ist mir unmöglich Sachsen's Monolog »wie duftet doch der Flieder« zu hören ohne dass meine Augen sich mit Thränen füllen; durch die göttliche Musik wird ein jedes Wort verklärt zugleich und deutlicher, es scheint mir dass ich erst recht die Dichtung begreife. Gäbe Gott dass dieses Werk seiner baldigen Vollendung entgegengehe! Wie erhebend dass im Moment wo Deutschland der grössten Zerfahrenheit preisgegeben ist, dieses deutsche Werk wie keines, seine Schwingen entfaltet; dieses eine gibt Muth und Hoffnung. Vielleicht ist das so gross und bedeutungsvoll, dass wir darum verfolgt werden müssen!

Wir erwarten hier den Besuch C. Frantz[3] scharfsichtigen politischen Denker's der sich in so seltsamer Weise an den Freund gewendet hat, ohne ihn zu kennen. Ich freue mich dass er den unbekannten Freund aufsucht, denn je mehr wir von ihm lesen um so mehr sind wir überzeugt von der Klarheit seines Geistes und der Richtigkeit seiner Anschauung. Auch ein vergrämter verborgener Deutscher der seine Freude darin findet die Dinge zu untersuchen in ihrem Zusammenhang darzustellen, und keinen Werth zu legen auf das was nur eine Schein-Existenz haben kann, sei es noch so reichlich mit Canonendonner und Zeitungsgeschrei ausgestattet! Doch was kümmert sich die Welt jetzt ob etwas ächt oder unächt?

Mein Mann hat sehr bedauert dem Getreuesten nicht noch die Hand drücken zu können, er musste meinen Schwager in Zug aufsuchen. Ich hoffe der Freund grüsst den treuen Friedrich von uns beiden; und nun sage ich Ihnen hoher Theurer, lebe wohl, und vertraue Ihrer Liebe, Ihrer Weisheit, Ihrer Güte, das des Liebsten auf Erden, indem ich weiss dass keiner ausser Sie dieses Loos zum Glücklichen machen kann.

Mein Mann küsst dankend die gnadenvolle Hand, und ich entsende Ihnen, mein Freund und Gebieter, die heiligsten Gefühle meiner Seele.

Cosima von Bülow-Liszt

17. Août 1866 /.

[1] *Friedrich Wilhelm Carl Bechstein hatte 1853 die Firma Bechstein in Berlin gegründet. 1856 baute er den ersten Bechstein-Flügel. Besonders Bülow trat für Bechstein ein, weshalb sich auch Wagner an Bechstein wandte. Ein Schreibtischflügel (Pianosekretär) wurde 1866 im Auftrag Ludwigs II. als Geburtstagsgeschenk an Richard Wagner geliefert, dem 1876 ein weiterer Flügel für das Musikzimmer im Haus Wahnfried folgte.*

[2] *Sixtus Beckmesser, Baßpartie in »Die Meistersinger«. Der Stadtschreiber wirbt um Eva, die Tochter des reichen Goldschmieds Veit Pogner, muß sich jedoch den Bedingungen des Brautvaters fügen, der seine Töchter nur dem zur Frau geben will, der aus einem von ihm angeregten Wettstreit als Sieger hervorgeht.*

[3] *Siehe Brief 34, Anmerkung 3.*

115

Mein theurer hoher Freund!

Es sei der Tag dreifach gegrüsst der Sie uns gab, er leuchtet wie ein Stern in der Reihe der dunklen Tage! Unsere Tage kaum können wir sie mehr preisen, den Ihrigen aber wir können und wollen ihm Heil rufen aus ganzer Seele. Möge dieser gütige Stern die andren bösen Gestirne zerstreuen und in das Nichts verstossen durch sein mild-mächtiges Licht! Möge er uns immer gütig scheinen! Mögen Sie, theurer Freund, stets ihn freudig begrüssen und ohne Seufzer, ohne Bangen, ohne Reue gen ihn blicken!

Ich erlaube mir Ihnen, Gütiger und Gnadenvoller, das Bild des Freundes zu Füssen zu legen, wie er in seinem 26. Lebensjahre als er den Rienzi componirte, aussah. Ich konnte mir die in Paris gemachte Zeichnung verschaffen nach welcher die Photographie gemacht ist. Mein Vater erlaubt sich das Manuscript einer Messe beizufügen, beides nehmen Sie wohl mit gewohnter Güte gnädig auf? ......

Lange hörten wir nichts von Monsalvat, der Freund harrt noch des Befehles, ich bin ruhig in dem Gedanken dass unsre Loose in Ihren theuren Händen ruhen.

Nun spende Gott seinen reichsten Segen auf des König's geweihtem Haupte, den wunderbaren Freunde segnet die leidende liebende Freundin.

Mein Mann legt seine ehrerbietigsten Glückwünsche seinem Hohen Herrn zu Füssen, die Kinder küssen die königliche Hand!

Triebschen
22 August 1866

Cosima von Bülow-Liszt

116

Theure Freundin!

Zu meiner Freude erfahre ich, dass Sie und Herr v. Bülow noch in München verweilen[1]. – O so Vieles hätten Wir zu besprechen; über so Manches Uns Klarheit zu verschaffen, denn noch immer hoffe ich auf Gedeihen, ich verachte das Urtheil der blöden Menge[2] und würde Sie und Ihren Herrn Gemahl ersuchen nach Berg zu einer Unterredung mit mir zu kommen, der Liebe und Freundschaft Pflichten sind die höchsten, die heiligsten, ich erkenne sie allein an, nicht aber die Macht der Welt, des »Tages« des Falschen, des Freundesfeindes[3]. –

Doch bevor ich Ihnen den Tag des Kommens vorschlage, harre ich auf Ihre Antwort auf dieses Schreiben. Ich bitte Sie, mir mitzutheilen, ob Sie gerne kommen und jetzt eine Unterredung für rathsam und wünschenswerth halten. –

Mit tausend herzlichen Grüssen Ihr bis zum Tod treuer Freund

Ludwig.

Berg 9. Sept.
1866.

[1] *Am 1. September war das Ehepaar Bülow nach München zurückgekehrt, um seine Wohnung aufzulösen.*

2 *Zitat aus Friedrich Schillers »Kabale und Liebe«, 4. Akt, 7. Aufzug.*

3 *Zitat nach »Tristan und Isolde«, 2. Aufzug, 2.Szene: »Isolde: O Freundesfeindin, böse Ferne!«*

117

Mein gütiger hoher Freund!

Brauche ich Ihnen zu sagen dass wir zu jeder Stunde zu allem bereit sind was Sie gnädiger Theurer, von uns wünschen? Halten Sie eine Unterredung für rathsamer als den Briefwechsel so bestimmen Sie gütig den Tag. Hegen Sie aber den mindesten Zweifel über die Unterwürfigkeit Ihrer Umgebung, Ihrer Umgebung, glauben Sie dass sie neues Material hieraus schöpfen können um gegen Sie und uns Schändlichkeiten auszuhecken, so wollen wir verzichten. Ich glaube dass diese Unterredung unter dem Namen Abschieds-Audienz ohne Anstoss bei den Leuten bekannt werden könnte und sollte, denn wir wissen wie es mit der Discretion der »Werkzeuge« steht. In Allem was Sie beschliessen hoher edler Freund, fügen wir uns vertrauensvoll. Sie wissen, für uns sind Sie der Seher.

Vom Freunde hatte ich gestern einige Zeilen; er war furchtbar erschüttert durch des Erhabenen Brief – er hat aber doch gearbeitet und kann noch träumen!

Der Segen des Himmels auf Ihr heiliges Haupt, mein theurer edelster Freund, in Leid und Freud bleibt Ihnen ergeben ohne Schranken und Wanken

Cosima v. Bülow-Liszt

9ten September 1866 /

118

Theure Freundin!

Ihre lieben Zeilen erhielt ich gestern Abend in München, wo ich mich ein paar Stunden zum Besuche meines treuen Friedrich aufhielt. – Wir machten einen Gebirgsausflug zusammen; auf dem Rückwege (am 7. d. M.) stürzte mein Ross u. fiel auf ihn; der Arme hatte viel zu leiden; Gottlob geht es ihm jetzt etwas besser; doch muss er noch das Bett hüten. O dieses Jahr ist für mich das traurigste, das härteste von allen bis jetzt erlebten. –

Reiflich habe ich überlegt, ob es räthlich sei, die Freunde hier zu empfangen, zu meiner tiefen Betrübniss muss ich einsehen, dass es jetzt gerathener ist, die Theuren nicht zu sprechen. – O wie freute ich mich darauf die Theuren, deren Loos mit dem des geliebten Freundes so eng verknüpft ist, endlich nach so langer Trennung wiederzusehen; aber der Gedanke, neues Leid u. Unheil könnte den Lieben daraus entstehen, gebietet mir, *jetzt* auf das Ersehnte zu verzichten. »Ertragen musst du, sollst entbehren« rufe ich trauervoll mit Faust aus; o das Leben ist schwer, die Welt so grundverdorben und schlecht. Bisher ertheilte ich nämlich hier auf dem Lande keine Audienzen, empfing nur die Minister, wenn sie besonders Dringendes vorzutragen hatten, dies ist in der Stadt bekannt, es muss nun in mir die Befürchtung, die Sorge aufsteigen, die Elenden würden es falsch auslegen, wenn ich ausnahmsweise die theure Freundin u. Herrn v. Bülow hier empfange und es könnte neuer Schaden Ihnen erwachsen. – Sie schreiben mir, der Theure wäre durch meinen letzten Brief sehr erschüttert, gerne wüsste ich, was Er über denselben sagt, dürfte ich Sie ersuchen, mir Näheres hierüber mitzutheilen? Vorgestern erhielt ich einen Brief von dem Einzigen! Er ersucht mich, Seinen Diener Franz mit dessen Familie zu übernehmen und ihn in Seinem früheren Hause wohnen zu lassen; gerne erfülle ich diesen Wunsch, ich ersuche Sie, dem Freunde dies mitzutheilen.

Sie glauben gar nicht, theure Freundin, wie glücklich mich des Freundes Bildniss macht, welches Sie so liebevoll mir zu meinem Geburtsfeste sandten; tausend Dank aus tiefster Seele! – Wäre es denn gar nicht möglich, dass Sie in München bleiben, heilbringend könnte es sein, würden Sie den Entschluss fassen, in München wohnen zu bleiben! – Ach muss ich freundlos in der Fremde weilen! – Der Freund könnte etwa im nächsten Frühjahr (wenn der Wecker naht) nach Vollendung der »Meistersinger« Nymphenburg beziehen, dort die »Nibelungen« vollenden, den »Parcival« dort schaffen. – Alles würde wieder gut! Ich will Neumayer's Vorschlag recht erwägen, dann den dummen Mime schlachten![1] O blieben Sie, käme Er, o würde es so wie Siegmund sagt: »Keiner ging, doch Einer kam!«[2] –

Ich bitte Sie dringend theilen Sie mir genau Alles mit, was der Hehre über Neumayer's Plan sagte; in Seinem letzten Briefe gesteht mir der Freund, es dämmerte schon in Seiner Seele der Gedanke auf: ich liebte Ihn – »*nicht*«! O theure Freundin, war dies möglich, so konnte Er von Parcival denken, das sieht »Ihm« nicht gleich! ja so ist es, *dies habe ich nicht verdient*! O bleiben Sie, mit Muth und Ausdauer wird der Feind besiegt, nichtswürdig sind Unsre Feinde, das ist wahr, aber dumm, sehr dumm! dies lasse ich mir nicht nehmen. – Wir wollen ihnen beweisen, dass Wir Uns nicht aus Unsren Bahnen reissen lassen; dafür sind Wir viel zu erhaben, zu gross; dies dürfen Wir von Uns kühn und stolz aussprechen! –

O könnte ich den Entwurf zum »Jesus von Nazareth« erhalten, schreibt Porges an seinem Aufsatze über »Tristan«? – Vielleicht macht es der Freundin Vergnügen, meinen »Nibelungen«-Gang zu besichtigen, er ward jüngst vollendet. – Echter malt in meinem Auftrage 6 Bilder aus: Tristan, dürfte ich Sie ersuchen, die Skizzen zu schauen! – – Kaulbach zeichnet noch am »Lohengrin«-Carton, dann werde ich ihm »Tannhäuser an der Leiche Elisabeth's« zum Stoffe geben! –

Wie ich höre ist der Freund mit Kaulbach's letztem Carton (Verklärung der Isolde) nicht einverstanden, es würde mich freuen, Ihr Urteil über das Bild zu hören. – O Nymphenburg! käme Er dahin! wenn auch dies nicht geht, dann fasst mich Verzweiflung an; denn ich muss es wiederholen: der Gedanke von Ihm lange noch getrennt sein zu müssen – bringt mich um! – Hörten Sie nichts von Semper? wo arbeitet er? – Wie geht es Ihrem Vater? Ich sende der Freundin eine Photographie nach einem Bilde, welches ein hiesiger Maler (Spiess)[3] in meinem Auftrage jüngst vollendet hat (Tristan und Isolde von Gottfried von Strassburg). –

Die theure Freundin kennt die Schrift die »Wibelungen« und weiss, dass dies eine Vorstudie Wagner's zu Seinen »Nibelungen« war, so gerne erführe ich, welches die Vorstudien des grossen Freundes zu Seinen übrigen Werken waren[4], o Er ist mir Luft, Leben, Licht, Alles! –

Nun grüssen Sie mir Herrn v. Bülow herzlich von mir, sowie auch Senta und Elisabeth, Gottes Segen ruhe auf den Theuren. Zeitlebens treu und innig liebend

Ihr

Berg d. 10. Sept. 1866 — Freund Ludwig

[1] *Bezug auf »Siegfried«, 2. Aufzug, 3. Szene: »Siegfried holt mit dem Schwert aus. Er führt, wie in einer Anwandlung heftigen Ekels, einen jähen Streich nach Mime; dieser stürzt sogleich tot zu Boden.«*

[2] *Zitat aus »Walküre«, 1. Aufzug, 3. Szene: »Siegmund: Keiner ging, doch einer kam: siehe, der Lenz lacht in den Saal!«*

[3] *Heinrich Spieß (1832–1875), Historienmaler und Illustrator; Gehilfe Moritz von Schwinds bei der Ausführung der Wartburg-Fresken. Er fertigte eine Aquarellfolge zu »Tristan und Isolde« und dem »Fliegenden Holländer« und arbeitete meist zusammen mit seinem Bruder August Spieß (1841–1923), ebenfalls Historienmaler, den König Ludwig zur Ausmalung seiner Schlösser heranzog.*

[4] *Gottfried von Straßburgs Tristan-Sage, die auf ältere englische und keltische Ursprünge zurückgeht, kannte Wagner wahrscheinlich in der hochdeutschen Fassung von Hermann Kurz (Stuttgart 1844) oder in der Übersetzung von Karl Simrock (Leipzig 1855).*

119

Theurer gütiger Freund!

Haben Sie Dank für Alles was Sie beschlossen! Lassen Sie Uns Uns ruhig fügen, mir wird durch lange harte Gewohnheit das Entbehren beinahe leichter als das Geniessen! Innigsten Dank für das schöne sinnvolle Bild, welches in wirklich guter deutscher Art ausgefallen ist. Mein gnädiger Freund, Sie sagen wir sollten bleiben, und wenn das Wort eines Wesens auf dieser Welt uns bestimmen könnte so ist es Ihr gütiges Wort; doch antworte ich Ihnen: »wir gehen nicht, wir entfernen uns«. Den jetzt so mächtigen Feinden gehen wir aus dem Wege, welche es dahin gebracht haben dass der Beschützer unserer Kunst uns nicht ohne Gefahr sprechen kann, dass der Freund auf einige Monate entfernt nicht mehr daran denkt zurückkehren zu können, dass alle unsre Kunstpläne verschüttet da liegen, und dass wir als misglückte Abenteurer nun behandelt werden! Unser Entschluss ist nicht in der Eile gefasst; gestern noch unterhielt sich mein Mann über anderthalbstunden mit dem Polizeidirektor; er war mit diesem, wie es scheint sehr redlichen und gutwilligen Manne, recht zufrieden, doch kam er heim noch in seiner Absicht bestärkt. Es wissen es alle Leute, es ist das öffentliche Geheimniss, die Umgebung des erhabenen Freundes verzeiht es mir und dem fernen Theuren nicht mit dem Könige offen und frei verkehrt zu haben. Alles Ueble was über meine Person schändlicher Weise verbreitet worden ist, stammt – alle sagen es und wissen es – von einem Menschen her mit welchem ich zwar persönlich bis zum Ende unsres Verkehrs in freundlichem Einvernehmen stand, welcher aber die Freunde des Freundes hier unmöglich machen wollte. Diese mächtige Feindschaft drückt nun auf alle Verhältnisse, das Orchester gehorcht nicht willig einer mächtigen Ortes misliebigen Person, die Zeitungsschreiber werden frech, sie dürfen ja alles sagen, sie werden ja dazu selbst ermuntert, das Publicum wird scheu es weiss nicht woran es sich zu halten hat, denn wir haben zu schweigen. So sind wir denn wie eingemauert und der Stern der uns strahlt und dem wir entgegen singen, der konnte bis jetzt nach »aussen nichts bewegen«. Wir gehen dort wo wir Meister im Haus, dort wollen wir harren, harren auf Ihre Wünsche mein theurer Freund! Mein Mann ist und bleibt Ihr Diener, und zwar Ihr willigster unterthänigster begeistertester Diener – wann Sie Musik wünschen wird er herbeieilen, er hat deswegen die nichtssagende Stadt Basel gewählt um in Ihrer Nähe zu sein, und weil er keinen andren Herrn haben will als eben Sie, mein hoher Freund! Wir gehen – verstehen Sie mich gütig – um in München möglich zu sein, um Ihnen die Arbeit zu erleichtern! Alles ist noch möglich, doch muss der persönliche Klatsch mit welchem die Gemeinen so sicher und giftig umgehen, aufhören. Sind Sie Theurer, Hoher, so weit dass Ihnen die Leute gehorchen, oder wenn sie nicht gehorchen entfernt werden, ist die Kunstschule dekretirt, ist mein Mann zu Ihrem Hofkapellmeister gemacht, ist ein Kunstleben in Gang dann werden die Elenden schon schweigen, oder wenn sie reden sind sie unschädlich denn ihren unreinen Worten entgegnen Wir mit Unsren reinen Thaten. Dann ist unser goldenes Zeitalter eingetreten! Ich hatte gedacht dass des Freundes Entfernung genügen würde um Ihnen diese schwere hohe Aufgabe zu ermöglichen, ich sehe ein dass wir auch gehen müssen! Wie schwer mir dieses wird! Alle meine nahen und fernen Bekannten erinnern mich daran dass ich stets gesagt habe: »hier will ich sterben, von hier gehe ich nie«. Es sollte anders kommen; doch Sie sehen ich hoffe noch, und wie gewaltig hoffe ich – unsre Gegenwart erscheint mir *jetzt* ein Hinderniss für die Kunstpläne, denn wir können Ihnen Gütiger, nicht helfen so lange die Menschen da sind die uns mit Füssen treten, oder vielmehr so lange sie uns mit Füssen treten dürfen – wir entfernen uns und suchen einen Schutz um Ihnen wenn die rechte Zeit geschlagen hat zu Dienste zu stehen. Vor allem bleibt mein Mann in Ihrem Dienste, wollen Sie diesen Winter entweder Klavier- oder Orchestervortäge oder Theateraufführungen, er wird zu jeder Stunde bereit sein. Ich möchte nicht noch einen Winter fern vom Freunde leben in steter Angst um sein Befinden, darum gehe ich auch, dass dabei mir das Herz beinahe bricht, mein theurer Freund, sie wissen wie glücklich ich hier in dem Kunstweben und Hoffen, gewesen bin – lassen Sie mich schweigen! Die Bande welche Tristan geknüpft hat werden nicht gelöst, ein wenig mehr Zeit brauchen Wir als Wir gedacht, und anstatt gleich uns zu freuen haben wir viel gelitten; doch dieses gerade ist mir ein Zeichen dass wir nicht umgekommen sind; die Leute haben uns gemartert, sie haben unsre heiligsten Gefühle geschmäht, lassen Sie mich glauben dass all unsre Noth unsrer Kunst zu Gute kommen wird, und dass während wir uns vertrauensvoll wenn auch geprüft im Schatten zurückziehen, Sie unsre heilige Sache an das Licht befördern. Alles, alles, liegt in Ihrer Hand mein theurer Freund, lassen Sie uns ruhig ziehen, wir kommen wieder wenn wir sollen, wenn wir dürfen, wenn Unser Panier gepflanzt ist! Ja sie sind dumm die Menschen, allein die Dummheit beherrscht diese Welt bis der Kopf ihr zertreten wird; was sollen auch die *armseligen Leute von Unsren Absichten verstehen, sie dünken sich gefährdet eben weil sie alles dies nicht fassen können und nur immer ein persönliches Interesse voraussetzen. Sie sind dumm der idealen Welt gegenüber indem sie uns nicht fassen, Wir sind der realen Welt gegenüber dumm (Sie verzeihen wohl die kühne Wendung, hoher edler Freund), indem wir uns nie vorstellen können wie weit die Gemeinheit geht, wie auf einmal die Feigheit unverschämt wird, und wie das Nichtswürdige sich brüsten kann. So stehen sich denn zwei Dummheiten gegenüber, die erhabene, die Märtyrer-Dummheit, die göttliche Thorheit Siegfried's und Parzivals, und die Dummheit Mime's, die reale, gemeine, listige. Da muss Nothung[1] helfen.

Der Freund war sehr befriedigt mit der Arbeit Neumayer's, sowohl der Form als dem Inhalt nach; er meinte dies sei wirklich ernst genommen, durchdacht und praktisch. Ich glaube aber er wollte nichts mehr sagen. Ueber Ihren Brief oder vielmehr bezüglich Ihres Briefes mein erhabener Freund, schrieb er mir von Ihnen: »er ist die Poesie selber« – dann deutete er mir an was er Ihnen ungefähr erwiedert habe. Ich merkte aber an der Flüchtigkeit seiner Zeilen an mich (er schrieb nur eine halbe Seite) wie aufgeregt und ergriffen er war.

Ich halte »Isolde's Verklärung« für einen der besten Cartons die Kaulbach gemacht hat, wenn ich mir auch die Situation anders vorstelle. Der Freund fand Isolde nicht verklärt, er wollte sie lächelnd und entzückt haben nicht so trauernd als ob sie den Geliebten wirklich verloren wähnte! Echter's Skizzen werde ich mir mit Freuden ansehen auch den Nibelungengang, und ich sag' Ihnen Theurer, für die gütige Erlaubniss meinen innigsten Dank. Von Semper hörte ich nichts mehr, freute mich aber sehr durch den getreuen Friedrich damals zu hören dass Sie theurer edler Freund, seiner gnädig gedacht haben, denn er ist und bleibt ein Genie, seine Pläne sind wunderbar! Darf ich fragen ob das kleine Modell des Festbaues ihm bestellt ist?

Ich werde auch den Freund nach den Vorstudien fragen, ich glaube aber nicht dass er ausser den Nibelungen etwas derartiges gemacht. Von Porges hörte ich lange nichts ich werde heute brieflich anfragen. *Jesus von Nazareth*[2] ist eingesperrt auf der Altenburg in Weimar, es gehört der Fürstin W.[3] welche sich immer vorgenommen hat von Rom nach Deutschland zurückzukehren um ihre Papiere zu ordnen, wo sie mir dann dieses Manuscript für Sie theurer Freund, übergeben würde, sie hat es aber noch nicht gethan. – Mein Vater arbeitet an seinem *Christus*[4], er ist traurig über unsren Entschluss und wüsste uns gern in München d. h. bei Ihnen mein hehrer Beschützer. Nun bei Ihnen bleiben wir, wir verlassen die Leute die uns von Ihnen Hoher, Edler, trennen, um Ihnen besser dienen zu können. Wir scheinen zu gehen und wir nähern uns. Dem Freunde werde ich den gnädigen Entschluss bezüglich Franz mittheilen.

Darf ich Sie noch bitten Herrn Lutz meinem Manne nochmals zu senden? Mein Mann wollte am 15ten in Basel sein um dort für den Winter einige – sehr bescheidene musikalische Vorkehrungen zu treffen. Stuttgart und Berlin wurden ihm vorgeschlagen er vermied beide Städte der Höfe wegen, um in Ihrem Dienst zu bleiben theurer Herr! Gebrauchen Sie ihn denn wie Sie es wünschen, die Entfernung ist gering, Ihre Befehle können nie eine Störung in seinem Leben bewirken denn er richtet sich sein Leben im Hinblick auf diese Befehle ein. Er erwartet jetzt nur die Bestätigung des gnädig bewilligten Urlaubs um sich zu entfernen, ich bleibe noch eine Zeitlang hier. Die Kinder blieben auf Triebschen weil sie der Freund gern bei sich hat und sie ihm eine kleine unschuldige Zerstreuung bieten, es war das letzte was ich noch für ihn thun konnte. Der arme getreue Friedrich, ich will zu ihm schicken und erfahren wie es ihm geht!

Nun leben Sie wohl hehrer theurer Freund! Haben Sie Dank für alles alles Vergangne und Zukünftige, Ihnen glaube ich, auf Sie hoffe ich, Sie lieben wir aus ganzer Seele. Mein Mann küsst die gnädige Hand, und Senta und Elisabeth werde ich mit dem Gruss aus der »andren Welt« brieflich beglücken.

Ewig treu

Cosima v. Bülow-Liszt

11ten September 1866 /.

[1] *»Nothung« heißt im »Ring des Nibelungen« das Schwert, mit dem Siegfried den Drachen erschlägt.*

[2] *In Altenburg lag das Manuskript von Wagners »Jesus von Nazareth«. Cosima wollte auch dieses Manuskript – wie alle Wagner-Werke – zurück haben, um es dem König zur Kenntnis zu geben.*

[3] *Carolyne Fürstin von Sayn-Wittgenstein-Berleburg, geborene Iwanowska (1819-1887), eine russische Adlige, war seit 1848 mit Franz Liszt befreundet und lebte mit ihm bis 1861 auf der Altenburg bei Weimar, dann in Rom. Sie betrieb vergeblich die Auflösung ihrer katholischen Ehe, da sie auf eine kirchliche Legitimation ihres Verhältnisses mit Liszt drängte. Ihre Tochter Marie zu Sayn-Wittgenstein (1837-1920) war verheiratet mit Konstantin Fürst zu Hohenlohe-Schillingsfürst. Durch diese Beziehungen kannte Richard Wagner auch den Fürsten Chlodwig von Hohenlohe-Schillingsfürst, den er dem König als Minister empfahl.*

[4] *Liszts zweites großes Oratorium »Christus«.*

120

Theuerste Freundin!

Vor Allem meinen innigen, wärmsten Dank für Ihren lieben Brief! – Was Sie mir über Herrn von Bülow schreiben hat mich tief gerührt, wie weiss ich die treuen und liebevollen Gesinnungen zu schätzen, die er für mich im Herzen trägt. –

Ich sehe ein, dass nun gehandelt werden muss, soll nicht Alles zu Grunde gehen. – Ich will mich des grossen Freundes würdig beweisen. – Hier nun in Kürze mein Plan: (sicher bin ich, dass der Theure damit einverstanden sein wird) Ich schreibe eigenhändig Herrn v. Neumayr[1], ernenne ihn zum Cabinetschef; damit wird Vieles gut; denn »Mime« ist machtlos, ist dann so viel als moralisch tod, wenn er seine Entlassung erhält, auch die andere gemeine Seele: Fafner kommt fort, der treue Friedrich wird vom 1. Jan. an Theaterintendant, zugleich mit ihm ernenne ich Herrn von Bülow zu meinem Kapellmeister, den unfähigen Perfall wollen Wir auch entfernen. Gut wäre es wenn Wir Uns unterdessen nach tüchtigen Schreibern, nach Organen für die Presse umsehen würden, wenn Porges und Pohl hieherkämen! – Was sagt nun die theure Freundin zu diesem Plane!? – Handeln muss ich, das Spiel der Elenden muss zu Ende gehen. – Ich beschwöre Sie theilen Sie dem Freunde dies mit und bitten Sie Ihn dann doch wieder zu kommen. Warum sollte Er denn nicht im Frühjahr kommen können, aber dann Bleiben, bleiben!

Semper hat das plastische Modell in Arbeit. – Bitte nennen Sie mir die Person, der auch das Orchester nicht mehr gehorchen will, wer kann das sein? – In Friedrichs Zimmer schreibe ich diese Zeilen; Gottlob es geht ihm besser; doch darf er noch immer nicht aufstehen; ich *sehne* mich nach Mittheilung der theuersten Freundin und sende Ihr tausend innige Grüsse aus der Tiefe meiner Seele. Heil Ihnen und aller Segen des Himmels begleite Sie, die ich verehre, wie einen Engel Gottes! –

Treu und liebend

Ihr

München 13. Sept. 1866 — Freund Ludwig.

[1] *Max von Neumayr (1810–1881), 1859 bis 1865 bayerischer Staatsminister des Innern. 1866 – als Staatsrat – Sekretär des Königs.*

121

Mein theuerster höchster Freund!

Ich weiss gar nicht was ich Ihnen noch sagen soll, ich bin der Freude seit so lange so entfremdet dass sie mir wie tödlich ist! Unaufhörlich weine ich seitdem ich Ihren theuren Brief gelesen habe, und mir ist es als ob ich nun sterben müsste da ich für Sie mein theures hohes Wesen, für die Freunde, für die heilige Kunst das goldne Zeitalter eintreten sehe. Jetzt möchte ich die Augen schliessen wo ich wieder eine Freude ersehe wie ich sie nur durch Sie einst empfunden habe, nur durch Sie wieder empfinden konnte! Ich schicke das göttliche Schreiben dem theuren Freund, ich empfing heute beiliegenden Zettel, der mögliche Besuch in Berg hatte ihn so erschrocken! Alles was Sie beabsichtigen scheint mir prächtig, ach! gäbe Gott Sie hätten nicht all zu viel Verdruss und Aerger dabei! Gäbe Gott es wäre mit einem Schlage alles fertig. Mein Mann wird nach Basel reisen damit nichts Aeusserliches verändert werde. Auf unseren eigenen Trümmern erhebt sich unsre Verklärung wie die des Holländer's und Senta's! Gott, ist es kein Traum ......? Wenn der gänzlich ergebenen Seele solche Strahle entsendet werden, so weiss sie gar nicht wohin sie soll, sie erstickt fast in der Freude, der willig ertragene Kerker des Lebens der zur Himmelssphäre wird, ist ihr fremd, sie weiss nicht wie sie darin schweben soll, und alles was aus ihr bricht sind Thränen und Gebet. Ein einziges brünstiges Gebet wie es vielleicht keine Frauenseele jemals erhoben, für Sie mein göttlicher Freund! Könnte ich nur etwas für Sie, könnt ich Ihnen helfen beistehen. Ach! ich hörte einst dass die Wünsche und Segnungen der wahrhaft Liebenden, Macht und Wirkung hätten – lassen Sie mich fest an diesen Glauben halten, damit ich mir demuthsvoll einbilden kann dass diese unaufhörlichen Wünsche mit welchen ich Ihr Handeln und Wandeln begleite, Ihnen Hilfe bringen. In höchster Noth kam der höchste Trost! .....

Wie freue ich mich auch Semper's wegen; er hat so viel in seinem Leben schon durchgemacht und so stolz und ehrenvoll ertragen, dass ich wirklich von ganzer Seele wünschte dass Sein diesmaliges Unternehmen ihm Freude bereiten könnte. Nun ist er auch geehrt und befriedigt!

So haben Sie denn Dank und seien Sie gesegnet aus tiefster Seele! Lassen Sie Ihre theure Hand mich küssen wie ich es in Triebschen innig und dankerfüllt that!

Ewig treu

Cosima v. Bülow-Liszt

14ten September 1866 /.

122

Mein theurer hoher Freund!

Mir ist es als ob in diesen Stunden dem gütig Erhabenen einige Zeilen von der treuen Freundin willkommen sein könnten, in dieser mir so wohlthuenden Meinung sende ich mein Gruss und Heil! Gestern Abend brachte der Getreue[1] einige Stunden bei mir zu, die grosse Kunde gab er mir von dem wichtigen Schritt, ich schrieb heute sofort dem Wandrer[2], und nun will ich nur dem theuren Parzival meine Freude und mein Hoffen aussprechen. Gott stärke Sie, edelstes liebevollstes Wesen, Sie werden schwierige unangenehme Stunden nun durchleben, könnte ich dieselben für Sie theurer Hoher, durchmachen! Wenn Sie mir einen demüthig bescheidenen Rath gestatten so ist es der das Kühne auch kühn und entschlossen durchzusetzen, das Schwerste glaube ich, was Ihrer schönen Seele auferlegt werden kann, ist ihr jetzt auferlegt: die Unbarmherzigkeit der Gerechtigkeit! Leider kann Niemand von Uns Ihnen jetzt helfen, der König allein kann walten, doch sobald der königliche Akt geschehen so wollen wir Ihnen beistehen so wir können mit ganzer Seele. Ach! und ist nur ein Schritt gethan so ist ja alles schon vollbracht. Wüssten Sie nur theurer unvergleichlicher Freund, wie das Land auf Sie harrt! .... Als ich neulich von der eingetretenen Verzögerung hörte dachte ich es wäre nun wohl nicht möglich und man müsste sich ergeben. Entschlossen nun auch zu ziehen entwarf ich in der Stille der schlaflosen Nacht ein Schreiben an Sie mein Herr und Freund, in welchem ich Ihnen mit der Klarheit und Ruhe des tief Entsagenden die ganze Lage darstellte wie sie sich mir Wunschlosen zeigte, wie sie der Nachwelt erscheinen würde. Ich sagte Ihnen mein theurer Freund, wie Sie die armen Schlichten um das Vertrauen und die Liebe Ihres Volkes zu berauben suchten, ich sagte Ihnen: »Theurer Herrlicher! lassen Sie uns ziehen und wandern, arbeiten und vergehen, geben Sie uns auf, wir werden Sie verstehen und nicht murren, nur das Eine sei der Preis dieses Opfers, geben Sie sich selbst nicht auf, o lassen Sie die Elenden nicht darüber jubeln dass um sich sicher zu stellen sie König von Volk trennen und das höchste Band welches Gott gewollt frevelhaft lösen!« – Nun ist das alles überflüssig geworden, nun rufe ich nur Heil und Segen zu, bei jedem widerwärtigen Eindruck gedenken Sie der Segnungen der viel Geprüften, – die Leidenden welche die Welt verwirft haben die mächtige Stimme bei der ewigen Liebe, sie allein dürfen Gnade erflehen, für die Glücklichen ist der Gott der Liebe taub. Ich gestehe es Ihnen mein theurer Herr, mein unvergleichlicher Freund, mir ist jetzt bang um Sie. Die Arbeit die Sie jetzt vorhaben entspricht so ganz und gar nicht Ihrem idealen Wesen, Kröten zertreten und Spinnen wegwischen[3] ist keine Aufgabe für einen Engel – allein der Engel weilt unter Menschen, diese härteste der Prüfung musste an ihn herankommen wenn er seine wahre Sendung erfüllen sollte. Auch tröstet mich der Umstand dass alles rasch geschehen kann ja fast in der Eile geschehen muss. – Nun soll ich noch versichern dass der Freund kommen wird, ich stehe dafür mein theurer Herr, ist hier alles vollbracht und sind dann die Meistersinger in Triebschen vollendet so wollen wir das Leben wieder aufbauen was nie hätte gestört werden sollen, und wogegen keine Seele im Lande etwas hatte – ich erfahre es nun täglich und von allen Seiten. Mein Mann wird Ihre Kapelle ausbilden und entwickeln, der getreue Friedrich wird aus dem Theater eine Kunstanstalt wieder machen, der Freund wird schaffen wir werden wirken und dem Lande Nutzen und friedliche Grösse bringen. Sie werden sehen Theurer, wir werden nicht vereinsamt bleiben, wir sind die einzige Antwort auf die brutale Uebermacht, o gäbe Gott Sie könnten dies alles so sehen wie ich die ich nun so viel erfahren so viel gehört! –

Ich bin einige Tage krank gewesen, ich fiel in Ohnmacht als ich die Bilder Echter's mir ansah, wie der Getreue meinte hätte mich Albert vergiftet! Nun so arg war es nicht, doch war mir das Wiedersehen all dieser Menschen und dieser Räume ein seltsames Gefühl in welchem sich aller Erleidnisse sammelten, und das übermächtig war. Für die kleinen Bilderchen danke ich innig. – Als Antwort auf die Frage die Friedrich an mich gerichtet gab ich ihm einen Band einer der tiefsten und schärfsten Denker Deutschlands, dessen Schriften von unvergleichlicher Wirkung und Bedeutung auf dem Freunde gewesen sind. Ich kann wohl sagen dass sie bestimmend auf sein geistiges Wesen gewirkt haben. Sch.[4] ist 30 Jahre lang ignorirt worden, nun erst beschäftigt man sich mit ihm während alle andren Kathedergrössen die den wahren Philosophen verdrängten, nach und nach verschwinden und erblassen. Keiner hat die Christliche Religion so tief erfasst keiner sie so hoch gestellt. Und wer fasst und verehrt den Heiland den Gekreuzigten, wie der göttliche Freund?....

Anbei übersende ich eine Skizze Cornelius' zu einem musikalischen Drama[5], welche mir wohlgefallen hat, und von der ich annehmen dass sie dem erhabenen Freund nicht unlieb sein wird. P. Cornelius meinte die Nibelungen Wagner's müssten vorerst gegeben worden sein um dass solche Gegenstände möglich sein, ich sagte ihm: im Gegentheil, solche Riesensachen die machen alles derselben Gattung unmöglich, er sollte rasch machen mit seinem Werke und ich wäre fest überzeugt es würde sein Publikum finden. Das Publikum verlangt das Ideale nur wenn man es ihm giebt, könnte es dieses verlangen bevor es ihm gegeben wird so würde es sich es selbst schaffen. – Das Ballet zu Tannhäuser habe ich in meinen Mappen in diesen Tagen schicke ich die Copie davon.

Nächsten Dienstag hoffe ich so weit mit meinen Kräften sein um verreisen zu können, ich will meinem Mann helfen die vorläufige Zeit erträglich durchzubringen[6]. So sage ich denn auf Wiedersehen mein hoher theurer Wunderbarer, dieses Wiedersehen ist ein sich wiederfinden wie nach einem Erdbeben. Wir sind noch alle da, noch alle rüstig hoffnungswillig und liebevoll, so vereine sich denn was zu einander gehört und »Blühe Baum Paradieses Wonne« das Lied Walther's erklinge und verhalle nie.

Ewig treu und ergeben in des Wortes grenzenlosesten Sinn

Cosima von Bülow-Liszt

22. September 1866 /.

1 *»Der Getreue« = der Adjutant des Königs: Paul von Thurn und Taxis.*

2 *Im »Ring des Nibelungen« wird Wotan, der Herrscher der Götter, auch »der Wanderer« genannt; gemeint ist hier Richard Wagner.*

3 *Das Zitat konnte nicht ermittelt werden.*

4 *Arthur Schopenhauer (1788–1860), Philosoph. Ab 1820 Privatdozent in Berlin, ab 1836 Privatgelehrter in Frankfurt am Main. Seine Lehre hatte starke Auswirkungen auf Wagner; dieser hatte im Oktober 1854 Schopenhauers Hauptwerk »Die Welt als Wille und Vorstellung«, erschienen 1819 in Leipzig, gelesen und dort vieles von dem ausgesprochen gefunden, was er künstlerisch gestalten wollte. Wagner sandte Schopenhauer Teile aus dem »Ring des Nibelungen« mit der handschriftlichen Widmung »Aus Verehrung und Dankbarkeit«, worauf ihm außer Dankesworten nur ausgerichtet wurde: »Ich, Schopenhauer, bleibe Rossini und Mozart treu.«*

5 *Musikalisches Drama »El Cid«.*

6 *Am 12. Mai 1866 war Cosima von Bülow mit ihren drei Töchtern nach Tribschen übersiedelt, am 10. Juni folgte ihr Mann dorthin. Am 1. September reiste das Ehepaar wieder nach München. Hans von Bülow, der um seine Entlassung aus dem königlichen Dienst gebeten hatte, übersiedelte am 15. September 1866 nach Basel. Cosima ging am 28. September erneut zu Richard Wagner nach Tribschen.*

123

Theuerste, liebe Freundin!

Hoch erfreuten mich Ihre beiden letzten Briefe; sie sind mir innig lieb und werth! – Herzlichen Antheil nahm ich an Ihrem Unwohlsein; wie freut es mich, Sie nun wieder völlig hergestellt zu wissen. – Ja, beste Freundin, der erste nothwendige und wichtige Schritt ist gethan und wenn nun auch unangenehme oder sogar schwere Tage folgen, so fürchte ich sie *nicht*. Sie werden sehen, theure Freundin, wie herrlich nun Alles gehen wird, ich bin hoffnungsvoll und freudig! – N.[1] muss auf meinen Brief hin annehmen, zögert er, dann sende ich ihm einen seiner Freunde, wenn aber alle Stricke reissen, dann komme ich selbst zu ihm und nehme ihn mit. Ja, ja ich bin entschlossen und fest, der theure Freund soll keinen Augenblick mehr daran zweifeln! Mein Volk wird mich dann hoffentlich zu begreifen beginnen.

Viel las ich neulich in den Bergen über Athens Blüthe unter Themistokles; wie begeisterte mich das! – Zu den kunstliebenden Griechen werden unsre bierumnebelten Münchner wohl kaum herangebildet werden können; doch nicht verzagen, Grosses kann doch noch geschehen – Im Oktober schon wird S.[2] Modell vollendet, nach Gründung Unsrer Schule will ich jedenfalls den Festbau beginnen. das wird ein Wagner's würdiger Tempel werden! Sehr gefiel mir der Plan zu Cornelius' Werk[3], bitte sagen Sie ihm das, ich finde ihn tief poetisch gedacht und empfunden. –

Im Winter müssen Wir Uns recht oft sehen und sprechen, nicht wahr? ach das lange Getrenntsein ist hart! Rechts und links werden die Bestien auseinander fliegen, Donnerkeile will ich in die Rotte schleudern: »ja ja ihrem Ende eilen sie zu, die so stark im Bestehen sich wähnen;« dies rufe ich mit Loge aus! wer weiss, was ich thu!?[4]

Und nun leben Sie wohl, theure Freundin, »nun soll was Ihr erlitten, Euch reich vergolten sein!« (Lohengrin).

Segen den Theuren! Liebend ohne Ende

Ihr

treuer Freund

In Fr.'s Zimmer
Ludwig.

23. Sept. 1866

[1] *N. = Max von Neumayr.*

[2] *S. = Gottfried Semper.*

[3] *Cornelius arbeitete an seiner Oper »Gunlöd«.*

[4] *Zitat nach »Rheingold«, 4. Szene: »Loge: Ihrem Ende eilen sie zu, die so stark im Bestehen sich wähnen. ... Bedenken will ich's: wer weiß, was ich tu!«*

124

Mein hoher theurer Freund!

Ihre heitere Entschlossenheit steht Ihnen Gütiger, so schön dass ich vor Freude gestern in meiner Einsamkeit förmlich aufjubelte. So gehe ich denn in geklärtester Stimmung, freudig an Sie denkend! Denn wenn *Sie* Hehrer, den Widerwärtigkeiten so munter kühn ächt Siegfriedartig entgegengehen, wie sollten wir Ihnen nicht nachstimmen? Ja, mein Freund, wie Sie, und durch Sie, gehe ich hoffnungserfüllt! Dem Vater der uns mit tiefer Betrübniss von München gehen sah schrieb ich so eben: »ich kann nicht sagen warum, und es klingt verwegen in dem Augenblicke wo wir ziehen, allein ich weiss wir kehren bald und für immer ehrenvoll und freudig wieder« – Unser Publikum werden Wir Uns schon ziehen, Sie haben gesehen, Theurer Freund, wie der Tristan trotz allen Cabalen doch aufgenommen wurde, und wenn die Aufführungen im vorigen Jahre nicht besuchter waren so kam es daher dass die Angst so gross war dass sich die Leute nicht trauten; sie meinten das alles wäre eben nur ein Feuerwerk, bald vorüber und gänzlich vergessen, deshalb wollten sie sich nicht »kompromittiren« bei den Mächtigen. Es lag alles hier noch viel mehr im Argen als König Ludwig I. die schönen Bauten ausführte, und gebrummt und geschmollt haben sie genug die guten Leutchen, nun stehen sie da, nun sind sie froh, und zur ewigen Ehre des Königs, der Stadt und des ganzen Deutschlands gereichen diese Werke, dessen Sinn die Masse allerdings anfänglich nicht begriff. O gewiss mein Herr und Freund, das Volk wird Sie wenn nicht begreifen doch ahnen und lieben! Mich freut es innig dass S. mit dem Modell bald fertig ist, ist dieses da und damit Semper geehrt und befriedigt, so können Wir warten bis Unser Werk Wurzel gefasst hat, und das Vertrauen des Volkes dem König zu dem steinernen Werke verhilft.

Als ich gestern das Theater besuchte um mich von der seit lange auf mich drückenden Trübsinnigkeit zu befreien, musste ich lächeln indem ich an das Versprechen dachte welches unter andrem der »Getreue« mir gegeben hatte, nämlich schön regelmässig fegen zu lassen damit nach allen Seiten hin die esthetischen Forderungen befriedigt würden: Alle Arten von Besen thun da Noth! Doch war mir wohl in dem Gedanken an der zukünftigen Ordnung.

Der 2te Akt der Meistersinger ist nun vollendet, »wirklich und wahrhaftig im Sommer 1866 componirt« hat der Freund unter den Skizzen geschrieben. Sie wissen theuerster Freund, dass noch viele Verse hinzugekommen sind; »ich suche jetzt Schimfworte für die Gesellen« – schrieb der nun bald heimkehrende Wandrer vor Kurzem. Wie schön wenn zur Belohnung des thätigen Winters wir im Frühjahr das holde Werk aufführen können. O theurer himmlischer Freund, ist es kein Traum? .... P. Cornelius werde ich mit Freude melden was Sie Gnädiger, über den Entwurf sagen, es wird ihn gewiss ermuntern so bald als möglich ihn auszuführen.

Wenn ich keine Depesche empfange die mich davon abhält werde ich morgen Abend in Triebschen anlangen, wo ich die kleine Welt zur Reise organisiren will. Dem Freunde bringe ich die theuren Zeilen von Gestern. So beschütze Sie denn hoher theurer Freund, der Gott der Muthigen, auf Wiedersehen sage ich nun kühn und freudig in Antwort auf der holden Frage die Sie mir stellen. Doch sprechen wir uns nach vollbrachter That, wie werde ich Ihnen Theurer, jemals sagen können wie wir Sie anbeten? Nun es zu sagen brauchen wir ja nicht, nur es Ihnen zu beweisen, und dass Sie Hehrer, uns die Möglichkeit dazu geben, dafür segnet Sie und preist Sie in tiefster Seele

Ihre

liebevoll ergebene todestreue Freundin
Cosima v. Bülow-Liszt

24ten September 1866 /.

125

Theuerste, liebe Freundin!

Ich kann Ihnen gar nicht sagen, wie ich mich nach Kunde von Ihnen und dem geliebten Freunde sehne! – o machen Sie mir doch die Freude und schreiben sie mir recht oft. – Wie entzückten mich die letzten Briefe des grossen Freundes! Wie machten sie mich glücklich. – Die Cabinetsfrage ist nun erledigt, die neuen Menschen sind gefunden, vollkommen einverstanden bin ich mit Neumayr's Ansichten, er ist der rechte Mann und verdient mein volles Vertrauen; mit Pfordten kann es unmöglich so fortgehen, ich denke nun ernstlich an den Fürsten Hohenlohe[1]; vielleicht ist er der Mann der die auswärtigen Angelegenheiten mit Umsicht zu leiten im Stande ist. – Mich verlässt keinen Augenblick die Hoffnung, dass Alles nun erreicht wird, ich bin stolz und freudig, will mich des grossen Freundes würdig erzeigen. – Sagen Sie ihm, Er möge fest auf Seinen Parcival vertrauen; denn wahrlich kühn darf ich es aussprechen, ich verdiene dieses Vertrauen. – Wie geht es dem Theuren, wie steht es mit den Meistersingern? – Ich glaube, Sie oder der Freund werden nächstens einen in trüber Stimmung geschriebenen Brief von Friedrich erhalten, worin er Ihnen sein Leid klagt, seinen Schmerz ausspricht, dass ich ihm meine Gnade und meine Freundschaft für immer entzogen habe. – Dem ist nicht so: wohl habe ich vollen Grund in der letzten Zeit mit ihm unzufrieden zu sein, traurig ist es zu sagen, aber er hat sich wirklich in den letzt verflossenen Monden nicht gut benommen, hat sich überhoben und da ist es gut, ja sogar nothwendig ihn für einige Zeit (figürlich gesprochen) mit kaltem Wasser zu begiessen; doch nie werde ich ihm deshalb vergessen, wie aufopfernd er sich in Unsrer Sache benommen hat, betrübend ist es, ihn bestrafen zu müssen, heilsam aber wird es für ihn sein; dies hoffe ich.

Herzlichen Dank für die Uebersendung des Bandes aus Schopenhauer's Werken; mit Interesse las ich darin, obwohl mich Feuerbach's Schriften[2] noch mehr anziehen und fesseln, wiewohl ich die darin enthaltenen grossen Irrthümer durchaus nicht verkenne; geistvoll und im höchsten Grade ansprechend sind seine Werke, das muss man ihm lassen. –

Ich lege einen kleinen Abdruck des von Kaulbach jüngst vollendeten Carton's bei (Lohengrin's Abschied). Ich kann mich mit der Auffassung des Gegenstandes nicht vollkommen einverstanden erklären. –

Seit dem 15ten d. M. dem Geburtstag der Königin, meiner Mutter[3], bin ich hier im herrlichen Hohenschwangau, wo ich mit dem Theuersten auf Erden die wonnevollen Tage erlebt habe, fest ist mein Glaube, Alles Alles wird sich erfüllen in ungeahnter Weise. Lassen Sie mich nicht vergeblich flehen: »Nachricht von Ihm! dem Gott meines Lebens.« –

Wohltuend ist die Ruhe und stärkend der Aufenthalt in der Region der Berge, nach den Arbeiten in der stauberzeugenden Stadt. Trotz der Ruhe, der nothwendigen, heilsamen, werde ich aber nicht müssig sein, o nein; sondern ich werde rüstig und muthvoll an Unserm Werke bauen und Steine zuhauen. – Wie geht es Herrn v. Bülow, herzliche Grüsse ihm und den Kindern.

Und nun bitten Sie den Freund in meinem Namen herzlich und dringend, Er möge sich doch ja nicht mehr als »Unterthan« unterzeichnen, was Er in Seinem letzten Briefe that. Er ist ein Gott, der von des Himmels Höhen herabstieg, die neue, beseligende Lehre den Menschen zu verkünden, die Welt zu erlösen! ich bin von Ihm erkoren, Seinen Willen den Mitmenschen kund zu thun und bin glücklich, Sein Freund zu heissen, ich, der ich Sein Diener bin; wie aber kann ein Gott wie Er eines Menschen Unterthan sein, nimmer kann dies sein. – O Er mein Hort, mein Leben, Ihm zu leben, Ihm zu sterben; dies ist mein Beruf. –

Und nun leben Sie wohl, theure, einzige Freundin; bedenken Sie wie fern in Ihm ein treuer Freund lebt, den Sie durch öftere Kunde von den ihm theuersten Seelen auf Erden hoch beglücken und innig erfreuen können. –

In ewiger Freundschaft bleiben ich Ihr bis in den Tod getreuer und liebender

Ludwig.

Hohenschwangau
20. Okt. 1866

[1] *Chlodwig Karl Viktor Fürst zu Hohenlohe-Schillingsfürst (1819-1901). Am 31. Dezember 1866 wurde er – von Wagner empfohlen – Minister des königlichen Hauses und des Auswärtigen. Seine preußenfreundliche Haltung fand scharfe Anfeindung, mehr noch sein Vorgehen gegen die Jesuiten. Neuwahlen der bayerischen Kammer im November 1869 ergaben eine Majorität der Ultramontanen, das Ministerium bat um seine Entlassung. Der König bewog Hohenlohe und den Kriegsminister zum Bleiben, doch am 7. März 1870 erfolgte der endgültige Abschied. Als bayerischer Reichsrat stimmte Hohenlohe am 30. Dezember 1870 für den Beitritt Bayerns zum Deutschen Reich.*

[2] *Ludwig Andreas Feuerbach (1804-1872), Philosoph. Seit 1836 Privatgelehrter. Werke: »Das Wesen des Christentums« 1841, »Grundsätze der Philosophie der Zukunft« 1843, »Das Wesen der Religion« 1845.*

[3] *Königin-Mutter Marie, geborene Prinzessin von Preußen (1825-1889). Die seit 1864 verwitwete Königin feierte ihren Geburtstag am 15. Oktober am liebsten auf Schloß Hohenschwangau oder im sogenannten »Schweizerhaus« zusammen mit ihren beiden Söhnen, König Ludwig II. und Prinz Otto.*

126

Mein theurer hoher Freund!

Es verging kein Tag ohne dass ich mich gedrängt fühlte Ihnen Gütiger, Erhabener, zu sagen, dass wir stets und immer mit Ihnen vereint sind, dass unsre täglichen höchsten Freuden von Ihnen stammen, als ob Sie Theurer bei uns wären und uns durch Ihre Gegenwart beglückten! Ich habe nicht gewagt dem Drang der Seele zu folgen; ich sagte mir dass Sie vielleicht in diesen unerquicklichen Zeiten es für gut hielten augenblicklich eine Pause in den Freundesverkehr eintreten zu lassen, und damit Sie Hoher, nur ja nie in Zweifel darüber kämen ob es eine Stunde gebe in der ich Sie nicht segnete, schrieb ich einige Zeilen an Friedrich und bat diesen meine Copie des Tannhäuser-Ballets[1] dem Erhabenen zu übergeben. Seit dem hörten wir nichts; die Zeitungen meldeten dass die »That« vollbracht, Friedrich aber schwieg. Ich will Ihnen einziger unvergleichlicher Freund, nicht verhehlen dass ich recht besorgt war; während der Freund fest und sicher des »Wunder's« sich freute, war mir Angst, die neuen Leute möchten Ihnen nicht recht sein, und wenn vielleicht auch in der Seele vortrefflich doch am Ende nicht geeignet zu dem Dienst. Die Worte die Sie mir heute gütig sagen, nehmen mir eine schwere Last vom Herzen; dem Himmel sei Dank, meine Frauen-Aengstlichkeit war abermals irrig, und ich darf mich mit Ihnen, theures unergründliches Wunder, der freudenreichen Hoffnung hingeben. Die Blätter schweigen nun, wie Sie sagen Theuerster Freund, die Frage ist erledigt. An einigen Aussagen Neumayer's habe ich gesehen dass der Erhabene durch Sein Huldreiches in Wahrheit Gnadenvolles Wesen ihn vollständig begeisterte, so dass ich hoffe dass er dem theuren Hohen, die Sachen nicht erschweren wird, das ist alles was ich wünsche. – Wie ich bereits erwähnte, hörten wir von Friedrich nichts, was uns einiger maassen verwunderte. Darf ich Ihnen mein theurer Freund, sagen, dass ich das erwartet habe was Sie mir in so edel wahrhaft königlicher Weise heute gütig vertrauen? Bei dem unbedingtesten Glauben an der Redlichkeit seines Herzens und der Liebe zu unsrem Beschützer, war es mir doch als ob er zuweilen nicht scharf die Grenze zu ziehen vermöchte und als ob er die Gnade, nicht etwa misbrauche sondern übersehe. Ich halte ihn aber für so gut dass ich mit Ihnen theurer Hoher, glaube, dass die augenblickliche Zurechtweisung ihm nützlich sein wird; jetzt kann er zeigen was er ist. In den Stunden der Prüfung strahlt erst in ihrem wahren Glanz die tiefe Liebe. Ist er das wofür ich ihn gehalten habe, so wird er Sie göttlicher Freund, verstehen, Ihre in Güte strenge Hand küssen, und Ihnen unsäglichen Dank wissen ihn auf unrechtem Weg aufgehalten zu haben. Wahrhaft betrübt es mich dass Sie theurer theurer Freund, gerade in den peinlichen Tagen diese Erfahrung machen mussten, doch freue ich mich des Geschehenen einerseits weil ich wie gesagt, an Friedrichs Rechtschaffenheit der Seele nicht zweifle, andrerseits und vor allem weil mir dieses wieder Gelegenheit giebt Sie zu bewundern. Sie sind, theurer Freund, wie keiner zum König auserkoren, Sie besitzen die Milde, die Güte und die Gerechtigkeit, und ich sagte dem Freund als ich das Glück gehabt Sie Hoher zu sehen dass der Mensch eine wahre Bestie sein müsste der sich Ihnen gegenüber jemals vergässe, so voller Hoheit wäre Ihr Wesen. Mir will es scheinen als ob Friedrich noch etwas »grün« ist, um gewisser Unterschiede sich bewusst zu werden und die grosse Gnade die ihm zu Theil wurde richtig zu ermessen. Ich wünschte er schriebe uns offen und vertrauensvoll damit ich ihm mit der Wahrheit zugleich den Trost sagen könnte.

Der Freund will heute selbst schreiben; es geht ihm leidlich und er arbeitet emsig begeistert; der Wahn-Monolog ist vollendet und unsäglich schön, brauche ich es Ihnen Theurer zu sagen? Für einige Tage tritt leider eine Unterbrechung ein, die Luzerner Arbeiter hausen auf Triebschen, Töpfer Häfner Schlosser treiben ihr Unwesen, und hämmern pfeifen und klopfen, damit es im Winter hier erträglich sei. Wir lächelten heiter und wehmüthig zugleich der Freund und ich, als wir uns gestern entsannen dass ich ihn stets in Einrichtungsnöthen gesehen habe! Es wird aber dann auf Triebschen ganz behaglich und gemüthlich sein. Wenn die leidigen Unwesen nicht gar zu lange machen so hoffe ich dass der dritte Akt zu Weihnachten fertig komponirt ist, den übrigen Theil des Winter's wird der Freund der Instrumentirung der beiden Akte widmen, und so wird im Frühjahr die Aufführung möglich sein. Wie viel, wie viel, versprechen wir uns von dieser Aufführung! Und alles doch nur durch Sie einziger, hoher, theurer Beschützer! Abends nach dem Thee diktirt mir der Freund die Biographie, wir sind jetzt in Paris[2] angelangt in der Zeit wo die Faustouverture geschrieben wurde (1839-1840). Ich kann Ihnen gar nicht sagen theurer wunderbarer Freund, wie mich die genaue Kenntniss dieser argen Zeit erschüttert, und wie mich die Milde rührt, mit welcher der Freund das abscheuliche Benehmen Aller gegen ihn beurtheilt. Um ihn aus dieser schönen erbaulichen Stimmung nicht zu reissen, mache ich selbst als ob all die Erfahrungen leicht zu nehmen seien, obgleich ich zuweilen vor Empörung und Ergriffenheit kaum schreiben kann. O, einziger über alle Worte erhabener Freund, wie stehen Sie da, gegenüber der Welt! Es ist wirklich als ob Gott Ihnen, alles gut zu machen zum Beruf gestellt hätte! – Trotzdem wir regelmässig arbeiten, schreitet die Biographie langsam vorwärts, meiner Kräfte wegen, die mir zuweilen gänzlich versagen, doch hoffe ich auch mit der Copie in nicht zu langer Zeit zu Stande gekommen zu sein. Eigentlich leben wir hier wie in einem Märchen, und sehen und hören von der Welt nichts. Gegen Mittag theilt mir der Freund mit, was er am Morgen zu Stande gebracht, Nachmittags läuft er durch Wiesen und Felder, ich gehe ihm meist entgegen, ein Stündchen verbringt er dann mit mir und den Kindern die sich hier alle wohlbefinden, Abends erzählt er mir das schwere Leben, welche Erzählung immer zu einer »Hymne an Parzival« wird. Kommt nun aus der Ferne ein Gruss des himmlischen Freundes, habe ich nicht recht zu sagen dass wir wie in einem Märchen sind, und das holde Lebens-Vergessen gefunden haben? Jetzt freilich geben die bösen Arbeiter einen argen rohen Rhythmus der Melodie unsrer Existenz, allein die verschwinden hoffentlich bald, bis sie kamen hörten wir nur das Glockengeläute der Kühe welche Schaarenweise von den Alpen heruntergekommen auf den umliegenden Wiesen weiden, und uns behaglich neugierig jeden Tag mit den grossen ruhigen Augen ansehen. Fast unlieb ist es mir dass Triebschen einen Gast[3] erwartet, einen jungen Musiker nämlich welcher die Aufgabe hat die Partituren des Freundes abzuschreiben, damit die dem Erhabenen geweihten Manuscripte nicht durch den Druck beschädigt werden. Es ist durchaus nothwendig denn schon ist das Meistersinger Vorspiel in grosser Gefahr gewesen; ich hoffe auch dass der Ankömmling sich bescheiden und ruhig verhalten wird.

In diesen Tagen denke ich wiederum Herrn von Bülow in Basel zu besuchen, wo er sich so gut es eben geht sich eingerichtet hat, und seine musikalische Thätigkeit begonnen hat. Die »obscure Stadt« hat wenigstens das Gute dass er keinem Menschen etwas zu erklären oder zu sagen hat. Doch welches Philister-Nest! Die Musik wird dort bieder rechtschaffen ledern wie ein Geschäft getrieben; er will aber von keiner Residenzstadt ausser München hören, überhaupt von keinen sogenannten grossen Verhältnissen, und hat eben ein ziemlich glänzendes Engagement für Amerika abgeschlagen indem, er mich bat von dem Antragbrief Kenntniss zu nehmen welchen er selbst nicht gelesen hat. Ich werde ihn mit den huldvollen Grüssen beglücken, wie ich die Kinder heute recht stolz machte welche bei dem neulichen Auspacken und Aufstellen der Büste des »Königs von Bayern« in lautem Jubel ausbrachen. Die ganze »Schiffs«einrichtung ist nämlich angekommen und wir haben Triebschen ausgeschmückt.[4]

Es ist mir in der Seele wohl Ihnen, mein theuerster Freund, diese Zeilen nach Hohenschwangau senden zu dürfen, ach! ich wiederhole es, mir war so bang um Sie, als ich Sie Einziger, in München wusste, ich wollte stets ein Wort der Liebe entsenden, und fürchtete nicht zur rechten Zeit zu kommen. Wenn Sie Gütiger, es mir gewähren, will ich von hieraus Ihnen jede Woche einmal Nachrichten vom theuren Freunde geben. – Meinen innigen Dank spreche ich für die gütige Uebersendung der kleinen Photographie, unterthänig aus. Mir erscheint die Auffassung etwas conventionell und steif, das ist nicht »Unser« Lohengrin; doch die Ausführung ist wie an Kaulbach gewohnt, meisterhaft. Schade dass er sich in den Werken des Freundes nicht zu vertiefen vermag, von der grossen unbestreitbaren Kunstfertigkeit würde er zur Kunstvollendung gelangt sein. Die Seele fehlt! – Recht sehr freute mich Zumbusch's ganz unerwarteter grosser Erfolg, diesen haben Sie hoher Beschützer, *erfunden*, wie die Franzosen sich ausdrücken.

Seien Sie in ganzer Seele gegrüsst, stets bewundertes, gepriesenes, angebetetes Wesen, und der Segen der treuesten Liebe ruhe auf Ihr theures heiliges Haupt!

Cosima von Bülow-Liszt

Triebschen
25ten Oktober 1866 /.

[1] *Eigenhändige Abschrift Cosimas: »Tannhäuser«, Entwurf eines Ballets (1e Scene, I. Akt). – In Paris ließ sich Wagner 1861 auf Änderungswünsche für seinen »Tannhäuser« ein und komponierte eine ausführliche Ballettmusik, aus musikdramatischen Gründen bereits für den 1. Akt; dieses »Bacchanal« sollte den Gegensatz der heidnisch-erotischen und der christlich-asketischen Welt verdeutlichen. Es stellte von Anfang an ein choreographisches Problem dar. Die Abschrift liegt im Wagner-Archiv in Bayreuth.*

[2] *Am 17. September 1839 traf Wagner mit seiner Frau Minna in Paris ein, das er mit »Rienzi« erobern wollte. Doch in Paris begann eine Zeit der Enttäuschungen und des Elends. Unter dem unmittelbaren Eindruck von »Roméo et Juliette« von*

Hector Berlioz plante Wagner im Dezember 1839 eine Faust-Symphonie. Der erste Satz wurde bis zum 13. Dezember entworfen, die Partitur bis zum 12. Januar 1840 geschrieben. Das zehn Minuten dauernde Werk markierte 1839 eine Wende (nach »Rienzi«) und deutete schon den für Wagner charakteristischen symphonischen Grundgestus der dramatisch mitgestaltenden Opern-Orchestersprache an.

3 *Hans Richter (1843-1916) – er begann als Hornist in Wien – war Hausgast bei Wagner in Tribschen, wo er »Jean Paul« genannt wurde. Dort kopierte er 1866 die Partitur der »Meistersinger«; 1867 übersiedelte er nach München und wurde zunächst Chordirektor, dann Kapellmeister am Hof- und Nationaltheater, war dann in Budapest, an der Wiener Hofoper, in Birmingham und London. Richter war einer der beständigsten Mitarbeiter Wagners und der erste Bayreuther »Ring«-Dirigent 1876. Er trat 1912 in den Ruhestand.*

4 *»Schiff« = so nannte Wagner sein Münchner Wohnhaus.*

127

Treu geliebter Herr! Theuerster Freund!

Zugleich mit diesen Zeilen erlaube ich mir einige Seiten der abgeschriebenen Biographie zu Füssen zu legen. Gestattet es mir der hohe Freund gnädig so will ich jede Woche ungefähr dreissig Seiten absenden, wobei ich nur stets um gütige Nachsicht mit der Schrift bitte. Seit einem Jahre beinahe ist meine Hand ganz unsicher geworden und wird es mir schwer die Feder anhaltend regelmässig zu leiten; auch musste ich diese Seiten in der Kinderstube schreiben da die Luzerner Handwerker die untere Wohnung vollständig in Beschlag genommen hatten; da musste ich denn manchen Ruck manchen Stoss und manche Störung mir gefallen lassen. Nun sind die Störenfriede fort und es sieht gar hübsch und wohnlich hier aus. Der Salon hat eine grosse Wand gewonnen durch Schliessung zweier Fenster; auf derselben prangen das Tannhäuser-Bild und die Rheingold-Blätter, sie schliesst mit der Büste des Schutzgeistes dieses Heims und der des beschützten Geistes. Ein Kamin auf welchem die Uhr mit dem Minnesänger – die erste Weihnachtsgabe des holden Schutzgeistes steht, hat Loge[1] hierher gelockt. Der langen Wand gegenüber, zwischen den zwei Thüren, gut beleuchtet hängt das Oelbild – das erste Geburtstaggeschenk – unter welchem all die prunkenden Sachen aufgebaut sind welche der Freund im Laufe des Lebens erhielt, silberne Becher und Kränze, in deren Mitte die zwei Schalen (Tannhäuser und Lohengrin) sich gar prächtig ausnehmen; die zwei Löwen (Erinnerung an Tristan) durch »Grane«[2] vereinigt scheinen all den Ruhmeshort dem theuren Bilde darzubringen.

Zwischen den zwei Fenstern steht das Klavier über welches die Medaillons Liszt's und Bülow's hängen. Die kleine Stube neben dem Salon ist die Bibliothek geworden; Hohenschwangau, die colorirte Photographie des Schirmherrn's beleben es gar lieblich. Es ist ungemein ruhig ernst und behaglich hier unten, wir nennen es »Stolzing« und haben nicht einen Nagel gehängt nicht einen Stuhl gestellt ohne uns anzublicken und – – »Parzival« uns hier zu denken! Seltsamer beglückender Traum. Oben ist die Werkstatt; heute wurde Beckmesser musikalisch eingeführt, nach der unglaublich schönen Scene zwischen Walther und Sachs. Als der Freund mir die eben in Musik gesetzten Worte spielte und sang: »Das waren hoch bedürftige Meister, von Lebensmüh' bedrängte Geister« brachen wir Beide in Thränen aus. Könnte ich Ihnen theuerster einziger Freund, die Töne entsenden die der Freund für diese Worte fand! – Unten kommt der Freund um zu speisen und sich im Kreis der Kinder auszuruhen; *Rusemuck*[3] der unerziehbare riesige Hund, *Kos* der schlechterzogene Pinscher tragen auch zur Gemüthlichkeit bei, und die beiden Pfauen, *Wotan* und *Fricka* ergehen sich stolz ruhig im Garten, nun dass sie wissen dass die Kälte die Menschen daheim hält. Der Lehrling Hans Richter oder Jean Paul wie wir ihn nennen, stellt sich ganz gut an; er hat eine Musikdirektorstelle abgeschlagen um hierher zu kommen und »etwas zu lernen«. Er ist bescheiden und fleissig. Er erzählte uns Mancherlei von den weitreichenden Intrigen die er selbst in Wien vernommen; dem dortigen Gesangslehrer Lewy sind Anträge gemacht worden für ein zu errichtendes Conservatorium in München unter Herrn Rheinberger's Direktion[4]! Wir liessen ihn ruhig weiter erzählen da wir das Glück haben über all' die Erbärmlichkeiten lachen zu dürfen! – Von so vielem spreche ich und sage dem theuren Freunde nicht, dass mein Herz von nagender Sorge um die Gesundheit des Freundes so gepeinigt war, dass ich dem Dr. Standhartner[5] nach Wien geschrieben und ihn zu kommen gebeten habe. Zum ersten Male im Leben habe ich mir erlaubt Ihren hohen Namen mein gnädiger Freund, zu nennen; indem ich Dr. S. zu kommen bat sagte ich, ich meldete dies S. M. dem Könige von Bayern und wüsste dass Unser Allergnädigster Herr ihm Dank wissen würde wenn er diesen Freundschaftsdienst dem Meister erwies. Der Freund war unbesorgt, sah aber elend, elend aus, hatte fortwährende Beklemmungen am Herzen – ich bin fast wahnsinnig vor Angst geworden, und ich habe eine ganze Nacht auf meinen Knien gelegen. Heute telegraphirt mir Dr. S. dass er erst am 7ten von Wien fortkann, nun scheint der Freund mir etwas wohler, ich weiss nicht was ich thun soll. Ich möchte nicht unnützerweise dem sehr in Anspruch genommenen Arzt umsonst bemühen, doch bin ich immer besorgt und möchte gern dass er dem Freunde angebe was er thun soll. Ich glaube ich lasse ihn kommen, sollte er gegen mich auch unwillig werden wenn er meine Sorge unbegründet findet. Von Ihnen, mein theuerster Freund, möchte ich wohl hören ob Sie Erhabener Gütiger, mein Verfahren billigen. Dem Freunde sagte ich natürlich nichts. – Von Friedrich kam kein Brief, was uns betrübt, ich hatte gerade zehn Zeilen an ihn aufgesetzt um ihn zu einer Mittheilung zu ermuntern, ich unterliess die Sendung derselben da ich nicht bestimmt wusste ob es dem gnädigen Freund erwünscht sein würde dass ich diesen Schritt thue. Eine kleine Notiz in der Allgemeinen Zeitung hat mich erfreut indem sie die »Ungnade« ableugnete, allein wir sind auf diesen Punkt beklommen. Eines habe ich vom Freunde zu melden; er lässt den erhabenen Beschützer inständigst Bitten in Bezug auf den Fürsten Hohenlohe ja keine gnädige Rücksicht auf einen Vorschlag von ihm zu nehmen, da er diesen Herrn gar nicht kennt und sich schwere Vorwürfe machen müsste dem Theuren Herrn, Jemanden empfohlen zu haben von dem er nichts direktes wüsste. Als er ihn damals nannte so war es nur um den geliebten König von einem Menschen befreit zu sehen, welcher die Unverschämtheit hatte sich gegen eine Neigung seines Herrn aufzustellen; Politisches hat er dabei nicht im Sinne gehabt.

Nun ist er glücklich darüber dass der Erhabene, Theure, volles Vertrauen in Herrn von Neumayer setzt, und lässt den geliebten Freund, bitten nicht in seiner grenzenlosen Güte und unerschöpflichen Liebe zu ihm, Rücksicht auf den genannten Namen zu nehmen, und ohne jedwede Erwägung des gethanen Vorschlages nach eignem Ermessen und Gutdünken zu thun und lassen, und da Herr v. Neumayer das königliche Vertrauen sich erwarb einzig und allein auf dessen Vorschläge zu hören. Er wollte selbst schreiben um dieses zu erflehen, da ich weiss wie leicht ihn alles angreift bat ich ihn mir zu erlauben dieses unterthänigst zu übermitteln. Morgen verreise ich auf einige Tage nach Basel um Herrn von Bülow dort aufzusuchen; diesem wurde gemeldet ein Graf Platen[6] (entschiedener Feind unsrer Sache) würde zum Theaterintendanten in München, er lächelte und schwieg; gefragt wurden wir auch von allen Seiten über die »*Ungnade*« denn neugierig sind und bleiben nun einmal die Leute, dass es eine Freude ist ihnen nichts zu sagen.

Ich glaube für heute mein kleines bescheidenes Bild vom Triebschener Leben vollendet zu haben, darf ich noch hinzufügen dass wir in Sorge um den Theuersten Freunde sind? Gewiss es ist sehr unsinnig, allein die grosse Entfernung beschwört die Aengsten herauf; der Freund sehnt sich nach dem Freunde; diese Nacht träumte mir von einem grossen Mahl auf Triebschen an einem 22ten Mai; lauter beängstigende Unwillkommene hatten sich eingefunden, am Schluss aber erschien wie vom Zauber hergerufen der »Schutzgeist«. Mein Aerger über die dumme Gesellschaft wurd so gross dass ich ein Unwohlsein vorgab um sie zu verscheuchen. Wir blieben, der Schutzgeist, der Geist und ich; über Unser herzliches Lachen ob meiner geglückten List, wachte ich auf!

Wird der Gnadenreiche, mir die übermässig lange Mittheilung vergäben? Wird Er sie in Güte aufnehmen? Vertrauend auf die unerschöpfliche Huld glaube ich es, und in dieser gläubigen Hoffnung entsende ich den innigen Gruss der Treue und der Liebe

Cosima von Bülow-Liszt

4ten November 1866 /.

[1] *Loge ist in der altnordischen Mythologie der Typ des listenreichen, wandlungsfähigen Helfers und betrügerischen Spaßmachers unter den Göttern. Die wortspielende Verbindung mit altnordisch »logi« = »Lohe« läßt Loki auch als Feuerdämon des Weltuntergangs erscheinen.*

[2] *Grane = Brünnhildes Roß in »Ring des Nibelungen«. Am 27. Juli 1866 übersandte Paul von Thurn und Taxis im Auftrag des Königs ein Kistchen nach Tribschen, »welches ein Bronze-Pferd enthält u. welches von dem Einzigen mit dem Wunsche gesendet wird, dasselbe als Bild des ›Grane‹ anzunehmen u. aufstellen zu wollen«.*

[3] *»Rusemuck« hieß der Neufundländer, den Vreneli Weitmann, später verheiratete Stocker, Richard Wagner schenkte; »Cos« hieß Cosimas Hund, der diesen Namen erhielt, damit sie selbst nicht immer »Cos« gerufen wurde. Wagner war ein großer Hundefreund; seine Tierliebe setzte Wagner auch in Bühnenarbeit um: Im »Tannhäuser« ließ er 1875 neben sechs Pferden auch einen Hund auftreten.*

[4] *Joseph Gabriel Rheinberger (1839-1901), Komponist; 1851 in München Studium an der Musikschule, Privatunterricht bei Lachner, 1859 Lehrer für Klavier und Musiktheorie an der (alten) Münchner Musikschule, 1860 bis 1866 Organist an der St.-Michaels-Hofkirche, 1867 bis 1901 Professor für Orgel und Kontrapunkt an der Königlichen Musikschule.*

[5] *Joseph Standhartner (1817-1892), Chefarzt im Allgemeinen Wiener Krankenhaus, Leibarzt der Kaiserin Elisabeth, Freund Richard Wagners. In seinem Haus las Wagner am 23. November 1862 die »Meistersinger«-Dichtung, wobei sich Eduard Hanslick als Gast in der Figur des Stadtschreibers, der damals noch Veit Hanslich hieß, brüskiert fühlte.*

[6] *Julius Graf von Platen, Intendant in Dresden.*

128

Theurer Freund! Gnadenvoller Herr!

Verzeihe es mir der Gütig Hohe, dass ich wiederum mich hören lasse! Ich bekam heute beifolgende Zeilen des Dr. Standhartner, und schrieb demselben er möchte warten bis ich näheres meldete. Von meinem Herrn und theuren Freund, möchte ich nur hören ob ich den freundlich kundigen Arzt bestellen soll. Ich bin immer in Sorge, wenn ich auch hoffe dass keine Gefahr vorhanden! – –

Indem ich nochmals unterthänigst um Vergebung bitte, sende ich dem theuersten höchsten Wesen, den Gruss und den Segen der stets wachen Liebe und Treue!

Cosima von Bülow-Liszt

Triebschen
6ten November 1866 /.

129

Telegramm
Von Bayreuth nach Triebschen 13.11.1866
Frau von Bülow-Liszt. Luzern, Triebschen.

Unmöglich jetzt zu schreiben, wünsche dringend, der Arzt möge den Freund besuchen.

Ludwig.

130

Telegramm
Von Hof nach Luzern 14.11.1866
Frau von Bülow-Liszt. Luzern Triebschen.

Sehr besorgt um unseres theuren Sachs Gesundheit bitte dringend mir morgen Nachricht hierüber nach Bamberg zu geben.

Ludwig.

131

Mein theurer hoher Freund!

Wie soll ich es Ihnen danken, Zeit gefunden zu haben in den überfüllten Tagen mir eine Kunde zukommen zu lassen? Den Wunsch den Sie Gütiger, Herrlicher, mir telegraphisch sandten, habe ich mir wohl verwahrt, und Dr. Standhartner nur geschrieben er möchte auf eine Depesche von mir warten, und sich dann, sollte dieselbe eintreffen, sofort aufmachen. So bin ich denn beruhigt als ob ein Engel mir Trost gebracht hätte; auch hat sich das Befinden der »theuren Sachs« bedeutend gebessert. Er sieht noch angegriffen aus, doch sind die Herzbeklemmungen die mich so erschrocken haben, verschwunden, und heute war er so munter und frisch dass es in meiner Seele jubelte.

Vorigen Sonnabend bekam er den Brief seines holden Schutzgeistes, welcher ihn tief rührte und ergriff; er nahm sich vor nach Nüremberg seinen Gruss zu senden. Alles alles was er vom theuersten Freunde erfährt, beglückt und begeistert ihn! Diese Reise – *wir* allein wissen was sie bedeutet, wir wissen was der theure Hehre dabei geopfert wir wissen für wen, für was; in unsre Herzen tief, tief, graben wir dieses Wissen ein, daraus sollen herrliche Blüthen entspringen, aus dem meinigen, mein wunderbarer Freund, den segnenden Dank des beglückten Wesens, aus dem des Freundes die welterlösende schaffende Begeisterung. O Glückspender, Theurer, wie begleiten wir Sie bei jedem Schritt! ..

Gern gönne ich es dem Volke dass es sich an dem Anblick seines Königs labe, Er ist ihm und soll ihm das Höchste sein und vorstellen, doch wenn ich von all dem schönen Jubel lese, frage ich mich eigentlich einzig wie dabei die Stimmung des theuersten Freundes ist? Ob freudig erregt, ob innerlich wehmüthig, dies allein (darf ich es sagen?) beschäftigt mich hierbei. So erfreut ich über diesen herrlichen Reiseplan bin, so glücklich der Moment dazu mir gewählt scheint, so frage ich mich doch immer besorgt ob Ihnen Hoher, Theurer, es nicht eine zu schwere Last ist, und ob vieles was nothwendiger Weise damit zusammenhängt nicht nahezu unerträglich erscheint, dem edlen Unvergleichlichen? Sie sehen mein gütiger Freund, dass ich meine ängstliche Besorgniss nicht los werde; ich kann wohl sagen dass mein Gefühl für Sie und den Freund, ein ewiges Beben ist, welches wunderbarer Weise durch das unerschütterlichste Zutrauen in Ihrer und Seiner Sendung und dessen nothwendige Erfüllung getragen wird. Meine Liebe zu Ihnen Gütig Gnadenvoller, und zu ihm, gleicht dem Flug des Schwanes, so sicher so mächtig und so zitternd. Sie haben denn wohl die gütige Nachsicht mit dieser Empfindung! –

Es war eben Kinderstunde auf »Stolzing«; der Freund hat zuerst mit den Kleinen sich unterhalten, dann setzte er sich an das Klavier und nahm die 9te Sinfonie durch. Indem ich zugleich in meiner Seele die herrlichen Klänge empfing, die heitere Ruhe der Kinder genoss, und das Wohlsein des Freundes empfand, musste ich mit Thränen der Rührung an Sie theures hohes Wesen, denken; Sie haben diese friedreiche Welt in der Qualvollen hervorgerufen; Sie haben es ermöglicht dass wir vereint wurden; Sie haben dem geweihten Haupt dem nirgends Ruhe wurde, die Ruhe gegeben, wie ein rettender Engel sind Sie Einziger, in dieses gepeinigte Leben getreten – und es ward Frieden. Was Ihnen auch die Elenden entgegengestellt haben, Ihr Werk haben sie nicht verhindern können, sie durften es Ihnen erschweren, Sie Theurer, Göttlicher, mussten leiden in unsre Leiden, doch Sie haben gesiegt! O rettender Parzival! –

Triebschen ist drei Tage lang fast zu Trübschein geworden durch einen Besuch den wir bekamen. Schon seit einiger Zeit hatte ich an den Briefen von Frau von Schnorr etwas gemerkt was mich verwunderte, nun mussten wir zu unsrer tiefen Betrübniss hier gewahr werden dass die Erschütterung welches ihr durch den Tod ihres Mannes wurde ihre geistigen Kräfte in fürchtlichster Aufregung gebracht. Nun will das Unglück dass sie in der Person einer ihrer Schülerin[1] eine Intrigantin hat der sie alles glaubt, und die ihren Zustand schändlich benützt. Visionen, Gespenster, Prophezeiungen, Gott weiss was da alles gebraut wird. Wir waren hier über den aufgeregten Zustand der vortrefflichen Frau der sie ganz blind macht, sehr betrübt, und der Freund dem sie allerlei geheimnissvolle Mittheilungen zu machen hatte, hat sich von dem peinlichen Eindruck nur langsam und mühsam erholt. Ich hoffe noch dass eine Besserung eintreten wird, doch sind wir sehr beunruhigt, und um so betrübter dass wir da gar nicht helfen konnten, und zuletzt zur förmlichen Abwehr von unheimlichen Zudringlichkeiten schreiten mussten. Die Meister haben dabei etwas gelitten, doch sind sie wieder herbeigezaubert; über mir höre ich jetzt den Freund an dem tönenden Gewebe arbeiten. Gott erhalte uns den Frieden! –

Da meine Besorgniss um den Freund so gross war, gab ich meine Reise nach Basel auf; nächste Woche wo die zweite Soiree meines Mannes stattfindet gehe ich hin und bleibe einige Tage dort.

Ich erlaubte mir heute früh zu telegraphiren da ich aus der eben erhaltenen Depesche ersah dass der theure ferne Freund, besorgt war, und ich den Hohen so bald als möglich beruhigen wollte. Als der Bote schon fort war, sagte ich mir dass ich nur gnädig aufgefordert worden war zu schreiben und wurde ängstlich ob ich das richtige that, und ob ich noch schreiben durfte. Hoffentlich kam ich mit der Depesche und komme ich mit dem Brief nicht ungelegen; jedenfalls macht der Nüremberger Brief alles gut; schon lange freut sich der Freund seinen Schutzgeist dort zu begrüssen!

Will der Gütige, wohl inmitten des schönen Volksjubels denken dass in der Ferne zwei Wesen Ihn unaufhörlich preisen, und dass zwei Seelen Ihn durch Leid und Freud beständig segnen? ..... Beide entsenden den Gruss der treuesten Liebe!

Cosima von Bülow-Liszt

14 November 1866.
Triebschen.

[1] *Isidore von Reutter. Im November erschien Malwina Schnorr von Carolsfeld mit ihrer Schülerin Isidore von Reutter in Tribschen. Diese sprach von nächtlichen Begegnungen mit dem Geist des verstorbenen Sängers Ludwig Schnorr, der ihr verkündete, daß sie den König und Malwine Richard Wagner zu heiraten habe. Wagner durchschaute Isidore von Reutter als freche Betrügerin, der er sein Haus verbieten mußte. Wütend reiste Frau von Schnorr ab. Die Angelegenheit hat die Betroffenen monatelang beschäftigt.*

132

Theuerste Freundin!

Endlich finde ich inmitten der lärmenden Festlichkeiten einige Augenblicke der wohlthuendsten Ruhe, ich benütze sie dazu, einige Zeilen an die treu geliebte Freundin zu richten. – Dass ich stets an Sie und den einzigen, den über Alles geliebten Freund denke, dass ich oft und viel mit mächtigem, nie verglimmenden Sehnsuchtsfeuer, das *lange* nicht zu ertragen ist, mich hingezogen fühle nach dem trauten Triebschen, nach dem begeisternden, einzig und allein mich wahrhaft beglückenden und beseligenden Umgange mit den Theuersten auf Erden, ja dies Alles brauche ich kaum zu erwähnen, Sie kennen mich ja, verstehen das Wesen der treuen Freundschaft, die Tiefe einer ewigen, hehren Liebe. Dass es dem geliebten Freunde wieder besser geht, entzückt mich, erfüllt mich mit unsäglicher Freude; o Dank, innigen, wärmsten Dank für jede Kunde, die Sie mir senden, o hören Sie nicht auf, oft recht oft mir Nachricht von Ihnen und Ihm zu geben! Denn dies ist Labung in Durstesqualen. – Allenthalben erhalte ich zahlreiche Beweise von aufrichtiger, ungeheuchelter Liebe, von Treue und Anhänglichkeit des Volkes an seinen angestammten Fürsten; recht, vollkommen recht haben Sie, wenn Sie sagen, dass Wir allein die eigentliche und tiefe Bedeutung dieser Reise zu erfassen vermögen, ich will damit einen festen Grundstein legen, auf dem Wir in nächster Zukunft Herrliches, ewig Unvergängliches errichten wollen. –

Mit jedem Tage überzeuge ich mich auf's neue, dass Neumayr ganz der Mann ist, den Wir brauchen, wie angenehm ist es auch mit ihm zu arbeiten, welch ein Unterschied zwischen ihm und dem schwer fassenden Kopfe eines Pfi. und Consorten! – Dass Friedrich nicht mehr bei mir ist, werden Sie vernommen haben; ich musste so handeln, denn er benahm sich in der That nicht gut, (gelinde gesagt,) stiess alle Welt vor den Kopf, überhob sich auf unverantwortliche Art, suchte sogar seine früheren Freunde durch Anschwärzen in ungünstiges Licht zu stellen etc. so dass ich mich veranlasst fühlen musste, ihn in das Regiment zurück zu versetzen; nun er kann sich bessern, wird diese jugendlichen, wie wohl groben Fehler ablegen, für verloren halte ich ihn nicht, er hat auch seine guten Eigenschaften. –

Was Sie mir, theuerste Freundin, über Fr. v. Schnorr's Zustand sagen, erfüllt mich mit Betrübniss; Gott gebe dass diese treffliche Frau bald völlig wieder von ihren Leiden möge befreit werden! –

Wie danke ich Ihnen aus tiefster Seele für die so freundlich übersandten Blätter der Biographie, ich sehne mich nach ruhigen Stunden um mich in diese, mir so heilige Welt zu versenken. – Sind in der letzten Zeit keine Schriften über »Tristan« oder über das Schaffen Wagner's im allgemeinen erschienen? bitte theilen Sie mir es mit. – Ich kann Ihnen den Eindruck den die Aufführung des »Tristan« auf mich gemacht hat, unmöglich schildern, noch jetzt, jeden Augenblick, wenn ich an dieses wonnevolle Werk denke, möchte ich vor Entzücken, vor Jubel vergehen! – Nichtwahr Sie geben mir Ihr Wort, der Theure wird nach Vollendung der »Meistersinger von Nürnberg« sogleich den Nibelungen-Cyclus wieder aufnehmen?! –

Ich bin auf dieser Reise sehr in Anspruch genommen, komme aus den Fackelzügen, Bällen, Beleuchtungen etc. gar nicht mehr heraus, oft gebe ich Tafeln von 50-80 Gedecken, für die Dauer ist dies allerdings etwas ermüdend, neulich empfing ich etwa 200 Audienzen in einem Tage, stehenden Fusses. –

Doch von Mühe ist ja dabei nicht zu reden, für Ihn, für Unser Ideal wirken zu können dies ist Seligkeit, o diese Liebe zu Ihm zaubert den Winter in blühenden Frühling um, sie versetzt Berge, ist allmächtig.

Ich gedenke etwa am 23. d. M. in Würzburg einzutreffen und werde am 27. sicher in Nüremberg sein, wo ich 4-5 Tage verweilen will, im nächsten Jahre werde ich länger dort mich aufhalten, bis dahin wird Viel, so Gott will, sehr Viel geschehen sein. – Heil und Himmelssegen den Edelsten der Menschen, o wie liebe ich den Freund und Sie theuerste Getreue, ich sende Ihnen aus liebender Seele meine innigsten Freundesgrüsse und bleibe Ihr bis in den Tod getreuer

Ludwig.

Aschaffenburg
20. Nov. 1866.

133

Mein theurer Freund und geliebter Herr!

Sie erlauben es mir gütig Ihnen sofort zu sagen wie dankbar ich Ihnen Gütiger, bin, mir die so nöthigen Augenblicke der Ruhe gewidmet zu haben, und wie tief uns der theure Brief beglückt hat. Gestern kam ich von Basel hier zurück und gestern traf auch die Freude spendende Botschaft ein. Wir waren etwas in Sorge, ich hatte in einer Zeitung gelesen dass der Theure, in der Ferne Gefeierte, einen Tag sich hatte legen müssen, und da mir früher gesagt wurde dass Festlichkeiten, Bälle und Empfänge aller Art, den hohen Freund, sehr angreifen, war ich bald der ganzen schönen Reise gram. Gott sei Dank der herrliche Brief so ernst, so sicher, so wohlgemuth, hat alle Angst und kleinlich weibliche Sorge verscheucht; der Freund strahlte als er all' die gütigen Mittheilungen las, und ich lass es mir nun auch freudig gefallen dass der theuerste Freund so viele beglückt, da ich jetzt weiss dass weder Seine Gesundheit noch Seine Stimmung darunter leiden. »Ich bete Neumayer an«, sagte ich in scherzendem Ausdruck doch im ernstlichsten Sinne, gestern dem Freund, er erwiederte mir dass er neulich noch dem Hohen schreiben wollte dass nach Ihm dem Einzigen, der theuerste Mann ihm Neumayer wäre. Dass diese Wahl sich so glücklich erwies ist das schönste Omen, und ich kann Ihnen Theurer, gar nicht sagen wie ich hoffe, und in dieser strahlenden Hoffnung Sie preise und segne! Wir bedurften hier sehr der Labung und Stärkung die uns durch den gestrigen lieben theuren Brief wurde; der Freund hat wohl etwas näher angegeben wie peinlich der von mir angedeutete Wahnsinn ausartet; nun bekomme ich Flüche und Verwünschungen der armen bethörten Frau, so dass uns hier nur das vollständigste Ignoriren mehr gebührt. Wie der Freund die ersten Anzeichen dieser unerhörten Geschichte bekam nahm er es so ernst dass ich ihn fast darüber schalt und ihn bat in Geduld und Milde sie durchzumachen; er hat aber wohl recht gehabt, und als er mich gestern am Bahnhof empfing sagte er mir: »das Werk meiner Ruhe dass Du mit Mühe und Noth immer wieder aufbaust wird Dir immer wieder verschüttet und zerstört« – er

9 Ludwig II., König von Bayern,
als Großmeister des Hubertusritterordens, 1880,
Gemälde von Franz von Lenbach

12 Ludwig II., König von Bayern, Gemälde von Wilhelm Tauber

13 Cosima und Richard Wagner, 1872, kolorierte Photographie von F. Luckhardt

hatte die lächerlichsten Briefe wieder bekommen, und eine Depesche in welcher sein »an einem Faden hängendes Verderben«, telegraphisch angekündigt wurde. Nun ich denke dieser »Wahn« ist überstanden, allein es liegt darin ein tiefer Sinn der wohl zu beachten ist. Die aussergewöhnlichen Lagen bringen uns zuweilen in Freundschaftsverhältnisse die sich bis zu einer gewissen Exaltation steigern und eine Intimität schaffen welche aus der einfachen Begegnung grundverschiedener Naturen nie entstanden wäre. So kam es mit der Aufführung des Tristan's welche durch den Tod des unvergesslichen L. Schnorrs eine so tiefe heilige Bedeutung bekam; ich war der Frau v. Schnorr so unsäglich dankbar dem Freund seine Isolde dargestellt zu haben dass ich mich ihr von ganzem Herzen anschloss, und ganz davon absah ob sie vieles verstehen würde oder nicht. Der Freund that desgleichen, so lange keine Einmischung geschah war alles gut, nun aber ist eine Confusion entstanden wo Anmassung, Zudringlichkeit, und weiss Gott was alles, sich die Hand reichen um einen unerträglichen Verkehr zu bilden. In einem gewissen Sinne ist es mit Friedrich ungefähr dasselbe gewesen, wie mir scheint; er hat dem seltenen allerdings schwer zu verstehenden Zufall nicht Rechnung zu tragen gewusst, und hat gemeint dass Dasjenige was durch ganz andren Beziehungen, von einer ganz andren Region von Gefühlen herströmte, seiner eigenen Person wegen sich kund gab; und daher die Ueberhebung und gerade herausgesagt, die Unverschämtheit. In beiden Fällen ist, glaube ich, die Roheit der Natur an allem Schuld, gewöhnliche Naturen sind in ungewöhnliche Verhältnisse gezogen worden, wobei sie das Gleichgewicht verloren. Darum kann man ihnen nicht gram sein, nur kann man sich es auch nicht gefallen lassen, und muss man abwarten bis die Wiedereinkehr in dem ihnen angemessenen Kreis sie zur Vernunft bringt. Wie freute ich mich einziger, edler, wunderbarer Freund, über die milden festen Worte die Sie über Friedrich mir gütig sagen; er hat uns nicht geschrieben, was kein gutes Zeichen ist, und ich gestehe Ihnen Theurer, Hoher, dass wir immer etwas beklommen waren. Vieles wurden wir gewahr dass wir gar bedenklich fanden, nur bauten wir auf das Herz dass ich gleich Ihnen, mein theurer gnädiger Freund, für gut halte. Sie sagen das Wort dass alle Erklärung enthält, »grob« sind diese Fehler und desshalb nicht zu übersehen wenn auch nicht nachzutragen. Ach! und überall Absichten nirgends Einsichten! Wenn Sie edelstes, höchstes, unbegreifliches Wesen, nicht wären, ich kann Ihnen gar nicht sagen mit welcher Erbitterung wir auf das Leben und die Welt blicken würden; diese letzten Erfahrungen mit Friedrich und M. Schnorr sind doch anwiedernd; doch wollen wir es Ihnen Gütiger, nachsehen, und nun Sie da sind, können wir wohl das Wiederwärtigste belächen.

Der Freund hat seine Arbeit wieder aufgenommen, die ihm die ganze Woche mit Ausnahme eines Tages, durch die gespenstentischen Geschichten unmöglich gemacht wurde. Beckmesser tobt gegen Sachs »o Schuster voller Ränke!« ich musste laut auflachen als er mir gestern den Beginn dieses Wuthausbruches spielte. So Gott will, bleibt der Triebschner Friede einige Zeit geschont, und es geht rasch vorwärts. O von ganzer Seele gebe ich Ihnen, holder Schutzgeist des Theuersten auf Erden, das Versprechen dass sobald die Meistersinger fertig sind, die Nibelungen, das Lebenswerk, dass nicht eher vollendet werden durfte, bis Sie, Göttlicher, erschienen, vorgenommen werden – und dann Parzival! Ich weiss, es wird alles geschaffen, bin ich auch zuweilen traurig und besorgt, so ist es eben das Ergebniss langes tiefes Mit-leiden was mein Herz zu fast beständigem Zittern gebracht hat, doch in der innersten Seele hege ich eine heilige Gewissheit die mich hoch über alles irdische Leiden trägt. Ich weiss, der Freund wird noch alles vollenden, ich weiss ja dass Sie da sind, mein theurer, theurer Freund! Mit der Gesundheit geht es auch leidlich, so dass ich einige Zeit ohne Unruhe in Basel verweilen konte. Meinen Mann fand ich wohl, und rüstig musikalisch aufgelegt; die Leute sagten mir alle dort, sie erkennten sich selbst nicht mehr, seitdem er da wäre, ein solches Leben hätte er bei den Musikern wie beim Publikum angefacht. Kein Kreis ist ihm zu gering um darin zu wirken, und so streut er denn den guten Saamen nach Kräften aus wo er nur hinkommt und weilt. Ich machte einiges mit, und bekam wiederum einen Schrecken über die systematische Verdummung welche überall mit dem Publikum vorgenommen wird, doch sind sie auch da willig und gelehrig, trotzdem die stupidesten Vorurtheile so weit herrschen dass eine der Kunstgönnerinnen mir naiv sagte: sie liebte eigentlich nur Bach – und es sich bei näherer Untersuchung ergab dass sie kaum etwas von Bach kannte!!

Ich habe nicht gehört dass irgend etwas über Wagner oder speziell über Tristan in letzter Zeit geschrieben worden ist. Die Brochure Gasperini's[1] von der mir Friedrich sagte sie sei bestellt, ist wohl angekommen, ich habe sie noch nicht gelesen und fürchte dass neben manchem Sinnigen viel Unsinniges sich darin breit macht. – Ich verstehe es, mein erhabener Freund, wie Sie an der Aufführung von Tristan und Isolde denken; in mir tönt das Wunderwerk stets fort, und ich kann wohl sagen dass ich mit diesen unergründlichen unerfasslichen Schöpfungen mehr lebe und verwoben bin als mit irgend etwas auf der Welt. Gott gebe dass sich Uns diese heiligsten Freuden wiederholen! Ich sagte es Ihnen, theures gottgesandtes Wesen, ich glaube es. –

Einige Blätter sind wiederum abgeschrieben, ich werde dieselben erst nach München absenden. Eines erlaube ich mir noch zu fragen: würde es den erhabenen Freunde interessiren die erste Fassung des Siegfried's Tod kennen zu lernen? Ich habe erfahren dass das Manuscript derselben in den Händen des Regierungsrath Sultzer[2] in Winterthur sich befindet, und ich würde – falls es dem hohen Freunde genehm ist – darum bitten und mit Freude an die Abschrift gehen[3]. Heute Abend wird wieder an die Biographie gearbeitet; wir haben jetzt Gott sei Dank, Paris verlassen – o der fürchterlichen Zeit! – und langen in Dresden mit dem Rienzi[4] an.

Nun habe ich aber, fürchte ich, über Gebühr »gedankt« – »Du schreibst sehr lange,« meinte eben Elisabeth, das machte mich etwas stutzig, nun bitte ich den königlichen Freunde, mehr Nachsicht zu haben als Er wohl Zeit haben wird, und die Ergiessungen der treuen Liebe in gütiger Milde und Geduld aufzunehmen. Ich freue mich unsäglich auf Nüremberg, hoffe nur dass die 200 Audienzen an einem Tage sich nicht wiederholen werden; mit den Beleuchtungen, den Fackelzügen und sonstigen Freudenbezeigungen bin ich gänzlich versöhnt. Es ist etwas herrliches um die Liebe des Volkes zu seinem König, darin liegt noch ein Hort der Erlösung für die armen Menschen, das ist Religion, auch hätten wir es gar gerne miterlebt! Doch folgen wir dem theuren Fernen, durch all den Jubel, wie wir Ihn in Treue durch Leid und Weh folgen würden.

Der Freund entsendet den Schöpfungsgruss seinem Schutzgeiste, ich sage schlicht und einfach dem hohen Freund, von meiner treuen ewigen Liebe!

Cosima von Bülow-Liszt

Triebschen
25ten November 1866 /.

[1] *Auguste Gaspérini (1823-1868), französischer Arzt und Musikschriftsteller. Er verfaßte eine Wagner-Biographie und versuchte durch zahlreiche Artikel, wenn auch vergeblich, den musikalisch-dramatischen Prinzipien und Werken Richard Wagners in Frankreich den Weg zu ebnen.*

[2] *Johann Jakob Sulzer (1821-1897), Politiker. Führend in der demokratischen Partei des Kantons Zürich, 1852 bis 1857 Regierungsrat, 1858 Stadtpräsident von Winterthur; Nationalrat, Ständerat. Er gehörte nach Wagners Emigration in die Schweiz zu seinen engsten Freunden. Nach Wagners Züricher Exil besuchte er ihn auch in Tribschen.*

[3] *König Ludwig wollte alle Werke und Schriften Wagners kennenlernen; im »Wagner-Buch« wurde alles noch irgendwie Auftreibbare an früheren Veröffentlichungen und Abhandlungen Wagners zusammengetragen. Cosima besorgte das Abschreiben, wobei sie teilweise allerdings für den königlichen Leser berechnete Retuschierungen vornahm. Bei der Beschaffung oder Rückforderung der früher von Wagner an seine Freunde verschenkten Manuskripte wurde nicht immer rücksichtsvoll verfahren. So klagt Tausig: »Wagner hatte letzthin den sehr sonderbaren Einfall, mir durch das delphische Orakel (Cosima) auf eine höchst unzivile Art die Originalpartitur des Tristan abfordern zu lassen ... Ich habe auf diese Zumutung nicht geantwortet.« Mathilde von Wesendonck schrieb an Wagner: »Frau von Bülow ersuchte mich in einem Schreiben heute um einige Ihrer literarischen Manuskripte, die in meinem Besitz sind. Ich habe die Mappe durchgeblättert, allein es ist mir unmöglich, etwas zu senden, es sei denn, auf Ihren persönlichen Wunsch hin.« – Im Laufe der Zeit wurden dem König auch eine ganze Reihe wertvoller Manuskripte übereignet, darunter zum Beispiel die Originalpartituren von »Die Feen«, »Das Liebesverbot«, »Rienzi«, »Die Meistersinger«, »Das Rheingold« und »Die Walküre«.*

4 *Im Jahr 1842 Wagners Rückkehr nach Dresden. Am 28. Oktober 1842 war in Dresden die Uraufführung des »Rienzi«. Wilhelmine Schröder-Devrient (1804 bis 1860) sang den Adriano (Mezzosopran), Sohn des päpstlichen Notars Cola Rienzi.*

134

Theure, innig geliebte u. verehrte Freundin!

Selig, in der That erhoben und begeistert fühle ich mich durch Ihren und des Freundes theuren Brief, ich erhielt sie noch in Würzburg, welche Stadt ich bald zu verlassen gedenke, um etwa am 30ten d. M. im theuren, gepriesenen Nürenberg einzutreffen; von dort aus gedenke ich dem angebeteten Einzigen zu schreiben, sobald ich nur irgend Augenblicke der Ruhe und Sammlung finden kann. – Vorgestern dauerten die Aufwartungen 4 Stunden lang ununterbrochen fort, ich empfing 400 Menschen! Dann war große Tafel, hierauf der Ball; dies war zu viel, die Uebermüdung war zu stark, ich fühlte mich unwohl und musste während eines Theils des gestrigen und heutigen Tages das Bett hüten; jetzt geht es mir besser, die Ruhe that mir wohl, Ihr und des theuren Freundes herrliche Briefe gaben mir neue Lebenskraft. – Ich verspreche mir viel von meinem Nürenberger Aufenthalt, gerade dort will ich besondere Sorgfalt darauf verwenden, mir die Herzen zu gewinnen; was in München nicht gelang: nämlich den Menschen über den unsterblich-grossen Freund die Augen zu öffnen, muss hier, wenn auch allmählig, so doch um so sichrer gelingen. Ein Umstand betrübt mich: Neumayr nämlich ist auch nicht frei von Vorurtheilen über den Freund, er hält eine Zusammenkunft mit Ihm jetzt noch nicht für gerathen, da die öffentliche Meinung immer noch gegen den Theuren sei, erst in einiger Zeit meint er, wäre es räthlich, Uns wieder zu sehen und zu sprechen. Meine Meinung nun geht dahin, es sei das Beste, wenn N. den Freund endlich kennen lernt. Eine schickliche Bekanntschaft ist gegenwärtig einzig möglich, N. scheint nicht gerne den Anfang machen zu wollen, auch hier kann man ausrufen und zwar mit

Kummer: »Wahn, überall Wahn!«[1] – Ist die gegenseitige Verständigung eingetreten, dann muss schleunigst die Ordnung jener Angelegenheiten vor sich gehen, von denen der Freund in Seinem letzten Briefe schreibt. – Muth ohne Wanken, dann erreichen Wir sicher das Ziel. –

Die arme Fr. von Schnorr mit ihrer kuriosen Schülerin! Von Herzen wünsche ich, Sie möchten in Zukunft von diesen unausstehlichen Zudringlichkeiten verschont bleiben. – Hätte ich doch nie geglaubt, dass es so weit mit ihr hätte kommen können; die tief Beklagenswerthe! – Sollte ich gegenwärtig dem Freunde in pecuniärer Hinsicht dienen können, so bin ich mit Freuden hiezu bereit, ich glaube es deshalb, da ich weiss, dass die in Triebschen vorgenommenen baulichen Veränderungen mit Unkosten verbunden sind. – O welche Sehnsucht zieht mich mit magischer Gewalt hin zu Ihnen und zum theuren Freund! Wie nichtssagend und fad kommen mir alle Menschen nun vor im Vergleich zu Ihnen und zu Ihm! – Welch erbärmlich-niedrige Insekten-Seelen[2]! Mittelmässigkeit und Borniertheit fast überall wohin ich blicke, das Volk ist gut, sein innerster Kern gesund, aber urtheilslos und leicht lenksam.

Der hiesige Kapellmeister Weisheimer[3], von dem mir schon seit längerer Zeit eine interessante Abhandlung über »Tristan« bekannt ist, ist im Besitze eines Manuscriptes von »Wieland dem Schmied«[4], ich werde eine Abschrift hievon erhalten; morgen wird »die Braut von Messina« gegeben werden, in den Zwischenakten wird die Ouverture zum »Rienzi« das Vorspiel zu »Lohengrin« und zu »Tristan und Isolde« zur Aufführung gelangen, fast überall werde ich mit den Klängen aus des Theuren wundervollen Werken begrüsst, hie und da ist es wahrer Genuss, oft aber auch Ohrenmarter und Geistesqual! Da muss der gute Wille statt des Vollbringens gelten.

Weisheimer gedenkt eine Analyse über »den Ring d. N.« zu schreiben; wollte nur Porges sich wieder zum schreiben entschliessen. In Darmstadt hörte ich die »Afrikanerin«, ein Gemisch von »Prophet«, »Nordstern« und »Hugenotten«, der Text zum davonlaufen dumm. –

Ohne Rast wird in München gegen Wagner geschürt und gehetzt, wie ich aus den Blättern ersehe, in Nürnberg ist, wie ich sicher glaube, selbst der Pöbel intelligenter u. gutwilliger als dort, die »Meistersinger« werden zünden; aber auch in München hörte ich sie gerne einmal, denn trotzdem dass diese Stadt mit ihren Bewohnern nicht hoch in meiner Achtung steht, so ist mir der Ort, wo ich meine frühesten Jugendjahre verlebte, dennoch werth, auch ward mir die Bühne theuer, auf der »Tristan« lebte, litt und starb. – Sollte ich auch ferner Grund haben mit den Bewohnern meiner bisherigen Hauptstadt unzufrieden zu sein, so soll mich nichts hindern mein Hoflager in Nürnberg aufzuschlagen und dorthin den Sitz meiner Regierung zu verlegen. –

Ist es gelungen, was Gott gebe, dass Neumayr überzeugt ist und an den Freund glaubt, ist Herr v. Bülow endlich Kapellmeister, dann muss es rasch blühen und gedeihen Unser grosses Werk. – Ein Umstand ist fatal, zu den Friedensbedingungen gehörte, dass es dem König von Preussen gestattet werde, wenn er nach Nürenberg zum Besuche käme, das (Nürenberger) Schloss zu beziehen; dies könnte Störungen verursachen; überall Widerstand und Schwierigkeiten u. doch steht es klar vor mir: »Wir überwinden u. siegen«. – Bitte sagen Sie dem Geliebten, wie innig mich die Beschreibung des Vorspieles zum 3ten Akt freut und wahrhaft beglückt. O diese Sonnenstrahlen, dieses Leuchten des Regenbogens es thut mir so wohl, so wohl mitten im unaufhörlichen Jagen der dustern Wolkenzüge. – Wie würde mich eine Abschrift der ersten Fassung von Siegfried's Tod erfreuen! – Sie sind viel zu gütig, theuerste Freundin, sich dieser Mühe so liebevoll unterziehen zu wollen, Dank, herzlichen Dank! –

Bald hoffe ich ruhiger und gesammelter schreiben zu können als es mir heute möglich war. Ich sehne mich nach Nachricht von den theuren, einzigen Freunden. –

Heiligen Gruss Ihm, dem ich zu Eigen gehöre, für den einzig zu leben und zu wirken mein Beruf ist, den ich liebe mit Flammengluth die gottentstammt, tausend Freundesgrüsse Herrn v. Bülow, dem Getreuen und Ihren Kindern, die Gott in Seinen Hl. Schutz nehmen wolle! –

Treu bis zum Tod

Ihr

Würzburg
den 27. Nov. 1866

aufrichtig und innig liebender
Freund Ludwig.

Ich bin begierig ob Friedrich Ihnen schreibt, wenn nicht, so ist es klar, dass er die Freundschaft nur schloss, um bei mir in Gunst zu bleiben, schlimmes Zeichen für seinen Charakter! –

Entzücken würde mich eine eingehende Beschreibung aller thematischen Verwebungen der Motive der Meistersinger, wie sie der Freund vom M. Vorspiel entwarf. –

[1] *Zitat aus »Die Meisteringer«, 3. Aufzug, 1. Szene, Sachs.*

[2] *Bezug auf die Worte Ferdinands in Schillers »Kabale und Liebe«, II. Akt, 5. Aufzug: »Frei wie ein Mann will ich wählen, daß diese Insektenseelen am Riesenwerk meiner Liebe hinaufschwindeln.«*

[3] *Wendelin Weißheimer (1838–1910), Kapellmeister und Komponist. Suchte am 17. Juli 1858 Wagner in Zürich auf; 1859 Studium bei Liszt in Weimar, 1861 Erster Kapellmeister in Mainz; wirkte in Augsburg (1864), Berlin, Düsseldorf, Würzburg (1866–1868), Mainz, Zürich und Straßburg. Er trennte sich 1868 von Wagner, seinem angebeteten Idol, nachdem dieser es unterließ, sich für seine Oper »Theodor Körner« einzusetzen. Als Wagner-Dirigent war er in den folgenden Jahren an der Scala in Mailand tätig.*

[4] *»Wieland der Schmied«, Heldenoper in drei Akten; der Prosaentwurf wurde Januar/März 1845 geschrieben. Wagner hat sich danach nicht mehr um diesen Text gekümmert.*

135

Telegramm

Von Nürnberg nach Luzern 30.11.1866

Frau von Bülow-Liszt. Luzern (Triebschen.)

An Hans Sachs!
Vor 2 Stunden hier eingetroffen, beispielloser Jubel!
Von hier aus wollen Deutschland wir erlösen,
Wo Sachs gelebt und Walther siegreich sang.
In Trümmer sinkt das nicht'ge Werk der Bösen,
Das tück'sche Spiel den Finstern nicht gelang.

Durch Dich erhebt er sich, der ach so tief gesunken,
Der einst so allgewaltig deutsche Geist,
Dein Odem fachet Flammen aus den Funken,
Dein Zauberwort ihn neu erstehen heisst.
Dir, der in Segenswerk den »Wahn« gewendet,
Sei trauter Gruss von Walther heut entsendet.

Walther von Stolzing.

136

Theuerster Freund, Schirm und Hort!

Ich darf Sie wohl in München begrüssen, in der Stadt in welcher ich einst erklärte sterben zu wollen, in welcher ich namenlose Freude, unsägliches Leid empfand? Ich entsinne mich dass als ich als Fremde diesen Ort besuchte, er mir ungemein gefiel; die edlen Kunstgebäude, die stylvollen Kirchen, das Theater in welches ich zufällig *Tannhäuser* mit Schnorr als Gast, sah, die Abwesenheit von Fabriken, Börse, reiche Banquiers Gesichter, und lärmenden Verkehrs, alles das machte einen so günstigen Eindruck auf mich dass ich zu Hans sagte: »in dieser Stadt würde ich gern wohnen« – »Wie kämen wir hierher« frug er mich; dann belehrte er mich über die dortigen musikalischen Zustände und mein Wunsch schwieg, doch konnte der schöne Eindruck nicht verwischt werden. Der Himmel gebe dass Sie, mein gütiger hoher Freund, ohne Widerwillen diese Stadt, die Uns Böswillige und Unwissende so verleidet haben, betreten, und darin weilen! Den wärmsten dankbrünstigsten Gruss entsenden die Freunde.

Ihr theures Schreiben gelangte mit dem schönsten Sonnenstrahl zu mir; um mich glänzte alles darob, wie meine Seele, bald darauf kam der liebliche Gruss aus Nüremberg und der Freudestrahl in des Freundes Auge krönte die ganze innere und äussere Seligkeit; seitdem hat Triebschen nicht mehr so geprangt, Ihr Nahen war es wohl theurer hehrer Trost, welches Berge, Himmel, See, Augen und Seele so sanft entflammte! ....

Ich war gram gewesen dass 200 Audienzen in Bamberg stattgefunden hatten, nun musste ich von 400 hören und dass theuerster Freund, darüber unwohl wurden! Hoffentlich war für Nüremberg mehr Zeit und demnach eine bessere Vertheilung der so anstrengenden Aufgaben. Sonst wird ja ein solcher Zug zur wahren Hölle – trotz des vielen Erhebenden und Erfreulichen – und ich gestehe dass ich jetzt nur mit Bangigkeit von den vielen Festlichkeiten las. Mit denselben Empfindungen habe ich Sie, mein hehrer Freund, begleitet, als vor Jahren den Freund auf seinen Concertreisen; wenn mir Hans von dem Jubel erzählte mit welchem er überall (Petersburg – Moskau – Wien – Pesth) als Künstler-König empfangen wurde, und sich darob freute, musste ich kleinlich mit dem Kopf schütteln und denken: »was ist mir all das Schöne, wenn er darunter leidet?« – Ich hoffe aber Sie sind wohl und heiter, und ich will mich meiner Aengstlichkeit zum Trotz, mit Allem freuen. Ich dachte man würde in Darmstadt Rienzi geben, da er dort, wie ich höre, nicht übel aufgeführt wird, (nur das man die Ballet-Musik zum Schrecken des Componisten darin verdoppelt); nun die Afrikanerin ist jedenfalls neuer. Hans welcher sie vor ungefähr zwei Jahren in Cöln hörte, schrieb mir, es sei Musik für den Fürsten Conza von Rumänien! Wie ich erfahre lechzen die guten Münchner danach und sollen sie die Bescheerung am 1ten Januar bekommen. Ich kann mir denken aber dass Sie, einziger theurer Freund, am Ende lieber noch dergleichen und selbst den Troubadour (dieses roheste Erzeugniss der modernen italienischen Muse) ertragen, als unter gewissen Umständen und gewissen Direktionen die erhabenen Töne Lohengrin's und Tristans. Hoffentlich hat Weisheimer seine Sache gut gemacht; er ist noch einer von der Weimarer Schule und Zeit, welcher sich dem Freund angeschlossen hat, ein redlicher tüchtiger Musiker. – Das Leben auf Triebschen geht nun ungestört seinen ruhig arbeitsamen Gang; als einzige Zerstreuung hatten wir im Luzerner Theater eine Aufführung des Freyschütz; wir entsannen uns dass der ferne Theure, hier den Faust von Goethe gesehen und die Aufführung nicht gar zu schlimm gefunden, wir entschlossen uns denn, grossen Theil auch meiner ältesten Tochter zu lieb welche noch nicht im Theater war. Nun es war merkwürdig genug, im Orchester fehlte das Cello, und was die Wolfschlucht betraf so waren dessen phantastische Erscheinungen so zahm, dass mich das Kind frug »warum denn Max und Caspar umfielen da ihnen Samiel doch nichts thäte.« Das gewöhnlich feuersprühende Thier kam in so häuslicher Pappengestalt auf vier kleine Räder gerollt, so gemüthlich über die Bühne spaziert, dass wir hell laut lachen mussten, und doch bilden wir uns ein am Ende einen Fund gemacht zu haben, nämlich in der Agathe und dem Annchen. Erstere hatte eine hübsche reine Stimme und war in Spiel und Sang noch gänzlich unverdorben wenn auch noch sehr zaghaft; die zweite war tüchtig musikalisch und entwickelte eine reinlige Stimme. Der Freund hat sich vorgenommen Beide kommen zu lassen; ein Bassist aus Zürich, von welchem »Jean Paul« behauptet dass er sich für Pogner eignen würde, soll sich zu ihnen gesellen, und die Scene zwischen Sachs, Evchen, mit der dazutretenden Magdalene soll auf Triebschen probirt werden. Wir wollen sehen! Ausser diesem in Aussicht gestellten Ereigniss ist nichts vorgefallen; vom »Kuriosum«[1] hören wir, Gott sei Dank, nichts mehr, doch hatten wir noch einiges abzuwehren. Würden Sie glauben, mein gütiger Freund, dass das seltsame Wesen durch den Canal ich weiss nicht welches Consistorial-Rathes mich bei Ihrer Majestät der Königin anklagen wollte? Da ich nicht die Ehre habe von Ihrer Majestät irgend wie gekannt zu sein, war mir dies allerdings sehr peinlich, vor allem aber fürchtete ich dass der erhabene Freund, Belästigungen davon erlitt. Glücklicherweise ist unser Arzt zu gleicher Zeit der Arzt unsrer bethörten Freundin, und ein vernünftiger ruhiger Mann welcher dafür sorgen will dass nichts Unziemliches geschehe. Hätten Sie, mein hoher Freund, dieses »Kuriosum« noch dazu gesehen! Man glaubt es nicht – mir ist es als hätte ich einen wüsten, wilden, wahnsinnigen Traum geträumt! Ach! theurer Herrlicher, ich begreife wohl mit welchem Ekel und welcher Trauer Sie auf die Mittelmässigkeit und Bornirtheit die uns überall entgegenstrotzt, herabblicken! Schaue ich von der Einsamkeit hier, in die Welt hinein, so erscheint sie mir wie eine Strafanstalt, oder ein Narrenhaus, oder eine Schule mit ungezogenen Kindern; Schlechtigkeit, thörichte Confusion, und alberner Eigenwillen, das hat ein Engel wie Sie, zu bändigen und besiegen! Das allerpeinlichste bleibt für mich der

»Wahn« – Wenn vor allem H. von Neumayer davon befreit bleiben könnte, damit er beruhigt über den Freund, besonnen seine Aufgabe erfülle! Ich begreife vollkommen dass er im Unklaren hierüber ist; was kann er anders wissen als die wie ein Alp drückenden Fabeln, welche um den Freund herum entstanden sind? Dann wünsche ich über alles, dass er recht fest überzeugt sein möchte, dass wir hier durchaus nichts Unzeitgemässes Voreiliges erwarten oder verlangen, er soll in Ruhe Ordnung schaffen, wir werden ihm keinerlei Hindernisse in dem Weg legen. Der Freund schreibt ihm heute damit er ersehe dass es diesem ernst sei mit der Rückgabe, und mit der Niederlassung auf Triebschen; und um diese Beruhigung zu vervollständigen bin ich auf folgenden Gedanken gekommen, welchen ich meinem geliebten Herrn, unterthänig mittheile, zur gnädigen Beurtheilung. Ich meine nämlich dass wir den früher festgesetzten Termin des 1ten Januars zu der offiziellen Anstellung und Rückkehr Bülow's fahren lassen, überhaupt kein Termin angeben – da die Ernennung eines neuen Intendanten die Pensionirung des Generalmusikdirektor's Lachner[2] Dinge sind vor welchen Herr v. Neumayer bei seinem Antritt vielleicht zurückschrecken würde. Ist Ihnen gnadenvoller Freund, diese Beruhigung genehm, so würde ich bitten bloss meinem Mann den Titel eines Hofkapellmeister's in ausserordentlichen Diensten mit der Verleihung eines Ordens huldreich zu verleihen, damit er ohne für ihn zu misliche Deutung das Provisorium seines Aufenthaltes ausserhalb Bayerns ad infinitum ausdehnen kann. Unsre Wohnung Luitpoldstrasse ist vermiethet, wir werden unsre Möbel mach Basel spediren lassen, und somit ist jeder Anschein als wollten wir in München augenblicklich etwas erreichen oder durchsetzen vermieden. Werden die Meistersinger im Sommer in Nüremberg dann auch in München aufgeführt, so ist vielleicht der Zeitpunkt gekommen um das Werk in's Leben zu rufen. Bis dahin kann sich alles beruhigt und Herr v. Neumayer überzeugt haben, dass wir nur das Mögliche erwarten. Wenn ich um Titel und Orden bitte so ist es weil leider mein Mann auf die Oeffentlichkeit angewiesen ist, und wenn er ohne weiteres jetzt bei streng beobachtetem Stillschweigen München nicht wieder betritt, für ihn sehr böse und nachtheilige Interpretationen stattfinden werden welche seinem Wirken sehr hemmend in dem Weg treten können. Ich glaube dass dieser Abschluss nur nach allen Seiten hin beruhigend wirken kann: der Freund hier auf Triebschen, mein Mann ehrenvoll auf unbestimmte Zeit auf Urlaub, diese Frage demnach ganz beseitigt, müsste meine ich Herrn v. Neumayer ein erwünschtes Auskunftmittel sein. Was uns die Meistersinger Aufführung birgt braucht keiner zu ahnen! Mir ist es als ob Wir Zeit hätten, denn Wir sind ja unwandelbar!

Nun er ungestört ist, arbeitet der Freund freudig weiter; so eben spielte er mir Walther's Eintritt bei Sachs als dieser Ev'chen den Schuh richtet! Heute früh ist diese Blume entsprossen, jubelnd begrüsst ich sie im Namen unsres Schutzgeistes. Gestern sagte mir der Freund er habe vor in der Pause die, zwischen der Vollendung der Meistersinger, ihre Aufführung, und die Wiederaufnahme der Nibelungen entstehen würde, den Fliegenden Holländer umzuarbeiten damit dieser sich würdig an Tannhäuser, Lohengrin anreihe. Es freute mich dies unendlich, namentlich da ich weiss dass es ein lang gehegt er Wunsch des theuren Hohen, ist, und dass in Hohenschwangau im vergangenen Jahre davon die Rede war. Die kleine Arbeit über die Meistersinger will ich unternehmen, darf ich unterthänig um einige Zeit dafür zu bitten wagen da mir die Aufgabe neu ist und da ich zuvor noch das Siegfried-Manuskript abschreiben möchte? Regierungsrath Sultzer (welcher eben einen schweren Verlust erlitten hat), hat mir dasselbe noch nicht eingesandt, doch erwarte ich es jeden Augenblick. Einstweilen erlaube ich mir die Blätter aus der Biographie zu Füssen zu legen, ich bin so weit damit gekommen als der Freund corrigirt hat. Noch hundert Seiten liegen im Diktat vor und wir arbeiten jeden Abend daran. Bezüglich der heutigen Sendung muss ich noch bemerken dass der Freund einige Besorgniss empfand bezüglich des Eindruckes welche die trostlosen widerwärtigen Erfahrungen auf den theuren Erhabenen, machen würden; hätte ich ihn nicht inständigst gebeten alles alles, sei es noch so peinlich, zu sagen, er hätte so Manches nicht aufgezeichnet. Ich war so kühn ihm gegenüber zu behaupten, Sie, mein hehrer Freund, würden ihn auch darum ersucht haben, und so tauchte er denn in das Meer unerbaulicher Rückerinnerungen. Möge Ihr göttliches Mit-empfinden nicht unangenehm davon berührt werden! Mir ist es als ob seine Grösse und unglaubliche Güte in um so hellerem Lichte erscheine durch die niedrigen Trübsaalen alle!

Wir erfuhren dass der Lohengrin, jetzt zum ersten Mal in Pesth aufgeführt, dort mit ungeheurem Jubel aufgenommen worden ist. Da ich das göttliche Werk zu hören entbehren muss, lass ich mir den Klavierauszug vom Triebschner »Jean Paul« tag täglich vorspielen. Gestern kam der Freund hinzu und belehrte ihn über Accent und Takt und Rhythmus; der gutgerathene Musiker war willig und froh, und so wurde denn ein wenig »Schule« getrieben.

Soeben kommt das Telegramm aus Nüremberg! Sie sind glücklich mein theurer höchster Freund! Glücklich und voll Muth und Zuversicht! Ich kann die Worte gar nicht genug lesen, und sende mein ganzes jubelndes Herz nach Nüremberg! Der Freund ist augenblicklich ausgegangen darum überliess ich es ihm nicht die Antwort zu geben, da ich sofort ein Wort der Freude dahin entsenden wollte woher alles Glück uns kommt! – Zuerst war es mir sehr traurig zu lesen welche Bedingungen der König von Preussen in Bezug auf das Nüremberger Schloss hatte stellen dürfen – jetzt ist es mir gleich. Ich weiss es dass keine Hindernisse Ihnen, theurer Schutzgeist, im Wege stehen können. Mag alles sich bäumen und sträuben, von den Federfüchsen bis zu den Zündnadelgewehrsleuten[3], ich weiss es mein höchster Freund, theures Wunder, dass Sie mächtiger sind als all das Mächtige! Nun bleibt mir noch zu danken für die gütige Nachfrage in Bezug auf die Ausgaben auf Triebschen. Sie sind allerdings ziemlich gross gewesen, doch habe ich gemerkt dass der Freund nicht wünschte dieselben erwähnt zu sehen; ich erlaube mir daher nur um die Gewährung zu bitten, vielleicht im Frühjahr angeben zu dürfen was noch auf Triebschen gemacht werden müsste um dasselbe ganz vollständig wohnlich und behaglich zu machen. Der Freund hat sich auf das aller Unentbehrlichste für jetzt beschränkt.

Was auch das Schicksal Uns Schweres noch aufbewahrt, ich glaube Wir dürfen kühn sagen: Wir sind glücklich! In Unsrer festen heiligen unerschütterlichen Liebe – was könnte Uns da noch treffen? Einzig und allein der Tod! Der ist aber die ewige Vereinigung, er ist der heilige Siegel auf die heiligen Empfindungen gedrückt. Wenn Sie Hehrster, Theurer, ausrufen Sie sind glücklich, wenn ich denke dass der Freund die Meistersinger vollendet und dass mein Mann im Dienste des Höchsten, die ihm gebührende Stellung findet, dann falte ich die Hände und will die Augen schliessen – denn ich habe keinen Wunsch mehr!

So seien Sie denn, höchstes Wesen, tausendfach gegrüsst und gesegnet! Die Kinder welche ich sehr stolz gemacht habe mit dem gütigen Gedenken, beten stets andächtig für »Unsren König von Bayern« – denn das lassen wir uns nicht nehmen das Sie *Unser* sind! Das ganze Triebschen entsendet dem Theuersten, das von Ihm stammende Glück, die durch Ihn hervorgerufene schöpferische Wonne!

Cosima von Bülow-Liszt

Triebschen am 5ten December 1866 /.

[1] *Kuriosum = Isidore von Reutter.*

[2] *Franz Ignaz Lachner (1804-1890), Dirigent und Komponist. Freund von Franz Schubert in Wien; 1834 Leiter der Oper in Mannheim; 1836 bis 1865 Hofkapellmeister in München; von ihm drei große Opern: »Alidia«, »Benvenuto Cellini« und »Catarina Cornaro, Königin von Zypern«. 1852 zum Generalmusikdirektor ernannt. Fühlte sich von Wagner aus München verdrängt und bat 1865 um seine Pensionierung.*

[3] *Das Zündnadelgewehr, von Johann Nikolaus von Dreyse (1778-1867) erfunden, wurde 1848 in der preußischen Armee eingeführt und trug dazu bei, daß Bayern 1866 den Krieg gegen Preußen verlor.*

137

Telegramm
Von Nürnberg nach Luzern 5.12.1866
An Frau von Bülow-Liszt. Luzern. Triebschen.

Wie geht es dem theuern Sachs? Erhielt er meinen Gruss unentstellt? Ich schreibe sobald als nur möglich, bin glücklich und voll Muth und Zuversicht.

Ludwig.

138

Theuerste Freundin!

In grosser Eile ein paar Zeilen. Kaum war ich in München angekommen als ich beiliegenden Brief von Fr. von Schnorr erhielt; wie sonderbar! – Ich sende ihn der geliebten Freundin, da ich glaube er wird nicht ohne Interesse für sie sein; ein seltsames Gemisch von Klarheit und Irrthum, von Wahrheit und Dichtung.

Wie innig freut mich Ihr letzter lieber Brief! – Gestern war ich am Grabe von Hans Sachs. – Wie herrlich ist Alles gekommen! Es erhebt sich der neue, der höhere Sachs wie ein Phönix aus der Asche, um ewig zu leben, um die Welt zu erlösen! zu einem Himmel auf Erden zu schaffen! – Herzlich war auch der Empfang, der mir hier in München zu theil ward; doch theure Freundin ich lasse mich nicht blenden durch bengalische Feuer, durch Hochrufen etc. etc. Nächstens wird Pfordten entfernt, mit Neumayr geht es nicht mehr recht, sein Nervensystem ist durch u. durch erschüttert. – Um Ruhe mir zu gönnen, die ich jetzt brauche, gehe ich morgen oder übermorgen nach Hohenschwangau, wo ich höchstens 8 Tage verweilen werde. – O Gott, welch entsetzensvolles Ereigniss jährt sich jetzt![1] –

Wie geht es dem innig und treu geliebten, angebeteten Freunde? Bitte schreiben Sie mir recht bald. – Herzliche Grüsse, innige Segenswünsche von

Ihrem

München treuen, aufrichtigen

am 11. Dez. 1866. Freunde Ludwig.

[1] *Wagners Verbannung aus München am 10. Dezember 1865 lag nun ein Jahr zurück.*

139

Meine theuerste, treu geliebte Freundin!

Vor Allem bitte ich Sie, dem heissgeliebten Freunde meinen innigsten, gerührten Dank auszusprechen für Seinen letzten, mir so theuren Brief, der mich tief ergriffen, mich erschüttert, aber auch erhoben hat und mit unsäglicher Freude erfüllt. –

Schon in meinem letzten Briefe aus München machte ich Ihnen einige Andeutungen, Neumayr betreffend. – Er ist nicht offen und wahr, ist ein Charlatan, viele Menschen liessen sich bestechen durch seinen Geist, seinen Witz und Redegewandtheit; mir gingen zu rechter Zeit die Augen auf, Gott sei Dank. – Seine Gesundheit ist in der That sehr erschüttert, er ist von einer maasslosen Eitelkeit und voller Prätentionen. Er ist viel zu constitutionell, hängt dieser Richtung auf übertriebene Weise an; dies Alles kann und darf ich mir als Monarch nicht gefallen lassen; erschrecken Sie nicht über all dies, theuerste Freundin, Wir sind Uns treu, Wir gehören Uns bis in den Tod. Wir werden überwinden, werden triumphieren, ich weiss es, ich erkenne und fühle es, Wir sind Uns selbst genug, siegen durch Unsre eigene Kraft, Muth und Ausdauer, durch die Macht Unsrer heiligen Liebe, Unsrer durch nichts zu erschütternder Treue. – Ich las gestern die Blätter der Biographie, tausend Dank für deren Zusendung. O an das Leben des Gottentstammten, Wunderbaren fühle ich mich gekettet mit durch nichts zu lösenden Banden, o nur Er ist der Grund meiner Seligkeit, ich darf es mit Stolz aussprechen was fest ich glaube: Solche tiefen, heiligen Beziehungen zwischen Freunden haben vor Uns noch nie und nirgends Menschen verbunden, diese Liebe muss Segen bringend sein für die ganze Menschheit. –

Wie freue ich mich auf die kommenden Blätter, die mir von des Theuren Aufenthalt in Riga und dem Rienzi erzählen werden; o wollte der Freund doch auch das im vorigen Jahre begonnene Tagebuch fortsetzen! vielleicht später? – Mit Jubel erfüllte mich die Kunde der beabsichtigten Ueberarbeitung des »Holländers« vor der Wiederaufnahme der Nibelungen.

Gestern wallfahrtete ich nach dem Platze, wo mir in jenen goldenen Tagen der Freund von diesem Seinem Plane sprach. – Sie müssen, sie werden sich erneuern diese traumgleich-seligen Tage von Hohenschwangau.

Mit Freuden erfülle ich Ihre Wünsche Herrn v. Bülow betreffend. – Ich meine, es ist das Beste die Aufführung der »Meistersinger« abzuwarten und alsdann das Banner der deutschen Kunstschule, unter welches sich viele begeisterte Jünger schaaren werden, aufzupflanzen; ich denke jetzt ernstlich daran den Fürsten Hohenlohe an Pfordten's Stelle zu setzen. Der Fürst ist ein vorurtheilsfreier Mann von festem Charakter und wird Uns besser dienen als Neumayr es je vermocht. –

Nun einiges über meine Ansicht die Aufführung der »Meistersinger« betreffend. Ort der Aufführung: Nürenberg, wenn dies nicht zu erreichen, so doch überhaupt in Bayern, keinenfalls im Auslande zuerst, ja nicht in Pesth, ich sänke in den Boden, wenn dies geschähe. – Ich halte es für das Beste, wenn Herr v. Bülow noch in diesem Winter sich nach Nürnberg begäbe, um dort genau das Terrain zu sondieren, um dort die begabtesten und angesehensten der Patrizier und Bürger kennen zu lernen und sie über das Bedeutungsvolle Unsrer Pläne zu unterrichten und über den Geist der erstmaligen Aufführung eines so wunderbaren, nie dagewesenen Werkes wie die Meistersinger aufzuklären; sicher bin ich, Hans wird ein warmer Anwalt Unsrer Sache sein, mit Feuer werden die Nürnberger auf den Plan eingehen, das für sie so Ehrenvolle darin erkennen und begeistert sein durch den Gedanken dazu beitragen zu dürfen, den grössten Wunsch ihres Königs zu erfüllen. – Der Direktor kann hierauf keine Opposition machen, er ist traitable und bescheiden, hat nichts von der Unverschämtheit seines Würzburger Collegen, Hans wird das Werk dirigieren und die Güte haben, sich mittlerweile nach dem geeigneten Sänger- u. Darsteller-Personal umzusehen; warum sollte dann nicht Alles gelingen, was steht dann der Aufführung für den Sommer entgegen? (etwa um Johanni.)

Der Freund scheint geglaubt zu haben »Wieland der Schmied« sei nicht in meine Hände gelangt. Grf. Holnstein[1] übergab mir das Heft sogleich; er ist anhänglich und treu, er besorgt meine Briefe an Sie, theuerste Freundin, stets gewissenhaft, er ist ein wahrhaft treuer Diener, der seinem König aufrichtig ergeben ist; ferner meint der Freund, Neumayr hätte das Verdienst, meine Reise nach Franken angeregt zu haben, o nein, dem ist nicht so, allerdings glaubten es die Leute, schmückten ihn aber mit fremden Federn. – Nun noch eine vertrauliche Anfrage an die Freundin. – Gerne möchte ich dem theuren Einzigen eine Gabe zu Weihnachten senden, ich ersuche Sie mir recht bald mitzutheilen, was Ihm angenehm wäre. – Sehr interessiert es mich, den Briefwechsel zwischen Unserm verewigten, unvergesslichen Schnorr und seiner Gattin kennen zu lernen; merkwürdig in der That ist ein Brief, den die arme Frau an den Freund richtet, er ist wohlmeinend geschrieben aber zeugt von sehr exaltierter Stimmung, wenn auch nicht von vollständiger Geisteszerrüttung; unter Anderem sagt sie darin, sie müsse noch leben, da sie eine grosse Sendung zu vollführen habe, sie wäre das erlösende Weib, das von Wagner so oft gepriesene, Er solle ihr folgen. Um Seiner Sünden willen sei Schnorr, der treue Tristan hinübergegangen. Seine letzten Worte hätten gelautet: »Ich sterbe wie mein Erlöser starb in Blut und Wunden für die Sünden Anderer.« – Rührend ist die Liebe und Sehnsucht nach dem dahingeschiedenen Gatten. – Trotz des den Brief beseelenden Wahnes muss ich gestehen, hat mich sein Inhalt mit einem eigenen Grauen erfüllt, so wird es Jedem gehen, der ihn liest, fest glaube ich es. –

O wie sehne ich mich wenn auch nur auf ein Stündchen nach Triebschen zu fliegen, um im Kreise der einzig Theuren auf Erden, der treu geliebten Freunde zu weilen, um dann neu gestärkt an mein oft hartes Tagewerk zu gehen, ich ward erst wahrhaft geboren als ich zuerst von Ihm hörte, am Tage, da ich »Lohengrin« zuerst hörte begann ich zu leben, Sie können sich denken, dass meine Stunde schlägt, wenn Er hinüber ist, Er lebt in mir, wie Paulus über Christus sagt; ich weiss es: Wir werden Unsre Sendung treu vollziehen, werden das wie in seligen Träumen Ersehnte erfüllt sehen und dann frohlockend die Augen im Tode schliessen.

Beneidenswerth ist Unser Loos, wie freue ich mich auf diesen Tod! – Segensgruss dem mit heiliger Gluth Geliebten!

Innige Grüsse aus ganzem Herzen sendet der Theuren

Ihr

bis zum Tod getreuer

Hohenschwangau
Ludwig.

16. Dez. 1866

P.S.

Viele Grüsse an den Jean Paul! Ich sehne mich nach den Blättern der Biographie, Verzeihung, aber es macht mich so glücklich, von Ihm zu hören; am 20ten gedenke ich nach München zurückzukehren. – O wie liebe ich Ihn!

Ewig treu

L.

[1] *Max Graf Holnstein, Oberststallmeister, Adjutant des Königs.*

140

Theuerster Freund, Geliebter Herr!

Mit innigem Dank sende ich den mir gütig mitgetheilten unbegreiflichen Brief zurück, und füge die Blätter hinzu von welchen der Freund sagte, welche der einzige Grund zu all den Unannehmlichkeiten gewesen sind, und die ich nie – als viel zu albern und ekelhaft – dem Erhabenen zu Gesicht gebracht hätte wenn nicht unverantwortlicher Weise von der andren Seite der Hehre in solche Erbärmlichkeiten herabgezogen worden wäre. Der Freund war ausser sich vor Empörung, er schaut die ganze Angelegenheit noch ganz anders durch als wie ich! Ich entsann mich bei dieser Gelegenheit eines Wortes A. von Humboldt' dass ich seiner Zeit nicht verstanden hatte; ich beklagte vor ihm in Bezug auf einen Fall die traurig böse Umgebung des Königs von Preussen Friedrich Wilhelm IV: »ich habe am meisten darunter zu leiden« – antwortete er mir »doch glauben Sie mir, die schlimmste Umgebung hat ihren Werth und ihre Bedeutung, sie wahrt die Hauptsache, des König's *Unnahbarkeit*. Weil mich der König mit seiner Freundschaft ehrt glaubt sich ein Jeder berechtigt auf dieselbe Anspruch zu machen, und wäre nicht das Heer, von leider nur zu häufig unedlen Hofleuten so könnte der König vor den Zudringlichkeiten gar nicht sich retten, ein Jeder würde mit der Thüre in's Haus fallen«. Dieser Art von Verhältnissen damals sehr neu, verstand ich die Worte gar nicht, mein Vater aber sagte mir sie seien durchaus richtig. Nun verstehe ich den Sinn. Ich hoffe mein theuerster Freund, Sie nehmen die Sache leicht, d. h. haben davon nicht den Aerger den leider der Freund empfand, wieder unwillkürlich eine Quelle der Belästigung für seinen Beschützer zu sein! Hans hier tobt und schäumt förmlich vor Wuth. Der Arzt von welchen ich mir schon gestattete zu sagen, hat mir geschrieben es wäre keine Spur von Krankheit vorhanden, ich bat ihn einige versöhnliche Worte zu überbringen, darauf schrieb er mir ich möchte meine guten Absichten und Gesinnungen doch aufgeben, Frau v. Schnorr sei in den heftigsten Worten gegen mich ausgebrochen, und Frl. von Reutter sei zu dem Consistorialrath gegangen um mich zu verklagen. Hierauf schickte ich die Blätter die ich mir heute erlaube dem Gütigen, zu unterbreiten – mein Arzt schreibt mir er sei ganz stupent wie Fr. v. S. mit einer so plumpen Intrigantin sich habe befreunden können; das einzige Mittel Frau v. S. zur Vernunft zu bringen würde sein diese Person zu entfernen, doch wüsste er nicht wie man das anfangen sollte! – Ach! es ist kläglich, dabei wird mit den Toden und dem Tod gespielt, die erhabene Person des Königs wird in Elendigkeiten hineingemischt unter den unverschämten Vorwand Sein Wohl zu wünschen, der Freund dem man alles schuldet wird verleumdet, die Freundin gehässig gemein förmlich verfolgt, welch trauriges Narrenspiel! Doch wenn Sie, mein theuerster edelster Freund, ohne zu grossen Unmuth die Augen von den unerfreulichen Anblick wenden, so will ich den ganzen Spuck vergessen. Gott gebe das Kästchen ist uneröffnet zurückerstattet und der Erhabene erfährt nichts mehr davon. Mögen die Unbegreiflichen dann über uns herfallen nach Herzenslust! Derselbe Arzt meldete mir viel Ergötzliches von der Stimmung in München vor der Rückkehr der Majestät; der fränkische Enthusiasmus und das schlechte Gewissen hatten viel Besorgniss erregt; dieselben Leute die damals die Adresse an H. von Pfistermeister zu Stande brachten bemühten sich nun eifrig ängstlich, frugen herum ob der König wohl München betreten würde? »Ich möchte unser Herr ging sofort nach Hohenschwangau – schrieb der Berichterstatter – hier würde der Jammer unbeschreiblich, und es würde den Leuten wohl verdiente Strafe sein. Ueberall wird hier von einem Residenzwechsel mit wahrhafter Todesangst gesprochen.« Gott behalte die elenden Leute in dieser heilsamen Angst, denn »die Furcht des Herrn ist der Weisheit Anfang« – die Meisten können nur lieben wo sie fürchten. Mir ist es eine wahre Beruhigung Sie theuerstes höchstes Wesen, in Hohenschwangau zu wissen; ich weiss wohl was Ihnen Edler, Theurer, bengalische Beleuchtungen u. s. w. sind, dann *müssen* Sie sich ausruhen! Darf ich Ihnen Huldvoller, sagen, dass ich einen wahren Schreck empfand als ich in der Zeitung las Sie arbeiteten mit Neumayer stets nach den Festlichkeiten zwischen 1 und zwei in der Nacht; ich entsann mich dabei dass Friedrich (der Schweigsame!) mir einst sagte der theure hohe Freund, schliefe nie vor 3 oder vier Uhr Morgens ein. Ich komme mir unbeschreiblich thörig vor indem ich dieses erwähne, doch kann ich es nicht lassen; zu sagen habe ich hierüber weiter nichts, selbst um nichts zu bitten, allein den heissen Wunsch Sie möchten Sich ja recht schonen darf die besorgte peinlich ängstliche Freundin wohl dem Theuren, ausdrücken? – Die Gesundheit Neumayer's ist so erschüttert? Nun vielleicht hat er seine Aufgabe erfüllt. Die Reise war schön, gar prächtig nahmen sich alle Berichte aus, und selbst die Rückwirkung auf München wird heilsam sein; sie verstehen nun die »Ehrenwerthen« dass München nicht Bayern ist. – »Hans Sachs« Grab habe ich leider damals wie ich in Nürnberg war, nicht besucht, die Meistersinger waren noch nicht und was ich vom Schuster-Poeten gelesen, hatte mich ziemlich kalt gelassen. Jetzt freilich würde ich wohl dahin wahlfahrten! Wie freudig andächtig stellt sich mein Geist diesen Ihren Besuch theurer Schutzgeist, vor! Ach! mögen die Andren Deutschland zerbröckeln und zusammenbrauen, mögen sie mit dem Recht der Macht allen Unfug treiben, mögen sie ordnen und formen dass es einem Angst und Bange wird, für mich haben Sie mein theuerster höchster Freund, Deutschland gerettet. Indem Sie, und Sie allein, den Einzigen erkannten haben Sie das vollbracht, was all die Andren Gott weiss wo suchen, und selbst vielleicht nicht suchen, denn wer denkt an Deutschland? O Gott! theurer Freund, was haben Wir vor einem Jahre erlebt! Mir gingen Himmel und Erde unter, und ich fühlte sicher diese Noth könnte ich nicht mehr zum zweitenmal erfahren. Der Monat Dezember ist mir seltsam trauervoll; vor 7 Jahren verlor ich am 13ten meinen Bruder[1] – ich darf es sagen ein Heiliger, den in seinem 20ten Jahre die Welt mit Ekel erfüllte. Die Geweihte Nacht bringt nun ihren Trost über all die Trauer, wie will ich darin für das erlösende Wesen beten und flehen!

Ich erlaube mir einen Aufsatz über Lohengrin zu schicken welcher vielleicht dem theuren Freunde nicht misfallen wird; der Anfang namentlich schien mir recht hübsch. Endlich habe ich hier auch das Buch von Gasperini: *Richard Wagner*, gelesen. Ich kann wohl sagen dass mich wenige Bücher so angezogen und abgestossen haben als dieses, welches ich förmlich verschlungen habe, des Gegenstandes wegen. Das Rühmliche und seltene an Gasperini ist dass er von weiten die Erscheinung gleich als eine riesige erkannt hat, und dass er gesucht hat ihr näher zu kommen. Anstatt sich nun als Zwerg zu empfinden, und sich in der einfachen Begeisterung zu erheben, fängt er, in der Nähe des Riesens angelangt gutmüthig an, die Glieder desselben zu analysiren; mit dem Fuss geht es nun allenfalls, doch als er weiter fortschreiten will erkennt er als Unförmlichkeiten das Ebenmass einer Gestalt die ihm in der Nähe entschwindet, daher ein Wust von Worten, aus denen man nur entnehmen kann dass er eben nicht der Kritiker ist um Wagner zu beurtheilen, jedoch ihn ahnungsweise dunkel und fragmentarisch empfinden kann. Ein lächerliches Misverständniss begeht er über Schopenhauer und den »Willen« welches er für das bewusste vernünftige Wollen des Menschen dahinstellt, und welches nach S. das »Ding an sich« ist, der Gegensatz zur Vorstellung. Leider kann Gasperini nicht deutsch woraus der viele Unsinn seiner Aussagen zu erklären ist. Doch ist es kein unbedeutendes Buch – darf ich es vielleicht dem gütigen Freunde, senden? Mit dem Siegfried Manuscript werde ich um geduldige Nachsicht bitten müssen; ich bekam von dem Regierungsrath Sultzer noch keine Antwort; seine Frau ist gerade gestorben, doch will mir der Freund während meines hiesigen Aufenthaltes die Biographie korrigiren, damit ich die geliebte Aufgabe weiter erfüllen kann. In Luzern haben wir die Oper vermisst; die Truppe hat die naheliegenden Ortschaften mit ihrem Samiel als Graf Almaviva gekleidet, beglückt; nun schweigen die Töne in Luzern und Triebschen allein erklingt wie eine einsame geheimnissvolle Aeolsharfe. Dafür wird in Basel nun recht viel musizirt; gestern spielte mein Mann in einem grossen Orchesterconcert das Beethovensche Werk welches er die Ehre hatte vor zwey Jahren im Odeon vor seinem Herrn zu spielen. Ein ungemein schwieriges und interessantes Werk von Berlioz[2] – Romeo und Julie – wurde nachher ganz erträglich aufgeführt. Die guten ernsten Leute, machen nun alles mit, und sprechen von der Gründung einer Musikschule. Hier giebt es keine Presse, keine Mucker, keine neidischen Collegen und alle diese Negationen ermöglichen das musikalische Wirken und Weben sehr. Darf ich Sie wohl unterthänig fragen, theuerster Freund und Gebieter welche Ihre Ansicht in Bezug auf meines Mannes jetziges Thun und Lassen, ist? Er muss sich entschliessen, und sollten Sie München für den Augenblick nicht für möglich erachten, will er in Basel Wohnung nehmen und hier sein Zelt aufschlagen?... Er meldete mir eben dass Pforten nicht empfangen worden sei, und dass die Zeitungen diese königliche That mit dem Wunsch zusammenbringen die Kammern mögten am 5ten Januar sich endlich bewähren und ihren Spruch über den unglücklichen Diplomaten fällen.

Alle Wohlgesinnten freuen sich dass der königliche Herr dem ganzen Lande nun angehöre, und sprechen fast ihre Hofnung darüber aus, dass der gnädige Landesvater zeitweilig in Würzburg, Nüremberg, und Bamberg sich aufzuhalten geruhen wird. Damit würde München in Zaun gehalten werden ohne die grosse Beschwerlichkeit eines Residenzwechsels – meint man. Ich sag all das dem theuersten Freunde, nur damit er alles erfahre was wir wissen und besprechen. – Ein hübsches Beispiel Meistersingerlichen Neides hat wieder in Pesth der »Generalmusikdirektor« Erkel[3] in Pesth geliefert. Nachdem er Jahrelang die Aufführung hintertrieben hatte, erklärte er zuletzt sie nicht dirigiren zu wollen; der Musikdirektor Huhn[4] musste für ihn eintreten, that sein Möglichstes, bekam seine zwei Lorbeerkränze, und schreibt nun dem Freund begeistert, dass bis zur fünften Vorstellung alles bei doppelterhöhten Preisen ausverkauft sei, und dass die Empörung gegen Erkel grenzenlos seie. Ich habe mich gefreut dass meine halben Landsleute sich so wacker benehmen, sie die wahrhaftig nicht geschult sind! Ich dachte bei diesen Berichten an verschiedentliche Generaldirektoren und Meistersingern!

Der reichste Segen auf Hohenschwangau, mein innig geliebter Herr, mögen Sie Edelster, dort von Allem Unangenehmen, von den »verrückten Frauenzimmern« an – um meines Mannes derbe Worte zu gebrauchen, bis zu den *Wahnseligkeiten* von denen Sie in einem Briefe mir gütig sprachen. Den Freund verliess ich wohl wenn auch sehr erregt durch die Mittheilung die ich ihm machen musste. Ich hoffe Hans Sachs hat wieder alles gut gemacht; er muss aber stets viel flicken der göttliche »Schuster«; wenn nicht der Engel hälfe »Teufel möchte Schuster sein«![5] Den »Engel« der uns zum Paradiese hebt, grüsse ich von ganzer liebender Seele!

Cosima von Bülow-Liszt

Basel am 17ten Dezember 1866 /.

[1] *Cosimas Bruder Daniel starb am 13. Dezember 1859 in Berlin in ihren Armen an der Schwindsucht. Er war gerade eben 20 Jahre alt.*

[2] *Hector Berlioz (1803-1869), französischer Komponist und Dirigent, gilt als »Vater der modernen Orchestrierung«.*

[3] *Franz Erkel (1810-1893), ungarischer Dirigent und Komponist; Generalmusikdirektor am neuen Nationaltheater in Pesth; seine Oper »Hunyadi Laszlo« (1844) gilt als ungarische Nationaloper.*

[4] *Huhn, Generalmusikdirektor in Pesth.*

[5] *Zitat nach »Die Meistersinger von Nürnberg«, 2. Aufzug, 6. Szene: »Sachs: Wär' ich nicht fein ein Engel rein, Teufel möchte Schuster sein!«*

141

Theuerste Freundin!

Vor Allem bitte ich Sie um Vergebung, dass ich beigebogenen Brief der Fr. v. Schnorr an meinen Adjutanten Hptm. von Sauer[1] Ihnen sende: denn sein Inhalt ist empörend; ich halte es aber als Ihr aufrichtiger und bis zum Tod getreuer Freund für meine Pflicht, Ihnen denselben zu schicken, Sie sehen daraus, theuerste Freundin, auf welch verabscheuungswerthe Weise die elende Frau die reinsten und edelsten Beziehungen, die je zwischen Menschen bestanden, in den Staub zu ziehen sucht. Kaum habe ich nöthig der theuren Freundin zu sagen, wie ich gegen jene schamlose Verleumderin aufgebracht bin. – Ich setze dazu, dass es mir nicht leicht ward mich zu dem Schritte zu entschliessen, den Brief selbst zu senden, aber die Macht der wahren Freundschaft, die mich beseelt, gebot es mir, o liebe Freundin, wie gränzenlos böse ist doch die Welt, theilen Sie dem Freunde den Brief mit, damit Er, der Heilige, Gottgesandte, der so Fürchterliches in Seinem Leben schon erdulden musste, die Anstifter jener frechen Verleumdungen *vernichte*! Ihr Parcival bleibt Ihnen treu, o wie fühlt er die Leiden in tiefster Seele mit, welche seine theuren Freunde betreffen. –

Ach ich sehne mich nach einer Aufführung von Tannhäuser u.

Lohengrin, wäre diese doch zu ermöglichen. – Herzlichen Dank für Ihren letzten Brief, den ich gestern erhielt; bitte entschuldigen Sie wenn ich jetzt schon schliesse, Sie können sich denken, wie ich aufgeregt bin, wie gerechter Zorn gegen jenes nichtswürdige, verfluchte Weib mich erfüllt, die es wagt auf solche Art meine theuersten Freunde zu schmähen. – Schreiben Sie bald und grüssen Sie den innig Geliebten auf das Herzlichste von mir!

Ludwig, der
unerschütterlich Treue,
bis in den Tod Liebende.

Hohenschwangau
20. Dez. 1866.

[1] *Hauptmann Karl Theodor von Sauer war, wie Paul von Thurn und Taxis, am 1. Mai 1863 zum Ordonnanzoffizier des damaligen Kronprinzen Ludwig ernannt worden.*

142

Ewig und innig geliebter Herr! Theuerster Freund!

Ihr gütiges Schreiben vom 16ten December kam am 19ten hier an, am Tag wo ich hier erwartet wurde; nun verspätete ein Unwohlsein meine Rückkehr welche erst gestern stattfand, so dass ich leider betreffs der Weihnachtsgabe Ihnen Gütiger, nicht unterthänigst beistehen kann. Doch hat der theuerste Freund, stets so sinnig bescheert, dass ich mir wohl bewusst bin mit meinem Rathe gänzlich überflüssig zu sein. – Nun wage ich um gewohnte gnädige Aufnahme eines Blattes zu bitten, welches ich auf des hohen Freundes Weihnachtstisch aufzustellen wünschte; es ist ein kleine Aquarelle nach dem grösseren Raume in Triebschen welches Sie theurer Herr, mit Ihrer Gegenwart beglückt haben; durch die Portieren sieht man in das Cabinetchen in welches Sie mit dem Freunde beisammen sassen; der Schreibtisch ist aufgezeichnet auf welchen die meisten Briefe an den Schützenden geschrieben worden sind, auch das Tagebuch und den Bericht. Ich wollte den Freund mit in der Stube aufnehmen lassen, allein die Kunstfertigkeit meines Luzerner Architektur-Maler's reichte nur bis zum Neufundländer, welches Ungethüm denn einzig das Leben representiren muss. Auch sollte das Blatt mit dem Liebesverbot[1] abgehen, doch hat mich die Gewissenhaftigkeit des Schweizer's[2] schönstens in Stich gelassen, so dass meine bescheidene Gabe am Ende noch verspätet ankommt! –

Für die schöne Weihnachtsfreude welche Sie theurer Huldvoller, mir und Hans zu theil werden lassen sage ich gerührten wärmsten Dank. Ich habe kaum gewagt Ihnen mein erhabener Freund zu sagen, wie nothwendig diese gnädige Auszeichnung[3] für meines Mannes weitere (durch all' die Münchener Schändlichkeiten unbegreiflich gehemmte) Laufbahn als Virtuose ist. Sie haben es gütig errathen und verstanden – mein theurer Freund, was habe ich Ihnen noch in Bezug auf Ihre Güthe zu sagen?... Betreffs der Aufgabe die Meistersinger Aufführung vorzubereiten wird Hans dem königlichen Auftrage sich mit Freuden unterziehen. Sie geruhen wohl gnädig zu bestimmen in welcher Form dieses geschehen soll, vielleicht ist bis dahin einer der Herren im königlichen Dienste beordert, die musikalischen Angelegenheiten zu besorgen, damit Sie selbst gnädiger Freund, nicht mit dem Detail der Sachen über Gebühr belästigt werden. Ich gestehe Ihnen theuerster Herr, dass ich fürchterlich über Ihr Urtheil über Neumayer erschrak, und zwar nicht wie Sie es wohl gütig denken, im gewöhnlichen Sinne; ich erschrak weil sich wiederum einer also nicht bewährt hatte, und weil ich die ganze Zeit in einer unbeschreiblichen Sorge war, mit welcher ich Sie selbst, mein hoher milder nachsichtiger Freund, belästigt habe. Ich glaube dass – nun die übrigen Herren angestellt sind – N. wohl entbehrlich ist; doch sind derartige Experimentirungen gar peinlich und lästig, und wird Ihr »Tagewerk« das schwere, dadurch nicht erleichtert. Einen Mann einen einzigen der Sie mein theurer gütiger Freund, verstehe, der Sie sowohl als das Volk liebt, Ihnen die schwere Aufgabe erleichtert – was gebe ich nicht um diesen gefunden zu wissen. Mir schwindelt zuweilen wenn ich an Ihrer hohen Einsamkeit denke; dieses war der einzige Grund weswegen ich Friedrich gut war, weil ich mir sagte: es ist wenigsten jemanden, eine

Seele, ein Gefäss in welches der theure Einsame »auf steiler Höh'«, seine Gedanken und Gefühle schütten kann; und wer weiss der kostbare Inhalt veredelt zuletzt denn auch das Gefäss? Darum freute ich mich kindisch als ich hörte Prinz Otto sei nach Nüremberg gereist; »vielleicht ist dann Dieser des höchsten Vertrauens werth« sagte ich mir. Allein diese weibliche Sentimentalität bei Seite gelegt, sage ich fest und überzeugt mit Ihnen mein hoher Freund, »Wir brauchen Keinen« – was das Land braucht werden Sie mein König sicherlich aus Sich heraus empfinden, somit bedauere ich nur dass Ihnen eine unangenehme Erfahrung mehr wurde. – Soll ich noch einmal das »grauenhafte« – Sie treffen das bezeichnende Wort mein theuerster Freund – Thema berühren? Ich glaube ich soll's. Der Freund hat innig bedauert dass Sein hoher Beschützer von den Briefen Kenntniss nahm, da er in dieser Sendung eine Absicht erräth die er zu bezeichnen aus Rücksicht für die Vergangenheit verweigert. Er meint dass weder Sie erhabener Herr, noch ich, Wir (Sie verzeihen gütig und gnädig dass ich dieses »*Wir*« gebrauche?) den Grund dieser trüben Angelegenheit durchschauen können; er habe es aber gethan und sich mit Empörung abgewendet. »Wäre ich nicht der Schützling des Königs von Bayern geworden – nie wäre es Malwinen eingefallen die Unverschämtheit zu haben mich erlösen zu wollen; sie hätte mich schön in Frieden gelassen«. Aus den Träumen von Frl. Reuter werden Sie ersehen haben theurer Freund, dass es allerdings auf Sie abgesehen ist!!! Dieser ganze Briefverkehr und all die Einzelnheiten sind eben Mittel zum Zweck und das ist eben das Empörende daran, was den Freund zu einen vollständigen Bruch veranlasst hat. All dieses mag wohlgemeint sein in einem gewissen Sinne, zweifelsohne wünscht Frau v. Schnorr sich nur mit gutmüthigen Absichten wichtig und sowohl dem Freunde als Ihnen mein Gebieter aufzudrängen – allein es giebt im französischen ein Sprichwort welches heisst: »L'enfer est pare de bonnes intentions«[4], und zu einer Art von Hölle sind uns diese Zudringlichkeiten schon geworden. Ich darf Ihnen mein theuerster Freund, wohl anvertrauen dass der Freund seit langer Zeit eine böse Ahnung hatte, dass er z. b. Frau von Schnorr nie schrieb, ausser auf mein Drängen und Bitten, dass auch die ganze Todesgeschichte von Ludwig Schnorr mir Haarklein von seiner Frau erzählt worden ist und zwar ganz anders als wie es ihr nach ihrem Verkehr mit Frl. Reuter, angelegen ist sie zu erzählen. Doch zu was tiefer in dem Wust von wahnsinniger Spekulation tiefer hineinsehen? Ich fürchte der Freund hat recht, und die ganze Sendung, die ganze Ueberschwenglichkeit hat keinen andren Sinn als den Zweck durch Erschütterung des bekanntlich zart und innig fühlenden Gemüthes des Königs sich in direkten Verkehr mit dem hohen Herrn zu bringen. Eitelkeit, Ehrgeiz, alles Unschöne ist in der armen Frau durch die Intrigantin bis zum Wahnsinn aufgestachelt worden; aber wie kommen Sie nur theures Wesen, solche Belästigungen zu erleiden? *Durch uns!* Das eben hat den Freund so ausser sich gebracht, so lange es nur ihn betraf hat er sich gewehrt und Ihnen lächelnd davon gesagt, nun aber beschwört er Seinen gütigen Herrn, die Sache kurzweg abzuschneiden. Gott weiss wohin das zielt?... Ich versichere Sie mein theuerster Freund, dass das was den Schmähungen und Intrigen nicht gelungen war, mich von München abzuwenden, dieser unbegreiflichsten Erfahrung gelungen ist. So werden wir denn in Basel unser Zelt aufschlagen[5]; ohne Kummer denn wir wissen was uns bevorsteht, ohne Schaden denn die königliche Gnade ehrt meinen Mann und schlägt alle Verleumdungen nieder, ohne Beängstigung denn Hans hält sich für den ausserordentlichen Dienst frei. Unsre Sachen lasse ich kommen, wir wollen ohne Münchener Meister selig werden[6]. – Der Freund hat mir die Biographie in meiner Abwesenheit nicht korrigirt worüber ich ihn scholt; doch in der Seele konnte ich ihm nicht gram sein als er mir sagte: »er hätte viel gedämmert« d. h. sein Werk viel überdacht »das letzte wird wie ein ganzer Akt – es wird mein Schönstes«, sagte er freudig. So leben denn die Meistersinger auf Kosten des Lebens, ich denke es grämt den Theuersten nicht, ich will auch sorgen dass das Leben nicht allzusehr unter dem Weben leidet. Am Weihnachtsabend werden diese Zeilen wohl eintreffen – was gäbe ich darum dem Wunderfreund eine kleine Freude bereiten zu können – ich glaube ich vermag es indem ich Ihm sage dass Er einzig und allein uns beglückt. – Darf ich dem Theuren gestehen dass ich die huldvollen Grüsse an Jean Paul nicht bestellte? So bin ich geworden; ich nenne den König von Bayern nicht mehr, mir ist es als ob alle

Leute gleich unverschämt und wahnsinnig darüber werden. Diesmal trifft meine Massregel den Unschuldigen, denn Jean Paul ist bescheiden und gutgeartet, doch bin ich hart geworden, und einzig meine Kinder hören zuweilen einen holden Gruss. – Theuerster Herr, wie könnten je die Meistersinger anderswo als in ihrer Heimath d. h. bei Ihnen Gnadenreicher, aufgeführt werden?....

Die holden Träume die sich an die nächste »Johannisnacht«[7] knüpfen, entsende ich mit unsäglichen Grüssen der Freude und des Dankes, dem theuren Schutzgeist und Lebenswecker!

Cosima von Bülow-Liszt

22ten December 1866 /.

[1] *»Das Liebesverbot oder Die Novize von Palermo«, Komische Oper in zwei Akten von Richard Wagner. Die Dichtung entstand nach Shakespeares »Maß für Maß« im Sommer 1834 in Rudolstadt.*

[2] *der Schweizer = Johann Jakob Sulzer.*

[3] *Hans von Bülow sollte am 5. April 1867 zum Hofkapellmeister ernannt werden.*

[4] *»Der Weg zur Hölle ist mit guten Vorsätzen gepflastert.«*

[5] *Cosima erweckt hier den Anschein, als würde sie mit ihrem Mann in eine gemeinsame Wohnung nach Basel ziehen.*

[6] *Bezug auf »Die Meistersinger von Nürnberg«, 3. Aufzug, 5. Szene: »Walther: Will ohne Meister selig sein!«*

[7] *Zitat aus »Die Meistersinger von Nürnberg«, 3. Aufzug, 1. Szene: »Sachs: Der Flieder war's: Johannisnacht.«*

143

Mein gütiger gnadenreicher Freund! Beschützender Herr!

Ich schrieb gestern, heute drängt es mich aber – wenn auch nur zwei Zeilen des Dankes dem erhaben Gütigen zukommen zu lassen – Was soll ich sagen? Den ganzen Morgen habe ich geweint denn ich bin Mutter und nicht gleich darf es mir sein meine Ehre angetastet zu sehen; doch die Zeit wird mir und meinen Kindern beistehen, und eines weiss ich, weiss ich einzig in diesem Zerfall alles Guten und Wahren, dass die vier Wesen an denen einzig mir liegt Sie mein Herr und Freund, der Vater, mein Mann, der Freund, mich nie und niemals verkennen werden. Dies ist ein Trost mein huldreicher Gebieter, wie er mich über die schwersten Stunden des Lebens emporgehoben hat. Diese Nacht da ich ziemlich leidend, nicht zu schlafen vermochte, überdachte ich mein ganzes Leben, mit seinen Aengsten, Nöthen und Hoffnungen, und ich musste erkennen dass ein tiefer unerschütterlicher Friede in meinem Herzen seitdem ich Sie als Schutzgeist des Freundes weiss, eingekehrt ist, und dass dieser Friede zur vollkommenen Verklärung sich erhoben hat seitdem die Meistersinger wieder aufgenommen sind. Ich möchte nun meine Seele dem Meere vergleichen welches die Stürme nur zur Oberfläche berühren und welches in seiner Tiefe ruhig unberührt bleibt. Heute musste dieser in der Nacht erkannte Frieden sich bewähren; ich sagte es, ich weinte heftig und lang, mir war es als ob ich dieses und von dieser Seite her nicht verdient hätte, vollständig wehrlos fühlte ich mich gegen die unergründliche Bosheit der Welt, meine Kinder jammerten mich, mein Mann, der Vater, der Theure, Sie mein edelster wunderbarer Freund, doch ich fand den ersehnten Trost in der Beschauung des Guten was mir geworden. Wie beglückt muss ich doch sein – da ich es so büssen muss! Bald jauchzte meine Seele der neuen Prüfung entgegen; ist dies der Preis mit welchem ich das Glück bezahle dem Freund beigestanden zu haben, sei er jubelnd bezahlt! Nun sehe ich nur noch vor mir des Freundes hergestellter Friede, Ihre unsägliche Güte zu mir, mein hoher Herr, und ich bin glücklich! Ja ich bin es und bleibe es bis in den Tod! – – Doch die arme arme Hassentbrannte! Wohin verliert sie sich nur? Wird nicht die Stunde der schrecklichsten Beschämung über sie kommen; oder geht sie so weit in der Selbstbethörung dass indem sie mich und den Freund verfolgt, sie sich wirklich einbildet den rechten Weg eingeschlagen zu haben? Wüsste sie nur wie ich ihr von ganzer Seele verzeihe; sie hat mir das Aergste angethan was eine Frau treffen kann; hielte mich mein Mann und der Freund nicht davon ab, ich schrieb ihr sofort: »hast Du gethan was Du nicht lassen konntest und bist Du zu Ende Deiner Wuth, beruhige Dich endlich, gewiss es hat mich kaum berührt«. – Der Freund empfindet anders, er ist tief empört; er schrieb heute früh an Herrn v. Sauer einen Brief welchen der gute Franz dem k. Adjudanten bringen wird. Der Freund hat alles geahnt – ich habe es nicht glauben können. Was will sie nur, wohin denkt sie zu gerathen, erschrickt sie nicht über die eigne Schlechtigkeit? Alle Freunde aus München sagen nur: »die tollen Weiber« wenn sie von dem unheimlichen Paare sprechen – vielleicht hat sie davon etwas erfahren, Gott weiss es und verzeihe es ihr wie ich ihr aus ganzer Seele verzeihe. –

Eines wird mir nur schwer zu überwinden, der Gedanke dass Sie mein theuerster Freund, und Unsre edlen hohen Beziehungen durch die gemeine Episode so herabgezogen worden sind – ach! lassen Sie es uns in Milde vergessen. Hoffentlich erholt sich der Freund bald, und leiden die armen Meister nicht länger darunter so dass das edle Werk vor dem Gemeinen gelingt, und der holde Wahn über den Wahnsinn siegt. Lassen Sie, mein theuerster gnadenreicher Freund, Uns im Gefühl der heiligen Liebe selig sein, stets zusammen leben und weben wenn Wir auch nicht beisammen sind, die Bösen bemitleiden, sie sind die Unglücklichen. Wir fürchten weder Leben noch Tod, sie fürchten Alles, beneiden und beschmutzen alles; »auf allen Gipfeln ist Ruh« sie aber krümmen sich in der friedlosen Fläche!

Jean Paul spielt mir eben die Meistersinger vor, und Triebschen sieht gar gemüthlich aus – was gäbe ich nicht darum zu hören dass Sie mein theurer, Freund, wohl sind und endlich vom ganzen Spuk befreit sind? Gott, Sie mein hehrer Freund, und solch unlauteres Zeug! ...... – Wann Sie Lohengrin und Tannhäuser zu haben wünschen dürfen Sie nur befehlen, mein Mann steht zur Verfügung, und wenn auch keine »Musteraufführung« zu Stande kommt kann doch vielleicht mit dem Personal des Hoftheaters etwas Erträgliches hervorgebracht werden. Freilich der Tenor? .... Niemann muss in Berlin herhalten und werden dort jetzt die Werke des Freundes unaufhörlich aufgeführt. In Würzburg bejubelt man den Rienzi und schreibt Weisheimer ganz entzückt. –

Den Brief habe ich vernichtet, that ich recht daran? Ich hoffe! ....

Meinem ganzen in Thränen geweihten Frieden entsende ich dem Schirm und Hort! Mögen sich Himmel und Erde in einem Segen für das theuerste göttliche Wesen, vereinen!

Ewig dankend liebend
Cosima von Bülow-Liszt

23ten December 1866 /.

144

Theuerste Freundin!

Ich kann Ihnen nicht beschreiben, welch innige Freude mir Ihr und des Freundes theure Geschenke bereitet haben, meinen wärmsten Dank dafür aus tiefstem Seelengrunde! Gestern genehmigte ich Pfordten's Entlassungsgesuch; der Elende, der sich in Unsren Angelegenheiten so schlecht benahm ist nun fort, also Pfi. und Pfo. sind nun machtlos, nun nahe ich mich mit einer Freundesbitte, ich kann sagen von deren Gewährung hängt mein Lebensglück ab, es ruht in des Freundes Händen. – Ich würde die dringende Bitte nicht stellen, könnte sie einzig auf Kosten der Ruhe und des Friedens des Freundes gewährt werden, dies wäre grosses Unrecht; dem ist nicht so, – Wie steht Unsre Sache jetzt: für mich war dieses Jahr das fürchterlichste, das ich erleben musste; man sieht Unsre Pläne für gescheitert an; der Schein kann auch oft viel, sehr viel schaden. – Nun zu Sache; ich beschwöre Sie, theuerste Freundin, suchen Sie den Theuren, so innig Geliebten zu bestimmen, nach Vollendung der Meistersinger (also im Frühjahr) hieher zu kommen, ach Wir haben Uns so viel zu sagen, dann bleibe Er hier, o bitte, bitte. Er wird sehen, dass die Vorurtheile schwinden werden, soll den Versuch machen mir *zu Liebe,* o sehen Sie ein, theure Freundin, mich verzehrt die Sehnsucht, die Trennung halte ich nicht aus. – Ich darf von mir sagen, muthig habe ich lange ausgeharrt in meiner für die Dauer trostlosen Einsamkeit, habe Entsetzliches erduldet, denn der Thron mit all seiner Herrlichkeit kann nicht das Verlorene mir ersetzen, ich habe ja keine Seele, die mich hier versteht, o fühlen Sie mit mir, bitten Sie Ihn zum Treuen zu kommen, ich beschwöre Sie, theilen Sie mir recht bald die zusagende Antwort mit! – Mündliche Besprechung thut so noth, o könnte sie erfolgen, wenn der Lenz wiederkehrt! Ich fühle mich in dieser Verlassenheit so namenlos unglücklich, ach der briefliche ersetzt nicht den mündlichen Verkehr! – Ach Alles hatte ja so wonnevoll begonnen, ich war so überglücklich, wagte kaum zu denken, dass dies Alles Wahrheit sei, ich wähnte in Himmelssphären zu schweben und nun grausam herabgestürzt von dieser Seligkeit, getrennt von Allem was mir theuer, geschieden vom einzig geliebten Freunde, verdammt unter mehr oder weniger niedrig denkenden Menschen (wenige ausgenommen) mein Leben zu vertrauern, – o das ist hart, bringt mich in kurzer Zeit dem Tode nah. – Und die theure Freundin kennt nun diesen Zustand, der mich so gränzenlos elend macht, weiss den Arzt, der einzig mir zu helfen vermöchte[1] und – will nicht mich diesem Jammer entziehen, will noch ein solches Jahr mich erleben lassen, o das kann ich von Ihr nicht glauben. Noch ein paar solche Jahre u. – ich habe gelebt. – O im Frühjahr, nicht später, ich halte es nicht mehr aus. –

O schreiben Sie mir recht bald und ausführlich, wie geht es jetzt mit der Gesundheit des Theuren? – Von Fr. v. Schnorr hörte ich, solange ich jetzt hier bin, nichts mehr.- O Freundin, wie hatte ich mich gefreut, den Theuren viel bei mir zu sehen, mich zu laben an Seinem Gespräche, Sein Leben mit zu erleben, eingeweiht zu werden in die Mysterien der heiligen Kunst. – Nun muss ich lästige Audienzen empfangen, langweilige Tafeln geben, dulden und mich mühen und habe Niemanden der mich versteht, bin allein, allein! – Pfordten also geht, Hohenlohe wird Minister, im Winter kommen lästige Besuche, die mir verhasste Zeit der Hoffeste naht, im Theater geht Alles durcheinander, die tölpelhaft guten Leute meinen in ihrer gränzenlosen Verblendung, ihre Macht hätte gesiegt, es wäre ihnen gelungen, Uns auseinander zu sprengen, o Gott – da kann einzig die That sprechen, der Freund nahe, wohne in der Nähe des Freundes, glauben Sie mir; trotz Allem, ich sehe es muss in München neu begonnen werden. – Meine Cousine Sophie[2] (jüngste Schwester der Kaiserin v. Oestreich,) die für den Freund voll Begeisterung ist, bat mich, Ihn auf das Freundlichste von ihr zu grüssen, wollen

Sie die Güte haben, Ihm dies mitzutheilen? Bald gedenke ich, Ihm zu schreiben; o es sind unruhige Tage, die ich hier erleben muss. –

Gott möge Uns im kommenden Jahre zusammen führen, mögen die künftigen Tage für die theuren Freunde glückliche, freude- und friedebringende sein! Heil Uns, die Wir selig sind in heiliger Liebe, an ihr zerschellt die Macht der Feinde, die Gewalt der Finsterniss.

Ihr treuer, aufrichtiger Freund

München Ludwig.

30. Dez. 1866.

[1] *Bezug auf »Tristan und Isolde«, 3. Aufzug, 1. Szene: »Kurwenal: Erschien zuvor die Ärztin nicht, die einz'ge, die uns hilft.«*

[2] *Sophie Charlotte Auguste, Herzogin in Bayern (1847-1897), war die Tochter Maximilian Josephs Herzog in Bayern und Ludovikas Prinzessin von Bayern (1808-1892), Tochter des ersten Königspaars Maximilian I. Joseph und Caroline von Bayern. Der König verlobte sich mit ihr im Januar 1867. Ihre zehn Jahre ältere Schwester Elisabeth (Sisi) war die Gemahlin von Franz Joseph, Kaiser von Österreich.*

145

Mein theurer hoher Freund! Treu und ewig geliebter Herr!

Lebten wir doch »in den alten Zeiten wo das Wünschen noch geholfen hat«, das Jahr welches morgen beginnt müsste für Sie theurer erhabener Freund, so leuchtend und freudig werden wie die Hoffnungen welche durch Sie Gütiger, in unser Leben kamen! Dass Ihr Wohl mit dem unsrigen verwoben ist, wie dank ich es dem Himmel, und welches Glück spendet schon in der Zeit der bangen Erwartung diese selige Gewissheit! Als Neujahrsgruss erlaube ich mir die selige Morgentraum-Deut-Weise zu entsenden. Sie wurde dem Freunde eingegeben als wir nur Unschönes und Bösartiges von der Aussenwelt erfuhren: als er sie mir am Weihnachtsabend mittheilte brach ich in jubelnden Thränen aus, ihm war der himmlische Trost geworden, mir sagte eine geheime Stimme dass ich diese Freuden nicht theuer genug erkaufen könnte, und dass der mächtige Flügelschlag mich wiederum hoch über alles Erdenweh' emporgetragen!

Unser trauliches Weihnachten wurde dadurch etwas getrübt dass Hans wegen Unwohlsein nicht herüber kommen konnte[1]; mein Aufbau fiel demnach aus, doch dem Freunde, den Kindern, Jean Paul, und den Leuten schmückte ich einen grossen Tisch in der Mitte der grossen Stube, und nachdem die Bescheerung vorüber war las der Freund das Weihnachtsmärchen von Hoffmann uns vor »Nussknacker und Mäusekönig«[2] – wobei er uns hernach Hoffmann's Sinn und Bedeutung mit einer solchen Tiefe und Schärfe darlegte dass mir es war als ob ich ihn bis dahin gar nicht erfasst hätte; das Entsetzen vor der Mechanik welche die ganze jetzige Welt – selbst die künstlerische beherrscht, das Grauen vor einem Wesen wie das Preussische welches ihm durchaus als gespenster- und automatenhaft erschien, die Sehnsucht nach der verlornen Natur, dies, nach des Freundes Aussage eröffnete Hoffmann die phantastischen Regionen in welchen wir ihm gern trotz des Dilettantenhaften seiner Darstellung, folgen. Am zweiten Feiertage kamen meine schöne Kette mit dem Medaillon und der herrliche Walther an. Wie freute ich mich theuerster Freund, Ihr Bildchen zu empfangen, und wie gerne lasse ich es unter den Perlen (die Bilder des verklärten Leidens) und die Blüthen der hehren Treue ruhen; die goldene Kette die Uns verbindet wie freudig werde ich sie um den Hals mir binden! Ich habe mir vorgenommen, das theure Andenken bei der ersten Meistersingeraufführung einzuweihen. Walther aber strahlt hier, und macht uns die grösste Freude. Wie schön ist er doch Zumbusch gelungen, so ernst, stolz, kühn und leicht. Ein französischer Bildhauer sagte einst: Thon ist Leben, Gips ist Tod, Marmor ist Auferstehung, wahrlich der Junker von Stolzing[3] steht ganz verklärt da, so ewig und lieblich wie er aus des Dichter's Kopf entsprungen. Sachs' Ausspruch: ein ächter Dichterreck[4] scheint Zumbusch sich zum Motto seines reizenden Werkes gewählt zu haben, und er hat dieses prächtig herausgemeisselt. Die kleine Statuette ist das Leben des Salons geworden, sie steht in dessen Mitte, und strahlt am Tag wie am Abend. Ich will jetzt Zumbusch ein paar Zeilen der aufrichtigen Freude über sein Werk schreiben; hätten sich nur alle bewährt wie der talentvolle von Ihnen gnadenreicher Freund, entdeckte Künstler, für welchen, seitdem Sie, Beglückender, sich ihm neigten das Glück nicht ein Rad sondern eine Leiter zu sein scheint die er rasch und sicher emporklimmt! – Hans brachte uns gestern die Nachricht der Entlassung Pforten's und der Ernennung des Fürsten Hohelohe, dessen Programm in sofern sich gut ausnahm als es auf eine vorsichtige und doch nicht duckmäuserische Politik deutete. Gäbe Gott der Fürst verstehe es Sie, mein theurer hoher Herr, zu verstehen, ein und alles bleibt mir Ihre Befriedigung. Förmlich froh war ich demnach auch als ich erfuhr der Neujahrs-Empfang wäre aufgegeben worden, und nun möchte ich nur dass der Hofball überstanden wäre. So folgen wir Ihnen theurer Wunderbarer, stets; der Freund immer im Grossen und Ganzen mit Ihnen vereint, ich bis in die geringen Details besorgt und je nachdem ich mir Befriedigung oder Ermüdung oder gar Aergerniss für Sie herausdeute, erfreut oder bekümmert. Wenn ich Sie, theurer Huldreicher, mit meinen Gedanken so begleite, geht es mir wie dem treuen Heinrich aus dem Volksmährchen, es ist mir als ob die eisernen Bande welche um das Herz mir liegen damit es nicht vor »Weh und Kummer« über das trübe Erdenleben zerspringe, eines nach dem andern abfielen, und als ob ich in meiner Seele Erlösung feiere. –

Wenn nach dem orientalischen Spruch Sprechen Silber und Schweigen Gold ist, so muss Friedrich von der Zeh bis zum Scheitel in Golde strahlen, denn er schweigt beharrlich. Der wahre Getreue – Hans ist hier; wir reisen zu vieren (Jean Paul kommt mit) nach Zürich um Semper's Modell anzusehen. Wie schön dass das vollendet – die Zeit der Ausführung wird schon kommen. Mein Mann küsst in dankender Ehrfurcht die königlichen Hand, der Freund webt da oben und weiss wohl für Wen und durch Wen, ich entsende dem theuren Schutzgeist die lange andächtige fast zur Vision sich steigernden Beschauung mit welcher ich an diesem letzten Morgen des Jahres, unser Leben umfasste bevor der Hehre darin erschien, und unser Seien seitdem Er darin so göttlich verwoben ist!

Ewig treu liebend
Cosima von Bülow-Liszt

31ten December 1866 /

Die selige Morgentraum
Deut-Weise

I

Morgenlich leuchtend in rosigem Schein,
von Blüth und Duft
geschwellt die Luft,
voll aller Wonnen
nie ersonnen
ein Garten lud mich ein
Gast ihm zu sein. –

Wonnig entragend dem seligen Raum
bot gold'ner Frucht
heilsaftge Wucht
mit holdem Prangen
dem Verlangen
an duftger Zweige Saum
herrlich ein Baum. –

Euch sei vertraut
welch' hehres Wunder mir geschehn:
an meiner Seite stand ein Weib,
so schön und hold ich nie gesehn
gleich einer Braut
umfasste sie sanft meinen Leib,
mit Augen winkend,
die Hand wies blinkend
was ich verlangend begehrt
die Frucht so hold und werth
vom Lebensbaum.-

II

Abendlich glühend in himmlischer Pracht
verschied der Tag,
wie dort ich lag;
aus ihren Augen
Wonne saugen,
Verlangen einziger Macht
in mir nur wacht! –
Nächtlich umdämmert
der Blick sich mir bricht:
wie weit so nah
beschienen da
zwei lichte Sterne
aus der Ferne
durch schlanken Zweige Licht
kehr mein Gesicht. –
Lieblich ein Quell
auf stiller Höhe
dort mir rauscht;
jetzt schwellt er an
sein hold Getön,
so süss und stark
ich's nie erlauscht:
leuchtend und hell,
wie strahlten die Sterne da schön;
zu Tanz und Reigen
in Laub und Zweigen
der gold'nen sammeln sich mehr,
statt Frucht ein Sternenheer
im Lorbeerbaum! –

III

Weilten die Sterne
im lieblichen Tanz?
So licht und klar
im Lockenhaar,
vor allen Frauen
hehr zu schauen,
lag ihr mit zartem Glanz
ein Sternenkranz. –

Wunder ob Wunder
nun bieten sich dar:
zwiefachen Tag
ich grüssen mag;
denn gleich zwei'n Sonnen
reinster Wonnen
der hehrsten Augenpaar
nahm ich nun wahr! –

Huldreichstes Bild
dem ich zu nahen mich erkühnt:
den Kranz von zweier Sonnen Strahl
zugleich verblichen und ergrünt,
Minnig und mild
sie flocht ihn um's Haupt dem Gemahl
dort Huld-geboren
nun Ruhm erkoren,
giesst Paradiesische Lust
sie in des Dichter's Brust –
im Liebestraum! –

Triebschen, December 1866 /.

[1] Bülow wollte offensichtlich die Demütigung eines »trauten Glückes« in Tribschen nicht auch noch an Weihnachten auf sich nehmen.

[2] »Nußknacker und Mäusekönig«, Phantastisches Märchen von E. T. A. Hoffmann (1776-1822), veröffentlicht 1816.

[3] Statuette des »Walther von Stolzing«, die Caspar von Zumbusch im Auftrag des Königs für Wagner geschaffen hatte. Sie schmückt zusammen mit fünf weiteren Statuetten Zumbuschs – »Fliegender Holländer«, »Tannhäuser«, »Lohengrin«, »Tristan« und »Siegfried« – noch heute die Halle von Haus Wahnfried in Bayreuth.

[4] Zitat nach »Die Meistersinger von Nürnberg«, 1. Aufzug, 3. Szene: »Sachs: Das Herz auf dem rechten Fleck: ein wahrer Dichter-Reck'.«

1867

146

Theurer geliebter Herr! Unvergleichlicher Freund!

Ich schreibe heute einzig um Sie zu beruhigen. Der Freund theilte mir einiges von seinem gestrigen Briefe mit, und es lässt mir keine Ruhe Ihnen zu sagen dass der Freund in seiner grossen Liebe und Sorge um mich, meinen Zustand sich übertreibt. Ich bin durchaus nicht krank, auch nicht gebrochen; wohl hat mich die letzte Erfahrung (M. S.)[1] tief erschüttert, zum erstenmal in meinem Leben tritt ein solcher weiblicher Hass mit der ganzen Wucht der Gemeinheit mir entgegen, allein es ist dieses auch schon überstanden, und Sie wissen es, theurer Gütiger, wenn mir etwas helfen kann so ist es Ihr Vertrauen und Ihre Gnade! Von Ihnen ist mir zuerst Trost und Hoffnung für uns alle gekommen, von Ihnen Einziger, erwarte ich sie stets. Lassen Sie sich nicht bekümmern theures Wesen, mein Wohl und Weh habe ich Ihnen von je einfach und aufrichtig mitgetheilt und so lange Sie es mir gütig gestatten werde ich es thun. Der Freund sah mich an dem einen Morgen bitterlich weinen, dann merkte er meine Ergriffenheit als ich neulich hörte Fr. v. S. habe dem guten Franz in solcher Weise gesprochen dass dieser überaus ehrfurchtsvolle Diener, ihr »die Thüre weisen wollte«, zu letzt auch erkannte der Vielgeprüfte doch stets Theilnehmende, dass Hans' Gesundheit mir grosse Sorge einflösste, daraus ist in seinem Gemüthe eine Angst um mich und mein Wohlsein entstanden die übertrieben ist. Ich bin wohl trotz allem und allem, und Hoffnungsbeseelt. — In Bezug auf den Hauptpunkt Ihres theuren Briefes hat der Freund geantwortet; ich befürchte dass einer seiner Vorschläge namentlich, (die Unterredung) unausführbar bleiben wird. Doch glaube ich mit Ihnen erhabener theurer Freund, dass München möglich ist, ja leichter und ergiebiger sein wird als Nüremberg. Des Freundes Gesundheit ist dem Himmel sei Dank befriedigend, die Meistersinger gehen schön vorwärts – o nein, mein theurer hoher Freund, Sie werden kein zweites solches Jahr erleben, und wir alle mit Ihnen auch nicht. Es war ein schöner Jahresanfang die Fahrt nach Zürich; wie freue ich mich der Freude welche Sie hehrer Theurer, an dem Modell haben werden. Paris mit allen seinen neuen baulichen Herrlichkeiten hat nichts aufzuweisen was dem irgend wie zu vergleichen wäre. Einfach und ernst ruht die Brücke auf ihren edlen Bogen, führt zu den Terrassen welche allmählig zu dem Prachtbau sich erheben, dessen höchster luftiger und reicher Schmuck die k. Loge bildet. Unwillkürlich dachte ich Sie mir, theuerster Herr und Freund, unter dem schönen Bogen hervortretend – welche Stunde wäre diese wo Wir alle in *diesem* Tempel uns wiederfänden! Das prächtige an Semper's Bau ist die Einheit, die Harmonie, der feierliche ernste Styl. Von der Brücke angefangen bis zu den Seiten-Portalen welche das ganze beschliessen, alles hängt zusammen, das Innere entspricht dem Aeussern, ein Gedanke hat da gewaltet, es ist eine Schöpfung keine mehr oder weniger geschickte Zusammenstellung. Mit diesem Bau schenken Sie theurer geliebter König, den Deutschen ihre Walhalla wieder! Nach der Betrachtung des Modells besuchten wir die eben von Semper beinahe vollendete Aula im Polytechnikum, auch ein architektonisches Juwel – wenn ich das sehe und an Semper's Schicksal denke während die dümmsten Architekten alle Städte mit ihren Einfältigkeiten vollpfropfen, muss ich seufzen, und dann wiederum nicht, denn »Einer kam«.[2] –

Mit wahrem Schauder nehme ich jetzt die Zeitungen in der Hand welche von den Hoffestlichkeiten berichten und den hohen Besuchen! Einzig tröstete mich heute der Bericht dass der theure Ferne Hohe, bei dem Neujahr's Empfang wohl aussah. Doch wenn ich von einem Grossherzog so und so der zum Besuche da ist lese, wird mir angst und bang. »So fern und doch so nah« sind Sie Huldvoller, uns, dass ich all' das mit erleide, und dass ich ganz verzweiflungsvoll heute früh bei der Notiz dass es glänzender als je im Schloss gewesen sei »o Gott!« ausrief, worüber der Freund mich anlächelte. Das »Durcheinander« des Theaters kann ich mir lebhaft vorstellen; typisch ist mir in der Erinnerung geblieben dass bei einer der Holländer Proben als der Freund nach dem Regisseur frug, der gute Siegel wie rasend herumlief und »der Regisseur, der Regisseur« schrie! Doch der Stabreim Pfi und Pfo ist beseitigt,[3] und das ist so viel dass man eigentlich übermüthig werden könnte und noch das Beste erwarten darf. Der

»Elende« lässt in allen Zeitungen andeuten: »er ginge wegen geheimnissvollen Gründe« etc. Doch die alten Schlauheiten helfen nichts mehr!

Unter all den Umständen, den herrschenden, war der liebliche Gruss der Prinzess Sophie wirklich herzerfreuend; er hat dem Freunde wohlgethan. Ich entsinne mich die k. Hoheit öfters in den Concerten bemerkt zu haben, und habe noch die grosse Aufmerksamkeit mit welcher Dieselbe zuhörte recht lebhaft in der Erinnerung. Wäre Sie eine verbündete Seele für den theuren Einsamen? Die Kaiserin von Oesterreich[4] war stets auch gegen den Freund huldreich gesinnt. Wie dankbar bin ich der Prinzess Sophie, für den Gruss an den Freund! Das Buch über Lohengrin welches mit Walther (unser kleiner strahlender Hausgott) kam, habe ich ausgelesen. Es ist wirklich recht belehrend und interessant; in späteren Zeiten, wenn nur die Namen und Werke leben werden, wird man rühmlich des Mannes gedenken der so ernst mit der guten Sache sich beschäftigte. Dieser unbedingte Glauben bei übrigens bedeutenden Kenntnissen thut einem wohl, und ich habe viel mehr Freude an dieser Lecture gehabt als an der des Gasperini'schen Buches.

Mögen Sie aus diesen Zeilen ersehen, mein theurer hoher Freund, dass ich nicht so schlimm daran bin als der Freund in seiner übergrossen Sorge es befürchtet! Um mich gebe es um Gottes willen keine Noth; an Uns nur wollen wir denken, an Uns die wir wohl zu trennen doch nicht mehr zu scheiden sind. Was *Sie* wünschen muss zur That werden, Ihr göttlicher Instinkt sagt es Ihnen und der sagt Ihnen immer wahr – darum bin ich ohne Sorge was auch geschehen möge. Nur *will* ich nicht mehr hören dass Sie, unser Engel, leiden; da schwankt mir der Boden denn Ihr Glück ist unser Leben!

Gruss und Segen dem Einzigen entsendet in treuer ewiger Liebe

Cosima von Bülow-Liszt

3ten Januar 1867 /.

[1] *(M. S.) = Malwina Schnorr von Carolsfeld.*

[2] *Zitat aus »Walküre«, 1. Aufzug, 3. Szene: »Siegmund: Keiner ging, doch einer kam.«*

[3] Siehe Briefe 1, Anmerkung 1, und 40, Anmerkung 2.

[4] Wagner berichtete schon am 1. Februar 1863 an Mathilde Maier: »Gerührt hat mich die junge Kaiserin, die ganz allein vom Hofe zwei meiner Conzerte [am 26. Dezember 1862 und 8. Januar 1863] von Anfang bis Ende besuchte: schließlich schickte sie mir neuerdings sogar eine ansehnliche Bezahlung ihrer Loge.« Im Januar 1878 erwähnte der König Wagner gegenüber einen Besuch der Kaiserin Elisabeth in München zusammen mit ihrem Sohn, Kronprinz Rudolf, »der sehr begabt ist und mit welchem ich befreundet bin; er interessirt Sich sehr für Sie und Ihr Schaffen«.

147

Telegramm
Von München nach Luzern 5.1.1867
Frau von Bülow-Liszt. Luzern. Triebschen.

Selig wie im Himmel!

Unsere Zeit beginnt, Alberich's Heer hat seine Herrschaft verloren. Wir ziehen ein in Walhall.

Siegfried.

148

Theure, innig geliebte Freundin!

Nicht genug kann ich Ihnen sagen, wie sehr mich Ihre letzten beiden Briefe gerührt, erfreut und ergriffen haben. Ja, theure Freundin, dieses Jahr muss ein Jahr des Heiles und des Segens werden. Wie freut mich Ihre Züricher Reise, wie entzückt mich die Beschreibung des Modelles. Sicher bin ich, in der Wahl des Fürsten Hohenlohe keinen Fehlgriff getan zu haben, Pfordten's dummes Geschrei betrachte ich als die letzten Zuckungen des nichtswürdigen, in den Staub getretenen Wurmes. – Unmöglich ist es mir Ihnen die Wonneschauer zu beschreiben, die jetzt meine Seele erfüllen, ich rase vor Entzücken über die Kunde der Ankunft des einzig Theuren, ich weine, ich juble! Er ist der Herr meines Lebens, es ist Sein Eigen, nicht meines. – Jetzt wollen Wir den verblendeten Deutschen, wenn sie nicht durch sich selbst zur Erkennung des Hohen zu bringen sind, gewaltsam die Augen aufreissen, wollen ihnen energisch Unsren »Willen« kund thun. O die unbegreiflich blöden Menschen, sie sehen nur das Gewöhnliche der Dinge, ihren Blick umhüllet noch das irdische Band, Wir haben das Unsterbliche mit Augen geschaut. –

O wie hat mich Ihr letzter Brief beruhigt und erquickt; denn der Gedanke, dass die Freundin so schwer leidend ist, hat mich tief erschüttert. – O wäre doch Herr v. Bülow bald gänzlich genesen, innig und von Herzen wünsche ich dies. – Wahrhaft glücklich macht es mich, dass die Statuette v. »Walther« so gefällt, auch Echter macht grosse Fortschritte, sehr gelungen finde ich die Skizzen zu dem Tristan-Cyclus; bald wird Kaulbach seinen neuesten Carton (Tannhäuser an der Leiche Elisabeth's) vollendet haben, die Brüder Spiess (dieselben welche die Tristan-Sage von Gottfried bildlich darstellen) malen die Sage des Fl. Holländers, Heckel malt in meinem Auftrage die Hauptbegebenheiten aus dem Leben der Hl. Elisabeth. Täglich freue ich mich des nun ganz vollendeten Nibelungen-Ganges. –

Heute war ein kalter, trüber Tag, Nebel umgaben in dichtem Schleier selbst meine so hoch gelegene Wohnung, zwischen Furcht und Hoffnung schwebte meine Seele, da erschien die Botschaft des fernen Freundes, mir war es, als schwebte ich in höheren Sphären, als würde ich entrückt, auch die Natur jauchzte, lazurblau glänzte der Himmel, die Sonne entsandte ihre goldenen Strahlen. Ich fuhr über die Isarhöhen und erschaute wie im seligen Traume im Geiste den vollendeten Prachtbau des Festtheaters der Zukunft. –

Als Wir neulich über Nüremberg Uns schriftlich unterhielten, meinten Sie mein Bruder wäre für mich ein mich verstehender, theilnehmender Freund, o nein, geliebte Freundin, er ist ein ganz gewöhnlicher Mensch, ohne nur den geringsten Sinn für Hohes und Schönes, ist den ganzen Tag oft auf der Jagd, viel in Gesellschaft meiner flachen, geistlosen Vettern und des Abends viel im Aktientheater, wo er besonders für das Ballet schwärmt. – Nächstens werde ich Sophie mittheilen, dass der Freund erfreut war über ihren Gruss, dies wird sie ganz glücklich machen. Ich habe fast nie Gelegenheit sie zu sehen, schreibe aber zuweilen, der treue, anhängliche Graf Holnstein ist Vermittler dieser Briefe. – Sophie ist eine treue, theilnehmende Seele voll Geist, ihr Loos hat eine gewisse Aehnlichkeit mit dem meinigen, wir Beide leben in Mitte einer Umgebung die uns nicht begreift und falsch beurtheilt, wir leben wie auf einer Oase im Sandmeer der Wüste.

O schreiben Sie mir recht bald wieder, bitte, bitte. – Mit meinen beiden neuen Adjutanten bin ich sehr zufrieden, sie sind edel, offen und wahr; von Friedrich höre ich nur, dass er oft im parterre des Aktientheaters sitzen soll und nicht in der besten Gesellschaft. Sonderbarer Mensch, er hatte sich in eine anscheinend tief gehende Begeisterung für den Freund und Seine Kunst hineingeschwindelt, keine Spur scheint davon übrig geblieben zu sein – Wir brauchen diese Menschen nicht, stets sehe ich dies klarer, Gyps bleibt stets Gyps, kann nie weisser, leuchtender Marmor werden.

O wie hat mich das neulich mir so liebevoll übersandte Gedicht des Freundes erfreut, herzlichen Dank dafür. – Meine wärmsten Grüsse und Wünsche Ihrem Gemahl, Heil und Segen auf der Freundin theures Haupt. –

Voll der sichersten, seligsten Hoffnung, des unerschütterlich festen Glaubens, der innigsten, heiligsten Liebe

Ihr

München — treuer Freund

5. Jan. 1867. — Ludwig.

149

Theuerste Freundin!

Da dieser Brief schon Morgen früh abgeht, so muss ich mich kurz fassen. – Heute schrieb ich dem Freund und bat Ihn um 10 Tage Seine Abreise zu verschieben (um Gottes Willen nicht später) ich glaube es war auch in des theuren Freundes Sinn gelegen, dass ich diese Bitte

Hohenlohe's erfüllte. Nun zur Sache. – Sehr bald nach der ersten mit dem Einzigen gepflogenen Unterredung gedenke ich Herrn v. Bülow mit der Gründung und Leitung der neuen Schule zu beauftragen, wohl sehe ich ein, dass der Bau des neuen Festtheaters keinen Sinn hat, wenn die Schule nicht gegründet ist und doch meine ich, es sei das beste Semper sogleich mit dem Bau zu beauftragen, bis er vollendet ist werden ja doch einige Jahre dahin gehen, unterdessen wird die Schule blühen und gedeihen und die deutsche Nation, deren Geist so tief gesunken, wird das Vertrauen in sich selbst endlich wieder gewinnen und die übrigen Völker der Erde werden dem Unsrigen huldigen, seinem Geiste sich beugen. – Wir wollen das Zeitalter des Perikles neu erstehen heissen und nicht wie die andern Völker die Hände in den Schooss legen und seufzen »Wenn wir doch die Alten wären.« – So hätten Bülow und Semper, die edeln, bedeutenden, von der Welt so vielfach verkannten Männer, eine ehrenvolle, ihrer würdige Aufgabe, der sich unterzogen zu haben, sie wohl niemals gereuen wird. – O wollte der Freund in meinem Namen an Semper schreiben! – Ich bin so selig und siegesmuthig, Grosses muss in diesem Jahre geschehen, die »Meistersinger« werden vollendet und aufgeführt, die Musikschule gegründet, der Grundstein zum grossen Festbau gelegt!? (was meint die Freundin?) Ich bin in Gedanken im traulichen Triebschen mit meinen theuren Freunden vereint, lausche den Worten des treu Geliebten, höre im Geiste die neuen heiligen Töne der Meistersinger, wohl ist es herrlich sich so hineinzudenken, aber wenn ich von diesen goldenen Träumen erwache, o so empfinde ich diese Einsamkeit, dieses Trennungsweh so furchtbar schwer, o mündlicher Verkehr, danach lechzt meine Seele. –

Segen Ihnen, Engel des Himmels, Anbetung dem Gott, dem ich zu eigen. –

Ludwig.

München 6. Jan. 67.

In der Handschrift Richard Wagners hinzugefügt: »Tipiti lässt grüssen! Wie geht's? – War still und stumm den ganzen Tag! Tausend Grüsse.

R.«

150

Telegramm
Von Luzern nach München. 7.1.1867
An des Königs Ludwig II von Bayern Majestaet München.

Wotan und Waltraute grüßen Siegfried. Sachs segnet Walther. Stolzing begrüßt Walhall. Heil ruft der Gott dem Held. Dank sagt tief gerührt die unterthänige treue Dienerin.

151

Mein theurer Freund! Treu geliebter Herr!

Wenn ich Ihre Stimme vernehme, so fühle ich mich alsbald im Lande der Märchen und der Wunder, und es ist mir als ob den trüben Winternebeln und der Schneedecke zum Trotz, die müde Erde auf einmal wieder grünen müsste! Sie machen einem das Entsagen unmöglich theures Wunder, und wenn ich an Sie denke will auf einmal mein ganzer Kram von Lebensweisheit und Erfahrung nicht mehr Stich halten; die uralte jammervolle Weltordnung scheint mir über den Haufen geworfen, meine mühsam erworbene Resignation dünkt mir Unsinn, und es ist mir als ob unser Planet den übrigen Sternen auch entgegenleuchtet und diesen Trost zustrahlt, wie diese es so oft mir gethan. Ich weiss gar nicht wohin ich soll mit meinen griesgrämigen Anschauungen, zerschmettert liegt alle Trübsal darnieder, und wie Frühlingsluft durchzieht die Seele – dies der Gedanke an Sie, mein hoher gnadenreicher Freund! ..

Ich kann Ihnen theurer Herr, gar nicht sagen wie mich die gütig mitgetheilte Ansicht über den Fürsten H. erfreut hat; sein Benehmen in Bezug auf die Unterredung rechtfertigt die hohe Ansicht gänzlich, erstens dass er freimüthig darauf einging, zweitens dass er um eine Verzögerung bat – und zwar eine so kurze. Diese letzte Bitte zeigt dass er es aufrichtig meint und dass er weiss dass hier ernste Empfindungen im Spiel sind, nicht launige vorübergehende Neigungen. So sehr ich weiss dass der Adel gesunken ist, und dass das heutige Geschlecht »entartet und unwerth der Ahnen«[1] ist, so bin ich doch immer der Ansicht geblieben dass sich noch eher ein frei denkender wirklich edel stolzer Mensch unter dem Adel finden wird, als in der bureaukratischen federfüchsigen Bourgeoisie, welche es höchstens zu Parvenus bringt. Gebe es der Himmel Fürst H. sei ein wirklicher Aristokrat, wie die grosse deutsche Geschichte so manchen aufzuweisen hat: ein gerechter vorurtheilsfreier seinen König ehrender und liebender Mann. – Von allen Seiten regnen nun die Zeugnisse über den unglücklichen »Gross-Vezir« Pfo., dieser hat sich wirklich so gut eingerichtet dass er keine Seele für sich hat! – Der Freund nahm sich vor einige Zeilen dem Fürsten zu schreiben; die Verzögerung traf sich auch in so fern sehr günstig als des Freundes Gesundheit wieder etwas erschüttert war. Am Abend vor meiner Abreise hatte er die Güte und theilte mir die ausgearbeitete Skizze des grossen Ensemble-Stückes mit, das hatte ihn leider sehr angegriffen, so dass ich ihn unwohl verliess, doch hat mich ein Telegramm bereits beruhigt. Könnte ich Ihnen theuerster einziger Freund, die Wundertöne doch entsenden! Könnt ich auch nur sagen wie wonnig der »Morgentraum«[2] sich entfaltet, es ist wie ein tönendes sanftes Strahlen; man weiss nicht hört man das Licht[3] oder sieht man den Ton, in dieser milden sonnigen Verzückung. Wenn der Vorhang sich schliesst (wie im dritten Akt von Lohengrin), dann bewegt sich unter Glockengeläute das ganze alte Nüremberg, es ist als ob die Häuser selbst feierlich sich im Zuge setzten – ich glaube jedem Deutschen muss dabei vor stolzer Freude und schönem Selbstbewusstsein das Herz in der Brust sich heben und beben. Dabei ist die Feinheit des musikalischen Details so gross und zart, dass ich es nur mit dem wunderbar-zierlichen Arabesken des Sakramentshäuschen in der St. Sebaldskirche[4] vergleichen kann, welches von dem Meister Adam Kraft ruhig sicher getragen wird, wie hier der noch viel grössere musikalisch-poetische Reichthum und Schmuck, vom Meister Sachs.

Ich weile jetzt im *Nirgendwo-Basel*; am 8ten war meines Mannes Geburtstag und ich ergriff diese Gelegenheit um mich von seinem

Gesundheitszustand zu überzeugen. Gott sei Dank, derselbe hat sich eher gebessert, das Fieber hat nachgelassen, und er kann seiner Thätigkeit obliegen. In den nächsten Tagen spielt er in Freiburg im Breisgau, dann in Baden-Baden, auf den Wunsch der Prinzess Wilhelm von Hessen (geb. Prinzess von Preussen)[5] welche sich bitter beklagt haben soll dass sie nie gute Musik dort höre, worauf an Hans geschrieben wurde. Er ist immer zufrieden mit den zwei deutschen Musikern die er hier getroffen hat (Geiger und Violoncellist) und die ihn wacker unterstützen; die Stadt ist ihm gleichgiltig und er wird sie nie verlassen ausser für den Dienst seines Herrn. Er wird sich erlauben in den nächsten Tagen für den ihm gnädig verliehenen Titel seinen Dank unterthänigst auszusprechen, für heute ersucht er mich denselben zu den Füssen des huldvollen königlichen Beschützer's zu legen. Ich bin stets über Sitten und Art hier etwas erschrocken, und um es mir einigermaassen heimisch zu machen besuche ich die Holbeinschen Zeichnungen. Unter den altdeutschen straffen »frohmüthigen« Gesichtern wird mir wohl, seit den Meistersingern ist mir dieses Wesen so bekannt ich möchte fast sagen verwandt geworden. Gott! was verdanke ich alles dem Freunde, wie Eva zu Sachs kann ich ihm sagen: was wäre ich ohne Dich? Es ist mir als ob ich gar nicht zum Leben gekommen wäre ohne ihn, kaum zu einer nichtssagenden Existenz. Alle die Gefühle die mich erhebend trösten verdanke ich ihm, ich weiss keine Noth für die ich nicht aus seinem Geiste Linderung schöpfte; auch kann ich nicht grollen, glücklich preise ich mich glücklich vor allem dass ich ihn gekannt und erkannt. Dieses Glück konnte nur eines trüben, sein eignes Loos; nun aber Sie erschienen sind theurer Schutz und Hort, weiss ich von keinem wirklichen Weh! Wie gern entlass ich ihn zu Ihnen erhabener Freund! Sonst wäre mir der Gedanke dass er Triebschen verliesse grauenvoll, ich mag ihn nicht mehr in der Welt wissen; im Wald, am Webstuhl soll er bleiben; doch wenn er zu Ihnen Einziger, geht, so steigt er empor zu seinem Stern, er tauscht Stolzing mit Monsalvat, und das, denke ich lässt man sich wohl gefallen!

Was Sie mir gütiger Freund, vom Prinzen O. freundlich anvertrauen, stimmt ganz und gar mit dem Eindruck welches seine Physiognomie macht, auch entsinne ich mich dass wie der Freund von

Hohenschwangau zurückkehrte er wenig erbauliches er mir hierüber mittheilte. Ich hatte mir eingebildet der Prinz – aus dem einfachen Wunsch dem königlichen Bruder angenehm zu sein, *machte am Ende mit*, ohne rechten Impuls, ohne rechte Begeisterung, aber mit Treue und gutem Willen. Dies war schon zu viel erwartet, und so muss ich Sie mir durchaus nun einsam denken, theures hohes Wesen! Ich habe noch lebhaft in der Erinnerung das Bild Ihrer Erscheinung in einem Odeonsconcert welches Sie Huldreicher, aus Güte gegen Hans besuchten, und in welchem ich nicht allzu fern es beobachten konnte mit welcher Geduld und Langmuth Sie erhabener Freund, einiges dem Sie begleitenden Vetter (ich glaube Prinz Luitpold)[6] beizubringen sich bemühten. Es schien mir eine Herkules-Arbeit zu sein! – Und Unser einstiger Friedrich! Von den höchsten Höhen bis zum Parterre des Aktientheaters[7] gesunken! Im Herbst setzte er mir weitläufig auseinander wie nothwendig es sei dass der königliche Freund dieses Theater recht oft besuche, was mir nicht so recht in den Sinn wollte. Darauf hin besuchte ich es auch einmal auf das geradewohl mit Hans; wir trafen es gut: eine Operette von Offenbach und ein Ballet, das Ganze schien zur besondren Freude des Grossherzog von Hessen-Darmstadt[8], des Königs von Griechenland[9], und des Prinzen Adalbert[10] gegeben zu werden, denn es herrschte grosse Befriedigung in der Hofloge wo die hohen Herrschaften den Kunstgenüssen sich hingaben. Am andren Tag sagte ich Friedrich meine Meinung, er liess sich's gefallen, wie er mich oft durch seine Gutmüthigkeit erstaunt hat. Auf Triebschen sagte er mir einmal: wenn er nach Wunsch handeln könnte so würde er alles verlassen und sich beim Freund in die Lehre geben. Dann sang er »Blick ich umher«[11] mit wirklicher Wärme wenn auch etwas geschmacklos, dann aber auch kamen entsetzliche Rohheiten zum Vorschein; ach! diese unfertigen halbwegs gut angelegten und doch eigentlich niedrige Naturen sind die allerpeinlichsten, weil man es versucht sich mit ihnen abzugeben und es doch zu nichts führt. »Ye fragments«! sagt Shakespeare's Coriolan[12] verächtlich. – Dass die beiden neuen Adjutanten sich gut anlassen freut mich innig; bei jedem »Neuen«, sei er Mayer oder nicht, zittre ich immer, denn die Menschen sind erbärmlich! –

Ich hoffe Kaulbach hat den Tannhäuser Carton zur Zufriedenheit des hohen Theuren vollendet, er könnte sich schon etwas bemühen trotz seiner Kunstfertigkeit! Wie freuen mich auch all die übrigen Bestellungen, namentlich auch den Elisabeth Cyclus! Ich habe meinem Vater davon geschrieben; vielleicht gestattet es der gütige Freund dass wenn die Partitur der Elisabeth erscheint, der Verleger dieselbe mit Photographien nach den eben erwähnten Bildern ausstattet. Mein Vater schreibt mir dass er diesen Sommer nach Deutschland kommt, der Grossherzog von Weimar[13] hat ihn neulich folgenderweise eingeladen: »L'été prochain, si Dieu permet, verra le jubilé de 800 ans d'existence de la Wartburg. J'aimerai marquer cette époque d'une façon qui en soit digne; l'idée d'y faire exécuter votre oratorie de Sa Elisabeth se présente tout naturellement comme répondant à la fois à la signification de moment comme à celle du lieu. Mais il va sans dire, tout aussi naturellement, que cette idée ne trouverait son exécution complète que si vous-même vous vous chargiez de la direction de votre ouvrage«[14] – Der Vater wird dieser Einladung Folge leisten; schon deshalb weil er uns gern wiedersehen will. – In den Zeitungen steht nunmehr von dem allerhöchsten Ortes beschlossenen Baues des Fest-theater's! Nun mögen die Leute die Köpfe schütteln! Was ich dazu sage, theurer Wunderfreund? Gott! ich begann damit, *mir* scheint *auch* die Welt unterzugehen, aber die schlechte jämmerliche Welt, und wie dem Prometheus einst auf dürren Felsen der Oelbaum grünte, ist es mir als ob uns der Paradieses-Lebens-Lorbeerbaum auf Ihr Geheiss theurer Erlöser, erblühte! Die Grundsteinlegung, die Stiftung der Schule, die Meistersinger-Aufführung – wie das alles klingt, ist es kein Traum? ....

Bevor ich schliesse will ich mir noch erlauben etwas mitzutheilen womit ich weiss dass dem Freunde eine grosse Freude erwiesen würde. Sein Erardscher Flügel[15], welcher seit 9 Jahren über all mit ihm herumgewandert ist, ist vollständig ruinirt; neulich sagte er mir er wollte an Bechstein schreiben und dem ein tafelförmiges Klavier bestellen auf welchem er zugleich schreiben könnte, dann sagte er er wollte es lassen, Erard ging am Ende noch. Nun höre ich aber selbst durch die Decke der unerträglichen verstimmten Töne, und da dachte ich vielleicht würde es dem erhabenen Freunde genehm sein wenn ich diese Mittheilung machte, da ich zu Weihnachten nicht mehr dem hohen Wunsche Folge leisten konnte. Ich glaube nichts würde zu seinem Geburtstage den Freunde mehr erfreuen als ein neues Instrument; sollte die königliche Bestellung an Bechstein stattfinden so würde ich diesem wohl erklären wie der Freund sich dieses Schreibtisch-artige Klavier wünscht. –

Die erste Auflage von Oper und Drama[16] ist vergriffen, der Freund will eine zweite im Laufe des Sommers mit einem neuen Vorwort (Brief an C. Frantz welcher ihm gerade über dieses Werk wunderschön geschrieben hat) veranstalten. Auch will er seine sämmtlichen Schriften über das Opernreformwesen zusammen herausgeben, um sein Wirken nach dieser Seite hin darzustellen. Doch er wird alles dieses in Bälde persönlich mittheilen dürfen. Und ich schäme mich, ich habe wiederum meine ganze Seele ausgeschüttet! Sie sagen mir gütig, theurer theurer Freund, ich dürfe bald schreiben; Gott! huldreicher geliebter Herr, ich glaube ich könnte Ihnen den ganzen Tag schreiben, denn wie ich den Meisten gar nichts zu sagen habe, ist es mir wenn ich zu Ihnen theurer Gütiger, spreche, wie wenn ich dem Freunde mich anvertraue; alles wage ich zu sagen denn alles gebe ich ja nur zurück! Mein bestes Denken und reinstes Empfinden habe ich von den Regionen wo Sie und Er die Herrscher sind, und bleibt mein Ausdruck weit weit hinter Denken und Empfinden zurück, so weiss ich doch Sie Gütiger, nehmen ihn gnädig auf.

Schlank und zart steigt der Mond auf, welcher sich selbst in Basel schön ausnimmt; seine Strahlen möchte ich Ihnen theurer holder Stern, wie alles Schöne entsenden! Das Gebet meiner Senta welche sich zur Ruhe begibt, der tiefe hoffnungsbeseelte Frieden meiner Seele sollen Ihnen die milden Strahlen entgegenbringen!

In ewiger dankender Liebe grüsst und segnet den theuersten hehrsten Freund

Cosima von Bülow-Liszt

10ten Januar 1867 /.

[1] Zitat nach »Tristan und Isolde«, 1. Aufzug, 1. Szene: »Isolde: Entartet Geschlecht! Unwert der Ahnen!«

[2] Bezug auf »Die Meistersinger von Nürnberg«, 3. Aufzug, 4. Szene: »Sachs: Die selige Morgentraumdeut-Weise.«

[3] Zitat nach »Tristan und Isolde«, 3. Aufzug, 2. Szene: »Tristan: Wie, hör' ich das Licht?«

[4] Cosima verwechselte die Lorenzkirche mit der Sebalduskirche.

[5] Prinzessin Wilhelm von Hessen (geborene Prinzessin von Preußen) = Elisabeth, Prinzessin von Preußen (1815-1885) war nicht mit Wilhelm, sondern mit Karl Prinz von Hessen und bei Rhein verheiratet. Elisabeth war die Schwester der Königin-Mutter Marie, somit die Tante Ludwigs II.

[6] Luitpold Prinz von Bayern (1821-1912), des Königs Onkel, der spätere Prinzregent.

[7] Volks- und Aktientheater am Gärtnerplatz, das 1865 von bürgerlichen Kreisen gegründet wurde und 1870 in königlichen Besitz überging.

[8] Ludwig III. Großherzog von Hessen und bei Rhein, Gemahl der Mathilde Prinzessin von Bayern (1813-1862), Tochter von Ludwig I. und Therese von Bayern.

[9] Otto, König von Griechenland (1815-1867), der 1862 abgesetzt worden war; Sohn von Ludwig I. und Therese von Bayern, Onkel Ludwigs II.

[10] Adalbert Prinz von Bayern (1828-1875), jüngster Sohn von Ludwig I. und Therese von Bayern.

[11] Zitat aus »Tannhäuser«, 2. Aufzug, 4. Auftritt: »Wolfram: Blick ich umher in diesem edlen Kreise.«

[12] William Shakespeare (1564-1616), »The Tragedie of Coriolanus«, Tragödie in fünf Akten, vermutlich 1608 entstanden.

[13] Karl Alexander, Großherzog von Sachsen-Weimar-Eisenach (1818-1901), regierte 1853 bis 1901.

[14] »So Gott will, werden wir im nächsten Sommer das Jubiläum ›800 Jahre Wartburg‹ erleben. Ich möchte dieses Ereignis würdig begehen; die Idee, Ihr Oratorium ›Die Hl. Elisabeth‹ aufzuführen, ergibt sich dabei von selbst durch Ort und Zeit. Es ist ganz selbstverständlich, daß diese Idee nur dann vollkommen ausgeführt werden kann, wenn Sie sich der Mühe unterziehen, Ihr Werk selbst zu dirigieren.«

[15] Bei seinem Aufenthalt in Paris 1859 besuchte Wagner die Witwe des Pianofabrikanten Erard, die ihm einen Flügel zum Geschenk machte.

[16] *»Oper und Drama«, ästhetisch-musikwissenschaftliches Hauptwerk Richard Wagners, das 1852 in drei Bänden bei Weber in Leipzig erschienen war. Eine weitere Auflage kam zu Wagners Lebzeiten nicht mehr zustande.*

152

Mein gnädiger Freund und theurer Herr!

Es ist mir unmöglich Ihnen nicht meinen innigen Glückwunsch darzubringen. Was ich in der Tiefe der Seele für Sie Gütiger, lange erfleht habe: das Sie verstehende liebende geliebte Weib, Sie haben es gefunden! Dreifach sei dieses Jahr gesegnet! – Mehr habe ich nicht zu sagen; Ihr Glück, mein theurer hoher Herr, wird Ihnen sagen wie tief und wonnig wir hier erfreut sind, insbesondre die in ewiger Treue und Dankbarkeit verharrende Freundin

Cosima von Bülow-Liszt

Triebschen 24 Januar 1867

153

Theuerste, treu geliebte Freundin!

Tief rührten mich Ihre liebevollen Zeilen, die mich Ihrer Theilnahme an meinem Glücke versichern, sicher und fest glaube ich, dass Sie und der Freund dereinst (hoffentlich in nicht allzu ferner Zeit) erfreut sein werden, meine liebe Braut kennen zu lernen; ich liebe sie treu und innig, doch nie wird der grosse Freund aufhören mir über Alles, Alles theuer zu sein! Wie geht es dem geliebten Einzigen? wie unsern »Meistersingern«? Wie freue ich mich auf die Rückkehr des Sekretärs, der mir Nachricht geben wird von den geliebten Freunden. – Dieses Jahr muss ein Jahr des Heiles werden, es begann so gut, es wird Uns dem grossen Ziele näher führen und bald wird es gekrönt werden das herrliche Werk, das begonnen wurde unter so mancher Qual, so namenlosen Schmerzen. – O schreiben Sie mir bald von Ihrem Leben auf Triebschen, dort birgt sich ja der Tagessonne[1] mein höchstes Gut, mein heiligster Hort. – Wie nahm der Theure die Kunde von meiner Verlobung auf? gerne hörte ich Näheres darüber. – Sophie trägt mir ihre herzlichsten Grüsse an Ihn auf und freut sich innig, Ihn persönlich kennen zu lernen. – Vielleicht hörte die Freundin mittlerweile vom tief gesunkenen, einstigen Friedrich. Er ging neulich des Nachts, wie ich höre, mit einer hässlichen, ganz gemeinen Schauspielerin des Aktientheaters durch, nahm seine Entlassung aus dem Heere, vermählte sich mit jener und stieg wie ich erfuhr, neulich in einem Hotel in Zürich unter dem Namen Rudolphi ab; er soll gesonnen sein, auf der Bühne sein Glück zu versuchen, der Bethörte, Unselige, ein eitler, flüchtiger Wahn hat die schöne Zukunft, die ihm hätte blühen können, zu nichte gemacht. –

Die innigsten Segensgrüsse sendet den ewig Theuren

Ihr

München getreuer Freund
26. Jan. 1867 Ludwig.

Nächstens sende ich eine Photographie meiner lieben Braut, ausserdem einen Abdruck des Semperischen Modelles und des Tannhäuser Karton's von Kaulbach. –

L.

[1] *Zitat nach »Tristan und Isolde«, 2. Aufzug, 2. Szene: »Tristan: Der Welten-Ehren Tagessonne.«*

154

Mein gütiger hoher Freund! Theurer gnädiger Herr!

Wie stets trafen gestern Sonnenstrahlen und Ihre Zeilen glänzend gepaart in Triebschen's stillem Raum; heute ist es wiederum trübe, der Fön bläst schaurig, und der See sieht aus wie die See im Märchen von dem *Fischer und syner Fru,* als die Unersättliche verlangt Kaiser zu sein: »ganz swart und dick und füng al so von ünnen up to geeren, dat et so Blasen smeet«; so rufe ich mir denn meine gestrige Sonne aus dem Inneren hervor indem ich dem huldvollen Freund wie Er es gnädig verlangt Einiges aus dem Triebschener Leben mittheile. Dem Freunde geht es wohl trotz der üblen Witterung die uns hier in einen wahren Sumpf versetzt, während in den Zeitungen zu lesen ist, dass überall Schlittschuhgelaufen wird; ausser Herrn Düfflipp[1] über welchen der Freund wohl berichtete dass er ihm sehr gut gefallen, hört und sieht man auf Triebschen Niemanden. Am Nachmittag mit den fürchterlichsten rothen Wasserstiefeln ausgerüstet, ganz seinem Holländer gleichend, unternimmt regelmässig der Freund seinen abenteuerlichen Spaziergang mit dem Riesen *Rus,* dies der einzige Vorfall des Tages. Dafür schreiten Meistersinger und Biographie schön vorwärts: ich erlaube mir die Abschrift des von Walther auf der Festwiese gesprochenen Traumes beizulegen. Der Freund fand nämlich dass es durchaus unmöglich sei zweimal in demselben Akt dasselbe Gedicht sagen zu lassen; nun musste es gleich sein und doch verschieden, deutlicher und gedrängt; auch würde es wohl Walther wiederstrebt haben den intimen Vorgang in der Kammer von Sachs, geradeso vor Volk und Meistern wiederzugeben. Die schwierige Aufgabe welche den Freund in der letzten Zeit ungemein beschäftigt hat, ist ihm nach meiner Ansicht wunderbar geglückt; das zweite Gedicht ist wie die Deutung des Traumes und ein verschärfteres Bild davon, es ist das Meisterlied über den Traum, das was er der Welt davon sagen kann und mag, wie es sich in ihm auch verarbeitet hat von dem seligen Morgen in der Kammer bis zum festlichen Tag auf der Wiese. Wunderbar hat auch der Freund die Musik hiezu verändert und doch nicht, man weiss nicht ist es dasselbe, ist es verschieden, und träumt nun wonnig mit! Beckmesser's Unsinn habe ich auch beigelegt; dieser hat wirklich ein neues musikalisches Motiv in der Eile sich erfunden, verfällt aber am Schluss in der Aufregung, Wuth, und Angst, in der Weise seines Nachtgesanges, was die humoristischste Wirkung hervorbringt. – Der erhabene Freund wird erstaunt sein die neue Strophe Hans Sachs' auf dem Blatte zu finden; sie ist in der Nacht zwischen 2 und 3 Uhr am 28ten Januar gedichtet worden, nachdem ich einen ganzen Tag beinahe mit dem Freunde über den Schluss des Werkes gesprochen hatte; er meinte nämlich das Drama wäre eigentlich mit Walther's Gedicht geschlossen, und die grosse Rede Sachs' gehöre nicht zur Sache, sei mehr eine Anrede des Dichters an das Publikum, er würde wohl gut daran thun sie auszulassen; ich machte ein so jämmerliches Gesicht dazu, sagte ihm auch dass das: »Will ohne Meister selig sein«[2] durchaus noch so zu Walther's Charakteristik gehörte, dass er nachsann wenn er auch natürlich seiner Ansicht blieb. Es liess ihm die Nacht keine Ruhe, er schrieb die Strophe auf, strich was ich angegeben habe, und setzte auch die Skizze der Musik dazu mit Bleistift auf. Dies die Triebschner Ereignisse mein gütiger Freund, welche nur durch das Eine unterbrochen und verdrängt wurden, ich meine die grosse Kunde!

Als vor ungefähr acht Tagen der Freund gegen alle Gewohnheit am Morgen die Werkstatt verliess und zu mir herunter kam, erschrak ich förmlich, da ich weiss wie wichtig für ihn die Morgenruhe d. h. Sammlung zur Arbeit ist; doch ich beruhigte mich bald als ich den freudig lächelnden Blick bemerkte: »ich bekam eine schöne Botschaft!« sagte er mir. »Von Monsalvat?« frug ich »Ja, aber was?« Darauf las er mir die lieblichen Worte der Depesche. Nun kramten wir freudig unsre Erinnerungen aus, der Freund entsann sich sehr wohl die »hohe Braut« gesehen und bemerkt zu haben, er erzählte mir dass Herzog Max[3] sich für seinen Lohengrin begeistert habe, wenigstens sei ihm von einem Musikdirektor aus Würzburg schon damals in Zürich so erzählt worden, alle möglichen freundlichen Eindrücke schaarten sich um die ihn ersichtlich erfreuende Nachricht, und zuletzt sagte er mir ernst lächelnd: »ich bin gewiss dieser Vereinigung nicht fremd!« Der holde Gruss und die gütige Ankündigung des Bildes erfreuten ihn tief, und nun preist er das *Es* das ich das *S* nenne, und in dem Gedanken des Glückes *seines* Walthers findet Sachs höchste Befriedigung und Beruhigung. – An der Biographie arbeiten wir jeden Abend so emsig wie die Ameisen: »Du schreibst ja als ob der h. Geist diktirte«, sagte er mir neulich, »Nun – meinte ich – es ist wohl so etwas wie ein heiliger Geist im Spiel.« Der Tannhäuser ist beendigt und verschiedene bedeutungsvolle Begegnungen, unter andrem namentlich die Spontini's[4], sind aufgezeichnet. Doch kann ich immer nicht abschreiben denn die früheren Blätter sind nicht corrigirt; der Tag verschwindet, ohne das man weiss wie; am Morgen der Webstuhl bis zum Mittag, Nachmittags des Holländer Lauf durch Nacht, Nebel, Sumpf und Sturm, bei der Heimkehr die nöthigen Briefe, Abends das Diktat, so ist des Freundes Tag vertheilt. Wenn ich nicht mehr unter seinem Diktat werde schreiben können, will er die Correktur aufnehmen.

Gott der einstige Friedrich! Wir hatten nichts erfahren, und sind ganz starr. Ich muss gestehen dass meine Spiessbürgerlichkeit da nicht mitkann, gleich Name, Stand, Vaterland, Familie, Ehre, hinzuschleudern! Das wird eine schöne künstlerische Laufbahn und ein schönes eheliches Glück abgeben! Wo hat er nur die Scham gelassen?.... Darum hat er wohl so geschwiegen!

Die kleine Photographie macht mir viel Freude und innig danke ich dem erhabenen gütigen Freund der die Gnade hatte sie mir zu schicken, wenn ich auch den »Pudel« und die verschieden so treffend Bezeichneten mit Widerwillen gegen Kaulbach erkannte. Der Freund – trotzdem er wohl alle Schwächen des nicht könnens und vielleicht auch nicht recht-wollens hier einsieht, freut sich doch sehr über die gütig vorgelegte Photographie; vor allem aber auf dem Abdruck des Semperschen Modell's welchen wir unter den beiden theuren Bildern des Erhabenen und Seiner gepriesenen und gesegneten hohen Braut, aufhängen wollen, als »Parnass und Paradies«[5] schön und ewig vereint. Ich wage es nicht der königlichen Braut meine Gefühle zu Füssen zu legen, Ihnen theurer hoher gütiger Freund, darf ich wohl sagen dass die Glückliche Sie Beglückende mir heilig und theuer ist, dass ich Es segne und preise das hohe Wesen Ihrer Wahl, und dass ich in dieser edlen rührenden Vereinigung ein Pfand Unsrer aller Heil und Wohl ersehe!

Von Basel aus schrieb ich am 10ten Januar einen langen Brief an den gnädigen Freund, wenn ich mir erlaube dies hier zu erwähnen so ist es weil darin der Dank meines Mannes für den ihm ertheilten Titel enthalten war, und falls das Schreiben verloren gegangen, ich nicht gern auf mir den Schein ruhen liesse, als ob ich die süsse Pflicht des Dankes verabsäumt hätte.

Ich glaube ich meldete alles von dem stillen Triebschen; dass unser kleiner »Hausgott« jetzt von schönen grünen Pflanzen umgeben ist die ich gar sorgfältig pflege will ich noch melden, in welchen Gedanken und Gefühlen Triebschen selig und thätig ist kann ich nicht sagen, und die Ohnmacht meiner findet ihre Berechtigung darin dass Sie theurer huldvoller Freund ja alles wissen! Des Freundes ewige schöpferische Liebe übermittelt treu die unwandelbar dankend ergebene Freundin

Cosima von Bülow-Liszt

31ten Januar 1867 /.

Walther's Traum
(vor dem Volk).

Morgenlich leuchtend in rosigem Schein
von Blüthe und Duft
geschwellt die Luft
voll aller Wonnen
nie ersonnen
ein Garten lud mich ein,
dort unter einem Wunderbaum
von Früchten reich behangen
zu schau'n in sel'gem Liebestraum,
was höchstem Lustverlangen
Erfüllung kühn verhiess –
das schönste Weib –
Eva im Paradies! –

———

Abendlich dämmernd umschloss mich die Nacht
auf steilem Pfad
war ich genaht
wohl einer Quelle
edler Welle,

die lockend mir gelacht;
Dort unter einem Lorbeerbaum,
von Sternen hell durchschienen
ich schaut in wachen Dichtertraum
mit heilig holden Mienen
mich netzend mit dem Nass
das hehrste Weib
die Muse des Parnass!

———

Huldreichsten Tag
Dem ich aus Dichter's Traum erwacht!
Das ich geträumt, das Paradies,
in himmlisch neu verklärter Pracht
hell vor mir lag
dahin der Quell lachend mich wies:
Die, dort geboren,
mein Herz erkoren,
der Erde lieblichstes Bild,
zur Muse mir geweiht,
so heilig hehr als mild,
ward kühn von mir gefreit,
am lichten Tag der Sonnen
durch Sanges Sieg gewonnen
Parnass und Paradies.

———

(Beckmesser's Paraphrase
des Traumes in Hans Sachs' Werkstatt)

Morgen ich leuchte in rosigem Schein,
voll Blut und Duft
geschwellt ist d' Luft
wohl bald gewonnen
wie zerronnen

im Garten lud ich ein
Mastvieh und Schwein.

Volk.
Sonderbar! hört ihr's? Wen lud er ein?
Verstand man recht? Wie kann das sein?
Mastvieh und Schwein?

Meister (wie im Buch)

Beckmesser
Wohn ich erträglich im selbigen Raum,
hob Geld und Frucht
Bleisaft und Wucht;
mich holt am Pranger
der Verlanger,
auf luft'ger Steige kaum,
häng' ich am Baum. –

Meister (wie im Buch).

Volk
Schöner Werber! Der find't seinen Lohn:
Bald hängt er am Galgen –
man sieht ihn schon!

Beckmesser
Heimlich mir graut,
weil hier es munter will hergeh'n:
an meiner Leiter stand ein Weib,
sich schämt und wollt mich nicht beseh'n.
Bleich wie ein Kraut
umfasst mir Hanf meinen Leib,
die Augen zwinkend,
der Hund blies winkend,

was ich vor langem verzehrt,
wie Frucht so Holz und Pferd
vom Leberbaum. –

Strophe aus Hans Sachs / Schlussrede
statt
»*Verliebt und sangesvoll*« bis »*macht wieder dicht was nur noch Hauch*«

Habt Acht! Uns drohen üble Streich':
zerfällt erst deutsches Volk und Reich,
in falscher wälscher Majestät
kein Fürst bald mehr sein Volk versteht,
und wälscher Dunst mit wälschem Tand
sie pflanzen uns in's deutsche Land:
was deutsch und ächt wüsst keiner mehr,
lebt's nicht in deutscher Meister Ehr!
Drum sag ich Euch:
Ehrt Eure deutschen Meister
etc etc.

---

[1] *Am 22. Januar 1867 sandte Ludwig eine Depesche an Richard Wagner, Luzern, Tribschen: »Dem theuren Sachs theilt Walther selig mit, daß er sein treues Evchen, daß Siegfried seine Brünnhilde fand. Sophie innig über Brief erfreut. Sekretär morgen ab. Treu bis in den Tod. Walther.« – Der Hofsekretär Lorenz Düfflipp reiste am 23. Januar 1867 nach Tribschen.*

[2] *Bezug auf »Die Meistersinger von Nürnberg«, 3. Aufzug, 5. Szene: »Walther: Will ohne Meister selig sein!«*

[3] *Maximilian Herzog in Bayern (1808-1888), Sophies Vater.*

[4] *Gasparo Spontini (1774-1851), italienischer Komponist und Dirigent. 1820 ging er als »erster Kapellmeister und Generalintendant der Kapelle S. M. des Königs von Preußen« nach Berlin. Wagner war dem Italiener sehr zugetan; er widmete ihm in Dankbarkeit einen Nachruf: »Erinnerungen an Spontini«.*

5 *Zitat aus »Die Meistersinger von Nürnberg«, 3. Aufzug, 5. Szene: »Walther: Durch Sanges Sieg gewonnen Parnaß und Paradies!«*

155

Mein theurer Herr und gütiger Freund!

Ich denke es wird dem Erhabenen lieb sein zu hören wie der theure Sachs zur Werkstatt heimkehrte, und da dieser selbst noch gar müde ist, so erlaube ich mir den kleinen Bericht zu geben, indem ich nur um Entschuldigung und gütige Nachsicht bitte, da ich sehr schwach noch bin[1]. Ich habe – ohne Wissen des Arztes – den kleinen Streich ausgeführt, dem Freund bis Zürich entgegenzureisen, ich gestehe es, ich war äusserst besorgt; er hat sich so entwöhnt Menschen zu sehn, dass als ich von der Bevölkerung seiner Stuben im Bayerischen Hof hörte, ich ganz ausser mir gerieth und meinte er müsste dort krank fallen. Was ihn gehalten und gehoben, brauch ich es Ihnen mein hoher gnädiger Freund, zu sagen? Ich traf ihn in Zürich nicht wenig überrascht über meinen Streich – da ich eigentlich noch vierzehn Tage Hausarrest habe; nun hatte ich mir vorgenommen gar nicht zu sprechen denn ich fand ihn allerdings angegriffen, doch das ging nicht. Er *musste* mir doch sagen wie er Sie mein hoher Freund, getroffen, wie Ihr Befinden, wie Ihre Stimmung, die huldreichen Grüsse musste er mir doch überbringen um mich so innig zu erfreuen, anderes Geheime und Schöne wollte er mir auch mittheilen, und so sprachen wir denn viel, bis ich ein gebieterisches Halt gebot, keine Antworten mehr gab, er zu meiner Freude einschlief, und hoffentlich er schön träumend und ich hold sinnend in der Mondschein-Nacht wir Luzern erreichten. Er lachte als er erwachte, fand sich erfrischt und wir erreichten Triebschen wo wir denn wiederum viel viel sprachen – heute war sein erstes Wort: »ich habe an Parcival einen schönen schönen Brief zu schreiben!« Ich bat ihn dieses für heute zu lassen (hoffentlich ist es dem Gütigen genehm), und versprach einige Worte zu schreiben. Jetzt ruht er sich aus, seine Nacht war gut, und sein Herz ist froh; die Aufregung wird er im friedlichen Triebschen bald überwunden haben, und die einzig schöne Erinnerung wird ihm bleiben seinen Parcival wiedergesehen zu haben! Ich habe so viel unerwarteten Kummer noch in letzteren Zeiten empfunden dass ich mit Zagen diesem Münchener Aufenthalt entgegensah – das Mass des Leidens ist nie voll musst ich mir sagen, nun dass alles sich schön gelöst hat quillen die Thränen welche ich in der Zeit der Prüfung nicht vergoss und die nun das tiefe Weh dass ich überstanden zugleich ausdrücken und auslöschen. Ich kann nicht mehr sagen mein gütiger Freund, ich weiss Sie werden mich gnädig verstehen, wie Sie gewiss die Schweigende verstanden haben. Ach! es hat dem Freund wohl gethan den Huldreichen wiederzusehen, wiederholt sagte er mir: »ich habe rechten Muth bekommen« – jede Einzelheit musste er mir berichten und ich sah an seinem freudigen Blick wie gern er die Augenblicke zurückrief die er mit dem theuersten Freunde zugebracht. Auch eine Zusammenkunft von welcher er nicht hatte schreiben wollen theilte er mir in ihren Einzelnheiten mit, wie glücklich bin ich dass sie ermöglicht, dass sie gewagt wurde; sie hat dem Freunde so im tiefsten Herzen wohlgethan diese Begegnung, sie hat ihn mit so schöner Hoffnung erfüllt! »Es war also schön?« frug ich zuletzt, ohne eigentlich zu fragen denn ich wusste; »Ja!« antwortete er fest und warm. – Weiteres habe ich nicht zu berichten, Triebschen strahlt und der Meister ruht und gedenkt! Der Zauber wirkt nach, und das »Hexen« wird er bald vergessen haben. –

In dem ersten Schreiben an dem Freund hatte die hohe Braut die Gnade meiner zu gedenken, darf ich es wohl wagen mein theurer Herr, Ihnen zu sagen dass ich die Hand in inniger Liebe küsse die sie, die Erwählte, dem Freunde so hold gereicht?[2] Lohengrin im Juni, wie herrlich! Ich sagte dem Freund ich würde nächstens rasend werden wenn ich nicht bald eines seiner Werke sähe oder hörte. Nun wird aber alles! Sehr befriedigt von seiner Unterredung mit dem Fürsten H.[3] sieht der Freund in ihm eine wahre Stütze für alle unsere Unternehmungen. Ich kann gar nicht sagen wie beruhigt ich bin und der Freund musste hell lachen als ich ausrief: »Und es ist doch alles schnell vor sich gegangen«, er meinte ich hätte wohl alle Unsere Nöthen und Qualen vergessen, er fast auch, und sein theurer Parcival hoffentlich auch! –

Ich habe dem gnadenvollen Freund, noch nichts über die Elisabeth-Blätter gesagt, und die Danksagung die ich H. Düfflipp trotz meiner grossen Schwäche augenblicklich schrieb, ist bis auf vorgestern durch eine Unachtsamkeit des Dieners liegen geblieben; es geht auf Triebschen immer etwas patriarchalisch her. Doch wäre ich betrübt wenn Sie, mein hoher Herr, hätten einen Augenblick nur angenommen ich hätte den schönen hohen Werth dieser Sendung nicht empfunden! Rath Düfflipp schrieb die Bilder seien nicht ganz nach dem allerhöchsten Wunsche ausgefallen – mich haben sie tief erfreut und werden es stets thun, und ich liess durch Hans sofort meinem Vater mittheilen wie sein edles Werk und dessen Aufführung nochmals sich der Theilnahme unseres Beschützers erfreut hätte. Die Blätter werden wir für die Herausgabe – im Herbst denke ich – photographiren lassen.

Die Meistersinger! Sie konnten nicht vorgenommen werden! ..... Sie sind himmlisch und ich hatte mich der Freude des hohen Freundes im voraus so gefreut! Nun es naht bald der Sommer, morgen schon nimmt der Winter Abschied, er war lang doch er hat schöne Früchte getragen, das ist denn auch Zauber! Im Namen dieses ewigen holden Zaubers entsendet die Grüsse der Liebe, der Hoffnung und des Glaubens, die treue Freundin

Cosima von Bülow-Liszt

Triebschen.
19ten März 1867

[1] *In der Zeit vom 31. Januar bis 19. März 1867 gibt es keinen Briefwechsel zwischen der in Tribschen weilenden Cosima von Bülow und Ludwig II. von Bayern. Am 17. Februar wurde Cosima von Richard Wagners zweiter Tochter, Eva, entbunden.*

Cosima hatte zwar in den vorausgegangen Briefen immer wieder von einem Unwohlsein, einer Ohnmacht etc. an den König berichtet. Von ihrer Schwangerschaft erfuhr der König durch Richard Wagner. Hans von Bülow war am 2. Januar 1867 von Basel auf Besuch nach Tribschen gekommen. Wagner »brach bei diesem Wiedersehen fast das Herz«, so krank sah Bülow aus. Wagners Kommentar: »Er blickt auf eine zerstörte Lebens- und Kunstlaufbahn hinter sich ... Er sieht seine Ehre, in der

Ehre seiner Frau von Neuem in den Schmutz getreten. Fragt er sich, woher ihm dieses Elend kommen musste, so muss er sich sagen: wegen seiner Treue und Freundschaft mit mir ... Die Rückwirkung auf die zarte Gesundheit seiner Frau konnte unmöglich ausbleiben: hält sie auch ein überirdischer, felsenfester Glaube geistig ungebeugt aufrecht, so verzehrt sich ihr Leib. Sie hat den Schlaf verloren: und so geht sie einer nahe bevorstehenden Entbindung entgegen, für welche ihr Gemahl ihr keine häusliche Pflege bieten konnte, und diese daher dem für diese Zeit glücklicher versorgten Freunde übergeben musste.« Wagner gab Cosima damals nur Post, die er selbst vorher gelesen hatte. Er übte das Amt der Abwehr »moralischer Stösse auf das Gemüth der leidenden, meiner Pflege anvertrauten Frau« aus.

Am 20. Februar 1867 schilderte Richard Wagner dem König die Umstände der Geburt des Kindes Eva. Bülow traf aus München kommend am Tag der Entbindung in Tribschen ein.

»Nun denke man die Verwirrung auf meiner Halbinsel! Nach Luzerner Kirchengesetz musste auch die Taufe sogleich am dritten Tage vorgenommen werden: grosse Vorbereitungen waren da nicht zu machen. Wir nahmen meinen Secretär [Hans Richter] und die Erzieherin der Kinder, liessen durch sie abwesende Freunde als Taufpathen vertreten, und übergaben das Töchterchen ›Eva, Maria‹ gestern dem Segen der Kirche. Bei der Heimkehr sang ich mir Sach's Vers:

gar manche Noth im Leben,
manch ehlich Glück daneben –
Kindtauf', Geschäfte, Zwist und Streit: –
wem's dann noch will gelingen
ein schönes Lied zu singen, –
seht, Meister nennt man den!

Die Wöchnerin, unsre arme, aufopferungsvolle Freundin, ist nun hoffentlich außer Gefahr. Auch der unglückliche arme Hans scheint sich etwas zu beruhigen. Ihm hat der grosse, stets klärende und erleuchtende Einfluss seiner Frau jetzt zu lange gefehlt: es war eben ein grosses Unglück über Ihre Getreuen gekommen, das ist nun einmal nicht zu übersehen, und erholen wir uns davon, so will das eben nicht wenig sagen.«

Das obige Sachs-Zitat aus den »Meistersingern« bezog Wagner bewußt auf sich selbst. Er schreibt: »wem's dann noch will gelingen« statt »denen's dann noch will gelingen« und »seht, Meister nennt man den!« statt »seht, Meister nennt man die!« Am 5. März fragte der König in Tribschen an: »Wie geht es Unsrer theuren Freundin? Wie dem lieben Evchen? Gottes Segen sei mit Mutter und Kind.«

Bülow berichtete über diese Zeit: »Seit sechs Monaten allein als Garçon lebend, ohne Familie, ohne Heim und Herd. Alle Habe noch in München, wo ich Wohnung bis Ende April zahle usw. Es lebe der König Ludwig II., der all diese Misère verschuldet.«

2 *Unter strengster Geheimhaltung traf sich Wagner mit Herzogin Sophie, des Königs Braut, im Hause von deren Bruder Herzog Ludwig in Bayern, Kanalstraße 33 in München. Ludwig II. am 16. März 1867: »Wie selig wird meine Sophie in diesem Augenblick sein, wie viel wird sie mir zu erzählen haben!«*

3 *Richard Wagner weilte vom 9. bis 18. März 1867 in München. Es fand ein Treffen mit dem König sowie Fürst Hohenlohe, Röckel und Cornelius statt.*

156

Mein gnädiger Freund und Herr!

Wenn ich es nochmals wage dem königlichen Beschützer brieflich mich zu nähern, so geschieht dies auf Ersuchen des Freundes; es ist nämlich von Herrn von Puttlitz[1] eine Depesche eingetroffen nach welcher anzunehmen ist dass falls es allerhöchsten Ortes seine Anstellung gewünscht würde, er diesem Wunsche würde nachgeben können, er schlägt meinem Manne vor selbst gegen Ostern zu kommen, um sich unterthänigst vorzustellen, sollte der hohe Freund es für nothwendig halten ihn vorerst persönlich kennen zu lernen und zu prüfen. Der Freund wollte heute, mit dem Anfang des Frühlings, seine Partitur-Arbeit beginnen, und bat mich deshalb ihn beim Erhabenen zu vertreten, er fügte seiner Bitte die Worte hinzu: »ich weiss Parcival sieht mich lieber beim Schaffen als beim Wirken.« – Er wünschte auch dass ich Ihnen mein gütiger Freund, meine Meinung über Herrn von Puttlitz sagte; nun habe ich aber wirklich nichts weiter zu sagen als dass er ein rechtschaffener edel gesinnter und durchaus gebildeter Mann ist, dass er mit Leidenschaft sich der Theaterdirektion widmet, und dem Schauspiel namentlich würde seine Ernennung sehr zu statten kommen. Von Musik versteht er, so viel ich weiss gar nichts, doch maasst er sich kein Urtheil an, und einen Menschen der unsre Kunst begünstigt brauchen wir ja nicht, wenn man den lieben Gott für sich hat bedarf es nicht der Heiligen, sagt das alte französische Sprichwort; das unsere Kunst »blühe und wachs«, dafür sorgt ein Anderer und Höherer Schirmherr, es genügt demnach vollkommen dass der Intendant im Allgemeinen Sinn für das Edle und Grosse, und Respekt vor den Künstlern hat. Als Dichter kann ich natürlich Puttlitz nicht übermässig schätzen, doch gehören seine Stücke gewiss nicht zu den wichtigsten welche heut zu Tage hervorgebracht werden, und jedenfalls nicht zu den gemeinen. Ich wage es zu hoffen dass er dem theuren Gütigen einen nicht ungünstigen persönlichen Eindruck machen würde, denn er ist liebenswürdig und feinfühlend. – Der Freund meint dass falls es seinem König genehm ist, es wohl gut wäre wenn nach der vorläufigen jetzt beantworteten Anfrage Bülow's, nun Herr v. Lutz oder Herr Düfflipp mit Herrn v. Puttlitz in Unterhandlungen träte. – Gebe nun Gott unsre kleine Mannschaft hätte sich mit einem tauglichen Menschen vermehrt, so dass wir immer sicherer die Fahrt zum gelobten Land antreten könnten; wie wenige taugen doch, hier kann man wirklich sagen: viele sind berufen doch wenige erwählt! –

Der Freund schrieb gestern, er hat also alles schon gesagt; ich konnte heute nur noch melden dass er die Partitur begonnen und dass der Frühling seinen Segen dazu gab – ein milder warmer, heller Regen fiel befruchtend auf die Erde die nun blüht während die Meistersinger wachsen. Heute Abend soll auch die Biographie wieder aufgenommen werden; es ist die schöne Zeit des sehnsuchtsvollen Keimens und Treibens, es ruft und lockt sich alles – wir wollen in den nächsten Tagen den Grütli besuchen; vor einem Jahre waren wir dort, tranken von der Quelle und schwuren, dort trafen wir »*Graf Arnold*«[2], und wussten was das zu bedeuten hatte, dass wir Ihn dort trafen!

Dieser Segensgruss des Frühjahrs entsendet Triebschen Monsalvat, die Werkstatt Sachs' entsendet die tönende Thätigkeit, die Freundin sagt von dankender Liebe!

Cosima von Bülow-Liszt

22ten März 1867 /.

[1] *Gustav zu Puttlitz, Schriftsteller und Intendant, wurde von Wagner als Intendant für das Münchner Hoftheater vorgeschlagen. Cosima arbeitete in ihrer Berliner Zeit 1858 für die »Revue Germanique« und übersetzte Hebbels »Maria Magdalena« und das römische Drama von Gustav Freytag »Die Fabier«, ebenso ein Stück von Puttlitz, ins Französische.*

[2] *König Ludwigs Deckname auf seiner ersten Schweizreise; siehe Brief 81.*

157

Treu geliebte Freundin!

Innig hat mich Ihr theurer Brief und die Kunde vom geliebten, über Alles Theuren erfreut; wie danke ich Gott, dass Sie nun wieder vollkommen hergestellt sind; ich hoffe, dass die Uebertretung des ärztlichen Verbotes der lieben Freundin nicht geschadet hat, ich erschrack als ich die darauf bezüglichen Zeilen in Ihrem Briefe las, Gott gebe, dass meine Besorgniss unbegründet sei. – Von Herzen freut es mich zu hören, dass es mir gelang, Ihnen mit der Uebersendung der Bilder, welche Begebenheiten aus dem Leben der Hl. Elisabeth darstellen eine kleine Freude zu bereiten.

O meine theure Freundin! das waren gottvolle, unvergessliche Tage, die ich während der Anwesenheit des Hehren, Angebeteten verlebte. – Ihn wiederzusehen, Ihn hier endlich wieder traut zu sprechen, nach den ausgestandenen, unbeschreiblich fürchterlichen Qualen einer so langen Trennung, das war ein Glück, das nur mit den überirdischen Wonnen der seligen Geister verglichen werden kann. – Obgleich ich nur wenig aus den »Meistersingern« hören konnte, so war doch dieses Wenige Himmelsthau für die wie im Fieberdurst lechzende Seele. O das ist das Jahr des Heils, des Segens, der Erlösung, die widerstrebenden Mächte der tückischen Feinde sind gebannt in ihre Höhlen, die Menschen ahnen, dass es sich hier nicht um Gemeines handelt, dass die gegen Uns und Unser Werk gebrauchten Waffen am Harnische Unsres Willens, Unsrer Kraft zerschellen, dass Gottentstammtes durch Menschen nicht besiegt werden kann. Die Worte welche Posa in der feierlichen Verklärung der Todesweihe zu seiner Königin sprach, als letztes Vermächtniss für seinen Carlos, für den er gelebt und gestorben: »Sagen Sie ihm, dass er für die Träume seiner Jugend soll Achtung tragen, wenn er Mann sein wird, nicht öffnen soll dem tötenden Insekte gerühmter besserer Vernunft das Herz – dass er nicht soll irre werden, wenn des Staubes Weisheit Begeisterung die Himmelstochter lästert.«[1] – Tief haben mich stets die oben angeführten Worte ergriffen, ich gelobte mir, treu sie zu befolgen. Mit Stolz, mit reinem Gewissen darf ich sagen »treu habe ich meinen Schwur gehalten und will und kann ihn niemals brechen«. – Wie herrlich wird der Mai und der Sommer werden; ein Paradies auf Erden. – Diesen Morgen ward ich durch den Brief des Theuren überrascht, der mich innig beglückt und begeistert, bald gedenke ich Ihm meinen gerührten Dank selbst schriftlich auszusprechen. Meine Sophie sendet mit mir den treu Geliebten die innigsten Segensgrüsse aus tiefstem Herzen. Heil Euch Ihr Lieben, Gottes Engel breite Seine Flügel segnend und schirmend aus über dem trauten Triebschen und seinen Bewohnern, den treu u. wahrhaft geliebten. – In einem glücklichen Jahr ist Evchen geboren! – Liebend bis zum Tod

Ihr

München
23. März 1867

getreuer Freund
Ludwig.

[1] *Zitat aus »Don Carlos, Infant von Spanien«, dramatisches Gedicht von Friedrich von Schiller.*

158

Mein theurer Herr und gütiger Freund!

Für Sie, Erhabener, die letzten geschriebenen Worte aus Triebschen![1] Ihnen gilt der Segen mit welchen ich von diesem Hause scheide wo ich gejauchzt und gejammert! Hoch über das tiefe Leiden dass ich empfinde indem ich dem Freunde den Abschiedsgruss seufze, erhebt sich das Heil dass ich Ihnen, Huldreicher, zurufe. Heil und Preis Ihnen, mein hoher gnadenvoller Freund, Heil Ihnen dass Sie so gross, heil uns dass wir Sie fanden! – –

Die Depesche aus Brunnen kam wohl an? Wir waren in schönster Stimmung an diesem Palmsonntag. Wir fuhren im Wagen Sonnabend mittag von Triebschen fort, und durchwanderten bis Beckenried denselben Weg den wir mit dem hehren Freund am 23ten Mai gemacht, eingedenkend dieser schönen schönen Stunden. In Beckenried verfehlten wir das Dampfschiff und nahmen einen kleinen Kahn bis Brunnen; die Sonne verhüllte sich, das stimmte uns etwas traurig, es war das rechte Abschiedswetter! Von Brunnen fuhren wir noch am selben Abend über die neu gebaute Strasse bis Flüelen, wo wir in vollster Dunkelheit ankamen. Bald aber zeigte sich der Mond, ich trat an das Fenster und schrie auf vor dem zauberischen Anblick. Wie gütige erhabene unerschütterliche Geister standen sie glänzend da die Riesigen, es war mir als ob sie meinen Abschiedsgruss erwartet hätten. Wenn ich Ihnen Gnädiger, sage dass wir nur von Ihnen, gesprochen haben, immer dasselbe und doch immer Neues, werden Sie sich, hehrer Freund, wohl nicht darob wundern; alles übrige wäre uns Profan gewesen. In Flüelen hörten wir einen sehr merkwürdigen Nachtwächter der ein ganz andres Lied sang als das bekannte, und der mir die ganze Nacht durch zu einem wahren Meistersinger-Alp wurde. Am Morgen erzählte der Freund ganz heiter gestimmt er habe von Beethoven geträumt, der alt und schwach nicht mehr komponirte, dem er aus seinen Werken vorgespielt und der ihm grenzenlos gut war. Nun schien die Sonne, es war fast heiss, wir stiegen in einem Wägelchen ein und fuhren nach Bürklen; wie schön war dieser Weg! Die Bäume in der ganzen Blüthenpracht schmückten die frische Wiese, die Berge schauten gutmüthig prächtig in diese kleinere liebliche Welt, wir wurden bald schweigsam und nur an einem Punkt wo der lebendige Bach durch die Matten rollte, die Bäume von Licht zu triefen schienen, dies Gebirg wie durchsichtig wurde, auf der Anhöhe eine kleine Kirche sich zeigte dessen Glocke abwechselnd mit den Kuhglocken ertönte, riefen wir aus: »o wie schön!« »Es ist heute Palmsonntag«, sagte ich dem Freund »im vorigen Jahr machten wir unsere Wanderung am Tag des Leidens, dieses Jahr machen wir sie am Tage des Jubels. Heute werden die grünen Zweige vertheilt, heute jubelte das Volk den Verkannten an!« Wir waren in Bürklen, die Leute sonntäglich geputzt gingen zur Kirche, ich trat mit ein und betete aus ganzer Seele, Ihnen mein gütiger Freund, der Auserkorenen Ihres Herzens, Unserem Freunde, galt mein Gebet. Ich nahm mir in der Kirche die Zeichen des Friedens, die geweihten Zweige, und trat in Gedanken der Liebe heraus! Wir fuhren nach Flüelen zurück, denselben lieblichen Weg, unterwegs trafen wir vier seltsame Gestalten. Italiener waren es, arme elende Pifferaris; die braunen Gesichter, die hageren Glieder in merkwürdig geschnittenen und zusammengefetzten Mänteln gehüllt ergriffen uns sehr; sie bettelten nicht doch als der Freund ihnen winkte und einem der Viere ein paar Franken gab dankten sie sehr gerührt. Wie ein Traum ging die seltsame Erscheinung an uns vorüber; die wunderbare ewig unausgesprochene Resignation dieser von allem entblössten Wesen sie gleicht fast dem melancholisch ruhigen Blick den man an Thieren der entferntesten Regionen bemerkt: »Gott das sind auch Menschen!« sagte der Freund mit Thränen in den Augen; »nicht wahr arme Menschen?« sagte treuherzig unser recht biederer behaglicher Schweizer Kutscher. »Gäbe Gott ihnen auch einen heiteren Palmsonntag!« dachte ich für mich. – Von Flüelen fuhren wir im Kahn nach dem Grütli, es wurde immer schöner prangender, glänzender; der Uri-Rothstock, der Priestenstock, die Mythen und wie sie alle heissen schienen ihr festlichstes Gewand überzogen zu haben; wir kamen vor dem Beet wo die Parcivalblumen blühen, dann zu den drei Quellen woraus wir tranken, den heiligen Schwur erneuernd. Lange lange verblieben wir in Beschauung verloren, »von solchen Augenblicken lebt man und schafft man« sagte endlich der Freund indem wir von der Höhe in das dunkelkblaue Wasser durch einen Blüthenschleier sahen: »gegrüsst sei Parcival!« »Gegrüsst« wiederholte ich nach ihm, von ganzer Seele. Wir verliessen die heilige Welt, der kleine Kahn brachte uns nach Brunnen, in Brunnen schifften wir ein und Abends um fünf waren wir wieder auf Triebschen. Heute bläst der Fön, es ist trübe, mein letzter Tag hier! Doch ich kehre mit hoffnungsvollen Herzen in München ein. Wüssten Sie nur mein König, wie Ihr Anblick zuletzt noch den Freund gestärkt und beglückt hat, wie Sie ihm gross und über alles erhaben erschienen sind! Gewiss mein gnädiger Freund, wir können keine wahren Schwierigkeiten mehr haben, keine wirklichen Feinde mehr. Alle Wiederwärtigkeiten die nothwendig vorkommen müssen werden ruhig bei Seite geschoben wie geringe Dornenzweige auf einem prächtigen Weg. – Gestattet mir der hohe Freund, dass ich von der Lohengrin-Aufführung spreche? Gestern schrieb der Rath Düfflipp nämlich, dass nicht Tichatscheck[2] sondern Nachbauer[3] aus Berlin für die Titelrolle engagirt sei; nun hat der Freund ausdrücklich Tichatscheck gewünscht und demselben ausdrücklich versprochen er würde zu dieser Vorstellung von der Münchener Intendanz engagirt werden. Ausserdem können Herr Nachbauer und Betz[4] aus Berlin (letzterer Telramund) erst gegen mitte Juni eintreffen, was die Aufführung bis Anfangs July verzögern würde. Das will der Freund durchaus nicht, er und wir wollen ein für alle mal dass Ihre uns einzig bestimmenden Wünsche, mein hoher Herr, erfüllt werden. So möchte der Freund dass auf die Berliner Herrn gänzlich verzichtet würde, an der Stelle des H. Betz, ein Herr Hauser aus Karlsruhe genommen würde welcher den Telramund recht ordentlich giebt. Selbst Kindermann[5] wäre ihm recht, lieber als die Verzögerung die der Meistersinger-Arbeit ausserdem sehr schaden würde, da er doch mit die Proben beaufsichtigen will. Heute früh wird uns gemeldet dass trotzdem Frl. Mallinger[6] von dem allerhöchsten Herrn zur Elsa gewählt wurde, trotzdem der Freund sie wünscht und mein Mann sie bezeichnet hatt, der Intendanzrath Schmitt ihr doch die Partie nicht ertheilen kann weil Herr Possart[7] sich bei Erneuerung seines Contraktes ausbedungen hat dass seiner Braut Frl. Deinet[8] keine Rollen entzogen werden!!! Also der König wünscht – *aber* eine Ungeschicklichkeit des Herrn Intendanzrathes kreuzt diesen allerhöchsten Wunsch! Und die Ungeschicklichkeit soll für uns maassgebend sein! – Ich schreibe dies scherzend weil ich wohl weiss dass ein befehlendes Wort unseres Herrn, hier alles in Ordnung bringen wird, doch sah der Freund in dem kleinen doppelten Fall wie durchaus unfähig der Intendanzrath ist und bleibt. Sich so etwas von dem Schauspieler Possart bieten zu lassen, und die Naivität zu haben zu glauben, dass seine Thorheit einem königlichen Wunsch gegenüber, seinen Werth hat! Gewiss ist hier keine Spur von böser Absicht, doch grenzelose rohe Unfähigkeit. – Soll ich dem gnädigen Freund über die Lohengrin Angelegenheiten forthin referiren, oder ist es dem Erhabenen lieber wenn ich mich stets an Rath Düfflipp wende?...

Es lautet alles wieder nach Krieg; ich habe längst jede Ansicht bei Seite gelegt und nur stets den Wunsch bei allem Grossen und Kleinen gehegt dass unser Schirmherr, von Wiederwärtigkeiten verschont bleibe. Dies meine ganze Politik, mein ganzer Patriotismus. Wie schön mein theurer Herr, führen Sie Schiller's herrliche Worte an! Die Jugendträume sollen leben, in Ihnen Hehrer, haben die kühnsten Träume schon ihre Erfüllung gefunden. – Ich wage es, der hohen Braut die Hand zu küssen und Ihr der Gütigen, wie Ihnen dem Gnadenvollen ewige Treue von Neuem zu geloben. Der Freund entsendet sein Schönstes und Bestes!

Cosima von Bülow-Liszt

15ten April 1867 /.

[1] *Am 15. April reiste Cosima mit ihrem Mann nach München.*

[2] *Joseph Aloys Tichatscheck (eigentlich Tichatschke, 1807-1886), Tenor. Gesangsausbildung in Dresden; gehörte zum Künstlerkreis um Wilhelmine Schröder-Devrient, der er viel verdankte; beteiligte sich 1841 an dem deutschen Opernunternehmen Robert Schumanns in London. Mit »Rienzi« begann seine glänzende Karriere als Wagner-Sänger. Enge Freundschaft verband ihn mit Wagner. 1845 sang er unter dessen Leitung den »Tannhäuser«, 1859 den »Lohengrin«. Er blieb bis 1870 Mitglied der Dresdner Hofbühne.*

[3] *Franz Innozenz Nachbaur (1835-1902), Tenor. Er war am 21. Juni 1868 der erste »Walther von Stolzing« bei der Uraufführung der »Meistersinger« in München. Der König ließ ihn von Darmstadt nach München verpflichten, übernahm die Taufpatenschaft für dessen Sohn.*

[4] *Franz Betz (1835-1900), Bariton. Er war am 21. Juni 1868 der erste »Hans Sachs« bei der Uraufführung der »Meistersinger« in München sowie der erste »Wotan« in »Rheingold« 1876 in Bayreuth.*

[5] *August Kindermann (1816-1891), Bariton; ab 1847 am Hoftheater in München; Regisseur und königlicher Kammersänger.*

[6] *Mathilde Mallinger (1847-1920), Sopranistin, verheiratet mit Baron Schimmelpfennig von der Oye; Ausbildung am Konservatorium in Prag; Franz Lachner engagierte sie 1863 für München. Sie war am 21. Juni 1868 die erste »Eva« bei der Uraufführung der »Meistersinger«. 1869 erhielt sie ein Engagement an der Berliner Hofoper.*

[7] *Ernst von Possart (1841-1921), Schauspieler, Regisseur, Bühnenschriftsteller; seit 1864 in München, seit 1878 Regisseur am Hoftheater, ab 1878 Schauspieldirektor und maßgeblicher Protagonist bei der Gründung des Prinzregententheaters 1901. Possart trug sich seit Jahren mit dem Gedanken, das einst von Ludwig II. durch Gottfried Semper geplante Richard-Wagner-Festspielhaus doch noch für München zu retten. 1893 zum Nachfolger des Intendanten Karl von Perfall ernannt, verfolgte er seine Idee mit Nachdruck. Aber erst am 20. August 1901 konnte das Prinzregententheater (nach Plänen von Max Littmann) eröffnet werden.*

[8] *Anna Deinet (1843-1919), verheiratet mit Ernst von Possart, sang in der Uraufführung von »Tristan und Isolde« am 10. Juni 1865 in der Hofoper in München die »Brangäne«.*

159

Theurer Herr, geliebter König, huldvoller Freund!

Seitdem ich hier bin, drängt es mich Ihnen, Gnädiger, zu sagen, dass ich mich hier in den Mauern Ihrer Stadt wohl fühle, dass alle schmerzlichen Erinnerungen durch den Gedanken weggefegt worden, dass wir hier bei Ihnen, mein gütiger Herr, sind! Nun bin ich seit Mitte April so ungetheilt *Martha*[1] gewesen, dass von Sammlung gar nicht mehr die Rede war, und Ihnen, mein erhabener Freund, darf ich, will ich und kann ich, nicht flüchtig schreiben. Während ich mit wirklicher Ungeduld des Augenblicks entgegensah in welchem ich mir wieder angehören würde, häuften sich die theuren Beweise Ihrer Gnade: die heilige Elisabeth, das schöne Bild vom fliegenden Holländer, die heutigen Blumen! Sie wissen es, mein erhabener hoher Freund, dass ich Ihnen nicht mehr danken kann, nur meine reinste Freude und mein schönstes Hoffen, lege ich Ihnen mit dem Gefühl der ewigen Treue, zu Füssen.

Ich habe mir schon erlaubt durch Rath Düfflipp dem Gnädigen sagen zu lassen dass alles hier gut geht und verspricht noch besser zu gehen. Ich denke wir werden Schönes Erhabenes erleben, es sieht auch nun etwas friedlicher aus in der Welt der Wölfe. Möchten Sie nur mein königlicher Freund, Freude und Glück haben! wie mir alles übrige sogenannte Wichtige gleichgültig ist kann ich Ihnen gar nicht sagen. Vom Freunde bekam ich gute Nachrichten, er ist äusserst thätig, der zweite Akt ist nun bald instrumentirt. Er schreibt er will es möglich machen zum 10ten hier zu sein um die h. Elisabeth zu hören, ich will nun mein Martha Geschäft vollenden und krönen, und ihm seine Stuben bei uns herrichten. Es ist etwas wunderbares mit dem Freunde; wer sich an seinem Umgange gewöhnt hat, wer seinen Geist mit dem seinigen verwoben hat, dem wird alles Uebrige so gleichgiltig; die gescheidtesten Leute erscheinen mir flach wie eine Wiese seitdem ich mit seinem gletscherhohen reinen Wesen mich vertraute. Ich vermag es nicht etwas zu lesen oder zu denken ohne mich zu fragen: was würde er dazu sagen, oder ohne mich dessen zu entsinnen was er mir darüber mitgetheilt. Ihnen sage ich das, mein gütiger Freund! … Und doch Ihnen allein kann ich es sagen weil ich es Ihnen Wunderbaren, nicht zu sagen brauche.

Gestern Abend las uns Peter Cornelius die Dichtung seiner Gunlöd vor. Man sieht es dem Werke deutlich an dass es ohne den Nibelungenring nicht da wäre; doch das ist nicht zu rügen. Wenn ich ein Fehler darin finden wollte so wäre es dass die Personen mehr Traumgestalten als wie von Fleisch und Blut sind. Doch ist die *ganze* Anlage edel die einzelnen Gesänge sind schwungvoll, und das Ganze macht einen schönen von der gewöhnlichen Gattung der Operntexte sich durchaus unterscheidenden Eindruck. Ich habe P. Cornelius gerathen eine saubere Abschrift von seiner Dichtung zu machen, und gestattet es mir der gütige Freund, so erlaube ich mir dieselbe in einigen Tagen dem Erhabenen zu übersenden.

Ich habe mich neulich über Frl. Mallinger recht gefreut; sie wird

Uns eine schöne Elsa und Elisabeth sein; gebe Gott nun dass die Männer sich erträglich anlassen. Im Ganzen taugen die Frauen doch immer besser (wobei ich an gewisse Frauen nicht gedacht haben will!), sie sind fleissiger und leichter begeistert.

Meine zwei ältesten Kinder kommen so eben von Berlin wo sie einige Zeit bei ihrer Grossmama zugebracht haben, zurück. Das erste was sie bei mir erblickt und erkannt, war »der König von Bayern«, welchen sie nun einmal wie unsren Hausgott betrachten. Bald bringt mir der Freund Isolde, Ev'chen bleibt noch auf Triebschen da die lange Reise ihr schaden könnte. Für Isolde wird unterwegs Hans Richter sorgen!!! In Bälde wird nun das ganze Haus vollständig und in Ordnung sein; mein Münchener Leben ist durch den heutigen Brief an dem huldvollen Freund eingeweiht! Ich weiss es mein theurer Herr, es wird alles werden wie Wir es geahnt, gehofft, erkämpft!

Gesegnet seien Sie, mein König, in alle Ewigkeit, wie Sie es jetzt sind und bis zum Tode von der in Treue und Dank ergebenen Freundin!

Cosima von Bülow-Liszt

2ten May 1867 /.

[1] *Bezug auf die neutestamentliche Erzählung von Maria und Martha: Lukas 10,38-42; sprichwörtlich: »rührige Hausfrau«.*

160

Theuerste Freundin!

Innigen Dank für Ihren Brief, der mich sehr erfreut. – Wie froh ich bin, Sie wieder hier zu wissen, wie selig es mich macht zu sehen, wie Alles so heiss Ersehnte, so schwer Erkämpfte nun endlich der glänzenden Erfüllung naht, dies kann ich nicht schildern. – Herrliche Stunden wird Uns der kommende Freitag bringen, o welcher Genuss, das wunderbar schöne Werk Ihres Vaters wieder zu hören! wie wird es den geliebten Freund ergreifen. Wie freute es mich, gestern Abend die geliebte Freundin im Theater zu sehen; gewiss waren auch Sie nicht sonderlich erbaut durch die flachen, nichtssagenden Bänkelsängermelodien. – Lieb war es mir zu hören, dass Frl. Mallinger einen günstigen Eindruck auf Sie gemacht hat, gewiss wird sie eine treffliche Elsa geben, gerne hörte ich auch die Elisabeth im Tannhäuser von ihr, da sie mir für diese Rolle geeigneter zu sein scheint als Frl. Stehle; man sagte mir, beide Rollen könnte sie nicht übernehmen, das Studium wäre zu anstrengend für sie, vielleicht geht es doch, o ermöglichen Sie es. – Eine rechte Wohlthat wird es für mich sein, endlich die Stadt verlassen zu können, endlich, endlich mich ausruhen und stärken zu können, in Gottes freier Natur und hinter mir zu lassen den Qualm der Stadt. – Wie freue ich mich darauf, mich in eine andere, schönere Welt träumen zu können; denn die Welt, der Geist der Zeit, der gegenwärtig herrscht, ist fürchterlich, die Menschen sind so verdreht, angefressen durch die Pest-Ideen der Neuzeit, o das kann nicht zum Guten führen.

Und nun noch etwas, doch ganz im Vertrauen; ich hörte jüngst von einer Aeusserung Herrn v. Bülow's, die mich nicht sonderlich erfreute, nämlich es bliebe Bayern nichts anderes übrig, als schliesslich auch Preussen anzugehören; doch dies bleibe ganz unter Uns; fest baue ich darauf, er werde einzig auf Förderung Unsrer *künstlerischen* Interessen bedacht sein. –

Mit Freude gedenke ich Ihrer in einem Briefe an mich ausgesprochenen Ansichten über das Königthum und seine Bedeutung, o dass diese Ansichten doch jetzt so selten zu finden sind! – Ich bin sonst nicht geneigt, Jemanden etwas nachzutragen, bin nicht unversöhnlichen Geistes, doch ich muss gestehen, schwer fällt es mir, den Münchnern das Benehmen zu vergeben und Alles zu vergessen, was sie sich mir, ihrem König und Herrn gegenüber, besonders im vorigen Sommer zu schulden kommen liessen, die Schuld ist so gross, dass weder Busse noch Reue sie völlig zu tilgen im Stande sind. Doch es sei abgethan, mit Schiller (in der Braut von Messina) rufe ich aus: »der Siege göttlichster ist das Vergeben.« –

Heute erhielt ich wieder einen schönen Carton v. Kaulbach, die Abschiedsscene der Maria Stuart darstellend, nächstens gedenke ich der theuren Freundin einen photographieschen Abdruck nach diesem Bilde zu senden, es freute mich dass der Fl. Holländer nach Spiess Ihnen gefällt. Echter malt fleissig an seinen Tristan-Bildern, Ille an dem Sagenkreise der Edda. – Sicher bin ich, Sie hätten es nicht bereut, wenn Sie dem jüngst stattgehabten Ordensfeste am Tage des Hl. Georg[1] beigewohnt hätten. – Dieses veraltete u. scheinbar sich überlebt habende Fest hat doch einen tiefen Sinn, es ist fähig Begeisterung zu erwecken, es kommt nur darauf an neues Leben ihm zu geben, mit poetischer Weihe es zu adeln. –

Gottes reichsten Segen auf Ihre Kinder; herzlichen Freundesgruss von Ihrem treuen

Ludwig.

am 3. Mai 1867

[1] *Das Georgiritterfest wurde unter größter Prachtentfaltung und strengen Zeremonien in der Residenz in München begangen. Ludwig II. war Großmeister des Bayerischen Haus-Ritterordens vom Hl. Georg.*

161

Mein gnädiger Freund, mein hoher Herr!

Die gütigen Zeilen die ich heute empfing dünken mir traurig, und dies betrübt mich so sehr, dass ich nicht umhin kann ein Wort der Treue, des unaussprechlichen Dankes, und des seligen Hoffens auszusprechen! Nehmen Sie mir es gnädig auf, mein königlicher Herr, dass ich sagen muss dass Herr von Bülow das mir gnädig mitgetheilte Wort *nie* ausgesprochen. Wenn ich dem theuren Freunde sage dass Herr von Bülow Anstalten getroffen hat, um aus den preussischen Staatsverbande zu treten und dadurch beinahe in Conflikt mit seiner Familie gekommen ist, so wird mein hoher Herr wohl gnädigst einsehen dass widerum das beliebte Mittel der Verleumdung angewendet worden ist. Ihnen, mein hoher erhabener Freund, habe ich stets die ganze Wahrheit über alles gesagt – dies ist kein Verdienst denn ich kann nicht anders – auch hat der Freund wohl angedeutet zu welchem äussersten Entschluss ich zu einer Zeit bereit war, wenn ich Ihnen nun sage mein gnädiger Herr: das ist nicht gesprochen worden, so wird der Gütige mir Glauben schenken, ich weiss es. Meinem Mann sage ich nichts, denn er würde nicht ruhen bis er den Verleumder herausgefunden und bestraft hätte, und das wäre mislich; die beste Bestrafung bleibt die Nicht-beachtung solcher erbärmlichen Leute. Sei nun diesem verziehen und sei sein arges Wort vergessen: wie gibt es aber Leute die sich erkühnen dem theuren Freunde, so etwas wieder zu bringen? Ist denn alle Ehrfurcht dahin? Kennt der Intrigant denn keine Schranken mehr? Genügt die Lust einem Menschen zu schaden, um dass gleich an das gemeine Werk gegangen werde? Doch nicht weiter hierüber, o der argen Welt! Ihnen aber, mein theurer erhabener Freund, weiss ich nicht genug Dank zu sagen mir dieses so gütig vertrauensvoll mitgetheilt zu haben, und mein Dank spricht sich am Besten darin aus dass ich bei allem was mir heilig, bei dem Freunde, bei meinem Vater, bei meinen Kindern, bei Ihrem eignen theuren Selbst, schwöre: er hat es nicht gesagt!

Ich wusste nicht dass ich dem St. Georgs Feste hätte beiwohnen dürfen, darum enthielt ich mich jeden Wunsches. Jetzt bedaure ich tief nicht dabei gewesen zu sein. Ach! mein theurer Herr, wie begreife ich die Stimmung die heute in dem gütigen Schreiben sich abspiegelt. Mir wird kalt bis an's Herz hinan wenn ich an das vorige Jahr denke, und ich kann nicht ohne furchtbarer Bitterkeit vor dem »Schiff«[1] vorübergehen. Ich weiss dass diese Empfindungen mit dem Vergeben nichts zu thun haben; Gott! die bösesten Menschen sind im Grunde nur zu beklagen und mein Weisheitsspruch ist: Segen den Guten, Mitleid den Bösen! Allein es verfinstert sich über gewisse Erfahrungen der ganze Horizont der Seele – ach! gebe Gott, mein gütiger Freund, sie seien nicht so weit, wie ich es leider bin! Denn Sie, mein König, Sie haben helfen können, Sie haben geholfen, über alles der König, wie das alte spanische Stück heisst. Ich habe nur immer zusehen können; zu welcher Trauer man dabei zuletzt kommt, bei aller Ergebenheit und Versöhnlichkeit, davor beschütze den theuren Herrn, seinen heiligen Engel! – Vor nichts mehr haben die Menschen Ehrfurcht, ja die Gefühle der Ehre, und aller ritterlichen Tugenden sind ihnen so fremd geworden dass sie die Dichter gar nicht mehr begreifen welche diesen Gefühlen den höchsten poetischen Ausdruck leihen. So z. B. haben hier die Leute die Calderon'schen Wunderwerke förmlich perplex gemacht, sie gaffen sie an und würden darüber lächeln wenn nicht die schweren Jahrhunderte darauf lasteten, die nicht erlauben dass man damit Spott treibt; so trösteten sie sich damit indem sie sagen: es passt nicht für unsre Zeit! Allerdings nicht! Bald sind sie so weit mit Falstaff zu fragen: was ist Ehre, kann es ein Bein heilen? Entgötterte Welt! Doch, o mein Freund! dies die Oberfläche, in unsrer Zeit wurde ja der Freund, wurden Sie, Herrlicher, geboren. Ist das nicht ein schöner Trost, was kümmert es uns ob die zwei Sterne über eine trostlose Welt leuchten, leuchten sie doch! – Vom Freunde hatte ich heute einen Brief, er wird kaum zum 10ten hier sein können denn er will seinen zweiten Akt fertig haben bevor er sich unterbricht. Er schreibt »fände man nur einen Sänger für den Sachs der uns verbliebe. Ob man sich nicht noch auf Entdeckungen machen sollte? Ich sehe es ernst auf die Aufführung am 12. Oktober ab: nur bedarf es dazu der höchsten Arbeitsenergie.[2] Bis zum 22. Mai hoffe ich wohl gewiss mit dem zweiten Akte fertig zu werden, wenn ich so wie jetzt fortfahren kann; auch wohl ein paar Tage früher noch könnte ich mit fertigen Akte bei Dir ankommen. Ich arbeite, durch die Angst nicht fertig zu werden, jetzt auch länger des Abends bis in die tiefere Nacht: und das bekommt mir, wie ich heute merke nicht gut; ich fiebre und bin sehr matt. Ohne dieses Arbeitsfieber, glaub', kämen solche Partituren nie zu Stande. Sie wird schön, und der Liebe werth und würdig.«

Mit Frl. Mallinger ist es in so fern schwierig als sie *nicht eine Note* von Wagner kennt, seltsam genug in der That, doch scheint sie willig zu sein. Herr von Bülow war heute mit den Sängern recht zufrieden (für die h. Elisabeth), er meint die Aufführung würde besser als die letzte. Mein königlicher Herr, hier gelobe ich Ihnen feierlich, was eigentlich schon längst eine Thatsache, dass mein Mann keine andere Interessen kennen wird als die künstlerischen. Was er aus Basel dem allerhöchsten Herrn zu schreiben wagte, ist bei ihm der keine Phrasen je machte, heiliger Ernst. Als er neulich seine durchaus monarchischen

Ansichten zu erkennen gab, antworteten ihm hiesige Leute: »und Sie wollten mit diesen Principien in der Schweiz bleiben? ..« Was mich betrifft, mein gnädiger Freund, Sie wissen es, ich bin religiös und die Monarchie ist mir eine Religion, was mein Vater oft zum Aergerniss der Leute gesagt hat: »ich *bin* ein Fürstendiener«, wiederhole ich hier, und die treue ergebene Freundin zeichnet sich mit Stolz und Freude als des theuersten Herrn

ewig dankbare Dienerin

4ten Mai 1867 /. Cosima von Bülow-Liszt

[1] *Wagners Wohnhaus in München.*

2 *Die Aufführung der Oper »Die Meistersinger von Nürnberg« war geplant für den 12. Oktober zum Hochzeitsfest des Königs mit Herzogin Sophie. Doch schon am 12. Juli 1867 teilte Ludwig II. Richard Wagner mit, daß »kurzsichtige Menschen der Meinung sind, es eigne sich dieses Werk nicht zur Aufführung am Feste der Vermählung; dieß macht mich nicht irre«.*

162

Mein theurer Herr, mein König, gnädigster Freund!

Ich wollte heute früh einige Zeilen des Dankes nach Berg senden, als die Schreckensbotschaft vom Freunde kam. Er ist in der grässlichsten Angst mit seiner Arbeit nicht fertig zu werden, und will lieber Alles aufgeben nur um das gegebene Wort zu halten. In meiner Noth liess ich zuerst eine Depesche[1] an den Freund gelangen, dann rief ich den trefflichen Rath zu mir. Dieser hat dem theuren Freund nun alles mitgetheilt. Sie mein hoher Herr, werden entscheiden; Sie einzig und allein können hier das Wort sagen nach welches alles sich zu richten hat. Auf meine Bitte wird der Freund nicht kommen, denn vor allem liegt ihm daran sein Werk am 25ten August seinem Schutzherrn zu Füssen zu legen, und ich sah gleich ein dass ich nicht das Recht habe zu bitten. Nur es sich noch recht zu überlegen ob es doch nicht ginge bat ich den Freund. Ich habe keine Antwort. Wenn Sie mein gütiger theurer Herr, ihn lieber sehen, auf der Gefahr hin dass die Meistersinger um einiges verspätet werden, so wollen Sie wohl gnädigst dem Freunde telegraphiren, dass wir ihn hier noch zu seinem Geburtstage sehen. Ihnen mein hoher Herr, wird er folgen, denn Ihrem ihm über alles heiligen Wunsche, opfert er das Glück des Wiedersehens.

Ich bin so verwirrt dass ich es nicht vermag ein Wort hinzuzufügen. Für ein freudigeres Schreiben verspare ich den abermaligen aufgehäuften Dank. Die holden lieblichen Blume die in meiner Schale und auf dem Fächer wetteifernd blühen sollen mich einen anderen schöneren Tag zu Dankerfülltem Gruss begeistern.

Heute in trauriger Stimmung nur diese verzagten Zeilen die mein theurer Herr mit gewohnter Gnade wohl aufnehmen wird. Es bleibt mir unmöglich in der Stunde des Kummers mich nicht an Ihn den theuren Hohen, der mir so oft schon huldreichen Trost bot, zu wenden!

Das Beste und Reinste was die Seele in Freud und Leid erzeugt, weihe ich dem freundlichsten Herrn, dem herrlichsten Freunde, in Treue und Dank!

Cosima von Bülow-Liszt

München
19ten Mai 1867 /.

[1] *Depesche Cosimas an Richard Wagner vom 19. Mai 1867 aus München: »Stocker Tribschen Luzern. Bleibe, wenn Triebsches Behagen für Wohlsein unentbehrlich, sonst fordere ich Kommen. Vor Allem aber Wohlsein. Antworte telegraphisch. Mrazeck«. Wagners telegraphische Antwort vom 19. Mai an Cosima nach München: »Mrazeck, 21 Briennerstraße, München. Zuviel des traurigen Missverständnisses, der verletzendsten Selbsttäuschung. Solcher Aufforderung unmöglich zu folgen, auch Befinden unbefriedigend. Stocker.« – Cosima an Wagner am 19. Mai fünf Uhr nachmittags: »Stocker Tribschen Luzern. Vorschläge unannehmbar. Hierher kommen und Tribschen aufrechterhalten, sonst gänzlicher Bruch. Beherzige letzten Wunsch, ich schreibe nicht mehr. Mrazeck.« – Stocker, Diener in Tribschen = Deckname für Wagner; Mrazeck Anna, Dienerin in München = Deckname für Cosima.*

Cosima ging es vor allem darum, keine Verstimmung beim König aufkommen zu lassen.

163

Theuerste, treu geliebte Freundin!

Mit Freude und Kummer zugleich erfüllten mich Ihre Zeilen; ich lege einen Brief des theuren Freundes bei, den ich gestern erhielt. Sehr leid wäre es mir, könnte ich Ihn, den Einzigen an Seinem Geburtstage nicht sehen, Ihm nicht persönlich meine heißen Glück- u. Segenswünsche aussprechen; wohl begreife ich, daß Er nicht gerne in Seiner Ruhe sich gestört sieht; Er könnte ja sogleich, wenn Ihm wirklich so viel daran gelegen ist, nach Seinem Geburtstage in die trauliche Abgeschiedenheit des friedlichen Triebschen zurückkehren; ach es wäre zu hart, Ihn am Geburtstage nicht begrüßen zu können, doch in Gottes Namen, wenn es wirklich zu Seinem Heile ist, so will ich verzichten; aber fürchterlich schwer fiele mir die Entsagung; doch noch einmal, Sein Wille geschehe; es beugt sich der Held dem Willen des Gottes. –

Es entsendet der treu und innig geliebten Freundin die wärmsten Herzensgrüße der ewig

getreue Ludwig.

Berg den 20. Mai
1867.

P. S.

Mit Freude und Stolz blicke ich auf den 22. Mai des vorigen Jahres zurück; o könnte ich doch endlich Sie wiedersehen! –

164

Geliebter König! Theurer Herr, gnädiger Freund!

Seit einer kleinen Stunde bin ich in dem Landhäuschen[1] und will es am heutigen Tag dadurch einweihen dass ich Ihnen, Hoher, sage: der Freund ist angekommen! Ich baue hier die Sachen auf, zuerst das Klavier dann die Kleinigkeiten die ich dem Freunde bescheere. Heute früh gehen Senta und Elisabeth nach dem bayerischen Hof; erstere sagt die drei ersten Strophen eines Gedichtes von Walther von der Vogelweide: Maienwonnen, Elisabeth bringt ein Cörbchen Rosen. Ich harre hier des Freundes, und wenn der theure Herr ihn erst gegen ein Uhr zu sich befiehlt, so würde ich ihm den kleinen Aufbau zeigen können und ihm meinen Glückwunsch aussprechen. Ich wage dieses nur darum zu sagen, weil mir Rath Düfflipp mittheilte es sei noch nicht über die Zeit des Besuches auf Berg bestimmt worden.

Mein theurer, über alles gütiger Freund! Sie hatten die Gnade auch meiner an dem heutigen Tage zu gedenken; wie glücklich machte mich dies, wie dankt Ihnen Hehrer, die bis in dem Tode treue Freundin! Warum ich nicht komme sei hier Ihrer theilnahmsvollen wunderbaren Seele, bitter geklagt. Seit den üblen Reden die über mich gefallen, seit den Gehässigkeiten welche die böse Frau über mich gestreut, bin ich scheu geworden und zaghaft. Kein Mensch hat daran geglaubt, ich weiss es, doch meine Unbefangenheit ging dabei verloren, ich wusste es wohl als ich am Morgen auf Triebschen so laut schluchzte. Ihnen vor allem, mein gnädiger Freund, dem Theuren, Unsrer Sache bin ich es schuldig ein Jedes aufzuopfern worüber im Mindesten geredet werden könnte. Wie schwer das Opfer mir *heute* wird, ich klage es Ihnen, laut, mein theurer theurer Herr! Als gestern Rath Düfflipp mit mir von dem mir gestatteten Besuche sprach fielen mir dicke Thränen von den Augen. Sie entschuldigen mich mitleidvoll, mein gnädig gütig theurer Freund! Vor einem Jahr hatte ich das Glück Sie zu sehen, heute muss ich mich damit begnügen zwischen den beiden Wesen in Gedanken zu sein, denen ich freudig jede Freude opfere! Um ein Uhr fahre ich nach München zurück, wenn Sie Hoher, bis dahin den Freund mir lassen der um 12 ankommt, küsse ich dankend Ihre theuren Hände!

Der Freund sieht angegriffen aus, doch meine ich, soll er, kann und darf er, hier einige Zeit bleiben; die absolute Einsamkeit Triebschens ist ihm doch nicht gut, er vergrämt sich, und ich bin der festen Ueberzeugung dass er hier wird arbeiten können. Nun Sie werden ihn ja sehen, mein theurer Freund, und alles auf das Beste und Schönste bestimmen.

Alpenrosen und Maiglöckchen brachte mir Rath Düfflipp von dem hohen Freund, sie blühen noch lieblich in meiner Stube die aus lauter Gaben des Huldvollen besteht. Bei dem Anblick der zart Duftenden musst ich der Wiesen denken bei Triebschen wie sie im vorigen Jahre prangten, sie wussten Parzival nahte! Heute ist es trübe, doch giebt es Tage an welchen man der Sonnenstrahlen nicht bedarf.

Die Proben gehen schön vorwärts, Tichatschek hat sich gestern bewährt, Herr von Bülow war sehr zufrieden, die Mallinger soll gnadenvoll: »mein armer Bruder«[2] gesagt haben. Wir werden am 10ten Juni eine grosse Freude haben, mein theurer Freund!

So haben denn die Sterne die zwei Wesen wieder zusammengeführt die ein Wunder ausmachen, mögen sie gütig freundlich der Abwesenden gedenken die in der Ferne ihnen stets nahe bleibt! Dankend lege ich den traurigen Brief des Freundes bei; ich hoffe er wird hier gesunden!

Die hohe Braut hatte die Güte mich freundlich grüssen zu lassen, Ihnen mein theurer Herr, vertraue ich meine Sache an; Sie werden das Schönste finden der Holden von mir zu sagen, damit sie wisse wie heilig theuer sie mir ist!

So grüsse ich Sie denn mein herrlicher Freund, von der stillen Einsamkeit aus! Nie war mein Herz so schwer und doch so beglückt! Vielleicht fügen es die gütigen Geister dass ich Sie auch wiedersehe dann will ich das Leben preisen dass mir so oft so schwer erscheint. Doch wie dem auch sei über alle Schranken fliegen die Gedanken, und in steter Liebe eilen die Meinigen Ihnen, mein König, zu!

Cosima von Bülow-Liszt

22ten Mai 1867 /.

[1] *Villa Prestele bei Starnberg, die der König für Richard Wagner hatte mieten lassen. Ludwig schrieb am 22. Mai 1867 in sein Tagebuch: »Geburtstag des heiligen, großen Freundes. Brief der Freundin, freudevoll.«*

[2] *Zitat aus »Lohengrin«, 1. Aufzug, 2. Szene: »Elsa: Mein armer Bruder!«*

165

Mein gnädiger Herr! Mein königlicher Freund!

Der Meister zieht, Sachs kehrt zur Werkstatt zurück, alle guten Götter mögen ihn begleiten, den Theuersten der Theuren! .. Darf ich nun wohl wie aus weitester Ferne die Stimme erheben, darf ich in des hohen Freundes Gnade zu mir, die Berechtigung finden, mich unsichtbar Ihm zu nahen, und gleichsam wie ein Geist zu Ihm, dem Hohen, Huldreichen, reden? Nichts will ich, mein König, nichts erstrebe ich, nichts wünsche ich; mit des Freundes Abreise sind die Loose ja gefallen, und alles was Sie, mein gnädiger Freund beschliessen, ist mir heilig und wird es mir ewig sein. Dessen mir im tiefsten Inneren bewusst wage ich es dem König die Lage zu schildern. Bis jetzt, gnädiger Freund, sind Sie mein Schutz, unser Schirmherr, unser Alles, nicht nur gegen die Feinde sondern auch gegen das Schicksal selbst! Es war unser süsser Stolz dass wir *mit* dem königlichen Beschützer, so manches ertragen durften, dass wir in Seiner himmlischen Geduld und Nachsicht die Kraft des Aushaltens, die Pflicht der Ausdauer, fanden. Es ist ein schweres Schicksal, mein theurer Herr, ein schweres Schicksal; für den Freund dass er keine Darsteller für seine Werke hat. Vielleicht giebt es in der Kunstgeschichte kein zweites Beispiel eines solchen Abstandes zwischen dem Schöpfer und den Geschöpfen, er immer göttlicher, sie immer – – thierischer. Wie soll er aber sein Loos tragen wenn Wir ihm nicht helfen, Wir die ihn lieben? ... Verlieren Sie, einziger Freund, die Geduld, wie soll er sie noch haben, wie soll er noch hoffen? Gewiss mein gnädiger Herr, Sie haben Recht, Tichatschek[1] ist in seinen Bewegungen hölzern und steif, ich gebe zu, vielleicht selbst abschreckend für denjenigen welcher nicht von der Darstellung abstrahiren will, und rein dem musikalischen Eindruck sich hinzugeben. Ach! mein König, wir haben mit Ihnen gelitten, glauben Sie es der Freundin, alles haben wir uns gesagt was peinlich den hohen Freund berühren würde, und mehr noch vielleicht. Dennoch wurde es gewagt; kein Besserer ist da. *Niemann* hat mich erschreckt als ich ihn in der Rolle in Berlin sah, *Nachbauer* singt nichts vom Freund, es blieb also *Vogel*[2], nun der geht einem nicht fort, zu dem kann immer gegriffen werden. Es war vielleicht Ihrer holden Güte zu viel zugemuthet, mein gnädiger Freund, mit uns huldvoll die grossen Gebrechen von Tichatschek's Darstellung zu ertragen. Ertragen da wo man geniessen will und soll! Doch, theurer Herr, Ihnen selbst, Ihrer unbeschreiblichen Güte haben Sie es zuzuschreiben, wenn unausgesprochen der Freund und ich wir uns eins mit Ihnen Gnadenvoller, gefühlt haben; es war Ihren Freunden wohl zu verzeihen, mein hoher Herr, dass sie nun von vereintem Freud und Leid wussten! Nun aber ist die Heerde ohne Hirt, der König beglückt die Lohengrin-Aufführung durch seine Gegenwart nicht! Wie traurig, wie öde, wie sinnlos diese Aufführung! Den Münchnern sie zu bereiten war nicht die Absicht!... Hätte ich nicht erfahren dass wir uns ergeben sollen, ich würde gewagt haben Sie, hoher theurer Freund, zu bitten die erste Aufführung zu besuchen; ich würde Sie darum fusfällig gebeten haben – da es doch leider, leider, so kam dass es ein Opfer für Sie, mein Freund, sein sollte! Für Unsere Sache hätte ich dem Gnädigsten gesagt, bringen Sie das Opfer – ich ginge weiter: für den königlichen Herrn selbst, der Seinen Freund den Vielgeprüften doch hochgeehrten, nicht ob einer Wahl tadeln, bestrafen könnte, ohne dass die unberufene Menge Verständnissbaar, staunend erschrocken, zusähe. Doch behüte mich Gott hier in bester Absicht zu freveln! Der Freund entfernt sich still, mein Mann wird das Werk leiten falls die Intendanz eine Aufführung mit Tichatschek befiehlt, wie es seine Pflicht und Schuldigkeit ist; ich, die Traurigste von Allen werde einsam dem seltsamen Vorgang beiwohnen, und den Sinn dieser Prüfung zu verstehen suchen; dass dieser Sinn Ihnen, mein gnädiger Freund, immer und ewig nur dankend sein kann weiss ich; wie könnte ich die Klänge Lohengrin's vernehmen ohne Ihnen, gütiger Schutzgeist, seien Sie nahe oder fern, zuzujubeln! Das traurigste bleibt für mich dass die neuliche Probe dem theuren Freund einen unangenehmen Eindruck machte. Ich war gerührt und erfreut, die Mimik des Sänger's hatte ich überwunden, seine Stimme that mir wohl, und dann das ganze überwältigte mich derart dass das Einzelne eigentlich dabei verschwand, ich sehe vielleicht zu wenig wenn ich solches höre – und meine ganze Freude gäbe ich dahin dass Sie gnädiger Freund, die Enttäuschung nicht gehabt hätten! Ach! es ist traurig, edler Beschützer, das göttliche Werk wird nun herumgezerrt, dem Meister ist alle Hoffnung wie vernichtet, gleich einer verdorrten Knospe neigt sich diese Lohengrin Aufführung in unser Leben, denn was kümmert es uns ob die Leute entzückt sind — wie ich höre – wenn Sie gelitten haben! …

Wozu nun dieses Klagen? .. Ach! vergeben Sie es gnädigst dem betrübten Herzen! Es war mir als ich den Brief des Rath Düfflipp's las und die ruhige freundliche Ergebenheit des Freundes gewahrte als ob ich nie mehr eine Freude haben sollte! Als ob zum ersten Male eine Trennung zwischen Unsrem Herrn und uns statt fände, als ob wir hätten etwas wollen können, was Ihm, dem Theuren, nicht genehm sei! … Die Mühen denen sich der Freund so freudig unterzog in dem Gedanken an seinen einzigen Halt und Hort, dahin geworfen, verloren, vergeudet! Sie sind grausam die Götter, Ihnen mein gütiger Freund, nahmen sie eine lang ersehnte Freude, uns den einzigen Lohn nach lang ausgehaltenen Prüfungen!

Wie soll ich nun, in dieser Stimmung, von dem prangenden Strauss sagen? Die Rosen des Wunders waren mir nicht minder werth als das Wunder der Rosen; als duftendes Liebliches verkündende Botinnen empfing ich die Blühenden, sie sagten mir von der Freude die Unsrer aller harrte. Nun seh ich sie wehmüthig an, sie sind immer dieselben so schön und duftend, sie zeugen immer hold von der Gnade meines Herrn, und doch fällt ein trauriger Blick auf sie – wo Sie mein König uns Rosen streuen da spendet das Schicksal uns Dornen! Und wie ich die Schönen betrachtete gedachte ich der langen Trennungspein, dann der Kämpfe, der Freude ob des vermeinten Sieges, des Glückes dem Herrn das göttliche Werk vorzuführen und der Vernichtung dieses Glücks, und unwillkürlich fielen mir die Worte des griechischen Dichters in den Sinn:

Doch wenn Trug sinnet die Gottheit, wer entkommt
sterblich gezeugt da?

Wer entrinnt ihr mit dem raschfliehenden Fuss glückenden Sprunges?[3]

Der gnädige Freund wird die Zeilen gütig aufnehmen, ich weihte Ihm gestern alle Gefühle die das herrliche Werk in mir erweckte, nun entsende ich Ihm, dem Hohen, die Grüsse des traurigen Herzens. Die Treue macht hier Freude und Trauer zu Geschwistern, beide wissen nur von dankender Liebe!

Cosima von Bülow-Liszt

12ten Juni 1867

[1] *Am 11. Juni 1867 fand die Generalprobe des neu einstudierten »Lohengrin« statt, die Anlaß zu einer Verstimmung zwischen Wagner und dem König gab. Die Titelrolle sollte Tichatscheck singen. Nach der Probe umarmte Wagner begeistert seinen »alten Kampfgenossen«. Der König aber hatte durch sein Fernglas nur einen greisen Lohengrin, müde auf eine in der Mitte des Kahns angebrachte Stange gestützt, gesehen und war empört. Ohne ein Wort mit Wagner, der in der Nachbarloge saß, zu wechseln, fuhr Ludwig nach Berg zurück und gab die Anweisung, Tichatscheck, dieser »Ritter von der traurigen Gestalt«, könne im nächsten Jahr zur Fußwaschung kommen, aber auf der Bühne wolle er ihn nie mehr sehen. Wagner war beleidigt und reiste, ohne sich zu verabschieden, nach Tribschen ab.*

[2] *Heinrich Vogl (1845-1900), Tenor, »ein Mann von genialer Begabung«. Intendanzrath Schmidt engagierte ihn 1865 an das königliche Theater; er studierte Gesang unter Franz Lachner und Mimik unter dem Regisseur Karl Jenke, sang alle Titelrollen der Wagner-Opern. Er war der erste, der nach Ludwig Schnorr von Carolsfelds Tod die Partie des Tristan, zuerst in München 1869, dann in Weimar 1874, zu bewältigen unternahm.*

[3] *Zitat aus Aischylos, »Die Perser«, Vers 93 ff.*

166

Mein theurer Herr und gütiger Freund!

Heute, zum erstenmale, frage ich mich: »was sollst Du sagen, wie sollst Du es sagen?« Gewöhnlich wenn ich Ihnen, schrieb, fliesst die Empfindung in einem gleichmässigen Strom der einen Ursprung und ein Ziel hat – heute, wie gestern in der Aufführung[1], ist meine Seele von den verschiedenartigsten Empfindungen durchkreuzt. Das Werk selbst schien mir gestern schöner, herrlicher, unvergleichlicher als ich mir es jemals sagen konnte, über das Gelingen der Aufführung, über die schöne Leistung meines Mannes, vor allem über Ihre Freude, mein theurer Herr, freute ich mich unsäglich; dann durchzuckte es mich wieder, und schmerzlich, und bitter; der Freund weit, fern, traurig, wenn auch gefasst! Da ist mir all die Freude getrübt und schmerzlich empfinde ich in meiner Seele das stete Wachen des Unheils über das Glück, dass der Freund so wunderbar uns zeigt! Nun kömmt Ihr schöner Brief und traurig wie die Ohnmacht sinne ich nach. Die Sache steht nämlich so, mein gnädiger Freund: als der Freund sich so krank fühlte und Ihnen, seinem Herrn, schrieb, er wünsche auf Triebschen zu verweilen, schrieb ich und telegraphirte ihm das *dürfe* er nicht; im Widerspruch mit meinem steten Benehmen zu ihm sagte ich er solle sich Gewalt anthun, und zu Ihnen kommen, der Sich nach ihm sehne. Nun kam er, leidend genug, nur von dem Wunsch beseelt Ihnen, gnädiger Freund, durch seine Gegenwart Freude zu bereiten. Die Umstände wollten es so dass er Sie, mein König, kaum das Glück hatte zu sehen; die Wohnung die für ihn genommen worden, war für die Arbeit ganz unmöglich, andere Miether im Hause, die Küche dicht an der Arbeitsstube etc. Die Meistersinger lagen brach und die Freundschaft gewann dabei nicht. Nun die Lohengrin-Aufführung; durch seine Theilnahme an derselben konnte er dem Hohen zeigen wie er Ihn, den Einzigen, liebt. Für keinen Gott hätte der Freund in seinem Gesundheitszustand der Plage sich unterzogen mit den Herrschaften vom Theater zu verkehren, Ihretwegen mein gnädiger Freund, that er es mit Freude und Begeisterung. Die Generalprobe kam – hätte der hohe Herr es für gut befunden den Freund zu sich zu berufen und ihm gütigst mitgetheilt dass Tichatschek einen widerwärtigen Eindruck hervorgerufen hätte, der Freund hätte gewiss sich in die Stimmung seines königlichen Beschützers zu versetzen gewusst; er wäre willig auf alles eingegangen, und keine Kränkung hätte sein wundes Herz erfahren. Wir waren aber kaum von der Probe zurück da kam der Brief des Rathes an, der Freund war unterwegs, ich wollte selbst nach Starnberg um ihm die betrübende Botschaft mitzutheilen dass sein hehrer Freund, lieber die Aufführung Lohengrins aufgäbe als derselben mit Tichatschek beizuwohnen. Ich konnte nicht, schickte aber einen Freund der mir berichtete Wagner sei wohl und ruhig. Am Mittwoch kam der Freund zu uns, meine erste Frage war: »wo ist Parcival?« – »Parcival ist fort und ich gehe«. – Wir baten er möge noch einen Tag bleiben, diesen gab er uns zu. Den Donnerstag brachten wir mit ihm in Starnberg zu, Abschiedsmahl wo die Kinder auch zugegen waren, ich schrieb meinen Brief an Sie, mein theuerster Herr, wir packten die Sachen ein, und nahmen den Freund nach München mit. Abends bekamen wir den Brief vom Rath Düfflipp worin der königliche Befehl ertheilt wurde dass Vogl und Frl. Thoma[2] die Partien übernehmen sollten. Sie wissen mein theurer Freund, was uns ein königlicher Befehl ist; augenblicklich traf mein Mann seine Dispositionen, um in den zwei Tagen noch die Aufführung zu Stande zu bringen. Der Freund war still, ich bat ihn am Freitag nicht abzureisen es sei ein böser Tag; mit der Güte die ich an ihm kenne gab er mir nach. Während mein Mann den ganzen Tag im Theater zubrachte, suchte ich den Freund zu zerstreuen und zu erheitern; allein ich versuchte es nur indem ich ihm sagte er würde auf Triebschen seine Arbeit wieder aufnehmen können. Er war tief betrübt, er frug sich weshalb alle diese Weisungen die als königliche Befehle nun kamen, ihm nicht warm freundlich, gütig persönlich, ertheilt worden. Er fühlte sich überflüssig, ja bis zu einem gewissen Grade unbequem – er wollte gehen, und ich konnte nichts sagen, denn ich verstand ihn. Er war aufrichtig froh über meines Mannes Bereitwilligkeit, und als dieser spät Abends meldete: es würde mit der neuen Besetzung gehen fiel ihm wie mir ein Stein vom Herzen. Am Sonnabend früh bei trübem Wetter ging er, den ich stets mit bangen betrübten Herzen ziehen sehen muss! Nicht eine Falte im Herzen ergab er sich dem Schicksal, er schrieb noch dem Orchester und dem Chorpersonal einige anerkennende Worte, verweigerte die von Tichatschek gewünschte Satisfaction eines Briefes von ihm worin er seine Freude über seine Leistung ausdrücken sollte, und beauftragte mich Rath Düfflipp, welcher in der ganzen zarten Angelegenheit sich diskret und höchst rücksichtsvoll benommen, einige freundliche Worte von ihm zu sagen. Mein Mann beruhigte die beiden unbrauchbaren Sänger, betrieb seine Sache ferner, als ob nichts geschehen; und auch war wirklich nichts geschehen, der königliche Wille ging in Erfüllung wie es sich gehört, der Meister hatte den Proben beigewohnt und sich hernach in seinen Arbeitsasyl zurückgezogen, Tichatschek und die Bertram-Meyer[3] erklärten sich heiser, und somit war alles gut. Nur ich, ich allein war traurig bis in den Tod! Und ich bin es noch! Ich weiss warum Sie so gehandelt haben, mir brauchen Sie nichts zu erklären, wenn in Ihrer grenzenlosen Güte gegen mich, Sie, Theurer, es auch thun wollten; ich will Sie nur bitten einen Augenblick sich in meine, in unsre Lage, gnädig zu versetzen. Plötzlich wie ein Blitz aus heiterem Himmel königliche Befehle durch den Sekretair ertheilt, während wir nichts wollen als die Erfüllung der Wünsche unsres herrlichen Freundes. Es war hart, mein gnädiger Herr, denn unverdient. Tichatschek hatte uns durch seine prachtvolle Stimme und die eigene Art seines Gesanges grosse Freude gemacht, doch ein Wort von Ihnen an den Freund hätte genügt, und in Freude wäre der Freund geblieben. Dem Schicksal ist er gewichen das ihn verfolgt, ich meine, gütiger Freund, Wir gönnen ihm Ruhe! – Doch will ich alles thun was Ihnen, Gnädiger, genehm ist, soll ich zu dem Glücke kommen Sie wiederzusehen, so erlauben Sie mir dass ich dann den Hohen frage, in welcher Form ich dem Freunde sagen soll dass er zurückkehre. Was die Zusammenkunft mit Ihnen, mein gnädiger Herr und Freund, betrifft, so denke ich dass sie wohl in folgender Weise zu Stande kommen könnte; da ich nicht ganz nach Starnberg ziehen kann (die Tannhäuser Proben erlauben meinem Mann nicht sich zu entfernen) würde ich auf einige Tage dort wohnen. Wenn es möglich wäre dass ich bei dieser Gelegenheit Ihrer hohe Braut vorgestellt werden dürfte, würde ich mich glücklich schätzen. Dass ich nichts verlange mein theurer Freund, und willig alles aufgebe wissen Sie ja. Ich befürchte nur dass eine Zusammenkunft zwischen dem hohen Freund und mir – so einfach natürlich sie mir erscheint – doch übel vermerkt werden könnte; nicht für das höchste Glück der Welt möchte ich Ihnen, mein theuerster Freund, nur einen Schatten von Unanehmlichkeit verursachen. Ich will lieber warten bis die Zeit schlägt, doch versteht es sich von selbst dass wenn Sie, gnädiger Freund, einen Ausweg finden, ich Ihrem gütigen Ruf folgen werde. –

Dass die Menschen Zwietracht säen möchten, weiss ich, ach! sehr gut! Sagten doch gewisse Leute ganz frech schon im März, Wagner solle nur kommen er würde doch den König nicht sehen! ..... Doch ich halte Unsren Rath Düfflipp für gutmüthig und ehrlich, und ich muss sagen dass er sich in dieser Angelegenheit, uns gegenüber wenigstens, gut benommen hat.

Ich habe noch keine Nachrichten vom Freunde, sobald ich etwas weiss erlaube ich mir es dem gütigen theuren Herrn, zu melden. Eine Depesche kündete mir bloss die Ankunft auf Triebschen an. Seine Arbeit, das Gedenken Ihrer Liebe, wird die Wunden schliessen welche die neue Einkehr in die Welt ihm geschlagen – ich hoffe es und tröste mich in dieser Hoffnung.

In enger unwandelbarer Treue, grüsse ich aus tiefster Seele den Freund der durch seine Gnade, ungeahntes Vertrauen in mir erweckte und dem ich das ganze Herz mit all' seinen Empfindungen offenbaren kann!

Cosima von Bülow-Liszt

17ten Juni 1867 /.

[1] *Am 16. Juni 1867 fand die Premiere des »Lohengrin« in München statt. Der Dirigent war Hans von Bülow.*

[2] *Therese Thoma (1845-1921), Sopranistin, spätere Ehefrau von Heinrich Vogl. Wie ihr Gatte war sie von Wagners Kunst begeistert, sang die Isolde 1869 in München.*

[3] *Marie Bertram-Mayr (1838-1882), Sopranistin, Ehefrau des Baritons Heinrich Bertram (1825-1903). Sie sang die Ortrud in der Generalprobe zu »Lohengrin«, wurde aber vom König heftig kritisiert und meldete sich dann krank.*

167

Theure, treu und innig geliebte Freundin!

Es ist schon spät in der Nacht, ich kann mich aber unmöglich zur Ruhe begeben, ohne Ihnen noch heute mein Herz auszuschütten. –

Ich frohlocke, ich jauchze vor Entzücken, vor namenlosen Wonnen, die nicht zu schildern, ich bete auf's neue den Geist an der dieses gottentstammte Werk geschaffen hat. Es geht mir heute wie nach jedesmaligem hehren Geniessen eines Werkes vom grossen Freunde, es fällt mir schwer noch leben zu müssen, ich möchte sterben, denn mir ist es, als hätte ich Gottes Wonnen erschaut. Schon vor mehreren Jahren sagte ich mir, ich wollte noch die Vollendung der Nibelungen erleben und nach der Aufführung selig sterben. O glücklicher Tod, nun seit ich den Freund kenne, ist es anders, jetzt will ich noch leben so lange wie Er und Sein Todestag soll auch der meinige sein, o wie liebe ich Ihn, um so mehr musste mir die letzte, traurige Catastrophe zu Herzen gehen. – O geliebte Freundin, Unsren unvergesslichen Schnorr hörte ich vor etwa 5 Jahren als Lohengrin, sein Gesang, sein hehres, durchgeistigtes Spiel (was doch bei Gott nothwendig zum Musikdrama gehört) übten mächtigen, tiefen Eindruck auf mich, kein Wunder, dass Tichatschek mir entschieden missfiel, sowie die kreischende Stimme und das outrierte Spiel der Bertram-Mayr. Die Strafe, die der Freund durch Sein Scheiden über mich verhängte ist zu hart, ich darf sagen ich habe sie nicht verdient, denn kühn darf ich behaupten, dass meine unerschütterliche Liebe u. Treue zu Ihm, sowie meine Begeisterung für Sein Wirken Ihn – wie Er Selbst zugibt – gerettet haben. –

Nein, theure Freundin, nichts soll und darf Uns je entfremden, o so Vieles wird durch die Diener wie Düfflipp oft in der besten Absicht entstellt. – Nun bitte ich Sie, geliebte Freundin dringend und inständig, suchen Sie den Freund zu bestimmen, sogleich wieder zurückzukehren, o wüsste Er wie ich leide durch Sein Entferntsein, o Gott das ist zu viel, zu hart, um es mit Gleichmuth hinnehmen zu können, unseliger Tichatschek jetzt ist er mir doppelt zuwider, denn er hat mich vom Freunde getrennt.

O schreiben Sie mir recht bald, wüssten Sie wie innig mich jeder Ihrer Briefe erfreut! Und nun noch ein Wunsch. Zu meiner Freude vernahm ich Sie wollen das Häuschen am See beziehen; ich habe Sie so ewig lange nicht mehr gesprochen, ich sehne mich darnach, sagen Sie mir, ob Sie nicht auch meinen, dass es ganz gut geht, wenn ich Sie dort einmal (aber bald) besuche, ich halte es für sehr nothwendig, damit derlei unselige Missverständnisse wie die neulichen nie mehr möglich sind. Eine wahre Entfremdung zwischen mir und Ihnen oder dem Freunde kann ja niemals vorkommen, eher ginge die Welt aus Fugen und Angeln, aber so gerne möchten die Menschen Zwietracht säen, nochmals bitte ich, rufen Sie mir den Freund zurück und schreiben Sie mir bald. – Vergeben Sie die Eile und die schlechten Schriftzüge, es ist fast 2 Uhr Nachts. –

O göttliches Werk, stets umklingen mich die heiligen Töne, ich kann nicht beschreiben wie mich das Ende angegriffen hat, die Seligkeit, ein Werk des Freundes hören zu dürfen, kann ich mit keinem Glück der Erde vergleichen, das höchste Glück ist nichts dagegen, mit Faust rufe ich aus: »Name ist Schall und Rauch umnebelnd Himmelsgluth.« – Beschreiben kann man da nicht mehr, Worte können da nur matte Atome sein. – O könnte ich sterben. –

Nun seien Sie mir gegrüsst aus ganzer Seele, theuerste Freundin und erfüllen Sie die oben ausgesprochenen Bitten

Ihres
getreuen Freundes
Ludwig.

Berg, den 17. Juni
Nachts 2 Uhr. – 67.

168

Mein gnädiger Freund und theurer König!

Ich muss Ihnen danken! So verzeihen Sie denn gnädig, dass ich sobald wieder mich Ihnen, erhabener Freund, nahe. Das gütige hohe Schreiben hat meinen Mann wahrhaft beglückt; gern hätte er persönlich gedankt; wenn er es unterlässt so geschieht es aus Diskretion, nicht wissend ob sein unterthäniges Schreiben genehm sein würde; indem er die königliche, gnädig ihm dargereichte, Hand küsst, lässt er seinem Herrn unterthänigst versichern, dass er stets in der Ausführung königlicher Befehle *Allen* mit gutem Beispiele vorangehen wird.

Heute bekam ich ein Schreiben des Freundes, er sagt: »Alles bei der Ankunft machte aber auf mich einen ganz besonders seltsamen Eindruck der Stille und Ruhe; ein ganz auffallendes Schweigen liegt jetzt auf diesem närrischen Triebschen. Mein *Russ* war ganz ungebärdig vor Freude über mich und *Koss*: die Thiere rasten in wahnsinniger Zärtlichkeit durcheinander. Nun ist das wieder in ruhigem Geleise und ich feierte am Sonntag eine Stille die mich wirklich tief ergriff und mich tief und sanft in mir blicken liess. Nichts hier vorgefallen, gar nichts. Die Pfauin brütet und leidet sehr; sie hat die Eier an einen versteckten Ort im Garten gebracht wo sie im ew'gen Regen jämmerlich nass wird: nur einmal kommt sie und verlangt hastig Speise, dann gleich wieder zum Brüten. Nun habe ich heute, weil es gar so grimmig fortgeregnet, einen alten Tisch über das Thier stellen lassen der ihr als Dach dient. – Mit dem Umbau geht es gut vorwärts; vieles ist schon erkenntlich und jedenfalls wird alles nun etwas Ansehen und Vernunft bekommen. Heute wird nun wieder gearbeitet: das Klopfen stört mich aber noch nicht, auch hört es bald auf. Morgen denk' ich mit Gott wieder an die arme Partitur zu gehen. Seltsam: diese selbe Prügelscene[1] ist mir einmal schon so fürchterlich lang geworden dass sie gar nicht zu enden schien: nun geht's gerade wieder so! Man soll nicht prügeln! – – Meine erste Federthätigkeit gehörte der Gerechtigkeit: gestern schrieb ich einen Brief an Tichatschek« (wir bekamen denselben er drückt darin sein Bedauern aus dass Tichatschek heiser wurde). »Heute an Düfflipp wegen Hansen's Urlaub: ich dring darauf dass er zur guten Zeit zu seiner Cur entlassen wird[2]. Möge Hans meinem Verlangen ja nicht zuwider arbeiten« (Dieses verstehe ich nicht recht, jedenfalls kommt Tannhäuser zu Stande). »Heute früh kam des König's Brief! O ich glaube und hoffe Alles Alles, und wünsche namentlich alles. Auf der regnerischen Reise phantasirte ich und metaphorisirte ich noch viel über den Lohengrin: so entliess ich ihn, er gehört mir nicht mehr. Der Schwan der mich einst zu ernstem Kampf auf Leben und Tod geführt[3], ist mir durch ein Wunder untergetaucht, er gehört nun Parcival. Vor mir flattert nur noch die Taube![4] – Wie ging es aber mit dem Lohengrin? Kein Telegramm erhalten; fast besorge ich dass etwas Störendes vorgefallen. Warum erfuhr ich noch nichts? alles so still, so still! seltsam! Wie ist mir? nicht wohl, nicht eigentlich müde: aber seltsam, ich komme mir wie taub vor, es ist mir so still! Ich kann nicht sagen dass ich eigentlich wehmüthig sei, – im Gegentheil mich erwärmt eine gute Zuversicht. Neben vielem Thörigen bin ich mir schliesslich vieles Guten bewusst, auch dass ich in entscheidenden Stunden um jeden Preis recht gehandelt habe. Leb' wohl« – – –

So der Freund, mein gütigster Herr! Mir ist diese Stimmung an ihm sehr lieb. Ich denke Wir überlassen ihn sich selbst, nach der »stillen« kommt ja die Auferstehungs-Zeit, die wollen Wir dann feiern schön und gut, nicht wahr, mein gnädiger Freund?

Gestern Abend war ich im Theater (die glücklichen Bettler[5]), ich konnte kaum glauben dass ich im selben Hause wie Sonntag wäre. Uebermorgen höre ich, ist die Afrikanerin, nun gewiss ich werde unsren tüchtigen Telramund nicht als Geflügel mir wieder ansehen. Wie ich vernehme wird Frl. Mallinger die Venus übernehmen; mit Hacker soll wegen Tannhäuser nochmals Rücksprache genommen werden, ich glaube nicht dass Vogel ihn singen, noch viel weniger ihn spielen kann. Sein Lohengrin erschien mir nicht aufreizend doch sehr nichtssagend. Doch war es immerhin ein Glück dass man ihn bei der Hand hatte. –

Mein Vater ist von Pesth wo seine Krönungsmesse aufgeführt wurde, nach Rom zurückgekehrt; im August findet das Wartburgfest mit der h. Elisabeth statt; der Grossherzog liess meinen Mann bitten die Proben zu leiten, er musste es aber abschlagen da im Herbst wohl die Meistersinger in Angriff genommen werden. Ende des Monats dirigirt er hier den Hans Heiling[6] (mit Betz), was mich sehr freut, da es durchaus nothwendig ist dass er vielerlei einstudiere damit das Orchester und der Chor in guter Disciplin gehalten werden.

Nichts weiteres habe ich dem königlichen Freunde zu melden. Von meiner Liebe und Treue brauche ich wohl nichts, zu sagen, sie sind ewig und können weder durch Freude erhöht noch durch Leid getrübt werden!

Cosima von Bülow-Liszt

München.
19ten Juni 1867

[1] *Bezug auf »Die Meistersinger von Nürnberg«, 2. Aufzug, 6. Szene.*

[2] *Hans von Bülow sollte wegen seines angegriffenen Gesundheitszustands eine Bäderkur verordnet werden.*

[3] *Bezug auf »Parzifal«, 3. Aufzug.*

[4] *Bezug auf »Lohengrin«, 3. Aufzug, 3. Szene: »Lohengrin: Alljährlich naht vom Himmel eine Taube, um neu zu stärken seine Wunderkraft.«*

[5] *»Die glücklichen Bettler«, Schauspiel von Carlo Gozzi.*

[6] *»Hans Heiling«, Oper von H. Marschner (1795-1861) nach einer Dichtung von Eduard Devrient.*

169

Huldvoller Herr, theurer erhabener Freund!

Heute bekam ich den zweiten Brief vom Freund, und ich halte es für meine Pflicht dem Gnädigen, Nachrichten zu geben. Sie lauten immer wehmüthig, der Freund empfiehlt mir seine Ruhe an nach den neuen inneren Stürmen; so ich kann, will ich sie wahren heilig und treu wie ich ihn liebe. »Meinem Parcival kann ich jetzt nicht schreiben«, sagt er, »denn jedes Wort welches wie ein Vorwurf aussähe, wäre unsinnig empörend, jede Klage müsste aber so aussehen, und ohne Klage ihm zu schreiben – nachdem ich Ihn kaum gesehen und doch so viel Zeit für meine Partitur verloren ging – wäre wiederum unsinnig. Du – Du kannst Ihm alles sagen. Dir habe ich nichts nöthig zu sagen, Du weisst alles und empfandest alles mit. Ach! Liebe, gewiss, es geht nicht mehr. Ermiss mein Leben, und wie statt der Verminderung stets nur die Vermehrung der tiefgreifenden alle Gemüthsruhe störenden Einwirkungen sich herausstellt. Ich bin so kleinmüthig dass ich schon gar nicht mehr verlange als diese armen Meistersinger vollends noch zu Tage fördern zu können. Nichts mehr. O diese letzte traurige Fahrt, die hätt ich mir besser erspart! Nun zähle ich die Tage – 21. Juni – ein voller Monat für mein armes Werk dahin: Und was konnte ich Ihm sein? .... Doch dieses Opfer wird gewiss nicht umsonst gebracht worden sein, gewiss nicht, es wird Schönes Herrliches daraus erblühen, mein Glaube steht noch fest und unerschüttert, doch um meines Lebens willen beschwöre ich Dich: Ruhe! Ruhe! Kein Zucken, kein Aufwallen mehr! Glaub' mir es wäre tödtlich. – Da hast Du die neue Lage der Trümmern die uns rings verschütten. Soll ich daran gehen etwas daraus zu bauen? – Ich befinde mich ja heute besser: gestern wär's mir nicht möglich gewesen. – Ohne gründliche Aenderungen im Theater herbeizuführen kann von Wünschen und Vorschlägen meinerseits für die Meistersinger z. B. gar nicht mehr die Rede sein. Gut wär's wenn *Betz* den Berliner entrissen werden könnte: sein grosses Gehalt, meine ich, wäre nicht zu beachten: *Beck*[1] würde für drei Monate mehr als dieser für ein Jahr kosten, und mit *Betz* bleibt das Ensemble dann stehend. Hieran wäre wohl alles zu setzen und lieber kein Tannhäuser. Könnte Hans im July nach St. Moritz so würde er Anfangs August mich hier besuchen und wir setzten dann Alles noch für die Meistersinger fest. Die grössere Hälfte des 3ten Aktes ist dann bereits zum Copiren fertig; der Rest im September: Partien und Studium sind schon fertig und möglich. Bin ich fertig dann – – oh! wie weit, wie weit, ich schon mit meinem Aufbau fliege! – Nur Geduld es wird schon früh genug einbrechen! Leb' wohl, send einen schönen Gruss dem Erhabenen, Er gedenke mein in Liebe!« – – –

Ich glaube, mein theurer Herr, Ihnen dieses mittheilen zu müssen. Mittlerweile gehen die Vorbereitungen zum Tannhäuser immer vorwärts. Heute war Frau Young (Lucile Gran[2]), bei uns. Vor einem Jahr hatte ich sie schon vorgeschlagen für die erste Tannhäuser-scene, da weigerte sich der Intendanzrath hartnäckig, er wolle nichts mit ihr zu thun haben. Nun sagt mir, die in ihrem Fach ausserordentliche Frau, sie hätte wohl etwas prachtvolles herausgebracht, wenn ihr Zeit gegeben worden wäre, aber in der letzten Stunde, mit den hiesigen Bühnenverhältnissen, eine der schwierigsten Aufgaben lösen! Sie will aber thun was sie kann, und sieht klug in die Aufgabe hinein. Wüssten Sie aber gnädiger Freund, welche Unordnung, Disciplinlosigkeit hier herrscht! Eine ganze Woche geht für den Tannhäuser verloren, weil der Intendanzrath Herrn Betz und Herrn Bausewein[3] Urlaub giebt, so dass die Gesammtprobe nicht statt finden kann. Mein Mann kam heute verzweifelt nach Haus; er setzt alles daran um das schwierige Unternehmen seinem Herrn zur Freude zu Stande zu bringen, bei jedem Schritt wird er verhindert; ist es Böswilligkeit, wie viele behaupten, oder Beschränktheit, gleich viel, es lähmt den ernstesten Eifer. Er schreibt auf das genaueste alles auf, nun lassen sie unter andren eine falsche Partitur kommen; gestern hetzt man ihm den Chor auf den Hals. Und dabei den Intendanzrath überall damit prahlen hören: Der König stände hinter ihm; zur Vermählungsfeier würde er zum Intendanten gemacht, und im Adelsstand erhoben; und als pendant dazu: Wagner sei in Ungnade!!! – Dies alles sag' ich dem herrlichen Freunde, nur damit Er wisse wie es hier steht, und dass wenn Verzögerungen, Verhinderungen vorfallen, sie gewiss nicht von Unsrer Seite kommen. Alles alles setzt mein Mann hintan, doch die Tage gehen vorüber und nicht der mindeste Eifer, nicht das geringste Pflichtgefühl unterstützt ihn, von Seite des Intendanzrathes. Unser guter Rath Düfflipp kann ein Liedchen von der Anarchie singen. – Die Conferenzen betreffs der Musikschule gehen ihren Gang; ich glaube Wir bringen dieses prachtvoll zu Stande. Peter Cornelius war gestern bei uns, er arbeitet an einem Aufsatz über Lohengrin, in drei Theile: I der Meister. II der Meister und sein Werk. III der Meister und seine Schule. – *Nachbauer* war auch gestern da, er misfiel meinem Mann nicht; gar sehr wünscht er den Lohengrin zu singen, nun er erfahren hat welch' beispiellosen Erfolg das Werk hier gehabt. Hans sagte ihm er sei nicht befugt über die Partien zu disponiren. Hacker übernimmt nun den Tannhäuser; Frl. Mallinger betrachtet die Venus als eine Nebenpartie und will sie nicht singen. Aecht Comödiantenhaft, das Beste wäre freilich gewesen die Mallinger hätte Elisabeth und die Stehle Venus gesungen, allein Frl. Stehle würde einem glaube ich die Augen auskratzen, und ihr Bruder der Buchhalter des Theaters der alle lobenden Rezensionen über die Schwester schreibt, würde augenblicklich ein Stückchen »öffentliche Meinung« zu Stande bringen. Eine schöne Sippschaft, nicht wahr, mein gnädiger theurer Freund? Doch es ist eben das Material zum göttlichen Bau, man darf da nicht viel Tiefe, Reinheit, Adel suchen, und muss froh sein wenn das Talent halbwegs sich einstellt. Woher nehmen und nicht »Stehlen«, sagte mein Mann scherzend als er mir all die erbaulichen Sachen erzählte. – Doch sind wir einen guten Schritt vorwärts, ja mein theurer Herr, mein erhabener edelster Freund, es geht schwierig aber doch bergauf. Ich bin der festesten Ueberzeugung dass z. B. die Messe meines Vaters in Ofen nicht so günstig in den Zeitungen besprochen worden wäre, wenn Unsre Sache nicht ihr Asyl, ihre heilige Stätte gefunden hätte. Der ganze Ton ist anders, und sind hier die paar rohen Intriganten beseitigt, dann athmet Unsre Kunst auf. Ich war förmlich erschrocken als ich heute von eingefleischten Philistern, das Sempersche Theater mit Begeisterung besprechen hörte, ich traute meinen Ohren kaum. So rufe ich Ihnen, Herrlicher, Heil und Segen zu, werden Sie nicht müde für uns, mit uns, zu kämpfen, denn wir haben die Wahrheit!

Meine Senta hatte das Glück neulich bei der Prozession »den König« zu sehen, sie erzählt nun sehr viel davon, und behauptet gleich den Herrn von Triebschen erkannt zu haben. Anbei erlaube ich mir ein Blättchen beizufügen dass der Freund nach seiner Abreise erhalten und dessen Herzlichkeit, (von einem Unbekannten) ihn recht wohlthuend berührt hat. O, er hat viele viele Freunde hier wie aller Orten. Gott segne ihn und Sie, meine theuerster Herr, ich kann Sie beide nicht trennen in meinem Herzen, mir wär's als würde Ihnen gleich ihm die Seele fehlen, sollte ich Sie Beide Einzige, mir vereinzelt denken! Als heute mein Mann die erste Tannhäuser-Scene Frau Young vorspielte, entstand sofort in mir ein Gruss an Sie, mein gütiger Freund! Nehmen Sie Erhabener, ihn freundlich auf, er stammt aus liebevoller dankerfüllter, treuer Seele!

Cosima von Bülow-Liszt

23ten Juni ./. 1867

[1] *Karl Beck (1814-1879) sang bei der Uraufführung des »Lohengrin« in Weimar am 28. August 1850 (zur Feier von Goethes Geburtstag) die Titelpartie.*

[2] *Lucile Grahn (1819-1907), verheiratete Young, Ballettmeisterin.*

[3] *Kaspar Bausewein (1838-1903), Tenor. Er sang in der Uraufführung der »Meistersinger« am 21. Juni 1868 und im »Rheingold« am 22. September 1869.*

170

Innig geliebte Freundin!

Diesen Morgen erhielt ich Ihren theuren Brief bald nach dem Erwachen. – Ich hatte gerade von einer Unterredung zwischen mir und Herrn v. Bülow geträumt, er rieth mir an, den Lohengrin in einem Saale aufführen zu lassen, ohne Publikum, da sich dasselbe Tags vorher höchst taktlos benommen habe. Es hatte nämlich dermaassen gezischt und geschrien dass kaum das Vorspiel zu Ende gespielt werden konnte u. eine Dame hatte sich erfrecht Spott- und Schmählieder in Walsermelodien auf mich vor allem Publikum in der Loge zu singen, weil ich ein solches Werk zur Aufführung bringen liess. – Dies mein sonderbarer Traum. – Traurig stimmt mich was Sie über die jetzige Gemüthsverfassung Unsres geliebten Freundes mir mittheilen, ich schrieb Ihm jüngst auf dem Hochkopf, dort wo Er in stiller Abgeschiedenheit einige Tage verlebte und sich den ersten schmerzlichen Eindrücken nach dem Verluste Unsres Tristan überliess. Empört hat mich die Unverschämtheit des Intendanzrathes, ich ersuche Sie (vorausgesetzt, dass Schmidt sich nicht bald bessert) über diese Angelegenheit mit Düfflipp Rücksprache zu nehmen, damit dieser mir einen Vorschlag unterbreitet, worin diesem so grundschädlichen Uebelstande abgeholfen werden kann; dann in Gottes Namen einen Anderen her; je eher, je besser. – Auch ich finde es wäre das Beste Frl. Mallinger sänge die Elisabeth und Stehle die Venus (obwohl sich ihr Aeusseres nicht ganz dafür eignet) der Groll ihres Bruders kann Uns nicht viel schaden, wenn aber auch diese Angelegenheit auf grosse Schwierigkeiten stossen sollte, so wünsche ich jedenfalls Frl. Mallinger wenigstens bei der 2. Aufführung des »Tannhäuser« als Elisabeth zu hören; sie ist so ganz für diese Rolle geschaffen; von ganzem Herzen bin ich Herrn v. Bülow dankbar für seinen unermüdlichen Fleiss und seinen Eifer, meinem sehnlichen Wunsche nachzukommen, unauslöschlich bleibt mein ganzes Leben hindurch die Erinnerung an die Tristan-Aufführungen und die letzte des Lohengrin, ich weiss wie viel ich dabei Herrn v. Bülow verdanke und werde ihm nie vergessen, was er Hehres dabei vollbracht hat, auf immer hat er sich dadurch ein Recht auf meine herzlichste Dankbarkeit erworben; ich ersuche Sie, dies ihm freundlich mittheilen zu wollen. Herzlichen Dank sage ich Ihnen für die Uebersendung beiliegenden Briefchens; mir ist der Schreiber dieser Zeilen wohl bekannt; er ist einer der ersten Photographen Münchens die mich aufnahmen, er war früher Maler und ist ein braver, rechtschaffener, sehr anständiger Mann.

Sehr freut mich die Absicht von Cornelius, über »Lohengrin« schreiben zu wollen, ich glaube er thut besser daran, als wenn er selbst schöpferisch aufträte; denn diese Versuche scheinen doch nur schwache Nachahmungen von Wagner's Werken zu sein. –

Sehr gerne hörte ich einmal Nachbaur als Lohengrin oder Tannhäuser; seine Stimme gefiel mir sehr, als ich sie bei meinem letzten Aufenthalte in Darmstadt im November vernahm, freilich in einer erbärmlichen Rolle (Vasco de Gama), nach meiner Ansicht wäre es das beste Frl. Stehle bliebe bei ihren Paraderollen (Afrikanerin, Grethchen, Lalla Rookh[1] etc.) und hätte mit Unsren Werken nichts zu schaffen – doch dann wäre der Teufel los! Ich freue mich unendlich auf die nächste Aufführung des »Lohengrin«, wo ich gehe und stehe umtönen mich Seine heilig-gottvollen Klänge, zu Fuss, zu Pferd, zu Wasser, zu Land, zu Berg, zu Thal, auf den Gipfeln der Alpen; überall beseligen sie mich und erfüllen mich mit überirdischen Wonnen, die stets auf's neue mich frohlocken lassen, die nie und nimmer versiegen. – Gott gebe, dass der Freund den Gedanken fahren lässt nur mehr die Meistersinger zu vollenden und nicht die Nibelungen, nicht Parcival; es wäre entsetzlich. –

Nun seien Sie mir tausendmal und aus der Tiefe der Seele gegrüsst und gesegnet, treu geliebte, traute Freundin und seien Sie überzeugt, dass ich nie und nimmer den Muth sinken lassen und erlahmen werde, sondern das grosse Ziel unverrückt im Auge behalte und dass Siegfried froh und selig dem Gesange des Waldvögleins lauscht und seinem Fluge folgt; ohne Scheu vor der sengenden Lohe. –

Liebend bis zum Tod

Ihr

Schloss Berg treuer Freund

den 25. Juni 1867 Ludwig.

(Gestern Johannis-Tag, viel bedeutend!)

[1] *Lalla Rookh = »Tulpenwange«; Titelrolle in der Oper mit Ballett in zwei Aufzügen. Französisches Opernlibretto von Michel Carré, deutsch von Ernst Pasqué. Musik von Félicien David, München 1863; geht zurück auf ein Versepos von Thomas Moore von 1817.*

171

Mein theurer Herr und königlicher Freund!

Ihr böser Traum den Sie so freundlich mir mittheilten, hat mir doch ein schönes heiteres Lächeln abgewonnen! Der Pariser Tannhäuser[1] und manches, vom hiesigen Publikum, erlebte, hat sich in der Phantasie wild durch einander verwoben, und so ist das sonderbare Bild entstanden, dass gewiss recht drückend mag gewesen sein, und doch mich heiter stimmte, denn die Volksweisheit welche annimmt dass wenn man von Hochzeit träumt ein Todesfall eintrifft und umgekehrt, steht gewiss in Verbindung mit der uralten Weisheit der früheren Seher. Und sagt es uns nicht das Leben täglich, dass Lachen Weinen, und Weinen Lachen erzeugt, und ist das in Traum Vorgekommene nicht eben so geschehen als das was im Traum des Lebens uns erreicht? Haben Sie nun theurer Freund, die gräuliche Scene bereits erlitten, so dürfen wir wohl mit Volk und Weisen annehmen Unsere heutige Lohengrin-Aufführung würde eine schöne weihvolle werden! In dieser Hoffnung grüsse ich Sie nun, theurer König! Gestern entsand ich einen Brief den der Freund mir anvertraut, ich selbst bekam dabei einige Worte die mir recht wohl thaten, und die von der Stimmung zeugen die ich die »Himmelsblaue« nenne, und dem Freunde so wünsche und gönne! –

Ich begab mich nun wirklich gestern im Postillon von Longjumeau[2] um Nachbauer zu hören, und empfand es dem Erhabenen recht nach was Ihn angesprochen hatte. Eine hübsche sympathische Stimme und eine ganz erträgliche Erscheinung; aber wiederum keine Schule, keine Gewalt über die eigenen Mitteln, daher auch Effekthascherei, und häufiges Detoniren. Es wird ganz interessant sein zu sehen ob er Bildungsfähig ist, und das wird sich nun an dem Lohengrin Studium zeigen. – Es ist nun abgemacht dass Frl. Mallinger mit Frl. Stehle abwechselt, es wird dies dem Werke sehr zu Gute kommen, am Besten wäre Ihr Vorschlag, mein gnädiger Freund, dass Frl. Stehle da bleibt wo sie hingehört, und ich meine auch dass Wir den Bruder nicht übermässig zu befürchten hätten, nun, wir wollen sehen vorläufig, wie die beiden Damen gegen einander abstechen; jedenfalls werden sie sich in ihrer Wuth die erdenklichste Mühe geben. Was den Intendanzrath betrifft so sollte Rath Düfflipp schon längst dem königlichen Freund, den Vorschlag unterbreiten dem Baron Perfall zur Musik- noch die Theater-Intendanz zu übergeben, damit wie in allen derartigen Kunstanstalten *eine* Autorität sei welche die Verantwortlichkeit der vorkommenden Schulden trüge, und eine Einheit in dem Ganzen käme. Schmitt sollte Intendanzrath bleiben wie früher, nur einen Chef bekommen auch wie früher. Ich glaube Rath Düfflipp hat nur mit Herrn v. Lutz hierüber gesprochen, und dieser scheint Bedenken gegen Perfall's Fähigkeiten gehegt zu haben; nun wir wissen wohl dass Perfall das Pulver nicht erfunden, allein ist denn Schmitt etwa ein »Geist«? Mir schiene diese kleine Operation sehr nützlich und nothwendig, es würde eigentlich nach aussen nichts verändert, kein Fremder berufen, und doch die Möglichkeit gegeben die Sachen vorzubereiten, ein Repertoire zu Stande zu bringen, einen ordentlichen Regisseur herzuschaffen. Wenn man bedenkt dass Schmitt seit Anfangs des Winters weiss dass der König Lohengrin und Tannhäuser sehen will, und nichts vorbereitet hat, nicht in einer einzigen Probe gekommen ist so dass man nie wusste an wen sich wenden wenn es drunter und drüber ging! Nun muss Tannhäuser über Hals und Kragen gegeben werden, weil alles viel zu spät bestellt, eingerichtet ist. Neulich hat mein Mann drei Stunden Textbuch im Intendanzbureau copirt, weil alles falsch gemacht worden war. Derlei würde mit Perfall nicht vorkommen – und der Intendanzrath soll nur bleiben was er ist, und die Geschäfte betreiben. Eine ganze Anzahl grosser und kleinerer Sachen möchte mein Mann auf das hiesige Repertoire setzen das mit Ausnahme dessen was Sie, mein theurer edelster Freund, bestellen, nur das aller abgedroschenste bringt, was man sich denken kann. Der gute Rath weiss das, ich glaube nur dass er etwas zaghaft ist und sich bald von Herrn v. Lutz einschüchtern lässt, darum sage ich Ihnen, mein hoher freundlicher Herr, dieses selbst damit wenn es Ihnen beliebt die Sache zu ändern Sie gnädigst den ganz bestimmten Befehl ertheilen. Verlässt man sich auf der Leute Einsicht oder guten Willen so ist man gar übel daran, man sieht es an den Herrschaften vom Theater, Gott sei Dank, giebt es noch ein königlicher Wille! Ich bin neugierig wie Vater Lachner wenn er dereinst zurückkommt sich benimmt und ob er es den Erdmännchen übel nimmt die in seiner Abwesenheit die von ihm genügend verwahrloste Wirthschaft, etwas geputzt und gesäubert haben. –

Wohl haben Sie recht, geliebter Herr, mit Cornelius, und so gut ich es konnte ohne die Selbstliebe gar zu sehr zu verletzen, habe ich es ihm längst gesagt. Es will halt jeder gar zu gern etwas für sich ganz besonders sein, es genügt ihnen nicht zu wirken, sie wollen schaffen. Ja, Du lieber Gott! Das ist bald gesagt und gewollt!... Vorgestern bestellte ich P. Cornelius zu mir, und bat ihn mir den Anfang seines Aufsatzes zu lesen; es ist höchst merkwürdig und seltsam, witzig, ausschweifend, sehr in's Weite sich verlierend, auch warm und eigenthümlich. Nach meiner Ansicht begeht er aber einen Grund Irrthum indem er annimmt dass auf Wagner noch eine Entwickelung folgen wird, während ich W. für den Schlussstein der gesammten Deutschen Cultur halte, und spricht er von einem deutschen Drama der Zukunft während er es dicht vor der Nase hat, sieht also den Wald vor lauter Bäumen nicht! Ich war etwas verlegen denn da ist nicht gut verbessern, und da es im ganzen sehr anregend ist habe ich ihn sehr ermuthigt weiter fortzufahren. Er brachte mir auch eine Uebersetzung von dem grössten polnischen Dichter *Mickiewitsch's*[3] Sonette; vielleicht interessirte es den hohen Freund einen Blick hineinzuwerfen, ich lege das Heftchen bei. Mir taugt, wenn ich des Freundes Lehren und Reden entbehren muss, nur das aller allerhöchste, so habe ich mich denn die letzt vergangene Zeit ganz in Aeschylos' Oresteia vertieft. Das ist eine Welt, mein theurer königlicher Freund, die Einzige die sich neben der die Uns durch den Freund offenbart worden ist, ansehen lässt. Ich bin noch ganz erschüttert von dem überwältigenden Eindruck und weiss nur den Ring des Nibelungen daneben zu nennen. Die Ausgabe mit Anmerkungen und Einleitungen von Droysen[4] ist sehr sinnvoll und anregend, ich verdanke diese Freude wiederum dem Freund der gerade diese Ausgabe mir empfahl. – Ich freute mich ungemein als ich hörte der theure Herr hätte mehrere Calderonsche Stücke befohlen, wenn die Leute hier nur halbwegs die Rollen erträglich geben wollten. Im Leben ein Traum hat Rohde[5] neulich mich empört; den grossen tiefen ergreifenden Monolog redet er mit Faxen und Heulen, ich wollte heim laufen. – Immer lauter werden die Gerüchte dass Sie, mein gnädiger Freund, zur Ausstellung nach Paris reisen; obschon ich nicht weiss ob Sie dieses beschlossen, so würde ich es dennoch sehr gut begreifen und Sie bewundern dass Sie dieses Opfer gewissen Rücksichten bringen. Am Ende lohnt sich das Opfer auch, denn in Paris sieht man am deutlichsten was die Welt ist und was sie will. Ich will nicht sagen dass anderswo die Menschheit besser ist, doch sie tritt nicht mit ihrem Wollen und Können so deutlich und glänzend auf, sie ist schüchterner, dort ist alles offen keck ausgesprochen; sinnliche Lust, Geld, Wohlsein, Zerstreuung das will man, und das weiss man auch unnachahmlich hervorzubringen. Ein bedeutendes Schauspiel für den Weisen, doch keine Atmosphäre für den Idealen! Da ich bei den Gerüchten bin, will ich noch hinzufügen dass ich neulich bei sonst wohl unterrichteten Leuten hörte Semper würde nach Berlin berufen; es sollte mich wundern wenn die dort oben plötzlich wüssten was mit der Kunst zu thun ist, und solch einen kühnen Griff machten, ich glaube es auch nicht, denn das Berliner terrain kenne ich zu Genüge, doch das Gerücht trat mit ziemlichem Gewicht auf. – Herr von Bülow küsst die ihm gnädigst gereichte königliche Hand, er sagte neulich wo wir von der möglichen Veränderung in der Theaterintendanz sprachen: »nicht Musteraufführungen sondern ein Mustertheater wollte ich mit den hiesigen Kräften zu Stande bringen, wenn ich nur einigermaassen unterstützt würde«. Er hat Baron Perfall als brauchbaren Menschen und guten Finanzmann in den Conferenzen über die Musikschule kennen gelernt.

Und nun *Sursum Corda*[6], mein theurer Freund, unser treuer bester Schirm, mir ist zuweilen als ob Uns eigentlich kein Leid erreichen könnte, als ob Wir nur tiefes Erbarmen fühlen könnten wenn man Uns beschädigen oder gar trennen will. Doch es genügt dass ich erfahre der Freund sei leidend, damit ich tief empfinde wie schwach es mit meiner Göttlichkeit steht, und ersehe dass ich der »Menschheit ganzer Jammer« noch in mir bergen kann.

Seien Sie mir gegrüsst, theurer geliebter Herr, im Namen alles Schönen und Grossen, seinen Sie gesegnet von allen Mächten hehr und heilig, deren eine Sie, Freund und König, mir sind und bleiben.

Cosima von Bülow-Liszt

München
28ten Juni 1867

[1] *Die französische Erstaufführung des »Tannhäuser« am 13. März 1861 in Paris wurde zu einem der größten Skandale der europäischen Operngeschichte. Napoleon III. hatte im Frühjahr 1860 auf Betreiben der Fürstin Pauline Metternich-Sandor den Befehl zur Aufführung gegeben, die dann am 13. März 1861 stattfand. Auch die Anwesenheit des Kaisers konnte die Aggressivität einer organisierten Ablehnungsfront nicht dämpfen.*

[2] *»Der Postillon von Lonjumeau«, Oper von Adolphe Adam (1803-1856). Die Erfolge, die Adam mit seinen Opern in Paris erreichte, erregten Wagners Neid, der vergebens in der Metropole der Kunst des 19. Jahrhunderts Fuß zu fassen suchte.*

[3] *Adam Mickiewitsch (1798-1855), polnischer Dichter.*

[4] *Johann Gustav Droysen (1808-1884), Historiker. In Wagners Dresdner Bibliothek standen die wichtigsten Werke von Jakob und Wilhelm Grimm (vor allem die »Deutsche Mythologie«) sowie Johann Gustav Droysens »Des Aischylos Werke«,*

1832. Nietzsche formulierte: »Nie hat ein antikes Werk so mächtig gewirkt, wie die ›Oresteia‹ auf Wagner.« 1857 hatte Cosima eine Studie »Die Orestie des Aischylos« geschrieben in Zusammenhang mit Kompositionsplänen ihres Mannes Hans von Bülow.

5 *Emil Rohde, Hofschauspieler.*

6 *»Sursum Corda« (aus der Meßliturgie) = »Erhebet die Herzen«*

172

Mein gnädiger Freund und theurer Herr!

Auf meinem Tisch blühen die Alpenrosen und Vergissmeinnichte die mir heute den schönen still beredten Gruss brachten, in der Ferne höre ich Klänge aus dem Holländer ertönen, um mich herum ist es ruhig, die Kinderchen brachte ich zu Bett, mir ist es als ob ich in der rechten Stimmung wäre dem Erhabenen ein Wort zu sagen, dass Er denn mit gewohnter Gnade aufnehmen möge! – Vom Freunde erhielt ich heute früh einen Brief, es geht ihm gut und er ist furchtbar fleissig, er will durchaus am 25ten August sein Werk vollendet haben und Parcival, Walther und Sachs zu Füssen legen. Er arbeitet trotz Arbeiter und freut sich über das was ich ihm berichte. Er schreibt: »Heute fing ich mit pagina 300 an, welch fleissiger Mensch war doch Richard Wagner, nicht wahr? Also bei: sei Euch vertraut welch Wunder – bin ich angelangt.« – Er ist wieder ganz wohl, speist im Garten, macht seine gewöhnlichen einsamen Spaziergänge, lebt mit seinen Partitur, und freut sich im Gedenken seiner Lieben. Es giebt ihrer wenige; gar Wenige haben ihn erfasst, doch diese – Wir dürfen es stolz sagen – mein hoher Freund, bieten ihm durch ihre Treue Ersatz für die ganze Welt, er weiss es auch. In seinem letzten Brief sagte er mir er würde diesen Winter der Biographie, der Herausgabe seiner Werke, und dem Siegfried widmen; heute spricht er von Parcival. – Wir werden alles noch erleben, mein gütiger edler Freund. Ich schrieb ihm neulich es würde ihm gehen wie Titian der in seinem 90ten Jahre sein schönstes Werk malte! – – –

Ganz besonders muss ich dem theuren Herrn danken, für die Rath D. gütig aufgetragenen Grüsse an den Vater. Die Krönungsmesse soll prachtvoll sein und hat einen grossen Jubel dort erregt. Die Ungarn halten sich immer wacker, heute erzählte mir ein Mitglied des Pesther Orchester's dass der Jubel bei den Lohengrin-Aufführungen nie enden will. Im August kommt der Vater hierher, von da geht er zu der Elisabeth-Aufführung nach der Wartburg (Frau Diez[1] ist auf Empfehlung meines Mannes dort eingeladen), dann geht er nach Pesth wieder zur Wiederholung der Krönungsmesse. Man spricht davon dass man ihn ganz in Pesth zu fesseln suchen wird. In Rom ward neulich sein »Christus« aufgeführt, ich bezweifle aber dass die dortigen Mitteln werden gereicht haben einen richtigen Eindruck von dem Werk zu geben. –

Gestern hatten wir hier Hans Heiling unter meines Mannes Leitung; es ging recht gut, Betz war wieder vortrefflich, und Nachbauer trotz einige grobe musikalische Versehen liess sich erträglich an, die Stimme ist sehr sympathisch. Ich meine es würde gut sein Beide für die Meistersinger zu gewinnen, Nachbauer wenn er fleissig an das Studium gehalten wird, würde gewiss einen guten Walther machen. Es wird in der Stadt erzählt dass um sich glorreich wieder hier zu introduciren Lachner die Armide auf das Repertoire gleich bringen wird, nun ich hoffe es wird dies nicht geduldet werden, die Partie der Armide würde Uns die Mallinger geradeswegs ruiniren, und sie muss jetzt recht geschont werden, damit sie die Eva schön giebt, später die Senta, und den Winter durch Elsa und Elisabeth. – Mein Mann liegt jetzt zu Bett, übermüdet von den Proben, er hat Morgens die Militair-Musik, Nachmittags die Tannhäuser-Probe durchgemacht und ist sehr matt da er sich erkältet hat. Ich hoffe er erholt sich bald. Ich bekam einen kleinen Schreck als der König die dritte Tannhäuser-Vorstellung befahl, mein Mann will sie herstellen, allein ich bin wirklich um seine Gesundheit besorgt. Vielleicht gestattet es mir der gnädige Freund, in einiger Zeit zu sagen wie es steht. Der Arzt quält mich stets mit Fragen ob mein Mann denn noch nicht fort sei, St. Moritz sei fürchterlich kalt, man dürfe dort nicht spät hingehen, und St. Moritz würde mein Mann gebrauchen. Ich glaube nicht dass ein andrer den

Tannhäuser wie er sein soll dirigiren kann, mein Mann – ohne unbescheiden zu sein – glaubt es auch nicht darum bleibt er, sollte sein Gesundheitszustand mir aber Besorgnisse einflössen so würde ich mir erlauben unterthänigst um die Verzögerung der 3ten Aufführung bis nach seiner Rückkehr zu bitten. Jetzt macht Döll[2] der Decorationsmaler Noth. Seine Venusgrotte hatte uns zur Verzweiflung gebracht, nun behauptet er nicht fertig werden zu können, will keine Hilfsarbeiter nehmen, die Young lamentirt, kurz die Anarchie wie sie eben gemüthlich dort herrscht. –

Cornelius hatte ich nun voreilig Unrecht gethan, der Schluss seines Aufsatzes ist wirklich schön und ergreifend, und was er von der Euryanthe[3] im Vergleich zu Lohengrin sagt, wirklich schlagend. Mein Mann hofft sehr dass es ihm im Lauf des Winters gegönnt sein wird das einzige Werk seinem Herrn vorführen zu dürfen, in welchem man eine Vorstufe zu den Wagnerschen Schöpfungen erkennen kann.

Weiteres habe ich nicht zu melden; dass ich den theuren Freund mit den heissesten Wünschen für Sein Wohl und Heil stets begleite, weiss Er ja. Neulich hörte ich viel viel schönes von der königlichen Braut sagen; meine frühere Erzieherin ist bei dem Herzog Nemours dessen Töchter sie erzieht, sie wurde der Prinzessin Sophie vorgestellt und konnte mir nicht genug von der Schönheit, Anmuth, Liebenswürdigkeit Ihrer Erwählten, mein theurer Herr, erzählen. Seien Sie Beide gesegnet, Sie vor Alle und Allem mein theurer gnädiger Freund! Es grüsst Sie in treuer dankender Liebe die Mutter der Kinder dessen Bildchen dem hohen Herrn zu senden sich erlaubt, die Freundin!

Cosima von Bülow-Liszt

12 July 1867

[1] *Sophie Diez, geborene Hartmann (1820-1897), Sopranistin, München, von 1869 bis 1890 in Berlin. Sie sang in der Uraufführung der »Meistersinger« am 21. Juni 1868 die Partie der Magdalene, Evas Amme.*

[2] *Heinrich Döll, Bühnenbildner bei der Uraufführung der »Meistersinger«. – Döll galt als »Landschaftsspezialist« unter den Münchner Bühnenbildnern. Er ließ in »Tannhäuser« ein historisch getreues Bild der Wartburg erscheinen.*

[3] *»Euryanthe«, Oper von Carl Maria von Weber, 1823. Carl Maria von Weber (1786-1826), Komponist. Wagner lernte ihn als Kind im Hause seines Stiefvaters Geyer kennen. Weber war Kapellmeister an der Neuen Oper in Dresden. In ihm verkörperte sich für Wagner alles Erstrebenswerte: Komponist und Dirigent zu sein. Weber gab mit seinen Werken Richard Wagner den Begriff des »Deutschen« in der Kunst. Nach dessen Tod in London setzte sich Wagner für die Überführung der sterblichen Reste Webers nach Dresden ein und hielt am 15. Dezember 1844 eine »Rede an Webers letzter Ruhestätte«.*

173

Treu geliebte Freundin!

Obwohl ich gegenwärtig durch die Vorbereitungen auf die Reise nach Paris sehr in Anspruch genommen bin, so kann ich doch nicht umhin, vor dem Antreten der fatalen Reise, der theuren Freundin noch einen recht herzlichen Gruss zu senden und Ihr für Ihren lieben Brief, den ich auf der Höhe des trauten Herzogstandes erhielt, meinen wärmsten und innigsten Dank zu sagen. Wie freuten mich die Nachrichten von Unsrem geliebten Freunde, ich schrieb Ihm neulich und harre mit Sehnsucht eines Briefes. Innig rührte mich, was Sie über meine theure Braut so liebevoll sagen; Sophie trägt mir herzliche Grüsse an Sie auf; seien Sie versichert, dass Sie an ihr eine treue, wahre Freundin finden werden.

O wie freue ich mich auf die Aufführungen des »Tannhäuser« und »Lohengrin«, nach glücklich überstandener Reisequal; (dieser Ausdruck wird kaum übertrieben sein.) Wenn Herr v. Bülow so dringend der Cur bedarf, so seien Sie versichert, dass ich mit Freuden von der 3ten Aufführung des Tannhäuser Umgang nehme, hoffentlich wird sie dann in ein paar Monden zu ermöglichen sein; Gott gebe, dass Herr v. Bülow der gewünschten Stärkung theilhaftig werde; grüssen Sie ihn vielmals von mir. – Ich zweifle nicht daran, dass die Weltausstellung viel Interessantes bieten wird, glaube aber, dass man nach etwa 8 Tagen gerne wieder in die Heimath zurückkehrt. – Napoleon's[1]

Bekanntschaft wird von Werth sein, auch bin ich begierig auf die Kaiserin, von der ich schon viel gehört habe; kaum glaube ich, dass sie »meinen« Kaiserinnen von Rußland und von Oesterreich an die Seite zu stellen sein wird. –

Sehr gefällt mir »Gunlöd« von Cornelius[2], welches Gedicht ich mittlerweile las, es ist reine Gluth der Poesie darin, hoffentlich werde ich bald seinen Aufsatz über Lohengrin lesen können, ich freue mich darauf; Porges liess ich den Auftrag ertheilen, nun, nach Beendigung des so interessanten Tristan-Aufsatzes auch über Lohengrin zu schreiben! –

Vielen Dank für die übersandte Photographie Ihrer Kinder. – Gott lasse Seinen heilgen Segen stets auf den Kleinen ruhen. –

Viel werde ich mitten im Getriebe der Weltstadt an Unsren Freund denken, o welch martervolle Tage muss Er dort erlebt haben, doch »nun soll, was Er erlitten, Ihm reich vergolten sein!«[3] –

Gedenken Sie mein, theure Freundin, wann Parcival draussen lebt in der öden, lieblosen, kalten Welt; »an des Taggestirnes Königsmacht muss ich mich übergeben,«[4] wie ertrag ich's nur. –

Nun Gott befohlen! Ewig treu und liebend

Ludwig.

Berg 19. Juli
1867

(Nun sind endlich auch die starren[5] Münchner bekehrt, ich höre stets Rühmliches u. begeisterte Lobsprüche über Herrn v. Bülow, bei Gott, er verdient es, denn viel hat er erdulden müssen.)

[1] *Am 20. Juli reiste der König inkognito als »Graf von Berg« nach Paris. Napoleon III., 1852 bis 1870 Kaiser der Franzosen, verheiratet mit Eugénie von Montijo (1826-1920), lud ihn nach Compiègne und Pierrefonds ein.*

[2] *Unvollendete Oper »Gunlöd« auf eigenen Text nach der Edda. Cornelius stand in Stoffwahl und Gestaltung ganz im Bannkreis der Wagnerschen Kunst. »Gunlöd« wurde 1891 als Fragment in Weimar uraufgeführt.*

[3] *Zitat nach »Lohengrin«, 1. Akt, 3. Szene: »Den Sieg hab ich erstritten, durch deine Rein' allein, nun soll was Du gelitten, dir reich vergolten sein.«*

[4] *Zitat nach »Tristan und Isolde«, 2. Aufzug, 2. Szene: »Isolde: An des Tagesgestirnes Königsmacht mußtest du's übergeben, um einsam in öder Pracht schimmernd dort zu leben.«*

[5] *Die »starren Münchner« ist vermutlich eine Anspielung auf Friedrich von Schiller, »Don Carlos«, 4. Akt, 21. Auftritt. Dort sagt Marquis Posa im Hinblick auf König Philipp: »Den König gebe ich auf. Was kann ich auch / Dem König sein? – In diesem starren Boden / blüht keine meiner Rosen mehr.« Ludwig II. schrieb Mitte Juni 1877 an Richard Wagner: »Aber in jenem Amerika, diesem starren Boden können Ihre Rosen nicht gedeihen.«*

174

Mein gnädiger Freund und theurer Herr!

Gestatten Sie mir gütig, Ihnen einen Abschiedsgruss aus treuestem Herzen zu senden, Ihnen das Beste, Schönste, Glücklichste, aus ganzer Seele zu wünschen! So einfältig das klingen mag, *ich* danke Ihnen, mein erhabener Freund, dass Sie die Reise unternehmen, ich wusste ohne dass der Hohe es mir sagte, wie Ihm dabei zu Muthe sein würde, und darum so fern von allem Prunk, von jeder Politik, augenscheinlich so weit von Ihnen, gnädiger Freund, danke ich Ihnen, und meine ich, ich wäre berechtigt dazu, weil einzig vielleicht ich das Opfer ermesse das Sie bringen. Ich verberge es nicht, theurer König, seitdem von dieser Reise die Rede ist, bin ich in Sorge, es geht mir nicht mehr aus dem Kopfe; ich musste mir förmlich Gewalt anthun um in meinem letzten Schreiben derselben nicht zu erwähnen; was mich eigentlich nichts angeht, dazu fühlt ich mich doch unwiderbringlich berechtigt innigsten Antheil zu nehmen. Nochmals, mein Herr und König, haben Sie Dank dass Sie es über sich gewonnen. Ach! mir ist all' das Bunte dort auch so grenzenlos gleichgiltig, dass wenn die Leute von den Vergnügen sprachen welche den König dort erwarteten, ich mir nur sagen konnte: »ich weiss es anders«. Allein wie der König sagt, es ist wichtig, ja vielleicht nothwendig; da alle Monarchen der Welt dort erscheinen, wäre das Ausbleiben als Demonstration ausgebeutet worden. So reise denn der theure Freund wohl, Seine Freunde begleiten Ihn mit Segnungen und Wünschen!

Mittlerweile wollen wir hier den Tannhäuser zu Stande bringen; ich wohnte der letzten Probe bei, sie hat mir viele Hoffnungen gemacht. Erstens bewährt sich die Young prachtvoll; Betz wird ein vortrefflicher Wolfram, die Thoma singt die äusserst schwierige Partie sehr correkt und sicher und die Stimme klingt schön. Hacker – nun Hacker giebt sich Mühe und wird nach meiner Ansicht besser als wie Vogel im Lohengrin. Mein Mann hat ihm alles beigebracht, und es kommt vieles recht energisch und deutlich heraus. Die Mallinger noch etwas unsicher, mein Mann hat ihr empfohlen sich von der Young die Pantomime des letzten Aktes einstudiren zu lassen. In Bezug auf die Inscenirung wäre noch manches zu verbessern, ich wollte den Regisseur Sigl[1] zu mir kommen lassen, ich hab aber gefürchtet dies würde mir als Anmassung aufgenommen werden, und ich unterliess es. Zum Beispiel die Erhöhung auf welche Elisabeth das Gebet singt, ist viel zu weit entfernt, es geht dadurch alle Deutlichkeit verloren. Vielleicht könnte Rath Düfflipp, einen höchst merkwürdig eigensinnigen Menschen wie Herrn Döll, dazu bewegen, diesen grossen Schaden noch zu verbessern. – Ich hörte zum ersten Male die neue Venuspartie, sie ist prachtvoll, sie ist jetzt mehr Helena geworden möchte ich sagen, und das was Goethe mag vorgeschwebt haben im zweiten Theil des Fausts (Faust und Helena) ist hier verwirklicht; dadurch dass dieser ersten Scene mehr Breite gegeben worden ist gewinnen auch die folgenden Vorgänge sehr an Bedeutung. Der Strich im Sängerkrieg (Walther fällt weg) bekommt der dramatischen Handlung sehr, sie wird dadurch gedrängter, banger; das Finale des zweiten Aktes hat mich ganz überwältigt.

Ich glaube der Freund will Sie, mein gnädiger Herr, in Paris mit einem Brief überraschen, er sagte so etwas in dem letzten Brief. Heute hatte ich Nachrichten, es ging ihm nicht besonders wegen der schlimmen Witterung die immer auf ihn einen besondren üblen Einfluss hat; doch habe er gearbeitet.

Es ist doch himmlisch dass Wir die Meistersinger im Oktober bekommen! Wegen meinem Mann muss ich den tiefsten Dank aussprechen; gewiss ich hätte nie gebeten wenn mich der Arzt nicht so besorgt gemacht hätte, und wenn ich nicht gefürchtet hätte dass dann später alles darunter würde leiden müssen, wenn er sich nicht erholte. Jetzt ist er in Paris und will das Möglichste thun um seine Landsleute (Preussen) zu besiegen! Ich höre auch dass hier nur eine Stimme über seine Leistungen herrscht. Die Aufführungen die wir hatten (Tell, Trovatore, Egmont, Heiling) waren sehr gelungen, es ist plötzlich ein ganz andrer Geist und ein ganz andrer Eifer in die Leute gekommen. Gewiss, theurer Freund, wird die 3te Aufführung des Tannhäusers später möglich sein, und ich denke dass Wir im Winter öfters sowohl Tannhäuser als Lohengrin, und die Meistersinger und auch den Holländer bekommen. Wenn Betz nun auf vier Monate engagirt wird sind Wir sicher dass diese Bariton Partien alle gut werden und das ist schon viel. – Es freut mich sehr dass der theure Freund Vergnügen an Gunlöd fand; der Anfang des Lohengrin Aufsatzes ist gedruckt, ich möchte aber nur das Ganze zusenden, weil gerade der Anfang mich immer ein wenig stutzig macht. Nichts mehr habe ich zu melden, alles Gute und Schöne dass mir vom hohen Freunde wird, wahre ich in meinem Herzen wo es sich in Segen für den Theueren verwandelt. Die düstren Wolken haben sich zerstreut, der blaue Dom ist wieder da heiter und Seelenberuhigend, ich fühle mich glücklich in dem Gedanken an meine Lieben! Parcival wandert nun durch die Welt, ich weiss die Sehnsucht nach Monsalvat bleibt Ihm im Herzen, möge die Welt wenigstens schön *scheinen*! Zuweilen macht das Gefühl dem wüsten Treiben ganz fremd zu sein, es um so eher möglich Vergnügen an der Beschauung zu finden. Es ist eben Comödie, und immerhin die grossartigste und lehrreichste Comödie die der Welt-Mummenschanz aufzubieten hat.

Nochmals und tausendmal glückliche Reise, und glücklichere Wiederkehr, obwohl ich Sie nicht sehe, erwarte ich Sie, mein gütiger Freund. Das Herz hat eben seine eigene Art, um die Sinne kümmert es sich wenig, auch wenig um Raum und Zeit, und doch wiederum bekümmert es vieles was nur aussieht als ob es einzig in den Bereich dieser gehört. Es ist eben ein Geheimniss doch ein seliges; es beschwingt mich, lässt mich hoch oben fliegen und beruhigt mich zu

Frieden in der tiefsten Tiefe. Wie könnte man ohne die Sicherheit der Treue all die Trennungen, all die Schranken all die Schwierigkeiten beinahe belächeln! Dieses ungefähr schrieb ich gestern dem Freunde dessen Umgang mir doch so fehlt.

Gegrüsst seien Sie mir, mein theurer hoher Freund, gegrüsst auch Ihre »Weisheit« die Liebliche – ich möchte das Schicksal gönnte es mir Ihr zu beweissen was das Wesen mir ist dass Unser Parcival liebt! Segen und Wünsche entsendet in ewiger Treue

Cosima von Bülow-Liszt

München.
19ten July 1867 /.

[1] *Eduard Sigl (1810–1882), Sänger und Regisseur. Er führte Regie bei der Uraufführung von »Tristan und Isolde« am 10. Juni 1865 und sang bei der Uraufführung der »Meistersinger« am 21. Juni 1868 den Spengler Konrad Nachtigall.*

175

Treu geliebte Freundin!

Endlich nahten für mich wieder heitere und schöne Tage des Friedens und ruhiger Sammlung, die ich auf Bergesgipfeln, umweht von balsamisch stärkender Himmelsluft nie vergeblich suche. O welch wohlthuende Ruhe nach den Tagen der Hast, des Weltgeräusches, wie ich sie jüngst im modernen Babylon erlebte; und doch bereue ich nicht die dort zugebrachte Zeit; denn unter manchem Unangenehmen, ja höchst Zuwiderem, habe ich doch viel Interessantes und Schönes gesehen. Ein wahrer Trost war es mir, als ich kurz vor meiner Abreise Ihren und des Freundes letzten Brief erhielt. Unendlich wohl thaten mir diese Liebeszeichen, denn ich entschloss mich sehr ungern dazu, die theure Heimath zu verlassen und in jene fremde, liebeleere Weltstadt zu ziehen, die allerdings viel Interessantes mir bot, nie aber mich dauernd zu fesseln im Stande wäre. Einen wahren Abscheu flösste mir die schlechten, sittenverderbenden und allen Geistes baaren Stücke ein, die ich in den Theatern sah, wo möglich noch mehr denn je ist mir das französische Volk, seine Sprache und vor Allem die Napoleonische Parvenu-Herrschaft zuwider und verhasst. Herrliches bietet die Ausstellung, das ist nicht zu läugnen, es gränzt an das Wunderbare, sehr rathe ich der theuren Freundin, sie nicht zu versäumen; ohne Ermüdung war ich 6-7 Stunden en suite in der Ausstellung, die ich sehr genau mir besah.

Doch welche Wohlthat als ich endlich wieder die deutschen Eichen sah, als heimathliche Lüfte mich umwehten, als das heilige Wasser der Berge wieder mich labte, nachdem ich 8 Tage lang schlechte Luft athmen, laues Wasser geniessen musste und das genuss-süchtige Volk mit seiner greulichen Sprache und unsinnigen Höllenspektakel mir das sonst schöne und interessante Paris gründlich verleidet hatte. Traurig stimmte es mich als ich von Weitem durch die bayrische Musik Lohengrin's gottvolle Klänge vor diesem Volke entweiht hören musste; o wie zog es mich nach Deutschland zurück. Doch mit Freuden gedenke ich eines Ausfluges nach einem Schlosse namens Pierrefonds[1], das mich ganz an Marke's[2] Königsschloss erinnerte, wie es sich am Ende des I. Aktes von »Tristan und Isolde« zeigt. — O welchen Himmelsgenuss bot die letzte Darstellung des »Tannhäuser«, die in der That im Ganzen eine sehr gelungene zu nennen ist; ich sehne mich nach einer Wiederholung. – Herrlich bewährte sich das Orchester unter Herrn v. Bülow's meisterhafter Direktion, gut waren sämtliche Mitwirkenden bis auf Hacker, den ich mir übrigens schlechter vorgestellt hatte, in dekorativer Hinsicht wäre gar manches anders zu wünschen gewesen; denn die herbstliche Landschaft im 3. Akte war entschieden missglückt. – Sehr befriedigt mich die Leistung von Frau Young. – O wie herrlich wird sich alles Angestrebte, Errungene nun bald enthüllen. – Mit der Musikschule geht es rüstig vorwärts, die »Meistersinger« gelangen noch in diesem Jahre zur Aufführung, bald kann mit dem Bau Unsres Fest-Theaters begonnen werden.

Mich dünkt dies Alles ein wonnevoll-beglückender Traum! O wie anders war es im vorigen Jahr um diese Zeit, da hauste noch Fafner in seiner Höhle, da braute Mime den verderblichen Trank[3], da musste die Klinge Nothungs noch geschliffen werden, da wurden die treuen

Freunde gewaltsam auseinander gezerrt, da schien bis zu Erreichung des Ideales, Unsres kühnen Traumes, ein weiter, weiter Weg zu sein, gebannt auf ewig sei nun Schmerz und Leiden, vernichtet auf immer die Herrschaft feindlicher Gewalten und sollte gefahrdrohend eine giftige Natter tückisch ihr Haupt erheben, dann wird Siegfried nicht säumen seine Pflicht zu thun. –

Wie geht es dem angebeteten Freunde, o erhielte ich endlich wieder Kunde von Ihm, jedes Wunder, das mich innig belebt, jede Freude, die mir blüht stammt aus meiner Begeisterung für Sein Wirken und Schaffen, aus meiner innig-ewigen Liebe zu Ihm. Um Ihm dienen, Ihm allein nützlich sein zu können, ward ich König und will es so lange sein als Er, der Heilige unter Uns wandelt, nach Seinem Scheiden aus diesem Erdenleben wird Anderen die Sendung, das begonnene, fest gegründete Werk fort zu führen in Seinem Sinne, doch nicht mir fällt diese Aufgabe zu, denn meine Tage sind gezählt, wehe mir, wenn ich mich vermessen wollte, ein Dasein fortzuführen, wenn das Seinige beschlossen ist, zu leben in einer Welt allein, verlassen, ohne Inhalt, denn todt ist mir dann Alles, wann einst das Entsetzliche eintritt; sinnlos wird die Welt u. das Streben der Menschen, das alte Chaos tritt ein, das nie mehr ein Strahl des Lichtes je erhellen wird. –

Muthvoll und freudig sollte selbst das traurigste, leidenvollste Leben ertragen werden, wenn darauf die Seligkeit folgt, zugleich mit diesem Gotte einem Leben entsagen zu dürfen, dessen Wert und Inhalt Ihm einzig geweiht war. – O leuchtendes Sterben, strahlender Tod!

Mit Interesse las ich Cornelius Aufsatz über »Lohengrin«; weitaus fesselnder finde ich jedoch die Schreibart von Porges, dessen kommendem Aufsatze ich mit freudiger Spannung entgegen sehe. –

Nun Gott befohlen, seien Sie mir gegrüsst aus den Tiefen der Seele, innig geliebte Freundin, gedenken auch Sie liebevoll

Ihres

Soiern bei d. Riss — ewig getreuen Freundes

8. August 1867 /. — Ludwig.

[1] *Pierrefonds, eine achttürmige Burg, war im 14. Jahrhundert von Herzog Ludwig von Orléans erbaut worden. Die Publikationen des Architekten Eugène Viollet-le-Duc (1814-1879) lieferten Ludwig II. Anregungen für eigene Planungen in Neuschwanstein und später für Falkenstein bei Pfronten.*

[2] *König Marke von Kornwall, Onkel Tristans.*

[3] *Siehe Brief 11, Anmerkung 1.*

176

Mein treu geliebter Herr und gnädiger Freund!

Der Anblick der so lange nicht gesehenen mir stets Schönes und Gutes verkündenden theuren Handschrift, war mir ein wahres Fest. Ich nahm den lieben Brief mit und es war das Erste dass ich hier dem Freunde überreichte, gleichsam um unser Wiedersehen damit zu weihen. Gott sei gelobt! Unser Schutz ist gesund heimgekehrt – ich war sehr besorgt als ich von den Leuten hörte die dem grossen Leichenzug mit angeschaut hatten: »der König habe leidend ausgesehen« – Es mag eine grosse Anstrengung gewesen sein diese hastige Rückkehr und dann gleich dieses Begängniss – Nun es ist alles vorüber, Sie sind wohl mein theurer Herr! Friede dem Todten, Vergessen den Lebendigen, Gedenken nur des Ewigen! .....[1]

Wie dankbar bin ich dem gütigen Freund, mir einiges über Paris mitzutheilen, so gleichgültig mir dieser Ort ist und dessen Eindruck auf die Menschen die ich sehe, so lebhaft interessirte es mich zu erfahren wie sich unser Parcival darin befand. Die Stadt hat eine so merkwürdige Rolle in des Freundes Leben gespielt dass sie mir immer in Bezug auf ihn also auch auf dem Hohen, von Interesse bleiben wird. Den guten Rath Düfflipp hatte ich auch gleich – ganz gegen meine sonstige Art – mit Fragen überfallen, er konnte mir freilich nicht viel sagen, ich war aber schon beruhigt als ich hörte dass wenigstens die Weltausstellung dem theuren Freund grosses Interesse eingeflösst habe. *Pierrefonds* entsinne ich mich deutlich, es machte mir in der Kindheit einen grossen selbst schauerlichen Eindruck. Dass die Theater und die damit zusammenhängende bis auf den Thron sich erstreckende Wirthschaft dem edlen idealen Sprossen des Wittelsbacher Hauses nur Ekel einflössen konnte, war mir wohl klar. Und das schlechte Wasser! .... Als ich vor einem Jahre dem Herrn ein Glas Wasser reichen durfte ärgerte ich mich tief im Stillen dass der Tribschner Brunnen so wenig lebend sei, doch was ist er noch rein und frisch im Vergleich zum Wasser der Seine! Dieses Wasser so seicht, so geschmacklos, so lau, ist das rechte Symbol des dortigen Lebens. Wenden Wir Uns ab mein theurer hoher Freund, Wir gehören einer andren Welt. – Unaussprechlichen Dank weiss ich dem gütigen Herrn, mir gestattet zu haben der zweiten Tannhäuser Aufführung beizuwohnen. Dass sie bei weitem schöner war als die erste brauche ich kaum zu erwähnen. Jetzt dünkt es mir ein wahrer Unsinn wenn ein Wagner'sches Werk in Abwesenheit Desjenigen Der diese Werke einzig wahrhaft erfasst, aufgeführt wird; ich komme dann in eine zerstreute Stimmung, das Publikum ärgert mich, die leider zu häufigen Fehler der Darstellung fallen mir doppelt auf, ich sehne mich nach den Proben zurück, wo alles im Werden begriffen, viele Hoffnung zulässt, und wo ich mich ganz dem Werke hingebe. Bei der zweiten Aufführung war ich in der Hauptempfindung befriedigt, der hohe Freund war da – ja mehr noch er war allein da. Kein Geräusch, kein Gerede, keine Unberufenen, nichts störendes – die Mängel der Darstellung kannte ich, und ich hatte die Angst nicht dass durch sie das Werk befremdend einwirken könnte, was beim grossen Publikum immer der Fall ist. Gewiss war diese Aufführung in mancher Beziehung ausserordentlich; Orchester und Chöre besser denn je, die Lösung der Aufgabe seitens Lucile Gran geradeswegs staunenswürdig, die Thoma als Venus merkwürdig correkt und bei weitem besser als wie als Ortrud, die Mallinger sehr rührend. Um so mehr betrübten mich die unglaublichen groben Fehler der Inscenirung. Der Anzug der Pagen z. b., die Kleidung der Sänger (Lorbeerkränze mit Bändern!), der *Kamm* der Elisabeth, fielen neben einigen so prachtvolle Anzüge wie der des Landgrafen, sehr auf. Der giftgrüne Walther – wohl als Symbol der Vogelweide? – entsetzte mich geradesweges. Und ich frage mich immer wie kommen solche Dinge vor da Wagner haarklein alles angegeben hat, und die Pagen in

Dresden z. b. reizende Waffenröcke anhatten. Das Kläglichste aber die Erscheinung der Venus im Dritten Akt, hat mich geradeswegs empört. Mein Mann hat wiederholt auf die kleine Schrift von Wagner die Tannhäuservorstellung betreffend hingewiesen, alles ist darin auf das genaueste gesagt, der Effekt soll in Dresden zauberhaft gewesen sein, hier in München auf der grossen Bühne unter dem hohen Schutz des kunstsinnigsten Fürsten, war es wie in einem Winkeltheater – weil kein Mensch da ist der folgt. Der Intendanzrath wohnt nicht einer einzigen Probe bei, und was der Dichter angiebt – ja was kümmerts die Herrn Döll und Quaglio[2] und wie sie da heissen! Die Venus soll ganz in der Ferne erscheinen, wie eine Fata-Morgana sollen die rosigen Düfte wirken – hier war alles so in der Nähe, dass Tannhäuser gar nicht braucht sich von Wolfram loszureissen – sie sind ja schon drin, beide. Bei dem Namen Elisabeth soll alles plötzlich dunkel werden, die Fackel erscheinen und unsichtbar Venus rufen: Weh, mir verloren. Hier wartete sie gemüthlich auf ihr Stichwort und dann werden die dick mit Nähten versorgten Düfte heraufgerollt!! Dann aber auch ist die Zeit zu kurz und die Träger müssen mit der Leiche eilen um das Tannhäuser sein: »heilige Elisabeth« singen könne! Mein Mann war trostlos, denn die Angaben Wagner's sind kinderleicht zu erfüllen, W. hat sie selbst in Dresden praktisch ausgeführt, ich beruhigte ihn und sagte: »Warte nur, wenn der König dies sieht, ist es auch nicht mehr, und was kümmert uns das Publikum?« Hier habe ich aber wiederum empfindlich gefühlt was den grössten Anstrengungen durch die Quere kommt; wäre nur ein Mensch in dem ganzen Opernpersonal ein Einziger da, wir hätten eine Mustergültige Aufführung des Tannhäusers gehabt, so musste ich den Leuten aus der Fremde gekommen, erklären, dass die Wagnerschen Angaben nicht so lauten – wie natürlich von aller Welt angenommen wird es könne unter den muthigen einzig dastehenden Schutzes König Ludwig II, und bei Bülows Leitung nicht anders sein als dass alles bis auf das geringste Detail nach W.'s Angaben gemacht wird. Und er ist der einzige nach welchen die Unfähigen niemals fragen; sie wissen alles besser, und keine Autorität – nichts! Ich war sehr traurig und frug mich ob diese Leute denn auch über die Meistersinger disponiren würden, die nun *zum ersten mal* in Scene gesetzt werden. Nach München werden sich die andren Bühnen Deutschlands richten, während sie für den Tannhäuser *alle* sich nach dem Dresdener vortrefflichen Muster gerichtet haben. Es bekümmert mich dies tief, und Ihnen mein huldvoller Freund, sage ich mein Leid, denn Sie einzig werden es verstehen. München – weil es *Ihre* Stadt ist, mein König, – gebührt es die Typen festzustellen nach welchen in spätesten Zeiten die Werke des Freundes gegeben werden, wie soll das aber geschehen wenn die Menschen welche die Leitung des Theaters haben sich niemals um den Meister und seine Absichten bekümmern, ja, gänzlich unfähig sind denselben nachzukommen? Sie einzig mein theurer Herr, werden hier alles in Ihrer grossen hohen Weisheit erkennen und in Ihrer Gnade zum besten Höchsten führen. Oftmals habe ich in Bezug auf diese Tannhäuser Mängel mich an Rath Düfflipp gewendet – allein es fiel dies wieder in die Frage des Intendanten, er schwieg, ich bescheidete mich, einzig auf den Tag hoffend wo Sie, mein gnädiger Freund, alles sehen würden; darum belästigte ich den Hohen nicht mit Schreiben, ich weiss ja sicher dass alles wird. – Meinen einzigen Dank muss ich noch bevor ich zu Weiterem übergehe dem gnädigen Freunde zu Füssen legen, für die huldvolle Anerkennung der Verdienste meines Mannes; die schöne Uhr habe ich mitgenommen um sie ihm wenn er von St. Moritz zurückkehrt zu übergeben, die Freude die sie ihm gewähren wird erlaube ich mir im voraus, dem König dankend, zu weihen! – – Ich höre Generalmusikdirektor Lachner käme um seine Pensionirung ein; Gott befohlen – ein Intrigant weniger, sagte einst Rath D. – doch erscheinen mir diese Sachen als gänzlich unwichtig in Anbetracht der Dinge die wir verwirklichen wollen. Gott gebe Frieden dass unsere Musikschule blühe und das Festtheater sich erhebe, *ich* – glaube an alles, weil ich an Sie glaube, mein theurer, hoher, edler Freund! – Ich musste über eine kleine Notiz in der A. A. Z. [3] lachen, worin ganz leise perfid angegeben wurde dass es vielleicht gut sein würde wenn neben der Musikschule eine Anstalt für Anfänger und diese auf Staatskosten gegründet würde; ich glaubte die Beschämung des Herrn Cultusminister daraus zu lesen, dem der Freund geschrieben hat, bei welchem mein Mann war, mit welchem Rath Düff. öfters gesprochen hat, der aber immer

4 (oben) Verlobungskarte von König Ludwig II.
nd Herzogin Sophie in Bayern, 1867,
hotographie von Hofphotograph Josef Albert

5 (unten links) Zeitgenössische Karikatur Wagners
nd Ludwigs II.

16 (unten rechts) Fürst Paul v. Thurn und Taxis, Flügeladjutant und Ordonnanzoffizier Ludwigs II., sein »treuer Friedrich«

17 (oben) Richard Wagners Wohnhaus in München (1864–1865), Briennerstraße 21, zeitgenössische Zeichnung

18 (rechts) Ludwig und Malvina Schnorr von Carolsfeld als Tristan und Isolde, Uraufführung München 1865

19 Heinrich und Therese Vogl als Siegmund und Sieglinde während der Generalprobe zur Uraufführung der »Walküre«, München 1870

20 Cosimas Kinder: (hinten, von links) Isolde und Blandine, (vorne, von links) Eva, Siegfried und Daniela

21 und 22 (oben links und rechts) Richard und Cosima Wagner, gemalt von Hubert von Herkomer 1877 in London. Beide Porträts sind seit 1944 verschollen.

23 König Menelaos (Bülow) ertappt seine schöne Helena (Cosima) mit Paris (Wagner), der ausruft: »Und ich entführ' sie doch, das steht schon im Homer!«, zeitgenössische Karikatur von Schultze.

gemeint hat es kommt nichts zu Stande, und nun gern sein kleines Anstaltchen zu Stande brächte trotzdem er Bülow versprach die Musikschule nach einem Jahr der Bewährung zur Staatsanstalt zu errichten! Es sind alles armselige Menschen, sie wissen gar nicht was man vor hat, haben keinen Glauben, keine Liebe zur Kunst, möchten aber gern wenn etwas zu Stande kommt, doch auch dabei sein und genannt werden!

Die letzten Tage meines Aufenthaltes in München habe ich viel mit Dr. Fröbel[4] verkehrt, und mich überzeugt dass er die ganze Theilnahme und Hochachtung des Freundes verdient. Unter vielem sagte er mir eines dass mir eine besondere Freude gewährte, nämlich dass Fürst Hohenlohe stets mit so warmer Liebe und Hingebung von seinem königlichen Herrn spräche – nicht blos was die Pflicht und Schuldigkeit erheischt – sondern mit Innigkeit und Feuer. Das that mir wohl, und dies hat den Fürsten höher in meiner Achtung gestiegen als wenn er Deutschland unter einem Hut gebracht hätte. Ich habe es vermieden mit Dr. Fröbel über die Tendenz der Zeitung zu sprechen – habe selbst sein Programm nicht gelesen – um beängstigende Missverständnisse zu vermeiden, aber ich habe mich über den Stand der Dinge unterrichtet und war hoch erfreut dass dieselben so weit gediehen waren. Ich glaube Unsere Sache kann mit dieser Hand in Hand gehen – Fröbel ist ein rechtschaffener Mensch und ein offener Kopf. Er war in meine Loge bei der ersten Tannhäuser-Aufführung und ich erfreute mich an seiner Hingerissenheit. »Ich begreife jetzt – sagte er – dass diese Werke eines königlichen Beschützers bedürfen!« Damit war viel gesagt; die Höhe der Werke, das Elend der Nation, vor allem die Grösse des Beschützers.

Nun habe ich aber noch kein Wort von Tribschen gesagt. Wie meine Heimath begrüsst ich es wieder – (in Dir erwachten seine Lieder![5]). Der Freund war mir bis Winterthür entgegen gereist, er sah leider sehr angegriffen aus. Einige Tage hat er wieder mit der Arbeit aussetzen müssen, ich baue nun auf die Beständigkeit des schönen Wetters um ihn ganz herzustellen. Die Wohnung ist nun hier erweitert und verschönert, es ist gar traulich ruhig hier. Sollten jemals die Götter hier wieder erscheinen, sie würden sich – meine ich – ganz erträglich finden!

Der Freund erzählte er habe einen Brief von Paul Taxis bekommen, der seinen Uebergang zur Bühne und seine Heirath mittheilt, und in der festen Zuversicht lebt der Freund würde mit seinem Schritt einverstanden sein. Auch erzählt er vom Geschenk dass er der königlichen Gnade verdankt – o Gott! Der Freund hat sich etwas über die Familie erkundigt in die er eingetreten ist (er sprach nämlich auch von Seinem Schwiegervater) und hat da so schauderhaftes erfahren dass er gar nicht antworten wird. Ich kann dies immer kaum glauben wenn ich an »Friedrich« denke![6] – – – – Mein Vater ist jetzt in Weimar sehr froh dass Frau Diez die Elisabeth singt. Im September kommt er nach München und würde glücklich sich fühlen Unsrem Herrn und Beschützer seinen Dank, seine Ergebenheit und Bewunderung zu Füssen legen zu dürfen.

Wie freue ich mich auf die *Beständigkeit* der Wagnerschen Werke auf dem Repertoire in München. Nachbauer will nun ernstlich Tannhäuser und Lohengrin einstudiren, ich sprach noch mit ihm hierüber. Gut geleitet und besser getrieben würde er, glaube ich etwas leisten. Ich freute mich recht über Porges Besuch dessen dritter Aufsatz über Tristan mich geradeswegs entzückt hat. O gewiss sind die Cornelius'schen nicht zu vergleichen, doch habe ich P. C. ermuthigt auch über den Tannhäuser zu schreiben, erstens kann nie genug geschrieben werden, zweitens lebt er sich immer mehr hinein und werden seine Leistungen dann auch gedrungener und tiefer werden. Mir waren die Aufsätze zu »Schöngeistig« vom hundertesten in's Tausendste herumirrend; jedoch immer anregend. Nur seinen unglückseligen »*Koch*«, und die *zwei Sagen* im Tannhäuser kann ich ihm nicht verzeihen. Wie kann einer nur so thöriges Zeug aus sich herausgeben; der Schluss über Weimar aber hatte Wärme und wahre Empfindung.

Nun habe ich mein Herz wiederum ganz ausgeschüttet, der theure Hohe nimmt alles gnädig auf! Der Freund wandert jetzt zur Stadt halb um Besorgungen zu machen, halb um den zarten Schweizer Arbeitern aus dem Wege zu gehen; das ungeheuer freie Volk besitzt auch eine sehr gründliche Zungenfreiheit. Ich hoffe sie sind bald alle aus dem Hause. –

Ich bin zu Ende mein theurer Herr, und kann mich so schwer trennen! Es ist mir immer als ob mir Gott weiss welche goldene Dinge einfallen sollten, Ihnen, Hoher, zu senden. Höchstens jetzt könnte ich sagen dass die Kinder quälen um erwähnt zu werden, wie sie mich neulich quälten als sie den »König« in der Theatinerkirche erkannt hatten auf offener Strasse stehen zu bleiben, mich mit ihnen unter dem Volk zu mischen, und zu warten. Wir wurden aber so gedrängt dass die Kinder und ich um unsere Freude kamen, dafür bettelte ich bei Rath Düfflipp um eine kleine Photographie des Königs im Georgenorden's Anzug. – In diesen Tagen ist wohl wiederum officielle Plage für Unseren theuren König! Hoffentlich bald überstanden!

Ich werde die Weltausstellung wahrscheinlich nicht sehen; ich ziehe es vor dem Meister hier Gesellschaft zu leisten, und mir ist es als ob ich das Beste davon gehabt, da ich den Eindruck den mein theurer Freund davon bekam – empfing.

Die schönsten holdesten Segensgrüsse senden wir zu jeder Stunde dem Theuren! Sein grosses schönes Herz sage Ihm wie die unsrigen hier schlagen!

Ewig treu und dankend!
Cosima von Bülow-Liszt

Tribschen.
18ten August 1867

[1] *Am 30. Juli fand die Beisetzung Ottos, des ehemaligen Königs von Griechenland, in der Münchner Michaelskirche statt. Otto, ein Onkel Ludwigs II., war am 26. Juli 1867 mit erst 52 Jahren in Bamberg an einer Gehirnlähmung gestorben.*

[2] *Angelo Quaglio II. (1829-1890), Theatermaler, Schüler seines Vaters und Franz Adams in München, von Karl Wilhelm Gropius in Berlin und Charles Antoine Cambon in Paris; 1850-1854 Hoftheatermaler, 1860 Leiter des Dekorationswesens am Münchner Hoftheater; zahlreiche Aufträge von auswärtigen Bühnen.*

[3] *A. A. Z. = Augsburger Allgemeine Zeitung.*

[4] *Julius Fröbel (1805-1893), 1846 bis 1849 in Dresden lebender demokratischer Journalist, 1850 bis 1857 in Amerika, seit 1862 politischer Berater der österreichischen Regierung. Richard Wagner veranlaßte ihn, sich in München niederzulassen. Die Tatsache, daß Fröbel seinerzeit an der Dresdner Revolution beteiligt war, schloß ihn nicht aus der Gunst des Königs aus, wenn sie auch in offiziellen Hofkreisen Mißfallen erregte. Fröbel wurde durch königlichen Beschluß damals Chefredakteur der von Wagner ins Leben gerufenen »Süddeutschen Presse«.*

[5] *Bezug auf »Tannhäuser«, 2. Aufzug, 1. Auftritt: »Elisabeth: Dich, teure Halle, grüß ich wieder, froh grüß' ich dich, geliebter Raum! In dir erwachen seine Lieder und wecken mich aus düstrem Traum.«*

[6] *Siehe Brief 105. Der Schwiegervater war ein Bruder des Komponisten Conradin Kreutzer (eigtl. Conrad Kreuzer), dessen erfolgreichste Oper »Das Nachtlager von Granada« war.*

177

Meine theuerste Freundin!

Es ist meinem Herzen Bedürfniss, Ihnen für zwei so liebevolle Briefe meinen wärmsten Dank auszusprechen; von allen Glückwunschschreiben zu meinem Doppelfeste[1] waren mir Ihre und des Freundes Briefe die theuersten, denn sie stammten aus den beiden einzigen Herzen, die mich wahrhaft verstehen (Niemand ausser Sophie ausgenommen) und aus diesem Verständniss heraus mich innig und treu lieben und die Kraft dieser Liebe ist unüberwindlich und ewig und ihre Grundvesten gottentstammt. Sie werden wohl mittlerweile Kenntniss genommen haben von meinem letzten Briefe an den Freund, werden daraus ersehen haben, wie wenig rosig mir die Tage in Hohenschwangau dahin ziehen, in Hohenschwangau, das mir der theuerste Punkt der Erde ist, an welchen sich für mich die schönsten Erinnerungen meines Lebens knüpfen! Doch ich rechne noch auf einige ruhige, ungestörte Wochen auf diesem Paradiese der Erde, das ich mir mit meinen Idealen bevölkere und dadurch glückselig bin. Im Laufe des kommenden Monates gedenke ich auf etwa 8 od. 10 Tage nach Berg überzusiedeln, um von dort aus die ersehnten Vorstellungen zu besuchen, ich rechne sicher auf 2 Tannhäuser-Vorstellungen und eine des »Lohengrin« mit Nachbaur, aus welcher im Juli nichts wurde. – Hoffentlich werden bis dahin die so äusserst störenden Mängel der letzten Tannhäuser-Aufführung völlig beseitigt sein. Nun sind also die Verhandlungen mit Fröbel und Porges im Gang, ich bestellte Düfflipp auf morgen hieher, um mit ihm eingehende Rücksprache über diese wichtigen Angelegenheiten zu nehmen; der Genuss des Schönen, Edlen ist mit Uns und so sendet Uns Gott Segen und gibt Gedeihen Unserem Werke. – Wie danke ich Ihnen, Cornelius den Rath ertheilt zu haben, auch über Tannhäuser zu schreiben, Porges wird nächstens einen Aufsatz über den I. Akt des »Tristan« liefern, ich glaube, mich nicht zu irren, wenn ich die Behauptung aufstelle, dass Porges' Arbeit das Beste und Gediegenste ist, was bisher über den grossen Freund geschrieben wurde, welches lautere Gold ist in seinen Aufsätzen zu finden, im Vergleich zu so manchem Gewäsch, zu dem bombastischen Wortschwall so mancher Litteraten der Neuzeit. – Von Herzen wünsche ich, es möge Herrn v. Bülow die Cur in St. Moritz wohl bekommen, ich grüsse ihn vielmals, sowie Ihre Kinder, für welche ich mein photographisches Abbild beilege. –

Es regnet seit einigen Tagen unausgesetzt und dies trägt wahrlich nicht dazu bei den wenig heiteren Eindruck, den ich von meinem bisherigen Aufenthalte dahier empfing, zu verschönern, um 3 Uhr Tafel, dann Kaffeeparthie an irgend einem Punkte der Umgegend, in wenig anregender Gesellschaft, dann gleich wieder Thee u. Souper, o quelle horreur! aber es muss anders werden. – O Meistersinger, wann werde ich Euch endlich hören! – Innige Freundesgrüsse! Alles irdische Glück und des Himmels reichsten Segen. – Treu und liebend, selig durch die Liebe und Freundschaft der Edelsten auf Erden. –

Ludwig.

Hohenschwangau
den 29. Aug. 1867.

[1] *Doppelfest = Geburts- und Namenstag am 25. August; Ludwig wurde 22 Jahre alt.*

178

Mein theurer hoher Freund! Treu geliebter Herr!

Ich wollte durchaus Rath Düfflipp diese Zeilen mitgeben, allein es fehlte mir die richtige Stimmung, um Ihnen gnädiger Freund, zu schreiben. Zu viel Geschäftliches war besprochen worden, zuviel Gutes und Schlimmes durcheinander erklungen, Ihnen gütig Theurer, will ich mich nur in weihevollster gesammelster Stunde nahen. Sie glauben wohl geliebter Herr, wie innig wir die peinlichen Stunden mitleben! Mich ärgert beinahe jetzt das schöne Wetter dass zu Kaffeeparthien verbraucht wird – eine rechte Geduldsprobe für den hohen Freund! Ich weiss wie schwierig, ja beinahe unüberwindlich peinlich die kleinen halb-Pflichten sind – eben weil man sie im Grunde der Seele nicht als Pflicht anerkennen kann. Der Mensch der mit Begeisterung sein Leben seinem Ideal zum Opfer bringen würde ist gerade Derjenige der den kleinlichen Zwang des alltäglichen Gebrauches welchen andere ganz ruhig ertragen – nicht erdulden kann. Allein der Aufgabe eines jeden Tages zu genügen ist die Pflicht, nach Goethe's Ausdruck[1] und diese Aufgabe erfüllen indem man ihre ganze beinahe unsinnige Widerwärtigkeit einsieht; ist männlich und *gross* – sei der Kreis noch so klein -. Sie thun es mein theurer edler Freund, möge dieses Bewusstsein Sie einigermaassen über die wohlberechtichte »Horreur« erheben. Ich entsann mich augenblicklich beim Lesen des theuren Briefes der im vorigen Jahre an der Triebschner Tafel so heiter besprochenen, entschwebenden »*Engeln*« des Tisches bei Hohenschwangau. Wie herzlich lachten Wir der Zustände die Sie jetzt so plagen! – – –

Mir schwindelt oft – ich gestehe es – bei der Betrachtung des heut zu Tage zum königlichen Berufe gehörenden Aussenwesen. Diese Audienzen, Tafeln, Revuen, Zusammenkünfte mit anderen Monarchen, nebst den Ministervorträgen – wenn ich an Sie, theurer Herr, denke dann schaudert mirs geradeswegs. Nur eines will mir bedünken kann Sie hoher Freund dabei erheben, der Gedanke, das Bewusstsein, des Opfers dass Sie bringen. Und warum bringen *Sie* dieses Opfer – um eine grosse Sache zu befördern. In so geringem Zusammenhang dieses erscheint so ist es doch so, und Ihr grosser freier edler Sinn kann sich daran laben; erfüllt der König die Ihm peinlichsten, nichtig dünkenden Pflichten, um wie viel mehr sind die Menschen gebunden vor Seinem idealem Leben Ehrfurcht zu haben. Ich möchte sagen dass jetzt der Freund in gleicher Weise sich opfert. Indem er sich an dem Fröbelschen Blatt betheiligt und immer mehr betheiligen will steigt er von seinen eigentlichen Höhen herab – natürlich nur immer als Gott – er thut es um die Menschen zu belehren, an sich zu ziehen, damit Wir es leichter haben das Grosse zu vollbringen. So bahnen und ebnen Sie auch die Wege, gütiger Herr, wenn Sie sich opfern. *Wir* müssen grenzenlos geliebt werden, von der Begeisterung getragen werden um durchzudringen, das verlangt Opfer und zwar nicht nur grosse kühne Thaten, sondern stündliche peinlichste Selbstaufopferung – eine Qual, eine grässliche Qual, doch sind alle Menschen dazu verurtheilt, und Wir vermögen es willig Uns zu sagen: dies und jenes *will* ich tragen – um des Einen willen. Dies Ihnen, treu geliebter Herr, so aus tiefster Theilnahme zum Trost gesagt. Ein Wort Savonaroles[2] hat sich mir tief eingeprägt: wer nicht willig sein Kreuz mit Christus tragen wird es gezwungen mit Simon dem Cyreneer tragen müssen – und das Kreuz bildet sich aus Nadelspitzen, und begleitet Einem jeden Augenblick, wir fallen unter seiner Last bis wir den Muth haben es an das Herz zu drücken, dann geht es Himmelwärts. Bis zu den Himmeln haben mich nun die Hohenschwangauer »Engeln« gebracht! Ich möchte Sie, theurer Herr, lösen aus der langen Abschweifung die innige Theilnahme meiner Seele.

Rath Düfflipp wird viel berichten; die Zeitungsangelegenheit wurde bald in Ordnung gebracht, schwieriger zu behandeln blieb die Hauptfrage: die Intendanz. Der Freund meint es seinem Beschützer zu erleichtern indem er diese Fragen nur immer mit Rath Duffl. bespricht, und diesem die dringende Nothwendigkeit einer Verbesserung dieses Uebelstandes an das Herz legt. Es wurde viel und beinahe heftig darüber gesprochen, zuletzt schien Rath D. ganz aufgeklärt und einverstanden zu sein. Der Freund bat ihn nichts zu unternehmen sondern in sich noch alle gegebenen Gründe zu erwägen, die genaue dargestellte Sachlage zu betrachten, und dann sein Facit zu ziehen. Wir schieden freundschaftlichst – ich hoffe er wird nur Gutes und

Schönes von Tribschen berichten. – Das Fröbelsche Programm erregt grosse Sensation; ich glaube es liegt in der Gründung dieser Zeitung die Möglichkeit zu der Wiedererweckung des deutschen Geistes, begrüsse sie daher mit wahrhaft gehobener Freude indem mein Herz Sie immer wiederum preist hoher Freund!

Mein Mann hat etwas unvorsichtiger Weise seine Cur forciren wollen, so dass er sie gänzlich hat unterbrechen müssen, jetzt ruht er sich blos auf St. Moritz aus. Am 16ten wird er in München eintreffen und natürlich ganz zur Verfügung stehen. Wir werden dort mit dem Vater zusammentreffen der jetzt die Wartburgfeier gut überstanden hat und sich sehr freut den Aufführungen in München beizuwohnen. Er bringt eine kleine Bande Musiker mit. Ich bin recht froh dass die grossen Mängel der Tannhäuser-Aufführung[3] verschwinden – freilich sind nur die Mängel nicht die Schäden aufgehoben, die solche Mängel immer wieder bewirken, es ist aber schon viel. Frau Diez hat als Elisabeth auf der Wartburg den grössten Erfolg gehabt. Nie könnt ich es Ihnen gütiger Freund vergessen, dass Sie zuerst in Deutschland das Werk des Vaters aufführten, keine Verbreitung und keine Anerkennung desselben kann für mich die Bedeutung dieser ersten Aufführung gewinnen. Rath Düfflipp schied sehr bewegt von hinnen, ich glaube er hat gesehen und empfunden wie Sie hier geliebt werden und heilig verehrt. Es mag ihm wohl gethan haben der in seiner Sphäre gewiss genug der Treulosigkeit und des Undankes ansehen kann. Ich bin in fortwährender Angst mein hoher Herr, dass die Grossen Sie nicht lieben und in fortlaufender Verschwörung begriffen sind – das Volk aber das liebt den König, das baut auf Ihn – o verwünscht in alle Ewigkeiten die Menschen die das Band zwischen dem König und seinem Volk locker zu machen suchen, o glauben Sie an Ihr Volk mein theurer hoher Freund, wie Wir an das gesammte Deutsche Volk glauben, und das Wunder wird aus dem Glauben entspriessen.

Meine Kinder habe ich sehr stolz mit den so überaus gütig gesendeten Bildern, gemacht. Die Aelteste erklärte da »nun, da sie den König von Bayern habe würden wohl Onkel Richard und alle andren Menschen nach kommen« – Ich sagte dass Onkel Richard ganz richtig immer dem König von Bayern nach kommt – und alle andren Menschen thun es am Ende auch – meinen Sie nicht hoher Freund dass Ihnen – zuletzt alle Menschen wenn nicht in der Sammlung Senta's, doch in der Begeisterung nachkommen werden? Der Wegweiser that noth; er ist nun da, er lasse sich es ja nicht verdriessen die Menschen auf das Schöne zu weisen, sie kommen aus Furcht dann aus Ehrfurcht zuerst langsam mit der Zeit rascher nach. Sie werden theurer Herr, das Schöne nicht nur selbst genossen haben sondern eine dauernde Spur dieses heiligen Genusses hinterlassen. Dies meine festeste Ueberzeugung.

Jetzt scheide ich; vom Freund theile ich nichts weiteres mit da Rath D. gewiss viel berichten wird. Wenn ich bedenke dass die Vermählung unsres Herrn mit der Vollendung der Meistersinger zusammenfällt, dass die Musikschule und die neue Zeitung auch jetzt entstehen, dass viele Misverständnisse im Volke gelöst sind, ist es mir auf einmal als sähen wir einer prachtvollen Zeit des Wirkens und des Schaffens entgegen. Gewiss viele Opfer werden von allen Seiten da erheischt werden – allein wie schön wie trostreich die blosse Möglichkeit eines solchen Aufblühens! Theurer König wahren Sie sich die Geduld, denn alles alles ruht in Ihren gesegneten Händen. In den weitesten Fernen schwebe ich schon von der zuweilen so öde drückenden Gegenwart befreit – mit Ihnen geliebter Herr, wird einem das nicht schwer, die Wirklichkeit zu vergessen – giebt es ein Wesen dass Ihnen dieselbe auch vergessend ertragen lässt? Ja es giebt ein solches Wesen. In der Liebe zu diesem Wesen mit Ihnen mein König, ewig vereint, entsende ich Ihnen die Segnungen die es gleich mir täglich dem Retter spricht.

Cosima von Bülow-Liszt

Tribschen
7ten September 1867

[1] *Johann Wolfgang von Goethe, »Maximen und Reflexionen«: »Was aber ist deine Pflicht? Die Forderung des Tages.«*

[2] *Girolamo Savonarola (1452-1498), Dominikanermönch, Bußprediger in Florenz.*

[3] *Aufführung der Oper »Tannhäuser« zum erstenmal in der Pariser Fassung am 1. August 1867 in München; Dirigent: Hans von Bülow.*

179

Theure Freundin!

Es ist meinem Herzen Bedürfniss, Ihnen für Ihren letzten, liebevollen Brief, den ich in Hohenschwangau erhielt, meinen wärmsten, tief innersten Dank zu sagen und Ihnen mitzutheilen, dass ich heute noch wie in Himmelshöhen mich selig fühle, so mächtig wonnebringend sind die Eindrücke, die durch die gestrige, mir ewig unvergessliche Aufführung des »Tannhäuser« empfing. – Tausend Dank sage ich Herrn von Bülow für seine unübertreffliche Leistung, für all die Liebe mit der er sich der schwierigen Aufgabe hingab, wie innig leid ist es mir, dass die Cur ihm nicht bekam.

Eines lastet wie ein trauriger Schatten auf meiner Freude über die Aufführung des Tannhäuser, der Gedanke nämlich, dass ich diesmal nicht in Uebereinstimmung mit dem grossen Freunde gehandelt habe, der von Anfang an diesem Unternehmen abgeneigt war, es ist mir als dürfte ich nicht mit ganzer Seele dieser ihrem Wesen nach doch erhebenden Freude mich hingeben – doch der Theure wird verzeihen und es begreiflich finden, dass nachdem ich so lange nach diesen ersehnten Aufführungen geseufzt habe, ich es endlich nicht länger mehr ertragen konnte, ich Seinem mir sonst in Allem heiligen Willen nicht entsprechen, ich musste in diesem Falle naturgemäss dem inneren Drange folgen, nenne man es Fehler oder Tugend, sieht es der Freund als ersteren an, so möge Er freundlich gedenken, dass die Uebertretung Seines Willens in meiner Liebe und tiefinneren Begeisterung für Ihn und Sein Werk seinen wahren Grund hat. – Gerne hörte ich die Meistersinger so bald als möglich, wie lange glauben Sie, theure Freundin, wird es hergehen, bis das ersehnte Werk zur Aufführung wird gelangen können, ich glaube nur Ihnen darin, geliebte Freundin, nicht etwa dem Intendanzrathe, der (um mit dem Volke zu reden) ja ohnehin auf dem letzten Loche pfeift; – denn seine Flöte wird bald gänzlich unbrauchbar sein[1]. –

Wo ist Semper gegenwärtig? ist Porges endlich in München? Ich beschwöre Sie, den angebeteten Freund dazu zu vermögen, baldigst an die »Nibelungen« zu gehen, schon seit Jahren befiel mich die Angst dieses Riesenwerk möge Fragment bleiben, dies wäre fürchterlich, geradezu entsetzlich. Und dann »Parcival«! – Sie werden vielleicht nicht ohne Befriedigung von meiner Berufung Lipowsky's[2] gehört haben, denn ich entsinne mich, dass in einem Briefe des vorigen Jahres die theure Freundin sich anerkennend über genannten Herrn geäussert hat; denn Herr v. Bülow kennt ihn persönlich. Wie geht es dem Herrn meines Lebens? Haben Sie erfreuliche Nachrichten von Ihm erhalten. – Düfflipp berichtete mir nur Schönes und Gutes über seinen Aufenthalt auf Triebschen, er war voll der dankbarsten Freude über die gastlich liebevolle Aufnahme, die ihm dort zu Theil wurde, von Seiten jener theuren Seelen, die ewig mir die Theuersten auf Erden bleiben werden; denn sie verstehen mich wie Niemand, keine Seele ausgenommen. Heil Euch und Segen, Ihr Lieben.

Sie schreiben mir von einem Wesen, das mir helfen soll die Welt, die öde, zu vergessen; durch Unsren Freundesbund, durch des Freundes und der Freundin Liebe geniesse ich Paradieses-Glück und durch den Geistesbund gleichgestimmter, für Unser Ideal entflammter Seelen, die Wir persönlich vielleicht gar nicht kennen; unser Reich ist nicht von dieser Welt, Wir sehen auf ihre Gebrechen mitleidsvoll herab und schwingen Uns selig in die Höhen, in denen nur Wir Uns heimisch fühlen können, durch höhere Kraft, die mit dieser Erdenwelt nichts gemein hat. Was ich eben jetzt Ihnen mittheilte, schliesst übrigens nicht aus, dass ich aufrichtige, wahre, innige Zuneigung für jenes Wesen empfinde. – Wie freue ich mich auf den Freitag, der »Lohengrin« Uns bringen wird, das ist stets ein Geistes- und Herzensfest, dem nichts auf Erden gleich kommt. Meiner Ansicht nach brachte Cornelius' Aufsatz über Lohengrin neben vielem Fehlerhaftem auch manches Wahre u. Anregende, gestern las ich den ersten Theil seines Aufsatzes über »Tannhäuser«, dieser wimmelt von den gröbsten Fehlern u. Irrthümern, den unglaublichsten Verstössen, Sie werden sich selbst davon überzeugen. – Von dem einstigen Friedrich erhielt ich jüngst einen Brief aus Aachen, wo er wohl nächstens gastieren wird, der Arme, in der That einer solchen Hirnlosigkeit, eines solchen Leichtsinnes, solcher ihres gleichen suchenden Dummheit, die wirklich an das Unglaubliche gränzt, hätte ich ihn nicht für fähig gehalten; wie kann man eine glänzende Stellung so aufgeben, einen alten Namen von gutem Klang so verunzieren, um einer leichtsinnigen, hässlichen Jüdin nachzulaufen. O sancta simplicitas! –

Es war mir Bedürfniss mich Ihnen mitzutheilen, theure Freundin, ich bin in freudigem Dankgefühle entbrannt für Ihn, der solche Wunder schuf auf der öden, hässlichen Welt, die ihrer kaum werth erscheint und für Sie und Ihren Gatten, die so viel dazu beitrugen, diese erhabenen, reinen Kunstgenüsse zu ermöglichen. – Seien Sie dafür gesegnet von Ihrem treuesten, aufrichtigsten Freunde. –

Ludwig.

Berg den 23. Sept.
1867.

[1] *Siehe Brief 180, Anmerkung 2.*

[2] *Felix Friedrich von Lipowsky (1824-1900), Jurist, 1866 Regierungsrat, Vorstand der Polizeidirektion München, ab 1867 Ministerialrat im Innenministerium und Sekretär des Königs bis 1869, dann Regierungspräsident von Niederbayern.*

180

Am heiligen Michel-(Siegfried) Tag, das Fest
der Drachen-Ueberwindung!

Treu geliebter König, gnädiger Freund!

Der letzte gütig gesendete Brief zeugte von so schöner Stimmung, dass ich mich vollständig über manche Sorgen die mir beinahe stets um das Herz wachsen, beruhigt fühlte; ich empfand wieder mit einer unbeschreiblichen Bestimmtheit dass Sie einen eigenen Stern haben, der für Sie waltet, und dem Sie folgen! In *allem* habe ich Sie, gnädiger freundlicher Herr, verstanden, und verehrt! ... Mir war es beim Beginn der Tannhäuserklänge ganz märchenhaft zu Muthe; Sie hoher Theurer, einsam in Ihrer Loge, mein Vater, der diese Werke zuerst erkannte und für sie eintrat, bei mir, mein Mann unten im Orchester, der Freund, wohl abwesend, doch mir nah, durch des Beschützer's Liebe endlich in Frieden und Wohlsein, die himmlischen Töne dazu – – – ich dachte ich träumte, und doch sah und hörte ich alles! Die Vorstellung war schön, trotz der bewussten »*Flöte*«[2] die beinahe der Schalmei Unsres guten Hirten recht geschadet haben würde. Ich nannte soeben den Vater, er ist seit acht Tagen hier und bleibt nur bis nächsten Mittwoch Abend; ich kann es nicht verhehlen dass sein höchster Wunsch dahin geht, seinem edlen, unserem theuren Beschützer, seine ehrerbietigste Aufwartung machen zu dürfen; ich bat ihn den bei Höfen übliche officielle Weg nicht einzuschlagen, indem ich mir erlauben würde die freundige Ehre für ihn zu vermitteln. Ich weiss der König genehmigt hierin meine Empfindung. Rath Düfflipp hat mich gestern wieder recht ängstlich gemacht, indem er mir erzählte der gütige Freund sei nicht wohl, auch von dem bösen Stein im Auge sprach er; um Gottes Willen, theurer Hoher, lassen Sie sich ehrerbietigst bitten, Sich zu schonen, ich bin noch ganz erschrocken von der Mittheilung. Mein armer Mann, der die königliche Hand in Dankesgefühlen ehrfurchtsvoll küsst, ist sehr leidend, ich habe dem Rath seinen Zustand auseinandergesetzt. Er freut sich aber sehr die Ehre zu haben bei der Vermählungs Vorstellung die Oper dirigiren zu dürfen, er wird eine Auswahl der dazu geeigneten Werke treffen, und dieselbe dem Rath D. zusenden. Die Meistersinger, mein hoher Freund, werden wohl ihre drei Monate erfordern; vorher ist aber nothwendig dass die bereits ausgeschriebenen Partien den vom Freunde bestimmten Sängern zugestellt werden, damit sie im Voraus sich mit der schwierigen Aufgabe vertraut machen. Ich wohnte gestern der Lohengrin Probe mit dem Vater bei, dieser war vom Orchester entzückt und sagte es sei das Beste dass er gehört; Nachbauer besser als Vogel, doch fürchte ich etwas die Unsicherheit seiner Intonation für heute Abend; im zweiten Akt kommt seine Stimme sehr glänzend und wirksam heraus; trotzdem er ein unglaublich einfältiger Bursche ist, ist er doch so gutmüthig dass ich ihm einiges sagte, wie z. B. dass das »Heil dir Elsa«[1] nicht herausgebrüllt werden soll, und dass es bei diesen Werken nicht darauf ankommt zu zeigen ob man das hohe C. oder A, oder X und Z hat. Das

Ganze ging gestern prachtvoll, und ich ward wieder so überwältigt, als ob ich nie einen Ton vom Freunde gehört hätte. Nach dem ersten Akte schluchzte ich wie ein Kind, es schauerte mir nach dem zweiten, und am Schluss war ich unfähig ein Wort zu finden. Sie können sich denken theurer hoher Freund, welche Genugthuung es für meinen Vater ist, welche Freude, die Werke die er mit Mühe und Noth, unter Schwierigkeiten oft der erbärmlichsten Art, im Kampfe mit der gesammten Presse, zur Aufführung brachte, jetzt von einem König beschirmt, von seinem Schwiegersohn dirigirt, mit Pracht und unter Jubel an das Licht treten zu sehen; denn was der »Flötenspieler« uns verdirbt, ist zu guter letzt gering in betracht dessen dass wir gewonnen, kann auch überwunden und beseitigt werden. Heil Ihnen theuerster holder Herr! – Vorgestern war mein Namenstag, den der Vater mit seinem kleinen Ungarischen »Cortège« im Atelier Kaulbachs feierte. Da mein Mann nicht sprechen darf, liess der Vater dorthin ein Clavier transportiren und spielte mir Einiges zu meiner grössten Freude vor, liess auch den ungarischen Geiger Reményi[3] manches (in glänzender Weise) vortragen; es nahm sich die Musik in dem hohen von Bildern belebten Raum schön aus, das Publikum bestand aus einigen Künstlern, ich musste denken dass mein gütiger Freund, einiges Vergnügen daran gefunden haben würde – denn, das ist nun einmal so, und geht nicht mehr zu verändern, bei allem Schönen sind Sie mir, Theurer, gegenwärtig, ja bei jeder Freude; denn Sie sind der Quell meiner höchsten Freude, meines schönsten Glückes gewesen, ist es nicht natürlich und *Sachgemäss* dass Sie mir vorschweben wenn das Leben irgend welche anmuthige Form annimmt? Vom Freunde erwarte ich eigentlich heute einen Brief; was ich regelmässig von ihm höre ist gut und befriedigend. Ja, Tribschen ist schön, mein theurer königlicher Freund, so ruhig, so grossartig, so mannigfaltig, und die Räume sind jetzt sehr hübsch wohnlich, ich habe wiederum ein wenig aufgehängt, aufgestellt, gruppirt; der Freund hatte täglich seine Freude an all den hübschen Sachen. Sie, mein gnädiger wunderbarer Freund, haben ihm durch Ihre Liebe, auch möchte ich sagen, eine Vergangenheit geschenkt, jetzt ist er umgeben von sinnigen Sachen, von denen man annehmen könnte er habe mit ihnen gelebt, so gehören sie zu ihm. Nicht ein Mal, mein Freund, habe ich die Räume durchwandert ohne das *Wunder zu preisen, aus meines Herzens Tiefe*[4] Gott! wer hat ihn denn geliebt? Gestern meldeten sich unter den vielen Fremden die jetzt hier sind, auch Wesendonks[5] aus Zürich, ich eilte zu der Frau, weil mir alles werthvoll ist was jemals Wagner sich freundlich erwies, aber mein Schreck ist unbeschreiblich den ich da empfand. Diese Kälte, diese innere Theilnahmslosigkeit an allem Schönen – ich dankte dem Himmel als ich ging, dass der Freund von all den Beziehungen befreit ist und nur dem Einen ächten wahren, lebt, seinem Parcival! – Von Semper erfuhr ich lange nichts; doch was mir Rath D. von der bevorstehenden Berufung[6] sagte, freut mich unaussprechlich, das ist ein Gewinn, und eine Ehre für ein Land solchen Mann zu haben. Kein Gebäude des so reich geschmückten Münchens, reicht dem Festtheater das Wasser! – Cornelius!! Ach Gott! Wenn die Leute nur Wagner nicht belehren wollten; ich war ganz empört über seinen Aufsatz, und will ihm sagen dass das nun nicht mehr so weiter geht; er soll für die S. D. Presse arbeiten; da bitten wir uns aber ein wenig mehr »Farbe« aus. Und Friedrich! .... Ich begreife nicht dass er den Muth hatte Seinem König, zu schreiben; er muss absolut verrückt gewesen sein, oder wäre die Eitelkeit so gross dass er sich einbildet mit seiner Stimme eine grosse Carrière zu machen? Wie man es auch deutet, es bleibt unerklärlich, und für mich eigentlich grauenhaft. All diese Wesen, die einem förmlich in der Hand zerrinnen. Mit der Musikschule wird es gut; mein Mann ist mit Baron Perfall recht zufrieden, er soll tüchtig und gescheidt gearbeitet haben. – Ich hörte etwas von einer Nürnberger Reise, und wünsche dem Theuren, Hohen, Glück und – – Geduld dazu. Es muss wohl sein; ich finde dass man das gewöhnliche Leben immer mehr wie ein tägliches Abmachen betrachtet; ich wenigstens thue alles was sein soll, zur Zeit wo es sein soll, meine Seele aber wandert ihre eigenen Bahnen dabei ungehindert. So ertrage ich ruhig die antipathischsten Beziehungen, denn mein Herz fühlt sich immer weit weit ab von dem gemeinen Zwang, o möge es Ihnen, Huldreicher, auch so gehen! Froh bin ich dass einige freie Zeit in Hohenschwangau gewonnen wurde, dessen Sie, Gütiger, so bedürftig sind.

Kann es dem Herzen unsres Herrn, wohltätig sein, Sich zu sagen dass in der Ferne treue dankbare lieberfüllte Seelen an Ihm unerschütterlich hängen, o so seien Sie, mein wunderbarer Freund, dessen versichert aus dem Munde der Freundin

Cosima von Bülow-Liszt

29ten September 1867 /.

[1] *Zitat aus »Lohengrin«, 2. Aufzug, 5. Szene: »Lohengrin: Heil dir, Elsa! Nun laß vor Gott uns gehn!«*

[2] *»Flötenspieler«, Spottwort für Intendanzrat Schmidt, der »auf dem letzten Loche pfeift«; siehe Brief 179, »Flöte«.*

[3] *Geiger Eduard Remenyi = Pseudonym für Eduard Hoffmann (1828-1898), ungarischer Geiger, zeitweilig Begleiter von Johannes Brahms, wurde 1854 Soloviolinist der Königin Victoria von England, war auf vielen Tourneen in Europa, Kanada, den USA und Mexiko.*

[4] *Zitat nach »Tannhäuser«, 2. Aufzug, 2. Auftritt, Elisabeth.*

[5] *Otto (1815-1896) und Mathilde (1828-1902) Wesendonck. Der vermögende Kaufmann zog 1852 nach Zürich, wohnte im Hotel Baur au Lac und förderte Richard Wagner in Zürich mehrmals durch Übernahme von dessen Schulden. Damals lernte Wagner auch Mathilde Wesendonck kennen, in die er sich verliebte. Wagner widmete ihr schon vor Beginn ihrer engen Beziehung den 1. Akt der »Walküre«. Nach dem Bau der Wesendonck-Villa 1856/1857 bot ihm Otto Wesendonck an, das im Nachbargrundstück stehende Fachwerkhaus, das »Asyl«, zu bewohnen. Dort entstanden Dichtung und 1. Akt der Komposition »Tristan und Isolde« sowie die »Wesendonck-Lieder«. Wagners Frau Minna »beendete« die ein Jahr dauernde Liebesromanze. Auch nach der Affäre zwischen Wagner und seiner Frau unterstützte Wesendonck Wagner mehrmals und kaufte 1859 die Rechte an den ersten drei Teilen des »Rings«, die Wagner später noch einmal an Ludwig II. veräußerte.*

[6] *Sempers Berufung als Professor für Baukunst an das Polytechnikum in München.*

181

Theurer Herr! Gütiger gnädiger Freund!

Ich hoffe dass ich nicht lästig erscheine, wenn ich heute wiederum meine Handschrift zu zeigen mir erlaube. Mein Mann bekam nämlich einen Brief den ich beizulegen wage; ich wusste nicht ob ich gerade hierüber mit Rath Düfflipp sprechen durfte, dann wussten wir auch nicht recht was wir thun und lassen sollten – das Beste wie immer schien mir zu sein, beim gütig hohen Freunde, anzufragen was Ihm genehm. Der Schreiber des Briefes ist ein Bayer, Sohn eines Offiziers – wenn ich nicht irre – er kam von Geibel[1] besonders empfohlen nach Berlin, wir lernten ihn kennen und suchten ihm behülflich zu sein so gut es ging. Talent hat er (poetische Erzählungen von ihm haben mir ganz gut gefallen), allein nicht *das* wie es scheint, durchzudringen, auch weiss ich gar nicht wie es jetzt mit seinen Fähigkeiten steht, da wir seitdem wir München verlassen haben, gar nichts von ihm gehört. Mir ist es persönlich sehr unlieb dass er meinen Namen benutzt hat – allein ich kann es nicht verwehren. Will der Gnädige Freund, mir wissen lassen ob wir etwas angeben sollen oder nicht, würde ich tief dankbar Ihm dafür sein. Dass Dr. Heigel[2] sich einbildet mein Mann sei »Freund« des Königs gehört so zu dem Geschwätz der Leute. – – –

Sonntag hatte ich wirklich einen Brief vom Freund; er schrieb namentlich vom Brief den ich ihm mitgetheilt, da ich wohl weiss dass diese Ergiessungen seine Seelenfreuden sind. Parzival's Brief! Er hat gesiegt! Was ist gegen diese liebvolle Glaubensfreudigkeit – aller Witz? Parzival hat mich tief erwärmt; er ist der »deutsche Jüngling«! – Die »Süddeutsche« macht mir grosse Hoffnung. Gott! es ist wirklich etwas zu Stande gebracht wofür ich – und ach! Du – vor zwei Jahren vieles gelitten haben. Nun ist's da. Und die Schule auch da – – wenn auch noch alles problematisch. O Parzival! Doch unser Einziger! Wir werden doch noch etwas erleben. Denk an die Meistersinger – sie werden am Ende doch bald aufgeführt. Es ist eigentlich eine ganz neue Geburt für das Volk.« – – Sie sehen gütiger Theurer, ob er Ihnen »verzeiht«, wie Sie so unaussprechlich schön und erhaben, sagen. Ich las seinen theuren Brief zweimal, und schickte ihn dann sobald als möglich dem Freunde; darum unterliess ich es leider in meinem letzten Schreiben mit Dank die gütige Erwähnung Lipowskys zu besprechen. Hoffentlich ist der Herr und König mit ihm zufrieden, ich befürchte ein wenig in Bezug auf die einfache Bequemlichkeit ein jeder Personenwechsel. Lipowsky gilt für ehrenhaft und tüchtig, und ich entsinne mich wohl ihn damals genannt zu haben. – – – Ich hoffe die letzte Lohengrin Aufführung hat Sie, mein theurer Herr, auch erfreut, mir schien das Orchester und die Chöre schöner denn je. Der Vater war entzückt, und einige Berliner und Wiener die wir sahen sperrten kurios Augen und Mund auf. Sie mögen dort oben ihre Zündnadeln zeigen und ihre gewiss schätzenswerthe Disciplin, Wir können hier auf den »deutschen Geist« weisen, dessen Offenbarungen Wir hier retten. Zumbusch – der jetzt die Büste vom Vater macht – erzählte mir *Redwitz*[3] sei zu ihm gekommen, und habe vom Lohengrin gesagt: er habe nie im Theater sich so ergriffen gefühlt, es sei das Schönste, Poetischste, Reinste und Erhabenste das er kenne. So kommen sie alle nach und nach, langsam, aber sie kommen. – Wie bin ich dem hohen Freunde dankbar, mir und dem Vater erlaubt zu haben das Sempersche Modell anzusehen, es hat den Vater bezaubert und mich von Neuem ganz hingerissen. Ach! und das schöne künstlerische Leben dass mit dem Beginn dieses Baues eintreten wird, und die Hebung des Gewerbes – was 100 Akademien nicht zu Stande bringen befördert solch ein Unternehmen. Da muss ich doch mir erlauben ein kleines zu erzählen; der Vater besuchte den Grafen P. den er von früher her kennt, dieser stellte ihn seiner Schwiegertochter – wenn ich nicht irre – vor. Der Vater kam eben von der Besichtigung und sprach seine vollste Bewunderung aus; darauf die gute Frau aufgesprungen als ob sie die Tarantel gestochen hätte, zu was dieser Bau, diese Kosten, man weiss ja gar nicht was man darin spielen soll; der Vater lachte und sagte: »gerade in dieser Wuth brach Graf A. in Rom aus als die Rede hiervon war, erlauben Sie mir Ihnen zu wiederholen was ich diesem sagte? Man weiss sehr gut was man darin aufführen soll, aber selbst wenn niemals darin gespielt werden sollte, so ist solch ein Monument von der grössten Wichtigkeit für eine Stadt, es bringt das zehnfache ein das es kostet, und eine Stadt in welcher grosse Kunstwerke stehen, geht nie unter. Zweitens was die Kosten anbetrifft, in Paris geben sie 40 Millionen für ihr Theater aus, und bekommen kein Meisterwerk, Semper verlangt nicht 2 Millionen und bringt einen Bau wie ihn die moderne Welt nicht hat.« Darauf die Gräfin schon etwas verdutzt »Es macht uns aber im Auslande lächerlich« – der Vater »Gräfin, danken Sie Gott dass Sie bereits lange das Glück haben wie Sie sagen »lächerlich« zu sein«, sie schaute ihn verblüfft an, er fuhr fort: »Als König Ludwig I all die schönen Bauten aufführte, hat kein Mensch hier gewusst wozu, im Ausland hat man auch gewitzelt und sie *lächerlich* gemacht – – bis alles den schönen Impuls den der König von Bayern gegeben, nachmachte! Und München, Sie werden mir das zugeben, kann jetzt die vielbespöttelten und bekämpften Kühnheiten des Königs Ludwig I preisen.« – – Darauf ergab sich die gute Frau.

Ich wollte nur zwei Worte sagen und bin in das »Plaudern« hineingerathen, hoffentlich nimmt es mein theurer Herr, gnädig auf. Es ist mir immer eine Wohlthat all die Träume, all die Wunder, all die Märchen, mit dem Träumeverwirklicher, dem Wunderthätigen, dem freundlichen Zauberer zu besprechen; dann weiss ich: *es ist so* und nicht anders.

Den Segensgruss der treuen dankenden Liebe entsendet die Freundin dem hohen Gütigen!

Cosima von Bülow-Liszt

München.
7ten Oktober 1867 /.

[1] *Emanuel Geibel (1815-1884), Dichter und Übersetzer; 1852 Ruf nach München als Vorleser Maximilians II. Joseph und Professor für deutsche Literatur an der dortigen Universität. Begründer und Mittelpunkt des »Münchner Dichterkreises«. Wegen eines Verherrlichungsgedichtes auf den preußischen Königs Wilhelm I. 1868 Entzug des bayerischen Ehrensolds durch Ludwig II. Cosima scheint davon nichts gewußt zu haben, sonst hätte sie ganz sicher den Namen Geibel hier vermieden.*

[2] *Karl August von Heigel (1835-1905). Neben August Fresenius, Hermann von Schmid und Ludwig Schneegans einer der vier wichtigsten »Hofdichter« des*

Königs. Er schrieb zehn in Separatvorstellungen gespielte Dramen, bei denen die Themen bis in die Einzelheiten vom König vorgeschrieben wurden, darunter »Das Testament König Karls II.«, »Ehrgeiz und Königstreue« und drei im Mittelalter spielende Stücke, unter anderem »Die Welfen in Hohenschwangau«.

3 *Oskar von Redwitz-Schmölz (1823-1891), Philologe und Jurist, zeitweise liberaler Abgeordneter. Verfasser des Aufsatzes »Richard Wagner und die öffentliche Meinung« in der »Augsburger Allgemeinen Zeitung« vom 19. Februar 1865. Nicht nur Wagner, auch die durch ihn gegründete »Kolonie« samt Bülow waren Gegenstand dieses heftigen Angriffs.*

182

Liebe, theure Freundin!

Ich jubelte förmlich auf in meinem Herzen, als ich Ihre beiden, letzten Briefe las; innig hat es mich beglückt, Sie in so freudigerregter, gehobener Stimmung zu wissen, die auch mich überkam und mich beseligte, obwohl ich auch gerade in der letzten Zeit ernste, sehr ernste Tage erleben musste. – Nun ist es entschieden, was mich quälte und so ist es gut, ich bin wieder ruhig und heiter, der Friede, der aus mir geflohen war, ist wieder eingekehrt in meine Seele und wird, wie ich sicher hoffe und fest glaube, nie wieder mich verlassen. – Da ich weiss, dass die von mir innig und treu geliebte Freundin den wärmsten, aufrichtigsten Antheil an Allem, was mich betrifft, nimmt, an meinem Glücke wie an meinen Leiden, so folge ich auch dieses Mal dem Drange meiner Seele und schütte Ihr mein Herz aus, was stets so liebevoll von Ihnen aufgenommen wurde. – Als ich im vorigjährigen Sommer öfters meiner Cousine Sophie schrieb und ihr über den auch von ihr mit Begeisterung verehrten und geliebten Meister, Unsrem grossen Freunde, Mittheilung machte, Bücher, Briefe etc. sandte, so erfuhr die Mutter derselben von dieser zwischen mir und ihrer Tochter bestehenden Correspondenz und dachte in ihrer plumpen, ungeschickten Art, es wären gewöhnliche Liebesbriefe, dass es sich um rein geistige Beziehungen handelte, konnte sich dieser Drache[1] nicht denken, denn so sind nun einmal diese beschränkten Menschen, an alles Erhabene legen sie ihren eigenen kurzen Maasstab. – Sophie, deren Zuneigung zu mir in der That wirkliche Liebe war, fühlte sich namenlos unglücklich, als sie hörte, dies wäre meinerseits nicht der Fall; aus Rührung und wirklich aufrichtigem Mitleiden für ihre unglückliche Lage liess ich mich zu dem unüberlegten Schritte der Verlobung hinreissen. – Ich kenne sie von Jugend auf, liebte sie stets als theure Verwandte, treu und innig, wie eine Schwester, schenkte ihr mein Vertrauen, meine Freundschaft; aber nicht Liebe. Sie können sich denken wie entsetzlich für mich der Gedanke war, den Vermählungstag nun immer näher und näher heranrücken zu sehen, erkennen zu müssen, dass dieser Bund weder für sie noch für mich glückbringend sein könnte und doch war es schwer, sogleich wieder zurückzugehen, »nach Freiheit nur verlangte ich, nach Freiheit, Freiheit dürstet's mich«[2], nun habe ich mich losgerissen, warum sollte ich gewaltsam in mein Unglück blindlings hineinrennen, ich, der ich noch so jung bin, noch immer das mir von Gott bestimmte Wesen zu finden Zeit genug vor mir habe? warum mich fesseln, selbst in Bande schmieden, ein Wesen heirathen, das ich als nahe Verwandte stets liebte, aber nicht so, dass ich sie zu Königin und zu meiner Gattin erheben will, schwarz und düster verhüllte sich mir die Zukunft, warum sollte ich mir für immer die Möglichkeit abschneiden, glücklich zu werden? Wenn nun etwa binnen Jahresfrist das Wesen sich gezeigt hätte, von dem ich wusste, dass das die mir von Gott Bestimmte sei, wenn nun zu dieser mich die wahre Liebe gezogen hätte, der ich hätte folgen müssen, wie namenlos elend wäre ich geworden, Alles wäre zu spät gewesen, ich hätte fortfahren müssen, mich der nun einmal angetrauten Sophie aufzuopfern; o es muss ein schreckliches Loos sein, aufgeopfert werden. – Da galt es, das Ungewitter zu zerstreuen, das ich selbst über meinem Haupte heraufbeschworen hatte, ich dachte der erste Verdruss ist besser wie der letzte und setzte Sophie in einem ausführlichen Schreiben Alles auseinander, nun ist ihre Hand frei, sie kann noch glücklich werden und ich.

O wohin wäre es mit all Unsren Plänen gekommen, wenn die unglückbringende Ehe nun geschlossen worden wäre, wenn das innere

Leiden, Gram und Trauer mich verzehrt hätten, woher hätte ich den Schwung zur Begeisterung für Unsere Ideale genommen, mein inneres Mark wäre gebrochen gewesen, zerrinnen wie müssige Hirngespinste hätten all die goldnen Träume müssen, keine Kunstschule wäre entstanden, kein Fest-Theater hätte sich je erhoben, für mich hätten die Meistersinger nicht existiert, die Nibelungen, Parcival hätten mich nicht durch ihre Wonnen beseligt, mein Schatten nur hätte auf Erden ein trübes friede- u. freudeloses Dasein geführt und zehnfacher Tod wäre mir erwünschte Lust gewesen; Alles, Alles wird nun, ich bin erwacht aus qualvollfolterndem Traum, fühle die alte, ungebeugte Heldenstärke in mir, die ihrer hohen Sendung nicht untreu werden muss, Heil Wagner, für Dich vergiesse ich froh mein letztes Herzensblut! – Brauche ich Ihnen zu sagen, wie namenlos glücklich mich die letzte Lohengrin-Aufführung machte? aus ihr erwuchs mir die Kraft, die lästigen, einengenden Bande gewaltsam zu sprengen, o immer übt dieses gottentstammte Werk seine Wunderkraft aus! – Anfangs Februar hoffe ich sicher die Meistersinger hören zu können.

Wie sehne ich mich nach Fortsetzung der Biographie, o bitte, bitte! – O nun lebe ich wieder auf! Ja jetzt erkenne ich sie wieder, die schöne Welt, der ich entrückt, der Himmel blickt auf mich hernieder, die Fluren prangen reich geschmückt; der innere Frieden, die frohlockend jauchzende Seelenfreude lässt keine Sorge aufkommen, da blühen Blumen den inneren geistigen Augen, wo in der Wirklichkeit nur kalte Eis- und Schneegefilde (wie jetzt hier) sichtbar sind, von Poesie ist das herrliche Hohenschwangau durchweht, obgleich heute Abend leider meine Mutter und mit ihr die personificierte Prosa ihren Einzug hält. –

Mit Schauder blicke ich das heutige Gekritzel an, Vergebung, aber Papier und Federn waren unter aller Kritik. –

Tausend Grüsse der geliebten Freundin! Treu bis zum Tod!

Ludwig.

Hohenschwangau
8. Okt. 1867.

[1] *Drache = Ludovika Herzogin in Bayern, Sophies Mutter. Richard Wagner hatte längst bemerkt, daß der König in Sorge war, und bat ihn bereits am 22. September, sich ihm anzuvertrauen. Der König aber wandte sich an Cosima. Sie erfuhr mit diesem Schreiben von der bevorstehenden Auflösung der Verlobung; offiziell wurde die Entlobung in München erst am 11. Oktober bekanntgegeben.*

Einen ausführlichen Brief über die Entlobung erhielt Richard Wagner erst am 19. Oktober nach Tribschen, der am 25. Oktober ausführlichst darauf einging und eine sehr deutliche Anspielung auf die zwischen ihm, Cosima und Hans von Bülow bestehende Beziehung machte. Er hoffte darauf, daß Ludwig II. durch die inzwischen gewonnenen eigenen Erfahrungen sie richtig verstehen würde: »Sie werden mein Leben kennen lernen; auch das der Freundin wird Ihnen unerhörte Leiden aufdecken, die aus Irrungen entsprangen, deren Folgen ein edles Herz nicht einseitig abwehren kann.«

[2] *Zitat nach »Tannhäuser«, 1. Aufzug, 2. Szene: »Tannhäuser: Doch hin muß ich zur Welt der Erden, bei dir kann ich nur Sklave werden; nach Freiheit doch verlangt es mich [verlange ich], nach Freiheit, Freiheit dürste ich [dürstet's mich].«*

183

Theuerster Herr und Freund!

Was kann nun die Freundin anders als – – – – – gratuliren?..... Sie wissen, mein gnädiger Freund, wie ich Ihnen eine Gefährtin gewünscht habe die mit Ihnen Freuden und Nöthen des Lebens theile, wie ich glücklich war als Sie meinten dieselbe gefunden zu haben. Wenn Sie, Hoher, mir heute sagen: diese war es nicht, dann kann ich nur Glück wünschen dass der gewiss überaus schwere Schritt gethan. Ich gestehe es – als ich von der »*Drachen*« Einmischung bei der Verlobung einiges hörte, hatte ich eine unaussprechliche Angst, doch ich weiss was man auf das Gerede der Leute im Allgemeinen geben soll, und der alles überflügelnde Wunsch Sie von einer treuen liebevoll verständnissvollen Seele umgeben zu wissen, liess mich über meine eigene Sorge die Achsel zucken. Jetzt bin ich wiederum (zwar in andrer Weise) besorgt; ich fürchte die »Drachen«; ich fürchte sie *sehr*. Man wird wüthend über den Entschluss sein, die mächtigen Connexionen können viel Uebles anrichten, die Zeiten sind schlimm, o dürfte ich Sie in Demuth und Liebe bitten, mein Freund und König, der Einsamkeit sich etwas zu entziehen, dass das Volk seinen Herrn besser kenne; der guten Sache wegen bitte ich Sie darum. Ich glaube dass wenn Sie, theurer Herr, dies über sich vermögen, die bedeutende Entscheidung gar keinen Eindruck machen kann, denn die Familie Max – wie das Volk sich ausdrückt – ist nicht beliebt, aber mächtig ist sie und böse, sie wird einen Vortheil aus der Zurückgezogenheit des Königs ziehen wollen – und Oesterreich?[1] .....

Das meine einzige Angst; sonst theurer Freund, hoher Herr, wie sollte ich das Gefühl der Befreiung dass Sie beseelt nicht begreifen und mitempfinden? Ach! die Leute die alles arrangiren und gut machen wollen, die bringen die ärgsten Misverständnisse zu Stande; und da es nun einmal so war, da die »Drachen« hatten Vorsehung spielen wollen, so war es gewiss das Beste dass Sie sich am letzten Momente noch Wahrheitsgemäss erklärten – Prinzessin Sophie thut mir einzig dabei leid; liebt sie aber so wird sie sich schön ergeben, liebt sie nicht – nun dann muss ja auch sie wie befreit sein. Haben Sie Dank mein hoher Freund, dass Sie die Mittheilung mir machten, es mögen schwere schwere Tage gewesen sein! Was der Privatmann leicht kann, wird für den König beinahe unüberwindlich, und abgesehen von der öffentlichen Tragweite dieser Handlung, Ihr schönes edles Herz mag es schwer genug empfunden haben der Prinzess dieses Leid anzuthun. Ich möchte sie liebte Sie mein König, entweder gar nicht, oder grenzenlos; in letzterem Fall würde sie dem »Bruder« Dank wissen wahr und offen gegen sie gewesen zu sein, und würde die augenblickliche peinliche Lage gar nicht bedenken. Nun die »Allenderin« die Zeit, wird wohl auch hier Balsam geben – ich gestehe es ich möchte einige Monate älter sein, ich fürchte das Spinnengewebe der Intrigue, ich fürchte es sehr! O mein König, verzeihen Sie der Sorge der Freundin!

Mein Vater kehrt heute Abend von Triebschen zurück; hoffentlich bringt er mir gute Nachrichten vom Freunde. Ich schickte diesem den Brief meines Herrn – ich weiss, er auch wird in grosser Sorge sein. – Es giebt viel Noth hier immer mit dem Theater; der gute Intendanzrath engagirt, arrangirt nach Belieben ohne ein Wort zu sagen, wir haben aber doch Hans Richter[2] als Chordirektor förmlich »eingeschmuggelt«; er wird unentbehrlich zu den Meistersingern sein. Mein Mann möchte gern noch die Iphigenie von Gluck mit der Wagnerschen Bearbeitung[3] – welche in Wien soeben gegeben worden ist – hier zur Aufführung bringen; ich sagte ich würde diesen Wunsch dem allergnädigsten Herrn ehrfurchtsvoll unterbreiten.

Nebst einigem andren habe ich jetzt die Aufgabe eine Cousine Bülow aus Mecklenburg (!!) zu unterhalten, dieser nun klar zu machen dass die Schweriner Angelegenheiten mir einigermaassen fremd sind, ist sehr schwer; was würden Sie theurer Hoher, zu *dieser* Prosa sagen? ....

Ich freue mich sehr auf die Aufführung des »Wunderthätigen« Morgen, wenn ich auch befürchten muss dass dieselbe sehr ohne Sinn und Verstand sein wird, und dass die Rheinbergersche Musik[4] dem eigenthümlichsten Spanischen Genie sehr wenig angepasst sein dürfte. – Die Musikschulen-Sitzungen gehen ihren Gang, es fällt mancherlei darin vor dass meinen Mann nicht erbaut, doch er schweigt um nur die Sache im Geleise zu bringen, ist dies einst geschehen, dann wird er schon »Deutsch« reden.

So leben Sie denn »frei« wohl und auf, mein hoher Freund! Möge der Gedanke dass eine treue Freundin Sie in allem versteht und alles mit-empfindet, Ihnen gnädig Gütiger, die Nöthen des Lebens erleichtern.

In ewiger dankender Treue

Cosima von Bülow-Liszt

10ten Oktober 1867 /.

[1] *Hier spielt Cosima auf Elisabeth Kaiserin von Österreich, Sophies Schwester, an. Die Kaiserin äußerte sich sehr ungehalten über die Entlobung. Doch dann verfiel sie auf die Idee, ihre Lieblingstochter, Erzherzogin Marie Valerie, zu ihren Besuchen bei ihrem Vetter Ludwig mitzubringen. Sie hätte sie gerne als dessen spätere Gemahlin gesehen.*

[2] *Im Dezember 1867 siedelte Hans Richter von Tribschen nach München über und wurde Chor- und Solorepetitor am Hof- und Nationaltheater.*

3 Wagner hatte sich im Winter 1846 mit der textlichen und musikalischen Bearbeitung von Glucks »Iphigénie en Aulide« beschäftigt, die am 22. Februar 1847 in Dresden aufgeführt wurde.

4 Joseph Gabriel Rheinberger (1839-1901), Komponist, 1851 Studium an der Musikschule in München, Privatunterricht bei Franz Lachner, 1859 Lehrer für Komposition. Nach Aufhebung des Conservatoriums Solo-Repetitor am königlichen Hoftheater. Romantische Oper »Die sieben Raben«, Sinfonische Dichtung »Wallenstein«. 1864 Direktor des Münchner Oratorienvereins, 1860 bis 1866 Organist an der St. Michaels-Hofkirche, 1877 bis 1901 Professor für Orgel und Kontrapunkt an der königlichen Musikschule.

184

Mein theurer gnädiger Herr! Gütiger Freund!

Rath Düfflipp übermittelte mir die schöne Gabe die Sie Hoher, mir zugedacht haben. Soll sie mir die liebste der Welt sein, so soll sie nur schöne Stunden Ihres Lebens mir zeigen; das edle Sinnbild der Mutter des Heilands welche ihm treu bis zum Kreuze folgte, das höchste Beispiel von Mutterliebe vom grossen Künstler erfasst und wiedergegeben – doppelt gerne trage ich es und betrachte ich es jetzt wo es mir das Symbol Ihrer Güte gegen mich geworden ist, mein theurer hoher Freund! –

Diese ganze lange Woche hatte ich keine Nachricht vom Freunde, dafür erbaute ich mich aber an *Deutsche Kunst und Politik*[1] die ich ganz unvergleichlich schön finde. Bis jetzt hatte man den Freund in München nicht errathen; nach No. VI aber glaube ich, wird keiner in Zweifel sein. So viel man über König Max geschrieben hat, keiner hat meines Wissens, den Gedanken des Maximilianeums[2] so erfasst wie der Freund, welcher doch anscheinend *diesen* Dingen so ferne steht. Ich meine der theure Herr wird Freude an den Aufsätzen gehabt haben. –

Bei Zumbusch welcher die Büste meines Vaters macht, traf ich O. von Redwitz der mir bei weitem besser gefiel als ich es erwartet hatte, nachdem mich seine dramatische wie lyrische Gedichte wenig erbaut hatten. Ich sehe mir alle Menschen auf mögliche Intendanten an; denn es ist und bleibt arg hier. – –

Was mich sehr verwundert hat ist die allgemeine Aufnahme der *grossen Nachricht,* ich hatte einige Theilnahme für die eine Seite erwartet, doch gross war mein Staunen als ich überall nur hörte: »Das ist gut! Nur nicht diese Familie!« Der Volkssinn ist meist immer merkwürdig richtig.

Ich habe meinen Vater noch auf einige – fünf bis sechs – Tage zurückgehalten, morgen lasse ich ihn jetzt nach Rom ziehen, obgleich er nicht im Mindesten beunruhigt ist, und falls er es wäre nur um so rascher dorthin reisen würde. Bald erwarte ich meine Schwiegermama die ich bewogen habe nach München zu kommen, da sie allein und bejahrt ist; die gute Frau theilt nicht eine einzige meiner Ansichten, doch bin ich so übermuthig über den Gang Unsrer Sache, so zuversichtlich über die weitere Entwicklung des hiesigen Kunstlebens, dass ich mir die Lasten der ganzen Welt aufbürden möchte um das eine Glück zu sühnen. Weiss ich Sie froh mein König, den Freund wohl, zufrieden, und schöpferisch gestimmt, sehe ich uns hier – langsam – aber doch vorwärts gehend, dann wüsste ich gar nichts dass mir schwer fiele.

Alle guten Geister mit Ihnen, mein hoher Freund, der Sie Unser Guter Geist sind! Ich sehne mich bald zu hören wie Sie Gütiger die schwere Zeit überstanden haben!

In treuer Hingebung, Dankbarkeit und Liebe, grüsst die Freundin.

Cosima von Bülow-Liszt

20ten Oktober 1867 /.

[1] *Im September 1867 begann Wagner in München die auf 15 Artikel geplante Serie über »Deutsche Kunst und deutsche Politik« zu schreiben, die in der von Julius Fröbel geleiteten, halbamtlichen »Süddeutschen Presse« von der ersten Nummer vom 24. September bis zum 19. Dezember 1867 erschien. Die Aufsätze waren mittelbar an Ludwig II. adressiert. Die Schrift behandelt ein breites Spektrum gesellschaftspolitischer Fragen bis hin zu dem stets neu gehegten Lieblingsgedanken eines neuen Theaters; sie verleugnet keineswegs die revolutionäre Grundhaltung Wagners. Auch das, was Maximilian II. für die schöngeistige Literatur getan hatte, unterzog Wagner einer scharfen Kritik. Die Aufsätze erschienen 1868 in Leipzig als Buch.*

[2] *Maximilian II. Joseph, Vater Ludwigs II., schuf das Maximilianeum, eine Stiftung mit Studienheim für begabte männliche Landeskinder.*

185

Mein theurer Herr und gnädiger Freund!

Der Vater ist heute abgereist, ich habe viel geweint, doch bin ich froh! Soll ich es sagen? Es herrscht in der ganzen Stadt Freude über das königliche Auftreten des Herrn dem Reichsrath gegenüber, und dies thut meiner Seele so wohl dass ich glücklich bin – wenn noch so traurig. Dann brachte der treffliche Rath mir schöne Hoffnungen von Hohenschwangau mit, es wird nun alles! Dann habe ich eingehend mit Baron Perfall gesprochen und er hat mir den besten Eindruck gemacht, er wird der Sache *dienen*. Dann sind die Meistersinger vollendet und der Freund auf dem Weg nach Paris. Dann – das hätte ich zuerst sagen sollen – der hohe Freund ist wohl und bleibt uns gnädig! Die Musikschule geht sehr gut, mein Mann ist ausserordentlich zufrieden, ist das Theater geregelt, dann ist alles geschehen, und im Dezember beginnen die Proben!! Ich kann nicht sagen wie der gute Rath mich gefreut hat wie er von der baldigen Lösung der Frage sprach – ich bleibe dabei dass Perfall sich sehr gut für die Stellung eignen wird.

Gott segne unsren Schirmherr, unsren König, unsren Freund! Das Theater wird ein edler Tempel werden, Ihnen, mein gnädiger Freund, und des theuren Meisters würdig! Nur diesen Gruss wollte heute entsenden die ewig Dankende!

Cosima von Bülow-Liszt

28ten Oktober 1867 /.

186

Theuerste Freundin!

Ich kann mir die Freude nicht versagen, heute noch, als am ersten Tage meines Hierseins, einige Zeilen an Sie zu richten. – Tausend Dank für zwei so liebevolle Briefe, den letzten erhielt ich gestern, als ich von Hohenschwangau kommend, in Unterpeissenberg den Wagen bestieg, mit inniger Freude erfüllte er mich und wahrer Erhebung, viel trug er dazu bei mir das Hierherkommen zu erleichtern; denn die geliebte Freundin wird es begreiflich finden, dass es mir stets schwer fällt und einen inneren Kampf kostet, wieder in die Stadt zu kommen, wo ich schon so viel Trauriges erlebt, so Schmerzliches erlitten habe. – Auch heute war ich den ganzen Tag über in der trübsten, melancholischsten Stimmung, sehr freue ich mich bald fort zu kommen, ich werde die Stadt verlassen, sobald das Wichtigste erledigt sein wird. – Gottlob, Unsre eignen Angelegenheiten stehen gut, die Leute nehmen nach und nach Vernunft an und doch fällt es schwer alle Leiden zu vergessen, die meine theuern Freunde und ich durch eben jene Menschen durchzumachen hatten. – Ich ersuche die Freundin dem geliebten Freunde in meinem Namen mitzutheilen, dass ich in allernächster Zeit schon Ihren Vater ersuchen lassen werde, bleibend hier seinen Wohnsitz zu nehmen und dass ich ihm die Leitung der Kirchenmusik anvertrauen will; ebenso dass ich Semper hieher berufen werde; ich ersuche Sie ferner was nur immer in Ihren Kräften steht aufzubieten, um Ihren theuern Vater zu bewegen, meinem sehnlichen Wunsche Folge zu leisten.

Gewiss bin ich, dass die theure Freundin an den Skizzen zu den »Meistersingern« Freude finden wird. So gerne hörte ich im nächsten Winter von Gluck'schen Opern: »Armida, Orpheus und Euridyce und die beiden Iphigenien«, wie schön wäre es, liesse sich dies ermöglichen.

Mit jedem Tage freue ich mich auf's neue, der wiedergewonnenen Freiheit, die Verbindung mit Sophie wäre mein geistiger Tod gewesen; nun erwacht das alte Begeisterungsfeuer mit neuer Gewalt und bei Gott, ich will wachen, dass es nie mehr in Gefahr kommen soll zu erkalten. –

Nun muss ich schliessen, denn es ist schon gleich 1/2 1 Uhr in der Nacht. Viele Grüsse an Herrn v. Bülow. –

Treu und liebend, unerschütterlich glaubend und muthig hoffend bis zum Tod

München — Ihr

31. Okt. 1867 — Freund Ludwig.

187

Mein theurer gütiger Freund, treu geliebter König!

Nach Hohenschwangau, wo Sie gerne weilen, entsende ich mit Freuden den Gruss! Hier wollte ich mich unter der Unzahl von Lasten, Zerstreuungen, Verpflichtungen (und wie all die Dinger heissen!), nicht drängen, dorthin wo Sie sich theurer Hoher, wohl fühlen, sagt die Freundin Ihnen von ganzer Seele Willkommen! Hier begnügte ich mich damit bei der neulichen Aufführung von Don Juan Sie zu erblicken, freudig zu sehen dass Sie wohl sind, und den gnädigen holden Beschützer, von der Ferne zu begrüssen! Hier ist nun alles wieder beglückt und froh; die Leute können sich nun untereinander erzählen dass sie ihren König gesehen, woran ihnen viel liegt was ich ihnen nicht verdenken kann (Verdenke der theure edle Freund mir das nicht verdenken, nicht!). Ich war gestern nicht in den Hugenotten; wenn es gar zu »festlich beleuchtet« hergeht, halte ich mich lieber fern, ich weiss auch wie unsrem Herrn dabei zu Muthe ist, und dass mich jemals ein Mächtiger, Kaiser, Czar, Sultan, oder Dalai-Lama, aus dem Hause locken sollte – mit Ausnahme des einzig Mächtigen der uns gnädig war – bezweifle ich. Heute früh hörte ich bereits viel erzählen, viel Unsinniges dazu; der König habe sich mit Prinzess Sophie wieder vereinigt; ich gab kein Sterbenslaut von mir und liess wie gewohnt die Guten sich ausschwatzen. Ich hatte neulich die Ehre der Frau Grossfürstin Helene[1] mich vorstellen zu dürfen, sie schien sehr glücklich zu sein den König gesehen zu haben, und wenn ich mich nicht sehr täusche, ist sie durchaus fähig dem Geiste und dem Herzen nach, das

Grosse dass Sie, Theurer, wollen und verwirklichen, zu empfinden. Sie war äusserst freundlich gegen mich und hat mir den angenehmsten Eindruck gemacht. In ihrer Hofdame Frl. von Rahden[2] lernte ich ein selten begabtes Wesen kennen, ernst und gut; wir schlugen bald das Wagner-Capitel an und verstanden uns. Dass die Frau Grossfürstin nicht damals für den Freund that was anscheinend so leicht und zugleich auch so wichtig war, Gott, da mögen die Umstände Schuld daran tragen, sie selbst war gegen ihn äusserst freundlich und gütig. Das kann man nun Niemandem Uebel nehmen, dass er nicht das that was Sie thaten, mein unvergleichlicher Freund!

Die Berufung meines Vaters rührt mich tief! Ob er derselben augenblicklich nachkommen kann, weiss ich nicht, jedenfalls ist sie eine schöne Perle in der langen goldnen Kette von Gnaden die uns ewig an Sie Hoher, Gnädiger, fesselt. Unabsichtlich bin ich im Bereich des Schmuckes gelangt, und da muss ich wiederum mit Dank halt machen; das Vergissmeinnicht-Kreuz will ich tragen bis ich es Senta um den Hals hänge, und ihr sage dass die schönsten Blüthen der Liebe auf dem Kreuze des Lebens Uns geblüht haben. Der ganze Schmuck ist lieblich und – – trägt Ihre Farbe! Die Meistersinger-Skizzen sind nun wohl nach Luzern abgeschickt worden; sie sind sehr hübsch, einige Bemerkungen hätte ich nur in Bezug auf die Costüme zu machen gehabt. Doch das wird der Freund viel besser thun. Ich hatte heute den ersten Brief seit seiner Rückkehr aus Paris, er fühlt sich wohl auf Tribschen und corrigirt nun an der Biographie. Ich erlaube mir hier das erste Blatt von seinem letzten Brief aus Paris beizulegen, weil er mir so ur-eigenthümlich ihn selbst mir wiedergab, ich hätte ihn gern abgeschrieben doch mir wollte es dünken dass mein hoher Freund lieber diese Ergiessungen in der Schrift des Freundes lesen würde. Für die mitlaufenden Angaben von Besorgungen um die ich ihn gebeten, bitte ich um Entschuldigung. –

Semper's Berufung wird hier mit der grössten Freude begrüsst werden, es ist dies Ihrer mein königlicher Freund und Herr, ganz und gar würdig.

Die Leute werden nun hier allmählig vernünftig, und ich glaube dass die grossen Veränderungen die bevor stehen ohne jeden Anstoss vor sich gehen werden. Ich erlaube mir auch ein Briefchen des guten Richters beizulegen, den wir hier nun auch endlich mühsam in einer kleinen Stelle angebracht haben, der aber vortrefflich später sich zum Musikdirektor eignen wird. Dieser Brief zeugt von der Herzensgüte dieses braven Menschen in welchem der Freund wirklich einen Fund gethan hat. Mein Mann kündigt zum besten eines Fonds für arme Tonkünstler drei Beethoven Soiréen an; es liegt ihm daran endlich die Thorheiten von »klassisch« und nicht »klassisch« zum Schweigen zu bringen. Neulich sagte Porges sehr richtig: »ich kenne keine klassische Musik, es giebt gute und schlechte, und wir machen gute. Wenn man unter »klassisch« die Stileinheit versteht, was das Richtige ist, so ist Tristan und Isolde klassischer als Don Juan«. Das hat mir sehr gefallen. – Mein Mann wird mit grösster Freude die Gluck'schen Werke zur Aufführung bringen, und hofft darin die Zufriedenheit seines Herrn sich zu erringen. Die Musikschule geht sehr gut, Cornelius bewährt sich, die andren Lehrer sind auch brav – weiss der theure Beschützer, dass die Münchner Schule die erste königliche Anstalt dieser Art in Deutschland ist? Ueberall sind es Privat-Anstalten. –

Der Himmel wahre Ihnen, theuerster Herr, Freude und Ruhe – über den Besuch in Possenhofen[3] an welchem sich die erwähnten thörigen Gerüchte knüpften – habe ich mich herzlich gefreut. Gott gebe die Prinzess verstehe Sie nun besser als früher! –

Nun seien Sie Freund und Herr, im Namen alles Schönen und Edlen tausendfach gegrüsst von der ewig treuen Freundin

Cosima von Bülow-Liszt

7ten November 1867 /.

[1] *Helene (Helena Pawlowa), geborene Prinzessin von Württemberg (1807 bis 1873), russische Großfürstin, seit 1824 verheiratet mit dem Großfürsten Michail von Rußland (gestorben 1849), einem Bruder von Zar Nikolaus I.; sie bildete den geistigen Mittelpunkt des Petersburger Hoflebens, besonders der Musikkultur; Richard Wagner lernte sie anläßlich seiner Petersburger Konzerte im Februar 1863 kennen; damals hatte er auch Umgang mit Anton Rubinstein, Alexander Serow und anderen.*

[2] *Editha von Rahden (1823-1885), Hofdame der Großfürstin Helene Pawlowna von Rußland. Wagner hatte offenbar ihrer Fürsprache die Lesungen seiner »Ring«-Dichtungen bei Hofe zu verdanken. Noch einige Zeit nach seinem Rußlandbesuch stand er mit ihr in brieflichem Kontakt.*

[3] *Schloß Possenhofen am Starnberger See, Sitz der herzoglichen Familie in Bayern.*

188

Theuerste Freundin!

Mit dem innigsten Danke sende ich Ihnen die mir so liebevoll mitgetheilten Briefe zurück, es war mir wirklich ein Genuss sie zu lesen. Wie treffend und scharf charakteristisch sind doch die Aeusserungen des Freundes über die Pariser Zustände und Personen; ich habe mich wahrhaft daran erbaut. – Sehr froh und glücklich bin ich nun endlich wieder in meinen lieben Bergen weilen und die mir so wohlthuenden u. stärkenden Bewegungen im Freien machen zu können; es ist eine wahre Qual, lange in den Zimmern eingesperrt sein zu müssen; während meines 8tägigen Aufenthaltes in der Residenzstadt kam ich nur wenig zum gehen und zum Genuss frischer Luft; im übrigen bereue ich nicht, dort gewesen zu sein, die bockbeinigen Reichsräthe bekehrten sich doch noch im letzten Augenblicke.

Erst jetzt habe ich die genügende Zeit gefunden, um den so höchst interessanten Aufsatz des theuren Freundes über »Deutsche Kunst und Politik« lesen zu können; er hat mich wahrhaft begeistert, es kann nur von den allersegensreichsten Folgen sein, würde der Freund öfters Seine Ansichten auf diesem Wege der Oeffentlichkeit kund geben; würden doch auch die andern deutschen Fürsten diesem Aufsatze ihre Aufmerksamkeit schenken; o es ist nur allzu wahr, was der Freund über die Entfremdung zwischen den deutschen Fürsten und ihren Völkern sagt, dass diesen so oft mit schwarzem Undanke gelohnt wurde und dass von den Fürsten kräftige, segenbringende Thaten als Sühne zu erwarten sind. –

Es ist wirklich zu albern, was die Leute in München Alles daher schwätzen, wie können diese Menschen doch solchem Zeuge Glauben schenken. Ich bin sehr froh mit Possenhofen und seiner Einwohnerschaft nichts mehr zu schaffen zu haben; ich glaube sicher annehmen zu dürfen, dass auch Sophie nun völlig beruhigt ist, da sie längst weiss, dass ich sie nicht liebe, so hätte sie ja durch mich unmöglich glücklich werden können, wir Beide taugen nie und nimmermehr zusammen; Gottlob, dass ich sie los wurde![1]

Tief würde ich es beklagen, wenn Ihr von mir hochverehrter Vater meiner Einladung, auf immer nach München zu kommen, nicht Folge leisten würde, in Seinem letzten Briefe sprach der Freund die bestimmte Zuversicht aus, Ihr theurer Vater würde meinem Wunsche entsprechen wollen.

Ungemein freue ich mich auf die Aufführungen der Gluck'schen Meisterwerke; sehnlich wünsche ich auch im Laufe des kommenden Winters einige neu einzustudierende Dramen von Calderon und althellenische Tragödien zur Aufführung gebracht zu sehen, wie die Oresteia und die Oedipus-Trilogie; gewiss stimmt die theure Freundin meiner Meinung bei, dass es endlich Zeit sei, solche Werke dem Publikum vorzuführen, welche ihm die Augen über den Irrthum öffnen, in dem es beständig über das Theater und seine tiefe Bedeutung schwebt; jetzt ist es noch Zeit, bevor es versinkt und gänzlich verdirbt in dem Sumpfe der Gemeinheit, in dem grundlosen Boden des Materialismus; jetzt werde dem Volke die erlösende Hand geboten.

Dass Schmitt's und Lachner's Entfernung vor der Thüre ist, werden Sie gehört haben und so wären dadurch die Haupträdelsführer der feindlichen Bande, die Uns so unheilbringend war, auseinander gesprengt und in nicht mehr ferner Zeit steht es als vollendet da, das herrliche Werk, der glänzendste Sieg und Triumph des Reinen, Erhabenen wird Uns blühen und Wir können dem überwundenen Gezücht der Nattern und Molche[2] zurufen: Tod wo ist dein Stachel?? – Tod wo ist dein Sieg?![3] – Und Unsre That sie wird von bleibendem, durch nichts zu zerstörendem Heile sein für das deutsche Volk, die ihre Früchte noch in späten Jahrhunderten kommenden Geschlechtern wird reichen und sie anfeuern zu neuer Begeisterung für das ewig

Reine, ewig Wahre und Schöne; und in ihr Nichts wird sie zerfallen, die übertünchende französische Civilisation mit ihrem gleissenden Firniss; ihr Reich ist aus, der deutsche Geist wird sie zu schanden machen.

Doch nun muss ich schliessen, es ist ein herrlicher Novembersonntag, nun hinaus in's Freie, auf das muthige Ross mich zu schwingen! – Treu bis zum Tod, liebend bis in jene Welten

Ihr

Freund Ludwig.

Hohenschwangau
am 10. Nov. (Schiller's Geburtstag.)
1867.

[1] *Fünf Jahre später notierte Cosima in ihrem Tagebuch (5. Juli 1872): »In den Bierhäusern in München sagen die Leute unumwunden, der jetztige König sei der letzte König von Bayern, wenn er nicht heirate, denn von der Familie Luitpold lasse man sich nicht regieren, man würde dann preußisch.«*

[2] *Anspielung auf die Drohrede Johannes des Täufers nach Matthäus 3,7: »Ihr Otterngezücht, wer hat denn euch gewiesen, daß ihr dem künftigen Zorn entrinnen werdet?«*

[3] *Zitat aus dem Korintherbrief des Apostels Paulus 15,55: »Tod, wo ist dein Stachel? Hölle, wo ist dein Sieg?«*

189

Theurer Herr, und gütiger Freund!

Mit doppelter Freude begrüsse ich die liebe Sonne wenn sie jetzt sich zeigt, ich denke dabei an die grossen Freunde in Hohenschwangau und auf Tribschen! Mögen beide Theuren Hohen, sich ihrer erfreuen – hier in der Stadt ist die gute strahlende zu nicht viel Nutz, es bleibt halt die Stadt, mir aber legt sie stets unermessliche Hoffnung im Herzen.

Der theure Herr wird nun wohl auch die Fortsetzung (VII) zu den schönen Aufsätzen Kunst und Politik, gelesen haben, heute kam eine

Besprechung der Riehl'schen Novellen[1], alles ganz herrlich; mir ist es als ob nach und nach wir ein ganz andres Publikum und andre Kunstzustände bekommen müssten. Ich kann kaum den Moment erwarten wo die Theaterangelegenheit geregelt sein wird; es ist gar nicht zu sagen wie es hier hergeht. Freilich wäre es schön und Ihrer hoher Herr, würdig die griechischen Tragödien aufzuführen – allein mit wem? Die paar Leute die mit grossem Fleiss und Studien allenfalls hätten gebraucht werden können, sind hier schmählich entfernt worden. Doch gewiss mit einer neuen Organisation des Theaters werden derartige Aufführungen ermöglicht werden. Ich bin der festesten Ueberzeugung dass Baron Perfall auf jede hohe edle Intention eingehen wird, sein rechtschaffener Charakter wie sein offener Kopf sind mir die sicheren Bürgen dass er für den hohen Willen unseres königlichen theuersten Herrn die schuldige Ehrfurcht haben wird.

Ich werde es nie vergessen wie Intendanzrath Schmitt (a propos von den unsinnigen Summen welche Frl. Janauschek gegeben wurden) sagte: »Der König liebt die klassischen Werke, nun da kann Er auch dafür zahlen!« Ich erschrak über den frechen Cynismus, schwieg und ging. Wenn das Theater in guter anständiger Ordnung ist, dann fürchte ich für nichts mehr, dann weiss ich auch dass die Anstrengungen der Musikschule die schönsten Früchten tragen werden, dann wird ein einheitlicher Geist die Kunstzustände nach und nach erhöhen, bis zum Semperschen Festbau und die Aufführung darin – dann theurer herrlicher Freund, haben Wir das Unsrige gethan, und haben ein Beispiel gegeben! So lange das Theater aber nicht von Ihrem Geist und Wollen durchwebt ist, mein theurer gütiger Herr, so lange ist alles verloren, die goldenen Worte des Freundes, die Versuche der Musikschule, die vereinzelten Musteraufführungen – mit dem Theater ist aber alles gewonnen. So seien Sie denn Einziger, gepriesen und gesegnet wiederum hier das Richtige zu treffen. Vor einem Jahre – Gott wie weit noch von dem Ziele, und jetzt wie nahe! – – Die thörigen Gerüchte von welchen ich sprach hatten sich nun wirklich zu einer »authentischen« Notiz in den Neuesten Nachrichten verdichtet. Mich hat die Antwort Fröbels darauf durch ihre feste Vornehmheit ungemein erfreut. Dass man das Volk beleidigt wenn man sich derlei erlaubt ist der richtige Standpunkt, und das ganze München, von den Marktweibern bis zu den vornehmen Kreisen hat es empfunden. Schön war aber die »authentische Quelle«: der Redakteur wird citirt, »wo haben Sie die Notiz über die Allerhöchste Vermählung?« »Ja! ein Herr Horn hat sie mir gegeben, der hat sie von bester unterrichteter Seite.« Herr Horn also, ein Winkellitterat, wird citirt: »welche ist Ihre Quelle?« »Graf Pappenheim.« – Der citirte Graf, kennt den Herrn Horn *nicht* – so die authentischen Nachrichten welche München verschlingt! Und trotzdem und alledem, trotz »bockbeinigen Reichsräthen« und Philister, und niederträchtige Zunftmusiker, trotz aufgeblasenen hohen Adel, trotz schwerfällige engherzige Bourgeoisie, trotz unkundigem Volk, hege ich schöne goldne Hoffnung. Ich glaube an Ihren Zauberstab, mein hoher Herr, die Glyptothek konnte aus den Münchenern keine Griechen machen, vielleicht machen Wir wirkliche ächte Deutsche aus ihnen. – Neulich hatten sie wieder etwas göttliches hier im Theater ausgedacht; ein Jugendwerk Mendelssohns[2] das er ausdrücklich niemals aufgeführt haben wollte, wurde mit grosser Prätension im Residenz-Theater gegeben, Lachner dirigirte, und es war wirklich als ob wir nun die allerneueste klassische Offenbarung zu gewärtigen hätten – – diese Langeweile, dieses kindische Sujet, diese ausgedehnten immer nichts enthaltenden Dialoge, ich traute meinen Augen und Ohren nicht! Das Publikum mit gewohntem gutem Sinn und gesundem Menschenverstand, liess die ganze Sache in's Wasser fallen und so wäre denn von der dortigen Seite *noch nicht* das eigentliche Heilwerk gefunden! – – In den Wiener Blättern steht dass die Münchener Hofbühne ein Engagement für Gastvorstellungen mit Beck abgeschlossen habe, das wäre gut. Er könnte dann Agamemnon in der Iphigenie und auch am Holländer – zwei unvergleichliche Rollen von ihm – geben. Ich denke dass unter den Calderon'schen Dichtungen die Lustspiele wie Dame Kobold; Das Laute Geheimniss, sich am ersten hier ordentlich darstellen liessen; wenn wir einmal einen Regisseur haben der den Schauspielern beibringt dass sie nicht die Herrn über den Dichter sondern seine sehr gehorsamsten Diener zu sein haben. – Neulich sprach ich mit Herrn Seitz[3] über die Meistersinger-Costume, er hat mir gut gefallen, er sieht intelligent aus; er hat auch bis jetzt nicht die richtigen Aufgaben bekommen, und hat sich der ganzen Art oder vielmehr Unart des Theaters unterordnen müssen. –

Ich hatte gestern einen Brief vom Vater, er ist glücklich in Rom angelangt nachdem er drei Tage noch in Florenz verweilt hat. Er hatte natürlich noch nicht das Schreiben des Rath Düfflipps erhalten, und ich habe ihm bis jetzt noch nichts gesagt, da ich erst abwarten will was er dem Rath auf die ihm gewiss so hocherfreuende und ehrende Anfrage, antworten wird.

Weiteres habe ich nicht zu melden, mein theurer gnädiger Herr, dass ich und meine Kinder wir täglich für Sie beten das weiss der hohe Freund, auch dass Ihn zu jeder Stunde des Tages segnet und preiset die ewig dankende Freundin

Cosima von Bülow-Liszt

15ten November 1867 /.

[1] *Wilhelm Heinrich von Riehl (1823-1897), Kulturhistoriker und Schriftsteller. 1854 bis 1859 Professor für Staatswissenschaften, 1859 bis 1892 für Kulturgeschichte an der Universität München, 1885 Direktor des Bayerischen Nationalmuseums; wissenschaftlicher Begründer der Volkskunde; verfaßte 1856 »Culturgeschichtliche Novellen«.*

[2] *Hier handelt es sich um das 1829 vollendete Liederspiel von Felix Mendelssohn-Bartholdy (1809-1847) »Heimkehr aus der Fremde« (Text von Karl Klingemann), das am 13. November 1867 in München aufgeführt worden war und anschließend noch eine Wiederholung erlebte.*

[3] *Franz von Seitz (1817-1883), Kostümbildner, Hoftheaterdirektor. Er schuf die Kostüme für die Uraufführungen von »Tristan und Isolde« am 10. Juli 1865 und der »Meistersinger« am 21. Juni 1868.*

190

Mein gütiger theurer Herr! Erhabener Freund!

Am Montag Abend übergab mir Rath Düfflipp die schönen Bilder nach der Lohengrin-Aufführung, welche mir eine liebe Erinnerung an herrliche Abende bleiben werden, dann überbrachte er die wichtige Nachricht des Intendanten-Wechsels. Ich kann nicht umhin dem hohen Beschützer unsrer Kunst, den wärmsten Dank und die ungemischteste Freude darüber auszusprechen. Baron Perfall mit welchem ich gestern sprach und welchem ich nochmals den ganzen Ernst und die ganze Bedeutung seiner Aufgabe recht zu Herzen legte, will nun einen förmlichen Plan ausarbeiten welchen er der Allerhöchsten Genehmigung zu unterbreiten sich erlauben wird. Wir sprachen nun auch über das Schauspiel, und da mir Rath Düfflipp gesagt hat ich möchte doch meine Ansichten betreffs des artistischen Direktors dem königlichen Herrn, aussprechen, so erlaube ich es mir, indem ich im Voraus um gnädigste Vergebung bitte, wenn ich irgend etwas aussprechen sollte was mit dem Belieben meines hohen gütigen Freundes nicht zusammenstimmte. Ich meine dass es besser ist wenn wir vorläufig keinen artistischen Direktor bekommen, weil für's erste kein Mensch gebraucht wird der sich breit macht, mit einem grossen Ruf und also auch grosse Prätensionen kommt, sondern vorher alle praktischen Fragen geregelt werden müssen, und der schauderhaften Anarchie die hier herrscht, auch *eine Autorität* welche sich sowohl über die Oper wie über das Schauspiel verbreitet, ein Ende gemacht wird. Ich halte die Wahl des Hermann Schmidt[1] als *einfacher Regisseur*, d. h. als Mensch den man kaum nennt und den das Publikum als Person nicht beachtet, für praktisch. Er wird sich unterordnen, bringt keinnerlei Ansprüche mit sich, hat eine Praxis durchgemacht, und hat durch seine Aufsätze über das Theater, bewiesen dass er etwas davon versteht, und Ehrfurcht vor den grossen Dichtern hegt. *Paul Heyse*[2] würde natürlich nur als *Artistischer Direktor* eintreten wollen; meine Einwendungen gegen ihn sind folgende: 1. die jüdische Abstammung – worin ich den hohen theuren Freund unterthänigst bitte, kein hartes Vorurtheil zu erblicken, sondern eine tief begründete Furcht vor einer Race die den Deutschen viel Unheil gebracht hat, 2. die Unerfahrenheit in Bühnen-Verhältnissen 3. die eigene Produktivität; die Dramen P. Heyse's werden ihm immer vor den Werken Schiller's Goethe's und Schakespeare's gehen. 4. die Unfähigkeit und der innere Unwille sich mit den Kunstanschauungen des Freundes zu vertrauen, da man sich natürlich für einen ganz andren Dichter selbst hält. 5. die Mühe die man haben würde – (sollte der Versuch nicht zur Zufriedenheit ausfallen) P. Heyse zu entfernen. Es würde einen förmlichen Eclat abgeben, die litterarische Coterie, die Zeitungen, das ganze Verkappte und offenbare Israel würden sich für ihn aufstellen wie ein Mann! Ich halte es entschieden für besser wenn die Verhältnisse durch unscheinbare schlichte, tüchtige und bescheidene Menschen geordnet werden; späterhin wenn das Bedürfniss eines bekannten Namens sich fühlen lässt, und der *Gros* der Arbeit vollbracht ist, ist es ja immer an der Zeit sich den Luxus von Paul Heyse zu gönnen. Ich meine dass die Anstalt aber zuerst ihr ganz bestimmtes Gepräge erhalten haben soll, damit P. H. auch wisse welche Verpflichtungen er eingehe, und welcher Ordnung der Dinge er sich zu fügen habe, wenn er die Kunstanstalt leiten will. Das Gesammtprogramm muss klar und deutlich dem ganzen Publikum da stehen; mit dem sofortigen Eintritt eines Menschen wie P. Heyse welcher aus dem jetzigen anarchischen Zustand entnehmen wird, dass *er* den Impuls nach seinen Ideen zu geben hat, werden Kreuzungen wenn nicht Reibungen entstehen die nicht zum Besten der Anstalt ausfallen können. H. Schmidt wird als Subaltener, (wie Penkmeyer und andere mehr), engagirt, um ordentlich Hand anzulegen und zu gehorchen. – Dies, mein theurer Herr, meine Ansicht von der Sache, von welcher ich wohl glaube dass sie vom Freunde getheilt wird.

Ich habe mich sehr gefreut zu erfahren dass die *Armide*[3] bei Seite gelegt worden ist; es wäre diese Vorstellung ein Ruin für die Mallinger gewesen. Die Armide ist eine Partie für abgesungene Sängerinnen und nicht für eine so schwache Persönlichkeit wie die Mallinger, welche gewiss die Eva ganz vortrefflich geben wird.

Der erste der Beethoven-Abende ist sehr gut von Statten gegangen, mein Mann spielte wunderschön, das Programm war bedeutend, und das zahlreiche Publikum aufmerksam und belebt. Ich bewahre die feste Ueberzeugung dass Wir in München ganz unerwartete künstlerische Thaten vollbringen werden. – Der Schnee fällt dick, das ist auf dem Lande schön, ich weiss wie gern ich ihn auf Tribschen fallen sah! Hier in der Stadt wird er bald zu Schmutz, ein trauriges Symbol wie unter den Menschen das Reine, Schöne, behandelt wird! Der Freund schreibt nur selten – er ist so thätig; neulich schickte er VIII von Kunst und Politik, ein prachtvoller Aufsatz worin die Definition von Realismus und Idealismus meiner Ansicht nach, endgültig gegeben ist. – Dr. Fröbel war gestern bei mir, so viel ich aus seinen Aeusserungen entnahm, macht ihm das Ministerium viel Chicanen, er ist aber sehr ruhig darüber, und im Ganzen sehr zufrieden da das Blatt sich einen grossen und guten Ruf verschafft hat.

Der theure Freund, wird es der Freundin gnädig mit gewohnter Huld vergeben, dass sie sich es erlaubte ihre Meinung auszusprechen; weiss der Hohe doch dass Seine Wünsche ihr stets über Ansichten und Meinungen heilig sind. Es grüsst der innige Dank und die ewige Treue!

Cosima von Bülow-Liszt

21. November 1867 /.

[1] *Hermann Schmidt (1815-1880), Dramatiker und Schriftsteller; für kurze Zeit Direktor des Volks- und Aktientheaters am Gärtnerplatz.*

[2] *Paul Heyse (1830-1914), Philosoph und Dichter, Nobelpreisträger für Literatur. Ab 1854 lebte Heyse in München, wohin er auf Vermittlung Emanuel Geibels durch Maximilian II. Joseph berufen worden war. Er war der Gründer der literarischen Gesellschaft »Krokodil« in München und neben Geibel Haupt des Münchner Dichterkreises um Maximilian II. Joseph; bei dem Regierungsantritt Ludwigs II. trat jedoch eine Distanz zum Hof ein.*

[3] *»Armide«, Oper von Christoph Willibald Gluck (1714-1787). Als erste eigene Neueinstudierung dirigierte Wagner in Dresden Glucks »Armide«. In seinem Aufsatz »Oper und Drama« setzte sich Wagner mit Glucks Opernreform auseinander.*

191

Theuerste Freundin!

Aus Ihrem letzten Briefe, für den ich noch herzlich danke, ersah ich zu meiner Freude, dass die Photographien nach den Pixischen Zeichnungen[1] Ihnen Vergnügen bereitet haben.

Nun können wir endlich nach langer Zeit wieder frei aufathmen, denn der wichtige, so dringend nothwendige Schritt ist geschehen, die Reform auf dem Gebiete des Theaters kann angebahnt werden, der Weg ist geebnet. –

Was Sie über P. Heyse sagen, billige ich vollkommen und bin gerne bereit, es mit Hermann Schmitt getrost zu versuchen; ich muss aber gestehen, dass ein so gebildeter und sachverständiger Mann, wie H. Schmitt zweifelsohne ist, sein Heil, wenn auch auf kurze Zeit, in der Leitung des verworfenen Aktientheaters suchen konnte, ist mir ein Räthsel. Ich hätte mich an seiner Stelle mit Abscheu und Entrüstung von einer solchen Zumuthung abgewendet, die mir entehrend geschienen hätte; doch »tempora mutantur et nos mutamur in illis«[2], lautet ein alter lateinischer Spruch, hoffentlich wird Schmitt das in ihn gesetzte Vertrauen bewähren, von seinen litterarischen Arbeiten, hauptsächlich von seinen Novellen habe ich nur Gutes gehört. –

Vom Freunde erhielt ich vor einiger Zeit eine Photographie, die Er in Paris aufnehmen liess und die mich innig freut; jüngst schrieb ich Ihm.[3] – In den letzten Tagen erhielt ich das Manuscript, des in meinem Auftrage von Franz Müller[4] verfassten Werkes über die »Meistersinger«; es enthält manches Treffende und Lehrreiche, ich will dafür Sorge tragen, dass das Buch noch vor der Aufführung des von mir glühend ersehnten Werkes im Buchhandel erscheine, da ich glaube, dass es dazu beitragen wird, manches Vorurtheil zu verscheuchen, manches störrische, böswillige Gemüth auf die rechte Bahn zu lenken; das walte Gott! – Herzlich habe ich mich gefreut über die Erfolge, welche Herr v. Bülow in seinen letzten Beethoven-Soiréen sich errungen hat, wollen Sie die Güte haben ihm meine aufrichtigen Glückwünsche dafür auszudrücken. – Gewiss wohnte die Freundin der Aufführung von »König Richard II« bei, es muss ein genussbietender Abend gewesen sein. –

Seit etwa 10 Tagen herrscht hier vollkommener Winter, doch heute strahlt die Sonne wieder im vollsten Glanze, so dass ich mich der Hoffnung hingebe, es möge der Schnee gänzlich wieder schwinden, damit ich endlich wieder reiten kann; als Ersatz dafür mache ich jetzt gewöhnlich kleine Schlittenfahrten in das nahe Tyrol; ich bin überzeugt, die Freundin würde von der hiesigen Gegend entzückt sein; es ist ein Paradies der Erde und so wohlthuend hier noch frei aufathmen zu können, bevor ich auf mehrere Monate in der Stadt wieder lebendig begraben werde. – Ich hoffe, Seitz wird des Freundes Intentionen richtig erfassen und seinen Anordnungen genau sich fügen; etwas muss ich der theuren Freundin doch noch mittheilen, was ich dem Freunde auf Triebschen stets verschweigen muss, da ihn die Erinnerung daran immer auf's neue mit Schmerz erfüllt und die kaum geheilten Wunden wieder aufreisst: ich habe nämlich eine verzehrende Sehnsucht, endlich wieder »Tristan und Isoldens« Töne erklingen zu hören, o wüsste die Freundin Rath in dieser Sache, die mir so sehr am Herzen liegt! – Längst versprach mir Porges, endlich auch über den I. Akt von »Tristan« eingehend zu schreiben; doch unbegreiflicher Weise zeigt er sich sehr säumig in der Vollziehung des ihm von mir gewordenen Auftrages. Ich bin heiter und glücklich wie lange nicht mehr, gestern als am 29. Nov. feierte ich mein Auferstehungsfest im Herzen, da das Entsetzliche nicht eingetreten ist, die Vermählung mit einem ungeliebten Wesen; niemals hätte ich es dahin kommen lassen, wäre der Rückgang der Verlobung auf gute Art nicht zu ermöglichen gewesen, so war ich fest entschlossen, mittels Blausäure meinem Leben ein Ende zu machen, wie selig bin ich nun, dass es nicht nöthig war, dass ich die Erfüllung u. Krönung Unsres Werkes erleben, die Himmelswonnen mir blühen werden, dass alle Jugendträume sich erfüllen werden, das höchste Ziel des Daseins erreichen, die Erschauung des im Busen getragenen Ideals, welches aus goldenen Himmelssphären herabsteigt in die Erdenwelt, um seine segenbringenden Früchte allen zukommen zu lassen, die freudig an diesen Messias glauben, treulich ausharren in durch nichts zu erschütternder Hoffnung, Alles überwindender, glühender Liebe. – Vielmals grüsse ich Herrn von Bülow, und Ihre Kinder, die Gott segnen u. in Seinen heiligen Schutz nehmen wolle. – In inniger u. aufrichtiger Liebe bleibe ich

Ihr
getreuer Freund
Ludwig.

Hohenschwangau
den 30. Nov. 1867.

[1] *Theodor Pixis (1831-1907), Historien-, Genre- und Bildnismaler, Illustrator; Schüler von Philipp von Voltz und Wilhelm von Kaulbach; fertigte unter anderem Kartons mit Szenen zu Wagner-Opern.*

[2] *»Die Zeiten ändern sich, und wir ändern uns mit ihnen.«*

[3] *Richard Wagner war vom 28. Oktober bis zum 4. November u.a. zum Besuch der Weltausstellung in Paris.*

[4] *Franz Müller (1806-1876), Regierungsrat in Weimar, Wagner-Schriftsteller; schrieb die erste Studie über die »Ring«-Dichtung 1862.*

192

Mein theurer Herr, und gnädiger Freund!

Wenn ich so lange geschwiegen habe, so geschah es weil ich eigentlich nie recht wusste wie es denn stünde, und ich dem Hohen Herrn, keine unrichtigen Berichte geben wollte. Meiner Ansicht nach ist der neuerdings vorgefallene Zeitungssturm sehr unwichtig, und rangirt eigentlich mehr im Gebiete des Klatsches, aus welchem die Feinde gar gerne etwas herausgeschmiedet hätten. Ich glaube wir haben sie durch äusserste Ruhe etwas überrascht, und die Sachen wie die »Coulisse« und die N. Nachrichten[1] sie brachten, sind wohl überstanden, und im Grunde ohne jedwede Bedeutung gewesen. Bedenklicher *scheint* Fröbel's[2] Auftreten gegen den Freund, allein es *scheint* blos so, ich halte es für ein Glück dass der Freund nicht mehr in politische Verhältnisse verwickelt wird, wo er zu guter Letzt nur Treulosigkeit und Feigheit antreffen kann. Der allerhöchste Befehl der Sistirung der Aufsätze hat mich, ich gestehe es, einen Augenblick erschrocken, aber auch nur einen Augenblick; wenn ich auch gewünscht hätte das »Deutsche Kunst und deutsche Politik«, ruhig zum Schluss gelangt sei, so verstand ich den Allergnädigsten Willen sofort, und verehrte ihn wie es sich gebührt, und wie ich nicht anders kann. Es war hässlich von Fröbel diesen Befehl so aufzufassen als könne er jetzt Wagner öffentlich beschimpfen, allein er weiss nicht was er thut, er hat Wagner nicht verstanden und wird von allen Seiten gehetzt. Verzeiht ihm die Macht der Dinge wie ich ihm verzeihe, dann ist er ruhig, doch ich glaube es nicht. Gott sei Lob dieses geht mich jetzt nichts mehr an, Fröbel mag sich mit geheimer und öffentlichen Meinung stellen wie er Lust hat. Das Einzige was mir jetzt am Herzen liegt ist die Stimmung unseres theuren Herrn! Gewiss hat man die Lage der Dinge, und die öffentliche Gährung fürchterlich übertrieben; kein Mensch kehrt sich eigentlich nach diesen Dingen. Am Morgen wo in den N. Nachrichten die Thorheiten gestanden hatten, dirigirt mein Mann in Ruhe und Frieden die Jüdin[3], und im Publikum redeten die Leute so: »es ist hübsch dass Bülow wieder einmal dirigirt.« Es ist also nicht der mindeste Grund zu einer Befürchtung oder zu einer üblen Stimmung vorhanden. Der Bruch mit Fröbel hätte als eine Unannehmlichkeit betrachtet werden können, doch ich halte ihn für gut. Somit mein theurer, edler, hoher Freund, lassen Sie ja nicht die unbedeutenden unwichtigen Dingen, die Sache der Kleinstädterei sind, die Freude an Unsrem Werk verleiden! Sollte sie der Hohe nur einen Augenblick beachtet haben, möge Er sie vergessen, möge Er nimmer nur auch Kenntniss davon nehmen, denn ich sehe es klar wie die Sonne, es sind nichtssagende Thorheiten, welche die Bosheit gern zu etwas gestalten möchte. An der Ruhe und Gelassenheit prallt aber die Bosheit ab. Ich weiss dass man darauf rechnet dass der König einmal dieses ewige Gerede müde werde; sehen die niedrigen Leute sich aber durch die unerschütterliche gnadenreiche Ruhe des Königs enttäuscht, so wird es auch mit dem unaufhörlichen Hetzen ein Ende haben. So rufe ich dem ewig Theuren: Geduld, Geduld, zu; sie ist beinahe schwieriger als der Muth, hier ist sie aber unentbehrlich. Ich schrieb einmal scherzhaft dem Freunde dass Ulysses sich habe Wachs und Baumwolle in die Ohren gethan um den Sirenengesang nicht zu hören[4], dass wir dagegen derselben Mittel bedürften um Gekrächzt, Geheul, Geschrei nicht zu vernehmen. Ich hoffe immer dass die königliche Majestät verschont bleibt, nun sehe ich aber dass gewisse Leute es für ihre Absichten gut finden den Allerhöchsten Herrn zu belästigen, um einen Ausbruch des gerechtfertigsten Unwillens zu ihren Gunsten auszubeuten. O, theurer Herr! Ertragen Sie in Geduld die winzigen ekelerregenden Sachen, die den Fliegen im Sommer gleichen, denn mit Unsrer Sache steht es doch gut, und zwar sehr gut. Lassen Sie uns hoch oben schweben, hoch oben, weit von all dem erbärmlichen Tummeln und Treiben der armseligen Menschen, und dass die Staubwolken, die kraftlos Widerwärtigen, die sie hervorbringen, Uns nimmermehr das grosse ewige Ziel verdunkle! –

Herr von Bülow dankt unterthänigst für die allergnädigste Theilnahme; die Beethoven-Abende waren wunderschön. Auch die Musikschule ist in bestem Gange, und mit dem Theater wird es ja wohl gehen. Richard II war leider keine gute Vorstellung, denn der Regisseur hatte allerlei hinein ge-Jenkt[5]! Diesem Unfug wird aber sicherlich ein Ende gemacht werden. – Mein Mann hatte das Glück in einem hiesigen Laden mit Ihrer Majestät der Königin zusammen zu treffen; die Königin war äusserst gnädig und freundlich, redete ihn an, frug nach denm Concerten und mehrerem. Mir that es sehr wohl, unsres Beschützer's wegen! Gebe Gott man gäbe Ihm dem Hohen, unsertwegen Frieden. –

Das Wetter ist übel, man erzählt sich die Sterne seien so nahe am Monde gekommen, sie hätten »den Schaden angericht«[6] – ich meine es hängt die Unsauberkeit ein wenig mit der Unlauterkeit der Menschen zusammen.

Willkommen rufe ich nun dem hohen theuren Freunde hier zu! Möge Er es nicht überdrüssig werden einen *schweren Gott* – gleich dem heiligen Christoph – durch die Menschenfluthen zu tragen! Der blühende Baum der heiligen deutschen Kunst wird *Ihm* darob blühen.

Ewig treu und dankend grüsst in Liebe die Freundin

Cosima von Bülow-Liszt

20ten Dezember 1867 /.

[1] N. Nachrichten = Münchener Neueste Nachrichten.

[2] Fröbel behauptete, am 19. Dezember habe ein Ministerialrat im Auftrag des Königs verlangt, die Fortsetzung der Artikelserie mit dem zwölften Artikel abzubrechen. Der damalige Ministerialrat Otto Freiherr von Völderndorff stellte noch im Jahr 1900 mit sichtlicher Befriedigung fest, daß es nach dem Erscheinen von Folge XII des Wagnerschen Aufsatzes gelungen sei, »einen ausdrücklichen k. Befehl zu erwirken, welcher diesem Bandwurm ein Ende bereitete«; siehe auch Brief 195, Anmerkung 1.

Es war dem König hinterbracht worden, daß angeblich Cosima die Verfasserin der Artikelreihe »Deutsche Kunst und deutsche Politik« sei. Ludwig II. beantwortete einen Brief Düfflips am 13. Dezember 1867: »Ich bin wie aus den Wolken gefallen. – Diese feine, geistvolle Frau v. Bülow widmet sich der Preßschmiererei, schreibt diese heillosen Artikel fürwahr, eines solchen Bubenstreiches hätte ich die gebildete Cosima nicht für fähig gehalten!« Es wurde auch die Angelegenheit Malvina Schnorr von Carolsfeld nochmals angesprochen. Düfflip hielt die Sache nicht für »ganz koscher«. Der König äußerte sich Düfflip gegenüber: »Noch mehr wundert es mich, daß Sie meinen die Angelegenheit zwischen Wagner, Fr. v. Bülow, Fr. v. Schnorr sei nicht koscher – sollte das traurige Gerücht also doch wahr sein, welchen Glauben zu schenken ich mich nie entschließen konnte, sollte also wirklich Ehebruch mit im Spiele sein? – Dann wehe!«

[3] »Die Jüdin«, Oper von Jacques Elie Fromental Halévy. Halévy (eigentlich Elias Levy, 1799-1862), französischer Komponist, Schüler von Luigi Cherubini in Paris. Mit »La Juive« und »Eclair« schuf er Werke, denen er seine Bedeutung für die Operngeschichte verdankt. Als Richard Wagner während seines Aufenthaltes in Frankreich im Auftrag des Verlegers Schlesinger mit der Herstellung des Klavierauszuges der »Reine de Chypre« beschäftigt war, traf er gelegentlich auch persönlich mit Halévy zusammen, dessen »Jüdin« er außerordentlich schätzte.

[4] Cosima zitiert ungenau: Odysseus ließ sich an den Mast binden, um den Sirenen zu lauschen, ohne ihnen zu verfallen; seinen Genossen wurden die Ohren mit Wolle und Wachs verstopft, damit diese nicht zu verführen waren.

[5] Anspielung auf Karl Jenke, der mehrere Jahre der Regisseur der deutschen Saisonoper in Rotterdam war. Siehe dazu Brief 167, Anmerkung 2 sowie Briefe 197 und 198.

[6] Bezug auf »Die Meistersinger von Nürnberg«, 3. Aufzug, 1. Szene: »Sachs: Ein Glühwurm fand sein Weibchen nicht; der hat den Schaden angericht't.«

193

Mein theurer Herr und gnädiger Freund!

Ich hätte gleich am heiligen Weihnachtsabend geschrieben wenn ich nicht gefürchtet hätte dem hohen Herrn mit meinen Danksagungen ungelegen zu kommen. Ich weiss wie der König bei Seiner Ankunft in München in Anspruch genommen wird, und wollte warten bis der erste Hoftruble überstanden sei. Nun aber sandte der hohe Freund mir liebevolle Worte in stiller Nacht, ich denke die Freundin stört und verdriesst nicht wenn sie sagt dass dieselben ihr tief wohl gethan! Die schönen Gaben – das Armband mit dem Stein der Hoffnung, die Märchen und Sagenbilder und der Teppich – wurden mir auf meinem Tisch aufgebaut und sagten mir von der Gnade meines Herrn. Den Siegfried habe ich mit den Bildern dem Freund in seiner Stube bescheert dessen Schmuck sie nun geworden sind. Wie gütig von dem theuersten Freund dies Bild des Meisters aus meiner Hand gnädig anzunehmen! Was die Originalpartitur betrifft so trug ihr Schöpfer das grösste Bedenken dieselbe Seinem Beschützer zu Füssen zu legen, er fand sie so entsetzlich durch Zeit und Wandern vergilbt, wollte sie durchaus verjüngt sehen, aber die Chemie konnte nichts als Zeit rauben, so dass sich das Werk schlicht und schmucklos wie ein Aschenbrödel dem Wunderkönig vorstellen musste. Ich gestattete diese Bedenken dem Freunde gar nicht, und nahm es auf mich das Manuskript so zu schicken wie es nicht zu ändern war. Ich wusste der Hohe würde Sich an dem äusserlichen Schein nicht stossen; und dass *Keiner* den Werth eines solchen Bandes kennt wie Er, weiss ich auch. –

Gott gebe dass des theuren Herrn Stimmung sich erhelle, und dass die Abneigung gegen München sich mindre. Ich habe die Stadt lieb gewonnen, weil sie Ihre Stadt, mein hoher Freund, ist, und habe es endlich dazu gebracht dass ich von dem unwesentlichen Aergerlichen, nie mehr etwas erfahre. Zu regeln bleibt noch die Stellung Porges an der S. d. Presse[1]; es ist unmöglich dass er als Fröbels Untergebner jetzt dort bleibt, ich hielte es für gut wenn er vom Könige aus als Musikalischer Referent beibehalten würde, d. h. wenn Rath Düfflipp ihn

Fröbel als solchen aufoktroyirte. (Fröbel wird nichts dagegen haben). Es wäre nicht gut wenn plötzlich in der S. d. Presse die Musikangelegenheiten nicht mehr in Unsrem Sinne besprochen würden, und nehme sich auch übel aus wenn wir quasi da heraus getrieben wären. So ist die Sache ganz einfach, Wagner zieht sich zurück, das ist ein Vorhaben ganz für sich, Porges aber bleibt, jedoch einzig von Unsrem Herrn abhängig, d. h. dass sein Gehalt ihm nicht durch Fröbel sondern durch Rath Düfflipp übermittelt wird. Es wäre mir lieb wenn Unser guter Rath Lorenz, diese kleine Angelegenheit ordnete. Sie scheint mir einfach. Porges wird bis Anfangs Januar mit dem ersten Akt fertig (Tristan). Er war krank, deshalb bat er mich ihn allerunterthänigst zu entschuldigen. Ein guter ernster Mensch, welcher Wagner's Ideen wirklich in sich aufgenommen hat. – Ich habe neulich ein paar Zeilen an Rath Düfflipp geschrieben; Semper hatte nämlich noch gar nichts offizielles, ja nur Schriftliches in Bezug auf seine Berufung erhalten. Das hat mich erschroken, ich fürchtete ein Brief sei verloren gegangen. Ich sagte nämlich dem guten mit Arbeit überhäuften Rath, er möge den Vater lieber liegen lassen, und Semper vor allem betreiben. Nun kam Semper zu Wagner auf Tribschen, und wusste von Nichts, ausser was sein Sohn ihm mitgetheilt hatte.

Der Freund ist nun zum Weihnachtsfest gekommen[2]; er hatte es meinen Kindern denen er allerlei Spielsachen in Paris eingekauft hatte, versprochen, und wollte Wort halten. Ich hatte mich bereits darauf gefasst gemacht ihn später zu sehen; nun ist er da, alle guten Geister mögen ihn beschirmen, ich will ihn in mein Haus hüten und pflegen so gut ich kann. Er hat auch Eile mit den Meistersingern; nur was soll man thun, nichts, gar nichts ist vom Intendanzrath vorbereitet worden, im Gegentheil er hat Allen Urlaub für die Zeit des Studiums gegeben – ein schlechter nichtswürdiger Mensch. Ich will aber Baron Perfall treiben so viel ich nur kann; mit Wien wird es nichts, es bleibt einzig und allein Hannover wo ein Schüler meines Vaters, ein Freund meines Mannes, ein Herr von Bronsart[3] künstlerisch begeistert die Intendanz führt. Mein Mann ist nach Prag und Dresden gereist weil er von Talenten dort gehört hat, um sie zu hören und wo möglich zu aquiriren. Hoffentlich ist März der letzte Termin.

Ich war gestern im Theater, lediglich, ich gestehe es, um mich zu versichern dass der theure Herr wirklich da sei, und gesund und wohl aussehe. Das Uebrige war mir ziemlich gleichgiltig. Ich habe jetzt meine Schwiegermutter[4] hier, der ich, weil sie sehr einsam ist, viel Gesellschaft leiste; dazu die Kinderchen, der Freund, das musikalische Wirken, ich habe vollauf genug, um Gott sei Lob, mit der Welt nichts mehr zu schaffen zu haben. Ich lese jetzt Schiller's Biographie (Palleske), mit der unaussprechlichen Wehmuth die einen immer erfasst wenn man dem Leben eines Göttlichen unter den Menschen folgt.

Hoffentlich kommt dereinst der Tag wo der hohe geliebte Freund mir meldet, dass Er sich auch hier in der Stadt wohlbefindet, im Gefühle des Gethanen und Erreichten. Der Gedanke dass hier die »Fremde« für den Theuersten ist, drückt die Freundin und stimmt sie muthlos.

Der Segen der Liebe und des Dankes dem hohen Treuen!

Cosima von Bülow-Liszt

Freitag 27ten Dezember 1867 /.

1 *S. d. Presse = Süddeutsche Presse.*

2 *Wagner kam am 23. Dezember nach München, um »die Weihnachtsfeiertage mit den Kindern meiner Freunde zu verleben« und um den Geburtstag »unserer verehrten Freundin, Frau von Bülow« zu feiern.*

3 *Hans Bronsart von Schellendorf (1830-1913), Komponist, Pianist (Schüler von Franz Liszt) und Dirigent. Seit 1867 Intendant in Hannover, 1887 bis 1895 Generalintendant am Hoftheater in Weimar.*

4 *Franziska von Bülow, geborene Stoll (1800-1888), Hans von Bülows Mutter.*

194

Theuerste Freundin!

Durch den beständigen Trubel der Weihnachtstage kam ich nicht zum schreiben, o Gott Sie wissen ja wie es mir geht, sobald und solange ich hier bin, weder Ruhe noch Rast, Sorgen und Plage, selten ein vergnügter Augenblick. — Grosse Freude und Beruhigung gewährte mir Ihr theures, liebevolles Schreiben, tausend Dank dafür! Ich erhielt es in Unterpeissenberg wo ich den Wagon bestieg, der mich wieder hieher brachte auf der grausam schnellen Bahn, hieher an den unseligen Ort, der mir fremd ist und bleiben wird. – Gottlob, die Gemüther beginnen sich zu beruhigen über die fatale Pressangelegenheit der jüngst verwichenen Zeit, auf's neue habe ich mich davon überzeugt wie wenig reif man hier im Ganzen noch ist, in den Ihnen wohlbekannten Punkten, von denen letzthin in der Süddeutschen Presse die Rede war. – Doch mit den Hauptfragen steht es so gut, dass Wir nicht verzagen dürfen. Ganz glückselig machen mich die theuren Geschenke: das Bildniss des Freundes und die Partitur der Meistersinger, bitte danken Sie Ihm, dem treu Geliebten, in meinem Namen aus tiefstem Grund der Seele für die hehren Gaben. Sie sagten neulich, man versuche es mir das Befassen mit Unsren Idealen, Unsren Kunstplänen zu verleiden, o Himmel wie verächtlich sind mir jene Menschen, die glauben können, Solches könnten sie bei mir durchsetzen, die ihren Wankelmuth, ihre eigne Treulosigkeit Anderen andichten, von Idealen keine Ahnung haben, die Kraft der heiligen Liebe und die Treue bis zum Tod nicht kennen, nicht begreifen und es nicht müde werden, selbst Könige nach ihrem eigenen beschränkten Maassstabe zu messen. – O München, München, convertere ad dominum Deum tuum[1] und dieser Gott ist Wagner, den sie immer noch nicht kennen und wenn sie Ihn in ihrer wahrhaft unverbesserlichen Blödigkeit auch niemals erfassen können, so sollten sie doch vor der Grösse Seines Geistes sich beugen im Gefühl ihres eignen Nichts und sich Ihm unterwerfen. – Segen Ihm, den ich liebe heilig und treu wie noch Niemand auf Erden geliebt ward, dem ich mein Leben mit allen Kräften geweiht –

Wann glauben Sie, theuerste Freundin, dass endlich die Meistersinger zur Aufführung gelangen können, aus dem Februar wird März, hoffentlich zieht es sich aber nicht noch länger hinaus. Der Gedanke, der stets begeisternde an Sie und den grossen Freund, gibt Muth und erhellt sonnengleich das hier mir so öde, trostlose Dasein, denn zur Heimath wird die Fremde nie.

Ihr

treuer Freund

den 27. Dez. 1867 Ludwig.

[1] *Ludwig II. wandelte hier den Klageruf aus der Karfreitagsliturgie »Jerusalem, Jerusalem« ab in »O München, München, bekehre dich zu deinem Herrn«.*

195

Mein gnädiger Freund und Herr!

Nicht besser weiss ich das gütige heutige Schreiben zu beantworten als durch die Zusendung der beiden Aufsätze[1] die unser Herr nicht gelesen hat. Ich lege auch die nichtswürdige Anzeige bei, mit welcher Fröbel in der Annahme der Freund sei in Ungnade die Herausgabe unterbrach; es wäre ganz einfach gewesen die Aufsätze zu sistiren, er meinte sich aber ganz besonders nach allen Seiten hin wohlgefällig zu machen, und insultirt den Freund, dem er bis dahin geschmeichelt, öffentlich. Mir wäre es sehr lieb wenn die Umstände es erlaubten dass Fürst *H.*[2] im Namen des Königs die Fortsetzung der Aufsätze verlangte; Fröbel würde sich natürlich weigern – denn er hat sich öffentlich zu sehr affichirt – und damit hätte man einen plausibeln Grund einen Menschen dessen Elendigkeit mich versteinert, zu entfernen. Er hat nicht geglaubt dass ich ungefähr sechs Wochen lang, an ihm in Bezug auf den Freund, die schnödesten Erfahrungen machen würde, ohne ein Wort zu sagen. Ich habe geschwiegen um unsren Herrn nicht eine Widerwärtigkeit mehr beizubringen; jetzt aber wo der hohe Freund von Sich aus auf den Gedanken kam den Unheilsanstifter zu entfernen, gestehe ich dass wenn dies durch den Druck der Aufsätze zu ermöglichen ist, ich darin eine gerechte und wohlthuende Strafe erblicken werde. Der gnädige Freund wird die Aufsätze lesen, ich halte dieselben für versöhnlich und trostreich wie sie schön und wahr sind, doch was ich sage, was ich wünsche, spreche ich kindlich unbefangen aus, immer mit dem Vorbehalt dass des König's Willen stets mein Wille wird. Dass Fröbel, wie ich beinahe mit Sicherheit vermuthe, mich verklagt hat, sei ihm gern und leicht verziehen, das was er dem Freund angethan hat ist so, dass alle übrigen Elendigkeiten dagegen verschwinden.

Ich erlaube mir einen Brief Semper's beizulegen welchen ich heute bekam; ich habe Düfflipp gebeten heute Abend zu mir zu kommen um diese Angelegenheit nochmals zu besprechen, so wie auch die Stellung des guten Porges bei der S. d. P. –

Es war schön als gestern Abend Rath Düfflipp den Freund holte! Der Tag war ein so schwerer, düstrer, gewesen. Gegen meine Gewohnheit hatte ich die Fassung verloren, und am Morgen mich trostlos darüber geäussert dass man mit solchen Menschen zusammenkommt wie Fröbel. Ich war leidend (und bin heute noch sehr unwohl), der Freund war selbst unwohl, und wollte mich ermuthigen, vermochte es nicht, er ging aus, und da er sich in München vorläufig nicht zeigen wollte, nahm er öde Strassen durch, er kam traurig heim, wozu er nur lebe hatte er sich beim einsamen Wandern gefragt, Rath Düfflipp kam und nahm ihn mit zu besseren Welten, ich blieb, noch immer traurig, die Erzieherin meiner Kinder die ich in's Theater geschickt hatte, kehrte zurück und erzählte Frau v. Schnorr habe auf ihrem gewohnten Platz ersten Rang, gesessen. »Dies auch noch, gut«, dachte ich und verfiel in trübsinnigen Nachdenken über die schwere Länge eines solchen Tages der immer noch eine bittere Empfindung zu reichen hat; immer, immer, bis der erlösende Schlaf kommt, und Schlafen – Träumen! Da kam der Freund zurück wie verwandelt, und bei seinen Mittheilungen schwanden jede Nachtgedanken, und ich ward wieder froh. Es war schön mein gnädiger Freund, dass Sie ihn, er Sie wiedersah! Was mich betrifft theurer Herr, so habe ich gelitten, zum ersten Mal seit langer Zeit, persönlich tief gelitten; es genügte mir aber den warmen erfreuten Blick des Freundes gestern Abend zu sehen, um nicht mehr zu wissen wie das Leiden hiess dass ich empfand. Des Einen möge in Güte der Hohe gedenken, dass ich jeden Augenblick willig einer jeden Lebensfreude entsage, und dass ich lieber nimmermehr von meinem huldreichen Freund eine Sylbe vernehme als dass ich die Veranlassung zu peinlichen Vorstellungen Ihm sein sollte; tausendfach lieber bleibe ich schweigend dem Herrn und Freund treu, tausendfach lieber verkehr ich mit Ihm dem ewig Theuren, durch Gebet und Segen, durch die Weisen und Sänge des Freundes, als dass ich mein einfaches Wort und Seine gütige Rede zu mir, den Elenden preisgegeben sehe.

Der Freund erzählte mir es sei wunderschön geworden in den königlichen Gemächern und Seitz[3] habe sich gut bewährt. Mein theurer Herr, ich komme oder empfange den Hohen, wie Er es will; ich meine es sollten sich wohl Mittel und Wege finden dass der Wunsch des gnadevollen Freund, ohne Schwierigkeiten in Erfüllung gehe.

Ich weiss nicht warum ich mir einbilde dass ich heute meinen Brief mit allerlei Gutem füllen müsste, so lege ich denn zuerst ein hübsches Gedicht welches Cornelius neulich improvisirte, als sich der Freund bei ihm anmeldete, dann mehrere Photographien des Freundes wovon die Eine namentlich mir ganz ausserordentlich lieb ist. Uebrigens auch die zwei andren mit dem leidenden Zug, stellen mir ihn auch so dar, wie ich ihn ach! so oft gesehen.

Nun nur noch meine innigsten Glückwünsche zum neuen Jahr, mein huldreicher Freund, vielleicht ist es gut dass mit einem Läuten dieses begraben wird, es stimmt fromm und mild, und die Thräne von 67 verwandelt sich zu 68 in eine Perle.

Ewig segnend und dankend küsst die königliche Hand die treue Freundin!

Cosima von Bülow-Liszt

29ten Dezember 1867 /.

[1] *Cosima übersandte die Folgen XIV und XV von »Deutsche Kunst und Politik«, die Fröbel in der »Süddeutschen Presse« nicht mehr zum Abdruck gebracht hatte. Obwohl der König am 10. November (siehe Brief 188) vorbehaltlos den Aufsätzen Wagners zugestimmt hatte, erschien am 19. Dezember ein Ministerialrat im*

Redaktionsbüro der »Süddeutschen Presse«, um einen Erlaß des Ministeriums des Innern zu verlesen, dem zufolge »Se. Majestät die augenblickliche Einstellung der Fortsetzung der schon in dreizehn Folgen erschienenen Wagnerschen Artikel über deutsche Kunst und Politik befehle, da sie diese für ›selbstmörderisch‹ halte.« Da kam es zum Eklat mit Fröbel. Dieser denunzierte Cosima beim König und beschuldigte sie politischer Machenschaften. Unter diesen Umständen ging Wagner in sehr gedrückter Stimmung zum König. In seinen »Annalen« notierte er: »Düffl: Königliche Warnung an C. wegen Gesandtschaften u. s. w. Tag's darauf zum König: 2 1/2 Stunde. Versöhnung und Abbitte an C.«! Siehe dazu den folgenden Brief des Königs an Cosima.

[2] *Fürst H. = Fürst Chlodwig von Hohenlohe-Schillingsfürst; siehe Brief 125, Anmerkung 1.*

[3] *Franz von Seitz hatte 1867 die königlichen Prunkräume für Ludwig II. in der Residenz ausgestattet und legte 1870 die Entwürfe für die vom König gewünschten Prunkwagen und -schlitten vor.*

196

Theuerste Freundin!

Nach langer langer Zeit zogen wieder Wonnen ein in meine Seele, denn ich verlebte diesen Abend eine hehre, wonnevolle Stunde mit dem treu geliebten Freund, ach nur zu rasch floh sie dahin. Um Eines beschwöre ich Sie, geliebte Freundin, vergessen Sie die letzte Unterredung mit Düfflipp, betrachten Sie, bitte, das von ihm Mitgetheilte als nicht gesprochen, ich nehme Alles gerne zurück, es war ein vorüberziehender Nebelstreif, der Uns die Sonne nicht trüben darf. Immer, wenn der Theure von mir geht, ist es mir als ob ein Gott bei mir gewesen und mit Seiner Gegenwart und Wunderkraft mich beseligt hätte, o Gott wie furchtbar ist der Contrast mit andern Menschen, deren ich nun täglich viele sehe, Sie glauben gar nicht, wie aufreibend das ist, erst heute hatte ich eine Tafel von 24 Gedecken gegeben, lauter langweilige Menschen. –

Wie fatal ist der Umstand, dass der elende Schmitt gerade jetzt Frl. Mallinger Urlaub gab, jetzt wo sie die Parthie der Eva einstudieren sollte. Unendlich freue ich mich darauf, Sie endlich wieder zu sehen, wie in jenen mir ewig unvergesslichen Tagen zu Triebschen; ich besprach es heute mit dem Freund, entweder in Ihrer Wohnung oder bei mir in meiner heimlichen, luftigen Wohnung, die dem Theuren zu gefallen schien; könnten Sie einmal des Abends mit Ihm hieher kommen, so wäre es herrlich; nicht wahr, es ist zu ermöglichen?? –

Noch tausend Dank für das theure Bild, das mir sehr grosse Freude macht. – Dringend nöthig finde ich es, dass Fröbel auf immer von hinnen zieht, nun, da ich seine schwarze Seele zur Genüge kenne. Seien Sie gesegnet, geliebte Freundin, möge das kommende Jahr Glück Ihnen bringen, das kein Kummer je trübe und glückbringend und wonneverleihend wird es sein, ich glaube es bestimmt. – Versichern Sie den Freund, ich bitte Sie darum, wie selig mich die traute Stunde machte, die Er bei mir geweilt. Liebend ohne Ende, glaubend und hoffend, frohlockend in Eurer Liebe Ihr Theuersten auf Erden, bin ich bis zum Tod

Ihr

getreuer Ludwig.

den 29. Dez.
1867.

1868

197

Theure, treu geliebte Freundin!

Seit ein paar Tagen habe ich Schnupfen und Husten, soll daher nicht viel sprechen und darf nicht in's Freie. Wenn ich unwohl bin, so ist dies für mich hier in der Stadt die einzige Zeit der Ruhe. Ich greife zur Feder, um der geliebten Freundin vor allem Dank zu sagen, wärmsten, innigsten Dank für die so liebevolle Uebersendung der Briefe und Gedichte, sowie für die überaus getroffene Photographie vom theuren Sachs; ich finde sie sprechend ähnlich und freue mich an ihrem Anblicke, der einzig Muth und Trost verleiht in dieser trüben Zeit, die ohne Ihn für mich baar des Trostes und jeden Heiles wäre; denn Sie glauben nicht wie fried- und ruhelos die Tage hier für mich dahinziehen; Tafeln, Audienzen, Anträge der Kammer, Presse etc. kurz ein immerwährendes Jagen, dem nicht zu entgehen ist, bis nicht die kalte Luft sich meiner erbarmt, wie zufällig jetzt und mir zum Ausruhen einen wohlthätigen Schnupfen sendet. Wie geht es Ihnen und dem Freund, solange habe ich keine Kunde von den Theuren erhalten, meine Seele lechzt nach Nachricht von denen, die einzig ihr theuer sind. Neulich wohnte ich der Vorstellung von »König Richard II« bei und überzeugte mich selbst wie recht Sie hatten, als Sie mir schrieben, es wäre zu viel »hineingejenkt« worden. Gott gebe, dass die Vorstellung der »Armida« eine gelungene wird und vor Allem die mit brennendem Verlangen ersehnten »Meistersinger«. Wie sehr ich eine Aufführung von »Tristan« wünsche, werden Sie durch Düfflipp erfahren haben; ich denke, es liesse sich, wenn auch mit Mühe ermöglichen. Meine Gedanken und Gefühle sind stets bei Ihnen und Unserem grossen Freunde, wenn auch die irdische Hülle sich verdammen muss, viel und lange in den Tafel- und Audienz-Säälen zu verweilen; dort wo für mich keine Freude blüht, kein wahres Heil erwächst; auch meine Mutter fährt wacker fort, mir durch ihr, oft ganz unleidliches Wesen lästig zu fallen, dann gedenke ich zum Trost der Freundin und ihrer Schwiegermutter. – Gott gebe, dass der rauhe Winter dem Wohlbefinden des geliebten Freundes nicht Eintrag thue, selig bin ich, weiss ich Ihn zufrieden u. heiter.

Mit regem Interesse las ich die für die Süddeutsche Presse bestimmten Artikel, die ich mit herzlichem Danke zurücksende. – Sicher hoffe ich, Semper werde im Frühjahr hieherkommen, damit endlich der grosse Bau begonnen werden kann, zu welchem eigentlich schon im vergangenen Jahre der Grundstein hätte gelegt werden sollen, wäre nicht die fatale Hochzeitsgeschichte dazwischen gekommen. – Dieses Jahr, ich hege die feste, sichere Zuversicht, wird ein Jahr des Segens u. des Heiles werden, das Erstrebte, Ersehnte rückt uns näher, bald wird das grosse Werk der Vollbringung nahe sein, Paradieses-Wonnen werden Uns zu theil, es wird ein Jahr (nicht wird mich die Ahnung täuschen) wie das unvergessliche, heilige Tristan-Jahr; doch den damals genossenen Kelch des Leidens, des Schmerzes möge Gottes Engel an Uns vorüberführen. – Ewig

Ihr getreuer Freund
Ludwig.

den 12. Jan. 1868 /.

198

Treu geliebter Herr! Gütiger Freund!

Wie dankbar bin ich dem Hohen mir ein gnädiges Lebenszeichen gegeben zu haben! Ich war sehr besorgt als ich in den Zeitungen die Notiz über das Allerhöchste Uebelbefinden las, und nur die Sorge lästig zu erscheinen hatte mich davon abgehalten eine Anfrage mir zu erlauben. Nun muss ich beinahe Gott danken dass der Catarrh sich einfand! Das sind so des Lebens Tröstungen! Dem Freunde geht es Gott sei gelobt, so ziemlich; ich befürchte wohl dass wenn er es auch aus Zartgefühl nicht ausspricht, die freie Luft und die Berge Triebschen's ihm fehlen, vielleicht ist ihm aber die treue Liebe ein Ersatz, wenigstens sieht er erträglich aus, und arbeitet er fleissig an der Correktur der Biographie; morgen mache ich mich an die Abschrift und hoffe ich binnen Kurzem dem königlichen Freunde einiges zusenden zu dürfen. Kann ich es wagen um den letzten Bogen zu bitten, weil ich leider nicht mehr genau weiss, wo ich unterbrochen wurde. Wir besprachen mein Mann, der Freund und ich, die Möglichkeit der Tristanaufführung und wir wurden darüber einig dass sie mit Zeit und gutem Willen wohl herbeizuführen sei. Die Mallinger erschrak als ihr Hans neulich von der Isolde sprach, doch ich glaube wenn endlich der schwere Alp der musikalischen Welt beseitigt sein wird, dass ein andrer muthiger und thätiger Geist über die Leute wehen wird. Ich hörte von einem Tenoristen *Bachmann* der nächstens hier gastiren soll, an ihn hatte der Freund schon früher gedacht, er soll musikalisch sein, (was der unglückliche vom Intendanzrath so ungeschickt engagirte Nachbauer durchaus nicht ist), am Ende liesse mit ihm sich der Tristan herstellen; Kindermann würde als Kurwenal[1], wo viel auf die Stimme ankommt, vielleicht ganz gut sein, und Bausewein gäbe König Marke ohne Schwierigkeit. Ich bin in den letzten Tagen von meinem Besuch des Hoftheaters wenig erbaut gewesen; die Zauberflöte ging erbärmlich, und die beiden Schützen[2], eine alte Novität von Lortzing, empörte mich durch Plattheit und Rohheit. Perfall hat es schwer in dem verwahrlosten Institut, es ist aber unbedingt nothwendig dass er prinzipiell verfährt, sonst kann von einer Bildung des Publikums nicht die Rede sein. Viel Freude haben mir die Jäger[3] von Iffland gemacht; wenn sie natürlich den Werken der grossen deutschen Dichter nicht das Wasser reichen, so zeigen sie doch von unmittelbarer Beobachtung der damaligen Verhältnisse und Zustände, und sind sie mir deshalb bei weitem lieber und werthvoller als ein Statthalter von Bengalen, oder ein Hans Lange, und wie all die zubereiteten Dinger heissen. Doch zu meinem Leidwesen musste ich erkennen dass unsre Schauspieler selbst *das* nicht mehr im Stande sind gut und mit natürlicher Wärme zu spielen! Mein Mann will den Manfred von Byron[4] mit der Schumann'schen Musik bringen, ein Versuch welcher dem Vater in Weimar überaus glückte. Possart soll morgen kommen um über die Hauptrolle (Manfred) sich zu besprechen, wenn er nicht zu sehr von sich eingenommen ist will *ich* mit ihm darüber sprechen. Sein Richard II (abgesehen von den Erfindungen des Herrn Jenke) hat mir nicht sonderlich gefallen; Schönheit, Schwung, Begeisterung des an sich glaubenden rechtsmässigen König waren abwesend, es blieb ein verzerrtes

Bild von unverständlicher Bitterkeit und zerfahrenem Uebermuth. Ich sehe ohne Freude der Aufführung der Armide entgegen, erstens hat sie die Meistersinger so sehr verschoben, zweitens befürchte ich dass sie die Mallinger sehr angreift, drittens habe ich keinen Glauben an der Leitung. Gluck ist ein Problem; armer Musiker, empfindungsvoller Dramatiker, muss er von einem geistvollen Kopf erfasst und wiedergegeben werden. Ich bin vor einigen Jahren in Carlsruhe über eine Vorstellung der Armide beinahe in Verzweiflung gerathen; die Mallinger wird aber jedenfalls darin interessant sein. –

Wir freuten uns sehr durch Baron Perfall von einer Musikaufführung zu hören welche unser hoher Herr anzubefehlen geruhte. Mein Mann erwartet die näheren Bestimmungen; ich glaube dass er gerne etwas im Voraus wüsste ob sein königlicher Herr eine Symphonie von Beethoven (vielleicht die c moll), und Klavierwerke mit und ohne Orchester, nebst Wagnerschen Compositionen zu hören verlangt, damit er in jeder Beziehung sich vorbereiten dürfe. Er hat vollauf zu thun; die Musikschule nimmt ihn dermaassen in Anspruch dass ich ihn kaum sehe; die Theatergeschäfte sind ihm dagegen eine Erholung. Er jammerte neulich dass die Böswilligkeit der Menschen die grossmüthigen Absichten unsres Beschützer's gekreuzt hätten, wäre der Wille des König's vor zwei Jahren ausgeführt worden, so gäbe die Musikschule jetzt Resultate, nun heisst es Geduld und Fleiss haben, und versuchen, sich nicht abschrecken lassen. Er ist nicht übermässig entzückt von dem Gesangslehrer Härtinger der ihm aufoktroyirt wurde, doch er will abwarten und nur im geeigneten Moment sein entscheidendes Veto abgeben. – Der Freund wohnt all den Arbeiten aus der Ferne bei; einige Male hat er mich in's Theater begleitet, wo ich mich in so fern über die Münchner freute als kein Mensch ihn besonders beobachtete. Nur neulich hatte ich zu Hause einen kleinen Spass; des Montags empfange ich meine Bekannten, und schliesse die übrigen Tage meine Thüre; am vorigen Montag sassen bei mir die Frau des Professors Windscheit[5] welcher kürzlich durch ein königliches Schreiben beehrt wurde, die Frau des Professors Braun (welchen ich einmal für die Professur am Polytechnikum zu empfehlen mir erlaubte), die Tochter Kaulbachs, eine Ministerialräthin Völk[6]; die drei Damen plauderten wie so im allgemeinen Frauen plaudern, plötzlich trat der Freund ein, ich stellte ihn vor. Als ob der Holländer in Senta's Spinnstube eingetreten wäre entstand eine Beklommenheit, beinahe eine Angst, die Hohenschwangauer Engeln folgten aufeinander wie auf der Leiter im Traume Jakobs, endlich verschwanden die Guten, und ich setzte dem Freund auseinander dass er sich nicht einbilden müsse dass er wie der erste beste Sterbliche sich zeigen könne. – In der leidigen Fröbelschen Zeitung wo ich nunmehr nur »München Hofnachrichten« lese, sehe ich dass der theure Herr immer noch leidend ist. Trotz der Tafeln, Audienzen, Kammergeschichten u. s. w. will ich doch lieber meinen König gesund wissen; ein erfahrener Kopf behauptete dass die einzigen wahren Uebel des Lebens Krankheit und Gewissensbisse sind; es ist dies beinahe zu philosophisch gedacht, und ich für meinen Theil habe mir lange eine grosse Krankheit gewünscht die mich manchen Plagereien entziehe, doch die Meinigen (darf ich dieses Wort hier gebrauchen theurer hoher Freund? Ich darf es, nicht wahr?) will ich gesund wissen, durchaus wohl, wenn ich auch das Leben zu gut kenne um sie mir jemals durchaus froh denken zu können! Und so weit bin ich schon dass die Erfüllung der schwersten Pflicht mir leicht fällt im Vergleich zu der Umgebung der Leichtesten. Und so wäre ich denn zum Capitel der *Mütter* (nicht derjenigen welche Faust im zweiten Theile schaudern machen!) angelangt. Wie gütig liebevoll dass der freundlichste Herr meiner bei gewissen Gelegenheiten gedenkt, ach Gott! ich verstehe Ihn und Seine Lage vollkommen, und die Geduld wünsche ich dem Theuren nicht, die eine ermüdend lehrreiche Erfahrung mir beigebracht hat, nachdem ich so ungestüm in das Leben getreten bin wie man es nur träumen kann. Nun muss ich aber einen Gedanken verrathen der mir öfters beigekommen ist: ich habe zuweilen gewünscht in die Nähe der Königin-Mutter zu kommen, sei es als Vorleserin oder unter irgend welcher Form; ich weiss nicht warum ich mir einbilde dass die hohe Frau für uns könnte gewonnen werden, und dass dadurch vielleicht manche Noth und Quälerei für unsren Herrn aufhören würde. Dass ich Seine Mutter trotz allem und allem lieben und ehren muss, wird der theure Freund wohl begreifen. Auch liegt viel Güte in dem Gesicht der Königin – es mag recht thörig sein, ich bilde mir ein dass ich Ihr vieles und manches begreiflich machen könnte. So hätte ich gebeichtet – – ich hoffe auf Absolution! Zu Hause muss ich nun immer predigen, es will manchmal gar nicht gehen, dann helfen die Kleinen die alles in das Kindliche wohl auch Lärmende herabziehen und wir gelangen dann zum sogenannten »faulen Frieden«! Mein Mann ist nämlich nicht übermässig mit Geduld von seinem Stern ausgestattet worden; doch bis jetzt geht es, und der häusliche Karren wie der Kunstwagen, trotz manchem Stoss, sie kommen gut vorwärts. Der heilige Thomas nennt die Vorsicht den Kutscher der andren Cardinal Tugenden, ich will betreffs des Wagens in Perfall einen ähnlichen Kutscher sehen, und alles was mir nicht ganz recht geschieht auf Rechnung der Vorsicht legen; und betreffs des häuslichen Karren will ich der Kutscher Vorsicht sein.

Soeben erhalte ich lieben Brief Semper's den ich mir erlaube beizulegen. Wir sind ihm gegenüber in einer schlimmen Lage; bereits Mitte Dezember sagte Rath Düfflipp die Sache sei geordnet, nun soll ein Brief verloren gegangen sein, ich verstehe das Ganze nicht, und möchte nur gern wissen was unser Herr befiehlt, damit wir nicht einem bedeutenden Menschen wie Semper gegenüber den Anschein hätten als ob wir mit ihm spielten. Wenn mein hoher Freund es nicht an der Zeit findet Semper zu berufen, so ist Sein Wille für uns jetzt wie in alle Zeiten, das einzig Maassgebende; will aber der Herr dass Semper berufen werde, so wäre es mir lieb wenn Rath Düfflipp dies auch so genau erführe dass er nicht ein Schreiben verzögre dass Semper so lange erwartet. Den Brief Semper's habe ich einzig und allein dem hohen Herrn und theuren Freunde mitgetheilt, selbst dem Meister habe ich ihn nicht gezeigt. Bevor ich Semper antworte würde ich wohl gern durch Rath Düfflipp erfahren haben wie diese Angelegenheit betrieben wird, allein dies wie alles; das Geringfügigste wie das Grösste lege ich vertrauensvoll in meines Königs theure Hand! Er schalte und walte!

Gottes Segen über den geliebten Herrn; der Kranz der Treue schwingt sich zur Krone, und beide verschlungen bilden den Stern der leuchtet in die Nacht!

Cosima von Bülow-Liszt

17ten Januar 1868 /.

[1] *Kurwenal, Baritonpartie in »Tristan und Isolde«; Freund und Waffenbruder Tristans.*

[2] *»Die beiden Schützen«, Oper von Albert Lortzing, 1837. Albert Lortzing (1801-1851), Sänger, Schauspieler und Komponist.*

[3] *August Wilhelm Iffland (1759-1814), Dramatiker. 1796 Direktor des Nationaltheaters, 1811 Generaldirektor aller königlichen Schauspiele in Berlin. »Die Jäger« waren sein erfolgreichstes Stück.*

[4] *»Manfred. A dramatic Poem« von George Noel Gordon Lord Byron (1788 bis 1824).*

[5] *Gemahlin des Juristen Joseph Bernhard Windscheit (1817-1892).*

[6] *Josepha von Kaulbach, Gemahlin, Frau des Abgeordneten Joseph Völk (1819 bis 1882).*

199

Theuerste Freundin!

Seit einiger Zeit bin ich, fast muss ich sagen »leider« wieder vollkommen wohl, denn mit diesem Wohlsein bin ich der Serie der Tafeln, Audienzen, Bällen, Ministervorträgen etc. auf's neue erbarmungslos verfallen. Vor Allem muss ich der geliebten Freundin sagen, dass Ihr letzter Brief mich hoch erfreut und tief gerührt hat; meinen wärmsten Dank für die neuen Beweise treuer Liebe und Freundschaft. Dass Sich die theure Freundin auf die Aufführung der »Armide« nicht gefreut hat, betrübte mich, mir gefiel das Werk ausserordentlich gut, wohl erinnere ich mich, dass der Freund im letztvergangenen Mai sich sehr anerkennend über diese alte Oper geäussert hat. Einen harten Tag hatte ich am vorigen Mittwoch durchzumachen, ich hatte die Qualen eines Hofballes zu bestehen, noch stehen mir manche verhasste Festlichkeiten in diesem Winter bevor. O Gott, erlebe ich einen Augenblick der Freude, des Genusses, so hab' ich ihn einzig dem Quell meines Lebens, Unserm theuren Freunde zu verdanken. Ich führe mir »Tristan u. Isolde« vor das geistige Auge, gedenke im voraus der Wonnen, welche die »Meistersinger« Uns bringen werden – und selig und zufrieden bin ich und vergesse die trostlose Alltagswelt, die mich umgibt. Oefters frug mich die Freundin, ob ich an meiner Mutter, meinem Bruder denn keine theilnehmenden Seelen habe, aber dem ist nicht so, sie lieben mich, was auch ich thue, aber von einem tieferen Verständniss, einem Einklang der Seelen kann da nicht die Rede sein, die Pfade auf denen mein Bruder wandelt sind von Weihe und Erhabenheit himmelweit verschieden.

Mit Semper ist es vor der Hand leider nichts, nichtsdestoweniger aber gedenke ich noch in diesem Frühjahre den Bau Unsres Theaters sicher zu beginnen. So viel man in dieser kurzen Zeit ersehen kann, benimmt sich Perfall auf seinem neuen Posten ganz wacker. O »Tristan«, »Tristan«! dieses Werk in diesem Jahre und ich will alle Leiden und trauervollen Stunden vergessen und ohne Murren mein oft so schweres Kreuz tragen; o ich muss bald wieder in diesem Gedichte, diesen wonnevollen Tönen mich versenken, darin aufgehen können, es ist mir so nothwendig wie dem Gefangenen die Freiheit, wie dem Verschmachtenden der labende Quell. –

Ich bitte Sie dringend, den Freund zu bestimmen sich bald von Bernhard[1] malen zu lassen für mein neu eingerichtetes Schreibcabinet; er würde mir durch diese Freundlichkeit eine grosse Freude bereiten.

Nun muss ich schliessen, Mitternacht rückt heran.

Dass ich viel und oft der theuersten Freunde gedenke, mit meinen Segenswünschen Sie umschwebe, habe ich nicht nöthig erst zu versichern, Sie wissen, dass ich Ihm mein Leben geweiht habe und dass es mit jeder Faser meines Selbst der heiligen Sache angehört, für die einzig ich lebe und sterben will.

Treu und ewig liebend

Ihr

den 26. Jan. 1868 /. Ludwig.

[1] *Joseph Bernhardt (1805-1885), Maler. Förderung durch den Hofmaler Joseph Stieler, Studienreise nach Paris; in München Atelier im Utzschneiderhaus; Maler für Münchner Persönlichkeiten und die Angehörigen der Königsfamilie.*

200

Treu geliebter Herr! Theurer königlicher Freund!

Mit Freude (trotz des »leider«) habe ich die Besserung unsres Herrn begrüsst, und meinen wärmsten Dank für die gütige Meldung dieser Besserung lege ich dem hohen Freunde zu Füssen. Dieser Freude verdanke ich es einzig, dass ich über die ernste beinahe traurige Stimmung, welche mir aus den Mittheilungen des gütigen Schreibens, wie auch aus den augenblicklichen Lage der Dinge, mir erwachsen ist, bemeistern konnte. Die stete Einsamkeit und Oede inmitten der Unruhe, welche der theure Freund mir klagt, und dessen erschreckende Wahrhaftigkeit in dem nothwendigen Aufgeben der Semperschen Berufung sich abspiegelt, raubt meiner Seele beinahe jede Hoffnung. Ich habe selbst Rath Düfflipp beschworen um Gottes Willen nicht unsre musikalischen Angelegenheiten durch die unzeitige Berufung Semper's, in Gefahr zu bringen; allein dass es so steht, dass man immer mit Angst und Sorge um Dasjenige zu sein hat, was längst fest stehen sollte, ist betrübend. Wenn ich ohne Theilnahme der Aufführung der Armide entgegen sah, so galt dies nicht dem edlen Werke, sondern der Verzögerung der Meistersinger (zwei volle Monate!), welche daraus entstand, und auch der Verwickelung der Lage welche das längere Verbleiben Lachner's mit sich brachte. So lange Lachner's Entlassung nicht vollzogen ist, ist an einer Organisation des Theaters nicht zu denken, und ist mein Mann zur vollständigsten und traurigsten Unthätigkeit gezwungen. Mit Trauer sehen wir dem alten Gang der Dinge zu, und fragen uns, wenn dies so weiter geht, was wir denn eigentlich zu sagen hätten. Weder die Aufstellung des Orchesters, noch die Feststellung eines ordentlichen Repertoires, noch die Einführung einer künstlerischen Disciplin, ist möglich, so lange der Mensch an der Spitze des Orchesters bleibt der alle musikalischen Zustände in München dermaassen hat versumpfen lassen. Weil die Armide der Vorwand war um ihn weiter hier hausen zu lassen, darum hatte ich ihre einstweilige Zurücksetzung gewünscht, da mir mehr an dem Gang des Ganzen als an einem einzelnen Abend gelegen ist; auch wusste ich wie wenig künstlerisch diese Aufführung sein würde. Wer in Dresden die Armide nach des Freundes Einrichtung gesehen hat, kann kaum glauben dass es dasselbe Werk sei. Nicht eine Nüance im Orchester und in den Chören zeigte von einem Eingehen in die Intentionen des Schöpfer's, und die sinnlose Breite welche den Ballets gegeben wurde nahm für mich den Hauptdramatischen Stellen, ihre Wirkung. Dass das Werk immer einen grossartigen Eindruck machen muss, ist gewiss, es bleibt eine der seltensten Erscheinungen in der Oper, und meine Bedenken gingen blos auf das Zeitgemässe der Aufführung, und auf die im Voraus gewusste künstlerische Rohheit derselben. (ich erlaube mir blos an den Soldaten-Chor im ersten Akt zu erinnern, welcher in ein und derselben Stärke heruntergesungen wurde, deswegen auch gänzlich ohne Wirkung blieb). Dass der hohe Herr trotz aller Mängel das Werk in seiner edlen Schönheit erkannt hat, ist ein neuer Beweis wie sicher Sein erhabener Geist das Werk erfasst, unbeirrt durch die Nebel mit welchen die Unfähigkeit der Menschen es umhüllen. Gäbe Gott dass mit der Jessonda[1] die Wartens-Zeit vorüber sei! Ich glaube nicht dass die Künstler-Ehre es zuliess dass wir länger zusehen, wie z. B. die Meistersinger-Proben immer unmöglich gemacht werden, und wie jeder höhere Geist mit Gewalt zurückgehalten wird. Ein jedes Wirken nach aussen hat mein Mann mit Freude und Stolz aufgegeben, der ehrenvollen Aufforderung nach Paris zu kommen um den Lohengrin zu dirigiren, hat er entsagt, lediglich um sich hier der ihm so theuren Aufgabe gänzlich zu widmen, wie soll ihm dabei zu Muthe sein wenn er sich als ganz überflüssig betrachten muss? Was soll ich ihm sagen indem ich ihn zur Geduld und Hoffnung ermuntre, da ich mit einer Art von Trostlosigkeit es gewahr werde, dass überall in Deutschland Lohengrin, Tannhäuser, der Holländer auf dem Repertoire stehen, dass überall man sich um die Meistersinger bemüht, und dass hier an der Stätte wo einzig der Freund eine unbeschreibliche hehre Liebe, und ein göttliches Eingehen auf seine schöpferischen Gedanken fand, hier immer alles wie durch böse Dämonen gelähmt ist? Ja theurer Herr, die Armida hat mich unsäglich traurig gemacht, und daran ist gewiss Meister Gluck, nicht Schuld. Verzeihung mein hoher unvergleichlicher Freund, wenn ich *einseitig* erscheine; Unsre Sache kann ich nicht einen Augenblick aus dem Auge verlieren, dass dem so ist daran ist der theure Hohe Schuld, eine Schuld welche in meiner Seele Sein erhabenstes göttlichstes Verdienst ist! –

Ich habe noch nichts vom Freunde gesagt; seine Gesundheit ist Gott sei Dank befriedigender als wie ich zum letzten Male schrieb. Er wird wahrscheinlich in der nächsten Zeit nach Paris reisen, um die armen Leute dort nicht gänzlich im Stich zu lassen die es so gut und ernst mit der Sache meinen; wie ihm dabei zu Muthe ist kann sich unser Beschirmer denken! Seine Stimmung bleibt unter den Umständen hier eine gedrückte. Eine einzige Freude und Trost hat er an dem Verkehr mit dem Fürsten Hohenlohe der natürlich von jeder politischen Bedeutung frei, ihm die Befriedigung gewährt einem Charakter und einem gebildeten Menschen begegnet zu sein. Vor allem aber beglückt ihn die wahrhaftige Treue und liebevolle Ehrfurcht die der Fürst zu seinem Herrn hegt! Dass der theure Hohe mit Baron Perfall zufrieden ist thut mir in der Seele wohl; ich sagte ihm neulich dass – angenommen dass die Hauptfrage bald erledigt sei – er eher mit der Oper ordentlich in Stand sein würde als mit dem Schauspiel. Wir wussten gar nicht wer die Astarte im Manfred geben sollte, und für Liebhaber-Rollen hat er nur den unglückseligen Rohde, der mich von den besten Stücken fern hält. Bachmann hat mir sehr gefallen; hoffentlich kann er den Walther singen; Vogel ist doch für diese Rolle unmöglich. Ein guter Opernregisseur (Hallwachs[2]) wird uns empfohlen, im Schauspiel thäte es noch mehr Noth, denn die Bearbeitungen des Herrn Jenke sind geradeswegs haarsträubend. Nun Rom ist nicht an einem Tag erbaut worden, und indem ich dem Quell aller unsrer Hoffnungen schreibe, hat sich nach und nach die Seele erheitert! Der Freund sehnt sich nach Tribschen zurück, weil er in der Siegfried Partitur das Vergessen suchen möchte, ich halte ihn auf, und sage ihm das Alles wird, ja bereits *ist.*

Nichts anderes hätte ich dem gütigen Gnädigen zu melden, alle unsere Segnungen fasse ich in einem Gruss der Treue und des Dankes zusammen, und lege denselben zu den Füssen des König's, indem ich die theure hohe Hand küsse.

Cosima von Bülow-Liszt

29ten Januar 1868 /.

[1] *»Jessonda«, Oper von Louis Spohr (1784-1859), 1823.*

[2] *Dr. Reinhard Hallwachs (1833-1872), Regisseur am Stuttgarter Hoftheater, von Wagner 1868 als Opernregisseur für München vorgeschlagen. Inszenierte die Uraufführung der »Meistersinger« 1868 und des »Rheingold« 1869 in München zu Wagners besonderer Zufriedenheit.*

201

Mein gnädiger, gütiger, theurer Herr!

Es möge es der König vergeben wenn ich unaufgefordert mich an Ihn wende, ich thäte es nicht, handelte es sich nicht um eine Angelegenheit, die, ich weiss es, dem hohen theuren Herrn, an das Herz geht: *Sempers* Berufung. Rath Düfflipp hatte mir neulich gesagt dass wenn der Fürst Hohenlohe dieselbe in die Hand nähme, sie leicht zu Stande zu bringen wäre, und Semper als *Staatsdiener* bei weitem nicht die Opposition finden würde als wie Semper als *Hofdiener.* Ich schrieb dem Freund: da er mit dem Fürsten auf so gutem Fusse stehe, soll er schriftlich die Sache mit ihm anknüpfen, der Freund befürchtete durch einen Schritt in dieser Angelegenheit zu Misverständnissen Veranlassungen zu geben, und bat mich mit dem Fürsten zu sprechen. Da ich den Herrn Staatsminister gar nicht kenne, trug ich Bedenken mich ihm zu nähern, da er am Ende nicht gern mit einer Unbekannten (noch dazu einer Frau) eine Sache von dieser Wichtigkeit würde verhandeln wollen. Ich liess einen Freund und Vertrauten des Fürsten, einen durchaus zuverlässigen Menschen, zu mir kommen und besprach mit ihm, die augenblickliche Lage der Dinge, die jetzige Stellung des Fürsten und seinen Einfluss auf die andren Ministerien, namentlich auf Herrn von Schlör[1] welcher (wenn Semper wie abgemacht Vorstand oder Rektor des Polytechnikums werden soll), das entscheidende Wort zu sagen hat. Er versicherte der Fürst würde mit Wärme für Semper eintreten, bei der schwierigen Stellung die Schlör gerade jetzt der ultramontanen Partei gegenüber hat, würde aber einzig von Gewicht sein, wenn in einer der Ministerconferenzen die Majestät des Königs sich herabliesse direkt und bestimmt Ihre Allerhöchste Ansicht von Semper's Bedeutung Kund zu geben, und dem Minister Schlör allergnädigst zu empfehlen den ersten Architekten Deutschlands zum Vorstand oder Rektor zu wählen.

Ist Semper durch das Ministerium berufen, dann schweigt die Böswilligkeit, und mit der Zeit, wenn der König es für rathsam befindet, würde der Bau begonnen, von welchem gar nicht zu sprechen gewiss das Allerweiseste ist.

Ich musste dies meinem gnädigen Freund mittheilen, denn es schien mir vernünftig gedacht, und Unsere Sache befördend.

Eines hörte ich noch dass ich nur in gewiss thörigster – Angst mir erlaube niederzuschreiben. Es wurde von dem letzten Sieg der Ultramontanen gesprochen, und gesagt dass der Prinz Ludwig[2] welcher mit seiner Gemahlin binnen Kurzem heimkehren wird, als Partei-Chef zurückkehre, gleichsam als Hort der Feinde des Königs. Da ich dies von vielen vielen Seiten vernahm, kann ich es nicht verschweigen; und sage es hier, indem ich für die kindische Besorgniss von tiefstem Herzen um gnädige Nachsicht bitte.

Dem Schreiben füge ich nur noch bei, dass ich gute Nachrichten vom Freunde habe, und dass hier sich alles zum Besten wendet.

Nur noch die innigsten Segenswünsche dem hohen theuren Herrn, und die Versicherung der ewigen Treue Seiner dankenden Dienerin und Freundin

Cosima von Bülow-Liszt

München den 17ten Februar 1868 /.

[1] *Gustav von Schlör (1820-1883), bayerischer Verkehrsminister. 1868 wurde auf seinen Antrag hin die Technische Hochschule in München errichtet.*

[2] *Prinz Ludwig, der spätere König Ludwig III. von Bayern, und seine Gemahlin Marie Therese von Modena-d'Este (1849-1919).*

202

Theuerste Freundin!

In diesem Augenblicke erhielt ich Ihren lieben Brief, für den ich herzlich danke. Vollkommen billige ich Ihre Ansicht, Semper betreffend und werde meine Meinung über seine Bedeutung Hohenlohe und Schlör kund geben, denn täglich denke ich an Semper's Berufung, immerwährend schwebt mir Unsre grosse Aufgabe vor Augen, stets bin ich im Geiste mit den treu und innig geliebten Freunden vereint, dies können Sie versichert sein.

Denken Sie nur, geliebte Freundin, mir war von Anfang an die Verbindung des Prinzen Ludwig mit einer Erzherzogin von Oesterreich[1] zuwider, auch mich peinigt die Ahnung, sie werde, ob mit eigenem Verschulden oder nicht, an die Spitze der ultramontanen Parthei gestellt werden, jener elenden Parthei, der kein Mittel zu schlecht ist, um ihre gottverfluchten Zwecke zu erreichen; fest glaube ich, sie werde in die Fussstapfen der verstorbenen Prinzessin Luitpold[2] treten, die meinem Vater stets Sorgen bereitet hat; viel gäbe ich darum, könnte ich jene Verbindung hintertreiben, es wird wahrlich kein Heil daraus erwachsen. – Seit 10 Tagen kann ich das Zimmer nicht verlassen, ich muss mich sehr schonen, denn aus dem Gelenkschmerz am Fusse könnte leicht die Gliederkrankheit entstehen, ein furchtbares Uebel, das meine Mutter stets noch peinigt; doch geht es jetzt Gottlob etwas besser. – Tausend Segensgrüsse aus tiefstem Seelengrunde dem geliebten Freunde, Heil und Segen der theuren Freundin!

Bis zum Tod liebend und treu ohne Wanken

Ihr

treuer Ludwig.

den 17. Febr. 1868.

[1] *Richard Wagner erwähnte in seinem Brief vom 8. Januar 1866 an den König: »Eine Wiener-Dame war Ihnen bestimmt.« Dabei bezog er sich wohl auf eine Nachricht in den »Neuesten Nachrichten« vom 15. November 1865, die lautete: »Einem Wiener Korrespondenten der N. Frkf. Z. [= Neue Frankfurter Zeitung] zufolge er-*

zählt man sich in Kreisen, welche mit dem Wiener Hofe in Beziehung stehen, es seien die Verhandlungen wegen einer Vermählung des jungen Königs von Bayern mit der Erzherzogin Maria Theresia – Tochter der Erzherzogin Elisabeth aus ihrer ersten Ehe mit dem Erzherzog Ferdinand von Este, dem Bruder des Herzogs von Modena – bereits dem Abschlusse nahe gewesen, als die plötzliche Anerkennung des Königreichs Italien durch Bayern erfolgte. Die junge Erzherzogin (geboren am 2. Juli 1849), eine der reichsten Prinzessinnen in Europa, ist zugleich die präsumtive Thronerbin von Modena. In Folge jener Anerkennung soll nun der Herzog von Modena, der Oheim und Vormund der Erzherzogin, die betreffende Verhandlung sogleich definitiv abgebrochen haben.« Schon am 14. Mai 1864 hatte der österreichische Gesandte in München, Gustav Graf Blome, in einem Geheimbericht an den österreichischen Minister des Äußeren, Graf von Rechberg, den Plan einer Verbindung Ludwigs II. mit der Erzherzogin zur Sprache gebracht.

Die Erzherzogin wurde von ihrem Vormund mit dem um 14 Jahre älteren Witwer Ferdinand IV. Großherzog von Toskana (1835-1908) verlobt. Doch an Pfingsten 1867 lernte Marie Therese bei einer Beerdigung in Wien den zweiundzwanzigjährigen Ludwig Prinz von Bayern (1845-1921) kennen. Es war Liebe auf den ersten Blick, und am 20. Februar 1868 fand in der Wiener Hofburg die Vermählung statt. Der Einzug des neuvermählten Paares in die Residenzstadt München am 22. Februar 1868 stand »unter keinem Glücksstern« – meldete die Presse. Ludwig II. mißfiel diese Ehe von Anfang an. Er ließ schon vor der Vermählung in Wien für München alle Huldigungen samt dem Hofball streichen, und als das junge Paar in München ankam, war der König (angeblich) krank und konnte es nicht empfangen. – Ludwigs Befürchtungen trafen nicht zu; es wurde eine sehr glückliche Ehe, gesegnet mit 13 Kindern.

[2] Prinzessin Luitpold, Auguste Ferdinande Erzherzogin von Österreich und Prinzessin von Toskana (1825-1864), Gemahlin des späteren Prinzregenten.

203

Mein gnädig gütig theurer Freund!

Tausend Tausend Segensdank!.... Der Himmel wird den Seinigen schützen!

Ewig treu, ewig dankend, ewig dienend, ewig segnend!

Cosima von Bülow-Liszt

Montag /.
[2.3.1868]

204

Theurer gnädiger Freund!

Gelobt und gepriesen die Genesung des Gütigen! Ich war in Sorge und Angst. Wie huldreich hold von meinem Herrn, mir das Zeichen der Besserung gegeben zu haben! Ich schicke es sofort dem Freunde der wohl ist, und in drei bis vier Wochen wohl wieder hier eintreffen wird. Mich traf der Gruss des hohen Freundes, beim Lesen einer kleinen Notiz beschäftigt die ich in mein Modeblatt fand und die mich erfreute. Ich widerstehe nicht dem Gedanken die Kleinigkeit mitzutheilen, es that mir wohl ein edles Wort in einer Zeitung zu finden.

Ich verstehe dass der Freund beinahe die Krankheit preist; jetzt ist die Zeit des Opfers wo der König gleichsam allgegenwärtig sein soll, denn Er ist Halt und Hort für Alles; die wilde Zeit kann nur in der Erscheinung des Königs den Halt bekommen. O fiele die Aufgabe dem gütigen Herrn nicht allzuschwer!

Ewig dankend, treu liebend und dienend entsendet die Freundin die wärmsten Segenswünsche

Cosima von Bülow-Liszt

4ten März 1868 /.

205

Mein theurer Freund und Herr!

Rath Düfflipp war heute bei mir und besprach die vom König beabsichtigte Grundsteinlegung zum Festbau! So schwer es mir fällt, so unbeschreiblich schmerzlich es mir ist, ich glaube dem hohen Gnädigen sagen zu müssen, dass dieses Jahr, bei der herrschenden Stimmung des Landes, es mir nicht räthlich erscheint an ein solches Unternehmen zu gehen. Es ist wahr, theurer geliebter Herr, nichts könnte Ihrer Regierung einen solch edlen Glanz verleihen als dieser Bau, er wird der schönste und der Bedeutendste sein, den Deutschland – ja Europa wird von diesem Jahrhundert aufzuweisen haben, »er wird ein Pendant zum Kölner Dom«, meinte Kaulbach neulich, ein stolzes Merkmal von dem was die deutsche Kunst vermag, sein. Allein in der Zeit in welcher wir leben, und vielleicht in Bayern ganz besonders, muss der Fürst gleichsam *mit* seinem Volke ein solches Werk beginnen, es darf ein so grosser Gedanke nicht wie die augenblickliche Laune eines Höchstgestellten aussehen, dies lähmt von Vornherein das Unternehmen, und hintertreibt seine guten Folgen. Noch ist der König, mein Herr und gütigster Freund, misverstanden, ungekannt. Sein Volk weiss von ihm nichts als das was eine Zeitlang elende Diener zu verbreiten für gut befunden hatten; folglich ist kein Glauben an dem was Er unternimmt vorhanden. O entschlösse sich der König eine Zeitlang der Zurückgezogenheit zu entsagen, geruhte Er durch grosse anscheinende Theilnahme an dem öffentlichen Treiben Seinem Volke Sich zu bekunden, dann wäre bald, gar bald der Festbau möglich. Jetzt ist alles dagegen, Aristokratie, Bourgeoisie, Volk; sie sagen sich nicht wie segensreich für die Kunst im Allgemeinen, für Gewerbe und Industrie ein solcher Bau ist, weil sie sich nichts günstiges zu sagen vermögen, und sehen bloss in dieser grossartigen Absicht, eine phantastische Chimäre durch welche ein weit besser anzuwendendes Capital vergeudet wird. Ist der König gekannt (gekannt ist in diesem Fall gleichbedeutend mit geliebt), dann steht alles andres. Die materiellen Bedingungen sind das, die politischen Constellationen deuten auf Frieden, einzig wird noch erfordert die zeitweilige Ueberwindung von Abneigungen, die leider nur zu erklärlich mir erscheinen. Doch mein theuerster freundlichster Herr, es handelt sich hier um etwas Grosses, unvergleichliches. Der Tag wo der König mit der Akklamirenden Liebe Seines Volkes zu dem Festbau den Stein legen würde, würde wohl die Ueberwindung vergelten welche die lästige Erfüllung der äusseren Seiten der königlichen Pflichten gekostet hat. Jetzt, wie es steht, muss ich bitten, und der Freund bittet mit mir, nicht auf die Grundsteinlegung bestehen zu wollen. Noch ist der König zu vereinsamt. Mein höchster Trost ist, dass Er alles in der Hand hat; ich kenne die Umtriebe der Schändlichen welche darauf bauen dass der Herr sich so abschliesst, sich freuen dass Er nach und nach Seinem Volke immer fremder, unkenntlicher wird, ich kenne diese Umtriebe und weiss wie gefahrdrohend sie sind, – viele viele Nächte habe ich in Kummer und Sorge hierüber verbracht – doch ich weiss ebenso sicher dass ein fester Entschluss des Königs dem durch blosses sich zeigen, ein Ende zu machen, genügt um dass Unser Schiff mit vollen Segeln auf dem beruhigten Meere schreiten dürfe. Ich glaube dass der König jetzt nichts Erhabenes, Grosses, unternehmen kann, weil kein Glauben herrscht; gewinnt es mein hoher theurer Freund über Sein edles Selbst, den Menschen Sich zuzuwenden, und trotz ihrer so häufig abstossenden erschreckenden Gemeinheit die Sonne des Königthums voll und warm auf sie scheinen zu lassen, dann, dann o mein theurer Fürst, ist Unsre goldne Zeit da.

Um Semper thut mir diese Entscheidung weh; dürfte ich dem Hohen die Bitte zu Füssen legen, dass der Minister Schlör nicht ein *Professorat* sondern das *Rektorat* des Polytechnikum's ihm antrüge; ich wünschte es nicht wenn ich nicht wüsste dass ich hiermit dieser Schule das Beste gönnte. Somit würde auch Semper eine kleine Entschädigung für die schmerzliche Enttäuschung welche ihm die vorläufig unterlassene Bestellung des Baues gewähren wird. Ist er einmal hier, kann er hier als Rektor wirken und eingreifen, beliebt es dem König durch Uebergabe der Bauangelegenheiten des Landes, durch ihn die sämmtlichen Kunstzustände zu heben, hat der König mein theuerster Herr durch gnädigste Herablassung und gütige Theilnehmung sich wie

Goethe ausdrückt das Ererbte erworben um es zu besitzen, dann mein Herr, und zwar vielleicht binnen ein paar Monaten, ist Unser Tempel zu erbauen, und werden die Menschen wissen was es heisst.

Jetzt entsagen wir mit gedrücktem Herzen; dem vielen Vollbrachten, fehlt der Freudenstrahl, mein König und Herr, zu Füssen liege ich vor Ihnen, ich weiss wie schwer Sie es haben, ich kenne die Welt, ich kenne Sie, die eine bejammre ich um sie nicht zu verachten, und Sie liebe ich, und doch vermag ich es Sie Hoher, Theurer, um das Opfer zu bitten. Es gilt die Krone in ihrem heiligen Ansehen zu wahren, es gilt die Kunst zu krönen, ich die Freundin die mit Jubel ihr Leben für den König geben würde, bittet um das Opfer!

Dass ich so feurig spreche giebt mir der fürchterliche Gedanke ein dass der König es nicht vermag einen so edlen Willen wie diese Grundsteinlegung zu vollbringen. Jedoch so unmöglich es mir jetzt erscheint, so möglich erachte ich es in der nächsten durch königliches Opfer geheiligte Zeit. Dieser in Liebe und Dank entgegensehend grüsst in unwandelbarer unaussprechlicher Treue die Freundin

Cosima von Bülow-Liszt

7ten März 1868 /.

206

Theuerste Freundin!

In aller Eile einige Zeilen, es ist schon spät, einen recht genussreichen Abend hat mir Herr v. Bülow bereitet, durch sein wundervolles, unvergleichliches Spiel, auch hat es mich sehr gefreut ihn endlich wieder eingehender zu sprechen. Glückselig bin ich, den Freund hier zu wissen, ich bitte Sie Ihm in aller Liebe einen milden, gelinden Vorwurf zu machen, dass Er vermuthen konnte, Sein letzter Brief würde mich mit »Ueberdruss« erfüllen, wie kann Er nur dies im entferntesten für möglich halten! Beginnt auch Er, der Einzige, Seinen treuen Parcival zu verkennen, wehe wehe! wenn es dahin kommen sollte, dies habe ich nicht verdient. O böse Ferne, »Freundesfeindin«!

Wenn Er meint, ich könnte die Beweise Seiner Liebe mit Ueberdruss aufnehmen, so muss Er ja glauben, ich liebte Ihn nicht; hätte die Freundin Seinen letzten Brief an mich gelesen – Sie würde – – sich wundern!

Doch nichts mehr davon, ich begrüsse Ihn jauchzend und rufe Ihm ein herzliches »Willkommen« zu.

Bis zum Tod

Ihr
getreuer Freund
Ludwig.

18. März 1868

Meinen innigsten Dank für die gütige Uebersendung der Blätter der Biographie!

207

Theuerster Herr, gütiger königlicher Freund!

Es war um Mitternacht als mein Mann mit strahlendem Gesicht, und den duftenden Königsgruss in der Hand in die Stube trat, und wie berauscht mir sagte dieser Tag sei der schönste seines Münchner Lebens, er fühle sich stolz im Dienste *dieses* Herrn zu stehen. Ich kann wohl sagen dass ich ihn niemals so begeistert freudig hoffnungsvoll gesehen habe, und wie ein Traum aus Jugend Zeit, wie ein Märchen von fernsten Landen, erzählte er mir, und erzählte immer wieder. Es war früh am Morgen als ich noch nicht ausgefragt, er noch nicht auserzählt hatte. Nun duftet meine Stube und ich denke des holden Herrn, der meinem durchaus sonst nicht zu überschwenglicher Schwärmerei geneigten Mann, erschienen ist wie einer jener Fürsten aus den wunderbaren indischen Sagen. Könnte ich doch den blühend duftenden Zeugen des gestrigen Abends Ewigkeit verleihen! – In meiner Seele sollen sie ewig blühen und tausendfachen Dank aus ihnen entkeimen. –

Während dort oben sich dieses ereignete, empfing ich hier den unerwartet ankommenden Freund[1]. Er sieht leidend aus, ich glaube er hat eine schwere Zeit durchlebt, in Sorge und Angst um das Einzige dass ihn bekümmert! Ich hoffe die Wolken vertheilen sich, und die Sonne strahlt wieder auf die hehre Stirne. Ich glaube kaum dass er vor der Aufführung der Meistersinger sich an den Siegfried wird machen können. Es liegt zu viel Beschäftigung hier vor, die ihn vom Schaffen abbringt. Jedoch gleich nach der Generalprobe will er Triebschen wieder aufsuchen und dann die Hauptschöpfung seines Lebens vornehmen.

Nun schneit es wieder draussen, und das Wetter begünstigt die Genesung des theuren Hohen, nicht; doch höre ich dass das Aussehen unseres Herrn jede Besorgniss verscheucht, o dürfte ich bitten, inständigst und ehrerbietigst, die Acht um die eigene heilige Person nicht gänzlich zu verschmähen? – –

Ich habe geahnt wie der Freund schreiben würde, denn er ist in der letzten Zeit den trostlosesten Vorstellungen preisgegeben gewesen, seine ganze Liebe ist ihm zu einer Wehklage geworden, die Sorge um den hehren Freund hat ihn wie gealtert. Er empfiehlt sich in unwandelbarer Treue und Hingebung der Huld seines Herrn, und ich entsende die Strahlen des dankenden Blicks, das Wollen der Liebeerfüllten Seele, den Duft der schönsten Herzensblüthen dem herrlichsten Freund, dem freundlichsten Herrn!

Cosima von Bülow-Liszt

18ten März 1868 /.

[1] *Wagner reiste am 17. März von Tribschen nach München. Am 19. März verurteilte das königliche Stadtgericht München Wagner unter Androhung des Personalarrests zur sofortigen Bezahlung einer alten Schuld von 2197 Gulden 32 Kreuzern an Advokat Simmerl in München, an den Frau Klepperbein, Dresden, ihre Forderungen abgetreten hatte. Wagner leistete die Zahlung, was ihm durch das persönliche Eingreifen des Hofsekretärs von Düfflipp ermöglicht worden war.*

208

Treu geliebte Freundin!

Es drängt mich Ihnen für Ihren letzten Brief, der mich innig gefreut hat, meinen wärmsten Dank zu sagen, auch des Freundes letzter Brief goss tiefen Frieden in meine Seele und erfüllt mich mit jauchzender Begeisterung, mit jubelndem Entzücken; ich lege ihn bei. Einen harten Tag habe ich heute verlebt, ein grässliches Zahnweh hat mich gefoltert, das durch Chloroform etwas gemildert wurde; ich bin des körperlichen Schmerzes seit langem *fast* entwöhnt gewesen, da ich mich sonst stets so wohl und kräftig fühle. O der Tag, der Tag! gibt's eine Noth gibt's eine Pein, die er nicht weckt mit seinem Schein?![1] –

Wie freue ich mich auf den Mai! Auf das herrliche Werk das mit seinen Wonnen Uns beseligen wird! O ein erster Schritt ist vorwärts gethan! Wie vieles sind Wir dem erstrebten Ziele näher, o Gott wie furchtbar, wie namenlos traurig war die Zeit, in welcher dieses Werk geboren wurde! Viel ist überstanden, wohl Uns! Begeisterte Grüsse sende ich dem grossen Freunde, Heil und Segen rufe ich Ihnen, geliebte Freundin und Herrn von Bülow zu! Ewig

Ihr

treuer Ludwig.

am 22. März 1868 /.

[1] *Zitat nach »Tristan und Isolde«, 2. Aufzug, 2. Szene: »Tristan: Dem Tage! Dem Tage! … Gibt's eine Noth, gibt's eine Pein, die er nicht weckt mit seinem Schein?«*

209

Mein theurer Herr und Freund!

Innigen Dank für die gütige Mittheilung der Eigenen und des Freundes Stimmung, Gott wahre sie so hoch und hehr! Mir ist längst alles gewöhnliche Empfinden geschwunden und ich schaue nur nach den beiden Höhen ob da die Sonne scheint, oder ob schweres Gewölk sie mir trübt. Jetzt ist ja die Sonne da, wie will ich sie anbeten!

Ich sende mit Dank den Brief des Freundes zurück, und dazu die indischen Sagen von Holtzmann[1]; leider fehlt mir die *Sakonntala*; das grosse Gedicht *Rámàyana* ist vollständig nun französisch erschienen, und ich besitze keines von den seltenen neunbändigen Exemplaren.

Hoffentlich sind die argen Zahnschmerzen überwunden; ich befürchte es giebt keinen wirklich geschickten Zahnarzt in München, den sonst ist dieses Leiden eigentlich zu verhüten, durch preventiv Maassregeln. –

Mit einer eigenthümlichen Art von Befriedigung – welche mit der eigentlichen Freude nicht das Mindeste gemein hat — habe ich gelesen dass der König so überaus gnädig und Menschenfreundlich gewesen ist. Gott segne diese Selbstüberwindung und lasse sie fruchten! – Der Freund und unser ganzes Haus mit all seinen guten Genien, Laren und Penaten entsenden Segnungen und holde Grüsse.

Cosima von Bülow-Liszt

24ten März 1868 /.

[1] *Adolf Holtzmann, Indologe. Wagner hatte 1855 das Buch »Indische Sagen, übersetzt und herausgegeben von Adolf Holtzmann« mit nach London genommen und empfahl sie seiner Freundin Mathilde Wesendonck, indem er ihr am 30. April 1855 schrieb: »Wollen Sie meine Religion kennen lernen, so lesen Sie Usinar. Wie beschämt steht unsere ganze Bildung da vor dieser reinsten Offenbarung edelster Menschlichkeit im alten Orient.« Nach Germanentum und Griechentum war noch ein weiteres Element in Wagners Geistesleben eingetreten: Indien. – »Ramajana«, Heldengestalt der Indischen Sagen. Das Gedicht »Sakonntala« ist in der Ausgabe von Holtzmann nicht enthalten.*

210

Treu geliebte Freundin!

Seit langer Zeit empfand ich keine so innige und grosse Freude als gestern, da ich Ihr liebes, sinniges Geschenk erhielt. Die theure Gabe rührt mich tief; meinen wärmsten tiefgefühltesten Dank spreche ich Ihnen aus von Grund des Herzens. O Meistersinger! wie lange muss ich noch auf euch warten. Meine Geduld ist auf das äusserste gespannt. Das war ein heiterer Winter für mich! o Gott! ich muss endlich wieder Musik hören, sonst halte ich es nicht aus.

Am 1. Mai wünsche ich das Conzert im Residenztheater zu hören. Hoffentlich fällt des Freundes Brief gut aus, viel liegt mir an dessen Gelingen, bitte, grüssen Sie Ihn auf's herzlichste von mir[1].

Nun muss ich schliessen, nochmals tausend Dank für die liebe, liebe Gabe. Bis zum Tod

Ihr

den 20. April getreuer Freund
1868 /. Ludwig.

[1] *Richard Wagner hielt sich vom 17. März bis zum 21. April 1868 in München auf, ohne den König gesehen zu haben.*

211

Mein theurer Herr und gnädiger Freund!

Vor der Abfahrt nach Berg erlaube ich mir die letzten 40 Seiten der Biographie dem König zu Füssen zu legen, und zugleich mit dieser Uebergabe den tiefempfundenen Dank für alle Gnade und Güte die uns diesen Winter zu Theil wurden, auszusprechen.

Nächsten Dienstag fahre ich nach Tribschen um Kinder und Schwiegermutter dort zu installiren, in einigen Tagen bin ich wieder zurück. Gern erführ ich ob der hohe Freund befiehlt dass der 22te Mai hier gefeiert werde, damit ich danach meine kleinen Vorkehrungen träfe[1].

Das letzte Residenzconcert, die heutige Aufführung der h. Elisabeth sind neue Blüthen in dem Kranz des Dankes. Ein schwarzer Punkt ist an Unsrem Himmel – Semper! Ich kann gar nicht mehr daran denken ohne ein schmerzliches Zucken. Vielleicht war es aber gut, so unschön es sich ausnimmt, dass es für jetzt so kam[2]. Ich kann mir nur gar nicht vorstellen dass aus sich allein heraus Semper sich so unklug und ungehörig benommen!

Nun beschütze Gott die Schritte Unsres hohen theuren Herrn! Möge Ihm die Uebersiedelung Freude und Erholung gewähren! – Ich empfing vor einigen Tagen »Erinnerungen an Ludwig Schnorr« vom Freunde; sie erscheinen demnächst in der Brendelschen Zeitung. Darf ich mir wohl erlauben den vom Freund aufgesetzten Catalog seiner Schriften (zu einer Gesammtausgabe) zur hohen Einsicht mitzutheilen?

Dem König meinem Herrn in Dank und Liebe die Hand küssend, dem theuren Freunde die schönsten Tage wünschend, zeichne ich in ewiger Treue

Cosima von Bülow-Liszt

München
10ten Mai 1868

[1] *Cosima traf mit ihren Töchtern und der Schwiegermutter am 12. Mai abends in Tribschen ein. Am 20. Mai fuhr sie allein nach München zurück. Wagner reiste am 21. Mai nach München und feierte tags darauf seinen Geburtstag zusammen mit Ludwig auf der Roseninsel im Starnberger See. Wagner wohnte bei den Bülows; er unternahm Ausfahrten mit Cosima.*

[2] *Vergleiche dazu Brief 3, Anmerkung 2.*

212

Mein theurer Herr und gnädiger Freund!

Ich bitte den Freund diese Zeilen und ein Blatt dass ich zum 25ten August bestimmt hatte, heute unsrem Beschützer zu Füssen zu legen; mir will es dünken dass ich vor allem am 22ten Mai Sie, theurer hoher Herr, zu feiern hätte, und als ob meine bescheidene Gabe an diesem Tage den Er zum frohen geschaffen hat, huldreicher noch in Empfang genommen werden würde. Es ist Triebschen wo der König, wo Parcival vor zwei Jahren weilte; möge der hehre Freund es manchmal mit Wohlgefallen betrachten – !

Das Schönste aus meiner wie aus der Weltenseele bringt der Freund, Sie theurer Hoher, und Er segne ich und preise ich in allen Zeiten!

Cosima von Bülow-Liszt

München
22ten Mai 1868 /.

213

Innig geliebte, einzige Freundin!

Diese Zeilen schreibe ich in einer meiner trautesten, am schönsten gelegenen Gebirgshütten zwischen dem Kochel- und Walchensee, heilige Stille umgibt mich, die Wonnesterne leuchten, so ernst und erhaben umlagern mich die Berge, die ein sichrer Hort sind der Freiheit von den beengenden Fesseln des armseligen Erdenlebens; vor mir hängt das photographische Abbild des Ille'schen Bildes »Nürnberg und die Meistersinger«. Dass ich in diesen seligen Tagen springen möchte vor Wonne, Sie begreifen es, Niemand als Sie und der Freund fühlen und verstehen es, wenn ich Ihnen zujuble ich bin glücklich, bin überselig! Nun kömmt er immer näher und näher der Tag des Heiles, der Erfüllung. O was mussten Wir durchleben, was erleiden, welche bittern Erfahrungen machen, bis Wir endlich einlaufen konnten in den sichern

Port des Friedens, der ewigen, ungetrübten Freude. Wie wohl erinnere ich mich Ihrer Briefe, die Sie von Triebschen aus vor 2 Jahren an mich sandten und mir Nachricht gaben vom fernen Freund, als Er Unser gegenwärtiges Werk schuf, das war eine Zeit der Kämpfe und Stürme, doch sie konnten nicht bestehen, das Licht, das ewig Wahre, Heilige hat gesiegt und im Staube liegt das finstre Werk unsrer Feinde, die ein Gott bekehren möge! –

Eine unaussprechliche Freude haben Sie mir, theure Freundin, mit dem Bilde meines geliebten Triebschen bereitet, wie liebevoll, wie sinnig von Ihnen gerade am 22. Mai es mir zu senden, Dank, Dank für alle Beweise Ihrer Liebe und Freundschaft, die mir so wohlthuend ist und mich wahrhaft glücklich macht. Der 22. Mai das war wieder ein Festtag für mich und doch mitten im seligen Frohlocken über das traute Beisammensein mit dem Freunde war es mir, als hätte ich Ihnen abzubitten wegen der Stunden, die ich Ihn der geliebten Freundin entzogen habe, hätten Sie dem Theuren nach Starnberg das Geleite gegeben, hätten Wir zu drei in seliger Gemeinschaft das Fest, (für mich das herrlichste, segensreichste des ganzen Jahrs) feiern können. Wie werde ich mich am Freitag mit Euch Ihr Geliebten vereint fühlen, wenn sie mir ertönen die hehren Klänge und mit Wonneschauern die Brust erfüllen.

Recht erquickt hat mich die neuliche Aufführung des »Fliegenden Holländers«, Beck ist was Spiel und Gesang betrifft unübertefflich, doch finde ich z. B. Kindermann's Stimme viel wohlklingender, Frl. Stehle entbehrte wie immer in der Parthie der Senta der so nothwendigen Ruhe, der scenische Theil bei Darstellung des Schlusstheiles war, wie ich fand, sehr mangelhaft. – Nächstes Jahr um diese Zeit: »Rheingold«, o es ist wie ein himmlischer Traum, von Gott gesandt, Heil Uns! Grüssen Sie Herrn v. Bülow vielmals von mir, stets gedenke ich noch mit Freuden der in trautem Gespräche vor einigen Monden mit ihm verlebten Stunden, es waren dies für mich Lichtpunkte in dem sonst traurig u. freudenarm dahin gegangenen letzten Winter. Nun rufe ich Ihnen ein herzliches Lebewohl zu, theure Freundin. Auf Wiedervereinigung in den geweihten Tönen der Meistersinger; dort weht die Luft, der Himmelsäther, den Wir gemeinsam athmen, der stärkende, allbelebende.

Dem Freunde entsende ich die Schwüre der innigsten Liebe u. Treue, die Grüsse der glühendsten Begeisterung. – Selig durch Unsre Liebe in Leiden u. Lust

Ihr treuer Freund

Herzogenstand Ludwig.
den 16. Juni 1868.

214

Mein theuerster Herr und huldvoller Freund!

Diese Zeilen sollen den Hohen in dem Raum innigst begrüssen und bewillkommen, in welchem die Wunderklänge des Einzigen Uns öfter schon selig vereinten! Ihnen Gnadenreicher, danken wir die Entstehung und ich möchte sagen die Menschwerdung des göttlichen Werkes. Ihnen geliebter Herr, ewigen, unaussprechlichen, unaufhörlichen Dank!

Wohl entsann ich mir der Zeiten wo ich über das Fortschreiten der Meistersinger, dem hohen Freund, Nachricht geben konnte, jetzt wo ich die so gut gekannten Töne erklingen hörte! Der Freund gedachte dieser Zeiten auch und frug mich heute, wem sonst auf der weiten Welt, in welcher sein Name doch so häufig erschallt, wem sonst wir nur einen Laut über dies wunderbare Blühen und Wachsen, hätten vernehmen lassen? Keinem! Und damit sei gegen die Welt der er so hold mit den Meistersingern gleichsam den Abschiedsgruss spendet, nichts gesagt, viel aber für Unseren Bund! Gott segne Sie, mein hoher Herr!

Die Aufführung wird dem gnädigen Freund – selbst blos als Aufführung betrachtet viel Freude bringen[1]. Es ist unglaublich was der Geist hier gewirkt hat. Darsteller die man früher nicht anders als unbedeutend bezeichnen konnte, sind zu wahrer Wärme und Schönheit gediehen. Wir hatten gestern einen glorreichen Tag; am Morgen die zwei ersten Akte, Abends der dritte; sie wurden ohne Unterbrechungen vorgenommen und überwältigten Alles; am Schluss sprach der Freund in seiner Weise – die sich eben nicht wiedergeben lässt – seinen Dank oder vielmehr seine *Freude* dem Gesammtpersonal aus; bedeutungsvoll hat er den Sinn einer solchen Aufführung erleuchtet und die sämmtlich dabei Betheiligten erhoben und geadelt, indem er erklärte den Künstlern sei es vorbehalten die gesunkene Kunst zu heben. Porges und ich wir entsannen uns der Worte genügend, um dass Ersterer sie aufsetzen und einer Zeitung übergeben könnte, dessen Redakteur seltsamer Weise, die ganze Tragweite der an Umfang kleinen Anrede, wie es scheint, empfunden hat. Es ist eigentlich gar nicht zu ersehen was solch ein Werk für einen Einfluss haben kann; mir ist es als ob mit ihm eigentlich die wahre Schule begänne, und als ob man gar nicht ermessen könne nach welchen Seiten alle, dieser Baum Zweige treiben würde. Der augenblickliche Lohn den der Freund darin fand leblose oder eingeschläferte Wesen zu wecken und zu erheben, ist schon von unermesslichem Werth. Ihnen mein König und Freund bleibt der schöne Beruf dem Augenblick die Dauer zu geben – heil Ihnen Theurer Hoher, dass Sie es wollen!

Die Meistersinger sind ganz und gar ein Triebschner Werk, und so hat sich denn der Triebschner »Richter« darin ausgezeichnet. Ein prachtvoller Mensch den alle lieben, und – was mehr sagen will – fürchten. Sehr kräftig und verständig ist auch dem Freund zur Seite gestanden, der neue Regisseur Hallwachs, der, wie ich meine, eine vortreffliche Aquisition für das Theater wäre. Und überall war guter Wille und Begeisterung – es sind dies die Zeiten wo dem gewöhnlichen bleischweren und stachelichen Leben Halt geboten wird, und man so willig hofft und glaubt!

An das Rheingold – kann dies der hohe Freund sich denken? – ist mir zu denken beinahe unmöglich. Den Ring des Nibelungen kann ich mir nur mit einer unglaublichen Blüthe all der *äusseren* Umstände und mit dem Festbau träumen – doch wohin verliere ich mich? – Die Meistersinger sind da, Glück auf zum Meistersingen!

Inmitten unsrer Freude erklang ein Klagelaut; von Paris aus wandte sich ein armer Schriftsteller an den Freund; dieser erkundigte sich und erfuhr nur gutes und trauriges! Das Schicksal des armen *Roche*[2] – des ersten sympathischen Wesen's dass er gleich bei der Ankunft am Bahnhof in Paris traf, und der im bittersten Elend gestorben,

München.

Königl. Hof- und National-Theater.

Sonntag den 21. Juni 1868.

Mit aufgehobenem Abonnement.

Zum ersten Male:

Die Meistersinger von Nürnberg.

Oper in drei Aufzügen von Richard Wagner.

Regie: Herr Dr. Hallwachs.

Personen:

Hans Sachs, Schuster	Meistersinger	Herr Betz.
Veit Pogner, Goldschmied	Meistersinger	Herr Bausewein.
Kunz Vogelgesang, Kürschner	Meistersinger	Herr Heinrich.
Konrad Nachtigall, Spängler	Meistersinger	Herr Sigl.
Sixtus Beckmesser, Schreiber	Meistersinger	Herr Hölzel.
Fritz Kothner, Bäcker	Meistersinger	Herr Fischer.
Balthasar Zorn, Zinngießer	Meistersinger	Herr Weixlstorfer.
Ulrich Eißlinger, Würzkrämer	Meistersinger	Herr Hoppe.
Augustin Moser, Schneider	Meistersinger	Herr Pöppl.
Hermann Ortel, Seifensieder	Meistersinger	Herr Thoms.
Hans Schwarz, Strumpfwirker	Meistersinger	Herr Grasser.
Hans Foltz, Kupferschmied	Meistersinger	Herr Hayn.
Walther von Stolzing, ein junger Ritter aus Franken		Herr Nachbaur.
David, Sachsen's Lehrbube		Herr Schlosser.
Eva, Pogner's Tochter		Fräulein Mallinger.
Magdalene, Eva's Amme		Frau Diez.
Ein Nachtwächter		Herr Ferdinand Lang.

Bürger und Frauen aller Zünfte. Gesellen. Lehrbuben. Mädchen. Volk.

Nürnberg.
Um die Mitte des 16. Jahrhunderts.

Textbücher sind zu 18 kr. an der Kasse zu haben.

Neue Decorationen:

Im ersten Aufzuge: Das Innere der Katharinenkirche in Nürnberg,
Im zweiten Aufzuge: Straße in Nürnberg,
Im dritten Aufzuge: Erste Dekoration: Werkstätte des Hans Sachs,
von den K. Hoftheatermalern Herrn Angelo Quaglio und Christian Jank.
Zweite Dekoration: Freier Wiesenplan bei Nürnberg, vom K. Hoftheatermaler Herrn Heinrich Döll.

Neue Costüme
nach Angabe des k. technischen Direktors Herrn Franz Seitz.

Preise der Plätze:

Eine Loge im I. und II. Rang für 7 Personen	21 fl. — kr.	Ein Galerienoble-Sitz	3 fl. 30 kr.
Ein Logenplatz	3 fl. — kr.	Ein Parketsitz	3 fl. — kr.
Eine Loge im III. Rang für 7 Personen	17 fl. 30 kr.	Parterre	1 fl. — kr.
Ein Logenplatz	2 fl. 30 kr.	Galerie	— fl. 30 kr.
Eine Loge im IV. Rang für 7 Personen	14 fl. — kr.		
Ein Logenplatz	2 fl. — kr.		

Die Kasse wird um **fünf** Uhr geöffnet.

Anfang um 6 Uhr, Ende um halb elf Uhr.

Der freie Eintritt ist ohne alle Ausnahme aufgehoben und wird ohne Kassenbillet Niemand eingelassen.

Auf die gefälligen Bestellungen der verehrlichen Abonnenten wird bis **Sonntag den 21. Juni Vormittags 10 Uhr** gewartet, dann aber über die nicht beibehaltenen Logen und Plätze anderweitig verfügt.

Beurlaubt: Frau Possart.

Repertoire:

Montag den 22. Juni: (Im K. Hof- und National-Theater) **Minister und Seidenhändler,** Lustspiel von Scribe, übersetzt von Heinrich Marr. (Graf von Ranzau — Herr Marr, Oberregisseur des Thaliatheaters in Hamburg, als letzte Gastrolle.)
Dienstag den 23. „ : (Im K. Residenz-Theater) **Minna von Barnhelm,** Lustspiel von Lessing.
Mittwoch den 24. „ : (Im K. Hof- und National-Theater) Zum ersten Male wiederholt: **Die Meistersinger;** Oper von Richard Wagner.
Donnerstag den 25. „ : (Im K. Hof- und National-Theater) Neu einstudirt: **Die Einfalt vom Lande,** Lustspiel von Töpfer.
Freitag den 26. „ : (Im K. Hof- und National-Theater) **König Heinrich IV.,** zweiter Theil, Schauspiel von Shakspeare.
Sonntag den 28. „ : (Im K. Hof- und National-Theater) **Die Meistersinger.** Oper von Richard Wagner.

kam ihm augenblicklich düster in den Sinn; er will das Seinige thun um ein wenig zu helfen, und lässt durch mich unterthänigst anfragen ob der hohe Beschützer gewillt wäre Seine Gnade auch bis dorthin zu erstrecken, wo einzig der Name Richard Wagner's als Stern der Hoffnung noch leuchtet? Ich erlaube mir die zwei Briefe beizulegen.

Wie dank ich es dem König die Abbildung von Triebschen in Gnade aufgenommen zu haben! Ja der 22. Mai ist Unser Tag! Der einzige Tag an welchen ich juble darüber dass die Welten geschaffen die ihn erzeugten. Wie gütig, mein theurer Freund, dass Sie meiner gedachten und meines Entbehren's, während ich mich doch so wahrhaft freute die Zwei-Einigen vereint zu wissen!

Nichts mehr habe ich zu melden, gnädiger Freund, auch fürchte ich fast dass mein Erguss zu lange wurde für diesen Augenblick der Erwartung. Mein Mann küsst die gnädig dargereichte königliche Hand, und ich entsende in einem Segensgruss, dem Herrn, meine ganze Liebe, dem Freund meinen tiefsten Dank!

Cosima von Bülow-Liszt

Donnerstag
18ten Juni 1868 /.

[1] *Am 19. Juni 1868 war die Generalprobe der Oper »Die Meistersinger von Nürnberg«, am 21. Juni die Uraufführung in München, die Richard Wagner an der Seite des Königs in dessen Loge mitanhörte. Er forderte ihn auf, die Ovationen nach dem zweiten und dritten Akt allein entgegenzunehmen. »Wagner, der Verketzerte, Verbannte, welchen vor kaum zwei Jahren desselben Königs Huld nicht zu schützen vermochte vor der Gehässigkeit des hohen und niederen Pöbels unserer Kunstmetropole – er ist rehabilitiert in unsagbarer Weise«, so die »Kemptener Zeitung«. Es dirigierte Hans von Bülow. Wagners Wunsch wäre gewesen, die Uraufführung an der Seite von Cosima zu erleben. Er notierte in seinen Annalen: »21. Juni: 1e Aufführung (Hofbräuhaus!). Heimlich in die Loge zu C. zum König gerufen während des Vorspiels: muss an seiner Seite die M. öffentlich anhören. Sehr ermüdet und erschöpft. C. traurig, dass ich nicht an ihrer Seite verblieben. Abschied von Parz. nach der Auff.«*

An Vreneli Stocker schrieb Wagner nach Tribschen: »Die gestrige Aufführung war ein großartiges, wohl nie wiederkehrendes Fest. Ich mußte von Anfang bis zum

Schluß der Vorstellung an der Seite des Königs in dessen Loge beiwohnen, auch von da herab die Huldigungen des Publikums entgegennehmen. Es ist so etwas noch nie und nirgend erlebt worden.«

Am 24. Juni kehrte Wagner nach Tribschen zurück und telegraphierte der in München gebliebenen Cosima: »Späte Ankunft, wie gewöhnlich Kinder alle zu Bett, jedes gesehen. Lusch aufgeweckt, sehr glücklich und freundlich; Loldchen sehr wohl aussehend im Schlafe ...«

[2] Edmond Roche (1828-1861), Pariser Zollbeamter, Orchestermusiker und Dramatiker. Zur Aufführung des »Tannhäuser« in Paris lieferte er die Übersetzung, die Wagner allerdings nicht genügte.

215

Mein gnädigster Freund und theuerster Herr,

Dass ich bis heute geschwiegen, hat der Hohe wohl huldreich mitempfunden! Mir geht es wie dem guten Sachs, ich gebe mich den höchsten Empfindungen nur einsam in der tiefsten Seele hin; etwas auszusprechen ist mir unmöglich, mir ist es als ob ein Wort mein Tod, oder viel ärger noch, der Tod meiner Entzückung wäre. Ich glaube dass nur ein glorreiches Schaffen – wie dem Freund es zu eigen – die Sprache solcher Eindrücke ist. Seitdem ich beim Anhören der Meistersinger den Freund bei Ihnen, mein geliebter König und Herr, sah – seitdem fand ich keine Worte Ihnen zu senden. Das Bild des Freundes kam, ein wundervoller Alpenblüthen Gruss kam – ich wusste mir nicht zu helfen; dem guten Rath drückte ich den pflichtschuldigen gleichsam offiziellen Dank aus, und einzig baute meine Seele auf die Seele meines hohen Herrn, um die stumme Sprache zu verstehen die Ihn beständig segnet und preist – Sprache in welcher vielleicht die Sterne einander begrüssen im Sphärenreigen! – Und indem ich Ihnen mein königlicher Freund, dieses ausspreche, bin ich auch beinahe zu Ende – was könnte ich hinzufügen? Wie Ihnen Herrlicher, beschreiben wie mir ward? »Im Traum war ich und thör'ger als ein Kind, machtlos der Macht der Wunder preisgegeben!« Der Himmel gebe mein theurer Herr, dass Sie die hohe Stimmung die Sie Höchster, hervorgezaubert, Sich gleich mir wahren durften, und dass keine Widerwärtigkeiten dieselbe verwischt haben!

Das Bild ist nun der Genius loci meines Raums, mein Penat; das was mich begrüsst und bewillkommt wenn ich heimkehre, und das was mich segnet wenn ich fortziehe, zugleich Schmuck und Pfeiler des Heerdes. Der Freund erzählte mir, wie es einst in Zürich in sein Haus brannte, habe er sich schnell überlegt was er retten soll, und einzig habe er die Siegfriedpartitur genommen, ich wüste – falls Loge sich einen Scherz um unser Haus machte – was ich retten würde, »das Angedenken klar und fest«, der holden Meistersinger-Tagen.[1]

Mir ist als ob wir nebst Unsren Freuden, noch einen grossen Sieg erfochten hätten, von allen Seiten kommen Beglückwünschungen, und Freuden. Heute schickt unter andrem, die Berliner Presse zwei Kritiker, der Eine bucklig, der andre blind, es wäre doch recht zu verwundern wenn sie die neue Welt gerade und klar erblickten – ich fürchte es fällt sehr schief und dunkel aus. – Vom Freund hatte ich nicht so gute Nachrichten als ich gehofft; er hat Fieber und ist schwach. Mir war es lieb dass er sofort nach der ersten Aufführung ging; die Krone des Lebens war erreicht, nun durfte er einzig noch die Bergeskronen schauen, und ich hatte mir gedacht dass der plötzliche Wechsel ihm gut bekommen würde, allein er ist leidend. Hoffentlich hilft das gute Wetter wenn wir dieses bald wiedersehen. –

Ich hörte von einer Parade gestern, wenn der theure Herr, sich nur nicht beim abscheulichen Wetter erkältet hat; ich war förmlich ärgerlich und ungeduldig als ich die Militairmusiken alle hörte, indem ich der Plage gedachte welche dabei für unsren hohen Freund, herauskam.

Die Vorstellung der Meistersinger ist doch wunderbar schön geworden, Betz scheint mir ganz unübertrefflich, und die Mallinger reizend, Nachbauer, wenn auch noch etwas befangen im Spiel, singt wenigstens seine Partie glänzend, und ich wüsste nirgends einen besseren David als Schlosser[2]. Und die Chöre, wie naturwahr und lebendig, vergass man doch durchaus dass man im Theater war, »wie fern es schwebt, doch ist's als ob man's mit erlebt.«[3] Alle Fremden – die Franzosen zumal – waren ganz ausser sich, und behaupteten nichts annähernd so vollendetes gesehen zu haben. Alle Dekorationen, die ganze Scenerie, prachtvoll; und es war eine Freude dieses Zusammenwirken der Kräfte, und diesen Eifer und beseelten Willen zu erleben!

Nun ist die Zeit vorüber aber nicht vorbei; unter höchstem theuersten Schutze wird sie sich erneuen. Preis und Segen Unsrem Herrn, und innigsten Seelengruss der dankenden Freundin, der beglückten Dienerin in ewiger Liebe und Treue!

Cosima von Bülow-Liszt

München
5ten July 1868 /.

[1] *Die feierliche Uraufführung der »Meistersinger« am 21. Juni 1868 im Münchner Hoftheater unter der Leitung von Hans von Bülow wurde zu einem überwältigenden Erfolg. Der König ließ Wagner zu sich rufen und an seiner Seite in der Königsloge Platz nehmen.*

[2] *Max Schlosser (1835-1916), Tenorbuffo. 1868 bis 1895 in München; 1868 sang er den ersten David in der Aufführung der »Meistersinger« in München. Bei den Bayreuther Festspielen 1876 verkörperte er den ersten Mime im »Ring des Nibelungen«.*

[3] *Zitat nach »Die Meistersinger von Nürnberg«, 3. Aufzug, 5. Szene, das Volk.*

216

Innigst geliebte Freundin!

Sie sind ein Engel. Ihr letzter Brief hat mir dies auf's neue bewiesen, nehmen Sie meinen wärmsten Dank für denselben entgegen und die Versicherung, dass Sie mir mit demselben eine recht grosse und innige Freude bereitet haben. Brauche ich Ihnen zu sagen, dass mich die Meistersinger hingerissen haben, dass ich nach jeder Aufführung entzückter war und die Flammen der Begeisterung für dieses gottvolle Werk mächtiger in mir schlugen? – Zu den schönsten Stunden meines Lebens zähle ich die, an der Seite des theuren Freundes, des unsterblichen, grossen Meisters während der ersten Aufführung Seines herrlichen Werkes verlebten! Unvergesslich werden sie mir ewig bleiben, gleich wie jene Reise nach Triebschen, an die ich immer mit der innigsten Freude denke.

Als treuer Freund fühlte ich mich vor 2 Jahren verpflichtet, Ihnen jenen Brief der Frau v. Schnorr mitzutheilen, worin sie sich erfrecht, die schamlosesten Verleumdungen gegen Sie und den Freund auszustossen, als treuer Freund glaube ich auch jetzt nicht Ihnen verschweigen zu dürfen, dass ich aus ganz zuverlässiger Quelle weiss, dass ein Mann, der bisher immer von Wagner als ein treuer, aufrichtiger Freund angesehen wurde, dieselben nichtswürdigen Verleumdungen gegen Sie und den Freund aufbrachte; dieser Mann ist Röckl[1]. Sie werden begreifen, dass es mir hart ankam, Ihnen dies mitzutheilen, aber ich hätte mir, der es so gut mit Ihnen meint, immer Vorwürfe machen müssen, wenn ich Ihnen dies nicht eröffnet hätte, ich bitte Sie, sich vor diesem Menschen in Acht zu nehmen und auch den Freund vor ihm zu warnen. O diese niederträchtige Verleumdung! Sie können sich denken, wie wehe es dem treuen Parcival thut, wenn er hören muss, dass seine theuersten Freunde beständig das Ziel der Bosheit und Hinterlist sind. O die Menschen! die falschen Freunde, von Röckl hätte der Freund sich dies sicher nicht erwartet. Es liebt die Welt das Strahlende zu schwärzen, und das Erhab'ne in den Staub zu zieh'n, doch fürchte nicht, es gibt noch schöne Herzen, die für das Hohe, Herrliche entglüh'n; sehr wahr hat Schiller hier gesprochen[2]; fürchten Sie nicht die Feinde, ihre Macht erlahmt, ihre Waffen zerschellen an dem festen, unerschütterlichen Glauben des Königs, Ihres Freundes.

Seien Sie mir gegrüsst auf das Herzlichste und versichert, dass meine Liebe zu Ihnen und dem Freund[3] ohne Grenzen ist, keine Verleumdung kann ihr schaden. –

Treu bis in jene Welten und glücklich durch Wotans u. Brünnhildens Liebe ewig

Ihr

Hohenschwangau
den 12. Juli 1868

aufrichtig liebender Freund
Ludwig.

[1] Joseph August Röckel (1814-1876), österreichischer Dirigent. 1843 bis 1848 unter Richard Wagner Musikdirektor am Dresdner Hoftheater, politischer Schriftsteller, 1849 bis 1862 wegen Beteiligung am Mai-Aufstand im Zuchthaus. Röckel verfaßte 1865 das Buch »Sachsens Erhebung und das Zuchthaus zu Waldheim«. – Hier scheint der König wieder einmal absichtlich falsch informiert worden zu sein, denn Wagner selbst glaubt nicht an »diese Nichtswürdigkeit« Röckels, wenngleich er dem König gegenüber zugibt, daß sich das Freundschaftsverhältnis zwischen ihm und Röckel in letzter Zeit verändert habe. »Röckel gesellte sich neuerdings allmählich wohl zu denjenigen meiner Bekannten, welche durch ihre falsche Beurtheilung meiner Beziehungen zu meinem erhabenen königlichen Beschützer ... häufig mich bestimmten, meiner einzig verständnissvollen Freundin die Berichtigung ihrer thörigen Vorstellungen zu übertragen ... Es ist hieraus unter Jenen eine Uebereinkunft entstanden, Frau v. B. habe sich meiner bemächtigt, sie sperre mich gegen meine eigenen Freunde ab ... Manchem ist es auch durch den Kopf gegangen, warum ich, da ich seit zwei Jahren Witwer bin, nicht wieder heirathe; ja, Freund Röckel hatte wohl selbst eine seiner Töchter für mich in Bereitschaft: da nun auch nach dieser Seite hin gar nichts mit mir anzufangen war, so gerieth man wohl selbst auf den Gedanken, Frau v. B., die ja grosse Macht über mich habe, hielte mich auch von einer neuen Verheirathung ab ...« (16. Juli 1868).

[2] Zitat aus dem Gedicht von Friedrich v. Schiller, »Das Mädchen von Orleans«.

[3] Richard Wagner sprach in seinem Brief vom 16. Juli an den König davon, daß Cosima demnächst München verlassen und nicht wieder dorthin zurückkehren werde. Seine Begründung: »Die Ärzte haben ihr dringend ein milderes Klima angerathen; sie wird wahrscheinlich für nächsten Winter zu ihrem Aufenthalt Italien, vermutlich in der Nähe ihres Vaters oder sonstiger Verwandter, wählen.« Auf diese Mitteilung hin beschwor Ludwig am 24. Juli Richard Wagner, daß »Fr. v. Bülow München im Winter nicht verlasse, dieß wäre den Uebelgesinnten ja Wasser auf der Mühle. Was kümmert es die majestätische Sonne, die reine, heilige, Licht u. Segen spendende, wenn die Hunde sie ankläffen? Bestimmen Sie die Freundin um Gottes Willen zu bleiben und mir wie bisher zu schreiben, was mich stets innig freute. Wollen Sie mich, für den von mir der Freundin geschriebenen Brief, den ich aus wohlmeinender Absicht sandte, so unverdient strafen? das werden, das können Sie nicht wollen.«

Cosima begab sich mit ihren Kindern am 22. Juli zu Wagner nach Tribschen. Vom 14. September bis 6. Oktober unternahmen Cosima und Richard Wagner eine Reise noch Oberitalien. Ihrem Mann teilte Cosima mit, daß sie sich nun zu einer dauernden Lebensgemeinschaft mit Wagner entschlossen habe. Sie kehrte am 14. Oktober mit ihren Töchtern nach München zurück; Wagner begleitete sie nur bis Augsburg und fuhr wieder nach Luzern. Auf der Rückreise von Leipzig kam Wagner am 10. November erneut nach Augsburg, wo er mit den drei Kindern Daniela, Blandine und Isolde samt deren Kindermädchen Hermine zusammentraf.

217

Mein gnädiger Herr und theurer Freund!

Es wäre mir unmöglich dieses Jahr zu schliessen und das neue zu beginnen, ohne Ihnen, mein König, den Gruss des Dankes, den Segen der Liebe, zu Füssen zu legen.[1] Gleich geheimnissvoll liegt hinter uns, das vergangene, vor uns, das kommende Jahr – wer wäre so vermessen so baldige Deutung dem Guten wie dem Schlimmen das ihn befallen, zu geben, wer so kühn die Erreichung dieses oder jenes Ziel sich zuzusagen? Ueber dieser Dunkelheit herrscht einzig die Leuchte der Liebe; nach welcher Seite auch die Fackel gewendet wird, das Licht hebt sich empor und steigt gen Himmel – sagt ein indisches Sprichwort. Wie auch die Fackel meines Lebens gerungen, gewunden oder geschwungen wird, hoch und rein wird die Flamme der Liebe zu Ihnen mein freundlicher Herr, schimmern, und erhellte diese Flamme nur noch das eigene Herz! Haben Sie doch *ihn* geliebt, dem ich mein Leben geweiht, und den Glauben gehegt, der meine Seele verklärt. So gedenke ich denn Ihrer, mein hoher Freund, in Liebe und Dank, in der Fremde wo ich jetzt weile. Nach einem kurzen Aufenthalt in München (Oktober und November), stellte es sich für mich wie für meine Umgebung, heraus, dass ich dort nicht zur Genesung kommen würde; ich glaube nicht zu irren wenn ich die Ursachen der stetig sich mehrenden Schwächung meines ganzen Wesens, in moralische Eindrücke, suche. Seitdem ich nach München vor nun bald zwei Jahren zurückgekehrt bin, habe ich mit dem Uebel nach Kräften gekämpft, immer mehr sich erneuernde böse Eindrücke haben mich aber in solcher physische wie moralische Kraft- und Muthlosigkeit versetzt, dass ich es nicht wagte die Strassen anzusehen, dass ich alle Menschen scheute, und die Kunst selbst, die Theure, mied. Der Gedanke der Böswilligkeit der ich in München preisgegeben ward, die ich nichts persönliches je gewollt, und nur das Unrecht das Werk für welches wir berufen worden, in meinem Herzen wie in meinem Wort hoch zu halten begehrte, dieser Gedanke wich in der mir feindseligen Stadt keiner versöhnlicheren Stimmung, und der Körper erlag endlich auch der Entkräftung der Seele. In diesem Zustand fand mich eine Verwandte, dessen Besuch als Hilfe angesprochen worden war, sie lud mich zu sich ein, und ich verliess München mit den zwei jüngsten Kindern. Nun lebe ich in vollständigster Zurückgezogenheit, und komme langsam zu Kräften. Nach und Nach verschwinden die Schatten die mich so tief gedrückt, und mein erstes Aufathmen weht Ihnen gnadenvoller Herr, Segenswünsche zu. Einzig lebt mir im Herzen das Gedenken jenes Abends wo neben Ihnen der Freund weilte, und über Uns alle schwebend, die geheimnissvolle Freude seines Gesanges, der jede Erdengrösse sich beugt, und dessen heilige Gewalt Uns erhebt zur Geisterwürde. Und sie soll ewig und einzig in unsren Herzen leben, diese Erinnerung! Was wir sonst erfahren sei vergessen; was wir geträumt – – eben ein Traum; denn die Götter wie die Menschen unternehmen vergebens was das Schicksal ihnen versagt, arbeiten noch so viel Liebe, Hoffen, Glaube, ja Macht und Genius, an dem Werk, sagt das Schicksal nein, so müssen all' die Göttlichen sich neigen. So sei denn in Ergebenheit als goldner heiliger Traum tief in der Seele verwahrt, was zur Wirklichkeit nicht taugte, und dieser goldene Traum, mein königlicher Freund, sei das unlösbare Band über welches das Schicksal selbst keine Macht hat, das Uns vereinigt. Vom Freunde haben Sie, theuerster Herr, wohl auch gute Nachrichten; mir ist es eine wahre Wohlthat ihn in der Einsamkeit zu wissen, er taugt nicht für diese Welt, und diese Welt nicht für ihn. Seine »Erinnerung an Rossini« hat mir grosse Freude bereitet, mir ist als ob seine Darstellungsweise stets lapidarischer, schärfer und drastischer, würde. Und wie bedeutend ist es dass er der Einzige war der ein edles hohes Wort über Rossini ausgesprochen hatte. Der Himmel erhalte ihn Uns wohl und froh, die Welt kann zu beidem nicht viel beitragen. Wie ich höre gehen die Meistersinger-Aufführungen den gewohnten trägen deutschen Gang, man eilt mit Weile, doch sollen sie Anfangs des kommenden Jahres sowohl in Karlsruhe als Dresden stattfinden. Berlin und Wien hinken nach, das ist so die Sitte im guten deutschen Reiche. Unterdessen ist Rienzi über die Alpen gezogen, gleich den deutschen Kaisern ruft ihn das Schicksal dorthin. Die Uebersetzung soll schön ausgefallen sein, und jedenfalls thun die Italiener daran Recht wenn sie ihren Wagnerkultus chronologisch systematisch mit Rienzi beginnen. In der *Presse* sind diesen Herbst eine Reihe von Aufsätze über den Freund erschienen, welche so bedeutend als begeistert sind. Sie sind von einer Dame geschrieben (Mme. *Judith Mendès*[2]), welche als einzigen Anhalt wie es scheint, nur die französische Uebersetzung der vier Dichtungen, und die Einleitung dazu, gehabt hatte, und welche nichtsdestoweniger einen tiefen schönen Blick in das künstlerische Wesen des Meisters, gethan hat. Nur die Meistersinger – (da ihr keine Uebersetzung vorlag, sie auch keiner Vorstellung derselben beiwohnen konnte), hat sie gröblich misverstanden. Von München höre ich viel Erfreuliches, ich meine damit die Thätigkeit meines Mannes; Schule, Concerte und Theateraufführungen, scheinen zur allgemeinen Befriedigung zu gedeihen. Dies ist für mich eine wahre Genugthuung, und ich will gern dafür gelitten haben. Hoffentlich findet der Beschützer dieses künstlerischen Strebens, einige Freude daran, und sieht Seine Gnade durch freundliches ernstes Wirken, belohnt. Vor allem aber erführe ich gern wie die Stimmung und wie das Befinden des geliebten Herrn, jetzt sind. Lange musste ich jede gütige Mittheilung entbehren, da mein leidender Zustand mich unfähig machte sie zu erbitten, so wie dafür zu danken. Ich hatte mir vorgenommen die der Biographie im Sommer neu entstandenen Blätter, für das Weihnachten des hohen Freundes, abzuschreiben, allein ich vermochte es nicht, da ich die meiste Zeit liegen muss. Sollte wirklich in dieser Freudennacht der hohe Herr mein Gedenken vermisst haben, so möge Er sich sagen dass kein Christbaum so hell gebrannt hat, als der Dank im Herzen der Freundin.

Nun bitte ich nur noch um Nachsicht für diese Zeilen, denn das Schreiben fällt mir schwer, und ist mir eigentlich verboten. Ich wende mich an den Freund mit der Bitte diesen Neujahr's Segenwunsch zu übermitteln, damit derselbe in Gnade aufgenommen werde, von dem huldreichen Freunde. Würde ich im Laufe der Zeit mit einem gnädigen Worte beglückt werden sollen, so bitte ich unterthänigst dasselbe meinem Manne zusenden lassen zu wollen, welcher meine Adresse immer wissen wird. Da ich noch nicht weiss wohin ich zur Kur geschickt werde, weiss ich auch nicht wie lange ich hier verweile.

So leben Sie denn wohl und hoch mein gnädiger Freund, nehmen Sie huldvoll auf, die Wünsche die sich zum Schlusse noch in des Dichter's Wort, wie im verklärenden Gewand, einhüllen, um sich Ihnen zu nahen:

Mit königlichen Gütern segne Dich
Die Göttin! Sie gewähre Sieg und Ruhm
Und Reichthum und das Wohl der Deinigen
Und jedes frommen Wunsches Fülle Dir!
Dass, der Du über Viele sorgend herrschest,
Du auch vor Vielen seltnes Glück geniessest.[3]

Cosima von Bülow-Liszt

27ten December 1868 /.[4]

[1] *Diesen Brief Cosimas übersandte Richard Wagner zusammen mit seinem eigenen Brief vom 29. Dezember 1868 aus Tribschen an den König mit dem P. S.: »Soeben erhalte ich noch den Brief Unserer edlen Freundin an den erhabenen Herrn: ich lege ihn bei, und hoffe für Ihn dieselbe Freude, welche mir stets durch Nachrichten von diesem ausserordentlichen Wesen zu theil wird.«*

Hier sollte bei dem König der Eindruck entstehen, daß Cosima fern von Tribschen in der Schweiz wohne zusammen mit den jüngsten Kindern, die schon die Kinder Richard Wagners waren. Die beiden älteren Kinder mußte sie in München bei ihrem Mann lassen. Cosima war in Wirklichkeit seit dem 16. November bei Wagner in Tribschen, was aber auf Wunsch Hans von Bülows vorerst verschwiegen werden mußte. Bülow schrieb: »Meine Frau infolge wirklicher Gemütskrankheit nach Versailles zu ihrer Stiefschwester abgereist. Können Sie sich denken, daß diese für mich wohl unerläßliche Trennung mich nicht eben sehr heiter stimmt.« Erst von April

1869 an galt Cosima von Bülow auch für die Öffentlichkeit als wohnhaft in Tribschen. Cosima vermerkte in ihrem am 1. Januar 1869 begonnenen Tagebuch folgendes:

2. Februar 1869: »Der König hat drei Photographien für mich geschickt, es ist mir lieb, weil keine Katastrophe noch da zu sein scheint.«

6. Februar 1869: »Zum ersten Mal seit zwei und ein halb Monaten bin ich aus dem Bezirke Tribschens hinausgewandert. Ich tat es mit einiger Besorgtheit, man möge mich sehen. Doch ich merkte niemanden.«

7. Februar 1869: »Er befürchtet, daß ich meine Gesundheit durch das Verborgensein hier untergrabe. Ach! Die Not ist wohl groß, doch wenn ich an die Möglichkeit des Siegfried's denke, dann bin ich wie durch Zauber geheilt!«

12. März 1869: »Meine Reklusion ist nun beinahe zu Ende.«

23. März 1869: »Wie R. von dem Spaziergange heimkommt, besprechen wir meine Lage, er sagt, daß alles in allem genommen wir nur den König hätten, der uns zusammenfasse und uns in eins rechne.«

Am 24. Februar teilte Wagner dem König mit, daß er von der »Freundin« wenig Erfreuliches mitgeteilt bekam; sie leide unter starken Rückenschmerzen; er müsse sich nun einen Kopisten suchen, der Cosimas Arbeit an der Biographie übernehmen könne.

2 Judith Gautier (1846-1917), französische Schriftstellerin, Tochter Théophile Gautiers, 1868 bis 1874 mit dem Schriftsteller Catulle Mendès verheiratet. Judith Gautier kam erstmals 1869 nach Tribschen, wo sie Wagner entzückte und mit Cosima Freundschaft schloß. Während der Festspiele 1876 wurde sie Wagners »letzte große Liebe«. Cosima zwang Wagner, diese Liaison im Februar 1878 zu beenden.

3 Zitat aus Johann Wolfgang von Goethe, »Iphigenie auf Tauris«, 1. Aufzug, 3. Auftritt, Vers 290 ff.

4 Der König antwortete auf Cosimas Brief vom 27. Dezember 1868, in dem sie ihn offen von der ihr Leben verändernden Liebe zu Wagner unterrichtete, um den 15. März 1869. Am 17. März lautet der Eintrag in Cosimas Tagebuch: »R. bringt mir einen Brief des Königs an mich, welchen Hans mir übersendet hat. Ich kann den Jammer nicht ausdrücken, der mich bei der Lektüre der extatischen Phrasen erfaßt!« Dieser so wichtige Brief ist in den Besitz von Marie Kopp, St. Gallen, der Tochter von Verena Stocker, gekommen. Das Original ist nicht mehr vollständig erhalten und befindet sich heute im Besitz der Stadt Luzern (Richard-Wagner-Museum, Tribschen). Siehe den folgenden Brief.

1869-1885

218

Der unvollständige Brief lautet:

Innig geliebte Freundin!

Längst hatte ich mir vorgenommen Ihnen zu schreiben[1], stets ward ich bis jetzt daran verhindert, erst kürzlich wieder durch ein langwieriges Unwohlsein, Es drängt mich, vor Allem der treu geliebten Freundin meinen wärmsten, gerührtesten Dank für Ihren so liebevollen, theuren Brief u. die guten Wünsche zum neuen Jahre auszusprechen. Aus tiefster Seele rufe ich Ihnen Heil u. Segen zu. So Gott will, wird es für Uns ein viel bedeutendes, Glück spendendes werden. »Tristan« das von mir so schmerzlich lang vermißte Werk wird es Uns bringen, u. das ersehnte »Rheingold«, im Spätherbste sogar die Walküre, was Sie noch nicht wissen werden. Meine Freude über die gegründete Aussicht auf ein glückliches Zustandekommen kann ich Ihnen nicht schildern, Sie begreifen, Sie fühlen sie mit diese Glückseligkeit, die mich Himmels Wonnen athmen läßt, ich weiß es. O kommen Sie zur Aufführung dieser Himmels Werke, kommen Sie, bitte bitte versprechen Sie es mir in Ihrem nächsten Briefe, den ich sehr bald erwarte vergessen Sie was Sie hier leiden mußten, mir zu Liebe, vergessen, (ich) vergeben Sie o Sie strafen mich sonst mit, u. dieß verdiene ich nicht, auch werden Sie gar nicht wissen, wie treu u. innig ich an Ihnen hänge, denn nach dem Freunde sind Sie mir das theuerste, verehrungswürdigste Wesen auf Erden.

Entziehen Sie mir Ihre Freundschaft nicht, ich flehe dringend darum. die ersten Theile aus dem »Ring des Nibelungen« werden gegeben u. der Schöpfer dieses Riesenwerkes, der Gott meines Lebens kommt nicht, die Freundin bleibt fern u. weiß nicht wie mich dieß foltert und schmerzt. Tief hat es mich erschüttert als ich hören mußte, daß Sie leiden, zu Gott hoffe ich, daß Sie Sich nun wohler, gestärkter fühlen; bitte, bitte erfreuen Sie mich durch baldiges u. fortgesetztes Schreiben. Sie wissen, wie einsam ich hier u. wie unter Fremden leben, den Umgang mit einer geistlosen Mutter, faden Umgebung auszuhal-

ten habe u. werden freundlichst ermessen wie bitter das ist, Sie werden es einsehen, wie trostreich, u. freudebringend in solcher Lage der Gedanke ist, Freunde zu haben, wenn auch leider in der Ferne, die theilnehmend sich zeigend, mitleidend u. mit sich freuend. Einen ausführlichen, mich tief erquickenden Brief erhielt ich jüngst vom Freunde, Siegfrieds Vollendung erfüllt mich mit namenlosem Jubel, den Sie begreifen, o Sie sind die Einzige von der ich weiß, hierin verstanden zu werden, ach ich bin inmitten von eitlen Tages-Knechten[2], die ewig nur irre werden können an mir, wie stolz u. freudig stimmt sie mich die Weihe des Todes, die ich empfing; wer des Todes-nacht liebend erschaut, wem sie ihr tiefstes Geheimniß vertraut[3] – – – ein solcher kann nie heimisch werden auf Erden, (soll ich die Jahre zählen, die hier mir bleiben noch!) Nach Vollendung des »Parzifal« (Sieger?) wird das Geschick des Einzigen erfüllt sein dann nimmt es Uns auf das weite Reich der Weltennacht, uns drei selig erlöste, dort wo die Sonne sich uns birgt, dort wo ein Wissen nur Uns eigen; göttlich ew'ges Urvergessen,[4]
[15. März 1869]

[1] *In seinem Schreiben vom 10. Februar 1869 an Richard Wagner äußerte sich Ludwig: »O bitte, bitte schreiben Sie mir bald und sorgen Sie dafür, daß ich in allernächster Zeit die Fortsetzung der Biographie erhalte. O bestimmen Sie die Freundin dazu und nehmen Sie es, inständig bitte ich Sie darum, freundlichst auf sich, mich bei Ihr zu entschuldigen, daß ich Ihr noch nicht schrieb, Ihr noch nicht dankte für den so liebevollen Brief, der mich tief rührte, hoch mich und innig erfreute; bald werde ich Ihr schreiben; ich konnte wirklich bis jetzt nicht dazu kommen, mitten im Andrang der Geschäfte, die das traurig öde und leider doch nöthige Geleise der sorgenbeschwerten Wintertage mit sich schleppt; daß es von Ihnen und von der Freundin etwa als Erkalten der Freundschaft angesehen wird, habe ich, ich hoffe es zu Gott, nicht von Euch treu Geliebten zu besorgen; von Euch, die Ihr wißt, mit welch nie erlöschender, heiliger Liebesgluth ich an Euch hänge; und diese Liebe und Freundschaft überdauert das Grab, durch ihre Macht öffnen sich die Thore des Paradieses.«*

[2] *Zitat aus »Tristan und Isolde«, 2. Aufzug, 2. Auftritt, Isolde.*

[3] *Ebd.: »Tristan: Wer des Todes Nacht / liebend erschaut, / wem sie ihr tief' / Geheimnis vertraut: ...«*

4 Ebd., 3. Aufzug, 1. Szene: »Tristan: Im weiten Reich der Weltennacht. Nur ein Wissen dort uns eigen: göttlich ew'ges Urvergessen!« Wie Tristan und Isolde will der König mit Wagner und Cosima entschwinden; siehe dazu auch Otto Strobel, Briefwechsel, Bd. IV, S. 196.

219

26ten März 1869

Treu geliebter König, gütiger Freund!

Charfreitag feiert heute die Welt, und in der stillen Einsamkeit in welcher ich den Erlösungstag begehe, drängen die Erinnerungen sich mächtig heran und winden sich zu einem Gruss! Den erlösten Blüthen Parzival's könnte ich die Gefühle vergleichen die ich Ihnen mein hoher Freund, stumm und feierlich entsende, und wohl niemals habe ich den hehren Tag in so weihevoller Stimmung verlebt. Möchten Sie den Gruss empfangen, und heute mächtiger und beseligender als je, die Vereinigung empfinden, von welcher Sie so schön und liebevoll mir sagen. Mir ist ein Friede geworden wie ich ihn mir nur als abgeschiedener Geist erhofft hatte; alles was ich gelitten erscheint mir wie im Traum, und selig gewahre ich dass ich das Eine auf ewig mir gewann. So danke ich denn der Gottheit und bete sie an, die mich bis hierher durch schweren Weg geleitet, damit ich erkenne wie hoch beglückt ich sei. Mir ist es, mein Freund, als hätte ich das Leben gänzlich überwunden und als könnten die zu erwartenden Schmerzen nur noch wie Streiflichter an meinem Herzen vorübergleiten, nicht aber hineindringen – da herrscht die heilige Nacht!

So grüsse ich Sie, mein Herr und Freund, so fühle ich mich mit Ihnen vereint, so erwidere ich dankend Ihre Güte, so segne ich Sie aus tiefster Seele! Indem ich die Sonne langsam sinken sehe, und die erwartungsvolle Stille der Erlösungsharrenden Natur gewahre, schweben Ihr und des Freundes Bild vor meiner Seele, und fühlt die Verklärte dass sie diese ewig halten wird. – – – –

(Mittwoch 7ten April, auf Tribschen)

Beinahe vierzehn Tage sind verstrichen seitdem ich die vorigen Zeilen niederschrieb, und nun befinde ich mich auf Tribschen! Unwohlsein verhinderte mich daran fortzufahren, und ich muss um Vergebung bitten dass ich so spät erst den gütigen herrlichen Brief meines königlichen Freundes beantworte. Ich bin zwar immer matt und schwach, doch hier fühle ich mich wohl, aller körperlichen Noth zum Trotz. Auch bricht der Frühling mächtig lieblich herein, und mit der Mutter Erda wacht nun die Tochter Brünnhilde auf. Leider ist seit einigen Tagen der Freund nicht mehr so wohl und munter als im Anfang. Den Grund hiervon wage ich kaum mit ihm selbst zu erörtern, denn ich kenne ihn nur zu gut. Der trefflich tüchtige Richter kam auf zwei Tage hierher, und die bevorstehende Aufführung des Rheingoldes wurde somit besprochen. Mit diesem ist alles gesagt; der stumme Kummer und der nagende Gram der uns befiel ist nicht zu beschreiben. Doch möchten Sie, mein theurer Herr, mich nicht misverstehen; wenn es auch unmöglich ist dass der Freund ohne Betrübniss sein Werk zerstückelt dahin giebt, und den Traum seines ganzen Leben der Welt aufopfert, wie der griechische Held seine Tochter dahin gab, so erblicken wir doch in Ihnen, Gütiger, die Gottheit die das geopferte Kind mild und gnädig aufnahm und ihm einzigen Schutz und erhebende Rettung sicherte. Hoffentlich erfolgt die Aufführung nach des Freundes Angaben, so dass Sie mein König wirkliche Freude davon haben.[1] Dürfte ich mir aber einen Wunsch in dieser Beziehung gestatten, so wäre es der: dass Tristan und Isolde auf das nächste Jahr zurückgelegt würde, damit die sämmtlichen Kräfte auf die Hauptaufgabe die bei Gott! – schwierig genug ist, sich concentriren könnten. Auch ist wirklich nicht von dem Ehepaar Vogel, so fleissig es auch sei, zu erwarten, dass es den geringsten Anforderungen in Bezug auf dieses Werk, dessen ganze dramatische Last auf die zwei Haupt-Figuren ruht, genüge leistet. Es dürfte dieser Versuch vor allem den Theuren sehr verstimmen, dann das Publikum sehr stutzig machen, und schliesslich das Gesammtpersonal das nicht genug Muth und Frische für die Lösung der durch das Rheingold gestellten Aufgabe erhalten kann, tief herabstimmen. –

(8ten April). Ich musste mich gestern wieder unterbrechen, und bitte daher den hohen Freund, mir gnädig zu gestatten eine Art Tagebuch zu senden, denn es bleibt mir noch versagt anhaltend schreiben zu dürfen. Ich erlaube mir heute drei Depeschen beizulegen welche den Erfolg des Rienzi in Paris melden, und gestern ankamen. Die dritte, von Pasdeloup[2], hat die Kürze die einem Sieg-bewussten General geziemt, mich dünkt dass Friedrich der Grosse ungefähr in dieser Weise eine gewonnene Schlacht gemeldet hätte. Scherz bei Seite, der gute Pasdeloup hat viel Noth und Mühe mit vieler Beharrlichkeit ausgestanden, und mit Recht hat *ihm* gestern der Freund zu dem Erfolg gratulirt. Der 7te April scheint ein Wagner-Tag gewesen zu sein, denn in Berlin wurde – während in Paris Rienzi – Lohengrin und mit »kolossalem Erfolg« wie eine Depesche lautete, gegeben. Gar seltsam berühren mich in dem beschaulichen Leben dass ich führe, die erfreulichen Kunden; wie ein ferner freundlicher Klang vernehme ich sie; gern höre ich ihm zu, möchte aber nicht sehen von wo er kommt, noch wie er sich in der Nähe ausnimmt. – Dr. Hallwachs meldet sich nun auch für heute, in diesem Besuch erkennt der Freund dankend und gerührt, ein neues Zeichen der unvergleichlichen Huld seines Herrn. Mich freut es dass er so bald kommt, damit nach dieser für den Freund doch immer angreifenden Conferenz, er sich ausruhen und alles alles vergessen könne. Dann erst wird er seinem schöpferischen Sinnen wiedergegeben werden können. Unterdessen gehe ich heute meine zwei ältesten Kinder in Zürich zu empfangen und kehre dann Abends zurück, um hier zu weilen so lang es geht, und dem Freunde helfen und beistehen so viel ich kann. – Da Sie so gnädig sind mein Freund und Herr, mich auf zu fordern den Aufführungen beizuwohnen, so glaube ich sagen zu müssen dass ich wahrscheinlich dies nicht werde können. Ich bin noch sehr leidend, und durch meine physische Schwäche so Welt- und Menschen-Scheu geworden dass selbst der Besuch des guten Richter's hier, den ich als einen ausgezeichneten Menschen kenne, und wirklich schätze und liebe, mir zu einer Art von Pein wurde. Ich habe meinen Vater auf seiner jetzigen Reise nicht gesehen, und einzig verkehre ich noch mit der Welt durch und für meine Kinder. Dass ich dabei keinen Groll irgend welcher Art hege, und namentlich auch gegen München keine Bitterkeit empfinde, kann ich Sie, mein gnädiger Freund, versichern. Ich bin der festen Ueberzeugung dass einem Jeden sein Maass Leiden zugemessen ist das er abzutragen hat, und dass dieses Maass durch seine Natur, seine Eigenschaften, die guten wie die bösen, bedingt ist. Wie kindisch und thörig wollte ich München der Prüfungen wegen die ich darin erlitten, hassen, da diese Prüfungen selbst mir theuer und heilig geworden sind, indem sie mich meines Glückes und meines Glaubens so recht bewusst machten, und das was ich wie »ererbt« hatte »erwerben« liessen, damit ich es recht besässe. Will ich meinen Stern an bestimmten Orten binden, muss ich nicht sein freundlichstes Strahlen gerade mit München zusammenhalten? Dort war es dass ich Sie mein hoher Freund, erkannte und liebte, dass ich in der tiefsten Tiefe des Freundes Seele schaute, um nimmer diesen Anblick zu verlieren, wie auch die Stürme kommen mögen; dort zum erstenmal hörte ich sein Sang – denn all überall ward es mir entstellt –, dort endlich habe ich gross und hold gehofft! Und dass ich es Ihnen sage, mein theurer lieber Herr, ich betrachte die Hoffnung als den schönsten Lohn des Glaubens. Sie ist unser Glück, und das verlorene Paradies ist eigentlich das erreichte. Wir sind nicht hienieden um zu geniessen, wir haben zu entbehren, dreifach glücklich derjenige dem es gewährt wird zu hoffen. Aus der Hoffnung erwächst ihm der Muth, und wenn dieser ihm auch nicht die vollkommene Verwirklichung seines Glaubens erkämpft, so erobert es doch dem Guten ein Stückchen Erde mehr, und ihn selbst hat es besser gemacht. Aus dem Muth der Unternehmung entspringt der Muth der Entsagung, und in der Erinnerung wird die goldene Hoffnung zum seligen Traum. »Alle Kronen sind Träume«, sagt der grosse Spanier. So mein theurer Herr, ist meine Stimmung, sie ist nicht traurig, o nein! nur friedlich und still ist sie, und keinem Wesen ausser Ihnen freundlichster Herr, möchte ich sie sagen. – Dabei aber höre ich es gern und freudig dass Sie Unermüdlicher, heiter rüstig bleiben. Der Freund theilte mir mit dass die Regierungsangelegenheiten weniger peinlich und widerwärtig nach und nach werden, und diess war mir eine Labung. Das Gefühl ein höchstes heiligstes Amt zu bekleiden hebt gewiss über alle Widrigkeiten empor; nur bin ich betrübt dass die

Umgebung stets so wenig dem theuren Freunde zusagt! Von je hatte mir der Ausdruck von grosser Güte im Antlitz der Königin tiefe Sympathie eingeflösst, denn dieser Ausdruck ist gar selten auf Frauengesichter zu erkennen; nun will es aber die Unzulänglichkeit alles Daseins nicht, dass zu dieser seltensten höchsten Gabe, sie auch die Gaben vereinige die Ihnen mein theurer Herr wohl thäten. Es ist gar betrübend, und ich muss Sie mir denn immer einsam denken; Ihre edlen Thaten müssen denn Ihre Gesellschafter seien, und diese werden treu bleiben, das weiss ich.

Von Semper kann ich nichts melden, da seit dem vorigen Winter wir ausser allem Zusammenhang mit ihm sind. Ich habe nur erfahren dass er glaubt der Freund habe ihn und seinen Bau aufgeopfert, was ich ihm kaum verdenken kann, da die besondere Lage es dem Freunde wie mir gebot, kein Wort der Erklärung zu geben und schweigend sich das Schicksal erfüllen lassen. Früher wäre es mir unendlich schmerzlich gewesen, mit einem Menschen, dem ich wie Semper eine ganz ausnahmsweise und unvergleichliche Bedeutung zuerkenne, auseinanderzukommen, jetzt aber sehe ich über diese Art Trübseligkeiten hinweg, und erlerne die Weisheit dieser Fügung; wie ich jetzt weiss dass es gut war dass der Freund aus Bayern ging, weiss ich auch dass es gut ist dass unser stolzer Gedanke nicht ausgeführt ward. Kommt es mir aber zu – die ich als Frau nichts vermag als glauben und lieben – den Lauf der Dinge in dieser Weise hinzunehmen, so gebührt es Ihnen mein königlicher Herr, so zu denken und zu empfinden wie Sie es thun, und mit Ihrer inneren Kraft und durch Ihre äussere Macht, diesem Lauf Einhalt zu thun. Und seien Sie herrlicher Freund, tausendfach gepriesen dass Sie ungebeugt muthig das Gute wollen, und die göttliche Sendung im reinen Herzen bewusst bleiben! – (9ten April) – Zum dritten Male musste ich die Feder aus der Hand legen, und inzwischen holte ich meine Kinder ab, die ich jetzt am frühen Frühlingsmorgen sich im Garten sonnen und tummeln sehe. Dass Ihr gütiges liebevolles Herz meiner Kinder gedachte, mein hoher Herr, erfüllt mich mit unsäglichem Dank. Wie könnt ich Ihnen nur diesen Dank aussprechen, und überhaupt auf Alles Grosse und Unvergleichliche was der letzte Brief mir brachte, erwidern? Ich kann einzig Ihnen sagen dass ich wohl und zu jeder erhabenen Stunde empfinde, die Vereinigung von der sie Theurer, sprechen, und dass ich die leuchtende Bahn erkenne auf welcher Wir – anscheinend so geschieden – vereint wandeln, der Freund schaffend, Sie Hoher bethätigend – ich erkennend und ergeben. Und so hätten wir das Glück und kennten es und wüssten es wohl zu schätzen; das Glück eines Bundes den Menschen unbekannt, den Menschen unbegreiflich und – – unerreichbar!

Den Freund traf ich gestern Abend bei der Heimkehr noch recht angegriffen, doch war er mit seiner Conferenz mit dem Regisseur, und namentlich auch mit dem Machinisten Herrn Brand sehr zufrieden. Er hat mit Letzterem alles bis in das kleinste Detail besprochen, und ist von dessen Ernst und wirklichem Verständniss der Aufgabe in angenehmster Weise überrascht gewesen. Die Vorschläge die ihm Herr Brand gemacht hat, hat er alle angenommen, und der Freund ist überzeugt dass wenn diesem die ganze Ausführung übertragen wird, dieselbe seinen Wünschen gemäss sein wird. Noch soll ich des Freundes besondren warmen Dank für die Auszeichnung die seinem Verleger Herrn Schott[3] zu Theil wurde, er erkannte darin ein erneutes Zeichen der ihn immer ergreifenden und belebenden Gnade seines Schutzherrn. – Es ist jetzt wundervoll hier, alles treibt und webt und summt, und wenn der Freund ganz wohl ist sind die Tage göttlich. Während er am Morgen arbeitet bin ich bei den Kindern, die Mittagszeit verbringen wir alle vereint, und Abends wenn die Kleinen schlafen, liest er mir vor. Wir haben jetzt Platon begonnen, und befinden uns gar wohl in dieser fremden herrlichen Welt der Schönheit.

Vom Vater hörte ich nur Erfreuliches; er hat sich in Weimar wo das Grossherzogliche Paar ihm eine liebevolle Aufnahme und ein behagliches Heim gütig bereitet hatte, sehr wohl befunden. Jetzt ist er auf der Rückreise begriffe nachdem er in Wien der Aufführung der h. Elisabeth beigewohnt hat. – Ich bin sehr begierig zu erfahren welchen Eindruck die Schumann'schen Werke auf den hohen Freund gemacht haben. Mich dünkt »Paradies und Peri«[4] bei weitem das befriedigenste Werk dieses sehr begabten, wenn auch zu keiner Freiheit gelangten Musikers. Auch scheint es mir sehr richtig dass vom »Faust« bloss der Schluss gemacht wird, welcher schön und wirksam ist, während das Ganze als ein wahres Monstrum von Unbehülflichkeit, Geschmacklosigkeit und musikalischer Schwerfälligkeit mir gilt. – Die Iphigenie nach des Freundes Bearbeitung habe ich leider nie gehört, ich kann mir aber wohl vorstellen welchen Eindruck sie in dieser belebenden Form hervorruft, da ich mich des seltsamen Gemisch von Unbehagen und Rührung entsinne, das ich empfand, als ich in Berlin sie in ihrer ursprünglichen Gestalt kennen lernte.

Es freut mich wirklich und innig dass Porges' Arbeiten sich weiter bewähren; der gute Mensch ist theils durch eigene Schuld, theils durch äussere Schicksale in eine etwas vereinsamte Lage gekommen, und es ist ihm schwer zu helfen. Doch habe ich ihn in schweren Zeiten, als einen wirklich guten und seltenen Menschen kennengelernt, und ich wüsste nur Wenige die eine so wahre und lebendige Kenntniss von des Freundes Gedanken in sich gepflegt haben. – Dagegen hörte ich mit Betrübniss von unaufhörlichen Nöthen und Hindernisse welche meinem Mann[5] durch Intrigen aller Art stets bereitet werden; er tröstet sich in den Gedanken an seinem König, durch und für welchen er einzig die Kraft behält inmitten einer engherzigen unredlichen Umgebung das Gute und Nützliche zu fördern. Es scheint dass ein Jeder der diess will ein grosses Aergerniss für den bequemen Haufen ist, er muss sich eben des Goetheschen Wortes entsinnen welches diejenigen die etwas zu bedeuten haben ermahnt wie Quälgeister zu sein, nimmer abzulassen und den Helden nach zu ahmen welche Homer kühn mit den Schmeissfliegen vergleicht. Das Leben Goethe's ist mir in den letzten Tagen ein Quell von wahrer Erhebung gewesen, es ist leider durch den englischen Schriftsteller *Lewes*[6] in der jetzt beliebten witzelnden »amüsanten« Weise dargestellt; trotzdem treten die Thatsachen doch strahlend hervor, und ich kenne nichts rührenderes und befriedigenderes als das Beschauen und Begreifen eines solchen Wesen's. Vor allem erkenne ich in diesen Seelen die kindliche Unschuld; diese ist es die sie der schuldigen, einzig durch Convention erträglich gemachten Welt, unbegreiflich macht, und dieses Unbegreifen erzeugt wieder als Wechsel-Wirkung die Steifheit oder Schroffheit in der Erscheinung des grossen Wesen. Sehr ehrwürdig ist mir Karl August der an seinen Freunde eigentlich noch mehr glaubte und in ihm vertraute, als dass er ihn verstand, und wie herrlich nehmen sich die ernsten dichterischen Ermahnungen welche im vollen Bewusstsein ihrer beiderseitigen Grösse, Goethe seinem Freunde gab! Hoffentlich wird das vom König bestellte Standbild Goethe's gut; es ist trotz der Schönheit des Gegenstandes eine schwere Aufgabe. – Dass die neue Büste geglückt ist, ist ja herrlich, denn ich gestehe dass die bisherigen Abbildungen unsres Herrn mir nicht genügt haben. Wie gerne sähe ich auch ein schönes Oelbild, allein die Künstler sind gar wenige die dieses würdig schaffen könnten.

Nun seien wie immer die Götter gepriesen für alles was sie uns bereiten, Gutes und Uebles, das Gute weil wir es geniessen was auch daraus folgt, das Ueble weil wir nicht wissen zu welchem Heil es uns gedeihen kann. Mit diesem etwas heidnisch heiteren Satz der Ergebenheit, scheide ich heute, mein gütiger Herr, nachdem ich mit Charfreitag's Gedanken begonnen. Diess sei Ihnen, theurer Herr, das Zeugniss dass jede Stimmung willig zu Ihnen ihren Flug nimmt, und dass keine Wonne und kein Weh in meiner Seele sich nicht im Einklang mit der Liebe zu Ihnen zu erheben vermöge, welche in der Liebe zum Freund zum Firmament meines Lebens geworden ist!

Cosima von Bülow-Liszt

[1] *Cosima notierte im Tagebuch: »Höre R. zu, wie er das Rheingold mit Richter vornimmt.« Richard Wagner versuchte »Rheingold« als Musteraufführung mit allen Mitteln zu verhindern. Der König setzte sich durch; Uraufführung war am 22. September 1869 in München, ohne Wagner und ohne den vom König entlassenen Richter.*

[2] *Jules Etienne Pasdeloup (1819-1887), Dirigent und Komponist. Begründer der Volkskonzerte in Frankreich. Die jeden Sonntagnachmittag stattfindenden Konzerte wurden der Sammelpunkt aller Musikfreunde in der französischen Hauptstadt. Er räumte den zeitgenössischen Komponisten weiten Platz in seinem Repertoire ein, zunächst den deutschen Sinfonikern wie Wagner, Raff und Lachner, dann nach dem Krieg 1870/1871 nur noch französischen Komponisten. Als Direktor des Théâtre Lyrique (seit 1868) brachte er die Aufführung des »Rienzi« zustande.*

[3] *Der von Karl Tausig angefertigte Klavierauszug erschien im Verlag Schott. Franz Schott (1811-1874) war der Sohn des Gründers des Musikverlages Bernhard Schott's Söhne in Mainz und ab 1855 alleiniger Verlagsinhaber. Er trat 1859 durch*

Vermittlung seines musikalischen Beraters Heinrich Esser (1818-1872), Kapellmeister am Hoftheater in Wien, in Verbindung zu Richard Wagner, dessen spätere Werke (»Der Ring des Nibelungen«, »Die Meistersinger von Nürnberg« und »Parzifal«) bei ihm erschienen, ebenso die Wesendonck-Lieder.

[4] *Das Oratorium »Das Paradies und Peri« (op. 50), 1843, entstand nach dem Versepos des Iren Thomas Moore (1779-1852).*

[5] *Am 25. Juni 1869 deutete Hans von Bülow in einem persönlichen Schreiben an Ludwig II. die eingetretene »Freudlosigkeit« seiner »Privatexistenz« an und bat darum, nach seinem Sommerurlaub sein Entlassungsgesuch einreichen zu dürfen.*

[6] *George Henry Lewes (1817-1878),englischer Journalist und Schriftsteller. Er schrieb popularisierende Werke über philosophische und naturwissenschaftliche Fragen sowie die in England einflußreiche Goethe-Biographie "The Life and Works of Goethe", 2 Bände, 1855. Cosima von Bülow lernte seine Lebensgefährtin, die Schriftstellerin Marie Ann Evans (Künstlername: George Eliot) 1877 bei ihrem Aufenthalt mit Wagner zusammen in London kennen.*

220

Mein gnädiger Freund und theurer Herr!

Als ich gestern meinen Brief abschickte worin ich flüchtig der Lage meines Mannes gedachte, hatte ich noch keine eingehenden Nachrichten über dieselbe. Heute lautet sein Bericht so trübgemuth, und fühlt er sich in seiner Thätigkeit durch Feigheit und Tücke dermaassen gehemmt, dass ohne ihm ein Wort zu sagen, ich mich an Sie mein Herr und König, wende. Es wäre schrecklich wenn dieses letzte Band zerrissen würde, und darauf sehen es die Intrigen ab. Durch die Abwesenheit des Freundes fühlten sich die Bösen gestärkt und meinen sie würden wohl bald mit dem Stellvertreter fertig werden. Dass Lachner bloss wieder auf ein Jahr pensionirt wurde, erhält alles in dem ewigen halben Zustand der die Guten entmuthigt und die Schlechten frech macht. Mein Mann schreibt dass um sich recht unabhängig zu zeigen, Baron Perfall stets in allen Fragen den schlechtest gesinnten Mitgliedern des Theater's Recht giebt und nach Willkür ohne jemals, wie es verabredet war, meinen Mann zu fragen, Dinge wie die folgen-den anordnet: dem Sänger Vogel der für die Partie des Tristan (an welcher Schnorr sechs Jahre arbeitete) bestimmt worden war, eine ganz neue Rolle zum Einstudiren giebt, die beiden Hauptsängerinnen auf einmal beurlaubte, den guten Richter auf Entdeckungsreisen schickte während der Char und Osterwoche, wo die Kirche die Theater schliesst, endlich niemals den Muth hat die vereinzelnten böswilligen Orchestermitglieder an ihre Pflicht gegen ihren Vorgesetzten zu mahnen und nöthigenfalls fortzuschicken. Nun wären alle Quälereien und Nichtswürdigkeiten ziemlich gleich gültig, wenn nicht jede erspriessliche Wirksamkeit gehemmt und unmöglich gemacht würde. Ich weiss sehr gut dass die Leute alle, Perfall und die andren, so tückisch jetzt sind, weil sie vermeinen dass Bülow ohne Verbindung mit dem König ist. Darum schreibe ich heute und bitte unterthänigst um einen königlichen Befehl an den Intendanten dass er sich mit Herrn von Bülow über alles zu verständigen habe, und die Untergesetzten des Kapellmeisters in der nöthigen Zucht zu erhalten, widrigenfalls sie zu entfernen habe. – Ich bitte darum, und bitte auch *nicht*; ist mir der Gedanke fürchterlich dass dieser letzte Zusammenhang mit Unsren einstigen Hoffnungen zur Freude aller Elenden auch zerrissen wird, und mein Mann sich auch still und ergeben entfernt, so weiss ich doch dass das Schicksal sich erfüllen muss. Wie es aber steht wollte ich Ihnen sagen mein Herr und König, Ihr Wille, Ihr Wissen, Ihr Können mein hoher Freund, ist das Einzige worauf zu bauen. Möchten die Menschen nur nicht immer in Zweifel gerathen wohin dieses Einzige gerichtet ist – dann wäre auch des vielen Ueblen ein Ende, doch schweige ich jetzt und lege in Liebe und Treue diese letzte Entscheidung unseres Schicksals nach Aussen in Ihren gütigen Händen.

Ewig des theuersten Herrn Dienerin
Cosima von Bülow-Liszt[1]

Tribschen
10ten April 1869 /.

[1] *Cosima vermerkte in ihrem Tagebuch am 10. April 1869: »Beim Frühstück las mir R. einen Brief von Hans, den er eben bekommen, und der inmitten der nichtswürdigsten Intrigen vereinsamt dort lebt. Da brach mir das Herz, den ganzen Morgen weinte ich und schluchzte und überlegte. Nachmittags schrieb ich die ganze Mitteilung der Dinge dem König.«*

221

Allergnädigster Herr und König,
gütiger theurer Freund!

Auf den Bericht den mein Mann ihm gab dass er nunmehr alle Tage die Proben von Tristan und Isolde[1] leite, welches Werk Gott weiss wie wirklich am 20ten Juni zur Aufführung kommen würde, an welchen Termin er nun aber auch vollständig über diese Arbeit fertig sein würde, erwiderte gestern der Freund: »als Kapellmeister von Ehre erwarte ich von Dir dass Du eher Deine Entlassung einreichst als ein Werk wie Tristan mit unzulänglichen Kräften der Schmach einer solchen Mutilation preisgiebst. Denn ich kann der Intendanz nichts sagen.«

Ihnen mein allergnädigster Herr, dies zu melden, hielt ich für meine heilige Pflicht, ich thu' es ohne des Freundes Wissen und also mit schwerem Herzen. O möchten Sie in gnadenvoller Erwägung die Meldung ziehen, und die Aufführung des Werkes untersagen, bevor mein Mann sich in die schwere Nöthigung sieht den Schöpfer desselben, sein Recht widerfahren zu lassen und meine traurigste Befürchtung in Erfüllung geht!

Es küsst die königliche Hand

die ewig treue und dankende Dienerin
Cosima von Bülow-Liszt

3ten Juni 1869 /.[2]

[1] *Ludwig II. hatte schon am 30. November 1867 (siehe Brief Nr. 191) an Cosima geschrieben, wie gerne er wieder »Tristan und Isolde« hören möchte. In ihrem Tagebuch vermerkte sie unter dem 1. Juni 1869: »Der König hat ›Tristan‹ doch*

befohlen und zwar mit dem Ehepaar Vogl, ein wahrer Hohn! Nun muß Hans die Proben leiten, dies reibt ihn auf, er bittet R., ihm zu seiner Entlassung zu verhelfen. Sein Brief ist jammervoll, ich wünschte, er ging hin.« Das Ehepaar Heinrich und Therese Vogl erwies sich letztlich als sehr gute Besetzung.

3. Juni 1869: »Traurig aufgestanden und unwohl. Dem König geschrieben und ihn gebeten, ›Tristan‹ abzusagen.« Die Aufführung, von Cosima als »diese fürchterliche« tituliert, fand am 20. Juni statt. Im Zusammenhang mit dieser Aufführung sah sich Wagner veranlaßt, Cosima folgendes über den König zu sagen: »Der König von B. ist durchaus Daimon, ich studiere nach, was er tut, er handelt aus Instinkt; wenn er überlegt, ist er verloren. Ganz bewußtlos gibt ihm sein Daimon ein, daß, wenn er mit mir gegangen wäre, meine Pläne wirklich kühn ausgeführt hätte, er und ich, wir gänzlich zu Grunde gegangen wären.«

[2] *Drei Tage nach diesem Brief, am 6. Juni 1869, brachte Cosima ihr fünftes Kind – Wagners drittes –, Siegfried, zur Welt. Seit dem Vorabend war Friedrich Nietzsche in Tribschen.*

In der Zeit zwischen dem 3. Juni 1869 und dem 21. Februar 1874 kam es anscheinend zu keiner Korrespondenz mehr zwischen dem König und Cosima Wagner.

222

Erhabener Herr, einziger Schutz,
Huldvoller gnädiger Freund!

Musste mir in vergangenen prüfungsreichen Jahren, das Schweigen als einzig mir geziemend und zukommend erscheinen, so bricht heute, wie mit Naturgewalt die Sprache hervor, und wie die Hervorquillende kein Hemmniss duldet, und den Dank laut anschwellen lassen will, so finde ich jetzt keine Kraft um sie zu fesseln. Darf ich nun wohl hoffen dass der königliche Herr es gütig begreifen wird wollen, warum ich einstens schwieg und nun spreche? Darf ich auf dieselbe gnädige Anhörung meiner armen Worte – das Einzige das ich darzubringen vermag – bauen? Die gütige Forderung der Bilder[1] ermuthigt mich zu Hoffen und Glauben – hier, erhabener Beschützer, sind die Abbilder Derjenigen die Sie unermüdlich beschirmt, die Sie unwandelbar lieben! Wie könnte ich es aussprechen was Ihre Gnade, gütiger Herr, uns gewesen ist? Denn dabei ermesse ich auch wie schwer es dem Hohen, gemacht wird, diese Gnade auszustrahlen! Seitdem das Bayreuther Unternehmen begonnen wurde, erkenne ich es immer deutlicher wie einsam der Freund wandelt, wie wenige ihn begreifen, wie wenige den Muth haben ihm zu folgen; bei jeder herben Erfahrung, gedachte ich des erhabenen Beschützers, und verstand, wie unsäglich erschwert, das Amt, das Er in heiliger Begeisterung übernahm, Ihm wird, und so tief traurig bin ich von der Erkenntniss geworden, dass mein Dank, so heiss und so voll, nur mit Thränen, nicht mehr mit Freudestrahlen hervorquillt. Möchte aber die Freude die mir, zu klar Sehende, gebricht, in unseres Herrn Herzen über die eigenste neueste That, strahlen, dann wird sie, dann aber auch einzig, als Widerstrahl in Herz und Auge, die Müden, sich wieder entzünden. Es wäre für den Freund wohl ein schöner Stolz gewesen, das Werk, das einzig durch die Huld des König's geschaffen werden konnte, durch den Antheil der Nation, seinem Herrn als huldigender Ausdruck des Dankes vorführen zu dürfen – – ein solcher Stolz ist dem Genius auf Erden nicht gestattet, der Gott der im Busen wohnt, darf nach Aussen nichts bewegen, und so bleibt einzig der Stolz dem Einen, Unvergleichlichen, Alles zu verdanken. Soll ich es unserem gnadenvollen Freund, gestehen? Ich bin verwundert darüber, dass die Theilnahme der Nation es selbst nur so weit gebracht hat, das Haus zu konstruiren! Denn wer bekümmert sich denn unter dem Haufen, der beinahe allabendlich Lohengrin, Tannhäuser, besucht und beklatscht, um deren Schöpfer und seine Ideale? Wer versteht es, dass er mit seinen Erfolgen und seinem Ruhm nicht befriedigt ist? Wer findet darin nicht eigentlich Arroganz oder eine Verirrung? Einer versteht es fast einzig – – Dieser sei gepriesen in alle Zeiten! .... Und doch so wenig ich an das jetzige Verständniss der Meisten zu glauben habe, bin ich doch überzeugt dass wenn die Aufführungen stattgefunden haben, die Wirkung davon eine unermessliche sein wird. Der blosse Eintritt in dem Zuschauerraum stimmt erhaben, und was niemals durch ästhetische Vorträge zu Stande gebracht würde – auch nicht durch sonstige Bildungsmittel – wird das blosse Betreten des Raumes bewirken. Nicht Bildung, wie man es so oft für das Publikum verlangen hört, wohl aber Stimmung wird da erzeugt, und ich weiss, es werden dort auf Augenblicke die Menschen alle höher denken und besser fühlen. Wird diess einst erreicht, erleben wir es dass das Unbeschreibliche Ereigniss wird, dann wird des Dankes Lohn dem Einen lachen, den jetzt manches Weh segnet! – Indem ich von der Vereinsamung des Genius spreche möchte ich doch denen nicht unrecht thun, die in rührendster Weise ihm folgen, doch sind es die Ohnmächtigen; alles was irgend wie eine Macht bedeutet, Adelige – Gelehrten –, Kaufmännische – Welt, alles das ist stumm oder selbst hämisch, zu unserem Mahl, wie zu dem des Evangelium, kommen die Armen und Krüppel, und doch ist es wie das des Gleichnisses, ein königliches, und ist ihm vielleicht auch bestimmt das ewige Mahl zu werden. Möge der König die Geduld nicht verlieren, möge Er der »Mildinger«[2] bleiben – wie in alten Zeiten die Könige hiessen – der Er war und ist! – Ich kann das Grundstück nicht betreten, darauf unser Haus[3] nun steht, ohne des Gütigen zu gedenken; ohne eigentlich Sinn für Besitz begabt, und bevor ich dem Freunde begegnet, eigentlich ohne Heimath und ohne Familienzusammenhang, fühlte ich mich von je losgelöst von Allem was mich umgab, und einzig stumpf-tragend; nun ist mir Alles geworden; was ihn liebt dazu gehöre ich, seine Heimath ist die meinige, und wenn ich auch in Bezug auf das Haus nicht recht den Sinn des Eigenthums empfinde, so begrüsse ich es doch stets mit Dankesfreude als die Stätte darin »Parcival« und so Gott will auch die »Sieger« erblühen werden. Es hat uns Glück gebracht, mein hoher Herr, dass wir den Ludwigstag zu unserer Trauung erkoren[4]; alles ist gediehen, die Kinderchen blühen und wachsen (wie Nürnberg!), die Götterdämmerung – o könnte ich zu wissen geben wie herrlich sie ist! – ist vollendet, und Alles hat sich sanft ausgeglichen, so dass ich wirklich nun sprechen darf. Der Abschied von Tribschen war schmerzlich, es ist wahr, denn es war mir dort als ob Alles gegen die Schutzmauer der Berge abprallte, und als ob ihr Reigen einen Zauberkreis um uns baute, doch wir haben das liebliche Bayreuth sehr lieb gewonnen, von ganzem Herzen sind wir Bayern geworden, und was die Bergeswipfel in Tribschen mir waren, das wird auf dem stillen Grundstück der Gedanke an die königliche Gnade sein.

Ebenso eingesponnen werden wir dort leben, und nur als Pflegerin des heiligen Feuers des Genius, und der Unschuld der Kindheit mich betrachtend, bleibt mein Dasein hier wie dort so geschieden von den Zeitwogen, dass ich von der Wirklichkeit von Allem was hiermit in Zusammenhang steht, kein Gefühl mehr habe.

Vergässe ich aber Alles, was war und ist, ein Gedenken würde mir bleiben, das, einer Gnade und eines Genius die mit einer Wift[5] zusammengewoben waren, welche nicht zerrissen werden durfte, in einer Welt die wie aus Stücken, Scheiben, und zerrissenen Fäden einer anderen Weltharmonie, zu bestehen scheint. In diesem Sinnen und Gedenken lege ich dem Könige, dem Beschützer, dem Helfer, dem Freund, unsrer Aller Liebe demüthig zu Füssen, ewig verbleibend

Euerer Majestät

Bayreuth
21ten Februar 1874

dankbare unterthänige Dienerin
Cosima Wagner
geb. Liszt

[1] *Ludwig II. erbat sich am 25. Januar 1874 von Richard Wagner eine Fotografie »Sie, Ihre Gattin und Ihre Kinder darstellend«. Cosima Wagner übersandte ihm nun ein solches Bild.*

Wagner kündigte diesen Brief vom 21. Februar in seinem Schreiben vom 25. Januar 1874 bereits dem König an: »Cosima wünscht sich die Ehre zuertheilt, unserem hochgeliebten Wohltäter die Bilder übersenden und die Sendung mit einem Schreiben begleiten zu dürfen, welchem ich diesmal gern alle die weiteren Mittheilungen an den erhabenen Freund anvertraue, die dem Schöpfer und Erhalter unseres glücklichen Gedeihens als Familie nicht unwillkommen erachten werden dürfen.«

[2] *»Mildinger« bezieht sich wohl auf die mittelalterliche Vorstellung, daß »Milde« eine wesentliche Eigenschaft eines Königs sei. Bei Thomas von Aquin ist »Milde« die Verpflichtung des Herrn, gegenüber seinem Untergebenen in allen Fällen Nachsicht walten zu lassen.*

[3] *Am 24. April 1872 traf Richard Wagner zur endgültigen Übersiedelung in Bayreuth ein, Cosima folgte mit den Kindern zwei Wochen später; sie bezogen zunächst Hotel Fantaisie in Dondorf, dann erfolgte am 21. September 1872 der Umzug in die Dammallee 7 in Bayreuth und von dort am 28. April 1874 in das Haus Wahnfried. Für den Ankauf des Grundstücks für das Haus Wahnfried*

und dessen Bau erhielt Wagner vom König ein letztes Geldgeschenk von insgesamt 75 000 Mark.

Am 22. Mai 1872, an Wagners Geburtstag, fand im Markgräflichen Opernhaus die Feier zur Grundsteinlegung des Festspielhauses statt, das Richtfest wurde am 2. August 1873 gefeiert und vom 13. bis zum 30. August 1876 wurden die ersten Festspiele abgehalten.

Ludwig II. stand dem Festspielhaus-Projekt zunächst kühl gegenüber. Als das Vorhaben bereits nach dem Richtfest zu scheitern drohte, gewährte der König aber im Februar 1874 ein Bürgschaftsdarlehen von 300 000 Mark.

4 *Am Ludwigstag, dem 25. August 1870, haben Cosima und Richard Wagner in Luzern geheiratet, nachdem die Ehe zwischen Hans und Cosima von Bülow am 18. Juli 1870 geschieden worden war. Die Trauung fand in der dortigen Protestantischen Kirche durch Pfarrer Johann Heinrich Tschudi statt. Am 31. Oktober erfolgte Cosimas Übertritt zum Protestantismus, später auch der ihrer Kinder. Hans von Bülow hatte dazu seine Zustimmung gegeben.*

Des Königs Glückwunschtelegramm zur Hochzeit vom 25. August 1870 lautete: »Empfangen Sie einstweilen auf diesem Wege meinen innigsten Dank für das himmlische Geschenk, das mich mit jubelnder Freude erfüllt. Brauche ich Ihnen zu versichern, daß ich mehr denn je am heutigen für Sie und die Freundin so bedeutungsvollen Tage im Geiste bei Ihnen bin! Brief folgt bald. Ludwig.«

5 *Wift = »Die Wift der geheimnisvollen Weberin, die unsere Schicksalsfäden ineinanderschlang, ist unlösbar.« Wift ist im Grimmschen Wörterbuch nur spärlich belegt, kommt aber gelegentlich im Mittelhochdeutschen vor und bedeutet – Nominalbildung mit sogenanntem -ti-Suffix zum Verbum weben – Gewebe, texture.*

223

Allerdurchlauchtigster großmächtigster König!
Allergnädigster König und Herr!

Euere Majestät werden es gnädig vergeben wollen, wenn ich in der Noth des Herzens auf nichts zu bauen weiß als auf die Huld des gnadenreichen Schirmherrn, der seit Jahren das geliebteste Haupt beschützt.[1]

Mir fehlt der Muth, meinem Mann jetzt, inmitten von »Amfortas«-Klage[2], jene Klage zu Gehör zu bringen, welche gar mißstimmend und niederdrückend die Erste verstummen lassen müßte. Wird es der allergnädigste Herr, übel mir anrechnen wollen, dass ich, muthlos für das eine, dennoch den Muth behielt diese Zeilen, die ich soeben erhielt, Ihm, dem Huldvollen zu Füssen zu legen? Auch dieser Muth hätte mir gefehlt, wenn ich nicht von der Hoffnung beseelt wäre, er würde gnädig beurtheilt werden, ja mit dem tiefdringenden Strahl des königlichen Mit-Leidens, welcher das Leben das Dichters des »Parsifal« durchglüth, gebilligt werden!

Ich bitte Euere königliche Majestät unterthänigst, von den Zeilen, die ich mir erlaube dem allergnädigsten Herrn ehrfurchtsvoll zu unterbreiten, Kenntnis nehmen zu wollen und, wenn diese die allergnädigste Zustimmung von Euerer Majestät zu gewinnen so glücklich sind, den Befehl ertheilen zu wollen, welcher die Deckung des Defizits ermöglicht.

Möchte ich die Ungnade meines allergnädigsten Herrn nicht durch einen Schritt auf mich ziehen, den ich in den ehrerbietigsten dankbarsten Gefühlen wagte, in welchen ich für immer ersterbe als

Euerer Majestät

Bayreuth
16ten Januar 1878

unterthänigste Dienerin
Cosima Wagner-Liszt

[1] *Das Original dieses Briefes befand sich 1936 im Besitz des Richard-Wagner-Museums in Eisenach und wurde erstmals bei Strobel, Bd. 4, S. 218 veröffentlicht.*

Diesem Schreiben von Cosima Wagner ging ein Brief Friedrich Feustels (1824 bis 1891) vom 15. Januar 1878 voraus. Feustel, ein Bayreuther Bankier und Vorstand des Kollegiums der Gemeindebevollmächtigten, hatte sich um Wagners Ansiedlung in Bayreuth verdient gemacht. Er wurde Mitglied des Verwaltungsrates der Bayreuther Festspiele und war liberaler Abgeordneter des Reichstages. Feustel wurde zum großen Helfer Richard Wagners, besonders in finanziellen Angelegenheiten. So informierte Feustel in dem genannten Schreiben Richard Wagner über das Defizit, mit dem die ersten Bayreuther Festspiele des Jahres 1876 geendet hatten. Da er das künstlerische Schaffen Wagners mit derartigen Geldangelegenheiten nicht stören wollte, unterrichtete er Cosima, daß die Summe von 98028,57 Mark zuzüglich Verzugszinsen beglichen werden müßte. Feustel sah eine einzige Möglichkeit, »eine Catastrophe zu vermeiden: Dieselbe besteht darin, daß Ihrem Gemahl vom kgl. Hoftheater in München auf etwa 10 Jahre eine Tantième für seine Werke gewährt werde, im Betrage von jährlich 10000 Mark ...« Auf dieser Basis gab der König ein verzinsliches Darlehen von 100000 Mark, das bis 1906 – wie das erste Darlehen von 1874 – von der Familie Wagner vollständig zurückbezahlt worden ist.

Cosimas Tagebucheintrag vom 16. Januar 1878 lautet: »Ich schreibe ohne sein Wissen an den König und bitte um Befehl der Erlassung von Tantièmen aus R.'s Werken zur Deckung des Defizits.«

[2] *Amfortas, Baritonpartie in »Parsifal«; der kranke Gralskönig.*

224

Hochverehrte Frau und Freundin!

Es ist meinem Herzen Bedürfniss, Ihnen es hier auszusprechen, wie sehr es mich mit Freude erfüllt hat, dass Sie in jener in Ihrem mir so werthen Briefe erwähnten Angelegenheit Sich an mich persönlich gewandt haben. Sogleich nach Empfang Ihres Schreibens habe ich die von Ihnen gewünschte Weisung an meinen Hofsekretär ergehen lassen, welcher mit Feustel und Perfall sich sofort in's Benehmen setzen wird, damit die Deckung des Deficits in der erwähnten Weise unfehlbar erfolge.[1]

Es war mir sehr lieb aus Ihrem theuren Briefe zu ersehen, dass Sie dem so innig verehrten Meister und Freunde keine Mittheilung über jene pekuniäre Angelegenheit gemacht haben, Ihm dessen Genius Seine höchste Offenbarung zu verkünden im Begriffe ist, diese fatale Alltagssorge hätte Ihn nothwendiger Weise aus der begeisterungsvollen, schaffensfreudigen Stimmung reissen müssen. Ich bitte Sie, hochverehrte Frau und Freundin, versichert zu sein, dass ich stets wahrhaft glücklich bin, wenn sich mir Gelegenheit bietet, Ihnen und Ihm einen Freundes-Dienst zu erweisen. O grüssen Sie Ihn auf das innigste von mir aus den Tiefen der Seele! Der reichste Segen von Oben sei immerdar mit Ihnen und Ihrem Hause! In unwandelbar treuer Anhänglichkeit bleibe ich, hochverehrte Frau, jederzeit

Ihr
aufrichtiger Freund
Ludwig.

Linderhof
den 27. Jan. 1878

[1] *Nach Erhalt dieser Zusage schrieb Wagner am 10. Februar 1878 an Ludwig II.: »Mein hochgeliebter königlicher Herr und Freund für diese und jene Zeit! ›Durch Mitleid wissend / hilft nur der – Eine!‹ Ihre herrliche Botschaft an mein theures Weib traf am Tage der Vollendung der musikalischen Composition des ersten Aktes von ›Parsifal‹ hier ein ... – Es war ein edler, schöner Tag! – Gott weiss, ob selbst Ihr majestätischer königlicher Wille mir Alles das hätte sein können, wenn nicht die treue Heilsbotin zugleich die Mittlerin des so erhabenen Wohles aus der Höhe in die Tiefe des Lebens sich ihm zugesellt hätte!«*

225

Allerdurchlauchtigster König,
Grossmächtigster König und Herr!

Geruhen Euere Majestät, mir gnädig zu gestatten, in ehrfurchtsvoller Dankbarkeit hinzuzufügen:

Huldvollster, Wohlthatspendender, königlicher Freund!

In früheren Tagen ging von den Königen von Frankreich die Sage, dass wer sie erblickte, von jeder Krankheit genas! Als ich nun in unaussprechlicher Rührung die Zeilen las, mit welchen Euere Majestät, mich beglückten, gedachte ich dieser Sage und zugleich einer Wirklichkeit von über dreizehn Jahren in welcher jedes Mal dass ich dem königlichen Herrn mich genaht, mir Trost und Heilung der Uebel geworden, welche weit schmerzlicher sind als die Körperlichen. Eine lange Kette von Gnaden entrollte sich vor mir bei diesem Sinnen: erinnerte ich mich mit welchem Zagen und welcher Scheu ich Euere Majestät stets angerufen, und es gleichsam nur von der tiefsten inneren

Stimme angetrieben, that, welche mich auf den Einzigen wies, da Alles uns fremd blieb, entsann ich mich der Güte und Gnade mit welcher dieses Zagen, diese Scheu geahnt, der zarten Huld mit welcher sie gebannt; blickte ich auf das Leben welches diese Kette in holden Fesseln umschliesst, von dem ersten Augenblicke an, bis zu dem Schreiben welches mir hehr das Unwandelbare der Gnade in Worten erkennen liess, die weit mehr beglücken noch, als selbst die von irdischem Druck befreiendeste That – so offenbarte sich mir das Göttliche des Schutzes in welchem wir gegeben; ich erschaute seine Kraft und seine Milde, welche auch mir die schwersten Prüfungen wie böse bald verwehte Träume empfinden lehrte; und die Ergriffenheit des Dankes ergoss sich in jene demuthsvoll andächtige Stimmung, die dem Menschen sich erschliesst, der es zu erkennen hat, wie hoch sein Glück über seinem Werthe steht!

»Ein Licht zu erleuchten die Heiden«[1] ... Am Feste des Dankes, an dem Tage wo Lichter gesegnet werden, kam der Strahl von Euerer Majestät Worte zu mir, zu Lichtmess wo auch das Volk, Erde und Himmel nach einem günstigen Zeichen frägt; aber noch zu einem anderen inneren Feste kamen die Theuren, und weihten durch ihren Strahl dessen Licht: die Skizze des ersten Aktes von »Parsifal« ward beendet – ich frug mich wie ich dem angebeteten Schöpfer durch irgend eine kleine Freude das Aufjauchzen meiner Seele bei diesem Errungenen kund geben könne, und fand mich ohnmächtig: da leuchteten die hehren königlichen Worte, der herrlichste Lohn entstrahlte ihnen, wie auch das glücklichste Zeichen für ein künftiges Schaffen! Dem Spender dieser Worte können einzig die Töne einst lohnen, welche ohne Seine erhabene Liebe der Welt nie erklungen hätten; und wenn Er dann die Stimme hören wird, welche, als »Parsifal« von Gurnemanz[2] entlassen ist, nach dem leeren Raume vom »mitleidvoll Wissenden«[3] weissagt, auch die Stimmen vernehmen, welche die Seligkeit im Glauben am Schluss noch ein Mal verkünden, dann wird der Königliche die Weihefeier erleben, der geheimnissvollen tiefsten Gefühlen, die an Ihn den Erhabenen, uns fesseln.

Euere Majestät, werden es mir gnädig vergeben, dass ich es mir gestattete meinen Dankgefühlen also Ausdruck zu geben: die Gnade, mit welcher Euere Majestät, das Schwerste, das Bitten, zu einer unsäglichen Freude umwandelten, nicht durch Gewähren blos, nein vor Allem durch die zart erhabenen Zeichen von huldvoller Theilnahme, diese Gnade wird auch dem Überschwenglichen Danke es nachsehen, dass er sich nicht kurz fasste. In dieser Hoffnung bitte ich Euere Majestät, mir zu gestatten, mich heute zu nennen und immerdar, in den heiligsten Gefühlen von Dank, Liebe, und Ehrfurcht,

Euerer Majestät,

Bayreuth unterthänigste Dienerin
3ten Februar 1878 Cosima Wagner-Liszt

1 *Zitiert aus Lukas 2,32.*

2 *Gurnemanz, Baßpartie in »Parsifal«; ein Gralsritter.*

3 *Zitat nach »Parsifal«, 3. Aufzug: »Mitleidvoll Duldender, / heiltatvoll Wissender!«*

226

Hochverehrte Frau! Theuere Freundin!

Unmöglich ist es mir, Ihnen den tiefen Schmerz zu schildern, der meine Seele erfüllt über den furchtbaren, unersetzlichen Verlust den Wir erlitten haben.[1] Welch entsetzlicher Schicksalsschlag der Sie und die armen Kinder, uns Alle, die Freunde und zahlreichen Bewunderer des grossen, unvergesslichen Freundes und Meisters, des erhabensten Geistes getroffen hat. Ach, das Er Uns so frühe entrissen wurde, wer hätte es denken können! Seien Sie versichert, theure, hochverehrte Freundin, dass ich den herben Schmerz über den ach so schrecklich frühen Heimgang des geliebten Verklärten mit Ihnen in tiefster Seele mitempfinde, ihn mit Ihnen und den lieben Kindern theile, als unwandelbar treuer Freund. –

O möge der Allmächtige Ihnen Kraft verleihen, die entsetzliche Prüfung zu ertragen und Sie *erhalten* für Ihre Kinder, die so nöthig der Mutter bedürfen. Der arme Siegfried. Ach wie hatte Sein Vater sich gefreut, ihn heranzubilden, seine Erziehung zu überwachen, um ihm getrost dereinst Sein erhabenes, geistiges Erbe, die Pflege Seiner unsterblichen Werke übertragen zu können.

O sagen Sie ihnen Allen wie ihr Leid mir zu Herzen geht und ich mit ihnen trauere.

Wie tief beklage ich auch Liszt, Ihren grossen Vater, der so felsenfest treu an dem Verklärten gehangen ist; so treu Ihm beistand in Leid und Freud!

Gott sei mit Ihnen! Ihm ist wohl, Er hat ausgelitten!

Wie liebe ich Sie um der starken Liebe willen, die Sie so unerschütterlich treu Ihm, dem Unvergesslichen geweiht[2] und Ihm das Leben dadurch verschönt und zu einem glücklichen gestaltet haben.

In herzlicher Anhänglichkeit immerdar Ihr und der theuren Ihrigen

unwandelbar treuer Freund

München den 16. Febr. Ludwig.
1883.

[1] *Richard Wagner starb am 13. Februar 1883 in Venedig. Als am 17. Februar der Sonderzug mit der Leiche Wagners bei Kufstein die deutsche Landesgrenze erreichte, hatte sich dort bereits Ludwig von Bürkel eingefunden, um diesen für Wagners Witwe bestimmten Brief zu überreichen, den einstweilen Daniela von Bülow entgegennahm. Nachdem der Sonderzug in den Münchner Bahnhof eingelaufen war, überreichte Graf Lerchenfeld im Auftrag des Königs einen Palmenkranz, dessen weißblaue Atlasschleife die Inschrift trug: »Dem Dichter in Wort und Ton, dem Meister Richard Wagner von König Ludwig II. von Bayern.« Neben Beethovens Trauermarsch erklang dazu Wagners Trauermarsch aus der »Götterdämmerung«. – In der Nacht vom 19. auf den 20. Februar schrieb der König seinem Sekretär Bürkel auf die Nachricht von Wagners Tod: »Ich erfuhr einst durch Wagner, daß Seine Gattin 8 Tage nach Seinem Tode sterben würde oder wolle; ich binde Ihnen auf die Seele auf gute Art zu verhindern, daß ein Unglück geschehe ...« Siehe Brief 9, Anmerkung 1.*

[2] *Zitat nach Friedrich v. Schiller, »Die Räuber«, 1. Akt, 3. Szene: »Franz. O Amalia! Wie lieb ich dich um dieser unerschütterten Treue gegen meinen Bruder.«*

227

Theure, hochverehrte Freundin!

Ihrem mir sehr willkommenen Briefe[1] habe ich mit lebhaftem Interesse entnommen, dass Sie auch während des Sommers 1886 Aufführungen in Bayreuth zu veranstalten beabsichtigen und hiefür »Parsifal« und »Tristan« ausersehen haben. Wie sehr an diesem Vorhaben Ihre pietätvolle Hingabe an das künstlerische Vermächtniss Ihres unsterblichen Gatten, meines grossen, unvergesslichen Freundes, Antheil hat, ist mir wohltbekannt und ich kann daher Ihrem Entschlusse nur meine vollste Billigung geben. – Sind es doch gerade jene beiden Tonwerke, in denen sich zugleich mit dem »Ringe des Nibelungen« das schöpferische Genie Richard Wagners in hervorragendster Weise ausprägt und die sich daher vor Allen dazu eignen, an der durch das Wirken des Meisters vor anderen geweihten Stätte zur Darstellung gebracht zu werden. – Ich zweifle nicht, dass den nächstjährigen Aufführungen, durch die Sorgfalt, mit welcher Sie dieselben vorbereiten, ein schöner Erfolg gesichert ist und dass sie sich den früheren Festspielen würdig anreihen werden. In dieser sicheren Hoffnung willfahre ich gerne Ihrer Bitte um Uebernahme des Protektorates über Ihr edles und schönes Unternehmen.[2] Mit dieser Mittheilung verbinde ich die Versicherung wahrer Verehrung und verbleibe stets, theure Freundin, Sie ersuchend Ihre lieben Kinder recht herzlich von mir zu grüssen, mit unwandelbar treuen Gesinnungen

Ihr

Schachen
den 21. Sept. 1885.

aufrichtiger Freund
Ludwig.

[1] *Der vom König erwähnte Brief von Cosima Wagner ist nicht erhalten.*

[2] *Bei den Festspielen 1886 lebte der König nicht mehr. Er war – noch nicht 41 Jahre alt – am 13. Juni 1886 unter bisher noch nicht geklärten Umständen im Starnberger See ertrunken.*

228

Allerdurchlauchtigster Grossmächtigster
Koenig!
Allergnädigster König und Herr!

Euerer Majestät den Ausdruck meines Dankes in Worten zu Füssen zu legen – dazu fühle ich mich ohnmächtig! Wollen Euere Majestät, es mir huldvoll gestatten, diesen Ausdruck einzig durch das Buch zu finden, welches ich unterthänigst heute darbringe![1]

Der allergnädigste Herr wird manches Blatt darin wiederfinden, das ich vor nun zwanzig Jahren das Glück hatte – Ihn dreifach dabei segnend! – für den König abzuschreiben! Indem ich sie, – diese Gedanken, – dem treuesten Wahrer derselben, zustelle, weiss ich gut dass ich ihrem eigentlichsten Eigner sie zurückgebe. Denn – wie hätte dieser Strom seinen Lauf bis zur unendlichen Mündung nehmen können, wenn nicht, allem Widerwärtigen zum Trutz, der Schutz sich aufgethan hätte, den als Wunder zu preisen und anzubeten, das Herz, auch im Ersterben, nie aufhören kann?

Meinem schweigendem Danke füge ich einige Worte der Erklärungen bei, indem ich hoffe die huldvolle Ermuthung dazu, welche ich in den so unendlich gütigen königlichen Zeilen finde, nicht irrig aufgefasst zu haben.

Indem ich »Tristan und Isolde« wählte, um nebst »Parsifal«, hier im künftigen Jahre aufgeführt zu werden, wurde ich von dem geheimen Zusammenhange geleitet, welcher die beiden Werke verbindet, und welche in der allerersten Skizze zu dem 3ten Akte von Tristan also lautet:

»Tristan auf dem Krankenlager im Schlossgarten. Zinne zur Seite. Aus dem Schlummer erwachend ruft nach dem Knappen, den er auf der Zinne wähnt, ob er noch nichts sähe. Der ist noch nicht da. Auf seinem Rufe kommt er endlich. Vorwürfe. Entschuldigungen. Ein Pilger sei zu bewirthen gewesen. – Sonst und jetzt. Tristan's Ungeduld. Der Knappe sehe noch nichts. Tristan's Bedenken. Zweifel. Gesang aus der Tiefe sich entfernend. Was es sei? Knappe erzählt vom Pilger – Parzival. Tiefer Eindruck. Liebe als Qual.

Meine Mutter starb, als sie mich gebar, nun ich lebe sterbe ich daran geboren worden zu sein. Warum das? – Refrain Parzival's – vom Hirten wiederholt – die ganze Welt nichts wie ungestilltes Sehnen! wie soll es denn je sich stillen – Parzival's Refrain.«

Parsifal ist also die Antwort auf die furchtbare Frage des Tristan, welche der Liebestod – versöhnend – einzig für die Liebenden, nicht aber für die Welt, zu seligem Schweigen bringt. Diess war der innere Grund zu der Wahl welche sich nun der allerhöchsten Zustimmung erfreuen darf. Ein äusserlicher Grund bestand darin, dass der scenische Aufwand ein verhältnissmässig geringer ist. Die Dekorationen werden im Wesentlichen denen des Hoftheater's Euerer Majestät, ähneln; nur im dritten Akte erlaube ich mir das Burgthor etwas vorrücken zu lassen, damit der Kampf an Deutlichkeit gewinne.

Darf ich nun, das Zweite, mein Leben Ausfüllende, welches Euere Majestät, huldreich erwähnen, berühren? Darf ich mich durch die königliche Gnade ermächtigt betrachten, und dadurch aufgefordert fühlen, von meinen – darob die allerhöchsten Grüsse beglückten – Kindern zu sprechen? .. Sollte ich hierin auch irren, so bittet mein, nur im Fühlen nicht schwankendes, in jeder Aeusserung aber unbeschreiblich zagendes, banges Wesen, um Vergebung!

Nach schwerer, lebensgefährlicher Krankheit hat sich Siegfried – Dank Gott – so weit erholt, dass er das Gymnasium wieder besuchen kann. Nicht leichten Herzen's liess ich ihn die Schule überhaupt betreten, in welcher so wenig Lebendiges angetroffen wird, und in welcher der Sinn für das Grosse eher – will mich dünken – abgestumpft als gekräftigt wird. Doch war mir der Umgang mit gleichaltrigen Knaben von Wichtigkeit, und für seine Jugend suchte ich eine Gegengewicht zu dem Ernste Wahnfried's. Auch behagt er sich wohl dabei, und lernt willig, muss aber freilich für's erste seiner Hauptneigung (zur Architektur), welche sich durch sehr sorgfältig und fleissig ausgeführte Zeichnungen von eigens ausgedachten Plänen zu Kirchen und Kapellen auffallend kund giebt, entsagen. Ich befrage mich wohl immer und immer was das Bessere sei, das Gymnasium ihn ganz absolviren zu lassen, oder, zur Ausbildung seiner besonderen Anlage ihn in einem Jahre in ein Polytechnikum zu geben. Gott wird mich nicht verlassen! Dieses ist hier meine einzige Leuchte auf dem Pfade. – In Isolden's und Eva's Loos hat keine Veränderung stattgefunden, sie bleiben bei mir, und stehen mir durch ihre Liebe und ihr reines lauteres Wesen in Allem bei. Mein ältestes Kind dagegen, hatte manche Prüfung zu überstehen. Ihre Verlobung des vorigen Jahres, war mir selbst als ein Zeichen des Himmels erschienen, dass sie unserer Bayreuther Sache zu dienen berufen sei. Ich schätzte sie darum glücklich, und glaubte eine Kraft gefunden zu haben, welcher ich vertrauensvoll die Leitung der Spiele übergeben könne, bis Siegfried dieselbe antrete; alles erwies sich anders, und nach trüben Erfahrungen, glaubte ich mein Kind – so jung noch und lebenskräftig – der Ergebung und Resignation geweiht. Auch dieses kam anders, und nun ist sie einem Manne versprochen, welcher alle Eigenschaften des Herzens und des Geistes mir zu haben dünkt, welche einer Frau es ermöglichen mit freiem und freundlichem Sinne die Ehe heilig zu halten, und edel durchzuführen. Dr. Heinrich Thode[2] giebt – als Kunstgelehrter, ein Buch jetzt heraus – Franz von Assisi – von welchem es mich innig rühren und wundern musste, dass sein Hauptgedanke ein völliger Beitrag zu unserer Weltanschauung bildet. Inmitten des tiefsten Respektes vor Allem was heute mit dem Worte »historischen« bezeichnet wird, unterstützt mit allem Gelehrten-Apparat, erhebt sich folgender mit Historie und Wissenschaft gar Weniges gemeinsam habender Gedanke: »Die Renaissance-Kunst verdankt sich nicht den Ausgrabungen, noch dem Einflusse der Antike, sondern dem Eindrucke von einem grossen – heiligen – Wesen, in welchem das Leben, Leiden und Sterben unseres Heilandes, lebte, litt und starb.« – Dem Manne, der aus sich heraus also blicken und empfinden konnte, habe ich gern das Haus geöffnet das kein »Fremder« betreten möchte, und mein Kind anvertraut! .. Eine Kunstzeitschrift giebt er heraus, welche zum Zweck hat, weniger bekannte Bilder der alten Meister zu verbreiten, und auch Material zur Begründung einer neuen Kunstgeschichte zu beschaffen. Euere Majestät wollen es mir nicht als Misbrauch der allerhöchsten Güte deuten, wenn ich – auf Gestattung der unterthänigsten Uebersendung harrend – die Blätter des »Kunstfreundes«, und die bescheidenen Abbildungen meiner guten Kinder, bei dem Sekretär des König's deponire, um Gnade bittend für Alles, für Schweigen und für Worte, für Thun und für lassen. Unter Letzterem begreife ich auch die Angelegenheit des »Lohengrin« in Paris, von welcher es mir wohl dünken möchte, als ob ich Euerer Majestät, Rechenschaft über sie schuldig wäre, welche aber so wenig meinem Herzen entspricht, und so vieles des Krum gerade sein Lassens, an sich haben wird, dass ich sie nicht für würdig erachten kann, Euerer Majestät, vorgelegt zu werden, wenn sie mich auch sehr sorgen muss, und hauptsächlich wenn sie das Werk betrifft, welches selbst ein Wunder, das Wunder bewirkte das in ewiger Dankbarkeit in mir fortlebt!

Allergnädigster Herr! Hiermit bin ich zum Schlusse angelant, diess ist mir Anfang und Ende, und so erlaube ich mir nur noch beizufügen dass ich dem Buche welches ich mit tiefster Demuth Euerer Majestät zu Füssen lege, eine Arbeit des Baron Wolzogen[3] darüber, der Sendung an den Kabinetssekretär des König's zugeselle. Ich ersuchte genannten Herrn darum, und gab ihm die nöthigen Data dazu.

Mit der Inbrunst mit welcher ich von Gott die Ertödtung jeder Eigensucht in mir erflehe, damit der Geist dem ich zu dienen habe, allmächtig in mir walte und das bewirke wofür ich wohl noch hier gebannt bin; mit der Inbrunst mit welcher ich das zeitliche Wohl mit dem ewigen Heil für meine armen Kinder zu wahren trachte, erbitte ich Gottes Segen, auf das geweihte Haupt des Königs, und in dieser Andacht, entsende ich den Alles umfassenden Gruss von[4]

Euerer Majestät
in Dankbarkeit ersterbenden,
unterthänigsten Dienerin
CWagner

Wahnfried
27ten September 1885

[1] *Cosima Wagner hatte für den König eine Sammlung von Wagners Schriften und Briefen zusammengestellt, aus denen sie alle kompromittierenden Stellen herausstrich.*

[2] *Heinrich Thode (1857-1920) heiratete Daniela von Bülow am 3. Juli 1886, drei Wochen nach König Ludwigs Tod. Er war Professor in Heidelberg, wo er Kunstgeschichte lehrte. Als die Ehe zerbrochen und geschieden war, lebte die Tochter wieder bei der Mutter in Bayreuth.*

3 Hans Paul Freiherr von Wolzogen (1848-1938), Enkel von Friedrich Schinkel, Großneffe von Karoline von Wolzogen, der Schwägerin Schillers. Empfing entscheidende Eindrücke von Wagners »Tannhäuser« 1864 und den »Meistersingern« in der skandalerfüllten Berliner Aufführung von 1870. Studierte Philosophie in Berlin. Auf seiner Hochzeitsreise mit Mathilde von Schoeler kam er nach Bayreuth, wo ihn Wagner einlud, dorthin zu übersiedeln. Er übernahm die Redaktion der »Bayreuther Blätter«, einer Vierteljahresschrift, die Wagner 1878 als Sprachorgan seiner künstlerischen Ideen gründete und die bis 1938 erschien. Wolzogen wohnte unmittelbar neben dem Wahnfriedgarten und wirkte bis in sein 90. Lebensjahr. Unter den Persönlichkeiten des frühen Schrifttums um Richard Wagner hatte Wolzogen als einziger das Glück des ständigen persönlichen Umgangs und Gedankenaustausches mit Wagner in dessen letzten Lebensjahren. Nach Wagners Tod wurde Wolzogen zu einer zentralen Figur des Wahnfried-Kreises, der das Werk Wagners als religionsstiftend interpretierte.

4 Dieser Brief trägt lediglich die Unterschrift von Cosima Wagner. Sie hatte ihn wohl ihrer Tochter Eva diktiert.

Danksagung

Die Veröffentlichung des Briefwechsels wurde ermöglicht durch das große Entgegenkommen von Herrn Wolfgang Wagner und Frau Verena Laffarentz, geb. Wagner, sowie Frau Gertrud Wagner, Witwe von Wieland Wagner. Sie begrüßten ausdrücklich die vollständige Herausgabe des Briefwechsels ihrer bedeutenden Ahnfrau mit König Ludwig II. von Bayern, um – wie Wolfgang Wagner in einem Brief an mich formulierte – »das in früherer Zeit oft Geheimnisumwitterte und zum Teil Verfälschte nicht nur zu begradigen, sondern lückenlos offenzulegen«. Ihnen allen bin ich zu tiefstem Dank verpflichtet.

Herr Sven Friedrich, Direktor des Richard-Wagner-Museums mit dem Nationalarchiv Bayreuth, gab ebenfalls seine Zustimmung zur Veröffentlichung des Briefwechsels. Ihm und seinem Vorgänger, Herrn Dr. Manfred Eger, sowie Frau Dr. Angelika Jakobi und Herrn Diplom-Bibliothekar Günter Fischer sei gedankt.

Herrn Peter Emmerich, Pressechef der Bayreuther Festspiele, danke ich sehr für sein Wohlwollen.

Ich danke Herrn Prof. Dieter Borchmeyer, Universität Heidelberg, und Herrn Dr. Franz Merta, Bibliotheksoberrat der Bayerischen Staatsbibliothek München, für ihre Unterstützung. Mein Dank gilt auch Herrn Dr. Joachim Köhler, Hamburg, für sein hilfreiches Interesse an meiner Arbeit sowie Hartfried Neunzert, Museumsleiter in Landsberg am Lech.

Mein Mann war bei der Bewältigung der oft schwierigen Transkription und Edition mein treuer Mitarbeiter. Seine kritische Begleitung war mir sehr wichtig. Frau Dr. Barbara Beck, Neusäß, übernahm dankenswerterweise das Korrekturlesen der transkribierten Texte.

Dem Verlag sei für die Aufnahme der Edition gedankt, ebenso meinem Lektor, Herrn Helmut Feller, für die souveräne Betreuung.

Augsburg, 1. April 1996 — Martha Schad

Zeittafel

1813	22.5. Richard Wilhelm Wagner wird in Leipzig als Sohn von Johanna Rosine (geborene Pätz) und Friedrich Wagner (gest. 23.11.1813) geboren.
1814	28.8. Wagners Mutter heiratet den Schauspieler, Lustspieldichter und Maler Ludwig Geyer (gest. 30.9.1821).
1831-1832	Wagner studiert in Leipzig Musik und wird Schüler des Thomas-Kantors C. Theodor Weinlig.
1833	Wagner wird Chordirektor in Würzburg, Komposition seiner Oper »Die Feen«.
1834	Wagner wird Musikdirektor in der Theatertruppe H. Bethmanns.
1836	Wagner nach Bankrott des Bethmannschen Ensembles als Musikdirektor nach Königsberg. 29.3. Uraufführung der Oper »Das Liebesverbot«. 24.11. Wagner heiratet Minna Planer.
1837	Wagner als Musikdirektor in Riga, später Flucht wegen Verschuldung nach London, dann Paris (1839). 24.12. Cosima wird als Tochter von Franz Liszt und Marie Gräfin d'Agoult in Como geboren.
1839	Cosima und ihre Geschwister Blandine und Daniel kommen in die Obhut ihrer Großmutter Anna Liszt in Paris.
1840	Wagner lernt in Paris Franz Liszt kennen. Komposition der »Faust-Ouvertüre«, Vollendung der Oper »Rienzi«.
1842	Wagner in Dresden.
1845	25.8. Geburt des Erbprinzen Ludwig, Sohn des späteren Königs Maximilian II. von Bayern und seiner Gemahlin Marie, geb. Prinzessin von Preußen. 19.10. Uraufführung von Richard Wagners Oper »Tannhäuser« in Dresden.

1849	Wagner nimmt am Dresdner Mai-Aufstand teil und flieht nach Zürich.
1853	10.10. Die sechzehnjährige Cosima sieht ihren Vater in Paris nach acht Jahren wieder und lernt Richard Wagner kennen.
1855	8.9. Cosima und ihre Schwester Blandine kommen in die Obhut von Franziska von Bülow nach Berlin.
1857	18.8. Eheschließung zwischen Cosima Liszt und Hans von Bülow in Berlin. Die Hochzeitsreise führt sie zu Richard Wagner nach Zürich, der sich mit seiner Frau Minna im Wesendonckschen Haus »Asyl« eingerichtet hat.
1858	15. 7. Cosima und Hans von Bülow besuchen erneut Wagner. Die unglücklich verheiratete Cosima will zusammen mit Karl Ritter Selbstmord begehen.
1860	12.10 Cosimas Tochter Daniela geboren.
1861	2.2. Kronprinz Ludwig erlebt erstmals Wagners Oper »Lohengrin«.
	13.3.,18.3.,24.3. Theaterskandale bei den »Tannhäuser«-Aufführungen in der Pariser Oper.
	Im August besucht Wagner die in Bad Reichenhall zusammen mit ihrer Schwester Blandine zur Kur weilende Cosima.
	22.12. Kronprinz Ludwig besucht erstmals die Oper »Tannhäuser«.
1862	Anfang Juli besuchen Cosima und Hans von Bülow Wagner in Biebrich und Frankfurt am Main.
1863	20.3. Cosimas Tochter Blandine geboren.
	28.11. Wagner zu Besuch bei Bülows in Berlin. Cosima von Bülow und Richard Wagner werden ein Liebespaar und versprechen einander »einzig anzugehören«.
1864	10.3. Kronprinz Ludwig wird zum König proklamiert.
	4.5. Erstes Zusammentreffen Ludwigs mit Richard Wagner in der Residenz in München. Dem aus Wien wegen Schulden geflohenen Richard Wagner wurde in Stuttgart durch Kabinettssekretär von Pfistermeister die Berufung durch den bayerischen König nach München überbracht.

29.6. Auf Wagners Bitte kommt Cosima mit ihren Kindern zu Besuch in das vom König gemietete Haus Pellet in Kempfenhausen bei Schloß Berg am Starnberger See. Dort wurde der Lebensbund zwischen den beiden endgültig geschlossen.
6. 7. Hans von Bülow kommt ebenfalls nach Kempfenhausen.
25. 8. Wagner gratuliert auf Schloß Hohenschwangau dem König zum 19. Geburtstag.
30.8. Besuch Liszts bei Wagner.
3.9. Rückkehr der Familie Bülow nach Berlin.
3.10. Übersiedlung Wagners nach München in das Hotel »Bayerischer Hof«.
15.10. Einzug in das Haus Briennerstraße 21, das Wagner »das Schiff« nennt.
20.10. Familie Bülow zieht auf Wagners Veranlassung von Berlin nach München. Hans von Bülow wird »Vorspieler des Königs«.
4.12. Uraufführung der Oper »Der Fliegende Holländer« in München.
29.12. Architekt Gottfried Semper erhielt, einem Vorschlag Wagners entsprechend, vom König den Auftrag, das Festspielhaus für den »Ring« in München zu entwerfen.

1865 10.4. Geburt von Cosimas und Richard Wagners erster Tochter Isolde.
22.5. Wagner begeht seinen Geburtstag bei König Ludwig II. auf Schloß Berg.
10.6. Uraufführung von »Tristan und Isolde« im kgl. Hof- und Nationaltheater. Dirigent: Hans von Bülow, Titelrollen: Ludwig und Malvina Schnorr von Carolsfeld.
19.6. Cosima von Bülow und Richard Wagner zur Audienz bei König Ludwig II. in Schloß Berg.
16.7. Eine weitere Audienz in Berg zusammen mit Cosimas Töchtern.

8.8.-13.9. Cosima und Hans von Bülow in Budapest. Dort dirigiert Franz Liszt sein Oratorium »Heilige Elisabeth«.
17.7. Richard Wagner beginnt, Cosima seine Autobiographie »Mein Leben« zu diktieren.
20.8. Erster Brief Cosimas an König Ludwig II.
18.10. Cosima holt für Wagner bei der Königlichen Finanzkasse 40000 Gulden ab, die ihr zum Teil in Münzgeld ausbezahlt werden.
11.-18.11. Richard Wagner zu Besuch beim König auf Schloß Hohenschwangau.
10.12. Richard Wagner muß wegen einer drohenden Regierungskrise Bayern auf »ein halbes Jahr« verlassen.

1866 25.1. Wagners Ehefrau Minna stirbt.
8.-30.3. Cosima von Bülow besucht Wagner in Genf.
15.4. Richard Wagner bezieht das Landhaus Tribschen bei Luzern.
12.5. Übersiedlung Cosimas mit ihren drei Töchtern nach Tribschen.
22.-24.5. König Ludwig II. besucht zusammen mit Fürst Paul von Thurn und Taxis Richard Wagner an dessen Geburtstag in Tribschen.
10.6. Hans von Bülow zieht ebenfalls nach Tribschen.
15.6. Beginn des Deutschen Krieges, der mit einer Niederlage Österreichs (3.7.) und Bayerns (29.7.) endet.
22. 8. »Berliner Vertrag« und »Friede von Prag«: offizielles Ende des Krieges. König Ludwig II. will abdanken, Cosima rät ab.
1.9. Familie Bülow reist wieder nach München.
15.9. Hans von Bülow bittet um Entlassung aus dem königlichen Dienst und übersiedelt nach Basel.
28.9. Cosima erneut in Tribschen.
5.10. Amtsenthebung aus dem Allerhöchsten unmittelbaren Dienst von Franz Seraph von Pfistermeister wegen seiner Opposition zu Richard Wagner.

30.10. Hans Richter kommt als Sekretär und Kopist der Werke Wagners nach Tribschen.
10.11.-10.12. Große Frankenreise des Königs.
31.12. Ludwig II. setzt von der Pfordten ab und beruft als Vorsitzenden im Ministerrat und Minister des kgl. Hauses und des Äußeren Chlodwig Fürst zu Hohenlohe-Schillingsfürst.

1867 18.1. Verlobung Ludwigs II. mit Herzogin Sophie in Bayern.
17.2. Cosima und Richard Wagners zweite Tochter Eva in Tribschen geboren. Bülow reist aus Basel an. Friedrich Nietzsche in Tribschen.
5.4. Hans von Bülow zum Hofkapellmeister in München ernannt, ab 1. Oktober auch Leiter der neuen Musikschule.
5.4. Cosima kehrt nach München zurück.
22.5. Seinen Geburtstag feiert Wagner beim König auf Schloß Berg.
16.6. Neuinszenierung des »Lohengrin« in München.
20.-29.6. Ludwig II. reist nach Paris zum Besuch der Weltausstellung, Ausflug nach Compiègne und Schloß Pierrefonds, Treffen mit Kaiser Napoleon III.
1.8. »Tannhäuser« in München in der Pariser Fassung, dirigiert von Hans von Bülow.
15.8. Cosima von Bülow erneut bei Wagner in Tribschen.
16.9. Cosima fährt zu ihrem Mann nach München zurück.
18.9. Ernennung von Johann Frhr. von Lutz zum Justizminister.
8.10. Ludwig II. teilt Cosima die Auflösung seiner Verlobung mit.
24.10. Vollendung der ganzen »Meistersinger«-Partitur.
28.12. Audienz Wagners beim König in München. Wagner wohnt bis 9.2.1867 bei Bülows in der Luitpoldstraße.

1868 Mitte Mai: Cosima von Bülow wieder einige Tage in Tribschen.

22.5. Wagners 55. Geburtstag wird mit dem König auf der Roseninsel im Starnberger See gefeiert, wohin sie mit dem Dampfer »Tristan« fahren.

21.6. Uraufführung der Oper »Die Meistersinger von Nürnberg«, Dirigent: Hans von Bülow. Cosima wirkt entscheidend bei der Besetzung und beim Bühnenbild mit.

ab 22.7. Cosima von Bülow erneut in Tribschen.

14.9.-6.10. Wagner und Cosima unternehmen eine Reise ins Tessin.

14.10. Cosima fährt mit ihren vier Kindern nach München zur Aussprache mit ihrem Mann. Wagners Brief an König Ludwig über seine Beziehung zu Cosima.

16. 11. Endgültige Übersiedlung Cosimas zu Wagner nach Tribschen allerdings nur mit den beiden Wagnertöchtern Isolde und Eva; die Töchter Daniela und Blandine bleiben beim Vater Hans von Bülow in München.

1869 1.1. Cosima beginnt mit der Niederschrift ihrer Tagebücher.

6.6. Cosimas und Richard Wagners Sohn Siegfried geboren.

22.9. Uraufführung der Oper »Das Rheingold« in München in Abwesenheit Wagners.

1870 26.6. Uraufführung der Oper »Die Walküre« in München gegen den Willen Richard Wagners.

18.7. Cosima und Hans von Bülow lassen sich scheiden.

19.7. Beginn des deutsch-französischen Krieges.

25.8. Cosima und Richard Wagner heiraten in Luzern.

3.12. Der »Kaiserbrief« wird am 3. Dezember von Prinz Luitpold in Versailles übergeben.

1871 18.1. Wilhelm I. zum Deutschen Kaiser proklamiert.

1872 22.5. Richard Wagner legt in Bayreuth den Grundstein für das Festspielhaus.

1874 28.4. Einzug der Familie Wagner in die Villa Wahnfried in Bayreuth.

21.11. Vollendung der »Ring«-Tetralogie.

1876 6.-9.8. König Ludwig II. kommt zu den Generalproben

nach Bayreuth. Der König hatte acht Jahre lang das Ehepaar Wagner nicht gesehen.

6.8. König Ludwig II. bittet Cosima Wagner, vor der Generalprobe von »Die Walküre« zu sich und sagt ihr: »... ich hätte doch nie daran gezweifelt, daß er uns treu bliebe.«

13.8. Erste Bayreuther Festspiele mit dem »Ring des Nibelungen«.

27.-30.8. König Ludwig II. besucht auch den 3. Festspielzyklus in Bayreuth. Am Abend des 27. August, vor Beginn der Generalprobe von »Das Rheingold«, bat der König Cosima Wagner und ihre fünf Kinder zu sich in die Loge. Die Kinder überreichen Blumensträuße.

1878 16.1. Cosima bittet König Ludwig um Hilfe zur Begleichung des Defizits der Festspiele. Er gewährt ein Darlehen von 100 000 Mark, das bis 1906 zurückbezahlt wird.

17.-23.11. Erste Gesamtaufführung des »Ring des Nibelungen« in München.

1880 31.10.-17.11. Auf Wunsch des Königs kommt Familie Wagner auf der Rückreise von Italien nach München, einlogiert bei Jungfer Schmidt, Briennerstraße 8c. Separatvorstellung von »Lohengrin« für den König, Wagner als Gast in der Königsloge, Cosima und die Kinder im Parkett.

12.11. Wagner dirigiert das »Parsifal«-Vorspiel für den König; letzte Begegnung der beiden.

1882 13.1. Wagner vollendet in Palermo die Partitur von »Parsifal«.

1883 13.2. Richard Wagner stirbt im Palazzo Vendramin in Venedig.

26.3.-13.4. Aufführung sämtlicher Werke Wagners in München in der Reihenfolge ihrer Entstehung.

1884 3. 5. Erste Separatvorstellung von »Parsifal« für Ludwig II. in München.

1885 Cosima Wagner stellt eine Sammlung von Wagners Schriften und Briefen für König Ludwig II. zusammen, aus denen sie alle kompromittierenden Stellen herausstreicht. Sie bittet König Ludwig II. um die Übernahme des Protektorats für die Bayreuther Festspiele 1886. Der König sagt zu.

1886 9.6. Entmündigung Ludwigs II. auf Grund eines ärztlichen Gutachtens.

13.6. König Ludwig II. findet mit dem Arzt Bernhard von Gudden den Tod im Starnberger See.

1.8. Freigabe der vom König erbauten Schlösser Neuschwanstein, Linderhof und Herrenchiemsee für die Öffentlichkeit.

31.7. Franz Liszt stirbt in Bayreuth.

1894 12.2. Hans von Bülow stirbt in Kairo.

1906 Cosima Wagner übergibt die Leitung der Festspiele an ihren Sohn Siegfried. Unter ihrer Ägide fanden in Bayreuth 251 Festspielaufführungen statt.

1910 Cosima Wagner erhält von der Universität Berlin die Ehrendoktorwürde.

1930 1.4. Cosima Wagner stirbt in Bayreuth im Alter von 92 Jahren.

Editorische Notiz

Die Briefe Cosimas wurden buchstabengetreu übertragen, ohne die Orthographie und Zeichensetzung zu verändern. Es liegen durchweg – mit einer gekennzeichneten Ausnahme – die Originale zugrunde. Einige wenige Briefe wurden bereits bei Otto Strobel, George Marek und bruchstückhaft bei Richard Graf du Moulin Eckart veröffentlicht. Auf den Zusatz fehlender Wörter wurde verzichtet, ebenso auf das Austauschen von Begriffen, die Cosima, deren Muttersprache das Französische war, in ihrer Ausdrucksweise nicht ganz traf. Die Briefe des Königs an Cosima wurden auf Grund von Abschriften wiedergegeben, die im National-Archiv des Wagner-Museums in Bayreuth aufbewahrt werden.

Nach dem Ausgleich zwischen dem ehemaligen bayerischen Königshaus und dem Freistaat Bayern im Jahre 1923 drang Cosima Wagner beim Wittelsbacher Ausgleichsfonds darauf, daß ihre Originalbriefe – im Austausch gegen die Briefe des Königs an sie und Richard Wagner – an das Haus Wahnfried in Bayreuth zurückgegeben werden, was sie 1925/1926 auch durchsetzte. Von den Briefen, die Cosima an Ludwig II. schickte, verwahrt das Bayerische Hauptstaatsarchiv – Geheimes Hausarchiv – in München daher nur eine Abschrift. In Bayreuth liegen Kopien der Briefe Ludwigs II. Sie tragen den Vermerk: »Wortgetreue Abschrift – Eigenarten der Rechtschreibung und Zeichensetzung sowie Schreibversehen jeglicher Art fallen den Originalen zur Last! Von Richard Wagner nachträglich hinzugefügte Zeilen sind in roter Schrift wiedergegeben.«

Kursive im vorliegenden Abdruck der Briefe sind im Original unterstrichen.

Die im vorliegenden Briefwechsel erwähnten Briefe Richard Wagners sowie die Korrespondenz zwischen Cosima von Bülow und Franz S. Pfistermeister bzw. Ludwig von der Pfordten sind abgedruckt bei Otto Strobel.

Konkordanz des Briefwechsels zwischen Cosima von Bülow-Liszt und König Ludwig II.

Briefnr.	*Datum*	*Verfasser*	*Absendeort – Zielort*
Nr. 1	20.08.65	Cosima	Pesth – Hohenschwangau
Nr. 2	26.08.65	Ludwig II.	Hohenschwangau – Pesth
Nr. 3	19.09.65	Cosima	München – Hohenschwangau
Nr. 4	25.09.65	Ludwig II.	Hohenschwangau – München
Nr. 5	14.10.65	Cosima	München – Hohenschwangau
Nr. 6	16.10.65	Ludwig II.	Hohenschwangau – München
Nr. 7	25.10.65	Cosima	München – Hohenschwangau
Nr. 8	05.11.65	Ludwig II.	Hohenschwangau – München
Nr. 9	14.11.65	Ludwig II.	Hohenschwangau – München
Nr. 10	15.11.65	Cosima	München – Hohenschwangau
Nr. 11	25.11.65	Cosima	München – Hohenschwangau
Nr. 12	27.11.65	Ludwig II.	Hohenschwangau – München
Nr. 13	03.12.65	Cosima	München – Hohenschwangau
Nr. 14	23.12.65	Ludwig II.	München – München
Nr. 15	23.12.65	Cosima	München – München
Nr. 16	24.12.65	Ludwig II.	München – München
Nr. 17	26.12.65	Cosima	München – München
Nr. 18	28.12.65	LudwigII.	München – München
Nr. 19	30.12.65	Cosima	München – München
Nr. 20	31.12.65	Ludwig II.	München – München
Nr. 21	01.01.66	Cosima	München – München
Nr. 22	02.01.66	Ludwig II.	München – München
Nr. 23	03.01.66	Cosima	München – München
Nr. 24	04.01.66	Ludwig II.	München – München
Nr. 25	04.01.66	Cosima	München – München
Nr. 26	07.01.66	Cosima	München – München
Nr. 27	07.01.66	Ludwig II.	München – München
Nr. 28	09.01.66	Cosima	München – München

Nr. 29	10.01.66	Ludwig II.	München – München
Nr. 30	11.01.66	Ludwig II.	München – München
Nr. 31	11.01.66	Cosima	München – München
Nr. 32	12.01.66	Cosima	München – München
Nr. 33	13.01.66	Ludwig II.	München – München
Nr. 34	13.01.66	Cosima	München – München
Nr. 35	18.01.66	Cosima	München – München
Nr. 36	19.01.66	Ludwig II.	München – München
Nr. 37	20.01.66	Cosima	München – München
Nr. 38	20.01.66	Ludwig II.	München – München
Nr. 39	21.01.66	Cosima	München – München
Nr. 40	22.01.66	Ludwig II.	München – München
Nr. 41	24.01.66	Cosima	München – München
Nr. 42	26.01.66	Ludwig II.	München – München
Nr. 43	27.01.66	Cosima	München – München
Nr. 44	27.01.66	Ludwig II.	München – München
Nr. 45	27.01.66	Cosima	München – München
Nr. 46	28.01.66	Ludwig II.	München – München
Nr. 47	29.01.66	Ludwig II.	München – München
Nr. 48	29.01.66	Cosima	München – München
Nr. 49	29.01.66	Ludwig II.	München – München
Nr. 50	31.01.66	Ludwig II.	München – München
Nr. 51	31.01.66	Cosima	München – München
Nr. 52	02.02.66	Cosima	München – München
Nr. 53	04.02.66	Ludwig II.	München – München
Nr. 54	06.02.66	Ludwig II.	München – München
Nr. 55	07.02.66	Cosima	München – München
Nr. 56	10.02.66	Cosima	München – München
Nr. 57	10.02.66	Ludwig II.	München – München
Nr. 58	11.02.66	Cosima	München – München
Nr. 59	15.02.66	Cosima	München – München
Nr. 60	16.02.66	Ludwig II.	München – München
Nr. 61	19.02.66	Cosima	München – München
Nr. 62	19.02.66	Ludwig II.	München – München
Nr. 63	26.02.66	Cosima	München – München

Nr. 64	26.02.66	Ludwig II.	München – München
Nr. 65	27.02.66	Cosima	München – München
Nr. 66	27.02.66	Ludwig II.	München – München
Nr. 67	28.02.66	Cosima	München – München
Nr. 68	02.03.66	Cosima	München – München
Nr. 69	02.03.66	Cosima	München – München
Nr. 70	02.03.66	Ludwig II.	München – München
Nr. 71	02.03.66	Ludwig II.	München – München
Nr. 72	03.03.66	Ludwig II.	München – München
Nr. 73	04.03.66	Cosima	München – München
Nr. 74	05.03.66	Cosima	München – München
Nr. 75	05.03.66	Ludwig II.	München – München
Nr. 76	06.03.66	Cosima	München – München
Nr. 77	13.03.66	Cosima	München – München
Nr. 78	15.03.66	Ludwig II.	München – Genf
Nr. 79	19.03.66	Ludwig II.	München – Genf
Nr. 80	20.03.66	Cosima	Genf – München
Nr. 81	03.04.66	Cosima	München – München
Nr. 82	04.04.66	Ludwig II.	München – München
Nr. 83	04.04.66	Ludwig II.	München – München
Nr. 84	04.04.66	Cosima	München – München
Nr. 85	05.04.66	Ludwig II.	München – München
Nr. 86	05.04.66	Ludwig II.	München – München
Nr. 87	05.04.66	Cosima	München – München
Nr. 88	06.04.66	Ludwig II.	München – München
Nr. 89	07.04.66	Ludwig II.	München – München
Nr. 90	07.04.66	Cosima	München – München
Nr. 91	09.04.66	Cosima	München – München
Nr. 92	12.04.66	Ludwig II.	München – München
Nr. 93	12.04.66	Cosima	München – München
Nr. 94	20.04.66	Cosima	München – München
Nr. 95	04.05.66	Cosima	München – München
Nr. 96	05.05.66	Ludwig II.	München – München
Nr. 97	06.05.66	Cosima	München – München
Nr. 98	08.05.66	Cosima	München – München

Nr. 99	08.05.66	Ludwig II.	München – München
Nr. 100	09.05.66	Cosima	München – München
Nr. 101	10.05.66	Cosima	München – Schloß Berg
Nr. 102	11.05.66	Ludwig II.	Schloß Berg – München
Nr. 103	13.05.66	Ludwig II.	Schloß Berg – Tribschen
Nr. 104	18.05.66	Cosima	Tribschen – Schloß Berg
Nr. 105	20.05.66	Ludwig II.	Schloß Berg – Tribschen
Nr. 106	21.05.66	Ludwig II.	Schloß Berg – Tribschen
Nr. 107	27.05.66	Ludwig II.	Schloß Berg – Tribschen
Nr. 108	28.05.66	Cosima	Tribschen – Schloß Berg
Nr. 109	07.06.66	Cosima	München – Schloß Berg
Nr. 110	08.06.66	Ludwig II.	Schloß Berg – Zürich
Nr. 111	21.07.66	Ludwig II.	München – Tribschen
Nr. 112	24.07.66	Cosima	Tribschen – München
Nr. 113	13.08.66	Ludwig II.	Schloß Berg – Tribschen
Nr. 114	17.08.66	Cosima	Tribschen – Schloß Berg
Nr. 115	22.08.66	Cosima	Tribschen – Schloß Berg
Nr. 116	09.09.66	Ludwig II.	Schloß Berg – München
Nr. 117	09.09.66	Cosima	München – Schloß Berg
Nr. 118	10.09.66	Ludwig II.	Schloß Berg – München
Nr. 119	11.09.66	Cosima	München – München
Nr. 120	13.09.66	Ludwig II.	München – München
Nr. 121	14.09.66	Cosima	München – München
Nr. 122	22.09.66	Cosima	München – München
Nr. 123	23.09.66	Ludwig II.	München – München
Nr. 124	24.09.66	Cosima	München – München
Nr. 125	20.10.66	Ludwig II.	Hohenschwangau – München
Nr. 126	25.10.66	Cosima	Tribschen – München
Nr. 127	04.11.66	Cosima	Tribschen – München
Nr. 128	06.11.66	Cosima	Tribschen – München
Nr. 129	13.11.66	Ludwig II.	Bayreuth – Tribschen
Nr. 130	14.11.66	Ludwig II.	Hof – Tribschen
Nr. 131	14.11.66	Cosima	Tribschen – Aschaffenburg
Nr. 132	20.11.66	Ludwig II.	Aschaffenburg – Tribschen
Nr. 133	25.11.66	Cosima	Tribschen – Würzburg

Nr. 134	27.11.66	Ludwig II.	Würzburg – Tribschen
Nr. 135	30.11.66	Ludwig II.	Nürnberg – Tribschen
Nr. 136	05.12.66	Ludwig II.	Nürnberg – Tribschen
Nr. 137	05.12.66	Cosima	Tribschen – München
Nr. 138	11.12.66	Ludwig II.	München – Tribschen
Nr. 139	16.12.66	Ludwig II.	Hohenschwangau – Tribschen
Nr. 140	17.12.66	Cosima	Basel – Hohenschwangau
Nr. 141	20.12.66	Ludwig II.	Hohenschwangau – Tribschen
Nr. 142	22.12.66	Cosima	Tribschen – München
Nr. 143	23.12.66	Cosima	Tribschen – München
Nr. 144	30.12.66	Ludwig II.	München – Tribschen
Nr. 145	31.12.66	Cosima	Tribschen – München
Nr. 146	03.01.67	Cosima	Tribschen – München
Nr. 147	05.01.67	Ludwig II.	München – Tribschen
Nr. 148	05.01.67	Ludwig II.	München – Tribschen
Nr. 149	06.01.67	Ludwig II.	München – Tribschen
Nr. 150	07.01.67	Cosima	Tribschen – München
Nr. 151	10.01.67	Cosima	Tribschen – München
Nr. 152	24.01.67	Cosima	Tribschen – München
Nr. 153	26.01.67	Ludwig II.	München – Tribschen
Nr. 154	31.01.67	Cosima	Tribschen – München
Nr. 155	19.03.67	Cosima	Tribschen – München
Nr. 156	22.03.67	Cosima	Tribschen – München
Nr. 157	23.03.67	Ludwig II.	München – Tribschen
Nr. 158	15.04.67	Cosima	Tribschen – München
Nr. 159	02.05.67	Cosima	München – München
Nr. 160	03.05.67	Ludwig II.	München – München
Nr. 161	04.05.67	Cosima	München – München
Nr. 162	19.05.67	Cosima	München – Schloß Berg
Nr. 163	20.05.67	Ludwig II.	Schloß Berg – München
Nr. 164	22.05.67	Cosima	München – Schloß Berg
Nr. 165	12.06.67	Cosima	München – Schloß Berg
Nr. 166	17.06.67	Cosima	München – Schloß Berg
Nr. 167	17.06.67	Ludwig II.	Schloß Berg – München
Nr. 168	19.06.67	Cosima	München – Schloß Berg

Nr. 169	23.06.67	Cosima	München – Schloß Berg
Nr. 170	25.06.67	Ludwig II.	Schloß Berg – München
Nr. 171	28.06.67	Cosima	München – Schloß Berg
Nr. 172	12.07.67	Cosima	München – Schloß Berg
Nr. 173	19.07.67	Ludwig II.	Schloß Berg – München
Nr. 174	19.07.67	Cosima	München – Schloß Berg
Nr. 175	08.08.67	Ludwig II.	Soiern b.d. Riß – München
Nr. 176	18.08.67	Cosima	Tribschen – Hohenschwangau
Nr. 177	29.08.67	Ludwig II.	Hohenschwangau – Tribschen
Nr. 178	07.09.67	Cosima	Tribschen – Hohenschwangau
Nr. 179	23.09.67	Ludwig II.	Schloß Berg – München
Nr. 180	29.09.67	Cosima	München – Schloß Berg
Nr. 181	07.10.67	Cosima	München – Hohenschwangau
Nr. 182	08.10.67	Ludwig II.	Hohenschwangau – München
Nr. 183	10.10.67	Cosima	München – Hohenschwangau
Nr. 184	20.10.67	Cosima	München – Hohenschwangau
Nr. 185	28.10.67	Cosima	München – Hohenschwangau
Nr. 186	31.10.67	Ludwig II.	München – München
Nr. 187	07.11.67	Cosima	München – Hohenschwangau
Nr. 188	10.11.67	Ludwig II.	Hohenschwangau – München
Nr. 189	15.11.67	Cosima	München – Hohenschwangau
Nr. 190	21.11.67	Cosima	München – Hohenschwangau
Nr. 191	30.11.67	Ludwig II.	Hohenschwangau – München
Nr. 192	20.12.67	Cosima	München – München
Nr. 193	27.12.67	Cosima	München – München
Nr. 194	27.12.67	Ludwig II.	München – München
Nr. 195	29.12.67	Cosima	München – München
Nr. 196	29.12.67	Ludwig II.	München – München
Nr. 197	12.01.68	Ludwig II.	München – München
Nr. 198	17.01.68	Cosima	München – München
Nr. 199	26.01.68	Ludwig II.	München – München
Nr. 200	29.01.68	Cosima	München – München
Nr. 201	17.02.68	Cosima	München – München
Nr. 202	17.02.68	Ludwig II.	München – München
Nr. 203	02.03.68	Cosima	München – München

Nr. 204	04.03.68	Cosima	München – München
Nr. 205	07.03.68	Cosima	München – München
Nr. 206	18.03.68	Ludwig II.	München – München
Nr. 207	18.03.68	Cosima	München – München
Nr. 208	22.03.68	Ludwig II.	München – München
Nr. 209	24.03.68	Cosima	München – München
Nr. 210	20.04.68	Ludwig II.	München – München
Nr. 211	10.05.68	Cosima	München – München
Nr. 212	22.05.68	Cosima	München – München
Nr. 213	16.06.68	Ludwig II.	Herzogstand – München
Nr. 214	18.06.68	Cosima	München – Hohenschwangau
Nr. 215	05.07.68	Cosima	München – Hohenschwangau
Nr. 216	12.07.68	Ludwig II.	Hohenschwangau – München
Nr. 217	27.12.68	Cosima	München – München
Nr. 218	o. Dt.	Ludwig II.	München – München
Nr. 219	06.03.69, 07.04.69, 09.04.69	Cosima	Tribschen – München
Nr. 220	10.04.69	Cosima	Tribschen – München
Nr. 221	03.06.69	Cosima	München – München
Nr. 222	21.02.74	Cosima Wagner, geb. Liszt	Bayreuth – München
Nr. 223	16.01.78	Cosima Wagner-Liszt	Bayreuth – München
Nr. 224	27.01.78	Ludwig II.	Linderhof – Bayreuth
Nr. 225	03.02.78	Cosima Wagner-Liszt	Bayreuth – München
Nr. 226	16.02.83	Ludwig II.	München – Bayreuth
Nr. 227	21.09.85	Ludwig II.	Schachen – Bayreuth
Nr. 228	27.09.85	Cosima Wagner	Bayreuth – München

Literaturverzeichnis

Bauer, Hans Joachim: Richard-Wagner-Lexikon. Berg. Gladbach 1988.

Bauer, Oswald Georg: Richard Wagner. Die Bühnenwerke von der Uraufführung bis heute. Frankfurt M./Berlin/Wien 1982.

Bauer, Oswald Georg: Richard Wagner und König Ludwig II. oder Die verlorenen Illusionen. In: Bayreuth 1986, Programmheft I. Hg. Wolfgang Wagner, S. 1-31.

Bayreuther Festspiele 1995 – Das Festspielbuch 1995. Hg. Wolfgang Wagner. Bayreuth 1995.

Beck, Walter: Richard Wagner. Neue Dokumente zur Biographie. Die Spiritualität im Drama seines Lebens. Tutzing 1988.

Beidler Franz W. : Cosima Wagner-Liszt. Der Weg zum Wagner-Mythos. Ausgewählte Schriften des Wagner-Enkels und sein Briefwechsel mit Thomas Mann, eingeleitet und herausgegeben von Dieter Borchmeyer. Bielefeld 1996.

Bermbach, Udo u. Dieter Borchmeyer (Hgg.): Richard Wagner, »Der Ring des Nibelungen«. Ansichten des Mythos. Stuttgart/Weimar 1995.

Bermbach, Udo: Auf Richard Wagners Spuren. Hamburg 1995.

Böhm, Gottfried v.: Ludwig II. König von Bayern. Sein Leben und seine Zeit. Berlin 1922.

Borchmeyer, Dieter: Das Theater Richard Wagners. Idee – Dichtung – Wirkung. Stuttgart 1982.

Bülow, Hans v.: Briefe und Schriften. Bd. 7. Hg. Marie von Bülow. Leipzig 1899-1908.

Bülow, Hans v.: Neue Briefe. Hg. Richard du Moulin Eckart. München 1927.

Calderón de la Barca, Pedro: Schauspiele. übersetzt v. J. D. Gries, Berlin 1840.

Cornelius, Carl Maria: Peter Cornelius. Der Wort- und Tondichter. Bd. 2. Regensburg 1925.

Dallmeier, Martin u. Martha Schad: Fürstliches Haus Thurn und Taxis. Regensburg 1996.
Du Moulin Eckart, Richard: Cosima Wagner. 2 Bde. München 1929 u. 1931.
Eger, Manfred: Hans Richter. Der Urdirigent der Bayreuther Festspiele. Bayreuth 1985.
Eger, Manfred: Königsfreundschaft, Ludwig – Richard Wagner. Legende und Wirklichkeit. 2 Bde. Bayreuth 1987.
Eger, Manfred: Richard Wagner und König Ludwig II. In: Ulrich Müller u. Peter Wapnewski (Hgg.): Richard-Wagner-Handbuch. Stuttgart 1986. S. 162-173.
Evers, Hans Gerhard: Ludwig II. Theaterfürst, König, Bauherr. Gedanken zum Selbstverständnis. München 1886.
Friedrich, Sven (Hg.): Richard Wagner und die Erotik. Erlösung durch Liebe. (Katalog). München 1995.
Fröbel, Julius: Ein Lebenslauf. 2 Bde. Stuttgart 1890/91.
Gedon, Brigitte u. Lorenz Gedon: Die Kunst des Schönen. München 1994.
Glasenapp, Carl Friedrich: Das Leben Richard Wagners in sechs Büchern. Leipzig 1905-1911.
Gregor-Dellin, Martin: Richard Wagner. Eine Biographie in Bildern. München/Zürich 1982.
Gregor-Dellin, Martin: Richard Wagner. Sein Leben, sein Werk, sein Jahrhundert. München/Zürich 1980.
Gregor-Dellin, Martin u. Michael Soden: Richard Wagner. Leben, Werk, Wirkung. (Hermes Handlexikon). Düsseldorf 1983.
Grimm, Jacob u. Wilhelm: Deutsches Wörterbuch. Leipzig 1873.
Hamp, Aton: Ein Blick in die Geisteswerkstatt Richard Wagners. Berlin 1904.
Hojer, Gerhard (Hg.): König-Ludwig II.-Museum Herrenchiemsee. (Katalog). München 1986.
Hommel, Kurt: Die Separatvorstellungen vor König Ludwig II. von Bayern. München 1963.
Hüttl, Ludwig: Ludwig II. von Bayern. München 1986.

Irmen, Hans Joseph: Richard Wagner und die öffentliche Meinung in München bis zur Uraufführung des Tristan. München/Bayreuth 1976.

Kaiser, Joachim: Leben mit Wagner. Der Komponist, das Werk und die Interpretationen. München 1992.

Kesting, Hanjo: Franz Liszt – Richard Wagner. Briefwechsel. Frankfurt/M. 1988.

Köhler, Joachim: Friedrich Nietzsche und Cosima Wagner. Die Schule der Unterwerfung. Berlin 1996.

Lerchenfeld-Koefering, Hugo Graf: Erinnerungen und Denkwürdigkeiten. Berlin 1935.

Liebestod in Venedig, eine szenische Lesung, eingerichtet v. Bernd Plagemann und Wolfgang Peters. Hamburg/Venedig 1993.

Liebhart, Wilhelm: Königtum und Politik der Bayern. Frankfurt/M. 1993.

Ludwig II., König, und Richard Wagner: Briefwechsel. Hgg. Wittelsbacher Ausgleichsfonds u. Winifred Wagner, bearbeitet v. Otto Strobel. 4 Bde. Karlsruhe 1936. Bd. 5. Neue Urkunden zur Lebensgeschichte Richard Wagners 1864-1882. Karlsruhe 1939.

Marek, R. George. Cosima Wagner. Ein Leben für ein Genie. München 1993.

Merta, Franz: Die Tagebücher König Ludwigs II. von Bayern. Überlieferung, Eigenart, Verfälschung. In: Zeitschrift für bayerische Landesgeschichte. Bd. 53, 1990, S. 319-396.

Merta, Franz: Ein König, der nur von der Literatur besessen war… Ludwig II. – Kein Fall für den Psychiater. In: »Federleichte Mädchen…«. Das Nymphenburger Lesebuch. Hg. Dietz-Rüdiger Moser. München 1991.

Merta, Franz: »Gottes Licht auf Erden zu verkünden«. Das Herrscherethos König Ludwigs II. von Bayern … In: Zeitschrift für bayerische Landesgeschichte, 1993, S. 725-768.

Millenkovich-Morold, Max: Cosima Wagner. Leipzig 1937.

Müller, Ulrich u. Peter Wapneski (Hgg.): Richard-Wagner-Handbuch. Stuttgart 1986.

Münster, Robert: König Ludwig II. und die Musik. Rosenheim 1980.

Naegele, Verena: Parsifals Mission. Der Einfluß Richard Wagners auf Ludwig II. und seine Politik. Köln 1995.

Newman, Ernest: The Life of Richard Wagner. 2 Bde. München 1913 u. 1920.

Neunzert, Hartfrid: Sir Hubert von Herkomer. Landsberg am Lech 1988.

Panagl, Oswald: »Wird dieser Fürst sich finden?« – Ludwig II. zum 150. Geburtstag. In: Das Festspielbuch 1995. Hg. Wolfgang Wagner. Bayreuth 1995.

Petzet, Detta u. Michael: Die Richard-Wagner-Bühne König Ludwigs II. München/Bayreuth 1995.

Petzet, Michael: Gebaute Träume. Die Schlösser Ludwigs II. von Bayern. München 1995.

Prinz, Friedrich: Ludwig II. Ein königliches Doppelleben. Berlin 1993.

Raabe, Peter: Franz Liszts Schaffen. Tutzing 1968.

Rattner, Josef: Wagner im Lichte der Tiefenpsychologie. In: Ulrich Müller u. Peter Wapnewski (Hgg.): Richard-Wagner-Handbuch. Stuttgart 1986. S. 777-791.

Riedlbauer, Jörg: Königtum Ludwigs II. und Richard Wagner – Das Politikum einer Künstlerfreundschaft. In: Musik in Bayern. Halbjahresschrift der Gesellschaft für Bayerische Musikgeschichte eV., Heft 51, Tutzing 1996, S. 47-77

Roch, Eckehard: »Psychodrama. Richard Wagner im Symbol«. Stuttgart/Weimar 1995.

Schad, Martha: Bayerns Königinnen. Regensburg 1992. 3. Aufl. 1995.

Schad, Martha: Bayerns Königshaus – Bildband. Regensburg 1994.

Schad, Martha: Cosima Wagner. In: Hundert starke Frauen. Augsburg 1996.

Schäfer, W. E.: Wieland Wagner. Persönlichkeit und Leistung. München 1970.

Semper, Manfred: Das Münchner Festspielhaus – Gottfried Semper und Richard Wagner. Hamburg 1906.

Skelton, George: Richard and Cosima Wagner. Biography of a Marriage. London 1982.

Stadt Luzern (Hg.): Richard Wagner. Seine Zeit in Luzern. Das Museum in Tribschen. Luzern 1988.

Wagner, Cosima: Das zweite Leben. Hg. Dietrich Mack. München 1980.

Wagner, Cosima: Die Tagebücher. Hg. Stadt Bayreuth. Hgg. u. kommentiert v. Martin Gregor-Dellin u. Dietrich Mack. 4 Bde. München 1969-1977.

Wagner, Nike (Hg.): Über Wagner. Von Musikern, Dichtern und Liebhabern. Eine Anthologie. Stuttgart 1995.

Wagner, Richard u. König Ludwig II. von Bayern: Briefwechsel. Hgg. Hannelore Schlaffer u. Heinz Schlaffer m. e. Nachwort v. Kurt Wölfel. Korrespondenz. Bd. 1. Stuttgart 1993.

Wagner, Richard: Bericht an Seine Majestät den König Ludwig II. von Bayern über eine in München zu errichtende deutsche Musikschule. In: Gesammelte Schriften und Dichtungen. 8 Bde. Leipzig 1889. S. 125-176.

Wagner, Richard: Briefe. Hg. Jahn N. Burk. New York 1950.

Wagner, Richard: Das braune Buch. Tagebuchaufzeichnungen 1865 bis 1882. Vorgelegt u. kommentiert v. Joachim Bergfeld. Zürich/Freiburg i. Br. 1975.

Wagner, Richard: Dichtungen und Schriften. Jubiläumsausgabe. 10 Bde. Hg. Dieter Borchmeyer. Frankfurt/M. 1963.

Wagner, Richard: Mein Leben. Hg. Martin Gregor-Dellin. München 1976.

Wagner, Richard: Tannhäuser. Texte, Materialien, Kommentare. Hgg. Attila Csampai u. Dietmar Holland. Reinbek b. H. 1983.

Wagner, Richard: Tristan und Isolde. Texte, Materialien, Kommentare. Hgg. Attila Csampai u. Diemar Holland. Reinbek b. H. 1993.

Wagner, Wolfgang: Lebens-Akte. München 1994.

Wallace, William: Liszt, Wagner and the Princess. London 1927.

Wapnewski, Peter: »Weißt du, wie das wird?« München 1995.

Westernhagen, Curt v.: Wagner. Zürich/Freiburg i. Br. 1979.

Zenger, Max: Geschichte der Münchener Oper. München 1923.

Bildnachweis

Archiv für Kunst und Geschichte, Berlin: 10 (C.W. – auch auf Schutzumschlag), 13 (R.W./C.W. – auch auf Schutzumschlag)

Anderhub, Georg, Luzern: vord. Vorsatz

Bayerische Verwaltung der staatlichen Schlösser, Gärten und Seen, Museumsabteilung, München: 9

Fürstl. Thurn und Taxis'sche Hofbibliothek, Regensburg, Foto: L. Wagmüller, Regensburg: 16

Joss, Karl, Rosenheim: 14

Nationalarchiv der Richard-Wagner-Stiftung, Bayreuth: 1, 2, 3, 4, 5, 6, 7, 8, 11, 12 (L. II. – auch auf Schutzumschlag), 17, 18, 19, 20, hint. Vorsatz, S. 503

Neues Stadtmuseum Landsberg a. L.: 21, 22

Privatbesitz: 15, 23

Register

Im Register zu dieser Briefausgabe sind alle im Text und in den Anmerkungen genannten Namen verzeichnet, außer denen von Cosima v. Bülow-Liszt, Ludwig II. und Richard Wagner. Die Titel von Wagners Kompositionen und Schriften sind unter dem Stichwort »Wagner, Richard« zusammengefaßt.

Huldvoller Herr, theurer erhabener Freund!

Heute bekam ich den zweiten Brief vom Freund, und ich halte es für meine Pflicht
dem Gnädigen, Nachrichten zu geben. Sie lauten immer wehmüthig, der Freund empfin
nur seine Ruhe an nach den neuen inneren Stürmen; so ich kann, will ich sie wahre
heilig und treu wie ich ihn liebe. „Meinen Parcival kann ich jetzt nicht schreiben," s
er, „denn jedes Wort welches wie ein Vorwurf aussähe, wäre unsinnig empörend, jede
Klage müsste aber so aussehen, und ohne Klage ihm zu schreiben – nachdem ich Ihn kaum
gesehen und doch so viel Zeit für meine Partitur verloren ging – wäre wiederum unsinn
Du – Du kannst Ihm alles sagen. Dir habe ich nichts nöthig zu sagen, Du weisst u
und empfindest alles mit. Ach! Liebe, gewiss, es geht nicht mehr. Ermiss mein
Leben, und wie statt der Verminderung stets nur die Vermehrung der tiefgreifenden alle
Gemüthsruhe störenden Einwirkungen sich herausstellt. Ich bin so kleinmüthig dass ich
schon gar nichts mehr verlange als diese armen Meistersinger vollends noch zu Tage förd
zu können. Nichts mehr." O diese letzte traurige Phrase, die hätt ich mir besser erspart!
Nun zähle ich die Tage — 21 Juni — ein voller Monat für mein armes Werk dahin
Und was konnte ich Ihm sein? .. Doch dieses Opfer wird gewiss nicht umsonst
gebracht worden sein. gewiss nicht. es wird Schönes Herrliches daraus erblühen.
sie Augen auskratzen, und ihr Bruder der Buchhalter des Theaters der alle lobenden Lügen
über die Schwester schreibt, würde augenblicklich ein Stückchen „öffentliche Meinung" zu
bringen. Eine schöne Sippschaft, nicht wahr, mein gnädiger theurer Freund? Doch es ist ch
das Material zum göttlichen Bau, man darf da nicht viel Tiefe, Reinheit, Adel suchen, u